TEORIAS DO TEATRO

FUNDAÇÃO EDITORA DA UNESP

Presidente do Conselho Curador
Herman Jacobus Cornelis Voorwald

Diretor-Presidente
José Castilho Marques Neto

Editor-Executivo
Jézio Hernani Bomfim Gutierre

Conselho Editorial Acadêmico
Alberto Tsuyoshi Ikeda
Áureo Busetto
Célia Aparecida Ferreira Tolentino
Eda Maria Góes
Elisabete Maniglia
Elisabeth Criscuolo Urbinati
Ildeberto Muniz de Almeida
Maria de Lourdes Ortiz Gandini Baldan
Nilson Ghirardello
Vicente Pleitez

Editores-Assistentes
Anderson Nobara
Fabiana Mioto
Jorge Pereira Filho

MARVIN CARLSON

TEORIAS DO TEATRO
ESTUDO HISTÓRICO-CRÍTICO, DOS GREGOS À ATUALIDADE

TRADUÇÃO DE
GILSON CÉSAR CARDOSO DE SOUZA

© 1984 Cornell University
© 1993 Cornell University
Expanded edition

Título original em inglês: *Theories of the Theatre.
A Historical and Critical Survey, from the Greeks to the Present.*

© 1995 Editora Unesp

Direitos de publicação reservados à:

Fundação Editora da Unesp (FEU)
Praça da Sé, 108
01001-900 – São Paulo – SP
Tel.: (0xx11) 3242-7171
Fax: (0xx11) 3242-7172
www.editoraunesp.com.br
www.livrariaunesp.com.br
feu@editora.unesp.br

Dados Internacionais de Catalogação na Publicação (CIP)
(Câmara Brasileira do Livro, SP, Brasil)

Carlson, Marvin, 1935–
  Teorias do teatro: estudo histórico-crítico, dos gregos à atualidade / Marvin Carlson, tradução de Gilson César Cardoso de Souza. – São Paulo: Fundação Editora da Unesp, 1997. – (Prismas)

  Título original: *Theories of the theatre.*
  Bibliografia.
  ISBN 85-7139-153-X

  1. Crítica dramática – História 2. Teatro – História I. Título. II. Série.

97-3305   CDD-792.01

Índice para catálogo sistemático:
1. Teatro: Teoria   792.01

Editora filiada:

Asociación de Editoriales Universitarias
de América Latina y el Caribe

Associação Brasileira de
Editoras Universitárias

*Aos inúmeros colegas, antigos e novos,
de Cornell e Indiana, a quem devo inspiração,
orientação e encorajamento.*

SUMÁRIO

PREFÁCIO
9

PREFÁCIO À EDIÇÃO AUMENTADA
11

1 ARISTÓTELES E OS GREGOS
13

2 TEORIA ROMANA E DO CLASSICISMO TARDIO
21

3 O PERÍODO MEDIEVAL
29

4 O RENASCIMENTO ITALIANO
35

5 O RENASCIMENTO ESPANHOL
55

6 O RENASCIMENTO FRANCÊS
65

7 O RENASCIMENTO NA INGLATERRA E NA HOLANDA
73

8 A FRANÇA DO SÉCULO XVII
87

9 A RESTAURAÇÃO E O SÉCULO XVIII NA INGLATERRA
109

10 A FRANÇA SETECENTISTA
137

11 A ALEMANHA ATÉ HEGEL
159

12 A ITÁLIA E A FRANÇA NO INÍCIO DO SÉCULO XIX
191

13 A INGLATERRA DO SÉCULO XIX
213

14 A TEORIA RUSSA ATÉ 1900
235

15 A TRADIÇÃO ALEMÃ NO FINAL DO SÉCULO XIX
243

16 A FRANÇA NO FINAL DO SÉCULO XIX
265

17 OS PRIMÓRDIOS DO SÉCULO XX (1900-1914)
295

18 O SÉCULO XX (1914-1930)
329

19 O SÉCULO XX (1930-1950)
365

20 O SÉCULO XX (1950-1965)
399

21 O SÉCULO XX (1965-1980)
441

22 O SÉCULO XX A PARTIR DE 1980
489

ÍNDICE REMISSIVO
525

PREFÁCIO

Embora o teatro venha sendo alvo de exame especulativo desde os tempos dos gregos, de modo algum existe consenso geral (hoje, talvez menos que nunca) quanto ao que constitui ou deve constituir o corpo de teoria crítica devotado a essa arte. A primeira, e sob certos aspectos maior, dificuldade encontrada nessa investigação consistia em estabelecer e tentar manter determinados limites que permitiriam tanto flexibilidade quanto coerência na consideração do material. Nem "teoria" nem "teatro" são termos de aplicação unívoca, de sorte que o leitor merece ser informado a respeito do que foi incluído ou não numa pesquisa histórica da teoria do teatro ocidental.

Por "teoria", entendo a exposição dos princípios gerais relativos aos métodos, objetivos, funções e características dessa forma de arte específica. Assim, por um lado, ela se distancia da estética – que lida com a arte em geral –, e, por outro, da crítica – que se dedica à análise de obras e produções particulares. Obviamente, um certo grau de sobreposição nessas categorias é inevitável. A teoria do teatro raramente ou nunca existe em forma "pura". As observações concernentes ao teatro devem enraizar-se nas de outras artes (ou da arte em geral) – ou, pelo menos, relacionar-se com elas. Dessa forma, a teoria se aproxima da estética. Os princípios gerais, o mais das vezes, serão deduzidos de exemplos concretos de peças e produções, bem como ilustrados por eles de sorte que a teoria se associe à crítica e à análise. O que busquei, portanto, foram menos os casos "puros" do que aqueles escritos em que o elemento teórico se revela dominante, ou pelo menos independente o bastante da análise de uma obra individual para garantir uma discussão separada. Seria difícil, se não impossível, discutir por exemplo a história da teoria do teatro ocidental sem reservar amplo espaço a alusões à tragédia grega e a Shakespeare; entretanto, o objetivo do presente livro é acompanhar a evolução não das interpretações desses dramaturgos, mas da ideia – que tais interpretações ilustram – do que o teatro é, foi ou deveria ser.

Outro problema enfrentado para a definição de um corpo de material é suscitado pela variedade de modos pelos quais a teoria do teatro foi desenvolvida. De fato, os "teóricos do teatro" profissionais estão em proporção bem modesta com respeito àqueles que examinaram esse tema, e, ainda que acrescentemos os trabalhos críticos dos praticantes da arte, não esgotaremos todo o material disponível. Seguramente, nenhuma outra arte tem estimulado, como o teatro, a especulação teórica de tão grande variedade de pessoas de outras esferas de interesse. Ela é feita por filósofos e teólogos, retóricos e gramáticos, músicos, pintores, poetas e – mais recentemente – sociólogos e cientistas políticos, antropólogos e historiadores da cultura, psicólogos, linguistas e matemáticos. Por trás de cada teórico ergue-se todo um mundo intelectual e, não raro, uma disciplina absolutamente não teatral, com conceitos, vocabulário e uma sólida tradição que nada têm a ver com o teatro, mas dentro dos quais se desenvolveu uma preocupação teórica específica com essa arte. Meu objetivo constante foi evocar apenas o fundo não teatral que julguei absolutamente necessário ao entendimento da contribuição de cada autor ao progresso da teoria do teatro. Um programa menos rigoroso poderia conduzir a fascinantes, mas infindáveis, recapitulações da história cultural e intelectual do Ocidente.

A palavra "teatro" apresenta dificuldades menores, mas nada negligenciáveis. Em inglês, faz-se frequentemente distinção entre "drama" e "teatro", sendo drama o texto escrito e teatro o processo de representação. Nenhum termo geral cobre os dois significados, como se faz no presente estudo, e optei por "teatro" tanto pelo prazer da aliteração quanto pelo fato de o uso de "drama" poder sugerir que eu seguia as pegadas do modelo seletivo das duas maiores antologias de definições sobre arte existentes em língua inglesa. Aliás, nenhuma delas se ocupa minimamente da produção e da teoria da representação. Em anos recentes, "teatro" levantou problemas de ordem diversa como termo oposto a "representação" ou "espetáculo", desdobramento que examino mais adiante. Ao considerar a teoria da representação, procurei limitar minhas observações àquelas áreas em que tal teoria se imbrica significativamente com as questões do teatro. Considerar a representação em pormenor – ainda que nos campos estreitamente associados da dança e da ópera, para não falar em espetáculos improvisados, circo, rituais, festivais e até nos elementos de representação da vida cotidiana – avolumaria este livro tanto quanto a tentativa de incluir material social e cultural geralmente relacionado. Novamente, não foi minha intenção evitar quaisquer referências a essas áreas de interesse afins, mas apenas aflorá-las até o ponto necessário à compreensão do desenvolvimento da teoria do teatro em si.

As traduções, quando não creditadas, são minhas.

Marvin Carlson
Bloomington, Indiana

PREFÁCIO À EDIÇÃO AUMENTADA

Há menos de uma década, quando terminei o trabalho da primeira edição deste livro, não esperava assumir a tarefa de prover-lhe material suplementar tão cedo. Entretanto, no campo da teoria, em geral, e da teoria do teatro, em particular, o alcance e a complexidade das novas abordagens cresceram a tal ponto, nesse breve período, que quase se pode falar num panorama inteiramente novo. Os primórdios do século XX são agora chamados com frequência uma "idade da teoria", e decerto, na década passada, as preocupações teóricas inspiraram quantidade bem maior de conferências e publicações sobre estudos teatrais, enquanto áreas inteiramente novas de especulação teórica se desenvolviam. O impressionante crescimento e variedade da teoria feminista constitui sem dúvida a mais surpreendente ilustração disso, mas os campos estreitamente relacionados dos estudos culturais e as inúmeras variedades da teoria sociológica contribuíram em muito para os estudos teatrais, à parte as persistentes investigações da semiótica, fenomenologia, psicanálise e outras abordagens já introduzidas na versão anterior deste livro. Graças a essa perturbadora dilatação do campo, a possibilidade de oferecer um guia capaz de reivindicar abrangência torna-se ainda mais remota. Espero, no entanto, que o novo material aqui apresentado forneça ao menos uma introdução útil a esse vasto e complicado tema. Mais uma vez devo agradecer a meus muitos amigos e colegas cujos conselhos e sugestões se revelaram inestimáveis para mim neste desafiador, mas fascinante, projeto.

Marvin Carlson
Nova York, agosto de 1992

1

ARISTÓTELES E OS GREGOS

O primado da *Poética* de Aristóteles na teoria do teatro, bem como na teoria literária, é incontestável. A *Poética* não apenas é a primeira obra significativa na tradição como os seus conceitos principais e linhas de argumentação influenciaram persistentemente o desenvolvimento da teoria ao longo dos séculos. A teoria do teatro ocidental, em essência, começa com Aristóteles. Sem dúvida, alguns escritos anteriores chegaram a tocar ligeiramente no assunto, embora, se pusermos à parte algumas observações dispersas de Isócrates (436-338 a. C.), os únicos comentários de algum peso que ainda restam sobre o drama antes de Aristóteles se encontrem em Aristófanes (*c.* 448-380 a. C.) e Platão (*c.* 427-347 a. C.).

A evidente escassez de pronunciamentos críticos por parte dos gregos encorajou os historiadores da crítica, sem dúvida, a fixar mais sua atenção nas tiradas satíricas de Aristófanes, sobretudo em *As rãs* (405 a. C.), do que nas paródias literárias de épocas posteriores. Apesar de *As rãs* serem uma fonte um tanto suspeita para semelhante informação, seu objetivo precípuo – tentar decidir entre os estilos de tragédia de Ésquilo e Eurípides – até certo ponto relaciona diretamente a peça à teoria. As invectivas contra Eurípides em *Os acarnanianos* e na *Paz*, como as mais famosas contra Sócrates em *As nuvens*, são exageradas e muitas vezes injustas, mas o debate entre Ésquilo e Eurípides, em *As rãs*, parece tentar uma avaliação equilibrada. Ésquilo assume a tradicional posição grega segundo a qual o poeta é um mestre de moral e sua obra deve, portanto, atender a uma finalidade moral. A posição de Eurípides, mais moderna, vê a função da arte como a revelação da realidade, independentemente de questões éticas ou morais.

Sem dúvida, Aristófanes está do lado de Ésquilo, mas permite a Eurípides uma veemente defesa. W. K. Wimsatt Jr. sugeriu que a teoria literária enfrenta basicamente uma "dupla dificuldade": como a poesia se relaciona com o mundo e como se relaciona com o valor. *As rãs* apresentam a primeira consideração mais extensa da segunda dessas questões fundamentais, estabelecendo posições que com frequência foram advogadas nos séculos seguintes.

O famoso ataque de Platão contra a arte, na *República*, pode ser visto em parte como um desenvolvimento dos tipos de preocupação expressos em *As rãs*. A primeira queixa de Platão, a de que os poetas contam mentiras corruptoras tanto sobre os homens quanto sobre os deuses (Livros 2 e 3), aproxima-se muito da crítica vibrada por Aristófanes contra Eurípides. O Livro 10 traz acusações mais graves. Aqui, Platão inculpa a poesia de fertilizar e regar as paixões em vez de desencorajá-las, e explica por que o seu sistema filosófico implica o banimento dessa arte. Os objetos de nossa percepção sensorial são meras cópias das formas ideais que compõem a realidade. Por seu turno, o artista copia as formas secundárias criadas pela natureza ou pelos artesãos, empurrando sua obra ainda mais para longe da verdade. Os artistas autênticos, diz Platão, estariam interessados em realidades, não em imitações, de sorte que repudiariam por inteiro a criação mimética. Esse é o primeiro desenvolvimento pleno de outro tema capital da crítica, o relacionamento da arte com a vida, e a obra de Platão é a última das que chegaram até nós a utilizar a palavra-chave *mimesis* para descrevê-lo. Para Platão, é claro, tratava-se de termo pejorativo e um dos feitos de Aristóteles foi atribuir lima função positiva à *mimesis*.

Embora a *Poética* de Aristóteles seja universalmente acatada na tradição crítica ocidental, quase todos os tópicos dessa obra seminal suscitaram opiniões divergentes. De vez que o texto grego original se perdeu, as versões modernas baseiam-se fundamentalmente num manuscrito do século XII suplementado por material de uma versão inferior do século XIII ou XIV, mais uma tradução árabe do século X. Há passagens obscuras nas três versões e o estilo, em geral, é tão elíptico que os estudiosos chegaram à conclusão de que o manuscrito original era constituído por uma série de apontamentos de classe ou então se destinava a circular privativamente entre os discípulos já familiarizados com as lições de Aristóteles. Em anos recentes, especulou-se que algumas partes da *Poética* seriam, não da lavra de Aristóteles, mas de comentadores tardios. Também a data da composição é nebulosa; embora alguns estudiosos a situem no início da carreira do filósofo, quando ainda estava sob a influência de Platão, outros a deslocam para uma época bem posterior, quando sua importância como obra de refutação estaria bastante diminuída.

A despeito de todos esses problemas, o corpo principal do texto é acessível, revelando-se muito claras a linha geral de argumentação e a estrutura. O maior obstáculo para o estudioso da *Poética* reside na interpretação de vários de seus conceitos-chave. Não há controvérsia relativamente ao significado desses conceitos e sim quanto à sua definição exata. Os problemas já começam com *mimesis*, tema dos três primeiros capítulos. Aristóteles emprega nitidamente a palavra para significar o simples ato de copiar – no começo do Capítulo 4, diz que o homem aprende suas primeiras lições por meio da imitação –, mas, também nitidamente, logo acrescenta algo mais: no Capítulo 15, por exemplo, os bons pintores retratistas são aqueles que reproduzem distintivos de um homem, mas, ao mesmo tempo, fazem-no mais belo do que de fato o é: O que se acrescenta não é embelezamento e sim preenchimento; o que se imita é um ideal de que o exemplo tende a aproximar-se, porém ainda não atingiu. Gerald Else chama a transição de Platão a Aristóteles de transição da cópia à criação,[1] embora isso não implique criação a partir do nada. O termo talvez seja mais bem compreendido por sua relação com as visões platônica e aristotélica da realidade.

A base da realidade, segundo Platão, é o reino das "Ideias" puras, vagamente refletidas no mundo material e, por sua vez, copiadas pela arte. Aristóteles vê a realidade como um processo, um devir, com o mundo material composto de formas parcialmente realizadas que se encaminham – graças aos processos naturais – para a sua perfectibilização ideal. O artista que dá forma à matéria bruta trabalha, assim, de maneira paralela à da própria natureza, e, observando nesta as formas parcialmente realizadas, pode antecipar sua completude. Portanto, mostra as coisas não como são, mas como "deveriam ser". De modo algum dispõe o artista de liberdade total de criação. Deve reproduzir o processo do vir-a-ser tal qual o surpreende na natureza; daí a insistência de Aristóteles em que a poesia opera por "probabilidade ou necessidade". Dessa forma, o artista a si mesmo se despoja de elementos acidentais ou individuais. Como Aristóteles assinala na célebre distinção entre poesia e história, no Capítulo 9, "A poesia, então, é mais filosófica e significativa do que a história, pois ocupa-se mais com o universal enquanto a história privilegia o individual".[2]

Os Capítulos 4 e 5 oferecem uma breve retomada do desenvolvimento dos principais gêneros poéticos, com forte ênfase na tragédia; o Capítulo 6, talvez o mais conhecido, resume o material precedente na definição central da tragédia como

> a imitação de uma ação nobre e completa, com a devida extensão, em linguagem artisticamente enriquecida de todos os tipos de ornamentos linguísticos, aplicados separadamente nas várias partes da peça; é apresentada em forma dramática e não narrativa, provocando, por meio de incidentes que inspiram terror e piedade, a catarse dessas emoções.[3]

Afora o termo "imitação", já discutido, a palavra *kátharsis* (purgação) revelou-se extremamente problemática em sua definição. Aristóteles explica os outros vocábulos e frases com razoável clareza nos capítulos seguintes, mas *kátharsis* aparece só mais uma vez na *Poética* e mesmo assim num sentido técnico, para descrever a convalescença de Orestes da loucura.

Uma interpretação comum desse termo aponta para o fato de *kátharsis* ser um termo médico grego e sugere que, em resposta a Platão, Aristóteles sustenta que a tragédia não encoraja as paixões, mas na verdade livra delas o espectador. Assim, a tragédia atuaria à maneira da medicina homeopática, tratando os distúrbios pela administração de doses atenuadas de agentes similares – no caso, a piedade e o terror. Uma passagem no Livro 7 da *Política* apoia essa visão, descrevendo como as almas estuantes de tais emoções podem ser "aligeiradas e deleitadas" pela qualidade catártica da música. (Nessa mesma passagem, Aristóteles promete um tratamento mais amplo da *kátharsis* na *Poética* – promessa que, infelizmente, não se cumpre em nenhuma das versões existentes.) Entre os críticos posteriores que subscreveram essa interpretação contam-se Minturno no Renascimento, Milton no século XVII Thomas Twining no século XVIII, Jakob Bernays no século XIX e F. L. Lucas no século XX (embora este discorde de Aristóteles).

A visão alternativa mais popular lê *kátharsis* como um termo moral e não médico, como purificação e não como eliminação ou purgação. No Livro 2 da *Ética a Nicômaco*, Aristóteles condena tanto o excesso quanto a deficiência nas paixões; afirma que a arte e a virtude moral devem visar ao meio-termo. Essa interpretação gozou de favor generalizado durante o período neoclássico, sempre que se buscou o tom moralizante na tragédia, e, dentre os críticos que sugeriram variantes dessa leitura, temos Corneille, Racine e, notadamente, Lessing.

Como, para muitos críticos modernos, as preocupações se afastaram das dimensões morais e psicológicas da arte, não é de surpreender que *kátharsis* se veja interpretado como termo puramente artístico ou estrutural. Prestigioso expoente dessa postura é Gerald Else (1908-1982), o qual sugeriu que a *kátharsis* ocorre, não no espectador, mas no enredo, por harmonizar em si elementos divergentes. A resposta final do espectador é a essa harmonia e não à experiência da eclosão e purgação das emoções.[4] Retomando a discussão de Else, Leon Golden (nascido em 1930) sugeriu que o que ocorre com o espectador de tragédias é uma espécie de iluminação intelectual, graças à qual consegue perceber como as emoções perturbadoras se encaixam num mundo unificado e harmonioso. Propõe "clarificação" como tradução de *kátharsis*.[5]

É claro que cada uma dessas interpretações brota de uma visão diferente da tragédia como um todo, mas há consenso no reputar a *kátharsis* uma experiência benéfica e enaltecedora, seja essa experiência psicológica, moral, intelectual ou uma combinação disso tudo. De qualquer modo, a visão aristotélica do resultado da tragédia pode ser vista como uma refutação, intencional ou não, da postura platônica segundo a qual a arte é moralmente danosa.

O restante do Capítulo 6 da *Poética* introduz, definindo-os brevemente, os seis elementos da tragédia – enredo (*mythos*), caráter, pensamento, elocução, espetáculo e melopeia (música) –, que são em seguida desenvolvidos individualmente (em ordem decrescente de importância) nos Capítulos 7 a 22. A ênfase de Aristóteles na forma e probabilidade levou-o a situar o enredo (*mythos*) como primeiro em importância, chamando-o mesmo a "alma" da tragédia. Ele deve ter a extensão adequada, sem muitos nem poucos incidentes. Deve ser uno na ação (a única "unidade" em que Aristóteles insiste). Pode ser simples ou complexo, este envolvendo reviravolta (mudança radical de fortuna), reconhecimento (passagem da ignorância ao conhecimento), ou ambos.

No Capítulo 13, quando Aristóteles enceta a discussão sobre caráter (*ethos*), está-se diante de outra passagem que deu margem a inúmeros debates: a descrição do herói ideal da tragédia. Depois de examinar sucintamente duas possíveis mudanças de fortuna – o homem bom mergulhando na adversidade e o homem mau na prosperidade –, nenhuma das quais inspira as emoções inerentes à tragédia, Aristóteles prossegue:

> O que, pois, nos resta após essas considerações é alguém entre os dois extremos. Seria uma pessoa nem perfeita em virtude e justiça, nem que caiu em desgraça devido ao vício e à depravação, mas que sucumbiu por força de algum erro de cálculo.[6]

Esse "erro de cálculo", chamado por alguns "falha trágica", é outro termo controvertido, *hamartia*.

As várias interpretações de *hamartia* podem, no geral, ser divididas em dois grupos: aquelas que enfatizam o aspecto moral da falha e aquelas que (também Golden é dessa opinião) insistem no aspecto intelectual, fazendo da *hamartia* um erro de julgamento ou uma suposição equivocada. A primeira é a interpretação tradicional, e para alguns críticos a "falha" pode quase ser identificada à ideia cristã de pecado (com efeito, *hamartia* é usado nesse sentido no Evangelho de São João). O próprio fato de Aristóteles ter incluído termos como "virtude" e "vício", na mencionada passagem, parece apontar nessa direção. Em outros lugares ele utiliza o termo de forma mais ambígua, e seu exemplo típico de tragédia, o *Édipo rei*, apresenta um herói cujas ações poderiam ser fruto tanto da ignorância quanto da imoralidade. De qualquer forma, parece necessário que a *hamartia* seja inconsciente a fim de ocorrerem o reconhecimento e a descoberta.

Os capítulos seguintes transitam entre considerações de enredo e caráter: o 14 trata dos enredos que suscitam piedade e terror; o 15 dos objetivos do desenvolvimento do caráter; o 16 dos tipos de reconhecimento; o 17 dos processos de construção da peça. O Capítulo 18 consiste em comentários dispersos sobre estrutura, classificação e coro. Provavelmente, o mais importante destes seja o Capítulo 15, com sua elaboração ulterior do caráter e, especialmente, dos muitíssimo malcompreendidos caracteres "acima do nível comum". No Capítulo 2, Aristóteles faz a famosa distinção entre comédia e tragédia: a primeira representa os homens como piores, a segunda como melhores do que são na vida real. Diversos críticos, especialmente os da tradição neoclássica, traduziram o "bom" (*spoudaios*) de Aristóteles por "nobre", devendo para eles a tragédia lidar exclusivamente com reis e príncipes. Além de convertê-lo em legislador prescritivo, papel que o filósofo sempre evitou cuidadosamente, essa interpretação peca ainda por esquecer que, para ele, o caráter (*ethos*) é determinado não pelo nascimento, mas pela escolha moral. "Se uma fala ou ação depender de escolha, revelará caráter", observa no Capítulo 15. "Será bom o caráter se boa for a escolha."[7] Portanto, a "nobreza" do personagem trágico é acentuadamente mais moral do que social ou política. O. B. Hardison nota, além disso, que para Aristóteles o *ethos* sempre se relaciona diretamente com o *mythos;* não se enfatiza a particularização do caráter, tal qual sucede em boa parte do teatro moderno, mas o desenvolvimento de um agente adequado à ação.[8]

No Capítulo 19, Aristóteles volta ao exame dos elementos qualitativos, excluindo prontamente o pensamento (*dianoia*) e remetendo sua discussão à *Retórica*, para retomar a elocução (*lexis*), que é tratada nos Capítulos 19 a 23. Os elementos finais da tragédia, melopeia (*melos*) e espetáculo (*opsis*), não mais são examinados, deixando-se para críticos posteriores a consideração da obra produzida.

Os quatro capítulos finais comparam a tragédia ao gênero estreitamente afim da epopeia. A alegação importante (recuperada nos períodos em que a verossimilhança passa a ser a principal preocupação artística) de que o poeta deveria preferir "probabilidades impossíveis" a "possibilidades inacreditáveis" ocorre no Capítulo 24. O capítulo seguinte defende essa asserção contra a crítica externa, sendo a apologia capital, como sempre, a necessidade interna: objetos e eventos devem ser mostrados, não como são, mas como "deveriam ser".[9] Em suma, Aristóteles considera a melhor tragédia superior, como forma de arte, à epopeia graças à sua maior concentração e unidade, além dos acessórios da música e do espetáculo. Tais são os traços relevantes dessa obra visceral da crítica grega, cada um dos quais destinado a ser incansavelmente explicado e debatido ao longo dos séculos que se seguiram.

O discípulo favorito de Aristóteles e seu sucessor à frente da escola peripatética foi Teofrasto (372-287 a. C.), também autor de uma poética que infelizmente não sobreviveu. O gramático Diomedes, do século IV, atribui-lhe a seguinte definição: "A tragédia é uma ação que envolve uma reviravolta na fortuna de um personagem heroico". Com base nessa atribuição, Teofrasto às vezes é tido como o autor de uma definição de comédia que, no entanto, segundo o próprio Diomedes, se deve simplesmente "aos gregos": "A comédia é um episódio do cotidiano que não envolve perigos sérios".[10] Provas dessa atribuição, porém, não existem, de sorte que atualmente a maioria dos estudiosos sustenta que ambas as definições, que tanta influência haveriam de ter, talvez sejam antes modificações helenísticas de Aristóteles do que da obra de seu discípulo. Sabe-se que outros autores dessa mesma geração trataram do teatro – Heráclides do Ponto, discípulo de Platão e Aristóteles, também produziu uma poética; Aristóxeno de Tarento escreveu sobre poetas trágicos e dança trágica, Camelen sobre drama satírico e comédia antiga –, mas todas essas obras se perderam.

Depois de 300 a. C., a vida intelectual declinou em Atenas; Alexandria, e mais tarde Pérgamo, emergiram como os novos centros de saber. As considerações filosóficas sobre arte decaíram igualmente, passando a ser favorecidos os estudos práticos e, na literatura, a crítica textual. Estudos mais extensos do drama, pelos sábios alexandrinos, eram muito raros, embora tenham chegado até nós fragmentos de um ensaio genérico de Aristófanes de Bizâncio sobre as máscaras teatrais e de outro sobre a tradição dos temas trágicos. Mais típicas da obra desses estudiosos são as edições dos primitivos dramas gregos preparadas por Aristófanes de Bizâncio e Aristarco, frequentemente com comentários, verso por verso, a respeito de conteúdo e interpretação.

NOTAS

1 Gerald Else, *Aristotle's Poetics:* The Argument, Cambridge, Mass., 1957, p.322.
2 Aristóteles, *Poetics,* trad. ingl. de Leon Golden, comentários de O. B. Hardison, Englewood Cliffs, N. J. 1968, p.17.
3 Ibidem, p.11.
4 Else, *Argument,* p.439.
5 Leon Golden, Catharsis, *Transactions and Proceedings of the American Philological Association,* v.93, 1962, p.57.
6 Aristóteles, *Poetics,* p.22.
7 Ibidem, p.25.
8 Ibidem, p.200, comentário de Hardison.
9 Ibidem, p.47.
10 J. H. W. Atkins, *Literary Criticism in Antiquity,* Cambridge, 1934, v.1, p.159.

2

TEORIA ROMANA
E DO CLASSICISMO TARDIO

Em meados do século II a. C., a literatura latina já estava consolidada – muito influenciada, é claro, pelos gregos –, podendo-se encontrar nela comentários críticos ocasionais. Plauto (*c.* 254-184 a.C.), contemporâneo quase exato do sábio alexandrino Aristófanes de Bizâncio, insinuou algumas observações críticas em suas peças, sobretudo no prólogo do *Anfitrião*, a mostrar que uma definição de gênero baseada nos caracteres já estava estabelecida. Mercúrio, que declama o prólogo, chama a peça de "tragicomédia" com base no fato de conter não apenas reis e deuses, mas também servos. Os prólogos de Terêncio (*c.* 185-159 a. C.), que muitas vezes consistem em réplicas a seus críticos, também semeiam aqui e ali comentários sobre a comédia. O prólogo do *O algoz de si mesmo* (*Heautontimorumenos*), por exemplo, condena as farsas agitadas, de ação excessiva, e sustenta que a melhor forma de comédia é a que o próprio Terêncio está levando à cena, uma peça calma em bom e claro estilo.

A comédia é em seguida definida e analisada no intrigante fragmento conhecido como *Tractatus Coislinianus*. A única versão conhecida desse escrito data do século X, mas os estudiosos concordam em que ele é de origem clássica. Alguns reputam à obra uma destilação ou corrupção de tratados que Aristóteles tenha porventura produzido a respeito da comédia; outros atribuem-na a um discípulo de Aristóteles ou a um imitador tardio. Qualquer que seja a sua fonte, entretanto, insere-se, sem dúvida, na tradição peripatética e propicia importante vislumbre da teoria cômica grega tardia e da romana primitiva.

O *Tractatus* classifica a poesia em mimética e não mimética; a mimética, em narrativa e dramática; e a poesia dramática, em comédia, tragédia, mimo e drama satírico. Sua definição de comédia é claramente influenciada por aquela que Aristóteles deu à tragédia:

A comédia é a imitação de uma ação burlesca e imperfeita, de extensão suficiente, com diversos tipos [de embelezamentos] separadamente [encontrados] nas partes [da peça]; [apresentada] por pessoas que interpretam e não em forma narrativa; pelo prazer e pelo riso, ela promove a purgação de emoções semelhantes.[1]

Os motivos de riso são então catalogados; alguns derivam da língua (homônimos, garrulice etc.), outros do conteúdo da peça (decepção, o inesperado, depreciação etc.). O *Tractatus* repete a divisão aristotélica de enredo, caráter, pensamento, linguagem, melopeia e espetáculo, reservando a cada um uma sentença de elaboração. Os caracteres da comédia compreendem bufões, *eirons* (personagens irônicos) e impostores, caracterizando-se a linguagem como comum e popular. As partes quantitativas da comédia são: prólogo, canção coral, episódio e êxodo. O gênero, em si, divide-se em Comédia Antiga, "com superabundância do risível"; Comédia Nova, "que se afasta do risível e se aproxima do sério"; e Comédia Média, mescla das outras duas.

Na crítica romana, as preocupações retóricas dominavam as demais. O poeta e o historiador, bem como o orador, eram aquilatados pelos padrões retóricos. As questões de estilo e elocução impunham-se. Cícero (106-43 a. C.), por exemplo, fala da comédia não como gênero dramático, mas como fonte geral do efeito oratório. Mesmo quando seus exemplos eram tirados do drama, punha todo o interesse na fonte do humor e nos métodos de estimular o riso nos ouvintes por meio da linguagem. Com uma especificidade nada típica de Aristóteles, mas que antecipava as listas dos críticos da Idade Média tardia e dos primórdios do Renascimento, Cícero também fala dos caracteres próprios para suscitar o ridículo: o rabugento, o supersticioso, o desconfiado, o fanfarrão e o papalvo.[2] E Donato credita a Cícero uma definição do gênero comédia (sem dúvida, derivada dos gregos) que seria frequentemente repetida por críticos posteriores: "Imitação da vida, espelho dos costumes, imagem da verdade".[3]

Tomados como um todo, os escritos de Cícero só enriquecem a teoria dramática com comentários dispersos, embora inspiradores. Saintsbury comparou as obras de Cícero com a *Retórica* de Aristóteles, sendo o equivalente romano da *Poética* em vez de a *Ars poetica* de Horácio (68-5 a. C.). Certamente, esta última é a única obra do período clássico a rivalizar com a *Poética* em sua influência sobre a crítica subsequente. Embora a *Ars poetica* não sofra, como a sua predecessora grega, do problema básico do estabelecimento do texto, não escapou a uma tradição similar de controvérsia crítica. Sua data, suas fontes e mesmo seu propósito foram debatidos à saciedade; tentativas de ler o texto como exposição de uma teoria literária, o que em parte ele certamente é, foram obscurecidas pelo fato de que, ao mesmo tempo, apresenta-se como obra poética, com estrutura e referências determinadas, quase sempre, mais pela estética do que pela consideração discursiva.

Hoje os estudiosos, no geral, concordam em que, a despeito de sua forma intencionalmente fluida, a *Ars poética* possui uma organização tradicional baseada na divisão tripartite comum à crítica helenística; *poesis* ou questões gerais concernentes à poesia; *poema* ou tipos de poesia, e *poeta* ou caráter e educação do poeta (o segundo elemento recebe mais amplo tratamento). Com efeito, há evidências de que Horácio remanejou a obra de um certo Neoptólemo, crítico helenístico, que por seu turno trabalhou sob a influência da tradição aristotélica. Deve-se notar, entretanto, que não há provas de que Horácio conhecesse Aristóteles de primeira mão, o que também se aplica a todos os autores romanos do período.

Um indício de influência aristotélica possível, embora indireta, na *Ars poetica* é que, a despeito do compromisso pessoal de Horácio com a poesia lírica, ele segue a prática de Aristóteles ao considerar, em primeiro lugar, o drama e, em segundo, a epopeia os gêneros poéticos mais importantes. O drama ocupa a seção central de seu poema. Conveniência e adequação, preocupações capitais da crítica romana, são amplamente comentadas. Em geral, Horácio gostaria que os poetas trilhassem os caminhos consagrados em pontos como escolha do tema, vocabulário, forma do verso e tipos. A linguagem e a ação dos personagens deveriam ater-se à tradição e às ideias comumente aceitas de como pessoas de determinada idade, posição social e estado emocional têm de comportar-se. Quando a originalidade parece impor-se, precisa ser de natureza tal que o artista possa manejá-la com êxito e não desdiga o tema tratado.

À diferença de Aristóteles, Horácio, numa passagem curta mas notável, aplica esta regra tanto ao ator quanto ao dramaturgo: se o ator quiser fazer chorar o público, deve primeiro sentir ele próprio o sofrimento e depois buscar entre as expressões oferecidas pela natureza aquelas que sejam apropriadas ao humor e situação do personagem.

Em sua citadíssima seção do poema, Horácio estabelece regras específicas. O maravilhoso e o ofensivo devem ser mantidos longe do palco e só ser transmitidos pela narrativa. A peça conterá cinco atos. Os deuses devem aparecer apenas quando absolutamente exigidos para resolver a ação. Não mais de três personagens que falem poderão normalmente estar no palco ao mesmo tempo. O coro manterá um elevado tom moral e contribuirá sempre para o propósito maior da peça.

Essa última observação leva a um tratamento mais minucioso da música no palco e do drama satírico, ambos menos importantes para os críticos tardios do que as "regras" sumárias apenas mencionadas, mas nem por isso despiciendas em suas implicações. Nas duas passagens, Horácio defende novamente a conveniência e a adequação. Mesmo no drama satírico, que pode incluir tanto elementos cômicos quanto sérios, ele pugna por uma espécie de pureza de gênero a ser conseguida evitando-se que esses elementos se misturem no texto. Os modelos gregos devem ser estudados "dia e noite", com tema, estilo e métrica seguindo o uso convencional, padronizado. Diz Horácio que prefere uma obra palpitante, embora com falhas ocasionais (mas não muitas!), à pesada mediocridade. Entretanto, sua ênfase em regras específicas e na tradição às vezes parece encorajar a última.

Ao fim da seção central sobre o drama, ele sugere a ideia mais familiar, talvez, entre todas essas passagens tantas vezes citadas: a de que a missão do poeta é "deleitar" e "ser útil". Essa dupla ênfase no prazer e na instrução foi o grande tributo romano à questão vital da relação da arte com o valor, e se tornaria – juntamente com a insistência de Horácio na adequação, conveniência, pureza de gênero e respeito às "regras" gregas – pedra angular da teoria dramática neoclássica.

Nenhum outro grande crítico romano dá ao drama a posição central que Horácio lhe concede na *Ars poetica*. O mais comum é enfatizar a arte retórica (como Quintiliano) ou o estilo (como no famoso ensaio sobre o sublime às vezes atribuído a Longino). Quando o drama chega a ser mencionado por esses autores, em geral é para exemplo ou ilustração, e nada mais. Quintiliano (c. 40-118), em *De institutione oratoria* (c. 93), exalta Menandro entre os comediógrafos e Eurípides entre os trágicos, mas suas preferências são determinadas mais por critérios retóricos do que poéticos: ele se interessa por esses dramaturgos apenas como possíveis modelos para o orador.[4]

As mesmas observações podem ser feitas a propósito de Plutarco (c. 50-125), que trata um pouco mais extensamente o drama na sinopse que chegou até nós de sua *Comparação de Aristófanes e Menandro*. Filosoficamente, Plutarco muito deve à tradição platônica e aristotélica, mas a *Comparação* revela afinidade ainda mais estreita com Horácio e a teoria retórica romana. Menandro é gabado por seu equilíbrio, sua temperança, sua conveniência, sua habilidade em adaptar o estilo "ao sexo, condição e idade" de cada personagem. Aristófanes, ao contrário, vê-se condenado por misturar o trágico com o cômico, ofendendo o bom gosto e a conveniência e não adaptando o estilo ao personagem. Sua poesia é escrita, não para os "comedidos", mas para os "intemperantes e lúbricos"; ele atira seus versos "como que ao acaso", sem distinção entre "filho, pai, camponês, Deus, velho ou herói". Um escritor mais cuidadoso buscaria a qualidade própria a cada um, como "Estado para um príncipe, força para um orador, inocência para uma mulher, simplicidade de linguagem para um pobre e insolência para um mercador".[5]

Durante o período clássico tardio, a atitude para com a crítica de escritores como Horácio, Quintiliano e Cícero permaneceu inalterada. A poesia era estudada não por razões estéticas, mas práticas, como recurso para escrever e falar mais eficientemente. Quando o *trivium* medieval da gramática, retórica e lógica se desenvolveu, a poesia foi normalmente considerada parte da primeira, nos termos da definição de Quintiliano da gramática como "arte de falar corretamente e ilustração dos poetas".[6] Assim, é nos gramáticos clássicos tardios que vamos encontrar os mais substanciais escritos teóricos sobre o drama desse período. Destacam-se entre eles o "De fabula", de Evâncio, e o "De comedia", de Élio Donato, ambos escritos no século IV e amplamente divulgados e citados ao longo da Idade Média e primórdios do Renascimento.

Os dois ensaios incorporam uma grande variedade de material nitidamente extraído de fontes clássicas diversas e nem sempre autoconsistentes ou coerentes. A primeira parte de cada ensaio trata de maneira tosca o desenvolvimento histórico da comédia e da tragédia (Evâncio examina a peça satírica também). Em seguida, discutem-se as características dos gêneros. A distinção feita por Evâncio entre tragédia e comédia tem um tom moral e um enfoque na estrutura demasiado romanos e pouco aristotélicos:

> Na comédia, os homens são de classe média, leves os perigos, felizes os desfechos; na tragédia, tudo é diametralmente oposto – os personagens são grandes homens, os medos assoberbantes e os finais desastrosos. Na comédia, começa-se pela confusão e termina-se pela tranquilidade; na tragédia, os acontecimentos fluem em ordem inversa. Na tragédia, mostra-se um tipo de vida que convém evitar; na comédia, um tipo de vida que convém buscar. Enfim, na comédia, a história é fictícia, mas na tragédia ela frequentemente se baseia em verdades históricas.[7]

Em essência, essa visão dos gêneros dominou a crítica medieval e a do começo do Renascimento.

Tanto Evâncio quanto Donato identificam quatro partes estruturais na comédia: o *prólogo*, declamado antes do início da ação; a *prótase*, que introduz a ação; a *epítase*, ou complicação, e a *catástrofe*, ou resolução. Donato acrescenta observações sobre a representação do drama clássico, os valores simbólicos dos costumes, a declamação dos versos e o acompanhamento musical. Evâncio segue a prática geral romana de tecer encômios particulares a Terêncio. As virtudes atribuídas a esse autor constituem quase um catálogo das mais estimadas pelos críticos latinos: adequação (adaptar o personagem a "hábitos morais, idade, condição social e tipo"); verossimilhança (o que inclui desafio aos tipos tradicionais: por exemplo, mostrar prostitutas que não são más); pureza de gênero (equilibrar o elemento emocional, que poderia emprestar um tom demasiado sério à obra); conveniência (evitar tópicos possivelmente ofensivos); clareza (repelir material obscuro que exigiria explicações de antiquários) e unidade (tudo feito "do mesmo material" e formando "um único corpo").

Há também, nos textos comentados do período clássico tardio, preocupações com os efeitos emocionais do drama, que parecem remontar ao incitamento de paixões de Platão e à *kátharsis* de Aristóteles. Daí a observação, ou de Melampo (século III) ou de Diomedes (século IV), segundo a qual o objetivo da tragédia é levar os ouvintes às lágrimas e o da comédia, fazê-los rir: "Por isso dizem que a tragédia dissolve a vida e a comédia consolida-a".[8] O autor do *De mysteriis*, do século III ou IV (possivelmente Jâmblico), sustenta que, quando testemunhamos as emoções alheias na comédia ou na tragédia, qualificamos as nossas próprias: "Expressamo-las mais comedidamente e purgamo-nos delas".[9]

Um debate mais aprofundado desse assunto pode ser encontrado nos comentários sobre Platão de Proclo Diádoco (*c.* 410-485), a última grande figura da escola neoplatônica do período clássico tardio. Plotino (205-270), chefe dessa escola, abriu caminho à justificação da arte em termos platônicos graças a uma redefinição de mimese. Em célebre passagem do Livro 10 da *República*, Platão escarmentara a arte como imitação de uma imitação: o artesão pode criar uma cama imitando a ideia eterna e abstrata, mas o pintor, considerando unicamente a aparência externa, apenas imita aquilo que o artesão criou. Plotino, embora aceite o conceito platônico das Ideias eternas, defende a arte sugerindo que o artista imita não coisas materiais, mas espirituais; que ele é um visionário, não um mero observador.[10] Enquanto Plotino reservava essa teoria principalmente à escultura, seu discípulo Proclo aplicava-a à poesia, sobretudo a Homero, apesar de tratar brevemente o drama e a epopeia.

No entanto, a despeito de sua insistência num elemento visionário em poesia, Proclo secundava a convicção de Platão de que a comédia e a tragédia deveriam ser banidas do Estado ideal. Segundo essa visão neoplatônica, muitas são as razões para tal medida. A alma tem três estados de ser e a poesia poderia influenciar qualquer um deles: o divino, que propicia a apreensão direta do sumo bem; o racional, que lida com o equilíbrio e a harmonia, instruindo os homens nas boas ações e pensamentos, e o irracional, que tenta suscitar as paixões e deleitar os sentidos. No terceiro e mais baixo estado, diz Proclo, é que Platão situa o apelo do drama e por isso o condenava. De fato, Proclo acredita que a comédia e a tragédia podem apresentar perigos a cada divisão da alma. Concorda com Platão em que no nível das paixões elas acedem ao "riso indecente" e ao "pranto ignóbil", alimentando as emoções em vez de discipliná-las. No nível racional, novamente segundo um exemplo de Platão, oferecem falsas e distorcidas informações sobre os deuses e heróis, confundindo assim as preocupações morais dos homens. O problema se agrava no nível mais elevado: pela imitação de uma grande variedade de caracteres, a tragédia e a comédia arrastam a alma para a diversidade e afastam-na da simplicidade e unidade que caracterizam tanto a virtude quanto Deus.[11]

Evidentemente, os escritores clássicos tardios estabeleceram duas tradições distintas na teoria dramática: gramáticos como Donato e Evâncio, abeberados nos retóricos romanos, enfatizavam as preocupações estruturais e as características dos gêneros opostos da comédia e da tragédia; os neoplatônicos enfocavam menos a estrutura e mais o efeito do drama, com o objetivo último de justificar o banimento dos dramaturgos do Estado ideal, decretado por Platão.

Os ataques dos padres da Igreja contra o teatro tinham muito em comum com essa derradeira postura, tanto no tom condenatório quanto na ênfase no efeito do drama. O primeiro desses ataques remotos, mais extenso e amargo, devemo-lo a Tertuliano (c. 160-250), cujo "De spectaculis" (c. 198) constituiu verdadeira mina de material para as atitudes antiteatrais dos séculos seguintes. Tertuliano vibra três argumentos básicos contra os espetáculos, mas apenas um deles envolve aquilo que poderíamos chamar de teoria do teatro. Em primeiro lugar, cita passagens da Escritura que condenam os espetáculos; em segundo, tenta provar sua natureza idólatra pela origem, lugar, equipamento e intenções; em terceiro, ao considerar seus efeitos, expõe uma teoria parecida com a dos neoplatônicos: enquanto Deus insta os homens a viver em paz, serenidade e candura, o teatro estimula a insensatez e as paixões, encorajando a perda do autocontrole. "Não há espetáculo sem violenta agitação da alma."[12]

Subsequentes comentários cristãos contra o teatro apoiavam-se fortemente em Tertuliano, embora suas doutrinas, sem dúvida, recebessem suporte adicional do entusiasmo generalizado dos romanos pela disciplina e moderação, bem como de uma revivescência de interesse por Platão. Assim, o famoso sermão da Páscoa de São João Crisóstomo (c. 347-407) contra os circos e espetáculos, pregado em 399, condena os frequentadores de teatro por se abandonarem a "transportes, gritos profanos" e cuidarem tão pouco das próprias almas a ponto de "entregá-las cativas à mercê das paixões".[13]

Quase da mesma época (c. 397), as *Confissões* de Santo Agostinho (354-430) também condenam o teatro por suscitar paixões. Tipicamente, no entanto, Santo Agostinho vai além da mera repetição de conclusões convencionais para explorar suas próprias reações, levantando questões pertinentes sobre o efeito do drama que não são encontradas em outros escritos clássicos tardios. Ele considera o amor ao teatro uma "miserável loucura" que enleia o homem nas paixões que deveria evitar. A seguir, especula a respeito do que torna atraentes as emoções trágicas: "Por que será que o homem deseja entristecer-se vendo coisas dolorosas e trágicas que ele próprio não padece de modo algum?". Santo Agostinho localiza esse prazer numa fascinação perversa pela dor. A dor é uma emoção honrosa se acompanhada de piedade ou compaixão, quando então serve para aliviar a causa do sofrimento, diz ele; mas se aquele que se compadece goza a compaixão a ponto de desejar que outrem seja infeliz a fim de tornar-se objeto dessa emoção, um bem em potencial transforma-se em corrupção. Essa infelicidade "fingida e representada" que "o espectador não é convidado a aliviar" é quanto oferece o teatro.[14]

Observações mais amplas sobre o teatro clássico, mas menos interessantes do ponto de vista teórico, podem ser encontradas nos dois primeiros livros de *A cidade de Deus* (413). Santo Agostinho inicia essa monumental apologia na esteira do saque de Roma por Alarico, em 410, para responder às acusações de que tal calamidade fora decretada por Júpiter contra uma cidade enfraquecida pelo crescimento do cristianismo. Os comentários principais sobre o teatro pagão aparecem no Livro 2, que procura demonstrar a decadência dos costumes romanos e a inviabilidade moral dos próprios deuses pagãos. O autor cita os moralistas pagãos que estigmatizaram a licenciosidade do teatro como um modo de desafiar a autoridade dos deuses que, segundo se diz, instauraram esses espetáculos e neles se compraziam. O banimento dos poetas preceituado por Platão é visto com agrado, e assim também as sanções legais romanas contra os atores. Santo Agostinho considera a tragédia e a comédia tradicionais as formas teatrais menos censuráveis, na medida em que elas, pelo menos, preservam a castidade da linguagem, embora às vezes tratem de assuntos moralmente equívocos. Ele observa, mas sem aprovar, que graças à beleza do estilo essas obras continuam sendo estudadas como parte da educação liberal.

Santo Agostinho foi a última grande figura da Igreja primitiva a recorrer a uma certa abordagem crítica do teatro. Quando os padres da Igreja de épocas posteriores (como Silviano, no século V) chegavam a falar do teatro, era apenas para fulminar sua obscenidade. Pouquíssima diferença é feita por esses escritores entre os diferentes tipos de espetáculo – drama convencional, pantomima, circo etc. Referências ocasionais à comédia e à tragédia ainda podem ser encontradas depois de Santo Agostinho, mas com evidência cada vez menor de que tais termos tenham conexão necessária com o drama. Já no tempo de Boécio (c. 480-524), usava-se a palavra tragédia para descrever um gênero antes narrativo que dramático: "Que outra coisa diz o tumultuoso lamento da tragédia senão que a desrespeitosa fortuna transtorna a felicidade?".[15] Essa acepção predominou durante a Idade Média.

NOTAS

1 Apud Lane Cooper, *An Aristotelian Theory of Comedy*, New York, 1922, p.224.
2 Cícero, *Oratory and Orators* 2.62, trad. inglesa de J. S. Watson, London, 1855, p.295.
3 J. W. H. Atkins, *Literary Criticism* in *Antiquity*, Cambridge, 1934, v.2, p.38.
4 Quintiliano, *Institutes of Oratory*, 10.1.68-9, trad. inglesa de J. S. Watson, London, 1871, v.2, p.261.
5 Plutarco, *Morals*, W. W. Goodwin (Ed.), Boston, 1878, v.3, p.11-4.
6 Quintiliano, *Institutes*, 1.4.2, trad. inglesa de Watson, v.1, p.29.
7 Evâncio, De fabula, trad. ingl. de O. B. Hardison Jr., in *Classical and Medieval Literary Criticism*, New York,1974, p.305.
8 Apud Lane Cooper, *Aristotelian Theory*, p.86.
9 *Ibidem*, p.83.
10 Plotino, *Enneads* 1.6, Beauty, trad. inglesa de Stephen MacKenna, London, 1969, p.63.
11 Proclo, *Commentaire sur la République*, trad. francesa de A. J. Festugière, Paris, 1970, 3v., v.1, p.68-9.
12 Tertuliano, Spectacles, trad. inglesa de Rudolph Arbesmann, in *Disciplinary, Moral, and Ascetical Works*, New York, 1959, p.83.
13 São João Crisóstomo, *Oeuvres*, trad. francesa de J. Bareille, Paris, 1864-1876, 21v., v.10, p.488.
14 Santo Agostinho, *Confessions*, trad. inglesa de E. B. Pusey, New York, 1950, v.3, p.2-4.
15 Boécio, *The Consolation of Philosophy*, trad. inglesa de H. F. Stewart, London, 1918, p.181.

3

O PERÍODO MEDIEVAL

Os escritos críticos e teóricos do início da Idade Média dão muita atenção à interpretação e alegoria bíblicas, aplicando as estratégias desses estudos aos poetas clássicos, particularmente Virgílio. Rareiam as observações sobre o drama, que em geral se limitam a reescrever os comentários dos escritores clássicos tardios. Ao longo desses séculos, o Império do Oriente, com capital em Constantinopla, assumiu grande importância na perpetuação da cultura clássica. Após o século VI, quando as províncias latinas já estavam nas mãos dos invasores, o Oriente tornou-se mais grego em caráter, sendo o grego, de um modo geral, aceito como língua oficial. Em resultado, a tradição da crítica grega sobreviveu pelos próximos séculos entre os eruditos de Constantinopla, enquanto os escritores do Ocidente trabalhavam mais inseridos na tradição latina.

Assim, no sábio bizantino João Tzetzes (c. 1110-1180), encontramos um autor cujas observações sobre a tragédia e a comédia mostram claramente o débito para com as fontes gregas clássicas. Ele chama a comédia de "imitação de uma ação... purgativa de emoções, instauradora de vida, formada de riso e prazer". A tragédia ocupa-se de acontecimentos "já transcursos, mas representados como se estivessem ocorrendo no presente", ao passo que a comédia "trata de ficções das coisas do dia a dia". A distinção entre o "relato" da tragédia e a "ficção" da comédia não provém diretamente de Aristóteles, parecendo derivar antes de fonte alexandrina ou ática. O objetivo da tragédia, diz Tzetzes, é levar os espectadores à lamentação; o da comédia, fazê-los rir. O alvo da comédia, portanto, é uma espécie de equilíbrio social. A comédia ridiculariza o "vigarista, o malvado, o maçador" e "pelo resto, conforma-se ao decoro. Assim, a tragédia dissolve a vida, enquanto a comédia a alicerça e robustece".[1]

No Ocidente, o período carolíngio (do século VIII ao X) produziu uma florescência de poesia e comentário crítico sobre literatura clássica e cristã. Disso, pouca coisa dizia respeito ao drama, mas a persistente importância de Donato e Horácio garantiu para o gênero pelo menos alguma atenção crítica ocasional. O *Scholia vindobonensia* carolíngio sobre a *Ars poetica* de Horácio é o mais destacado exemplo; e, uma vez que comenta o poeta latino verso por verso, boa parte dele envolve necessariamente o drama. O autor revela pouquíssima concepção de representação, tomando para modelo, ao que parece, a recitação literária. O coro é visto como um grupo de simpatizantes que não participam da ação e apenas ouvem as falas. Quanto à convenção dos cinco atos, é explicada de maneira curiosa: "O primeiro ato é para os velhos, o segundo para os jovens, o terceiro para as matronas, o quarto para os servos e o quinto para os alcoviteiros e prostitutas".[2]

No século XII, aumentou o interesse pela poesia no Ocidente, mas, a despeito dos promissores títulos de inspiração horaciana – a *Ars versificatoria* de Mateus de Vendôme (c. 1175), a *Poetria nova* de Geoffrey de Vinsauf (c. 1200), a *Ars poetica* de Gervásio de Melcheley (c. 1215) –, tais estudos consideravam invariavelmente o estilo e o ornamento retórico, pouco ou nada dizendo a respeito do drama. O tema, entretanto, foi reintroduzido na crítica do século XIII, quando os neoplatônicos e gramáticos da alta Idade Média começaram a ser desafiados pela abordagem escolástica, mais logicamente orientada. O grande impulso para a mudança foi a tradução dos textos e comentários árabes de Aristóteles, e, na teoria poética, o documento principal foi o comentário da *Poética* pelo célebre erudito árabe Averróis (1126-1198), vertido para o latim em 1256 por Hermannus Alemannus. No prefácio à obra, Hermannus faz uma distinção entre duas posturas tradicionais com relação à poesia: uma, derivada de Cícero, considera a poesia um ramo da retórica que se ocupa, portanto, de filosofia prática ou moral; a outra, derivada de Horácio, trata-a como um ramo da gramática que lida com esta em termos de técnica estilística. Hermannus suspeita que Aristóteles tenha apresentado uma terceira alternativa fazendo da poesia um ramo da lógica, na qual certos efeitos são o obtidos pelo emprego adequado de recursos poéticos. De fato, tanto para Hermannus quanto para Averróis, tais efeitos eram essencialmente didáticos, de sorte que a nova abordagem proposta tornou-se uma nova e essencial maneira de justificar a pregação ética ciceroniana.

Embora Averróis utilizasse diversos termos toscamente equivalentes a *mimesis* (que Hermannus traduz como *assimilatio, representatio* e *imitatio*), o verdadeiro conceito aristotélico era-lhe por demais estranho para que ele o pudesse apreender. Mas, no Capítulo 4 da *Poética*, Averróis encontrou a sugestão de que a poesia se originou de poemas sobre "belas ações" e "versos exprobatórios". Assim, ele começa: "Todo poema e toda poesia são, ou encômio ou escarmento" – sendo a tragédia exemplo do primeiro caso e a comédia, do segundo. Desse modo, coloca a pregação moral na base de sua interpretação e contribui para a tendência da crítica – com que vamos nos deparar ao longo dos séculos seguintes – a presumir, incorretamente, uma base moral em Aristóteles.

Numa passagem subsequente, Averróis explica a relação entre imitação e instrução moral:

> De vez que os imitadores e criadores de similitudes desejavam, por meio de sua arte, impelir as pessoas a determinadas escolhas e desencorajá-las de outras, tinham de tratar assuntos que, ao ser representados, sugeriam virtudes ou vícios.

Assim, virtude e vício tornam-se a base tanto da ação quanto do caráter, sendo o alvo da representação "nada mais que o encorajamento do que é correto e a rejeição do que é vil".[3]

Semelhante interpretação pareceria conduzir inevitavelmente à ideia de justiça poética, com o bem recompensado e o mal punido, mas Averróis prefere o caminho mais difícil de tentar reconciliar essa função moral com o herói aristotélico que sofre desgostos e misérias "sem causa", como diz, pois não dá atenção à *hamartia*. A tragédia estimula as "paixões animais, como a piedade, o medo e o sofrimento" porque a mera pintura da virtude não seria capaz de suscitar uma perturbação da alma, única emoção que a tornaria de fato receptiva à virtude.[4]

Averróis considera o despertar das paixões uma das três "partes" da ação trágica: as outras duas são "indireção" e "direção", que correspondem a reviravolta e descoberta. Elas também são definidas em termos morais. A imitação direta "trata a coisa em si", ou seja, mostra ações dignas de elogio. A imitação indireta mostra "o contrário do que deve ser elogiado", fazendo que a alma o "rejeite e despreze". Essas três "partes" constituem o equivalente de Averróis para o enredo (ou ação) de Aristóteles. As outras partes da tragédia são caráter, métrica, crença, melodia e deliberação. A substituição de espetáculo por deliberação (*consideratio*) revela claramente quão distanciado estava Averróis de um conceito teatral de tragédia. Para ele, a representação significava no máximo uma leitura pública, coisa pela qual tinha pouquíssimo respeito. O poeta talentoso "não precisa melhorar sua reputação recorrendo a auxílios extrínsecos como gesticulação dramática ou expressões faciais. Somente aqueles que se fazem passar por poetas (mas não o são) apelam para tais expedientes".[5] Unidade, coerência e proporção merecem elogios, não por serem em si mesmas recomendáveis, mas apenas por tornar a obra mais eficaz em sua finalidade moral. Do mesmo modo, cumpre buscar a probabilidade e a necessidade porque as ações semelhantes às da vida real são as que mais se prestam a provocar o estímulo adequado da alma.

Sob essa forma bizarra a *Poética* de Aristóteles penetrou no pensamento crítico medieval, mas não devemos lançar sobre os ombros do erudito árabe ou de seu fiel tradutor latino toda a carga das interpretações errôneas que caracterizam boa parte da crítica subsequente. Ao contrário, a obra de Averróis foi logo aceita justamente por harmonizar-se tão bem com as atitudes críticas já perfilhadas. Em seu prefácio, Hermannus afirma ter considerado a possibilidade de traduzir Aristóteles diretamente, mas, "graças à dificuldade do vocabulário e por muitas outras razões", preferiu Averróis, mais compreensível e compatível. Vinte e dois anos depois, em 1278, Guilherme de Moerbeke, bispo de Corinto, realizou uma tradução razoavelmente acurada do texto grego – mas aquele não era o Aristóteles que o século XIII tardio queria ouvir. A tradução de Hermannus foi amplamente lida e citada, sendo impressa em 1481, ao passo que a de Guilherme de Moerbeke não despertou entusiasmo e só foi ao prelo no presente século.

O primeiro esforço significativo para aplicar as doutrinas de Aristóteles tais quais foram interpretadas por Averróis parece ter-se materializado nos longos comentários (1375) de Benvenuto de Ímola sobre Dante. Tentava ele demonstrar que a *Divina comédia* era obra inteiramente de acordo com as regras de Aristóteles, passando do escarmento no "Inferno" ao encômio no "Paraíso", e, mesmo, contendo o tipo de "indireções" descritas por Averróis. Por exemplo, o desespero do "Inferno" poderia ser visto como reflexo indireto da plenitude de esperança contida na parte seguinte, o "Purgatório".

Não há provas de que o próprio Dante considerasse sua obra nos mesmos termos. Os apagados ecos de Aristóteles que podem estar presentes na *Epístola ao Cã Grande della Scala* (*c.* 1315) mostram-no muito mais em harmonia com as ideias tradicionais da comédia e da tragédia, devidas a Donato e aos gramáticos, transmitidas ao longo da Idade Média. Segundo essa tradição – mais formal do que ética –, a comédia lida com cidadãos comuns é escrita em estilo humilde, começa mal e acaba bem. A tragédia fala de reis e príncipes, é escrita em estilo elevado, começa bem e acaba mal. O *Catholican* (1286) de Johannes Januensis de Balbis, contemporâneo de Dante, registra exatamente esses três pontos de distinção.[6]

A epístola de Dante passa por alto os caracteres da comédia e da tragédia, focalizando a linguagem e a organização dos gêneros. A tragédia "começa admirável e tranquilamente, mas seu final ou desfecho é abominável e terrível" (Dante explica a expressão grega "canto do bode" com referência a seu desfecho: "fétido como um bode"). A comédia "introduz certas complicações desagradáveis, porém conduz seu material a um fim auspicioso". Na linguagem, a tragédia é "elevada e sublime" e a comédia, "descuidada e humilde".[7] Assim, a obra-prima de Dante, começando nos horríveis e fétidos limites do Inferno para terminar no Paraíso (escrita, ademais, em vernáculo), ele a designa como comédia. O enfoque diverge bastante do de Averróis, embora a concepção central seja a mesma: comédia e tragédia são termos aplicados a meras variações de formas poéticas. Em ambos os autores, as conotações teatrais desses termos praticamente desapareceram.

A ampla influência de Dante ao longo do século que se lhe seguiu propiciou ainda mais respaldo a essas interpretações medievais da comédia e da tragédia, já bem consolidadas. Chaucer, indubitavelmente, as subscreveu: em sua tradução de Boécio (*c.* 1378), ele retoma a famosa passagem da roda da fortuna para melhor adequá-la à tradição crítica: "A tragédia reproduz uma prosperidade temporária que termina em catástrofe".[8] Uma carta de Dom Inigo López de Mendoza, marquês de Santillana (4 de maio de 1444), declara que os modos poéticos tradicionais são a tragédia, a comédia e a sátira. A tragédia "contém a ruína de grandes reis e príncipes ... que nasceram felizes e assim viveram por longo tempo, para depois ser miseravelmente arrastados à destruição". A sátira é uma obra que "ridiculariza vigorosamente os vícios e exalta as virtudes". A comédia "começa na desgraça, resolve-se no meio, e termina na alegria, felicidade e satisfação".[9]

O surgimento de uma poderosa tradição dramática no seio da Igreja da Idade Média tardia parece paradoxal à luz das suspeitas que os antigos padres nutriam em relação à arte; entretanto, os pontos de vista novo e velho partilhavam uma teoria comum: a do drama como instrução. Tertuliano e Santo Agostinho insistiam nas origens, temas e preocupações pagãs do drama clássico. Mas não poderia o atrativo do drama, perigoso quando pregava tais valores, ser aproveitado para o bem se devotado a assuntos e preocupações cristãs? Tal foi, precisamente, o objetivo da freira saxônica Hrotsvitha (c. 935-973). O prefácio de sua coletânea de comédias cristãs revela inquietação por aqueles que foram induzidos a "atos criminosos" pela leitura de Terêncio, propondo anular esse efeito prejudicial com a "celebração da castidade das virgens cristãs, na mesma forma de composição que os antigos empregavam para pintar as vergonhosas ações de mulheres imorais".[10]

Mais decisivos para o desenvolvimento do teatro religioso posterior foram aqueles que viram, e começaram a apontá-los, elementos dramáticos na própria missa. Esse conceito, invocado por Amalário, bispo de Metz (c. 780-850), foi aplicado, com referência específica à representação do drama clássico, por um de seus discípulos, Honório de Autun, ao *Gemma animae*, que ele escreveu por volta de 1100. Novamente, é claro, a ênfase recaía no elemento didático:

> Bem se sabe que os atores que recitavam tragédias nos teatros representavam para o povo, mediante gestos, as ações de forças conflitantes. Assim também nosso ator trágico representa para os cristãos no teatro da Igreja, por gestos, a luta de Cristo, neles incutindo a vitória de sua redenção.[11]

Tais conceitos refletiram-se claramente no desenvolvimento dos dramas cíclicos, cujos autores estavam bastante cônscios de que essas apresentações tornavam as histórias da Bíblia não apenas mais vívidas e contundentes, mas também mais divertidas. De sorte que o drama medieval, em essência, veio a harmonizar-se com o objetivo horaciano de "deleitar e instruir", como se pode ver claramente na descrição do Doutor de sua função como personagem no *Ludus coventriae:*

> Dos ignaros eu sou professor
> Aqui nesta procissão,
> Para lhes dar instrução.
> Dos letrados, pregador,
> Para que em meu desempenho
> Encontrem satisfação.[12]

NOTAS

1 Apud Lane Cooper, Introdução, in *An Aristotelian Theory of Comedy*, New York, 1922, p.86.
2 *Scholia*, 1. p.190, citado por O. B. Hardison, in *Classical and Medieval Literary Criticism*, A. Preminger et al. (Ed.), New York, 1974, p.288.
3 The Middle Commentary of Averroës of Cordova on the *Poetics* of Aristotle, in *Classical and Medieval Literary Criticism*, trad. inglesa de O. B. Hardison, p.351.
4 Ibidem, p.361-2.
5 Ibidem, p.360.
6 Ver Wilhelm Cloëtta, *Beiträge zur Litteraturgeschichte des Mittelalters und der Renaissance*, Halle, 1890-1892, 2v., v.1, p.28.
7 *A Translation of the Latin Works of Dante Alighieri*, tradutor anônimo, New York, 1904, p.349.
8 Paráfrase do Livro 2.2, verso 50, Geoffrey Chaucer, *Works*, Walter Skeat (Ed.), Oxford, 1894, 6v., v.2, p.28.
9 Dom Inigo López de Mendoza, *Obras*, Madrid, 1852, p.94.
10 Hrotsvitha, *Opera*, Leipzig, 1906, p.113.
11 *Patrologiae cursus completus:* Patrologia Latina, Paris, 1844-1864, p.172, 570. Trad. de David Bevington, in *Medieval Drama*, Boston, 1975, p.9.
12 *Ludus coventriae*, K. S. Block (Ed.), Early English Text Society, e.s. 120, 1922, p.269.

4

O RENASCIMENTO ITALIANO

A história da crítica dramática durante o Renascimento italiano é, essencialmente, a história da redescoberta de Aristóteles, do estabelecimento de sua *Poética* como ponto de referência central na teoria dramática e também das tentativas de relacionar-lhe a obra com a tradição crítica já firmada. Aristóteles era conhecido e citado durante a Idade Média, mas sua reputação não se comparava à de Horácio, Cícero, Quintiliano, Platão ou mesmo Donato. A própria *Poética* ficou perdida para o Ocidente até que a tradução feita por Hermannus da obra de Averróis chamou a atenção de alguns eruditos para, ao menos, essa versão distorcida.

No final do século XV, a tradução latina de Giorgio Valla (1498) e um texto grego publicado em Veneza (1508) colocaram versões moderadamente acuradas da *Poética* à disposição dos estudiosos renascentistas. Entretanto, elas não foram avidamente procuradas. As concepções medievais tardias da natureza e função da tragédia e da comédia evoluíram, como vimos, da harmonização de elementos nos retóricos latinos e gramáticos clássicos tardios. Mas esses elementos, por sua vez, não se harmonizaram facilmente com o texto recém-descoberto; durante pelo menos uma geração, subsistiu claramente uma preferência pelo mais compatível Averróis. Pietro Pomponazzi, por exemplo, em seu *De incantationibus* (1520), cita Averróis ao justificar as fábulas dos poetas: "Eles contam inverdades a fim de que possamos chegar à verdade e, com isso, instruir a multidão vulgar, que deve ser tangida rumo às boas ações e afastada das más".[1]

Na opinião generalizada dos críticos italianos do início do século XVI, a tradição clássica era, em essência, monolítica, com as aparentes contradições e inconsistências resultando de más leituras, más traduções ou corrupções nos textos transmitidos. Assim, os críticos de meados daquele século empreenderam a formidável tarefa de decodificar Aristóteles utilizando, obviamente, os conceitos já estabelecidos pela tradição latina, com sua ênfase na instrução moral. A observação, no comentário de Parrasio sobre a *Ars poetica* de Horácio (1531), de que este tirara seus preceitos de Neoptólemo e Aristóteles repercutiu em muitas obras da mesma década, havendo matizes aristotélicos nas partes I-IV da *Poética* de Trissino (1529) e na *Poética* de Daniello (1536). Todavia, esses trabalhos parecem dever mais a Donato e à tradição latina do que aos gregos, continuando a imperar a instrução moral. Francesco Filippi Pedemonte, em 1546, deve ter sido o primeiro crítico a citar amplamente Aristóteles, embora em comentário sobre Horácio. Os conceitos de mimese e unidade artística, as definições de tragédia e comédia, probabilidade e necessidade, tudo isso aparece no citado comentário, apesar de acomodar-se às ideias horacianas.

O primeiro comentário de vulto publicado sobre o próprio Aristóteles foi o de Francesco Robortello (1516-1568), que ocupava a cátedra de retórica das mais destacadas universidades italianas. Em 1548, no mesmo ano de publicação de seu comentário, ele assumiu o primeiro cargo importante de professor, na Universidade de Veneza. A obra reúne observações dispersas sobre a *Poética* feitas por escritores dos vinte anos anteriores e assinalou a direção a ser seguida por críticos subsequentes.

Talvez o problema mais premente na harmonização de Aristóteles e Horácio tenha surgido em conexão com a mimese. Vem de Aristóteles a ideia de mimese como fim em si mesma, embora Robortello insista menos na própria mimese do que no prazer que o espectador dela extrai: "Portanto, que outra finalidade podemos atribuir à faculdade poética senão a de deleitar por meio da representação, descrição e imitação de cada ação humana, cada emoção, cada coisa animada ou inanimada?".[2]

Ao enfatizar o efeito agradável da mimese, Robortello consegue alinhar Aristóteles com o objetivo horaciano do deleite – e apressa-se a acrescentar que o proveito também está aí presente. O método pelo qual se obtém este último é o tradicional: a imitação e o elogio dos homens virtuosos incitam à virtude; a representação e a condenação dos viciosos reprimem o vício. Assim, as finalidades retóricas sobrepõem-se às finalidades estéticas de Aristóteles; o público deve, em primeiro lugar, tirar não o prazer da unidade e qualidades formais da obra, mas sim a instrução moral dos vários elementos didáticos. O enredo e os caracteres são sobretudo as ações ou traços pessoais que levam à virtude ou ao vício, e, portanto, à felicidade ou à desgraça.

Deve-se notar que Robortello restaura a ideia de representação na teoria dramática. A imitação, na tragédia, pode ser considerada de duas maneiras, observa ele: "Na medida em que é cênica e executada por atores ou na medida em que é construída pelo poeta enquanto escreve".[3] A primeira, sugere Robortello, enfatiza a ação; a segunda, o personagem. Em qualquer caso, os espectadores serão induzidos ao aprimoramento moral somente se a sua experiência parecer relevante para a vida tal qual eles a conhecem. Portanto, a utilidade horaciana justifica a probabilidade aristotélica: "Em geral, se o verossímil contiver verdade, terá o poder de comover e persuadir".[4] As "coisas como devem ser" de Aristóteles não são interpretadas filosófica ou esteticamente, mas retórica e moralmente. Esse liame do verossímil com a instrução moral haveria de tornar-se, conforme veremos, um dos alicerces da teoria neoclássica francesa.

Ao comentário de Robortello acrescentam-se diversas teses suplementares, inclusive uma sobre a comédia. Em substância, ela simplesmente remaneja a *Poética* de Aristóteles substituindo tragédia por comédia e repetindo tudo o que Robortello considerava comum a ambas. Os gêneros distinguem-se basicamente pelo assunto: a comédia apresenta pessoas comuns, a tragédia mostra elementos da classe superior. Nas partes da comédia e tipos de enredo, na descoberta, caráter, pensamento e elocução, Robortello em geral segue Aristóteles de perto, embora enfatize muito mais a adequação e a verossimilhança. O final do ensaio volta-se para Donato e Horácio como autoridades para as partes da comédia, a regra dos cinco atos e uma observação de que o personagem cômico não deve ter mais de cinco entradas em cena (e até menos na tragédia).

Em suma, o esforço de acomodar Aristóteles à teoria literária dominante é recompensado apenas por um ajustamento radical do texto original, menos pela reescrita à maneira de Averróis do que pela reinterpretação dos conceitos-chave. A ênfase de Aristóteles no todo artístico desaparece, já que o efeito estético não é o alvo pretendido. Ao contrário, as diversas partes da obra são analisadas segundo a sua eficácia individual em persuadir ou deleitar o público. Os ideais horacianos de conveniência e adequação aplicam-se a todos os aspectos do drama, na presunção de que os espectadores serão mais facilmente tocados e persuadidos por ações, caracteres e linguagem que pareçam em harmonia com suas concepções já firmadas. A preocupação com a verossimilhança explica os comentários de Robortello sobre a observação de Aristóteles segundo a qual a tragédia tenta restringir-se a "mais ou menos um único giro do sol"; Robortello sugere que isso deve significar o período entre o nascer e o pôr do sol e não as 24 horas do dia, já que as pessoas não costumam "andar e conversar" à noite. Também nesse ponto, o primeiro comentário importante do Renascimento sobre Aristóteles determinou o rumo geral a ser seguido.

O ano seguinte (1549) assistiu à primeira tradução de Aristóteles para o vernáculo, devida a Bernardo Segni. Em 1550, Bartolomeo Lombardi e Vincenzo Maggi publicaram um novo comentário seguindo o exemplo de Robortello. Sua metodologia e conclusões gerais não são muito diferentes, mas pode-se encontrar certa elaboração e algumas restrições significativas. A purgação é tratada em maiores detalhes, propondo-se a teoria de que a piedade e o terror não são as emoções purgadas, mas servem apenas como instrumentos para aliviar a alma de outras afecções, de natureza mais social, como a avareza ou a luxúria. Várias partes da tragédia podem dar prazer, o que não impede que o objetivo final permaneça sendo a instrução. O novo comentário – muito mais que o de Robortello – considera essa instrução dirigida não a um público seleto e receptivo, mas à massa popular. Isso resulta em dobrada insistência na "probabilidade" e na "verossimilhança", ambas interpretadas agora como aquilo que poderá ser aceito pelas pessoas comuns. Já que o objetivo do poeta é

> ensinar a conduta adequada, quer isso seja introduzido na alma do homem por narrativas falsas quer por verdadeiras, seu desejo é realizado. Mas, dado que o poeta não pode alcançar semelhante propósito a menos que tenha credibilidade junto ao público, ele segue a opinião comum nesse ponto.[5]

Conclui-se que os enredos devem ser, ou amplamente conhecidos ou facilmente aceitáveis, como também os personagens e o estilo.

Isso leva ao conceito de conveniência e a várias definições de caráter basilares na teoria neoclássica – moralidade, adequação e generalidade. A moralidade é o fim, as outras são os meios. Os poetas devem imitar "as pessoas melhores, e, ao representar o comportamento delas, expressar a mais elevada probidade de caráter nos personagens que se esforçam por imitar". Entretanto, para que tais exemplos sejam eficazes, têm de ser gerais e previsíveis. O poeta "trata do universal. Pois, quando nos mostra um rei dizendo ou fazendo alguma coisa, o que ele faz ou diz deve ter relação com as coisas usual ou necessariamente atribuídas aos reis".

A ênfase na credibilidade sugere estreita acomodação ao tempo real. Uma vez que a comédia e a tragédia "tentam aproximar-se o mais possível da verdade", o público dificilmente aceitará fatos acontecidos em um mês, mas apresentados em duas ou três horas. Se um mensageiro enviado ao Egito regressar depois de uma hora, que espectador "não vaiará e expulsará o ator do palco, julgando que uma ação tão desarrazoada foi inventada pelo poeta?"[6]

O discorso intorno al Comporre delle comedie e delle tragedie [*Discurso sobre a composição de comédias e tragédias*], de Giambattista Giraldi, ou Cinthio (1504-1573), é a primeira abordagem importante do drama, no Renascimento, realizada por um dramaturgo profissional – e, como sucede frequentemente, sua postura revela-se muito menos inflexível do que os pronunciamentos dos críticos que não praticavam a arte. O *Discorso* foi publicado em 1554, mas a data de sua composição é incerta. Giraldi dizia-o a primeira exposição da *Poética* de Aristóteles em vernáculo e datava-o de 1543, porém a evidência interna remete a obra para mais tarde. Parece provável que ele escolheu aquela data para reivindicar precedência e evitar acusações de plágio da parte de Maggi.

Por quase meio século antes de Giraldi escrever seu *Discorso* [*Discurso*], a corte e a comunidade intelectual de Ferrara, sob forte influência de Ariosto, interessara-se pela revivescência da produção de peças clássicas. A principal contribuição de Giraldi para o novo repertório foi sua tragédia *Orbecche*, profundamente inspirada em Sêneca e representada pela primeira vez em 1541. Em 1543, quando *Orbecche* foi publicada, Giraldi já escrevera mais três peças, e o *Discorso* é tanto uma defesa dessas obras quanto um comentário sobre Aristóteles. Na verdade, uma observação na dedicatória de *Orbecche* quase nos levaria a suspeitar que

Giraldi se voltou para a espécie de crítica relativística que surgiu no século XIX: "Aristóteles é obscuro demais para ser tomado como guia; seria melhor escutar a razão e considerar o tempo, o lugar e o progresso realizado".[7] A frase final é quase uma prefiguração do famoso *race, moment* e *milieu* de Hippolyte Taine, no século XIX, mas, obviamente, o escopo de Giraldi não é tão radical. Ele apenas se permite uma generosa interpretação das fontes clássicas. De fato, seu comentário segue Aristóteles com moderada fidelidade, embora se notem algumas diferenças gritantes, sendo a mais notória a defesa que ele faz do final feliz na tragédia e do enredo duplo. Aristóteles admite ambas as possibilidades, mas as considera inferiores dizendo que costumam ser empregadas por autores subservientes aos caprichos do público. Um subproduto da tendência moralista da crítica do Renascimento era uma grande preocupação com a reação da plateia, de sorte que Giraldi bem que gostaria de desafiar Aristóteles nesse ponto. Suas peças, admite voluntariamente, foram escritas

> unicamente para servir aos espectadores e ser agradável no palco, conformando-se o melhor possível às práticas da época. Pois, mesmo que Aristóteles afirme que isso alimenta a ignorância do público, a posição contrária também tem seus defensores. Penso ser mais acertado agradar ao que deve ouvir, a despeito de alguma perda de excelência (presumindo que a opinião de Aristóteles seja superior), do que acrescentar uma majestade que iria desgostar aqueles para cujo deleite a ação é encenada.[8]

Vale lembrar que o objetivo de agradar jamais é representado como um fim em si mesmo. O prazer permanece como um meio para alcançar a instrução moral, e é a essa luz que Giraldi considera tanto a ideia de purgação quanto o tema da comédia e da tragédia:

> A tragédia, por meio da piedade e do terror, mostra o que devemos evitar; ela purga as perturbações em que os personagens trágicos se envolveram. Mas a comédia, pondo diante de nossos olhos aquilo que devemos imitar, com paixões, sentimentos temperantes misturados a brincadeiras, com riso e zombaria, insta-nos a um modo conveniente de vida.[9]

Giraldi invoca uma distinção nítida dos dois gêneros no caráter (principesco *versus* plebeu), na ação (nobre *versus* banal) e na linguagem (poética *versus* prosaica). A preocupação de Aristóteles com a "extensão" adequada do enredo converte-se, a despeito de sua advertência, na questão prática do tempo de apresentação. Giraldi sugere cerca de três horas para a comédia e quatro para a tragédia, apesar de os cinco atos desta última poderem incluir eventos de "um único dia". Ao longo desse comentário, surpreendemos a ação de uma dinâmica graças à qual uma concessão ou exceção em Aristóteles é tomada como regra geral, usualmente em nome da instrução moral ou da eficácia em comover a plateia – ou seja, consoante os objetivos horacianos de deleitar e instruir. Assim, por exemplo, onde Aristóteles admite histórias inéditas como bases *possíveis* do drama, Giraldi assevera que as inventadas são, *em regra*, superiores às já conhecidas porque despertam mais interesse e, com isso, revelam-se mais produtivas em seus ensinamentos.[10]

O processo de reexame e ajustamento da tradição crítica, acionado pela necessidade de acomodar a *Poética*, ampliou-se a partir de meados do século em virtude do desenvolvimento de uma tradição dramática renascentista. Novas peças apareciam regularmente, e sua relação com a teoria e a prática clássicas constituíam assunto de constante preocupação tanto para os autores quanto para os eruditos contemporâneos. Giraldi é o mais eminente, porém de modo algum o único exemplo de um dramaturgo a defender a própria obra referindo-se a Aristóteles quando possível, mas, se necessário, citando a prática romana contra a grega, Eurípides contra Sófocles, confiança ou satisfação do público contra tudo o mais. Entre 1543 e 1558, Giraldi envolveu-se numa controvérsia quanto à obra de outro dramaturgo, Sperone Speroni (c. 1500-1588). A *Canace* de Speroni (1541) foi alvo dos ataques de Bartolomeo Cavalcanti e outros por uma série de razões, mas principalmente porque seus protagonistas eram pessoas frágeis, consideradas inadequadas para heróis trágicos pelo próprio Aristóteles. Speroni admitia ter-se afastado da tradição, mas insistia em que também os fracos conseguem inspirar piedade e terror, e em que a pessoa mediana, postada entre o bem e o mal, pode simpatizar com ambos. Giraldi, instado por Speroni a dar sua opinião, sem dúvida desapontou-o ao assumir no caso uma firme postura aristotélica e concordar com Cavalcanti em que a figura principal de *Canace* não era capaz de inspirar uma verdadeira purgação e, consequentemente, de melhorar os espectadores. E o assunto ficou por aí durante algum tempo, mas as questões suscitadas por *Canace* e pelas peças de Giraldi continuaram a inquietar, com variações do mesmo debate surgindo sempre que dramaturgos posteriores tentavam testar, de igual modo, os limites da teoria ortodoxa.

O dramaturgo cômico florentino Antonfrancesco Grazzini, apelidado "Il Lasca" (1503-1583), não era particularmente revolucionário em sua obra; seus prefácios, no entanto, desafiam abertamente a autoridade clássica. O primeiro prólogo a *La gelosia* [*O ciúme*] (1550) censura a abjeta devoção dos autores contemporâneos à prática clássica, em especial o recurso improvável da descoberta de parentes ignorados. Ao tentar seguir os antigos, eles apenas criam misturas canhestras do velho e do novo. O que mais surpreende, porém, é Grazzini descartar a visão amplamente aceita da comédia como instrumento didático: "Quem quiser aprender a respeito da vida civil e cristã não precisa para isso ver comédias". Aqueles que buscam semelhante instrução devem, de preferência, recorrer aos "milhares de bons e santos livros" disponíveis, bem como ouvir sermões "não só na Quaresma, mas durante o ano todo".[11] O prólogo a *La strega* [*A feiticeira*] (1566) lança um desafio ainda mais direto: "Aristóteles e Horácio conheciam bem a sua época, mas a nossa é diferente. Temos outros costumes, outra religião, outro modo de vida e, portanto, precisamos criar nossas comédias de outra maneira".[12]

Essas declarações ocasionais de independência por parte de dramaturgos profissionais foram totalmente ignoradas pela persistente tradição do comentário erudito. O terceiro dos "grandes comentários" sobre a *Poética*, da autoria de Pietro Vettori (1499-1585), apareceu em 1560. Vettori estava mais interessado em resolver questões filológicas específicas e menos empenhado em justificar uma teoria poética consagrada do que Robortello ou Maggi – o que, não raro, levou-o a uma concepção mais próxima do original. Por exemplo, considerava acertadamente a purgação o "fim" da tragédia, embora admitisse que outras emoções, além da piedade e do terror, pudessem provocá-la. Seu tom é menos didático que o dos predecessores, mas a ênfase que pôs nos sentimentos e confiança da plateia situa-o ainda, de maneira clara, na tradição retórica.

Afora os comentários específicos sobre Aristóteles, os estudos gerais de poesia publicados nesse período invariavelmente dão alguma atenção à *Poética* e vários a discutem com amplitude. O mais abrangente e conhecido é o alentado *De poeta* (1559) de Antonio Sebastiano Minturno, bispo de Ugento (falecido em 1574). Quatro anos mais tarde, ele publicava uma obra suplementar em italiano, a *Arte poética*, que se ocupou menos de teoria geral do que de análise de tipos específicos de poesia contemporânea. Os Livros 3 e 4 do *De poeta* ocupam-se da tragédia e da comédia, como o Livro 2 da *Arte poética*.

Minturno – prelado, poeta e crítico – participou do Concílio de Trento e produziu essas duas obras máximas sobre poesia no mesmo período. Uma das preocupações do concílio, determinar o que se deveria preservar e incentivar da época humanista e primórdios do Renascimento, também caracterizava a teoria poética do bispo; ela é nitidamente mais conservadora e moralista do que, por exemplo, a de Giraldi. Minturno declara que o objetivo de toda poesia é "instruir, deleitar e emocionar", sendo que o alvo final da tragédia consiste em "purificar, da alma dos ouvintes, as paixões".[13]

Com base nessa passagem, atribui-se a Minturno o acréscimo de "emocionar" à tradicional fórmula horaciana "instruir e deleitar". O conceito, entretanto, de modo algum é original. Robortello já falava em recorrer ao verossímil para emocionar e persuadir; e a ideia de despertar piedade e terror, quer fosse tida como finalidade em si mesma (por aqueles críticos que enfatizavam o prazer emocional da tragédia), quer como meio para um fim (pelos que buscavam a utilidade moral) sempre implicava comover a assistência. O fato de o drama provocar risos ou lágrimas foi notado por Horácio e vários críticos posteriores. Mas Minturno parece ter acentuado essa ênfase o suficiente para ampliar o tradicional objetivo duplo da poesia, tornando-o triplo. Sua verdadeira inspiração veio, provavelmente, não da crítica poética, mas do "ensinar, deleitar e emocionar" da retórica ciceroniana, fonte importante de muitas de suas ideias.

Na *Arte poética*, Minturno desenvolve esses três elementos numa mescla interessante de ideias medievais e renascentistas. A tragédia ensina, à moda da Idade Média, exibindo exemplos de mudanças de fortuna a fim de compreendermos que, na prosperidade, não devemos depositar nossa confliança em coisas mundanas, e que não há neste mundo ninguém suficientemente estável ou vivido que não seja frágil e mortal, ninguém feliz o bastante para não cair em desgraça, ninguém tão grande que não possa se tornar humilde e vil.[14]

A purgação é entendida à luz do discernimento assim alcançado, pois "pessoa alguma é tão dominada por apetites irrefreáveis a ponto de, transida de medo e piedade pela desventura alheia, não tenha a alma purgada das paixões que foram causa daquela vicissitude".[15]

Tal como outros teóricos preocupados com a instrução moral do público, Minturno insistia bastante na verossimilhança. O poeta deve exibir unicamente o que é verdadeiro, imitando-o de modo que a assistência o aceite como tal; assim, é dado papel proeminente à adequação e à conveniência. Os gêneros dramáticos distinguem-se pelos tipos de desfecho (embora Minturno conceda que a tragédia tenha final feliz) e pelos tipos de caráter (grandes homens na tragédia; mercadores e gente comum na comédia; pessoas humildes, desprezíveis e ridículas no drama satírico). Citando a prática dos antigos, Minturno aconselha que a ação dramática se passe num único dia e nunca além de dois, restringindo-se a representação a não menos de três horas e não mais de quatro. Faz eco a Aristóteles invocando a unidade e a completude da obra, mas essa unidade parece menos de forma que de tom, pois as diversas partes do drama são analisadas com mira antes no efeito retórico que na articulação estética.

Nos anos que mediaram entre as poéticas latina e italiana de Minturno, duas outras obras similares de ampla influência apareceram: *Poetice* (1561) de Júlio César Escalígero (c. 1484-1558) e os Livros 5 e 6 de *La poetica* (c. 1563) de Trissino. A obra de Escalígero era ainda mais volumosa e abrangente que o vultoso *De poeta* de Minturno, um sólido e erudito compêndio que mostra por que, ao morrer, Escalígero era universalmente considerado o homem mais culto da Europa. Ainda mais impressionante que o tamanho e a sapiência de seu estudo era a organização deste, pois Escalígero não se satisfez, como Minturno, com colecionar um corpo de ideias críticas nem sempre harmônicas entre si: trabalhou intensamente para surpreender inter-relações e desenvolver um sistema organizado e consistente. Bem sabia que o sistema assim criado contradizia Aristóteles em muitos pontos importantes, mas mesmo assim não hesitou em optar pela consistência contra a autoridade. A força de sua reputação era tal que, mesmo onde a autoridade de Aristóteles funcionava como ponto regular de referência, os críticos que não concordavam com o Estagirita podiam referir-se a Escalígero para uma possível alternativa. Poetas dramáticos modernos como Giraldi Cinthio e Speroni já haviam desafiado a autoridade dos antigos; Escalígero foi o primeiro crítico de peso a revelar semelhante independência.

As definições de Escalígero para tragédia e comédia afastam-se não apenas de Aristóteles (a quem ele condena) como também das distinções tradicionais dos gramáticos. A tragédia é "uma imitação por intermédio das ações de vidas eminentes, infelizes no desfecho, em métrica discursiva grave". Numa passagem subsequente, até o desfecho infeliz é posto à parte, sugerindo Escalígero que a tragédia precisa apenas conter eventos horríveis. A comédia é "um poema dramático repleto de intrigas e ações, de final feliz e escrito em estilo vulgar".[16] Harmonia e canto são excluídos da definição de tragédia graças ao fato de aparecerem apenas quando a peça é levada ao palco e não durante a leitura. O "de certa extensão" é descartado como evidente por si mesmo, e a purgação, por não ser universalmente aplicável. Quanto às partes da tragédia, Escalígero acha algumas das divisões de Aristóteles insignificantes, outras extrínsecas, e o todo uma miscelânea de coisas improváveis. Afirma que o enredo é completo em si mesmo; o caráter, uma qualidade dele; a elocução, um de seus ornamentos; e o pensamento (traduzido como *sententiae* ou aforismos), uma parte da elocução. Melodia e encenação não passam de elementos absolutamente exteriores, de modo algum essenciais à tragédia como tal.

Essa disposição talvez sugira que Escalígero concorda com Aristóteles pelo menos quanto ao primado do enredo. Na verdade, porém, conforme se depreende de sua definição de tragédia, ele considerava o caráter mais importante porque, como a maioria dos contemporâneos, via no aperfeiçoamento moral a finalidade precípua do drama. Ao mesmo tempo, à diferença de quase todos esses contemporâneos, não tentou ler semelhante postura em Aristóteles, mas admitiu francamente um enfoque diferente. "Aristóteles afirmou que seu objetivo total era a imitação", observa ele, apenas para contestar: "O alvo da poesia não é a imitação, mas antes a instrução agradável graças à qual os hábitos das mentes humanas são impelidos para a razão correta de modo que, por meio deles, as pessoas possam realizar ações perfeitas, a que se dá o nome de Beatitude".[17]

Portanto, não seria exagero dizer que Escalígero negava por completo a mimese. Enquanto críticos anteriores interpretavam as expressões aristotélicas "adequação" e "como a realidade" no sentido de que os caracteres dramáticos deveriam adaptar-se à expectativa da plateia ou às normas da natureza, Escalígero não faz distinção entre as coisas da natureza e as coisas da poesia. As criações de Virgílio integram uma realidade semelhante à das criações da natureza.[18] Assim, o conceito de verossimilhança recebe uma nova e mais radical interpretação, que em muito se assemelha à dos realistas do século XIX. Para Escalígero, o drama criava uma realidade de cujos artifícios, idealmente, o público não se apercebia. Embora ele não tirasse daí uma interpretação estreita das unidades de tempo e lugar, sua insistência em que os eventos teatrais se aproximassem o mais possível da realidade forneceu uma base para tal interpretação, justificando até certo ponto a expressão francesa *"unités scaligériennes"*.

Giangiorgio Trissino faleceu em 1550, muito antes da publicação, em 1563, dos dois livros finais de sua *Poética*, cuja data de composição, aliás, é desconhecida. Inicialmente, Trissino conquistou fama, não como crítico, mas como dramaturgo: a *Sofonisba* (1515) foi uma das primeiras e, para muitos, melhores tragédias do Renascimento. Ele alcançou grandes honras na Igreja e no serviço diplomático, tanto quanto na literatura e na crítica. Apesar de o prefácio da *Sofonisba* (publicada em 1524) mostrar um conhecimento de Aristóteles nada usual para a época, somente uns quantos traços desse conhecimento aparecem nos primeiros quatro livros da *Poética*, que veio a público em 1529. Por esse tempo Trissino anunciou que os dois livros restantes estavam em preparação e logo iriam ao prelo. Se a promessa tivesse sido cumprida e os livros fossem algo mais que as versões finalmente publicadas, Trissino mereceria a glória de haver introduzido a crítica aristotélica no Renascimento italiano. Em 1563, entretanto, quando os livros finalmente apareceram, revelaram-se muito menos revolucionários do que se esperava; de fato, é possível que o autor os tenha amplamente refundido durante os vinte anos intervenientes em que Maggi, Robortello e outros andaram guindando Aristóteles a uma posição de destaque.

Embora integrem a discussão geral sobre poesia como a realizada por Escalígero, os livros finais de Trissino são em essência uma tradução fluente e um comentário de Aristóteles, próximos, sob o aspecto formal, da obra de Robortello. Não intentam um sistema coerente como o apresentado por Escalígero, sendo antes um conjunto de observações a respeito de determinadas passagens, previsivelmente matizadas pela visão dominante da crítica em geral. A ênfase na instrução lembra Averróis: a poesia imita "para que os homens bons sejam exaltados e admirados" ou "acusados e censurados os homens maus", e as sugestões de Aristóteles quase sempre se convertem em regras. Por exemplo, o enredo trágico "tem" de mostrar "pessoas ilustres, de mediana virtude aliada ao amor ou à consanguinidade". [19]

O surgimento, em 1570, da *Poetica d'Aristotele vulgarizzata e sposta* [*A poética de Aristóteles vulgarizada e exposta*], de Lodovico Castelvetro (1505-1571), foi um acontecimento de monta na poesia renascentista. Trata-se do primeiro dos "grandes comentários" sobre Aristóteles a serem publicados em italiano (ou mesmo em qualquer língua europeia moderna), constituindo por isso um passo capital para tornar os conceitos poéticos acessíveis a um público mais vasto. Além disso, era menos um comentário que uma tentativa, ainda mais radical que a de Escalígero, de estabelecer um sistema poético capaz de rivalizar com o do filósofo grego. Castelvetro, como Escalígero, nunca hesitou em patentear como suas ideias diferiam das que ele atribuía ao seu predecessor clássico. O texto é semeado de variantes das palavras "segundo Aristóteles ... o que creio ser falso". As principais discordâncias surgem quase sempre de uma única causa: a mudança básica do enfoque crítico. Para Aristóteles, o foco era o drama em si, sua estrutura e relações internas. Castelvetro considera ponto central da crítica dramática uma análise do drama à luz das necessidades e exigências dos espectadores. O palco e o drama, repete ele várias vezes, foram inventados para "gáudio da multidão ignorante", e assim devem ser considerados. Ambas as partes dessa frase tiveram amplas implicações na obra de Castelvetro e separaram-se completamente não apenas de Aristóteles, mas de quase todos os seus predecessores renascentistas.

A mudança radical, obviamente, é a promulgação do prazer finalidade única da poesia. Deletar e instruir (e, ocasionalmente, comover) constituíram, desde os primórdios da crítica do Renascimento, as bases raramente contestadas da poesia; toda ênfase incidia primeiro no aspecto didático, considerando-se o prazer um meio de tornar a instrução mais eficaz. Castelvetro, ao contrário, repete à saciedade que "a poesia foi inventada apenas para deleitar e recrear",[20] e condena especificamente a função didática como um falso objetivo.

Igualmente radical não apenas para sua própria época, mas para toda a tradição da crítica dramática, é a inabalável exigência de que o drama seja criado não para os doutos ou esteticamente sensíveis, mas para a massa inculta – e esta, não na qualidade de leitores, porém de "espectadores e ouvintes". Isso enfatiza o drama como arte encenada, repelindo Castelvetro quaisquer tentativas de considerá-lo independentemente de sua representação: "Aristóteles opina que o prazer auferido da leitura de uma tragédia é tão grande quanto o que se obtém de sua encenação; e isso afirmo ser falso".[21]

Num certo sentido, os críticos a partir do período clássico tardio insistiram no efeito sobre a plateia bem mais do que o fizera Aristóteles. Decerto, Tertuliano e os padres da Igreja preocupavam-se principalmente, e até obsessivamente, com esse aspecto do drama, e a tradição da crítica que se inspirou na teoria retórica compartilhava com essa teoria o enfoque no efeito. Castelvetro, entretanto, distanciava-se tanto dessas tradições quanto de Aristóteles; não apenas insistiu no prazer da plateia como advogou, sem apologia ou embaraço, o mínimo denominador comum para essa plateia.

Os famosos pronunciamentos de Castelvetro sobre as unidades podem ser mais bem examinados à luz dessas concepções. O público que ele postulava "não compreende as razões e as discrepâncias dos argumentos – sutis e desconhecidos dos ignaros – que os filósofos utilizam para investigar a verdade das coisas e os artistas para normatizar as artes".[22] Essas pessoas confiam muito mais no senso comum e na evidência de seus olhos e ouvidos. Por isso, impossível "fazê-los acreditar que vários dias e noites transcorreram quando seus sentidos lhes dizem que só se escoaram algumas horas"; quanto à apresentação, "deve levar o mesmo número de horas em que a ação realmente ocorreria". De igual modo, o cenário também não deve ser trocado, restringindo-se "ao quadro capaz de ser percebido pelos olhos de uma única pessoa".[23]

Aqui, em sua forma mais rígida, temos as duas famosas unidades de tempo e de lugar. Castelvetro mostra-se muito consistente em relação a elas: não admite, nesse ponto, nenhuma ampliação para fins dramáticos. Às vezes, sua declaração de que uma ação pode abranger até 12 horas é considerada prova de que ele está simplesmente seguindo outros comentadores ao tomar literalmente a célebre "uma revolução do sol" de Aristóteles, mas não é assim. As 12 horas de ação de Castelvetro iriam literalmente ocupar esse prazo, mas considera-o um limite máximo não por causa de Aristóteles, e sim porque não se pode esperar que uma plateia vá permanecer mais que isso no teatro sem "atender às necessidades do corpo como comer, beber, expelir os fardos supérfluos do ventre e da bexiga, dormir e outras mais".[24]

No tocante à ação, Castelvetro mostra-se, na verdade, mais flexível que Aristóteles, que a considerava a unidade principal. Castelvetro achava que o escopo restrito do drama, se comparado ao da epopeia, de fato não combinava com as ações múltiplas, mas que estas eram encorajadas pela necessidade de agradar ao público: "Não há dúvida de que é mais agradável ouvir um enredo contendo muitas e diversas ações do que um enredo de ação única".[25] Assim, se o dramaturgo conseguir inspirar agrado dentro desses estreitos limites, dará muito maior prazer aos espectadores graças às dificuldades que teve de superar. O reconhecimento das dificuldades enfrentadas, parte do prazer artístico que também não escapou a Robortello, parece ser o único julgamento de ordem artística que Castelvetro concede à sua tacanha plateia.

Castelvetro aceita a piedade e o terror aristotélicos na tragédia, mas rejeita a purgação: julga que Aristóteles a inventou para replicar a Platão e tornar a tragédia útil. Na verdade, diz ele, a despeito de seus temas quase invariavelmente tristes, a tragédia nos proporciona um prazer "oblíquo", obtido de duas maneiras: primeiro, quando nos sentimos condoídos dos sofrimentos alheios, "reconhecemos que nós próprios somos bons, já que as coisas injustas nos desagradam", o que é bem agradável; segundo, testemunhando desgraças, "aprendemos de uma maneira serena e sutil até que ponto estamos sujeitos ao infortúnio", o que é melhor do que sermos disso informados "com palavras francas".[26] Esse último meio de obter prazer difere pouco da tradicional justificação didática da tragédia: sem dúvida Castelvetro, como muitos dos críticos que consideram o prazer a finalidade da arte, encontra tropeços para explicar a atração da tragédia.

Embora Castelvetro, de um modo geral, prefira a ação à narração no palco, sugere que os feitos de "crueldade e horror" sejam narrados não por razões de decoro, mas porque não se pode esperar que sejam encenados com verossimilhança. Essa mudança da tradição clássica para a psicologia do público logo teve ressonância em outros críticos. Giorgio Bartoli, secretário de um fidalgo que apareceria em 1573 numa recriação de *Orbecche*, confessou a seu senhor certas dúvidas quanto às mortes encenadas naquela peça: "Coisas há que, por sua natureza, provocam mais impacto e compaixão quando as imaginamos ouvindo-as contar que as vendo com os próprios olhos, especialmente os atos que consomem pequeno lapso de tempo como ferir e matar".[27]

Enfoque similar no público e suas exigências caracteriza as *Annotationi nel libro della Poetica d'Aristotele* [*Apontamentos ao livro da Poética de Aristóteles*] (1575), de Alessandro Piccolomini (1508-1575), pioneiro na composição de tratados filosóficos em vernáculo e autor de duas comédias populares. Ele evita a escrupulosa verossimilhança de Castelvetro, argumentando que os frequentadores de teatro, embora iletrados, sabem muito bem que não estão assistindo à realidade. A imitação não é a verdade, do contrário não seria imitação, e os espectadores "nela reconhecem tudo quanto se afasta da verdade e que a arte da imitação necessariamente exige e produz".[28] Assim, Piccolomini, apesar de aceitar a unidade de tempo, não insiste numa correspondência minuto a minuto, sem no entanto repelir as recomendações de Castelvetro para o conforto da plateia. Ele está convencido de que o público acata facilmente a convenção do tempo teatral, e o dia artificial da tragédia pode representar-se em duas ou três horas e poupar aos espectadores "o tédio, o aborrecimento e também o desconforto que padeceriam caso a peça durasse o dia inteiro".[29]

É importante notar, dado o enorme impacto que o conceito rigidamente definido de verossimilhança, elaborado por Castelvetro, teve nos críticos posteriores (sobretudo na França), que tal conceito de modo algum era universalmente aceito por seus contemporâneos italianos. Orazio Ariosto (1555-1593), mais conhecido por seus comentários sobre Tasso, assumiu uma perspectiva ainda mais liberal que a de Piccolomini ao defender uma nova tragédia, *Sidonia*, que submeteu aos Accademici Innominati de Parma em 1583. Piccolomini concorda com Castelvetro em que a tragédia deva basear-se em histórias conhecidas, já que estas – aceitas como verdadeiras – decerto produzirão impacto maior. Ariosto, advogando seu direito de criar fábulas inéditas, desafia a crença segundo a qual o público precisa do apoio da história, chamando a isso apenas mais um aspecto da falsa concepção de que as plateias não podem nem querem distinguir entre teatro e realidade. Ele vergasta essa concepção com uma *reductio ad absurdum* que antecipa um dos argumentos de Hugo contra as exigências de verossimilhança do neoclassicismo francês:

> Se quisermos persuadir os espectadores de que a coisa representada é mesmo verdadeira, já não bastará montar cenários ou recorrer a semelhantes simulações: cidades inteiras terão de ser construídas. Nem será o bastante vestir os atores de trajes principescos, mas sair a tirar de seus sepulcros as cinzas das Clitemnestras, dos Édipos ... para colocá-los de novo, não digo no palco, mas em seus palácios reais.[30]

O comentário latino sobre Aristóteles, publicado em 1585 por Antonio Riccoboni (1541-1599), foi o menor dos "grandes comentários", sem nada do material linguístico e pouco do material histórico tão abundantes em Escalígero e Castelvetro. Um dos aspectos mais intrigantes dessa obra é a mudança no objetivo proposto para a poesia. Riccoboni descarta várias sugestões de seus predecessores: utilidade como preocupação filosófica, só por acidente escopo da poesia; prazer, sujeito a abusos; a combinação horaciana de utilidade e prazer, internamente contraditória; e a própria imitação, inadequada para explicar a poesia em geral. Assim, Riccoboni vem a considerar o enredo, como Aristóteles, o elemento principal da tragédia; ele é o único dos grandes comentadores a fazer isso.

Semelhante discordância quanto ao objeto da invenção poética deveria advertir-nos de que a crítica renascentista italiana não pode ser considerada uma tradição única e homogênea. A visão clássica tardia da utilidade como alvo da poesia era talvez a postura crítica mais disseminada, graças tanto à tradição retórica quanto à necessidade – ainda fortemente sentida – de replicar às objeções de Platão. No entanto, alguns dos críticos mais destacados do período até isso rejeitaram, com Castelvetro enfatizando o prazer, Escalígero, a imitação e Riccoboni, o enredo acima de quaisquer considerações morais.

Havia, também, desafios diretos à autoridade clássica, antecipando certos argumentos-chave dos românticos. Grazzini, como vimos, insinuava que outros tempos exigem outras regras; Giordano Bruno (1548-1600), num diálogo do *De gli eroici furori* [*Das cóleras heroicas*] (1585), escrito em Londres e dedicado a Sir Philip Sidney, sugeria que "a poesia não nasce das regras, mas do simples acaso"; ao contrário, as regras é que derivam da poesia: "Por isso, há tantos gêneros e espécies de regras verdadeiras quantos poetas verdadeiros há". Estes têm de ser reconhecidos pela fama de que gozam, e pelo deleite e instrução que proporcionam – nunca por sua observância das regras. Aristóteles só é útil "para aqueles que não podem, como Homero, Hesíodo, Orfeu e outros, ser poetas sem a ajuda de Aristóteles".[31]

Livros novos que partiram da prática clássica, como o *Canace*, de Speroni, ou a *Sidonia*, de Ariosto, vieram acrescentar outra dimensão a essa discussão, enquanto o surgimento de gêneros inteiramente novos punha ainda mais em xeque a tradição clássica. Giovanmaria Cecchi (1518-1587) geralmente seguia a tradição em suas comédias, mas considerava suas *farsas* – forma nova – não sujeitas à observância das regras usuais. O prólogo de *Romanesca* (1585) explica:

> A *farsa* é uma terceira coisa nova
> Entre a tragédia e a comédia.
> De ambas, usufrui a liberdade,
> Mas as restrições lhes evita.
> Acolhe príncipes e dignitários,
> Ao contrário da comédia; e recebe,
> Como os hospitais e as tabernas,
> A massa vil dos plebeus,
> O que a Senhora Tragédia jamais fez.
> Não se restringe a alguns temas – a todos aceita:
> Leves e pesados, sagrados e profanos,
> Rústicos e urbanos, alegres e tristes.
> Não se importa com os lugares:
> Passa-se na igreja, na praça, seja onde for.
> Quanto ao tempo, se não ocorrer num só dia,
> Ocorrerá em dois ou três.[32]

Bem mais influente que a *farsa* foi a pastoral tragicômica, que estimulou intenso debate literário. Os partidos opostos eram liderados por Battista Guarini (1538-1612), cujo *Il pastor Fido* [*O pastor Fido*] (1590) alcançou enorme sucesso internacional a despeito dos protestos dos críticos tradicionais, e Giasone Denores (c. 1530-1590), professor de filosofia moral na Universidade de Pádua e zeloso defensor da teoria clássica. Em 1587, Denores publicou um *Discorso* atacando a própria ideia da "tragicomédia, pastoral" em bases formais, estilísticas, estruturais e, sobretudo, morais. O argumento ético voltava-se essencialmente para o tema. Denores alegava que as atividades dos pastores pouca relevância teriam para os sofisticados espectadores urbanos. Nem os vícios conducentes à tragédia, nem as tolas vaidades conducentes à comédia adequavam-se às situações pastoris e qualquer tentativa de introduzi-los faria os pastores falarem e agirem de modo não natural, ofendendo assim a adequação e a verossimilhança. Contra a tragicomédia, Denores citava Cícero, que considerava insensatez misturar qualidades contrárias; Platão, para quem era improvável um escritor lograr êxito ao mesmo tempo na tragédia e na comédia; e Aristóteles, que advogava a pureza de gêneros – todos amparados pela tradição que via os dois gêneros como inalteravelmente opostos em estilo, caracteres e tom emocional.[33]

Guarini respondeu com *Il verrato* (1588), publicado sob o nome de um ator popular contemporâneo, e retrucou a novo ataque de Denores com um segundo artigo em 1593. Em 1599, esses dois trabalhos foram combinados e publicados como *Compendio della poesia tragicomica* [*Compêndio da poesia tragicômica*], documento capital dessa controvérsia. Guarini admite a distinção renascentista (mas não aristotélica) corriqueira entre os gêneros: a tragédia contendo "pessoas importantes, ação séria, terror e compaixão"; e a comédia, "personagens e atos privados, risos e chistes". Mas, com exceção do terror – que ele considera exclusivo da tragédia –, Guarini sustenta que todos esses elementos na verdade se combinam na natureza. "Não poderão coisas divertidas irromper em meio a assuntos sérios?", pergunta. "Os príncipes sempre agem com majestade? Não se dará o caso de que, às vezes, se ocupem de problemas particulares?"[34] Assim, a verossimilhança é invocada contra as exigências tradicionais da conveniência e da adequação a fim de justificar a mescla de gêneros, estratégia a que também os românticos recorrerão.

Guarini considera seu enredo "misto" e não "duplo", querendo dizer com isso que alguns elementos da comédia e da tragédia se combinaram para formar um todo novo, em vez de serem colocados lado a lado como ações separadas. Ele sustenta que a mistura assim obtida é superior aos antigos gêneros por repelir as más qualidades e os extremos, tanto da tragédia quanto da comédia. Não nos assoberba com "acontecimentos atrozes, derramamentos de sangue e morticínios, visões desumanas", nem nos leva a "cair na gargalhada, pecando assim contra a modéstia e o decoro dos homens de escol". À acusação de Denores de que o drama pastoral não se presta às lições morais, Guarini replica que, em nenhum caso, essa é a finalidade do drama. Ele faz a distinção, comum no seio daquela geração de críticos, entre o *fim instrumental*, "por meio do qual o autor introduz no material de que dispõe a forma que é o objetivo da obra", e o *fim arquitetônico*, "para uso e bem do qual ele executa o trabalho".[35] Assim, o fim instrumental da tragédia é a imitação de algumas ações horríveis, dignas de compaixão; e o fim arquitetônico é a purgação do terror e da piedade. Dá-se a precedência ao fim instrumental, que busca por intermédio da imitação o deleite da plateia. Com efeito, no drama moderno, Guarini já não vê lugar para o fim arquitetônico da tragédia clássica: a correção dos excessos danosos das paixões, outrora realizada pela purgação, é obtida nos tempos modernos pelos ensinamentos dos Evangelhos.

Para a tragicomédia, Guarini reserva uma definição modelada em Aristóteles. Trata-se de uma peça que procura

> imitar, com aparato cênico, uma ação fingida e que contém todos os elementos da comédia e da tragédia aptos a serem unidos de acordo com a verossimilhança e a conveniência, corretamente apresentada numa única forma dramática para purgar, com o prazer, a melancolia dos espectadores.[36]

Ao tratar da pastoral e da tragicomédia, Guarini se vale daquilo que considera ser a metodologia, mas não as regras específicas, de Aristóteles. Este, diz ele, apenas descreveu o drama tal qual existia em seu tempo, sem pretender delinear padrões para todas as épocas.

A última controvérsia crítica de relevo do século XVI apresenta ou implica quase todas as persistentes questões da teoria teatral. Talvez o que mais se evidencie na discussão sobre *Il pastor Fido* seja o fato de a chamada "Querela dos Antigos e Modernos" já estar a caminho. O novo gênero da tragicomédia é advogado não apenas como igual, mas até superior aos gêneros precedentes, reivindicação obviamente contestada com acrimônia pelos tradicionalistas. Por trás desse debate, porém, havia outro, mais fundamental, concernente àquilo que no período tratado veio a ser conhecido como o fim instrumental da obra. A suposição geral, nos primórdios do Renascimento, era que os antigos haviam descoberto os traços básicos de todos os gêneros poéticos possíveis e que isso deveria dar vida à poesia para todo o sempre. Aceitavam-se como postulados alguns universais poéticos, semelhantes às Ideias platônicas. A ênfase de Castelvetro, entre outros, no efeito sobre a plateia trouxe consigo uma visão relativística contrária: dado que as plateias mudavam com o tempo, também não deveriam mudar os gêneros poéticos? Essa proposição parecia especialmente relevante no caso do drama, dirigido a um público geral e popular.

O mais interessante é que Aristóteles; de um modo geral, era aceito como autoridade por ambos os partidos. Os tradicionalistas encontravam nele um sistema fixo e delimitado, infelizmente um tanto vago aqui e ali e necessitando de interpretação, mas não obstante prescritivo. Os modernistas consideravam a obra de Aristóteles mera descrição do teatro por ele conhecido, embora seus princípios pudessem ser estendidos a experiências de que o próprio Estagirita não tivera conhecimento. A primeira postura dominou a teoria italiana tal qual foi exportada para outras partes da Europa, mas o fato é que, na própria Itália, ambas as visões tiveram sólido amparo.

Outra questão controversa, explorada à saciedade, foi o propósito do drama. Como já se disse, o século XVI sugeriu toda uma série (cinco, de acordo com Riccoboni) de finalidades possíveis, mas então e posteriormente o conflito principal se estabeleceu entre os que seguiam a tradição medieval e retórica que perseguia um objetivo ético, didático do drama e os que se apegavam ao prazer artístico como sua finalidade, prazer derivado da própria forma, da mimese ou da admiração pela habilidade do artista. De novo, a primeira postura teve maior impacto fora da Itália durante o período renascentista. A purgação de Aristóteles era considerada um processo de aperfeiçoamento moral, e o fato de ele colocar a "bondade" entre os atributos do caráter foi tomado como uma indicação de que o drama deveria apresentar exemplos morais. A poesia, como sugeriu Platão, teria de servir às finalidades do Estado proporcionando instrução cívica útil.

O conceito de verossimilhança, como a autoridade de Aristóteles, era invocado como argumento pelos partidos opostos; a relação entre arte e vida constituiu questão importante no debate quinhentista. Os críticos desse período geralmente interpretavam o conceito clássico de mimese como semelhança com a natureza, o que levava, em sua forma mais extrema, à literalização do tempo e do espaço dramáticos conforme pode ser vista em Castelvetro. Conceito afim era o de conveniência, caro aos horacianos e reforçado pela "probabilidade e necessidade" de Aristóteles. A partir da ideia de que um personagem, se quisesse dar a mais cabal ilusão da realidade, deveria seguir ideias aceitas de como pessoas de determinada idade, classe e profissão se comportam, o conceito naturalmente evoluiu para uma doutrina de tipos físicos, consistentes ao longo de cada obra e até de obra para obra. Ao final do século, escritores como Guarini começavam a desafiar essa ideia opondo-lhe a verossimilhança: qualquer que fosse a ideia geralmente acatada de um tipo, os indivíduos na natureza nem sempre agem em concordância com esse tipo, de sorte que estilos e tons contrastantes talvez representem melhor a realidade e, portanto, sirvam melhor à ilusão dramática. O mesmo exemplo poderia ser, e de fato foi, empregado contra outros elementos rígidos da doutrina clássica, sobretudo a nítida separação tradicional entre comédia e tragédia.

Em cada uma dessas controvérsias, as variedades e matizes de opinião eram quase tão numerosos quanto os críticos participantes; porém, os argumentos tendiam a aglomerar-se em torno do que se poderia chamar uma postura conservadora (defesa dos antigos, codificação das regras, ênfase na conveniência e na pureza dos gêneros tradicionais, subordinação da arte às motivações éticas ou sociais) e uma postura liberal (defesa dos modernos, tratamento pragmático e flexível dos preceitos clássicos, a arte vista como fim em si mesma). À medida que a crítica renascentista foi se implantando em outras partes da Europa, a visão conservadora predominou, o que não impediu que desde o começo as contestações dos críticos liberais – dentre os quais os dramaturgos de ofício sempre estiveram bem representados – contribuíssem significativamente (embora não de maneira notória desde logo) para o desenvolvimento da teoria.

NOTAS

1 Bernard Weinberg, *A History of Literary Criticism in the Italian Renaissance,* Chicago, 1961, 2v., v.1, p.368.

2 Francesco Robortello, *Librum Aristotelis de arte poetica explicationes,* v.2, citado e traduzido in Weinberg, op. cit., 1961, p.389.

3 Ibidem, p.393.

4 Ibidem, p.392.

5 Bartolomeo Lombardi e Vincenzo Maggi, *Aristotelis librum de poetica communes explanationes,* citado e traduzido in Weinberg, v.1, p.412.

6 Ibidem, p 415.

7 G. B. Giraldi Cinthio, *Orbecche tragedia,* Vinegria, 1543, p.2.

8 Giraldi, *Scritti Critici,* Milano, 1973, p.184.

9 Ibidem, p.183.

10 Ibidem, p.178.

11 Antonfrancesco Grazzini, *Commedie,* Firenze, 1859, p.5.

12 Ibidem, p.173.

13 Antonio Minturno, *De poeta,* 179, citado e traduzido in Bernard Weinberg, The Poetic Theories of Minturno, *Studies in Honor of Dean Shipley,* Saint Louis: Washington University Studies, N. S., p.105.

14 Minturno, *De poeta,* 76, trad. inglesa de Allan Gilbert, in *Literary Criticism:* Plato to Dryden, Detroit, 1962, p.289.

15 Ibidem, p.290.

16 Júlio César Escalígero, *Poetice,* 1.5.12, traduzido in Bernard Weinberg, Scaliger versus Aristotle, *Modern Philology,* v.39, p.338, 345, 1942.

17 Apêndice, Livro 7, in Weinberg, *Modern Philology,* p.339-40.

18 3.25.113, in ibidem, p.349.

19 Trissino, *La quinta e la sesta divisione,* Venezia, 1563, 5v.

20 Lodovico Castelvetro, *Poetica d'Aristotele vulgarizzata e sposta,* Basel, 1576, p.29.

21 Ibidem, p.297.

22 Ibidem, p.57, 209.

23 Ibidem, p.535.

24 Ibidem, p.109.

25 Ibidem, p.504.

26 Ibidem, p.299.

27 Citado in Weinberg, *History,* v.2, p.930.

28 Alessandro Piccolomini, *Annotationi nel libro della Poetica d'Aritotele,* (Venezia, 1575), p.24.

29 Ibidem, p.97.

30 Carta dedicatória a *Sidonia,* 25 de dezembro de 1583, apud Weinberg, *History,* v.2, p.936.

31 Giordano Bruno, *De gli Eroici Furori,* trad. inglesa de Paul Eugene Memmo, University of North Carolina Studies in the Romance Languages and Literatures, 50, Chapel Hill, 1964, p.83.
32 Giovanmaria Cecchi, *Romanesca,* Firenze, 1874, p.2.
33 Giasone Denores, *Discorso intorno a que principii, cause, et accrescimenti,* Padova, 1587, 40v.
34 Battista Guarini, *Il pastor Fido,* in *Scrittori d'Italia,* 61, Bari, 1914, p.225-6.
35 Ibidem, p.233-5.
36 Ibidem, p.524.

5

O RENASCIMENTO ESPANHOL

Durante o século XVII os críticos e dramaturgos franceses, quando intrigados com as "regras clássicas" do drama, recorriam frequentemente a seus colegas italianos em busca de argumentos e exemplos. Acreditavam que a Espanha, de um modo geral, não refletia a esse respeito e talvez nem tivesse conhecimento de semelhante matéria. Um comentário bastante citado de um diplomata francês que visitou a Espanha em 1659 ilustra essa surpreendente atitude:

> À tarde, ele e o Senhor de Barrière vieram buscar-me para assistir a uma velha peça que estava sendo reencenada, a qual valor nenhum tinha, apesar de ser de Dom Pedro Calderón. Cheguei mesmo a conhecer esse autor, o maior poeta e o melhor engenho que eles possuem no momento. Dom Pedro é Cavaleiro da Ordem de São Tiago e Capelão da Capela *de los Reyes* em Toledo, mas, por sua conversação, percebi claramente que não sabe muita coisa, malgrado as cãs que ostenta. Discutimos um pouco sobre as regras do drama, ignoradas no país e ali ridicularizadas.[1]

A despeito dessa opinião, retomada por escritores franceses posteriores, a Itália e a Espanha mantinham estreitos laços políticos e culturais durante o Renascimento; na verdade, preocupações semelhantes às dos críticos literários italianos podem ser encontradas muito antes na Espanha, e, por algum tempo, tiveram evolução maior que na França. No início do século XV, apareceram ali inúmeros livros sobre a arte da poesia lírica e, nas obras de Juan del Encina, dão-se os primeiros passos rumo ao drama secular, embora pouca coisa houvesse surgido por esses tempos em termos de teoria dramática.[2]

A única contribuição importante dessa geração pode ser encontrada no prefácio à *Propaladia* (1517) de Bartolomé de Torres Naharro (falecido em 1531);

trata-se, com efeito, do primeiro tratado sobre dramaturgia impresso na Europa. Naharro, como Encina, visitou Roma e inspirou-se na revivescência literária que ali ocorria para escrever oito peças, publicadas em sua coleção. Define a comédia, na esteira dos antigos, como "os destinos dos cidadãos comuns e privados, sem envolvimento de perigos mortais", e a tragédia como "os destinos das figuras heroicas na adversidade". Em seguida, menciona os tipos tradicionais e as partes da comédia do classicismo tardio, notando que Horácio exigia "cinco atos, preocupava-se muito com a conveniência etc.". E continua: "Isso tudo me parece muito longo para examinar e desnecessário de ouvir", oferecendo então sua própria definição simplificada: "A comédia nada mais é que uma composição engenhosa de eventos significativos e leves, encenados por pessoas".[3]

Eis uma declaração de impressionante originalidade, que antecipa a independência dos grandes dramaturgos espanhóis em relação à tradição clássica. Naharro reserva bom espaço para o tema na comédia, aí incluindo ações "significativas", até então quase sempre reservadas à tragédia. Tais ações podem ser extraídas tanto de acontecimentos reais quanto imaginários. O número de personagens na comédia é por ele estabelecido entre seis e doze, embora cite uma peça que exige legitimamente vinte; o único critério válido é saber se o número não confunde o espectador. (Esse comentário sobre a encenação é surpreendente, pois, no começo do século XVI, muitos críticos espanhóis e de outros países acatavam a ideia da crítica medieval, ecoada por Dante, de que comédia e tragédia eram termos essencialmente poéticos, que não implicavam a representação.) Em suma, Naharro fala sempre como dramaturgo pragmático, cônscio dos preceitos de Horácio e Donato, mas que os segue apenas na medida em que respondem a seu senso prático do teatro.

A tradução latina que Pazzi fez de Aristóteles tornou-se disponível após 1536 e a versão italiana de Castelvetro, após 1570, bem como os vários comentários em latim e italiano do período. Todavia, só no final do século é que tais obras parecem ter tido influência significativa no cenário crítico espanhol. Traduções espanholas da *Ars poetica* de Horácio apareceram em 1591, em Madri, e em 1592, em Lisboa; quanto à primeira e mais importante poética espanhola, a *Philosophía antiguapoética* de Alonso López Pinciano (*fl.*1596-1627), veio a público em Madri no ano de 1596. No âmbito de sua discussão da matéria teatral, essa obra ambiciosa iguala ou supera quase todos os grandes, e mais famosos, tratados italianos do século. Sua estrutura toma a forma de uma polêmica entre o próprio Pinciano e dois vizinhos – Ugo e Fadrique –, sendo frequentemente disposta num arranjo de tese-antítese-síntese. A alentada obra compreende 13 *epístolas*: a quarta trata da distinção entre os gêneros poéticos, a quinta da *fábula* ou enredo, a oitava da tragédia, a nona da comédia e a décima terceira da arte de interpretar.

Para Pinciano, a tragédia é "a representação de uma ação triste de pessoas ilustres"[4] e "a imitação de uma ação séria cujo herói se nos apresenta como significativo, mas não inteiramente bom ou mau em suas características".[5] A comédia é "a imitação de pessoas inferiores que não mostra todas as espécies de vícios, mas apenas aqueles que provocam o riso e o ridículo".[6] Amplo espaço é devotado às emoções suscitadas pela tragédia – piedade, medo e admiração – e Pinciano tenta unir a ideia aristotélica da *kátharsis* aos princípios horacianos do deleite e da edificação. Sobre a *kátharsis*, em particular, ele observa: "A tragédia foi criada para aligeirar o espírito das paixões da alma, recorrendo para tanto à piedade e ao terror. Assim, o mesmo enredo que perturba o espírito por um momento, acalma-o duradouramente".[7] O espírito horaciano ressalta claramente da discussão de Pinciano sobre o caráter. Os caracteres têm de ser consistentes e verazes em relação ao tipo; os da tragédia devem "instruir com suas falas honestas e sérias, com suas ações excelsas e honradas"; e todos devem ter o fim merecido: "O caráter probo, virtuoso e digno de elogio ... receberá o prêmio que lhe cabe, enquanto o malvado será punido".[8]

Também horacianas são as regras gerais que aparecem ao final da nona *epístola*: a peça conterá cinco atos; nenhum personagem surgirá em cena mais de cinco vezes – uma em cada ato – "para não aborrecer com sua frequência"; nenhuma cena terá mais de três personagens que tomam a palavra; apenas um músico aparecerá; e a ação se restringirá a três dias. Quando Ugo lembra a Fadrique que Aristóteles só aceitava um dia, Fadrique replica, para inteira aprovação de seus amigos:

> Os homens de outrora seguiam os caminhos da virtude com mais presteza e vivacidade, de sorte que o tempo que lhes bastava não nos basta hoje. Por isso concordo com aqueles que escreveram que a tragédia deve ter cinco dias de ação e a comédia três, ressalvando sempre que um prazo menor é mais desejável porque não contradiz tanto a verossimilhança; ora, esta é essencial a toda imitação poética, e mais à comédia que ao resto.[9]

Essa passagem é típica de Pinciano, revelando seu desejo de tornar os conceitos capitais da poética clássica acessíveis aos compatriotas, mas sem renunciar ao privilégio de preencher as lacunas das fontes ou ajustá-las às necessidades e expectativas de seu próprio tempo. Em virtude de a versão espanhola da "Querela dos Antigos e Modernos" ter-se desenvolvido na geração seguinte, não é de estranhar que ambos os partidos hajam invocado o apoio da substanciosa obra de Pinciano.

Ao contrário de muitos tratados renascentistas sobre poesia, o de Pinciano reserva bom espaço ao drama como encenação. A *epístola* final é ambientada no Teatro de la Cruz, onde os três amigos aguardam, comentando-a, uma apresentação da *Ifigênia*. Todos concordam que os atores não devem ser condenados por seu ofício: "Se, como dissemos, a poesia é um trabalho honesto, útil ao mundo, podem os que a executam ser considerados vis e abjetos?".[10] Fadrique introduz um comentário sobre técnica de interpretação observando que "os gestos e os movimentos revelam-se mais essenciais e apropriados quando mostram, em sua plenitude, o funcionamento interno do poema. Segue-se então que a vida do poema está nas mãos do ator: muitas ações más são boas para o bom ator e muitas ações boas são más para o mau ator". O melhor ator "deve transformar-se no personagem que está imitando, para que a ninguém isso pareça imitação". Pinciano, antecipando a célebre polêmica do século XVIII, responde ser mais provável que o melhor artista se concentraria na técnica e "arrastaria às lágrimas sem chorar ele próprio".[11] A conversação prossegue analisando os gestos, a postura corporal e os olhares que naturalmente acompanham certas emoções. Menos extensas, mas nem por isso menos substanciais, são as observações sobre música no teatro, maquinismo de palco, cenários e guarda-roupa – este considerado uma projeção da verossimilhança, o que antecipa o fascínio do século XIX pela "cor local".

A ênfase de Pinciano na utilidade moral da poesia e sua defesa da profissão do ator sugerem, acertadamente, que o teatro estava nessa época envolvido em uma de suas constantes lutas contra os elementos mais conservadores da Igreja. A herança de Tertuliano era bem conhecida, é claro; e, quando o teatro se tornou mais popular na Espanha, durante os anos de 1580, os ataques redobraram, tanto em latim (como no *De eucharistia* de Diego de Tapias, 1587) quanto em espanhol (como no *Tratado de la tribulación* de Pedro de Rivadeneira, 1589). Tais obras, profundamente exortativas, contribuíram pouco para a verdadeira crítica.[12] As observações tradicionais dos padres da Igreja eram regularmente repetidas, embora com nova ênfase na moralidade frouxa e no comportamento escandaloso de boa parte dos atores contemporâneos.

Os dramaturgos da idade do ouro espanhola frequentemente se viam acossados de dois lados: os moralistas consideravam-nos uma influência deletéria na sociedade, ao passo que os classicistas exprobavam-lhes o desrespeito aos ditames do drama antigo. Até certo ponto, esses dois conflitos se sobrepunham, como vemos em Pinciano, onde a finalidade moral da poesia é enfatizada como parte da herança clássica. Seguramente, o mais famoso ataque ao teatro da época é disparado no Capítulo 48, Parte I, do *Dom Quixote* (1605) de Miguel de Cervantes (1547-1616), numa passagem que muito deve a Pinciano. Nela, o coadjutor observa que, embora o drama devesse ser "o espelho da vida humana, o modelo das boas maneiras e a imagem da verdade, aqueles que hoje são apresentados não passam de espelho da insensatez, modelo da loucura e imagem da luxúria". Nem a verossimilhança nem a conveniência são respeitadas, como mostra Cervantes numa série de vívidos exemplos, bem parecidos aos que Sidney citara alguns anos antes na Inglaterra. Em vez da unidade de tempo, temos "uma criança em cueiros surgindo na primeira cena do primeiro ato e, no segundo, um homem feito, barbado". Em vez da unidade de lugar, temos "uma peça cujo primeiro ato começava na Europa, o segundo na Ásia, o terceiro terminava na África e, tivesse ela quatro atos, por certo este terminaria na América". Em vez da veracidade dos tipos, temos "um velho na pele de um espadachim, um jovem poltrão, um lacaio a falar com esmero, um pajem que dá conselhos sábios, um rei que mais parece um carregador e uma princesa que age como ajudante de cozinheira". Não se leva em conta o rigor histórico ou sequer a aparência de probabilidade. O vício não é condenado nem a virtude recompensada, sendo as peças tão mal-escritas que não chegam a satisfazer às menores exigências do mérito social, que podem resumir-se em proporcionar ao público um divertimento inofensivo para afastá-lo "daqueles humores prejudiciais que a ociosidade engendra". O defeito, conclui o coadjutor, não está na capacidade dos autores, mas em sua complacência para com o mau gosto dos atores e do público. Assim, a melhor solução seria que "algumas pessoas inteligentes e sensíveis da capital examinassem todas as peças antes que fossem levadas à cena".[13]

Lope de Vega (1562-1635), embora não citado nominalmente, é decerto um dos alvos principais das queixas de Cervantes, e o próprio Lope reconheceu a procedência destas. No prólogo ao *El peregrino en su patria* (1604) consignou 219 de suas peças, acompanhando a lista com a seguinte observação: "Os estrangeiros devem ser informados de que as peças espanholas não seguem as regras e de que as fui escrevendo conforme me convinha, sem a presunção de estar de acordo com as tais regras. Se obedecessem a elas, minhas peças jamais seriam aceitas pelos espanhóis".[14]

Essa observação foi ampliada num ensaio completo cinco anos depois: o famoso *Arte nuevo de hacer comedias en este tiempo* (1609), uma missiva amena, em versos, dirigida à sociedade literária de Madri. O tom e a substância da obra são logo estabelecidos:

> Quando vou escrever uma comédia,
> Uso seis chaves para aferrolhar as regras.
> De minha presença expulso Plauto e Terêncio,
> Receoso de seus ânimos ofendidos...
> Pois se afinal é o público que paga,
> Por que não atender a seus pedidos?[15]

Embora Lope exiba considerável bagagem clássica, os estudiosos remontaram boa parte de suas referências eruditas a Robortello, a quem ele chama "este ponderoso doutor". A postura tradicional deve ser temperada pelas exigências da plateia; assim, Lope aceita reis na comédia, lembrando também aos espectadores que até Plauto mostrou Júpiter no *Anfitrião*. A tragédia e a comédia devem ser mistas:

> Nisso deve ser exemplo a natureza,
> Que no seu variar ganha beleza.[16]

O mesmo argumento é vibrado contra a inflexível unidade de tempo, apesar de Lope preferir limitar cada ato a um dia. Reis, amantes e lacaios devem empregar sua linguagem própria, e as mulheres têm de continuar a comportar-se como tais ainda que disfarçadas em roupas de homem. O ensaio termina no mesmo tom do início, com o autor invocando o prazer como seu objetivo primário e confessando que, de suas 483 peças, "somente seis" não ofenderam o código da "arte".

A polêmica representada pelas posições contrárias de Cervantes e Lope de Vega, as duas maiores figuras literárias do período, inspirou vasto número de opiniões críticas ao longo da década seguinte e apresenta alguns traços em comum com a controvérsia do *Cid*, ainda mais famosa, que se seguiu imediatamente a ela na França.[17] Curiosamente, o próprio Cervantes logo recuou; no prólogo às *Ocho comedias y ocho entremeses* (1615) e na *Jornada segunda* do *El rufián dichoso*, uma das oito *comedias*, ele assume uma perspectiva bem mais conciliatória. Na última, um diálogo entre a Curiosidade e a Comédia, trata de elementos, nessa mesma peça, que não obedecem às regras clássicas, entre elas a mudança de cinco para três atos e a ausência de unidade de lugar. Diz a Comédia: "O tempo muda tudo/ e assim aprimora as artes". Sêneca, Terêncio e Plauto foram admiráveis em sua época, mas "Alguns deles repeli/ e alguns deles preservei./ Minha regra é o costume,/ que não se submete à arte".[18]

O costume (*uso*) e as regras clássicas (*arte*) eram os conceitos conflitantes defendidos pelos partícipes do debate; e a defecção de Cervantes, ao que parece, não arrefeceu o ânimo dos paladinos da *arte*. Alguns deles, mais notadamente Cristóbal Suárez de Figueroa em *El pasajero* (1617) e Pedro de Torres Rámila em *Spongia* (1617), combinavam a condenação da *comedia* com soezes injúrias pessoais a Lope de Vega.

Outros adotaram um tom mais elevado, como Francisco Cascales (c. 1564-1642) em *Tablas poéticas* (1617). Essa segunda grande poética espanhola segue a primeira, de Pinciano, por ser exarada em diálogos; entretanto, é bem mais simples porque só há dois interlocutores, com um deles sempre interrogando o outro. Cinco capítulos são reservados a gêneros poéticos distintos, um dos quais à comédia e outro à tragédia. Esta se define como a "imitação de uma ação nobre, completa e de extensão adequada, em suave linguagem dramática, que purifica as paixões da alma por meio da piedade e do medo".[19] Essa ação é eminente, esplêndida, principesca e grandiosa; seus caracteres são um composto de bem e mal, pois é isso que suscitará as emoções pertinentes. A comédia é "a imitação dramática de uma ação completa e apropriada, humilde e branda, que graças ao riso e ao entretenimento limpa a alma dos vícios".[20] A tragicomédia é repudiada porque os antigos não recorreram a ela e porque a tragédia, por si só, pode ser alegre ou triste, não exigindo nenhuma alternativa. As obras que mesclam elementos cômicos e trágicos são descartadas como "monstros poéticos".

Cascales nada objeta às estruturas de três atos, desde que contenham os elementos de exposição, complicação e resolução. Além disso, embora cite Aristóteles quanto à conveniência de uma ação em um ou dois dias, amplia o prazo permitido apelando para um argumento escolástico característico: a "verdade da imitação" leva o autor a compactar naturalmente o tema, mas o poeta pode, por razões de "ornamentação" ou "deleite da assistência", dilatar o tempo ou deixar lacunas na história. Assim, Cascales concorda com uma ação de até dez dias porque, "de acordo com certas autoridades na arte poética, uma epopeia pode conter material para vinte tragédias e comédias; ora, uma epopeia, estendendo-se ao menos por um ano de ação, se dividida em vinte partes nos permitirá conceder facilmente dez dias para uma peça trágica ou cômica".[21]

Lope de Vega e muitos de seus adeptos eram os principais defensores do *uso*. Vários deles eram dramaturgos, mas havia importantes exceções como Alfonso Sánchez de Moratalla, professor de grego e hebraico em Alcalá, e Francisco de Barreda, proeminente sacerdote. Em *El meior príncipe Traiano Augusto* (1622), Barreda sugere que Plauto e Terêncio haveriam de parecer insípidos e desenxabidos hoje em dia, se comparados com as obras modernas, e que os escritores contemporâneos andavam bem em ignorar as regras tradicionais – que às vezes eram desprezadas pelos próprios autores clássicos.

Afora Lope de Vega, o mais eminente dramaturgo envolvido nessa polêmica foi Tirso de Molina (c. 1571-1648), cuja obra *Cigarrales de Toledo* (1621) responde a Cascales em termos parecidos aos de Sánchez e Barreda, porém matizados por sua própria experiência como escritor profissional de peças teatrais. *Cigarrales*, como o *Decamerão*, apresenta-se como uma sucessão de histórias e conversações entre senhoras e fidalgos que haviam deixado Toledo para escapar aos rigores do verão. Um dos fidalgos, Don Alejo, toma a defesa da moderna literatura espanhola que rompe com as regras. Nega a unidade de tempo com base na verossimilhança:

> Decidiram os antigos que as peças devem apresentar uma ação a ser completada em vinte e quatro horas. Mas que grande desconforto para o galanteador enamorar-se de uma dama prudente em tão minguado espaço de tempo, cortejá-la, conquistá-la e, antes do final do dia, conseguir que ela aceite o seu afeto – de modo que, conhecendo-a de manhã, já a tenha para si à tardinha![22]

Exige-se para o dramaturgo o mesmo privilégio usufruído pelos escritores de histórias, a possibilidade de trabalhar com tantos prazos de tempo e espaços quantos possa a ação unificada exigir. Estribado no mesmo argumento, Tirso admitia misturas de gêneros e de pessoas sérias e galhofeiras na mesma peça. Esse é o caminho para a verossimilhança, que entretanto não envolve o encadeamento servil da história. Tirso defende a si mesmo e a Lope de Vega contra a acusação de Cervantes, segundo a qual os dramaturgos distorciam o fato histórico; é dever do poeta, sustenta Tirso, transformar pela imaginação tanto a história quanto a natureza, desde que a impressão permaneça verdadeira. Como Barreda, Tirso insiste em que as regras clássicas não sejam arbitrariamente aplicadas a diferentes povos em diferentes contextos. As obras modernas são mais adequadas ao público moderno; na verdade, são melhores no geral, pois a arte evoluiu desde a época clássica.

Essa acirrada disputa dramática já estava praticamente concluída por volta de 1626, quando Alonso Ordóñez das Seijas y Tovar realizou a primeira tradução em vernáculo da *Poética* aristotélica na Espanha. Apenas mais uma obra crítica de vulto sobre o teatro apareceu no período: o notável comentário sobre Aristóteles intitulado *Nueva idea de la tragedia antigua* (1633), de Jusepe Antônio González de Salas. Por essa época, as produções de Lope de Vega e seus contemporâneos eram tão ampla e firmemente aceitas que já não se esperava o recurso às regras clássicas para condená-las, à maneira de Cascales. Salas toma, então, o caminho apontado por Tirso e outros: trata a *Poética* academicamente, como um documento histórico da antiga teoria literária que os escritores modernos, segundo sua inspiração ou gênio, podem de direito rejeitar. Os velhos escritos devem ser considerados um corpo de modelos, regras e disciplina ainda de certa valia, se não for convertido em fórmulas tirânicas. Essa abordagem geralmente pragmática caracteriza a obra. Salas insiste na importância do drama tal qual se cumpre no palco e considera a aceitação da plateia não um impedimento à obediência às regras, mas um meio de melhor acompanhar a natureza, da qual a gente comum tem excelente percepção.

Salas, como Pinciano e Cascales, ressalta que a finalidade da poesia é tanto deleitar quanto instruir. Embora a doutrina do deleite pareça estar com exclusividade implícita em Lope de Vega e outros, essa questão não foi tão debatida na Espanha quanto na Itália. A permanente hostilidade eclesiástica em relação ao drama, que arrefecera um pouco na virada do século para recobrar forças nos anos de 1620, provavelmente induziu os teóricos – em que pese à sua convicção íntima – a valorizar fingidamente o escopo moral do teatro. Salas acha que a tragédia se orienta mais para a purgação que para o prazer, e, "se ela deleita de alguma forma, é com a tristeza e as lágrimas, conforme ensina Santo Agostinho".[23] A tragédia instrui por "habituar a alma a emoções como a piedade e o medo", de modo a "torná-las menos agressivas. Assim, quando surgem essas ocasiões comuns aos mortais em que as paixões são despertadas pelo sofrimento, elas são menos intensamente sentidas".[24]

Salas descreve com muito mais minúcias do que Aristóteles o papel da música, dança, espetáculo e interpretação, percorrendo a história da escrita musical, da maquinaria de palco e da coreografia. O ator merece particular atenção como "meio ou veículo por meio do qual o poeta comunica suas paixões e afetos ao público". Para tanto, o ator deve remover todos os obstáculos à transmissão e experimentar verdadeiramente as paixões da peça como "sentimento interior" e não como "fingida aparência".

Sem dúvida, já podemos ver nos principais críticos do Renascimento espanhol os temas dos subsequentes debates a respeito da arte do ator, sendo Pinciano o paladino da técnica e Salas, o da verdade emocional.

NOTAS

1 François Bertaut, *Journal du voyage d'Espagne*, Paris, 1669, p.171.

2 Em seu material introdutório à teoria do Renascimento espanhol, Barret Clark (*European Theories of the Drama*, New York, 1965, p.58) menciona diversos ensaios desse período que "se referem ao drama", mas na verdade, exceto quanto a observações genéricas sobre o estilo poético, nenhum deles trata disso. A *Arte de la poesía castellana*, de Encina, a despeito das realizações do autor como dramaturgo, jamais menciona o teatro. E o fato de Clark considerar a *Arte cisoria* (um livro de receitas) de Villena apenas o título posterior para o totalmente diverso *Arte de trobar* (um manual de poesia) indica que suas observações sobre a teoria desse período devem ser lidas com cautela.

3 Apud H. J. Chaytor, *Dramatic Theory in Spain*, Cambridge, 1925, p.3.

4 López Pinciano, *Philosophía antigua poética*, Madrid, 1953, 3v., v.1, p.240.

5 Ibidem, v.2, p.327.

6 Ibidem, v.1, p.241.

7 Ibidem, p.176.

8 Ibidem, v.2, p.360.

9. Ibidem, v.3, p.82-3.

10 Ibidem, p.264.

11 Ibidem, p.281, 283.

12 Para uma lista pormenorizada, ver Emilio Cotarelo y Mori, *Bibliografia de las controversias sobre la licitud del teatro en España*, Madrid, 1904, coleção de 213 textos de 1468 a 1868.

13 Miguel de Cervantes, *Don Quixote*, trad. inglesa de John Ormsby, New York, 1926, p.438-40.

14 Lope de Vega, *El peregrino en su patria*, Chapel Hill, 1971, p.119.

15 Lope de Vega, *Arte nuevo de hacer comedias en este tiempo*, Madrid, 1609, p.17.

16 Ibidem, p.20-1.

17 Ver J. de Entrambasagus, Una guerra literaria del Siglo de Oro, Lope de Vega y los preceptistas aristotélicos, in *Estudos sobre Lope de Vega*, Madrid, 1946-1947, v.1 e 2.

18 Miguel de Cervantes, *Obras Completas*, Madrid, 1917, v.5, p.97.

19 Francisco Cascales, *Tablas Poéticas*, Madrid, 1975, p.185.

20 Ibidem, p.201-2.

21 Ibidem, p.202.

22 Tirso de Molina, *Cigarrales de Toledo*, V. S. Armesto (Ed.), Madrid, s.d., p.125.

23 González de Salas, *Nueva idea de la tragedia antigua*, Madrid, 1633, p.210.

24 Ibidem, p.17.

6

O RENASCIMENTO FRANCÊS

O mais antigo escrito crítico sobre o drama, na França, encontra-se no *Instructif de la seconde rhétorique* [*Instruído da segunda retórica*] (1501), de Regnaud Le Queux (falecido em 1525). Seu décimo capítulo contém instruções detalhadas sobre a composição de moralidades, comédias e mistérios (estes, combinados com crônicas, histórias e romances). A moralidade é uma peça de "elogio e censura" escrita em "linguagem honorável", sem "chistes idiotas". A comédia deve tratar "matéria jovial" de forma leve e melodiosa, sem nada conter que ofenda as "pessoas honestas, especialmente as damas". O mistério, ou crônica, deve abordar um tema significativo e ser fiel à doutrina da conveniência, ou seja, apegar-se às características aceitas das diferentes idades, posições, ofícios e sexos.[1]

Um ensaio bem mais extenso, sobre a comédia, surgiu em 1502 nos *Prenotamenta* à edição de Terêncio preparada por Jadocus Badius (1462-1535). Badius recorre frequentemente a Donato e revela conhecimento de outros autores clássicos, entre os quais Diomedes, Horácio, Suetônio e Vitrúvio. Seu longo ensaio analisa as diferenças entre comédia e tragédia (seguindo Horácio e Diomedes), as origens, tipos e partes da comédia (seguindo Donato), o teatro e sua construção, os jogos romanos, os personagens e o vestuário cômicos, a linguagem própria da comédia, a conveniência, adequação e verossimilhança; também inclui uma biografia de Terêncio e o resumo do enredo de *Andria*. Trata-se, em suma, de uma compilação razoavelmente completa do material teórico disponível para os antigos estudiosos renascentistas do drama. Edições francesas posteriores de Terêncio, como a de Robert Estienne em 1529, com frequência inseriam as observações de Donato ou Diomedes sobre a comédia, seguindo o exemplo de Badius.

Quanto à tragédia, as antigas perspectivas francesas relativamente a esse gênero também podem ser encontradas em prefácios a traduções de obras clássicas. Assim, Lazare de Baïf (falecido em 1547) introduziu sua tradução (1537) da *Eletra* de Sófocles com uma definição que começava do seguinte modo: "A tragédia é uma moralidade composta de grandes calamidades, assassinatos e desventuras sofridas por nobres e excelentes caracteres".[2] A dedicatória "Au roy mon souverain seigneur" ["Ao rei meu senhor soberano"], que aparece na tradução da *Hécuba* de Eurípides (1544) (outrora atribuída a Baïf e mais recentemente a Guillaume Bouchetel), revela a influência tanto da moralidade horaciana quanto da roda da fortuna medieval. A poesia busca associar o prazeroso com o bom e aproveitável, cabendo ao poeta "gabar a virtude e condenar o vício". A tragédia é a mais elevada forma de poesia em virtude da sua gravidade de estilo, sua grandeza de argumento e o fato de ser endereçada a senhores e príncipes. Ela foi "primeiramente inventada para mostrar aos reis e aos grandes dignitários a incerteza e a triste instabilidade das coisas temporais, para que não confiassem apenas na virtude".[3]

A década de 1540 foi o divisor de águas do Renascimento francês, os anos em que as primeiras obras teóricas de peso da poética francesa foram criadas, e lançados os sólidos argumentos para uma moderna literatura na França. Indício significativo desse novo rumo é a "Epistre du translateur au lecteur" ["Epístola do tradutor ao leitor"], de Charles Estienne (1504-1564), que precede a tradução da *Andria* de Terêncio (1542). É um ensaio longo, comparável aos *Prenotamenta* de Badius, mas escrito em vernáculo. O próprio Estienne assim resume seu conteúdo: "As origens e diferentes tipos das peças; depois, como e onde eram encenadas em Roma e outros lugares, a ornamentação dos teatros e os palcos das comédias; mais adiante, o vestuário dos atores, seu método de interpretação e elocução".[4] Estienne arrisca curtas histórias e definições de fábula, tragédia, sátira, comédia antiga e comédia nova. Quanto à tragédia, ele a distingue primariamente pelo estilo elevado e o clima: "Um argumento grave e excelso, com início suave, pacífico e alegre, e final triste e infeliz".[5]

No ano seguinte, Estienne traduziu a peça italiana *Gl'ingannati* [*Os ludibriados*]. Não se conservou nenhum exemplar dessa edição; a segunda, porém, chamada *Les abusez* (1548), traz em preâmbulo uma "Epistre du traducteur à monseigneur le Dauphin de France" ["Epístola do tradutor ao meu senhor o Delfim de França"]. Ela condensa farto material do prefácio da *Andria* e introduz a questão, crítica para o período, das composições em vernáculo. Os franceses, garante Estienne, poderiam rivalizar com os gregos e latinos se seus autores apenas seguissem os italianos no emprego da técnica clássica. Até ali, a comédia francesa só havia utilizado um ato da comédia clássica, o qual, ademais, carecia de sentido, ritmo e razão, consistindo apenas em "palavras ridículas e algumas réplicas, sem mais invenção ou conclusão".[6] Em vez disso, a comédia deveria conter cinco ou seis atos, com intervalos amenos entre si e cada ato com cinco ou seis cenas. Atentar-se-ia bastante para a construção cuidadosa e a motivação.

Por exemplo, ninguém poderia permanecer em cena se não precisasse "falar ou ouvir".[7]

Esses preceitos sugerem o estudo de Horácio, e, de fato, uma forte influência horaciana pode ser acompanhada na crítica francesa a partir desse período, a começar pela tradução de Jacques Peletier (1517-1582), *L'art poétique d'Horace* [*A arte poética de Horácio*] (1545). No famoso prefácio dessa obra, Peletier admite sua atualização porque tem por objetivo, como Estienne, encorajar os autores franceses a criar uma literatura de peso.

Logo após a tradução de Peletier, e concebida no mesmo espírito, vem a lume a *Art poétique* [*Arte poética*] de Thomas Sébillet (1512-1589). Primeiro grande tratado de poética em língua francesa, foi publicada em 1548, no mesmo ano em que aparecia a edição de Aristóteles preparada por Robortello. Os comentários de Sébillet a respeito do drama não são longos, mas oferecem maior riqueza de detalhes do que qualquer outra coisa antes tentada na França. Sob a forma geral do diálogo, ele considera três formas: a écloga, a moralidade e a farsa. A écloga mostra "pastores e cuidadores de animais" que discutem, "em termos pastoris, a morte de príncipes, as calamidades dos tempos, as mudanças nas repúblicas, os desfechos felizes e os lances da fortuna, os elogios poéticos e assim por diante, tudo de forma alegórica muito clara". As moralidades são associadas à tragédia clássica porque tratam "de assuntos graves e sérios" e até seriam mesmo tragédias se não lhes faltasse uma "triste e dolorosa conclusão". Também como a tragédia, as moralidades "mostram feitos ilustres, atos de magnificência e virtude, acontecimentos verdadeiros ou aparentemente verdadeiros". Ele considera a moralidade que apresenta caracteres idealizados e abstratos apenas um tipo, embora o mais popular deles. Sébillet distingue a comédia francesa da latina; discordando de Peletier, sente que os franceses modernos achariam esta "cansativamente prolixa". A comédia francesa, a farsa ou *sottie*, é uma peça simples, curta e explícita destinada unicamente a fazer rir, sem nada do escopo moral da comédia clássica (Sébillet, na verdade, acha-a mais próxima do mimo romano).[8] A omissão do drama religioso na discussão só nos parece estranha até nos lembrarmos de que o ano de publicação desse ensaio foi também aquele em que tal composição era proibida pelo parlamento francês.

Embora Sébillet confunda moralidade e tragédia, suas ideias estão geralmente em consonância com as dos prefácios de Baïf que tratam do argumento, do tom e do desfecho infeliz da tragédia. Devemos notar, em especial, a inclusão de "eventos aparentemente verdadeiros" (o *vraisemblable*) no drama sério. Já conceito-chave na crítica italiana, isso iria assumir papel ainda mais relevante na França.

Lamentavelmente, a grande obra crítica dessa década altamente produtiva, *La deffence et illustration de la langue française* [*A defesa e a ilustração da língua francesa*] (1549), de Joachim Du Bellay (*c.* 1525-1560), quase nada fala a respeito do drama, embora, nisso, provavelmente não diferisse muito de Sébillet se o fizesse. Apesar de *La deffence* ter sido em parte concebida como uma reação à obra de Sébillet, a discordância não era de rumo, mas de grau. Os poetas da *Pléiade*, com Du Bellay à frente, concordavam com Sébillet em que o francês devesse ser consolidado como uma língua literária de primeira linha e em que se tomassem para modelos imediatos as melhores obras da Grécia, Roma e Itália. Sébillet, entretanto, considerava isso um processo evolutivo gradual, ao passo que a *Pléiade* exigia um rompimento brusco com o passado medieval e o latim, postulando um novo começo calculado. Um certo orgulho de ambas as partes fomentou o debate durante vários anos mas, por fim, Du Bellay e Sébillet reconheceram que havia mais razões de concordância que de dissensão. Assim, acabaram por aceitar e mesmo elogiar-se mutuamente as obras.

Outro crítico, mais conservador, contribuiu para a controvérsia. Em 1550, Guillaume des Autelz (*c.* 1529-1581) desfechou violento ataque contra *La deffence* em sua *Réplique aux furieuses défenses de Louis Meigret* [*Réplica às furiosas defesas de Louis Meigret*]. O livro advoga, em patamares didáticos, a moralidade francesa medieval que a *Pléiade* queria rejeitar em favor dos modelos clássicos. A moralidade é "mais proveitosa" do que a comédia e a tragédia porque "estas tendem mais para a corrupção do que para o cultivo das boas maneiras, uma dando exemplos de lascívia, a outra de crueldade e tirania".[9] Seus argumentos parecem ter sido pinçados do *De institutione reipublicae* (1494), de Francesco Patrizi, bispo de Gaeta, segundo o qual Platão se enganara ao querer expulsar os poetas de sua cidade ideal, porquanto os atrativos da ficção eram um excelente subsídio para o ensino. Ainda assim, prosseguia Patrizi, a tragédia e a comédia deviam ser banidas; a primeira, "por conter certa violência excessiva, de mescla com o desespero que prontamente transforma os estultos em loucos e levam os instáveis ao frenesi"; a segunda, porque "corrompe os costumes dos homens, fá-los efeminados e os induz à concupiscência e à dissipação".[10] Des Autelz reconhece que a moralidade é inferior artisticamente ao drama clássico, mas sugere que, em vez de pô-la à parte, os poetas modernos deveriam reformulá-la de acordo com o que fosse possível aprender nos clássicos. Assim, na França, a ênfase na finalidade moral do drama extraiu seus primitivos argumentos, não de Horácio – como na Itália –, mas do desejo de implantar os elementos positivos nas moralidades posteriores.

A resposta mais prolixa aos adversários da *Pléiade* partiu de Jacques Peletier, o tradutor de Horácio, em *L'art poétique* (1555). O Capítulo 7 de seu segundo livro é devotado à comédia e à tragédia, que ele sobrepõe aos gêneros medievais como a moralidade. Fundando-se em Horácio, Donato e Diomedes, considera a estrutura em cinco atos a única semelhança relevante entre as duas formas. A comédia mostra homens "de baixa condição"; a tragédia pinta "reis, príncipes e grandes senhores". A comédia tem "desfecho feliz"; a tragédia, "um fim sempre lamentável e triste, ou horrível de ver". A comédia apresenta estilo fácil e popular; a tragédia, como a epopeia, trata de modo sublime os grandes acontecimentos. Peletier fala pouco da finalidade do drama, mas, pelo menos na tragédia, vislumbra um propósito moral, pois sua função é ensinar os espectadores a "temer os deuses, renunciar ao vício, afastar-se do mal e respeitar a virtude".[11] Chama à comédia "um espelho da vida" – expressão que atribui a Lívio Andrônico –, e, desde que reflete a vida, tem de ser fiel aos "tipos" aceitos: os velhos devem ser avarentos ou prudentes, os jovens ardentes e amorosos, as criadas diligentes, as mães indulgentes, e assim por diante. A essa fidelidade ao tipo (conveniência, para os italianos), Peletier chama *bienséance* – termo crítico que haveria de alcançar enorme popularidade na França durante todo o século seguinte.

Ainda que Sébillet ou Peletier tivessem conhecimento de Aristóteles, a influência deste foi neles muito superficial. Entretanto, a próxima década erigiu-o em autoridade máxima na França, como já o era na Itália. As duas obras mais importantes que refletiram isso foram a edição da *Poética* a cargo de Guillaume Morel, que apareceu em Paris no ano de 1555, e as *Poetices* de Escalígero, em 1561. Geralmente, considera-se Escalígero integrante da tradição da crítica renascentista italiana, como nós mesmos já o consideramos naquele contexto. Não obstante, ele manteve relações especiais também com a França: tornou-se cidadão francês em 1528, e sua obra-prima (escrita em latim) foi publicada em Lyon, importante centro intelectual onde também saiu a edição da *Art poétique* de Peletier. Julgam alguns estudiosos que Escalígero teve contato com membros da *Pléiade*; se teve ou não, a verdade é que se constituiu no liame entre a crítica francesa e a italiana de meados do século XVI, podendo ser considerado o primeiro crítico, na França, a recorrer primariamente a Aristóteles como autoridade poética.

Há também alguns traços de Aristóteles no essencialmente medieval "Brief discours pour l'intelligence de ce théâtre" ["Breve discurso para a compreensão desse teatro"], com o qual Jacques Grévin (1538-1570) prefaciou sua tragédia *La mort de César* [*A morte de César*] (1561). Aristóteles é citado como autoridade para a definição de Grévin da tragédia: "Imitação ou representação de algum fato ilustre e grandioso em si mesmo, como por exemplo a morte de Júlio César".[12] O conceito de verossimilhança aparece na justificação que Grévin faz de sua renúncia ao coro cantante: "Sendo a tragédia nada mais que a representação da verdade ou daquilo que tem a aparência de verdade, parece-me que, quando as tribulações (como foram descritas) sobrevêm às repúblicas, as pessoas comuns pouco motivo têm para cantar".[13] Nessa base, dá um significativo passo à frente ao proclamar certa independência dos modelos clássicos, alegando que diferentes nações agem de diferentes maneiras.

A influência de Aristóteles e da teoria italiana contemporânea é muito mais visível em "L' art de la tragédie" ["A arte da tragédia"], um prefácio a *Saül le furieux* [*Saul, o furioso*] (1572) de Jean de la Taille (1540-1611). Esse breve ensaio (cinco páginas) tem especial importância porque introduz na crítica francesa a então corrente atitude dos italianos de buscar, primeiro em Aristóteles e depois em Horácio, as "leis" do teatro. A *Poética* de Castelvetro, vinda a lume dois anos antes, constitui a fonte mais provável para muitas das ideias de Jean de la Taille. A tragédia, diz ele, refere acontecimentos inusitados e grandes catástrofes – como "banimentos, guerras, pragas, fomes, cativeiros, crueldades execráveis de tiranos" –, pois estes comovem mais do que os infortúnios corriqueiros, e "o único e verdadeiro objetivo da tragédia é comover e atiçar, de forma maravilhosa, as emoções de cada um de nós".[14] Essa passagem da finalidade moral para a artística revela a influência nova de Aristóteles, e a ênfase no extraordinário e emocional abre uma linha de interpretação da tragédia que iria influenciar o conceito neoclássico francês de admiração (ver Capítulo 8). Mais tarde, nos inícios do século XVIII, a crescente atenção à psicologia e o renovado interesse por Longino levariam os críticos de volta a uma visão bastante semelhante dos propósitos da tragédia.

De la Taille repete a noção aristotélica de que o herói trágico ideal não deve ser nem inteiramente bom nem inteiramente mau, negando sobretudo que a justiça poética seja essencial à tragédia. Também repudia personagens abstratos como Morte, Verdade ou Avareza. Defende as unidades e a ação extracênica em nome da verossimilhança: "A história e a peça devem ser sempre representadas no mesmo dia, pelo mesmo tempo e no mesmo lugar; além disso, deve-se evitar fazer no palco aquilo que não poderia ser fácil e honestamente feito ali; ou seja, não convém encenar assassinatos e outras mortes, simuladas ou não, pois todos saberão que se trata de fingimento".[15] A insistência maior, como em Aristóteles, é no enredo unificado e bem construído. O material deve ser cuidadosamente disposto a fim de suscitar as emoções apropriadas nos espectadores e conduzir, direta e inevitavelmente, à resolução. O "inútil, supérfluo ou deslocado" nunca deve estar presente.

De la Taille tem menos a dizer sobre a comédia, mas o prólogo ao seu *Les corrivaux* (1573) sugere a composição de comédias clássicas em vez de farsas e moralidades "vis e tolas", declarando que a verdadeira comédia "apresenta, como num espelho, o natural e o modo de agir de todos os membros da população, como velhos, jovens, criados, senhoritas bem-nascidas etc".[16]

Embora Jean de la Taille e outros advogassem as famosas unidades neoclássicas, estas de modo algum foram rápida ou universalmente aceitas; por quase meio século discutiu-se com aspereza sobre sua necessidade. Jean de Beaubreuil, no prefácio "Au lecteur" ["Ao leitor"] de sua tragédia *Regulus* (1582), admite "longos intervalos de tempo" em seu drama e assevera que isso é imprescindível para a compreensão da história, zombando daqueles autores "exageradamente supersticiosos" segundo os quais "só pode ser apresentado numa tragédia o que acontece num único dia".[17] Pierre de Ronsard (1525-1585), por outro lado, em seus comentários dispersos sobre o drama, submete-se ostensivamente à tradição e à crítica estribada nas regras. O objetivo tanto da tragédia quanto da comédia é didático, diz ele, e mais bem realizado por meio da verossimilhança, o que conduz às unidades. O preferível seria a correspondência "minuto a minuto" com a vida real.[18]

Duas obras compostas ao final do século podem ser consideradas sumários convenientes da teoria crítica francesa durante o período: *L'art poétique françoys* [*A arte poética francesa*] (1598), de Pierre de Laudun d'Aygaliers (1575-1629) e

L'art poétique (1605), de Jean Vauquelin de la Fresnaye (1536-1606), contêm comentários substanciais sobre o drama. Em geral, Laudun assume uma perspectiva flexível das regras e modelos clássicos, especialmente em suas observações sobre a tragédia; passa rápido pela comédia, citando-lhe os temas e personagens tradicionais. A distinção que faz entre os gêneros é em grande parte cópia extraída de Escalígero e contém as reflexões usuais sobre caráter, linguagem, estilo e tom. Ele revela flexibilidade ao enfatizar o rigor histórico da tragédia e valorizar, nas pegadas de Castelvetro, o efeito sobre a plateia. Nega, por exemplo, que a tragédia deva possuir, de regra, menos personagens que a comédia: esse número é determinado pelo relato veraz de uma história, não por uma norma arbitrária. Os autores modernos não podem sentir-se peados pela prática clássica porque "hoje em dia ninguém teria paciência para ouvir uma tragédia sob a forma de écloga com apenas dois personagens; ora, cria-se a tragédia apenas para deleitar o público".[19] Um ataque abrangente à unidade de tempo fundamenta-se nos mesmos argumentos: não somos obrigados a nos sujeitar a semelhante regra, ainda que os antigos o fossem, não mais do que nos sujeitamos às "medidas de pés e sílabas com as quais eles faziam seus versos". Além disso, a tragédia lida com materiais como as fortunas e glórias de reis e príncipes, e "os maiores absurdos" ocorreriam se se tentasse cobrir tais acontecimentos no espaço de um único dia. *Le Cid* [*O Cid*], de Corneille, encontraria exatamente esse problema na geração que se seguiu.

L'art poétique, de Vauquelin, representa nitidamente o ponto de vista contrário, conservador em tais matérias. Ele define a tragédia como a imitação, não da vida, mas de "uma ação grave e verdadeira",[20] o que lhe permite contestar o argumento de Laudun contra a unidade de tempo com base na fidelidade à história. "O teatro", afirma, "nunca deve ocupar-se de um argumento que requeira mais de um dia para ser concluído".[21] Vauquelin defendia rigidamente não apenas as unidades, mas também a estrutura em cinco atos e o máximo de três personagens que falam no palco. O alvo da poesia é ensinar e ser útil, ou ambas as coisas; entretanto, na tragédia, a tônica incide na instrução. "A tragédia mostra apenas ações virtuosas, magnificentes e grandiosas, majestáticas e suntuosas; a comédia, apenas ações dignas de censura".[22] O propósito original da tragédia, declara Vauquelin, era a instrução dos príncipes, mostrando-se-lhes as catástrofes consequentes à fraqueza e ao orgulho. Entretanto, ele observa que algumas tragédias clássicas terminam bem, o que significa que a virtude é recompensada – uma antiga concepção da doutrina que depois seria denominada justiça poética. Vauquelin considera a verossimilhança mais importante para o prazer do que para a instrução, mas esse escopo, embora secundário, é ainda imprescindível. Assim, preferia banir do palco as ações violentas e preservar a fidelidade do caráter à história e ao tipo. Uma extensa seção é dedicada à *bienséance*, isto é, adequação do caráter à idade e condição.

Podemos vislumbrar nesses estudos poéticos quase contemporâneos, no umbral do grande período clássico das letras francesas, as mesmas posturas gerais contrastantes quanto à perene problemática da teoria teatral que percebemos pela mesma época na Itália. A atitude de Vauquelin – tradicional, classicista, normativa – representa a instância crítica que precisamos associar ao período seguinte. Todavia, a atitude contrária representada por Laudun se mantém igualmente, sempre a desafiar e modificar a outra.

NOTAS

1 Regnaud Le Queux, *Instructif de la seconde rhétorique*, citado (em francês) in W. F. Patterson, *Three Centuries of French Poetic Theory*, Ann Arbor, 1935, 2v., v.1, p.153-7.

2 *Tragédie de Sophocles intitulée Electra*, trad. de Lazare de Baïf, Paris, 1573, p.i.

3 *La tragédie d'Euripide nommée Hecuba*, trad. de Guillaume Bouchetel, Paris, 1544, p.ij.

4 *Prèmiere comédie de Terence intitulée Andrie*, trad. de Charles Estienne, Paris, 1542, p.iii.

5 Ibidem, p.iiii.

6 Estienne, *Les abusez*, Paris, 1548, p.ij.

7 Ibidem, p.iiij.

8 Thomas Sébillet, *L'art poétique françoys*, (ed. 1555), Genève, 1972, p.60-4.

9 Guillaume des Autelz, *Réplique aux furieuses défenses de Louis Meigret*, citado (em francês) in Patterson, v.1, p.362.

10 Francesco Patrizi, *De institutione reipublicae*, Paris, 1534, p.27.

11 Jacques Peletier, *L'art poétique*, Lyon, 1555, p.70.

12 Jacques Grévin, *Le théâtre de Jacques Grévin*, Paris, 1562, p.iij.

13 Ibidem, p.iiii.

14 Jean de la Taille, *De l'art de la tragédie*, Paris, 1574, p.ij.

15 Ibidem, p.iij.

16 De la Taille, *Les corrivaux*, Paris, 1574, p.iij.

17 Jean de Beaubreuil, *Regulus*, Limoges, 1582, p.i.

18 Pierre de Ronsard, Préface sur la *Françiade, Oeuvres*, (texto de 1587), Chicago, 1966-1969, 8v., v.4, p.4.

19 Pierre de Laudun d'Aygaliers, *L'art poétique français*, Genève, 1969, p.159-61.

20 Jean Vauquelin de la Fresnaye, *L'art poétique*, Paris, 1885, p.134.

21 Ibidem, p.78.

22 Ibidem, p.135.

7

O RENASCIMENTO NA INGLATERRA E NA HOLANDA

No início do período Tudor, a crítica inglesa concentrava-se no estudo retórico da literatura. Embora alguns aspectos dessa tarefa, particularmente o desenvolvimento do conceito de conveniência, tenham influenciado bastante a teoria dramática subsequente, nenhuma discussão sistemática do drama ocorreu na Inglaterra da época. As preocupações e métodos desses autores correspondiam de perto às dos humanistas italianos do final do século XV; para eles, o interesse primacial do drama estava no estilo, em sua função educativa e em sua participação importante na estimada herança clássica. Ainda assim, dispersos pelos escritos dos humanistas e acompanhando os dramas acadêmicos de uns poucos autores dos primórdios do período Tudor, encontramos comentários que nos dão alguma ideia de suas concepções do drama.

Sir Thomas More (1478-1535), por exemplo, na *Utopia* (1516), ressalta a impropriedade de misturar o sério e o cômico, "pois, acolhendo elementos que não pertencem absolutamente ao material em preparo, tereis de desfigurar e perverter a peça que trabalhais, ainda que esses elementos estranhos sejam muito melhores".[1] Sir Thomas Elyot (c. 1490-1546), em *The Governor* [*O governador*] (1531), utilizou a tragédia e a comédia como parte de sua defesa geral da poesia. Reprova aqueles a quem todo tipo de poesia nada mais é que um conjunto de licenciosidades e mentiras sem valor, defendendo os gêneros dramáticos em bases morais de tradição neoclássica. A comédia é "a pintura ou como que o espelho da vida de um homem", na qual as pessoas são advertidas contra o mal e ensinadas a evitá-lo contemplando "a presteza com que os jovens se atiram ao vício, os laços que lhes armam as meretrizes e alcoviteiras, as imposturas dos criados, os lances da fortuna contrários à expectativa dos homens".[2] A tragédia deve ser lida, de preferência, por homens maduros, cuja razão haja sido "consolidada por sério aprendizado e longa experiência". Assim, nessas obras, eles "execrarão e abominarão a vida intolerável dos tiranos, desprezando a insensatez e a imbecilidade dos poetas lascivos".[3]

Em Oxford e Cambridge, Aristóteles (ao menos em forma fragmentária) e Horácio eram estudados. As peças clássicas eram lidas e ocasionalmente encenadas na primeira metade do século XVI. Em ambas as universidades, os anos 1540 assistiram à publicação de obras originais latinas sob os modelos clássicos, não raro com prefácios que mostravam clara consciência da doutrina tradicional. O preâmbulo à primeira dessas obras, *Christus Redivivus* (1541), por Nicholas Grimald (*c.* 1520-1562), revela os interesses de um dramaturgo acadêmico dessa geração. A matéria que recebe mais atenção é a "dicção apropriada" – Grimald torna absolutamente inequívoca a base retórica de sua concepção ao citar seu mestre Johannes Aerius:

> Os experientes na arte oratória emprestam uma linguagem tersa, direta e coloquial aos personagens que relatam um acontecimento; aos que trazem notícias ou consolam, um diálogo rápido; aos que aplaudem, um estilo fluente, agradável, gracioso; e aos fanfarrões, jactanciosos e indignados, uma fala entusiástica, grandiloquente e acalorada.[4]

Grimald aborda também as unidades, anotando que sua variedade de cenas pode ser facilmente reduzida a um único cenário e citando os *Captivi* de Plauto como precedente para a mescla de elementos tristes e alegres, bem como para a extensão da ação a vários dias.

A defesa do teatro como instrumento moral num Estado organizado, a que Elyot acenara, contou com pleno desenvolvimento em *The Good Ordering of a Common Weal* [*A boa ordem do bem-estar geral*] (1559), de William Bavande, traduzido de uma obra latina pelo italiano Johannes Ferrarius (Montanus). Bavande era membro das Inns of Court (escolas de Direito de Londres), no círculo que incluía Thomas Sackville e Thomas Norton, autores da antiga tragédia *Gorboduc* (1561), e Jasper Heywood, tradutor de Sêneca. A política e a literatura eram os interesses capitais desses jovens estudiosos, de modo que a apologia política e moral do teatro empreendida por Bavande pode ser tida como emblemática das opiniões desse círculo. Assevera ele que as peças representadas por atores dissolutos, exibindo corrupção e vício, devem ser condenadas; entretanto, as que prescrevem lições morais constituem uma dádiva para a sociedade, servindo "em parte para deleitar, em parte para induzir à emulação de exemplos de virtude e bondade, vergastando o vício e a sordidez".[5] Histórias clássicas que envolvam fraquezas e vícios são toleráveis desde que ilustrem algum ensinamento moral. A de Agamemnon e Clitemnestra, por exemplo, pode ser utilizada para mostrar que "o amor de uma adúltera é tão insano e impaciente que ela não poupará nem o marido nem os amigos para fartar-se".[6]

Lições morais desse tipo podem ser encontradas em inúmeros ensaios justificatórios da década de 1560, como o prefácio de Alexander Nevyle ao *Édipo*, que considera essa peça "um tremendo exemplo da terrível vingança dos deuses contra o pecado",[7] ou o de Arthur Brooke ao *Romeu e Julieta* (1562), para quem essa história ensinava a virtude graças ao "miserando exemplo de um casal de desventurados amantes que acederam a desejos desonestos, negligenciaram a autoridade e o conselho de pais e amigos, e deram ouvidos a companheiros de pândega e frades supersticiosos etc."[8]

A primeira tradução completa da *Ars poetica* de Horácio em inglês foi rematada por Thomas Drant em 1567. A tradução, muito livre, tendia a ajustar Horácio à opinião crítica corrente. Não obstante, propiciou considerável estímulo ao codificar um corpo de teoria crítica em vernáculo, destarte tornando-o mais acessível.

Como sempre, Horácio provou ser mais facilmente assimilável pela teoria moderna do que Aristóteles. A ideia aristotélica da imitação foi sugerida na tradução que em 1570 Thomas Browne fez da obra *Nobilitas literata*, do humanista de Estrasburgo Johann Sturm; no mesmo ano, a edição póstuma de *Schoolmaster* [*O mestre-escola*], do amigo e correspondente de Sturm Roger Ascham (1515-1568), discutia o mesmo conceito: "Toda a doutrina das comédias e tragédias consiste numa perfeita imitação ou vívida pintura da existência de cada tipo de homem".[9] Mais francamente aristotélica é a postura de Ascham ao conceder as honras máximas à tragédia, embora o faça em previsíveis bases morais, chamando ao gênero "o melhor dos argumentos, a ser utilizado tanto pelos pregadores letrados quanto pelos particulares, mais proveitoso que Homero, Píndaro, Virgílio ou Horácio".[10] O puro Aristóteles escasseia em Ascham, no entanto, apesar de ele instar repetidamente para que se sigam os preceitos do filósofo grego.

A única referência à *kátharsis*, nesse período, parece encontrar-se numa tradução de 1576 que Robert Peterson executou do *Galateo* de Giovanni della Casa, na qual se menciona, discordando dela, a teoria de que o homem precisa mais de chorar do que de rir. Assim, a tragédia teria sido inventada para que ele "arrancasse dos olhos as lágrimas que precisava derramar e, pelo pranto, se curasse de sua enfermidade".[11] Ora, observa o autor jocosamente, o mesmo efeito seria obtido se ele ingerisse mostarda picante ou permanecesse no interior de uma casa enfumaçada.

O período entre meados dos anos 1570 e meados dos anos 1580 foi notável para a crítica inglesa em virtude do grande número de ataques ao teatro – frequentemente, mas nem sempre, desferidos pelos escritores puritanos. As defesas de Elyot, Bavande e outros implicam certa oposição moral ao drama na época em que foram escritas, mas as censuras ocasionais se avolumaram depois de 1576. Quando Burbage inaugurou o primeiro teatro público naquele ano, mobilizaram-se as forças do crescente conservadorismo religioso inglês, e uma série de sermões em Paul's Cross, pregados por Thomas Wilcox e outros, abriram a campanha com todo o fervor de uma nova cruzada.

O primeiro ataque sistemático ocorreu em 1577 com a obra de John Northbrooke, *Treatise wherein Dicing, Dauncing, Vaine Plaies or Enterludes... Are Prorooued by the Authoritie of the Worde of God and Auncient Writers* [Tratado no qual as declamações, danças, peças vãs ou interlúdios são reprovados pela autoridade da palavra de Deus e dos escritores antigos]. Esse diálogo entre Mocidade e Velhice reproduz as acusações tradicionais contra o teatro, abeberando-se – como o título sugere – igualmente em autores clássicos e padres da Igreja. O que espanta até certo ponto, contudo, é que depois de condenar a obscenidade e a grosseria do drama em geral, a Velhice aprova as peças acadêmicas em latim e inglês como úteis para os exercícios escolares! Vem, na conclusão, a tradicional distinção de gêneros:

> A tragédia é, propriamente, aquela casta de peça em que as calamidades e destinos miserandos de reis, príncipes e grandes governantes são descritos e representados, quase sempre com início e fim pesados e tristes. A comédia, essa apresenta gente simples e comum; começa turbulenta, mas acaba em alegria.[12]

George Whetstone (c. 1544-1587), em seu prefácio a *Promo and Cassandra* (1578), peça que foi a fonte de *Medida por medida*, rebateu esses ataques lembrando a alta estima em que o drama era tido nos tempos clássicos e recorrendo ao costumeiro argumento ético: "A recompensa dos bons induz os bons ao benfazer; o castigo dos maus desencoraja os maus do malfazer". O prefácio, embora curto, contém o mais completo sumário até então publicado das ideias neoclássicas inglesas sobre o drama. Após breve recapitulação das obras francesas, espanholas, italianas e alemãs, condena os dramaturgos ingleses por sua flagrante inconveniência (pois usam "um tipo de fala para todas as pessoas"); por corromper suas peças a fim de "fazer graça" ("Muitas vezes, fazem de um bufão o camarada de um rei"); por fundar seus trabalhos em impossibilidades; e, em geral, por ignorar as unidades e a verossimilhança ("Em três horas ele corre mundo, casa-se, tem filhos, os filhos crescem, saem à conquista de reinos, matam monstros, trazem deuses do céu e demônios do inferno").[13]

Panfletos e réplicas se multiplicaram depois de 1579 numa série lançada por Stephen Gosson (1554-1623), ex-ator: o causticante *The Schoole of Abuse* [A escola do abuso]. Em agressividade, se não em conceitos, essa diatribe antecipou as querelas críticas, bem mais famosas, da França do século seguinte. O tom moral do ataque de Gosson levou comentadores posteriores a confundi-lo com os puritanos, mas seus argumentos e exemplos são tirados, na verdade, sobretudo do humanismo clássico; quanto à sua antipatia pela poesia, aproxima-se muito de Platão. Ele admite que a boa arte possa instruir pelo exemplo virtuoso – "Os feitos notáveis de valorosos capitães, os salutares conselhos de bons pais, as vidas virtuosas dos avoengos",[14] mas ressalva que o poder da arte pode levar facilmente tanto ao bem quanto ao mal. As obras poéticas "insinuam-se no coração e afetam a mente, de onde a razão e a virtude devem comandar o resto";[15] assim, ao subjugar a razão, anulam a faculdade humana da escolha moral. Portanto, até que toda poesia possa colocar-se a serviço da virtude, deve ser evitada. Essa obra foi dedicada a Sir Philip Sidney (1554-1586), rico cortesão que tinha fama de generoso mecenas. Mas Sidney, longe de ficar lisonjeado, parece que se sentiu impelido – em parte, pelo menos – a iniciar sua famosa *Defense of Poetry* [*Defesa da poesia*], na qual refutava a doutrina platônica sustentada por Gosson. O trabalho de Sidney deve ter sido escrito entre 1580 e 1583, mas só veio a público em 1593.

Entrementes, inúmeras confutações mais ágeis iam surgindo, entre as quais uma apologia (a página de rosto se perdeu) de Thomas Lodge (*c*. 1558-1625), jovem estudante de Direito que iniciou carreira literária justamente com esse panfleto. Lodge admite que a poesia tenha por vezes abusado, mas tem-na por arte de inspiração divina, segundo fontes tanto pagãs quanto bíblicas. Seria prejudicar o homem e a ética repelir tão eficaz instrumento para a edificação moral: "Dizeis que, a menos de ser a poesia banida, o vício se perpetuará; pois eu vos assevero que, se o estilo se modificasse, essa prática seria proveitosa".[16]

Gosson replicou num escrito apressado, *Apologie of the Schoole of Abuse* [*Apologia da Escola do Abuso*] (1579), e no mais ponderado *Players Confuted in Fiue Actions* [*Dramaturgos refutados em cinco ações*] (1582), a mais ampla e bem conduzida dessa série de argumentos. Suas cinco "ações", análogas talvez aos cinco atos de uma peça, baseiam-se nas quatro causas de Aristóteles – eficiente, material, formal e final – com um fecho que conduz todas elas para o fim exclusivo de suscitar emoções. A causa eficiente das peças, afirma Gosson, é sua origem na religião pagã, e, na função original de celebrar os falsos deuses, elas constituem as "doutrinas e invenções do diabo".[17] Sua causa material são "coisas que jamais existiram", porquanto o diabo é pai da mentira e do engano: emoções distorcidas e extremadas, acontecimentos fantásticos e "muitos monstros terríveis feitos de papel amarelado". Ainda quando relata eventos verdadeiros, o poeta fá-los parecer "mais longos, mais curtos, maiores ou menores do que de fato foram".[18] A causa formal é o modo de representação em si: interpretar é mentir e mentir é pecar – argumento favorito dos críticos do período elisabetano tardio. A quarta ação descreve o objetivo das peças: "Fazer pulular nossas emoções" e colocá-las acima da razão e da temperança, o que é "manifesta traição às nossas almas, entregando-as cativas à dor".[19] Assim, conclui a quinta ação, as peças forcejam por arrastar os homens à vaidade, apostasia, iniquidade, luxúria e adultério.

As linhas gerais de argumentação traçadas por Gosson foram retomadas por escritores como Philip Stubbes em *Anatomie des Abuses* [*Anatomia dos abusos*] (1583). Lodge retirou-se da controvérsia em 1584, mas outros continuaram a deblaterar. No mesmo ano, a Universidade de Oxford viu na matéria interesse suficiente para transformá-la em tese para a obtenção do título de Master of Arts: "Devem ou não ser as apresentações dramáticas proibidas num Estado bem-organizado?"[20]

Depois de 1585, os ataques de peso contra o teatro aparentemente diminuíram, embora *A Mirrour of Monsters* [*Um espelho de monstros*] (1587), de William

Rankin, e *Th'Overthrow of Stage-Players* [*A derrocada dos atores*] (1599), de John Rainold, mostrem que a questão continuava palpitante. Nos últimos anos do século, entretanto, as apologias e as obras teóricas constituem os documentos mais interessantes. O *Discourse of English Poetrie* [*Discurso sobre a poesia inglesa*] (1586), de William Webbe, o mais extenso tratado sobre o assunto até então escrito, discute a tragédia e a comédia, mas quase nada acrescenta às distinções pós-clássicas e medievais correntes. Pouco mais se encontra na *Art of English Poesie* [*Arte da poesia inglesa*] (1589), de George Puttenham, mas, embora ele não trate diretamente dos ataques de Gosson e outros, propõe contra-argumentos que antecipam os de Sidney. Sustenta que a ficção é mais agradável e eficaz do que a verdade histórica, podendo desempenhar, como sabidamente desempenhou, valiosa função social; ela se justifica, pois, em termos morais, ainda que seu escopo seja emocional e sua diretriz a recreação e o deleite dos homens.

A principal obra crítica do período, *Defense of Poesy* [*Defesa da poesia*] (1595), de Sir Philip Sidney, constitui um marco do Renascimento, não apenas para a Inglaterra, mas para a Europa em geral. É, em parte, reflexo da situação inglesa – a culminação do pensamento crítico inglês da época e uma resposta aos ataques de seus compatriotas à poesia imaginativa –, mas, também, uma síntese do pensamento crítico renascentista em geral baseado profundamente em Aristóteles sem, entretanto, negligenciar Platão, Horácio e os grandes comentadores italianos, sobretudo Escalígero e Minturno.

O ensaio de Sidney estrutura-se em três partes principais: a primeira é a descrição da poesia, sua herança, sua natureza, sua relação com a história e a filosofia, suas formas; a segunda, uma réplica aos argumentos contra a poesia; e a terceira, um comentário sobre a poesia contemporânea na Inglaterra. A definição que Sidney oferece da poesia funda-se tanto em Horácio quanto em Aristóteles: trata-se de uma "arte imitativa... ou seja, que representa, contrafaz ou figura; que fala metaforicamente, pinta por palavras e tem por fim ensinar e deleitar".[21] A ideia que Sidney tem da imitação transcende os fenômenos da natureza: o poeta torna manifestas as formas ideais que se encontram na mente de Deus, distorcidas nos fenômenos naturais. Seu conceito de imitação aproxima-se, pois, do pensamento neoplatônico e aristotélico. Sidney também insiste no propósito moral: a ação virtuosa é o objetivo de todo aprendizado terreno, e a poesia – mais específica, mais convergente, mais tocante que suas rivais próximas, a história e a filosofia – presta-se melhor a isso. A comédia e a tragédia são definidas com base em sua utilidade moral, a primeira imitando "erros comuns" de um modo "ridículo e escarninho", a segunda induzindo os reis a "ter medo de ser tiranos" e ensinando a todos "a instabilidade do mundo".[22]

A poesia cometeu abusos, reconhece ele, como pode suceder a todas as coisas boas, mas isso não nos deve impedir de utilizá-la adequadamente. Quanto à acusação de que a poesia mente, Sidney esclarece que seu distanciamento da realidade a ninguém confunde, pois todos reconhecem que ela funciona por meio de alegorias e figuras. "Haverá alguma criança que, indo assistir a uma peça e vendo a palavra 'Tebas' escrita em grandes letras sobre uma velha porta, acreditará que se trata mesmo de Tebas?",[23] pergunta ele.

Na seção final, sem dúvida influenciada pelos comentadores italianos de Aristóteles, Sidney concede à tragédia um primado inédito no mundo erudito inglês. Infelizmente, suas observações sobre esse gênero destoam da prática dos grandes dramaturgos elisabetanos que logo iriam surgir; todavia, mal se pode censurá-lo por não ter antecipado tais concepções. Seus argumentos e exemplos baseiam-se nas melhores autoridades precedentes e num sólido conhecimento da prática contemporânea. Na esteira de Castelvetro, denuncia o abuso, comum na Inglaterra, das unidades de tempo e lugar: "A Ásia de um lado e a África de outro", e as aventuras de toda uma existência humana, ou mais, no lapso de duas horas.[24] Como Escalígero, ele busca "uma linguagem majestosa e frases sonoras que atinjam as culminâncias do estilo de Sêneca, igualmente repassadas de moralidade".[25] Como Minturno, associa a comiseração à admiração, afirmando que elas, e não o terror, são as emoções primárias da tragédia.[26] Sidney aceita a mistura de elementos cômicos e trágicos quando a peça o exige, mas condena o excesso dessa prática por parte dos dramaturgos ingleses.

Abordando mais superficialmente a comédia, faz distinção entre o deleite, que "é uma alegria presente ou permanente", e o riso, que "é apenas um prurido sarcástico". Os dois podem, e devem, combinar-se na comédia, mas a verdadeira finalidade tem de ser a instrução agradável. O material adequado para a comédia são as fraquezas humanas inócuas: "O cortesão amável e pressuroso, o Traso insensível e ameaçador, o professor sabichão, o viajante mentiroso".[27]

Essa preocupação em aprimorar a comédia e removê-la do domínio da farsa também se encontra nos prefácios de John Lyly (1553-1606), responsável pelas concepções críticas mais interessantes feitas por um dramaturgo profissional do período. O intento da comédia, diz ele, é "mergulhar no deleite e não escapar da leveza, provocar sorrisos e não gargalhadas".[28] Quanto à questão da finalidade moral do drama ou à da distinção dos gêneros, entretanto, a imaginação romântica de Lyly distancia-o muito de Sidney. O prólogo ao *Endimion* (1591), por exemplo, não defende obras sem função moral, que não sejam "nem comédia, nem tragédia, nem história, nem coisa alguma", mas apenas um passatempo fantasioso.[29]

Os gêneros tradicionais também são rapidamente discutidos no anônimo *A Warning for Fair Women* [Um aviso às mulheres honestas] (1599), que caracteriza a Tragédia como um comentador do coro e começa por um galhofeiro debate entre História, Comédia e Tragédia. Enquanto a Comédia explica chistosamente a tragédia como "O modo de alguns tiranos danados obterem a coroa,/Apunhalando, enforcando, envenenando, asfixiando, degolando", a própria Tragédia se define antes pelo efeito que pelo tema: "Apresento paixões que comovem a alma, aceleram o coração, agitam as entranhas/ E arrancam lágrimas dos mais austeros olhos".[30] O assunto dessa peça é doméstico e não palaciano, baseado num crime muito comentado na época. No final, a Tragédia admite a dificuldade de criar "matéria de importância" a partir de um tema popular, mas sustenta que a verdade histórica tem de prevalecer sobre a ornamentação artística.

Poucos dos grandes dramaturgos do Renascimento inglês deram atenção específica à teoria do drama. Apenas menções dispersas e fragmentárias podem ser encontradas em Marlowe, Kyd e Shakespeare, embora a prática deste último propiciasse, inquestionavelmente, uma fonte de valor incalculável para os teóricos posteriores. O primeiro dramaturgo inglês a produzir um corpo significativo de comentários críticos foi Ben Jonson (1573-1637), que sem dúvida mostrou maior interesse pelas dimensões literárias de sua obra do que os predecessores. A influência de Sidney pode ser claramente vislumbrada no Prólogo (escrito por volta de 1612) de sua peça de estreia, *Every Man in His Humour* [*Cada qual com sua disposição*] (1598), que abrevia os argumentos de Sidney com relação às unidades e retoma sua opinião quanto ao objetivo da comédia: "Brincar com as loucuras humanas, não com crimes".[31]

Na Introdução a *Every Man out of His Humour* (1600), Jonson considerou pormenorizadamente o tipo de "loucuras humanas" que deveriam constituir a esfera da comédia e, assim fazendo, afastou-se nitidamente das ideias de Sidney. Recorrendo à fisiologia medieval, observou que uma personalidade normal resultava do equilíbrio dos fluidos orgânicos, ou humores, correspondentes aos quatro elementos primários: terra, ar, fogo e água. Jonson ampliava metaforicamente essa ideia, atribuindo a um "humor" toda instância em que "uma qualidade peculiar/ De tal modo possui o homem que arrasta/ Todos os seus afetos, espíritos e poderes/ Numa única direção".[32] Assim, o assunto da tragédia deve ser um traço de personalidade dominante e distorcido, não um mero capricho ou simulação. O objetivo da comédia continua sendo moral, o de "flagelar" tais distorções metendo-as a ridículo. A poesia, reza a Epístola Dedicatória a *Volpone* (1607), "instruirá os homens na maneira mais razoável de viver".[33]

O Prólogo de *Volpone* assegura que a peça foi "burilada/Nos termos propostos pelos melhores críticos", que seu autor observou as unidades de tempo, lugar e pessoa, afastando-se das "regras inúteis".[34] Esse último comentário adverte que Jonson pretendia escapar, quando achasse necessário, às exigências da teoria neoclássica. A Introdução a *Cada qual fora de sua disposição* arrola algumas "leis da comédia" – divisão igual em atos e cenas, número conveniente de atores, emprego do coro e unidade de tempo –, mas insiste em que o poeta não precisa apegar-se rigidamente a elas, já que os próprios autores clássicos nem sempre o fizeram.[35] Semelhantemente, a Epístola Dedicatória a *Volpone* cita a prática clássica em defesa da conclusão sombria da peça, a qual "pode, obedecendo estritamente à lei cômica, sofrer censura", a despeito de sua inflexível rnoralidade.[36]

Idêntica maleabilidade pode ser detectada nas bem mais breves observações de Jonson sobre a tragédia no Prefácio de *Sejanus* (1605). Os aspectos da tragédia que ele reivindica para a peça – dignidade das pessoas, elevação de estilo, declarações sentenciosas e verossimilhança – refletem, claramente, antes a prática de Sêneca e a teoria clássica tardia do que Aristóteles. Jonson admite que sua obra não tem coro e agride a unidade de tempo, mas assevera que nem é necessário nem possível, nos tempos modernos, seguir "a antiga situação e o esplendor dos *poemas dramáticos*" sem prejudicar o "deleite do povo".[37] Assim, como muitos de seus colegas dramaturgos na Inglaterra e outros países, durante o período, Jonson confessa que o gosto do público importa mais que as regras clássicas.

Outros comentários críticos da época, pela maior parte notas sucintas à guisa de prefácios das peças, estão geralmente em consonância com Jonson, reconhecendo as regras clássicas (romanas) apenas para considerá-las de vez em quando incompatíveis com o gosto contemporâneo. John Webster (c. 1580-1625), prefaciando seu *The White Devil* [*O diabo branco*] (1612), reconhece que a obra "não é um verdadeiro poema dramático" e declara, como Lope de Vega, estar bem ciente das regras, mas que a mais perfeita das tragédias – escrita segundo todas as leis, como estilo elevado, pessoas graves e coro sentencioso – ficaria contaminada pelo "hálito indisfarçável da multidão".[38] Numa dedicatória menos apologética a *The Revenge of Bussy d'Ambois* [*A vingança de Bussy d'Ambois*] (1613), George Chapman (c. 1559-1634) faz eco a Jonson e Sidney quanto às exigências da tragédia: "Parecença com a verdade ... instrução material, incitamento elegante e sentencioso à virtude e desestímulo de seu contrário".[39]

A breve comunicação de John Fletcher (1579-1625) "Ao leitor", que introduz *The Faithful Shepherdess* [*A fiel pastora*] (1609), inova ao reivindicar, sem tom apologético, novos elementos para o drama. Fletcher, obviamente inspirado por Guarini, chama à sua obra uma tragicomédia pastoral e, considerando ambos os termos suscetíveis de interpretação errônea, oferece sua própria definição deles. Trata a "pastoral" de acordo com o conceito clássico de conveniência: "Representação de pastores e pastoras com suas ações e paixões inteiramente em harmonia com sua natureza, sem exceder as antigas ficções e as tradições populares". A definição que dá do gênero misto da tragicomédia contém as definições indiretas dos dois gêneros tradicionais. A tragicomédia

> não é assim chamada por alusão a risos e crimes, mas por apetecer a morte – o que basta para que não seja tragédia – e, não obstante, aproximar-se bastante dela – o que basta para que não seja comédia. Deve ser a representação de tipos conhecidos, com problemas que não envolvam a vida; nela, um deus é tão justo quanto na tragédia e os homens tão inferiores quanto na comédia.[40]

As poucas observações sobre o drama que devemos a Francis Bacon (1561-1626) no *De augmentis scientiarum* (1623) refletem a preocupação humanista com a educação moral ainda dominante, bem como a forte preferência do próprio Bacon pela filosofia em detrimento da poesia. Ele considerava a poesia um estímulo agradável, mas nada proveitoso, dos sentidos. O drama "seria de grande utilidade se fosse sadio", mas, no geral, foi corrompido e subtraído a toda disciplina, de sorte que muito raramente se vê nele o estímulo à virtude que tinha para os antigos, os quais o utilizavam com mais cuidado. Bacon fere uma nota bastante original ao considerar as fontes do poder do teatro, uma das primeiras observações sobre a psicologia de massa: "É certo, embora isto seja um grande segredo da natureza, que as mentes dos homens reunidos ficam mais abertas aos afetos e impressões do que quando eles estão sós".[41]

A última obra de vulto da crítica renascentista inglesa foi o *Timber or Discoveries* de Ben Jonson, publicado postumamente em 1640. Esses apontamentos, que aparentemente nunca se destinaram à publicação, reúnem observações de uma enorme variedade de fontes, remodeladas para refletir as próprias concepções de Jonson. Nota-se aí forte incidência do academicismo corrente, embora o autor evite, como sempre, a aceitação servil da autoridade, pontificando: "É certo que eles abriram as portas e indicaram o caminho que se desdobrava à nossa frente – mas como guias, não como comandantes ... A verdade aí está para todos; ela não é de modo algum *exclusiva*".[42] A seção final do livro, dedicada ao drama, deve muito à obra do crítico holandês Daniel Heinsius (1580-1655) e chega a traduzi-lo palavra por palavra. A crítica holandesa, sobretudo a de Heinsius, exerceu forte influência sobre as letras europeias no início do século XVII; não apenas Jonson, mas a geração seguinte de críticos franceses, bem como Racine e Corneille, abeberaram-se à larga em Heinsius, como nas fontes italianas, para lançar os fundamentos da teoria dramática neoclássica.

Os férteis anos do academicismo renascentista holandês tiveram início com a fundação da Universidade de Leyden, em 1575. Em 1590, o filho de Júlio César Escalígero, José, depois de herdar o posto do pai como um dos grandes eruditos europeus, começou a trabalhar na universidade, onde ficou até falecer, em 1609. Seu aluno favorito era Heinsius, que deu sequência à tradição de Escalígero numa obra de acentuada repercussão, *De tragoediae constitutione* (1611). Heinsius, como Jonson, mas à diferença de muitos de seus predecessores italianos, via em Aristóteles não um legislador, mas um observador filosófico que apenas analisou os aspectos dos fenômenos e – quando possível – tirou conclusões gerais. Talvez seja por isso que Heinsius, a despeito de sua admiração pelos Escalígeros, não tentou demarcar uma posição crítica e indicar em que ponto ela se apartava da defendida pelo filósofo grego. Sua definição de tragédia segue de perto a de Aristóteles: "Imitação de uma ação séria e completa, de extensão conveniente; composta em linguagem harmoniosa, rítmica e agradável, com os eventos apresentados em partes diferentes, não em forma narrativa, mas provocando pela piedade e terror a expiação desses sentimentos. Assim, a tragédia é uma imitação do sério e grave, ao passo que a comédia o é do alegre e agradável".[43] Heinsius traduz *kátharsis* por *expiatio*, em vez do termo mais literal e tradicional *purgatio*, alegando que Aristóteles, ao contrário de Platão, não considerava as paixões más em si mesmas, mas recriminava unicamente seu excesso ou deficiência. A função da tragédia, portanto, é expor o público ao terror e à piedade, de modo que os pouco inclinados a essas paixões aprendam a senti-las e os muito inclinados se saciem delas pelo hábito, logrando assim mais equilíbrio emocional.

Há aqui certa ressonância da ideia de Minturno, por sua vez baseada nas noções medievais da tragédia, segundo a qual o próprio homem se prepara para os golpes do destino observando as catástrofes sofridas por outros. Heinsius, entretanto, pretendia domar as paixões para que o homem suportasse não apenas as grandes calamidades, mas também os dissabores do dia a dia. Desse modo, a tragédia desempenhava uma finalidade didática. Tal atitude aproxima Hensius, muito mais que a maioria dos italianos, da compreensão do interesse de Aristóteles pelo estabelecimento de uma empatia com o herói trágico, o qual, como nós mesmos, devia ser uma mescla de bem e mal – embora Heinsius seja mais exigente que Aristóteles ao definir a falha trágica. Para Heinsius, o mal só pode ser conscientemente praticado por homens perversos; assim, caso pretenda ser eficaz, a tragédia tem de basear-se apenas em transgressões não premeditadas.[44]

O interesse horaciano pelo elemento didático também pode ser encontrado no tratamento de Heinsius da comédia. Uma leitura distorcida do comentário feito por Aristóteles sobre o riso, como uma espécie do desagradável ou perverso, consistente em alguma fealdade ou defeito, nem penoso nem prejudicial, levou o crítico holandês a exprimir sérias reservas quanto ao despertar do riso – reservas repetidas por Jonson, que considera isso "um erro da comédia, uma certa torpeza que deprava a parte sã da natureza humana",[45] ideia curiosa fielmente reproduzida por críticos ingleses do neoclassicismo tardio.

Considerando-se a insistência nas três unidades em anos subsequentes, sobretudo na França, é de notar que Heinsius, como Aristóteles, pouco tem a dizer a respeito do assunto. A unidade de ação é fundamental para ele, constituindo o tema de seu quarto capítulo e sendo repetidamente mencionada em outros lugares. A unidade de tempo é sugerida em diversas passagens, mas Heinsius, novamente nos passos de Aristóteles, considera a verossimilhança fidelidade à essência de uma espécie, não a indivíduos (o que separa o poeta do historiador). Portanto, em nada o preocupa o tipo de ilusão teatral propugnado por Castelvetro. À unidade de lugar, Heinsius sequer se refere.

O primeiro resumo do corpo de regras desenvolvido pelos críticos neoclássicos de final do século XVI e começo do XVII deveu-se ao segundo maior crítico holandês do período, Gerardus Joannes Vossius (1577-1649), em *Poeticarum institutionum libri tres* (1647). Esse compêndio latino não continha referências diretas aos críticos vernaculares da Itália, França, Espanha ou Inglaterra, nem aos debates literários específicos que haviam constituído parte tão substancial da crítica vernacular na maioria daqueles países. Em vez disso, Vossius intenta sumariar as contribuições de Horácio, Aristóteles, Escalígero, Donato, Minturno e seu compatriota Heinsius. Ele perfilha a concepção neoclássica geral de que a poesia deve "ensinar agradando". Entretanto, concorda com Escalígero em que a mera apresentação de boas e más ações no palco induz os homens a imitar as primeiras e evitar as últimas, nisso se distanciando de Chapelain e La Mesnardière, na França, que insistiam na recompensa da virtude e castigo do vício. Ele define a tragédia como um "poema dramático" que contém ações "graves e sérias" e personagens "ilustres, mas infelizes", o qual leva à purgação das "disposições gerais" e não apenas das emoções específicas da piedade e do terror.[46] A catarse, com efeito, tem pouco interesse para Vossius; ele explica os assassinatos, incestos e outros atos igualmente "vergonhosos e atrozes" como um acicate, não do terror, mas do *"admirabile"*, palavra a que dá o sentido de espantoso ou surpreendente, similar ao *merveilleux* dos críticos franceses da época.[47] Ambos os termos derivam do comentário de Aristóteles segundo o qual o terror e a piedade são maiores quando os eventos se nos apresentam inopinadamente.

Como Heinsius, Vossius ignorava por completo o problema da unidade de lugar e quase nada tinha a dizer da unidade de tempo. A unidade de ação, no entanto, importava-lhe muito: a discussão que enceta a respeito dessa questão ocupa vários capítulos e é uma das mais abrangentes do período. O drama deve conter uma única ação e um único herói, embora a ação possa ter partes subordinadas, de tal forma unidas pela probabilidade e necessidade que nenhuma pode ser omitida ou modificada sem dano para o todo. As ações secundárias são usadas para ornamentação, desde que permaneçam apensas à ação principal e jamais lutem com esta pela primazia do interesse.

Todas essas concepções serão mais tarde desenvolvidas por D'Aubignac e outros, que buscavam regularmente a orientação de Vossius como seus predecessores haviam buscado a de Heinsius.

NOTAS

1 Thomas More, *Utopia*, trad. inglesa de Ralph Robinson, texto atualizado por Mildred Campbell, New York, 1947, p.61.

2 Thomas Elyot, *The Book Named the Governor*, ed. e atualizado por S. E. Lehmberg, New York, 1962, p.47-8.

3 Ibidem, p.33.

4 Nicholas Grimald, *Epistola nuncupatoria* a *Christus Redivivus*, trad. inglesa de L. R. Merrill in *The Life and Poems of Nicholas Grimald*, Yale Studies in English, v.69, New Haven, 1925, p.109.

5 William Bavande, *A Woork of Joannes Ferrarius Montanus Touchynge the Good-Orderynge of a Commonweele...* (London, 1559), 81.

6 Ibidem, p.103.

7 Alexander Nevyle, *The Tenne Tragedies of Seneca*, Manchester, 1887, p.162.

8 Arthur Brooke, To the Reader, in *Romeus and Juliet*, London, 1908, p.lxv.

9 Roger Ascham, *The Whole Works*, London, 1864, 2v., v.2, p.213.

10 Ibidem, p.228.

11 Giovanni della Casa, *Galateo*, trad. inglesa de Robert Peterson, London, 1576, p.31.

12 John Northbrooke, *Treatise...*, London, 1577, p.104.

13 George Whetstone, Dedicatória a *Promos and Cassandra*, in G. G. Smith (Ed.) *Elizabethan Critical Essays*, London, 1904, 2v., v.1, p.59.
14 Stephen Gosson, *The Dramatic Criticism*, A. F. Kinney (Ed.), Salzburg, 1974, p.82.
15 Ibidem, p.89.
16 Thomas Lodge, *A Reply to Stephen Gosson's Schoole of Abuse*, London, 1879, p.41.
17 Gosson, *Criticism*, p.151.
18 Ibidem, p.161, 169.
19 Ibidem, p.181.
20 Andrew Clark, *Register of the University of Oxford*, Oxford, 1887, v.II, pt.I, p.171.
21 Sir Philip Sidney, *The Defense of Poetry*, A. S. Cook (Ed.), Boston, 1890, p.9.
22 Ibidem, p.28.
23 Ibidem, p.36.
24 Ibidem, p.48.
25 Ibidem, p.47.
26 Ibidem, p.50.
27 Ibidem, p.51-2.
28 John Lyly, Prólogo a *Sapho and Phao* (1584), in *Complete Works*, Oxford, 1902, 3v., v.2, p.371.
29 Lyly, Prólogo a *Endimion*, in *Complete Works*, v.3, p.20,
30 *A Warning for Fair Women*, Charles Cannon (Ed.), The Hague, 1975, p.98.
31 *Ben Jonson*, C. H. Herford e Percy Simpson (Ed.), Oxford, 1925-1952, 11v., v.3, p.303.
32 Ibidem, p.432.
33 Ibidem, v.5, p.20.
34 Ibidem, p.24.
35 Ibidem, v.2, p.436-7.
36 Ibidem, v.5, p.20.
37 Ibidem, v.4, p.350.
38 John Webster, *Complete Works*, F. L. Lucas (Ed.), New York, 1966, 4v., v.1, p.107.
39 George Chapman, *The Plays and Poems*, T. M. Parrot, New York, 1961, 2v., v.1, p.77.
40 John Fletcher, *The Faithful Shepherdess*, in *The Dramatic Works in the Beaumont and Fletcher Canon*, Fredson Bowers (Ed.), Cambridge, 1966-1976, 5v., v.3, p.497.
41 Francis Bacon, *The Advancement of Learning*, Joseph Devey (Ed.), New York, 1905, p.116.
42 *Jonson*, v.8, p.567.
43 Daniel Heinsius, *De tragoediae constitutione* (Amsterdam, 1643), p.18.
44 Ibidem, p.76-7.
45 *Jonson*, v.8, p.643.
46 Gerardus Vossius, *Poeticarum institutionum*, (Amsterdam, 1701), 2v., v.2, p.11.
47 Ibidem, v.2, p.13.

8

A FRANÇA DO SÉCULO XVII

Depois dos escritos de Vauquelin e Laudun, na virada do século, quase vinte anos se passaram antes que aparecessem na França outras obras críticas importantes sobre o drama (com a discutível exceção do trabalho de Heinsius). O drama mais festejado no início do século era o de Alexandre Hardy e outros que, como Lope de Vega, buscavam o sucesso popular desafiando as normas clássicas. Ironicamente, o tipo de teatro até certo ponto fiel a esses preceitos e ao mesmo tempo popular era a pastoral, forma desconhecida na Antiguidade e vista com desconfiança pelos neoclassicistas italianos, mais conservadores. O êxito de peças como o *Pastor Fido* de Guarini encorajou os críticos e, vez por outra, os dramaturgos a estabelecerem na França a tradição da crítica neoclássica peninsular. A mais famosa das regras italianas, a das "três unidades", parece ter-se esvaído da consciência francesa depois de promulgada por escritores como Ronsard e Jean de la Taille – para só reaparecer por volta de 1630. Então, quase ao mesmo tempo, diversos autores reabriram a discussão das unidades, provocando em seguida muita celeuma sobre quem, na verdade, as teria descoberto ou redescoberto.[1]

Talvez fosse mais acertado dizer que apenas a unidade de lugar reentrou nos debates críticos por essa época, pois as de ação e de tempo já eram comumente aceitas – ao menos pelos críticos conservadores – numa linha de pensamento quase ininterrupta desde Jean de la Taille a Jean Chapelain (1595-1674). Elas foram advogadas, como vimos, por Vauquelin, em 1605, e depois por Chapelain num de seus primeiros ensaios, o "Préface de l'Adone du Marin" ["Prefácio ao Adonis de Marino"] (1623). A obra mais célebre sobre o drama nos anos 1620, o "Prefácio ao *Tyr et Sidon*" (1628) de François Ogier (falecido em 1670), aparentemente desfecha um ataque geral às rígidas exigências da crítica neoclássica, mas, na verdade, atenta quase que exclusivamente para a unidade de tempo. Embora fosse saudado, no ocaso do século XIX (quando se redescobriu seu prefácio de há muito esquecido), como autêntico precursor dos românticos, na ânsia que estes tinham de livrar o artista das amarras clássicas, vale lembrar que, em sua própria época, Ogier assumia uma postura conservadora. O drama que ele defendia já fora implantado por Alexandre Hardy e outros; aquilo a que se opunha era (para os franceses) o estilo italiano de drama mais moderno, que por fim acabou se impondo.

Ogier sabia muito bem que, a despeito da popularidade de Hardy, os estudiosos da teoria dramática iriam exigir argumentos tirados da tradição e da prática clássica, não da moderna. Por isso, insurgiu-se contra a unidade de tempo lançando mão de duas estratégias que já haviam servido aos críticos italianos. Em primeiro lugar, apontou exceções a essa exigência nas obras dos próprios autores clássicos – Sófocles, Menandro e Terêncio. A seguir, aplaudiu-os por sua liberdade, ressaltando que alguns dramas clássicos foram prejudicados pela observância excessiva da norma. Em alguns, ela fez que "certos incidentes e encontros, que não poderiam ter acontecido em tão acanhado lapso de tempo, ocorressem num único dia"; em outros, a dificuldade foi contornada graças a uma "estafante enumeração de intrigas insossas" extracênicas, que ao fim só serviram para irritar e maçar o espectador.[2]

Sua segunda estratégia foi enfatizar as diferenças entre as sociedades grega e moderna. Apropriadas ou não para os gregos, Ogier negava que as regras pudessem ser impostas a dramaturgos de uma cultura diferente:

> Os gregos trabalharam para os gregos e foram bem-sucedidos ao julgar a gente culta de seu tempo. Nós, porém, caso concedêssemos algum espaço ao gênio de nosso país e às preferências de nossa própria língua, os imitaríamos melhor do que acedendo à obrigação de seguir, passo a passo, seu plano e seu estilo.[3]

A liberdade defendida por Ogier continuou a ter seus arautos nos anos que se seguiram, mas sempre enfrentando a oposição da tradição crítica dominante. Não apenas as unidades de ação e tempo eram continuamente reafirmadas como essenciais ao drama como, logo após a publicação da obra de Ogier, a unidade de lugar lhes foi regularmente acrescentada. Em 1630, o dramaturgo André Mareschal observava, no prefácio de sua *Généreuse allemande* [*Generosa alemã*], que não se confinara "aos apertados laços de lugar, tempo e ação, ditame principal das regras dos antigos".[4] Entretanto, no mesmo mês, Chapelain saía a campo em patrocínio dessas três unidades numa carta que continha quase todos os argumentos convencionais dos paladinos da regularidade.

Embora Chapelain gabe os antigos, suas teses se baseiam não na autoridade, mas numa teoria do funcionamento do drama. Ele nega a ideia de que este foi criado unicamente para agradar (embora ressalve que, mesmo que o tivesse sido, a obediência às regras proporcionaria mais prazer que sua rejeição); ao contrário, o fim principal da representação cênica é "comover a alma do espectador graças ao poder da verdade, com a qual as várias paixões são expressas no palco, e dessa maneira purgá-la dos infortunados efeitos que tais paixões podem nela despertar".[5] Para conseguir isso com maior eficácia, o drama deve refletir as condições da vida real; portanto, a representação tem de ser "acompanhada e secundada" pela verossimilhança (*vraisemblance*), conceito-chave na obra de Chapelain. A grande descoberta dos antigos foi "privar o espectador de toda oportunidade de refletir sobre aquilo que está vendo e de duvidar de sua autenticidade". Para fomentar essa ilusão existem as unidades, como também o conceito de conveniência, o qual, apresentando as características tradicionais e esperadas das diversas idades e condições sociais, nada oferece que afete a credulidade do espectador.

Chapelain não insiste numa correspondência minuto a minuto entre o tempo teatral e o tempo real; permite que a ação se estenda desde que o prazo extra decorra durante os entreatos e interlúdios, mas cuida que um período total de mais de 24 horas exigiria demais da credulidade do público. As unidades de ação e lugar estão estreitamente relacionadas a esse ponto de vista, já que dilatar a história por um longo período de tempo envolveria diversas ações, o que turvaria o foco do drama, e diversos locais, o que comprometeria a ilusão. Não se pode exigir do espectador que imagine que "o mesmo palco, sempre diante de seus olhos, tornou-se um lugar diferente daquele que o poeta a princípio concebeu".[6] Também no interesse da verossimilhança, Chapelain sugeria que os autores franceses seguissem o exemplo de certos dramaturgos italianos e espanhóis que começavam a escrever em prosa.

Essas ideias foram pela primeira vez empregadas com êxito no teatro por Jean Mairet (1604-1686), cujo Prefácio a *Silvanire* (1631) constituiu um manifesto capital da nova abordagem. Tem a forma de uma pequena *Ars poetica*, começando com uma seção sobre o poeta e a poesia, continuando com um exame dos diferentes gêneros e concluindo com um longo arrazoado sobre a comédia. As definições de tragédia e comédia são inteiramente tradicionais. A tragédia é "o espelho da fragilidade das coisas humanas", lidando com reis e príncipes, começando pela alegria e terminando pela desgraça. A comédia encena as mazelas da gente comum, começando pela tristeza e terminando pelo júbilo. Sua função moral é "mostrar a pais e filhos como viverem bem em companhia".[7] Mairet cita três "leis" para a comédia: ser crível, apresentar ação única e respeitar a unidade de tempo, "norma fundamental do teatro". Não menciona a unidade de lugar que, entretanto, está claramente implícita na de tempo, pois Mairet fala do absurdo de um ator estar em Roma no primeiro ato e em Atenas ou Cairo no segundo. Como Chapelain, crê que a verossimilhança seja a base dessa orientação, já que o drama – à diferença da história – é "uma apresentação ativa e emocional de coisas como se realmente acontecessem no momento".[8]

Os argumentos assim expressos em 1630-1631 foram retomados numa série de cartas, prefácios e manifestos surgidos entre 1631 e 1636. Isnard, no Proêmio a *La filis de Scire* (1631), de Pichou, clamava por uma correspondência exata entre tempo real e tempo teatral. Chapelain, no *Discours de la poésie représentative* [*Discurso sobre a poesia dramática*] (1635), repetia que os antigos haviam desenvolvido as regras da unidade de lugar e do "dia natural" para "alicerçar a verossimilhança". Nesse mesmo ensaio, Chapelain fala da *bienséance*, termo-chave do classicismo francês e bem próximo da verossimilhança. A palavra fora empregada por Pelletier em 1555 e por Vauquelin em 1605 como tradução do latim *decorum*, mas, tal qual o conceito de unidades, gozou de maior influência após 1630. Chapelain empresta-lhe o sentido tradicional: "Fazer que cada personagem fale de acordo com sua condição, idade, sexo". Despoja o termo de quaisquer conotações morais. Entretanto, *bienséance*, como o vocábulo inglês *propriety* (conveniência), pode ser tomado como sinônimo de adequação, conforme Chapelain o ilustra, ou implicar posteriormente decência moral (decoro), significado que os críticos tardios com frequência lhe associam.

Enquanto teóricos como Chapelain e alguns dramaturgos apoiavam as regulamentações italianas, outros escritores (principalmente os dramaturgos ligados ao Hôtel de Bourgogne, mais sensíveis ao gosto popular) assumiam uma postura mais flexível. Scudéry, no prefácio de seu *Ligdamon et Lidias* (1631), assevera como Lope de Vega que leu todas as autoridades na questão do drama, mas preferiu desafiá-las para agradar ao público. De igual modo, Rayssiguier observava em sua adaptação da *Aminta* (1632) de Tasso que "quem deseja obter ganho e aprovação para os atores que recitam seus versos é obrigado a escrever sem observância das regras".[9]

Essas as linhas gerais de argumentação pró e contra as regras neoclássicas que foram seguidas pelos participantes da famosa controvérsia do *Cid*, consequente à primeira apresentação da peça de Corneille (1606-1684) em 1637. O enorme sucesso de *Le Cid* espicaçou a inveja dos dramaturgos rivais e inspirou vários deles a publicar ataques contra a obra. O primeiro a fazer acusações de interesse para os estudiosos da teoria dramática foi Georges de Scudéry (1601-1667), cujas *Observations sur le Cid* [*Observações sobre o Cid*] (publicadas anonimamente em 1637) tentavam demonstrar que "o tema é insignificante, infringe as regras principais do poema dramático, sua condução revela falta de discernimento, tem versos ruins, quase todas as suas belezas não passam de plágio".[10] Scudéry corrobora a prescrição de Aristóteles de uma única revolução do sol com suas próprias teses sobre a extensão adequada de um belo objeto, fazendo da unidade de tempo o critério dessa beleza. Ainda assim condena Corneille, que não obstante confinou literalmente sua ação ao lapso de 24 horas, por amontoar eventos históricos de vários dias, ofendendo assim tanto a história quanto a verossimilhança. Aos olhos de Scudéry, entretanto, a grande falha da peça era a imoralidade. Dado que o drama foi inventado para "instruir de modo agradável", o palco deve sempre mostrar "a virtude recompensada e o vício punido" – ao passo que Corneille apresenta uma filha satisfeita por casar-se com o assassino de seu pai.[11]

Corneille replicou a esse ataque com uma vigorosa *Lettre apologitique* [*Carta apologética*], que não condescendeu em responder às acusações específicas de Scudéry; outros escritores anônimos, porém, arriscaram refutações ponto por ponto: *La deffense du Cid* [*A defesa do Cid*] e *La voix publique à M. de Scudéry* [*A opinião pública ao Sr. de Scudéry*] (ambas de 1637). O "burguês de Paris", em *Le Jugement du Cid* [*O julgamento do Cid*] (1637), gabava-se: "Nunca li Aristóteles, nada sei das regras do teatro, mas avalio uma peça de acordo com a satisfação que ela me proporciona".[12] Nessa base, é claro, as ideias de Scudéry a respeito de unidades, maus versos e mesmo moralidade podem ser postas à parte. Entrementes, outros panfletos do partido contrário apareciam. O dramaturgo Jean de Claveret, censurado um tanto gratuitamente na carta de Corneille a Scudéry, respondeu com uma investida pessoal, a *Lettre du Sr. Claveret au M. Corneille* [*Missiva do Sr. Claveret ao Sr. Corneille*], que por seu turno inspirou uma réplica anônima, *L'amy du Cid à Claveret* [*O amigo do Cid a Claveret*]. Todos esses panfletos e pelo menos mais outro tanto vieram a público nos primeiros meses de 1637, e, atiçando o debate, ameaçaram degenerar numa guerra de insultos pessoais. A essa altura, Scudéry escreveu à recém-fundada Academia Francesa admitindo a autoria das *Observations*, que iniciara a polêmica, e pedindo que aquela instituição examinasse suas acusações e lhes atestasse a validade.

Corneille aceitou a proposta, embora com alguma desconfiança, quando soube que o próprio cardeal de Richelieu a aprovava. Presumia-se de há muito que Richelieu contava entre os adversários da peça e iria valer-se da Academia para castigar Corneille. Entretanto, estudos mais recentes confutaram essa ideia:[13] parece que Richelieu estava mais interessado em resolver um debate artístico que desandara para a agressão pessoal infrutífera, e em aumentar o prestígio e o brilho de sua recém-fundada instituição. Enquanto o exame prosseguia (por um período de seis meses), continuava a batalha dos panfletos, apesar de Richelieu ter escrito a Scudéry e Corneille na tentativa de aliviar a tensão.

O mais interessante desses panfletos foi o *Discours à Cliton* [*Discurso a Clitão*], que continha um *Traicté de la disposition du poëme dramatique* [*Tratado da disposição do poema dramático*], longa e apaixonada defesa da liberdade já antes advogada por Ogier. "O objeto da poesia dramática", rezava ele, "é imitar qualquer ação, qualquer lugar e qualquer tempo, de sorte que nada do que aconteça no mundo, nenhum intervalo de tempo, por mais longo que seja, nenhum país, não importa seu tamanho ou quão longe se situe, fiquem excluídos da esfera do teatro."[14] Como Ogier, esse autor anônimo insiste em que os escritores modernos tenham a liberdade de elaborar suas próprias regras e em que a consciência atual não se satisfaça com a simples e limitada visão da realidade que os autores clássicos apresentavam. O conhecimento do mundo e da história, sendo agora maior, exige expressões mais complexas. A unidade de ação permite que apenas um tipo de história seja contado no teatro, onde todos deveriam ter guarida. "A natureza nada cria que a arte não logre imitar: toda ação, todo efeito podem ser imitados pela arte da poesia. A dificuldade consiste em imitar na medida e na proporção das coisas imitadas."[15]

Os ansiosamente aguardados *Sentiments de l'Académie Française sur la tragi-comédie du Cid* [*Opiniões da Academia Francesa sobre a tragicomédia do Cid*], em boa parte obra de Chapelain, apareceram no final de 1637. Tratava-se de um estudo aprofundado, contendo um comentário ponto por ponto a respeito das queixas de Scudéry e uma análise cena por cena de *Le Cid*. Em muitos aspectos, desabonava Scudéry, particularmente no tocante à credibilidade das ações, à motivação de determinadas cenas e à aceitabilidade de certas expressões. Scudéry também foi acusado de ter-se mostrado pouco aristotélico em sua análise. A crítica a Corneille, entretanto, foi bem mais severa. Chapelain, como Scudéry, achava que o autor, no afã de respeitar as unidades, acumulara ações demais para um único dia e assim agredira a verossimilhança.

A ética da peça fomentou uma condenação ainda mais séria. Chapelain começa sua análise com um exame das funções do drama e da crítica. Uma obra dramática não pode ser considerada boa, "ainda que agrade às pessoas comuns", se não observar os preceitos da arte e se "os especialistas, que são os legítimos juízes, não apoiarem a opinião da massa". Os preceitos exigidos pelos especialistas – conveniência, verossimilhança, adequação e justiça poética – são aqueles que ensinam a virtude "de modo conforme à razão". Homens educados e cultos (como os críticos) não se alarmarão com o desvio das normas, mas é seu dever insistir em que os autores evitem semelhante desvio para não corromper a turba iletrada. "Os maus exemplos revelam-se contagiosos até mesmo no teatro; muitos crimes reais são instigados por representações fingidas." A pintura que Corneille faz de "uma jovem apresentada como virtuosa", mas que acede em desposar o assassino de seu pai (ainda que após a devida hesitação), é simplesmente inaceitável em moldes morais – e Chapelain faz ouvidos moucos à alegação de Corneille de que se trata de um episódio histórico: "Muitas são as verdades monstruosas que devem ser caladas em benefício da sociedade", conclui ele. "É justamente em casos tais que o poeta deve preferir a verossimilhança à verdade."[16]

Com esse documento a polêmica do *Cid* praticamente terminou, embora outros escritos de menor interesse continuassem o debate no ano seguinte. Corneille, como veremos, também prosseguiu pelo resto da vida a remontar às questões aqui suscitadas. A despeito de sua truculência e repercussão, a controvérsia mal durou um ano. Nem fixou, como às vezes se afirma, as regras do neoclassicismo na França: estas já gozavam do favor dos críticos e obtinham popularidade no círculo dos dramaturgos muito antes do aparecimento do *Cid*, apesar da constante oposição a elas tanto antes quanto depois de 1637. A ênfase na finalidade moral do drama, igualmente, de há muito fazia parte do debate crítico tradicional. Assim, o significado maior da controvérsia não estava em seu conteúdo, mas no interesse que despertou na consciência do público em geral. O problema das regras dramáticas tornou-se vital para quem quer que se interessasse pelas letras ou artes, e não apenas para um punhado de especialistas. E, graças a essa polêmica, a França substituiu a Itália como o centro europeu da discussão crítica do drama: por cerca de um século e meio, os críticos franceses iriam definir amplamente seus termos.

A despeito de discordâncias eventuais entre ambos, Scudéry tomou o julgamento da Academia como um desagravo de sua atitude e procurou mesmo selar a vitória escrevendo uma peça rival do *Cid* que utilizava argumento similar, mas sem as falhas de Corneille. O resultado foi *L'amour tyrannique* [*O amor tirânico*] (1639), que de fato obteve considerável sucesso. A segunda edição da peça apareceu enriquecida com um *Discours de la tragédie* [*Discurso sobre a tragédia*] da lavra de Jean-François Sarasin (1614-1654), poeta e crítico de alguma fama que, entretanto, não havia participado do debate entre Scudéry e Corneille.

Sarasin evita alusões a *Le Cid* afirmando que escreve unicamente em louvor da peça de Scudéry e não irá levar em consideração "os vícios dos outros". *L'amour tyrannique*, sustenta ele, é obra tão excelsa quanto qualquer das produzidas pelos gregos e decerto Aristóteles a tomaria por modelo se a tivesse diante dos olhos. Sem dúvida lembrando-se de que a Academia dera um puxão de orelhas a Scudéry por não moldar suas observações segundo a ordem aristotélica, Sarasin mostra-se cuidadoso em acompanhar o crítico grego ou, mais precisamente, o Aristóteles tal qual interpretado por Heinsius em *De tragoedia constitutione*. Em muitas passagens, traduz o erudito holandês quase literalmente.

Sarasin começa pelo escopo da tragédia e interpreta a *kátharsis* de Aristóteles como um processo de "afeiçoar as paixões e orientá-las rumo ao perfeito equilíbrio filosófico" que constitui, por seu turno, a base para a "aquisição da virtude e o domínio do conhecimento".[17] Descarta, especificamente, o "prazer do povo" como objetivo final do drama e ainda elimina espetáculo e música de sua discussão – o primeiro, porque concerne apenas ao encenador; a segunda, porque é irrelevante para o drama. Voltando-se então para o enredo, elogia Scudéry pela inevitabilidade do clímax, a observância das unidades, a capacidade de despertar a piedade e o terror, o personagem central absolutamente aristotélico e a referência de toda a matéria poética à ação principal. Embora a conclusão seja feliz, não há nenhum elemento cômico na peça, de sorte que a classificação de tragédia lhe quadra bem. (Uma importante contribuição desse ensaio foi a tentativa de Sarasin de considerar tragédias peças como *Le Cid* que, graças a seus desfechos, tinham sido previamente etiquetadas como tragicomédias, de um modo geral.) Entretanto, as prometidas observações sobre caráter, pensamento e linguagem não foram de fato incluídas no ensaio. O autor alega compromissos pessoais como desculpa por não completá-lo; recomenda, todavia, a teoria poética de Hippolyte-Jules Pilet de La Mesnardière (1610-1663), a aparecer em breve, para uma discussão mais ampla desses tópicos.

Sarasin, como Scudéry, submeteu seu ensaio à opinião da Academia, mas Richelieu, talvez para evitar mais querelas literárias, declarou-se ele próprio satisfeito com o drama de Scudéry e informou à instituição que já não eram mais necessárias novas discussões. Provavelmente, o cardeal achava que a já antecipada *Poétique* de La Mesnardière, por ele encomendada, resolveria de uma vez por todas as questões mais candentes. Porém, a morte de Richelieu impediu o remate dessa obra monumental; somente a primeira seção veio a lume em 1639, mas não parece que a perda haja sido grande. La Mesnardière, médico em primeiro lugar e só secundariamente poeta menor e membro da Academia, não era a escolha adequada para engendrar o livro supremo de teoria poética com o qual a França pretendia destronar a Itália. A seção completa pouco mais é que um comentário prolixo e tortuoso sobre Aristóteles, Escalígero e Heinsius. La Mesnardière mostra-se ainda mais ferino que Sarasin no desprezo pelo "vil populacho" e seus gostos, mas, a despeito de frequentes referências em latim e grego, os padrões críticos "fundamentados" que tem a oferecer não são nada claros. Revela-se surpreendentemente flexível na questão das unidades, aceitando mais de 24 horas de ação, caso os eventos o exijam e aprovando a multiplicidade de ambientações, desde que todos esses lugares possam ser alcançados num curto período de tempo.

O traço mais característico da obra de La Mesnardière é a ênfase na instrução moral e na justiça poética, herança óbvia da controvérsia do *Cid*. Os heróis tinham de ser modelos de virtude, culpados – se tanto – apenas de "alguma fraqueza que se deve perdoar".[18] Caracteres perversos devem ser evitados a todo transe. La Mesnardière devota inúmeros capítulos ao delineamento do caráter, insistindo bastante na fidelidade ao tipo e à expectativa: "Idade, paixões, fortuna presente, condição de vida, nacionalidade e sexo" devem determinar a personalidade e os atos, cabendo ao poeta evitar criações conflitantes como "uma donzela corajosa, uma senhora erudita ou um criado judicioso".[19] O objetivo era a verossimilhança, porquanto a peça tinha de apresentar modelos específicos de virtude – e estes, por razões de eficácia, deviam ser tão acessíveis quanto possível à plateia.

Outra obra, mais significativa, interrompida pela morte do cardeal, foi a de François Hédelin, abade D'Aubignac (1604-1676), também protegido de Richelieu e a quem este recorrera em busca de subsídios para a reforma geral do teatro francês. D'Aubignac, que sonhava com o posto de primeiro diretor de uma casa de espetáculos nacional, fez recomendações sobre arquitetura, cenários, moralidade cênica, acomodações e controle das plateias. Defendeu a utilidade moral, religiosa e social de um teatro nacional com tamanha proficiência em sua *Dissertation sur la condemnation des spectacles* [*Dissertação sobre a condenação dos espetáculos*] (1640) que Richelieu solicitou-lhe um manual para os futuros dramaturgos: tratava-se da *Pratique du théâtre* [*Prática do teatro*], abandonada quando da morte do cardeal e só completada e publicada em 1657.

Houvesse D'Aubignac terminado seu ensaio no início dos anos 1640, segundo o projeto, e ele se tornaria o primeiro grande sintetizador europeu de um século inteiro de crítica literária neoclássica. No seu lugar, porém, a tarefa coube a Vossius, em cuja obra D'Aubignac foi buscar boa parte de seu fundo teórico. Os dois trabalhos são de certa forma parecidos, mas há diferenças significativas. Ambos se apresentam sob a forma de manuais, tentativas de compendiar a situação atual da crítica e apresentá-la de um modo claro e mnemônico não apenas para colegas especialistas, mas para estudantes e aspirantes a poetas. D'Aubignac limitou-se ao drama, ao passo que Vossius considerou todos os gêneros poéticos. Ademais, como o próprio D'Aubignac observou, as obras anteriores sobre teatro, inclusive a de Vossius, tendiam a ser meros comentários sobre Aristóteles contendo máximas gerais referentes a temas como a origem da poesia dramática, sua evolução, sua definição, seus tipos, a unidade de ação, a medida do tempo, a beleza dos acontecimentos, as emoções, a gesticulação, a linguagem e outras matérias afins. Ele, entretanto, estava tentando algo novo, uma aplicação desses elementos aos problemas específicos da escrita de peças: "Como preparar os incidentes, unir os tempos e lugares, preservar a continuidade dos atos, a conexão das cenas etc."[20] O objetivo de D'Aubignac era criar o primeiro guia prático de dramaturgia, e, com efeito, sua obra tornou-se um padrão de referência para os autores teatrais na França e no exterior pelo resto do século.

Como era de esperar, a *Pratique* continha certa porção de teoria, na qual se baseavam as observações práticas de D'Aubignac. Ele também tenta defender o teatro, tal qual em obras anteriores, contra aqueles que o consideram um passatempo ocioso e imoral. O teatro, diz, alegra a vida e glorifica a nação, oferece distração às mentes preguiçosas, inspira o povo com exemplos de heroísmo e – o que é mais relevante – mostra, pela recompensa da virtude e o castigo do vício, a maneira adequada de viver.

D'Aubignac segue os passos de La Mesnardière ao enfatizar a importância da verossimilhança no bom êxito desses exemplos. Os atores devem falar como se fossem os próprios personagens, agir como se estivessem de fato nos locais ambientados e fingir que ninguém os está observando. Tudo deve ser feito "como se verdadeiramente acontecesse. Os pensamentos se harmonizarão com os caracteres, a época e o lugar; os resultados se seguirão às causas".[21] Essa abordagem aparentemente razoável levou D'Aubignac, por vezes, a conclusões bizarras, sobretudo quando discutiu a unidade de lugar. O piso do palco, que não pode ser mudado, deve representar sempre a mesma área, sustenta ele; os cenários mudarão desde que se atenham ao princípio da verossimilhança: por exemplo, podem representar um castelo que, ao ser incendiado, torna-se uma ruína e revela ao fundo uma nova perspectiva.

Essa rígida sujeição à verossimilhança provoca certa tensão no trato com o maravilhoso (*merveilleux*), conceito sancionado tanto por Aristóteles quanto por Vossius. Em substância, D'Aubignac acata a resolução desse problema sugerida por Chapelain, que só permitia a surpresa no drama quando ela parecesse consequência óbvia de causas antecedentes. Castelvetro ressalvava que "o inacreditável não pode ser maravilhoso",[22] ideia retomada por Chapelain nos seguintes termos: "O maravilhoso só pode ser produzido pela verossimilhança".[23] À medida que Vossius foi sendo mais lido na França, seu *admirabile* reduziu essa tensão ao assumir gradualmente o matiz de algo a ser admirado, não de algo surpreendente ou antinatural, desvio significativo que influenciou os escritos críticos posteriores de Corneille.

O aspecto excessivamente literal do raciocínio de D'Aubignac parece um tanto forçado hoje em dia, mas grande parte de suas observações ainda é válida. Ele examina a necessidade de introduzir apropriadamente os personagens, as maneiras de subordinar episódios, a importância da preparação e da prefiguração e a elaboração gradual da emoção. Percorre os diversos estilos de fala, apartes e solilóquios, os temas adequados ao drama e o correto desenvolvimento deles. "O melhor arranjo", sugere, "consiste em iniciar a peça o mais próximo possível da catástrofe, de modo a conceder menos tempo ao desdobramento cênico e ter mais liberdade para trabalhar tanto as paixões quanto as falas mais agradáveis"[24] (conselho seguido com grande sucesso por Racine, que estudou acuradamente o manual de D'Aubignac). Concede atenção especial à sequência da ação dramática, mesmo com recurso aos interlúdios e momentos de repouso no palco. "Desde o levantar das cortinas até a catástrofe, desde o momento em que o ator aparece pela primeira vez no palco até a derradeira saída de cena, os personagens principais devem sempre estar em ação. O teatro há de envolver-se continuamente, sem interrupções, na pintura dos desígnios, esperanças, tribulações, paixões, inquietudes e outras agitações semelhantes, de tal modo que o espectador acredite que a ação nunca cessou".[25] (Essa ênfase na unidade por meio da continuidade aflora o que Stanislavski chamaria de "linha direta de ação".)

Embora D'Aubignac tivesse muitas palavras gentis para Corneille e citasse frequentemente suas obras como exemplo, o autor do *Cid* de forma alguma ficou satisfeito com seu sistema: este estava ainda muito próximo ao dos antagonistas de Corneille na famosa controvérsia. Por isso, prefaciou cada um dos três volumes da edição de sua obra, surgida em 1660, com um ensaio teórico em que exarava suas próprias ideias sobre a arte dramática. Numa carta de 25 de agosto de 1660, explicava que em sua "difícil obra sobre um tema muito delicado" fornecera

> várias explicações novas sobre os conceitos de Aristóteles, sugerindo diversas propostas e máximas desconhecidas dos antigos. Refutei aquelas em que a Academia baseou a condenação de *Le Cid* e não concordo com o senhor d'Aubignac sequer nas muitas coisas boas que disse a meu respeito. Quando estas páginas vierem a público, não duvido de que provocarão antagonismos.[26]

Com efeito, os três ensaios, essencialmente uma apologia da própria obra de Corneille, representam a mais contundente afirmação de desacordo, surgida naquele século, com as ideias estabelecidas da teoria teatral do neoclassicismo francês. O primeiro ensaio reconhece em Aristóteles a autoridade suprema do drama e proclama a adesão do autor às regras clássicas. Entretanto, a interpretação que dá das normas e ideias do filósofo grego coloca-o, como sabemos, em franca oposição a diversos teóricos da época, em várias questões capitais. Isso já fica claro no início do primeiro ensaio, onde diz sem rodeios que o prazer deve ser o único objetivo da poesia dramática. O propósito moral apresenta-se apenas porque nos comprazemos em contemplar o funcionamento de um universo regido pelas leis da ética – mas isso é um subproduto, não o escopo principal.

Tendo rebaixado a função ética, Corneille mostra-se naturalmente menos preocupado com seu corolário tradicional, a verossimilhança. De fato, censura os críticos por insistirem no "provável" de Aristóteles em detrimento do "necessário", o que resulta numa "máxima absolutamente falsa, a de que o assunto da tragédia deve alicerçar-se na verossimilhança".[27] Ao contrário, os melhores temas vão além da verossimilhança e precisam do testemunho da história ou do conhecimento geral para serem críveis. Eis por que Aristóteles afirmou "não ser a arte, mas o acaso feliz" que aproximou os poetas das poucas histórias familiares capazes de fornecer material propício à tragédia.

Em sua distinção entre comédia e tragédia, Corneille assume outro ponto de vista nada ortodoxo: nem o desfecho, nem o tipo de caráter determinam o gênero, mas sim a gravidade das propostas. A tragédia exige uma "ação séria, ilustre, extraordinária" que envolva temas como morte, banimento ou ruína; quanto à comédia, "restringe-se a assuntos corriqueiros e divertidos".[28] Mesmo os interesses amorosos devem ser evitados na tragédia – preceito ignorado por Racine, mas geralmente seguido nos primórdios do século XVIII No máximo, Corneille aceitaria o termo "comédia heroica" para as peças em que um caráter nobre repudia o amor em nome do dever e da glória. Referindo-se aos modos ou caráter, Corneille traduz as condições aristotélicas por "bom, adequado, similar e igual". A primeira apresenta-lhe a dificuldade mais espinhosa, já que ele se recusa a aceitar sua tradução comum – "virtuoso" –, que sugere um propósito moral. Propõe então que os caracteres não sejam piores do que o necessário para explicar suas ações.

O segundo ensaio trata especificamente da tragédia, começando por uma consideração da catarse. Mesmo examinando esse assunto com certa amplitude, Corneille afasta-se da prática francesa convencional, pois escritores como Chapelain, Scudéry e D'Aubignac apenas se referiram a ele, quando muito, de maneira bastante vaga. Notando que Aristóteles jamais definiu o conceito, Corneille arrisca sua própria definição:

> A compaixão pela desgraça em que vemos cair homens como nós leva-nos a temer um infortúnio parecido. Esse receio induz-nos a desejar evitá-lo, desejo que por sua vez faz que purguemos, moderemos, retifiquemos e até erradiquemos a paixão que, a nosso ver, mergulhou as pessoas de quem nos apiedamos na desolação.[29]

Não admira que essa ideia tortuosa tenha se revelado imprestável até para o próprio Corneille. Ele admitiu posteriormente, embora acreditasse ser aquilo o que Aristóteles quis dizer, duvidar "que isso alguma vez tenha sido levado a cabo, mesmo nas peças que apresentam todas as condições exigidas por Aristóteles".[30] Assim, Corneille invoca uma abordagem mais flexível das emoções. A purgação (que ele examina à luz de profunda consideração moral) pode ser estimulada por personagens secundários, sem envolver nem piedade nem terror. Exemplo disso é a morte do conde em *Le Cid*, que lá está para "nos purgar daquele tipo de orgulho invejoso da glória alheia".[31] Em suas observações sobre *Nicomède*, Corneille vai ainda mais longe: propõe uma nova emoção, a admiração (talvez sugerida pelo *admirabile* de Vossius), como preferível à piedade e ao terror na purgação de paixões inaceitáveis. Corneille tencionou ainda ampliar a ideia aristotélica do melhor herói trágico, permitindo-lhe ser um homem perfeitamente bom ou um rematado vilão, desde que seus feitos, sofrimento ou castigo nos propiciassem emoções adequadas à tragédia e à catarse.

O terceiro ensaio examina as unidades, e aqui Corneille novamente aconselha o acatamento da tradição, mas na verdade a interpreta de modo bastante pessoal. A unidade de ação na comédia "consiste na unidade de intriga ou de obstáculo aos planos dos atores principais"; na tragédia, envolve um único perigo, "quer o herói sucumba a ele ou escape".[32] Idealmente, o drama deveria restringir-se ao tempo da representação e a um só lugar; entretanto, poucos eventos históricos nos oferecem material tão circunscrito, de sorte que o tempo deve ser ampliado para um dia inteiro e os acontecimentos de vários dias acumulados até o ponto em que não ameacem indevidamente a credibilidade. Diversas ambientações numa única cidade são aceitáveis pela mesma razão, embora Corneille também invoque a "ficção teatral" de um recinto neutro que não pertence a nenhum personagem, mas está disponível a todos para colóquios particulares[33] – recurso frequentemente utilizado por Racine.

Conforme Corneille previra, o *Discours* levantou nova controvérsia crítica, que se agigantou e só foi eclipsada pelo aparecimento de uma nova figura, a qual iria abrir uma perspectiva crítica inédita: Molière (1622-1673). O jovem Molière, que vinha do triunfo de *A escola de maridos* (1661), declarou-se alheio ao amplamente discutido *Discours* no prefácio de *Os enfadonhos* (1662):

> Não é meu propósito questionar aqui se tudo teria sido mais bem feito ou se aqueles que se divertiram com a peça riram de acordo com as regras. Tempo virá em que publicarei minhas observações sobre as peças que escrevi e não perco a esperança de um dia, qual grande autor, mostrar que sou capaz de citar Aristóteles e Horácio![34]

Essa atitude arrogante para com a crítica, mesmo da parte de um escritor de comédias, certamente geraria protestos; e em seguida ao estrondoso êxito de *A escola de mulheres* (1662), os críticos tradicionalistas, os moralistas desconfiados do drama e os rivais ciumentos armaram-se contra o jovem autor. A segunda grande polêmica do século em torno do teatro originou-se de uma situação parecida à do *Cid*; por sua vez, Molière viu-se acusado de plágio, imoralidade e indiferença pelas regras da dramaturgia.

O ataque começou nos salões e foi posto pela primeira vez em letra de fôrma pelo jovem Jean Donneau de Visé (1638-1710), que andava à cata de reputação literária criticando os grandes dramaturgos da época em suas *Nouvelles nouvelles* [*Novas novelas*] (1663). Apresentando seu ataque a Molière no formato de uma discussão entre três críticos esclarecidos, De Visé dá-lhe um ar de objetividade e consegue disfarçar suas críticas mais afiadas. Na verdade, as queixas específicas são poucas e Molière é gabado, de um modo geral, pela naturalidade; todavia, sua última peça é chamada "um monstro", na qual "ninguém jamais viu tantas coisas boas e más juntas".³⁵ Na mesma publicação, De Visé considera a *Sophonisbe* (1663) de Corneille aborrecida de ponta a ponta, destituída de piedade e terror, de tom misto, ofensiva ao bom gosto e repleta demais de incidentes.

Os ataques vibrados contra os grandes dramaturgos iniciaram uma troca de tiros que movimentou o panorama teatral francês por anos a fio. Um mês depois de De Visé publicar seus comentários, D'Aubignac, ainda abespinhado pelas maldisfarçadas farpas que Corneille desferira contra ele nos três *Discours*, deu a lume uma análise da *Sophonisbe* em que apoiava De Visé e condenava o desprezo de Corneille pelas regras. O "recinto neutro" baseia-se num "falso princípio" e o argumento de Corneille segundo o qual teve às vezes de forçar as regras para permanecer fiel à história é posto de parte como nulo: "Nunca se deve insistir nos detalhes históricos quando eles comprometem a beleza do teatro".³⁶

À semelhança da controvérsia anterior do *Cid*, esta começou com questões puramente literárias, mas, à medida que a argumentação se encarniçava e as posições se firmavam, os insultos pessoais substituíam os debates críticos. D'Aubignac retirou todos os elogios que fizera anteriormente a Corneille, e a diferença realmente significativa entre ambos – a porfiada fidelidade deste último às fontes históricas e aos hábitos dos personagens tais quais os via *versus* o desejo de D'Aubignac, em nome da beleza, ordem, delicadeza e bom gosto, de ajustar, suavizar e acomodar o material à moda corrente – logo desapareceu sob uma chuvarada de exageros e invectivas. Depois de escrever o prólogo justificatório da *Sophonisbe* intitulado "Au lecteur", Corneille avisadamente eclipsou-se do debate, deixando que D'Aubignac descarregasse seu azedume sobre De Visé, o qual decidira por fim defender a posição de Corneille.

Entrementes, o debate provocado por De Visé em torno de *A escola de mulheres* de Molière prosseguia, porém mais na forma de novas peças do que de prefácios ou panfletos. Molière repostou a seus detratores na *Crítica da escola de mulheres*, apresentada a primeiro de junho de 1663. Nela, os personagens mencionam todas as críticas assacadas contra o autor: falta de gosto (e mesmo obscenidade), subserviência à plateia e, mais importante, desprezo das regras artísticas. O crítico-poeta Lísidas garante que Aristóteles e Horácio condenariam a obra de Molière; Dorante replica que na verdade o autor seguira as regras e, ainda que o não tivesse feito, a peça não deixaria de agradar ao público, o que é a maior das regras. À acusação de que a obra carecia de ação e apresentava caracteres inconsistentes, Dorante responde que a "ação" dramática pode estar até mesmo nos monólogos ou mudanças de estado emocional, e que um caráter destemperado em certos momentos e sensível em outros de modo algum é inconsistente.³⁷

A *Crítica*, apresentada juntamente com *A escola de mulheres*, aumentou-lhe a popularidade e assim veio a espicaçar os adversários de Molière. De Visé, que se considerava ridicularizado no personagem de Lísidas, escreveu uma barulhenta e ferina contracomédia, *Zélinda*, que tentava amotinar contra Molière todos os supostos objetos de sua sátira – mulheres, personalidades de destaque, atores e autores rivais, religiosos e críticos literários. A companhia do Hôtel de Bourgogne, principal concorrente da *troupe* de Molière, saiu-se com outra réplica, o *Portrait du peintre* [O *retrato* do *pintor*], que parodiava a *Crítica* de Molière exagerando absurdamente o elogio da peça. Molière respondeu com o *Improviso de Versalhes*, no qual ele e os membros de sua companhia vinham à cena em seu próprio nome para discutir as atitudes e ataques dos adversários.

Do ponto de vista da teoria dramática, a principal contribuição dessa última peça foi sua análise da função da comédia. Na *Crítica*, o personagem de Dorante declarava ser mais difícil escrever uma boa comédia do que uma tragédia, pois esta pode pintar um mundo amplamente imaginário, ao passo que aquela tem de ater-se a uma realidade reconhecível por todos. Boa parte do *Improviso* pode ser considerada uma elaboração dessa passagem. Molière zombava dos atores do Bourgogne que, sob a influência de seus autores trágicos, distanciavam-se da natureza para cair na declamação e na armadilha dos aplausos. Seria muito melhor seguir os exemplos da natureza, acrescenta, embora se mostre cuidadoso em negar a acusação de que sua sátira é dirigida contra determinadas pessoas. A vocação da comédia é "representar no geral todos os defeitos dos homens, especialmente os de nossa época".[38]

Depois do *Improviso*, Molière deixou de contribuir para o debate, deixando a outros o encargo de rebater as peças subsequentes dirigidas contra ele por De Visé e o jovem Montfleury. Novos ataques foram desencadeados em resposta ao *Tartufo* (1664), mas vindos antes dos conservadores religiosos do que dos atores e dramaturgos rivais; assim, concentravam-se na moralidade do drama e não na sua teoria ou prática. No prefácio de 1669, Molière já não diz que a comédia torna os defeitos agradáveis no palco, mas que sua finalidade é corrigir os vícios humanos expondo-os ao ridículo – propósito nitidamente utilitarista, talvez inspirado menos numa mudança de convicções do que na constatação de que essa era uma atitude mais conveniente.

Por essa mesma época, Jean Racine (1639-1699) emergia como dramaturgo de escol e, à semelhança de Corneille e Molière antes dele, fazia inimigos com seu sucesso. Nos prefácios de suas obras, vemo-lo a defender-se e a justificar sua prática teatral. Dos três grandes dramaturgos do século, ele é o mais fiel à tradição neoclássica, embora, como autor, reconheça ser necessária alguma flexibilidade na interpretação das regras. Mostra-se bastante cuidadoso ao explicar como as peças se harmonizam com o fato histórico, mas, ao contrário de Corneille, não considera o rigor histórico importante em si mesmo. Ao contrário, prefere reportar-se àquilo que o público geral aceita como história, sendo o objetivo mais importante a verossimilhança. No prefácio de *Berenice* (1674), declara francamente: "Só a verossimilhança nos comove na tragédia",[39] e no de *Mitridates* (1673) sugere que "o prazer do leitor redobra" quando ele fica sabendo que quase todos os historiadores concordam com aquela representação de Mitridates.[40] Ao mesmo tempo, Racine se mostra mais ansioso do que Corneille por afastar-se do fato histórico. No segundo prefácio de *Andrômaca* (1676), admite prontamente que alterou os fatos "para acomodá-los à ideia que hoje fazemos dessa princesa".[41]

Normalmente, Racine não associa a ênfase na verossimilhança ao propósito moral, como faziam muitos dos escritores neoclássicos; somente no prefácio de *Fedra* (1677) acede em defender o drama como instrução ética e afirma que o escopo da tragédia cifra-se em exalçar a virtude e expor a abominação do vício. Bem mais típica é sua declaração no prefácio de *Berenice* de que a regra principal da tragédia, à qual todas as demais se subordinam, é "agradar e comover".[42] Para provocar esse prazer, a ação deve ser grandiosa e os atores heroicos, suscitadas as paixões e o drama inteiro repassado de majestática tristeza. A primeira parte do prefácio de *Fedra* reflete a posição costumeira de Racine e denuncia as tribulações do autor para amenizar a odiosidade de sua heroína.[43] A segunda parte destoa tanto das outras afirmações de Racine a respeito do objetivo da tragédia que talvez deva ser considerada menos um credo artístico do que um estratagema para reconciliar o autor com os padres de Port-Royal – o que de fato conseguiu.

Quanto às unidades, Racine simplesmente as aceita sem grandes reparos críticos. No prefácio – seu primeiro – de *Alexandre* (1666), queixa-se dos que citam indevidamente Aristóteles contra ele e defende a singela construção que adotou, na qual as cenas se interligam com lógica e o interesse é firmemente mantido.[44] A simplicidade de enredo é exigida pela unidade de tempo, e o prefácio de *Britânico* (1670) condena autores como Corneille (claramente referido, embora não nomeado) por apresentarem a ação de um mês num único dia.[45]

Ao tempo dos prefácios de Racine, três outros escritores franceses deram larga contribuição à teoria do teatro: o ensaísta Charles de Marguetel de Saint--Evremond (1610-1703), René Rapin (1621-1678) e Nicolas Boileau-Despréaux (1636-1711). O ano de 1674 assistiu ao aparecimento de dois dos mais influentes sumários da crítica francesa neoclássica, as *Réflexions sur la poétique* [*Reflexões sobre a poética*] de Rapin e a *Art poétique* [*Arte poética*] de Boileau. Ambas constituem um impressionante díptico crítico, pois a obra de Boileau consiste numa série de observações críticas em forma poética, tomando claramente Horácio por modelo, ao passo que a de Rapin é o último dos grandes comentários setecentistas sobre Aristóteles.

As *Réflexions* começam com observações gerais sobre o poeta e a poesia. Rapin acha que servir bem ao público pelo refinamento das maneiras é o fim principal da poesia. O prazer constitui um excelente instrumento para isso, já que a virtude em si é austera e deve ser tornada mais atraente graças ao feitiço emocional da poesia. Entretanto, só haverá prazer se o poema fundar-se na verossimilhança, a qual, por seu turno, resultará da obediência às regras – a das unidades, em particular. Essas regras garantem que a obra seja "correta, bem proporcionada e natural, pois baseiam-se no bom senso e na razão, não na autoridade e no exemplo".[46] Rapin, como Racine, reconhece verossimilhança em acontecimentos que não são verdadeiros, desde que se conformem a ideias geralmente aceitas ou se revelem convincentes. Todavia, não convém que o poeta, no afã de inspirar admiração, ultrapasse aquilo que o público é capaz de aceitar como real. Rapin cita autores espanhóis e italianos que falharam nesse ponto, sendo fora de dúvida que incluía também Corneille no número deles.

Quase ao final dessa seção, Rapin menciona uma regra que afirma derivar não de Aristóteles, mas de Horácio, à qual todas as demais devem subordinar-se: a *bienséance*. "Sem ela, as outras normas poéticas são falsas, pois constitui a mais sólida base da verossimilhança, tão essencial a essa arte."[47] Define o termo recorrendo a uma série de exemplos negativos: mudanças de tom, prefiguração inadequada, caracteres inconsistentes ou contrários ao tipo, ofensas à moralidade ou à fé – em suma, "tudo o que se oponha às regras de tempo, modos, sentimentos ou expressão".[48] Assim, amplifica a doutrina tradicional da conveniência para que não apenas as concepções poéticas gerais, mas as convicções morais e sociais do público se tornem critérios no julgamento das criações artísticas.

Rapin analisa separadamente cada um dos três "tipos perfeitos" de poesia: a epopeia, a tragédia e a comédia. Aristóteles privilegiava a tragédia, assevera Rapin, pela sua função moral. Ela se vale das paixões para moderar os excessos apaixonados, ensina humildade ao mostrar a ruína dos poderosos, induz os homens a controlar sua piedade e voltá-la para os objetos adequados, e encoraja-os a enfrentar as dificuldades da existência. Rapin considera a moderna tragédia francesa indiscutivelmente inferior à dos gregos: os temas são mais frívolos e as emoções profundas cedem lugar às intrigas amorosas (queixa que se tornou um postulado da crítica neoclássica). Ademais, os enredos são pobremente alinhavados, os caracteres malmotivados e inconsistentes, com o diálogo natural e sereno substituído por eventos surpreendentes e maravilhosos que desdizem a verossimilhança.

A comédia é um tanto melhor, acredita Rapin, embora também padeça às vezes da vulgaridade, da preparação inadequada dos acontecimentos e da pouca atenção concedida à *bienséance*. A despeito de contínuas referências a Aristóteles, a discussão da comédia e da tragédia é dominada pelas ideias, não do Estagirita, mas do classicismo francês: verossimilhança, *bienséance* e aprimoramento das maneiras do público. A essência da comédia é o ridículo e sua finalidade "curar os espectadores de seus erros e corrigi-los graças ao receio de serem escarnecidos".[49]

A *Art poétique* de Boileau, na trilha de Horácio, mostra-se bem mais lacônica do que o ensaio de Rapin, reservando apenas 159 versos à tragédia e 93 à comédia. A ênfase moral, tão notória em Rapin, está quase ausente em Boileau, que exalta a emoção prazerosa: "O segredo é: primeiro, a atenção captar,/ Nossas mentes comover/ E em seguida deleitar". Quanto ao problema das regras tradicionais, entretanto, nossos dois críticos estão de pleno acordo. Boileau condena as peças espanholas que procuram pintar vidas inteiras e observa: "As unidades de ação, tempo e espaço/ Preenchem o palco/ E recompensam nosso esforço".[50] Como Rapin, despreza a verdade histórica quando não se coaduna com a verossimilhança. Em geral, segue Horácio na apreciação dos caracteres, insistindo na consistência e adequação ao tipo, e aludindo à falha trágica de Aristóteles: "Algumas fraquezas humanas condizem com os corações magnânimos".[51] O problema do caráter domina também a análise mais breve que Boileau faz da comédia, descrita como a pintura da insensatez em cores naturais. O poeta cômico, diz ele, deve ir buscar a verdade na natureza, evitando a bufoneria e os chistes grosseiros.

Saint-Evremond, desterrado da França, passou os últimos quarenta anos de sua vida em Londres, onde escreveu a maior parte dos ensaios pelos quais é lembrado. O exílio proporcionou-lhe uma visão mais cosmopolita que a de seus contemporâneos; ele aceita as principais diretrizes da crítica neoclássica francesa, mas também se mostra inusitadamente aberto às realizações do teatro inglês, espanhol e italiano. Tenta abordar as tradições nacionais nos próprios termos delas e descobrir os pontos fortes e fracos de cada uma de maneira objetiva. Em "Sur nos comédies" ["Sobre as nossas comédias"] (1677), contrasta o drama francês e espanhol assinalando que este, na esteira dos contos mouros e de cavalaria, produz comédias pouco mais regulares que seus modelos e bastante diferentes das peças francesas obedientes às regras. "De la comédie anglaise" ["Sobre a comédia inglesa"] (1677) observa que os ingleses não se preocupam muito com a unidade de ação, mas, em contrapartida, logram uma agradável variedade de incidentes. Os ingleses creem que "tomar liberdades para melhor agradar é preferível à exatidão das regras", de sorte que quem aprecia os personagens realistas e o ridículo esmagador das loucuras humanas achará algumas comédias inglesas "mais a seu gosto do que quaisquer outras que já tenha visto".[52] Saint-Evremond reconhece o gênio de Aristóteles, mas ressalva que nenhum teórico ou sistema é tão perfeito que possa regulamentar "todas as nações por todos os séculos".[53]

Há, nos escritos de Saint-Evremond, certa ambiguidade quanto ao propósito do drama. Em teoria, apoia a utilidade moral, mas as descrições que faz do drama e suas próprias reações a ele insistem mais no estímulo da emoção. Renuncia à tentativa, empreendida desde os primórdios do Renascimento, de acomodar Aristóteles e a tragédia grega ao "prazer e proveito" de Horácio. O que quer que o filósofo tenha querido significar com *kátharsis* (e Saint-Evremond suspeita que o próprio Aristóteles ignorava o que queria dizer com tal palavra), ela não tem nenhuma função moral. Se a tragédia grega ensinava alguma coisa era apenas o medo e a apreensão, e Platão tinha boas razões para condená-la. As tragédias modernas são centenas de vezes mais úteis tanto ao indivíduo quanto à sociedade, já que tornam detestável a vileza e admirável o heroísmo: "Poucos crimes deixam de ser punidos, poucas virtudes de ser recompensadas".[54]

A definição que Saint-Evremond dá da tragédia, que considera "nova e arrojada", não contempla porém a utilidade; ao contrário, trata-se de "uma grandeza de ânimo bem expressa que excita em nós suave admiração, o tipo de admiração que arrebata a mente, exalta a coragem e toca a alma".[55] Sua preferência pela admiração em detrimento da piedade e do terror lembra Corneille, como também o fato de relegar a um posto inferior os interesses amorosos na tragédia: a "ternura do amor" nunca deve constituir a preocupação nuclear da tragédia, embora também não deva ser desprezada, pelo menos não em favor da piedade e do medo. Cabe ao dramaturgo buscar o equilíbrio emocional apropriado; e Saint-Evremond deplora a tendência de alguns de seus contemporâneos a substituir a ação por "lágrimas e arengas", conforme observa em seu divertido ensaio "A um autor que pediu minha opinião sobre uma peça em que a heroína nada mais faz que se lamentar" (1672).

Antes de deixar Saint-Evremond, devemos considerar rapidamente uma célebre controvérsia em que ele teve participação significativa. Embora o fato pouco acrescente à teoria dramática, ou mesmo à teoria literária em geral, assinala uma interessante mudança na perspectiva intelectual da época, que teve seus efeitos sobre as estratégias da crítica. Como vimos, os méritos relativos dos autores clássicos e modernos foram debatidos desde o começo do Renascimento: vejam-se os argumentos referentes à pastoral e à tragicomédia, na Itália; os conflitos entre Lope de Vega e Cervantes, na Espanha; e a controvérsia do *Cid*, na França. Entretanto, considera-se tradicionalmente que a chamada "Querela dos Antigos e Modernos" teve início em 1687, quando Charles Perrault chocou diversos membros da Academia Francesa com o *Siècle* de *Louis le Grand* [*Século de Luís, o Grande*], poema que colocava alguns dos modernos escritores acima dos gregos e romanos. Vários autores e críticos eminentes do período foram arrastados para a polêmica que daí resultou, com Boileau e Racine defendendo os antigos, Saint-Evremond e Perrault terçando armas pelos modernos.

De um modo geral, os campeões dos antigos insistiam na fiel observância dos modelos e temas clássicos, e das regras aristotélicas – ou melhor, dessas regras tais quais eram tradicionalmente entendidas. A atenção à *bienséance*, então dominante, obrigou muitos deles a adaptar a prática clássica para a apreciação moderna, mas isso era visto como um meio de completar e não substituir a prática. Os modernos, argumentando com base no progresso, na mudança do gosto e, ocasionalmente, na vitória do cristianismo sobre o paganismo, buscavam estruturas e temas novos, mais flexíveis, não raro enfatizando o emocional e psicológico contra a insistência dos antigos na razão e bom senso. Saint-Evremond levou esse argumento para a Inglaterra, onde ficou conhecido como a "Batalha dos Livros", expressão tirada da obra principal da controvérsia, escrita em 1697 por Jonathan Swift.

Saint-Evremond foi a última figura de realce a contribuir para a teoria dramática francesa nos derradeiros anos do século. Os prefácios críticos dos dramaturgos Noël Le Breton, *sieur* de Hauteroche e Boursault recapitulavam, em essência, a tradição crítica vigente tal qual representada por Rapin e Boileau. Edmé Boursault (1638-1701) também produziu uma longa e erudita compilação dos ataques e contra-ataques que envolveram o teatro desde os tempos de Tertuliano, a *Lettre sur les spectacles* [*Carta sobre os espetáculos*] (1694), que despertou grande interesse, mas nada de original acrescentou a esse interminável debate. As observações mais percucientes sobre o drama, ao findar do século, encontram-se na edição que André Dacier (1651-1722) preparou da *Poética*

(1692), aceita como padrão durante quase todo o século seguinte, tanto na França quanto na Inglaterra, e em comentários dispersos nas obras de Pierre Bayle (1647-1746), mais conhecido por seu alentado *Dictionnaire historique et critique* [*Dicionário histórico e crítico*], de 1697.

A leitura de Aristóteles por Dacier coincide de perto com a tradição neoclássica; ele considera Aristóteles não um legislador arbitrário, mas o enunciador de doutrinas razoáveis, consideradas corretas por toda a humanidade. Dacier não aceita nada do relativismo cultural de Saint-Evremond: "O bom senso e a racionalidade são os mesmos em todos os países e séculos".[56] De igual modo, a tragédia é a imitação de uma "ação alegórica e universal", "aplicável a todos"[57] no moderar e corrigir as paixões pela piedade e terror. Se a tragédia não realizar uma finalidade moral, deverá ser condenada ainda que agrade. Essa a grande falha das peças modernas, que lidam com o particular em vez do universal e açulam as paixões sem melhorar os espectadores. Também a comédia tem função moral, corrigindo o vício pelo ridículo.

O respeito de Dacier às regras e sua ênfase na finalidade moral foram contestados por Bayle, que considerava o teatro simples divertimento. A seu ver, a comédia devia ser "uma festa montada para o público, na qual a comida precisa saber bem aos convidados e não ser meramente preparada de acordo com a arte da cozinha".[58] Há que se ridicularizar o vício, pois ele pode divertir o público; mas os vícios mais graves como a avareza, a inveja ou o amor ilícito estão fora do alcance do efeito teatral. Talvez não surpreenda que, juntamente com a instrução moral, Bayle rejeite a verossimilhança, concedendo aos dramaturgos liberdade para distorcer e exagerar com vistas à satisfação da plateia.[59]

O repto ao neoclassicismo lançado por críticos da envergadura de Bayle e Saint-Evremond era significativo, antecipando as investidas mais numerosas e minuciosas do século seguinte; entretanto, por muito tempo, esses críticos constituíram minoria. Durante quase todo o século que iria começar, a tradição de Boileau, Racine e Dacier continuaria dominante, mesmo nos comentários de críticos como Voltaire, que alegavam estar dilatando as fronteiras dessa tradição.

NOTAS

1 Para um resumo das várias reivindicações, ver H. C. Lancaster, The Unities and French Drama, *Modern Language Notes*, v.44, p.209-17, abril de 1929.

2 Jean de Schélandre, *Tyr et Sidon*, Paris, 1624, p.vi.

3 Ibidem, p.iii.

4 André Mareschal, Prefácio à *Seconde journée, La généreuse allemande*, Paris, 1630, p.2.

5 Jean Chapelain, *Opuscules critiques*, Paris, 1936, p.119.

6 Ibidem, p.123.

7 Jean Mairet, *Silvanire*, Paris, 1631, p.x-xi.

8   Ibidem, p.xiii.
9   Apud René Bray, *La formation de la doctrine classique en France,* Lausanne, 1931, p.268.
10 Armand Gasté, *La querelle du Cid,* Paris, 1898, p.73.
11 Ibidem, p.79-80.
12 Ibidem, p.231.
13 Ver, por exemplo, Louis Batiffol, *Richelieu et Corneille,* Paris, 1936.
14 Gasté, p.255-6.
15 Ibidem, p.360.
16 Ibidem, p.366.
17 Jean-François Sarasin, *Oeuvres,* Paris, 1926, 2v., v.2, p.3.
18 Hippolyte-Jules Pilet de La Mesnardière, *Poétique,* Paris, 1639, p.314.
19 Ibidem, p.120-1.
20 François Hédelin, abade D'Aubignac, *La pratique du théâtre,* Amsterdam, 1715, p.16-7.
21 Ibidem, p.32.
22 Lodovico Castelvetro, *Poetica d'Aristotele vulgarizzata e sposta* 5-2, Basel, 1576, p.612.
23 Gasté, *Querelle,* p.365.
24 D'Aubignac, *Pratique,* p.113.
25 Ibidem, p.79.
26 Pierre Corneille, *Oeuvres,* Paris, 1862, 12v., v.10, p.486.
27 Ibidem, v.1, p.14.
28 Ibidem, p.25.
29 Ibidem, p.53.
30 Ibidem, p.57.
31 Ibidem, p.60.
32 Ibidem, p.98.
33 Ibidem, p.121.
34 Molière, *Oeuvres,* Paris, 1873, 13v., v.3, p.29.
35 Pierre Mélèse, *Donneau de Visé,* Paris, 1936, p.17.
36 D'Aubignac, *Remarques sur Sophonisbe,* Paris, 1633, p.27.
37 Molière, *Oeuvres,* v.3, p.364-5.
38 Ibidem, p.414.
39 Jean Racine, *Oeuvres,* Paris, 1885, 8v., v.2, p.377.
40 Ibidem, v.3, p.17.
41 Ibidem, v.2, p.41.
42 Ibidem, p.307.
43 Ibidem, v.3, p.299-303.
44 Ibidem, v.1, p.157.
45 Ibidem, v.2, p.280.
46 René Rapin, *Les réflexions sur la poétique,* Genève, 1970, p.26.

47 Ibidem, p.66.

48 Ibidem, p.67.

49 Ibidem, p.114.

50 Nicolas Boileau-Despréaux, *L'Art poétique,* trad. inglesa de John Dryden, *Works,* Berkeley, 1956-1979, 19v., *v.2,* p.138.

51 Ibidem, p.140.

52 Charles de Saint-Denis, *sieur* de Saint-Evremond, De la Comédie Anglaise, in *Oeuvres,* Paris, 1740, 5v., v.3, p.234.

53 Saint-Evremond, De la Tragédie Ancienne et Moderne, in *Oeuvres,* v.3, p.148.

54 Ibidem, p.182.

55 Ibidem, p.183.

56 André Dacier, *La poétique d'Aristote,* Amsterdam, 1733, p.viii.

57 Ibidem, p.x.

58 Pierre Bayle, Continuation des pensées diverses (1704), in *Oeuvres diverses,* The Hague, 1737, 3v., v.3, p.202, x.

59 Bayle, Nouvelles de la République des Lettres (avril 1684, juin 1686), in *Oeuvres diverses,* v.1, p.40, 570.

9

A RESTAURAÇÃO E O SÉCULO XVIII
NA INGLATERRA

As guerras civis e religiosas que tragaram a Inglaterra em meados do século XVII puseram termo a toda uma era de inquietações críticas. Com o fechamento dos teatros, não seria de esperar que aparecessem escritos sobre o drama, a menos que se tratasse de denúncias de fundo religioso. Quando a tradição foi restabelecida por John Dryden (1631-1700) e outros, nos anos 1660, todo o panorama crítico europeu tinha se modificado. A antiga preeminência da Itália estava agora com a França, onde as concepções desenvolvidas pela geração de Corneille proporcionaram o quadro geral para as discussões sobre teoria dramática do final daquele século e boa parte do seguinte. A Inglaterra, em especial, mostrava-se aberta à influência francesa porque vários membros de destaque do partido realista estavam exilados em Paris em meados do século, absorvendo as ideias culturais correntes naquela capital. Bastante significativo é o fato de os principais documentos da crítica literária inglesa, entre as *Discoveries* [*Descobertas*] (1640) de Jonson e o *Essay of Dramatic Poesy* [*Ensaio sobre a poesia dramática*] (1688) de Dryden, terem sido ambos escritos em Paris: referimo-nos ao prefácio de *Gondibert* (1650), por William D'Avenant, e a uma carta-resposta (também de 1650) de Thomas Hobbes (1588-1679).

Comentários menores, posto que interessantes, sobre o drama são encontrados nas duas obras. D'Avenant procura isolar as características mais prezadas no drama inglês em oposição ao francês. Ademais da coerência dos atos e da dinâmica do enredo central, ele considera o drama inglês "agradável e instrutivo", repleto de "matizes, lances felizes, graças ocultas" e "roupagem". Essa "segunda beleza" reside nas "sutilezas, entrelaçamento ou correspondência de elementos cênicos menos importantes".[1] Temos aí uma das primeiras defesas da ação mais complexa do drama inglês. Hobbes divide a poesia nos seguintes tipos: heroico, escomático (satírico) e pastoral, podendo cada um deles ser narrativo ou dramático. Em todos se pressupõe uma finalidade moral, obtida pela pintura do castigo do vício na tragédia (a forma dramática heroica) e do ridículo na comédia (a forma dramática escomática). O ridículo se consegue com o riso e a chacota, o que Hobbes, contrariando Heinsius, acha perfeitamente adequado à comédia.[2]

A reabertura dos teatros, em 1660, após um hiato de quase vinte anos, naturalmente inspirou inúmeros pronunciamentos sobre o drama. A ampla familiaridade com os modelos franceses gerou a preocupação de harmonizar as práticas dos dois países, ou, quando isso pareceu impossível, de decidir qual das duas era preferível. Deveriam os dramaturgos seguir o arranjo solto dos enredos de Shakespeare ou a estrutura mais cerrada de Corneille; recorrer a versos brancos como o primeiro ou a versos rimados como o segundo?

Essas preocupações marcam o primeiro exemplo de teoria dramática surgido na nova era: o *Short Discourse of the English Stage* [*Breve discurso sobre o teatro inglês*] (1664), de Richard Flecknoe (c. 1600-1678). A indisfarçável preferência de Flecknoe volta-se para o estilo mais econômico do drama francês; os enredos ingleses são prejudicados por "amontoar material excessivo", a tal ponto que autor e espectadores se sentem perdidos e confusos. Elogia a recente introdução dos cenários, mas adverte que isso pode induzir os autores a privilegiar o espetáculo em dano do conteúdo e assim trair a "finalidade precípua" do teatro, que é "tornar a insensatez ridícula, o vício odioso, a virtude e a nobreza tão amáveis que todos delas se enamorem gostosamente".[3]

Idêntica deferência para com a prática francesa pode ser sentida na primeira obra significativa de Dryden sobre o drama, seu prefácio a *The Rival Ladies* [*As damas rivais*] (1664). O objetivo maior de Dryden é a defesa da rima (usada, segundo ele, antes de Shakespeare pelos ingleses e, nos dias atuais, pelas "mais polidas e civilizadas nações da Europa")[4] como freio à desvairada e indócil imaginação dos poetas. Essa opinião foi rebatida quase que imediatamente pelo cunhado de Dryden, Robert Howard (1626-1698), no prefácio às suas *Four Plays* [*Quatro peças*] (1665), em que anuncia a intenção de salvaguardar a prática inglesa contra as de outras culturas. Condena o hábito clássico e francês de substituir parte da ação pela narração, observando que a representação impressiona mais que o relato; insiste-se neste "antes pela convicção de que os franceses criam moda do que com base na razão das coisas".[5] Howard se sente obrigado a classificar a prática inglesa de imiscuir o cômico no trágico de insistência demasiada na emoção da plateia, mas discorda frontalmente de Dryden quanto ao emprego do verso. Seu argumento essencial baseia-se na verossimilhança: a rima pode ser adequada ao poema, forma premeditada de expressão, mas o teatro precisa dar a ilusão de uma fala espontânea. Se a fantasia exuberante do poeta necessita de um freio, que ele aprenda a disciplinar-se recorrendo a expedientes menos artificiais.

O debate prossegue, em escala bem mais elaborada, na obra máxima sobre teoria dramática do período: o *Essay of Dramatic Poesy* [*Ensaio sobre a poesia dramática*] (1668), de Dryden. Nele, em vez de dogmatizar, o autor segue o modelo socrático utilizado por vários teóricos renascentistas, modelando sua discussão em forma de um colóquio entre Crites, Eugênio, Lisideio e Neandro. Os participantes concordam de início com a seguinte definição da peça teatral: "Uma correta e viva imagem da natureza humana que representa suas paixões e humores, bem como as mudanças de fortuna a que estamos sujeitos, para deleite e instrução da humanidade".[6]

Em seguida, envolvem-se no primeiro debate importante: os artistas superiores são os antigos ou os modernos? Crites sustenta que a poesia gozava de imenso prestígio entre os antigos, que eles eram motivados pela emulação e não pela malícia, e que suas realizações foram tais que os melhores dramas ainda seguem suas regras – a das unidades, por exemplo. Eugênio retruca que os antigos nem inventaram as unidades nem as respeitaram; que os gregos tinham tão pouca ideia de estrutura que ignoravam a divisão em atos; que os enredos clássicos eram surrados e óbvios; que os personagens clássicos, longe de captar a variedade da natureza, quedavam nos estreitos limites dos tipos tradicionais. O ensinamento deles não era mais eficiente que sua dramaturgia, pois, em vez de punir o vício e aquinhoar a virtude, frequentemente exibiam a maldade (como no caso de Medeia) ou a comiseração desditosa (como a de Cassandra) sendo recompensadas. Os modernos, sustenta ele, aprenderam com os erros e acertos dos antigos a criar um drama superior.

O debate encaminha-se a seguir para uma comparação dos dramas francês e inglês, com Lisideio defendendo o primeiro e Neandro – porta-voz de Dryden –, o segundo. Lisideio fala da estrita observância das unidades na França, da recusa, ali, a misturar elementos cômicos e sérios, da economia de enredo, da narração ágil que permite evitar duelos e batalhas no palco, dos personagens bem motivados e da habilidade no versejar.

A réplica de Neandro é a mais longa do ensaio e a mais plenamente desenvolvida – o que não surpreende, pois o prefácio da obra anuncia inequivocamente que seu objetivo é, "sobretudo, vindicar a honra de nossos escritores *ingleses* contra aqueles que, injustamente, preferem os franceses".[7] Neandro, que lembra a definição de peça como "a imitação vívida da natureza", garante que os franceses, na verdade, não imitam a natureza e sim as regras artísticas, logrando apenas uma beleza artificial. Os enredos são secos, as paixões frias, a variedade sufocada pela rígida separação de gêneros, sacrificando-se assim a credibilidade em nome da estrita subserviência às unidades. Neandro admite que o drama inglês às vezes é excessivamente violento, mas, "se merecemos censura por mostrar muita ação, os *franceses* não a merecem menos por economizá-la".[8] Essas observações gerais são seguidas de uma extensa e aprofundada análise de Shakespeare, Beaumont e Fletcher e Jonson.

A seção final do ensaio volta ao problema dos versos rimados e brancos. Crites repete, em essência, os argumentos já apresentados por Howard, ressaltando o artificialismo da rima numa forma que pretende justamente imitar a natureza.

Neandro responde que, na verdade, ninguém fala em versos rimados nem brancos, de sorte que apenas a habilidade do poeta pode emprestar-lhes a ilusão da fala natural. A diferença entre eles é que os versos brancos aproximam-se mais da linguagem comum e por isso convêm melhor à comédia; os rimados, mais nobres, devem ser utilizados na tragédia, que mostra "a natureza alçada aos píncaros".[9]

O debate prosseguiu em mais dois documentos de 1668, o prefácio a *The Duke of Lerma* [*O Duque de Lerma*], de Howard, e a *Defense of An Essay of Dramatic Poesy* [*Defesa de um ensaio sobre poesia dramática*], de Dryden. O curto ensaio de Howard não é nem claro nem convincente, deficiências que Dryden comentou à saciedade. Aliás, nenhum dos dois trabalhos acrescentou muita coisa ao debate sobre versos rimados, mas a desavença de Howard com Dryden a propósito das unidades de tempo e lugar provocou observações mais originais. Howard moteja da asserção de Dryden segundo a qual dois recintos na mesma casa ou duas ambientações na mesma cidade são mais aceitáveis do que localidades muito distantes entre si, afirmando que não existem graus de impossibilidade. Dryden, porém, garante que eles existem, que "ao acreditarmos na ficção a razão não é destruída, mas ludibriada ou obnubilada", e que "ela sofre tanto por ter os olhos vendados que o melhor é mesmo usufruir os prazeres da ficção: entretanto, a razão não é nunca tolhida a ponto de mergulhar de cabeça na crença de coisas excessivamente distanciadas da probabilidade".[10] Essa velha e contundente concepção do fenômeno, a que Coleridge chamaria "suspensão voluntária da descrença", permite a Dryden manipular com inusitada clareza o problema complexo da verossimilhança e das unidades. O tempo e o lugar, no teatro, devem ser considerados ao mesmo tempo reais e imaginários:

> O lugar real é o teatro ou o sítio em que a peça estiver sendo representada; o imaginário, a casa, cidade ou região onde se supõe que a ação do *drama* se desenrole ... A imaginação da plateia, secundada pelas palavras do poeta e pelos cenários pintados, faz presumir que o palco representa ora um local, ora outro, num momento um jardim ou bosque, logo em seguida uma campina.[11]

Ao defender a rima, Dryden vai ao ponto de asseverar que "o deleite é o principal, se não o único objetivo da poesia"[12], desenvoltura com que pouquíssimos críticos contemporâneos descartaram a função moral. Thomas Shadwell (1642-1692), no seu prefácio a *The Humourists* [*Os humoristas*] (1671), permite-se "discordar daqueles que parecem afirmar ser o prazer a finalidade última que o poeta tem em mira", pois então ele seria "tão pouco útil à humanidade quanto um rabequista ou professor de dança que apenas encantam a fantasia sem melhorar o tirocínio".[13] Aos olhos de Shadwell, com efeito, a função moral revestia tamanha importância que ele chegou a colocar a comédia acima da tragédia – porque aquela, ridicularizando o vício e a afetação, "castiga-os mais do que o poderia fazer a tragédia".[14] Seu prefácio a *The Royal Shepherdesse* [*A pastora real*] (1669) proclama que a obra seguiu as regras da moralidade e das boas maneiras ao exaltar a virtude e condenar o vício. Que outros almejem o sucesso popular calando os ensinamentos morais, mas "aquele que consente em propiciar apenas o gáudio da plebe perde a dignidade de poeta".[15] Shadwell não se interessa nada pela questão dos versos e muito pouco pela da linguagem em geral. Adota o ponto de vista de Jonson, que situava a essência da comédia no caráter, no ato de pôr a ridículo os "humores" do cotidiano a fim de corrigi-los.

Dryden, em seu prefácio a *The Mock Astrologer* [*O falso astrólogo*] (1669), considera muito estreita essa visão da comédia, arrefecendo assim o elogio que antes fizera de Jonson. O poeta cômico ideal deveria pintar os humores, divertidos por si mesmos, mas juntar-lhes seus próprios chistes, à maneira de Fletcher ou Shakespeare. Cita Quintiliano: "Nada mais fácil que gracejar com a loucura, pois ela é de si mesma hilariante ... O que provoca o riso apurado é aquilo que pessoalmente acrescentamos".[16]

Poucos teóricos dessa geração examinaram com vagar a tragédia tradicional e poucos dramaturgos o tentaram. O prefácio de John Milton (1608-1674) a *Samson Agonistes* (1671) constitui, assim, um documento isolado, tanto mais que suas conclusões são acentuadamente conservadoras. Milton defende o coro (de há muito rejeitado até por alguns críticos italianos), a regra das 24 horas, a simplicidade de enredo, a verossimilhança, a conveniência e a pureza de gênero. Considera a tragédia "o mais grave, moralizante e aproveitável" dos poemas, embora ela ministre os ensinamentos não primariamente por intermédio dos eventos descritos, mas dos pensamentos morais expressos no texto. Na verdade sua citação de Aristóteles quanto à finalidade do drama – "suscitar piedade e medo, ou terror, purgar a mente destas e de outras paixões semelhantes, isto é, temperá-las e reduzi-las à justa medida graças a uma espécie de deleite promovido pela leitura ou contemplação dessas mesmas paixões bem imitadas"[17] – equivale quase à rejeição completa da ideia tradicional de ensinamento ético.

O gênero que, por essa época, praticamente eclipsou a tragédia na Inglaterra foi o drama heroico, forma muito popular e afetada cujo tom artificial e bombástico George Villiers, duque de Buckingham, parodiou galhofeiramente em *The Rehearsal* [*O ensaio*] (1672). Embora o alcance da paródia fosse mais amplo, o alvo principal do ataque era Dryden, expoente máximo do gênero que tanto o explicara quanto o defendera em seu prefácio à *Conquest of Granada* [*A conquista de Granada*] (1672). William D'Avenant, diz Dryden, lançou os alicerces dessa forma poética extraindo elementos da ópera italiana e dos dramas de Corneille, mas faltou-lhe às experiências a majestade dos caracteres e peripécias. Esta, Dryden foi encontrar nos poemas heroicos da época, concluindo que "uma peça heroica deve ser a imitação, em ponto menor, de um poema heroico; consequentemente, o amor e a galhardia serão seus temas".[18] Os argumentos contra o drama heroico podem todos ser reduzidos à queixa de que ele é artificial; o poeta, entretanto, "não está preso à mera representação do verdadeiro ou altamente provável".[19] Sua esfera é a da imaginação; seu assunto, o majestático e nobre; suas emoções, a admiração e o maravilhamento. Naturalmente, semelhante forma exigia a intensificação de todos esses elementos, inclusive a linguagem. De novo Dryden condena aqueles que desejam banir o verso do palco: não passam de sequazes da ideia de que o drama é um reflexo da realidade banal.

No epílogo da segunda parte de *Conquest*, Dryden apresenta subsídios históricos para a elevação de linguagem. O drama, para ter êxito, tem de adequar-se à idade. Jonson podia confiar no "humor mecânico" porque escrevera numa época em que "os homens eram obtusos e a conversação de baixo nível".[20] Mas nos tempos que correm, mais refinados, exaltam-se o amor e a honra, desenvolve-se a acuidade de espírito, apura-se a linguagem – e tudo isso deve ser refletido pelo drama. Dryden atribui o aprimoramento das maneiras e, portanto, do teatro à influência da corte.

O ano de 1674 assinala o começo de uma nova fase na crítica dramática inglesa: os métodos e concepções da crítica neoclássica francesa passaram a ser mais amplamente divulgados e estudados, pela primeira vez na Inglaterra, com o aparecimento da *Art poétique* de Boileau e a tradução feita por Thomas Rymer (c. 1643-1713) da obra de Rapin (ineptamente intitulada *Reflections on Aristotle's Treatise of Poesie* [*Reflexões sobre o tratado poético de Aristóteles*]). Em 1680, vieram a público traduções de Horácio pelo conde de Roscommon e John Oldham, a *Art of Poetry* [*A arte da poesia*] de Sir William Soame e uma tradução de Boileau revista e adaptada por Dryden – que astutamente substituiu os nomes e exemplos do original francês por equivalentes ingleses. A *Pratique* [*Prática*] de D'Aubignac apareceu em língua inglesa no ano de 1684 como *The Whole Art of the Stage* [*A arte completa do teatro*], e que os *Mixed Essays of Saint-Evremond* [*Ensaios mistos de Saint-Evremond*] ficaram disponíveis para o público inglês em 1686. Assim, no espaço de uma década, as obras principais que sumariavam o pensamento crítico francês da época apareceram na Inglaterra, influenciando profundamente os teóricos dessa nação.

Em seu prefácio à tradução de Rapin, Rymer chama a atenção para o fato de esse autor apreciar os poetas ingleses, os quais, entretanto, são falhos na aplicação das regras da arte, deficiência que o estudo de escritores como Aristóteles e o próprio Rapin pode suprir. Rymer considera, o que é característico de toda a sua crítica, as regras neoclássicas não um corpo erudito e esotérico de conhecimentos especializados, mas os ditames naturalmente desenvolvidos do senso comum: as observações de Aristóteles referem-se à prática real dos poetas bem-sucedidos, reduzida a princípios gerais, não sendo de forma alguma "deduções secas de sua metafísica". Elas se apresentam, pois, convincentes e claras como uma demonstração matemática: "Basta que as compreendamos e aceitemos sua verdade".[21]

Os pontos de vista de Rymer são examinados com mais amplitude em *Tragedies of the Last Age* [*Tragédias da última época*] (1678), onde ele toma para exemplo da inferioridade do drama elisabetano em relação ao clássico três peças de Beaumont e Fletcher. Não atenta muito para "regras externas" como a das unidades, a que chama partes mecânicas da tragédia, mas insiste em elementos mais essenciais como fábula e caráter. Novamente, o senso comum é apresentado como árbitro final do valor, pois que não o afetam as mudanças culturais e comportamentais. Ryme parece afastar-se de seus modelos franceses quando afirma que o fim primacial da poesia é o prazer e que alguns poemas podem agradar sem instruir; mas logo declara que o escritor de tragédias "deve não só deleitar, mas também ensinar". Isso o encaminha para a dinâmica da tragédia: "Além da *purgação* das *paixões*, cumpre zelar para que a ordem constante, a harmonia e a beleza da providência, a relação necessária e o encadeamento, as causas e os efeitos, as virtudes e as recompensas, os vícios e os castigos estejam em proporção e interdependência".[22] Essa interdependência do vício e do castigo, da virtude e da recompensa era o que, na visão de Rymer, tornava o drama mais universal e excelente do que a história. Os gregos notaram que o dever do poeta consistia em "mostrar a justiça corretamente administrada, caso pretendesse agradar".[23] E foi assim que a prestigiosa ideia da justiça poética fez sua aparição na crítica inglesa.

As exigências de Rymer relativamente ao problema da caracterização decorrem naturalmente dessa postura. Ele perfilha a ideia neoclássica da conveniência não apenas porque se casa com a probabilidade (e, portanto, com o senso comum), mas também porque dá suporte à moralidade universal da justiça poética. Reis históricos podem ter sido corruptos e cruéis, mas os reis poéticos precisam ser justos, nobres e heroicos. Desde que a virtude é sempre recompensada, "não se faz necessário que todos os heróis sejam reis, embora, indubitavelmente, todas as cabeças coroadas sejam heróis por *direito poético*".[24] Pelo fim do século, essa rígida interpretação dos tipos de caráter adequados, justiça poética e moralidade teatral, até mesmo em nome da razão e do senso comum, passou a sofrer crescentes ataques, sobretudo depois que Rymer, em termos claramente racionalistas, condenou o *Otelo* em 1692. Os críticos do século XIX passaram a considerá-lo, com base principalmente nesse ensaio, o protótipo do crítico inflexível, obnubilado por padrões críticos estreitos – chegando Macaulay a dizê--lo o pior crítico que jamais houve neste mundo.

Nos anos 1670 e 1680, entretanto, poucas vozes se ergueram para protestar contra os pronunciamentos de Rymer, apesar de Samuel Butler (1612-1680) declarar, num vivaz mas pouco substancioso ensaio poético intitulado "Upon Criticism" ["Da crítica"] (*c*. 1678) que "Um poeta inglês deve ser julgado por seus pares/ E não por *pedantes* e filósofos".[25] Rymer estava perfeitamente em consonância com o gosto crítico da época, a ponto de ser geralmente acatado como um igual do próprio Dryden – e, de fato, as observações de um e outro eram com frequência similares. Dryden também considerava o drama contemporâneo mais refinado e polido do que o elisabetano, e respeitava a autoridade clássica tal qual codificada pelos franceses. Na "Apology for heroique poetry" ["Defesa da poesia heroica"], que prefaciava sua obra *State of Innocence* [*Estado de inocência*] (1677), chegou a afirmar que Rapin, "sozinho, bastaria para ensinar de novo as regras da composição caso todos os outros críticos desaparecessem".[26]

Dryden, crítico e poeta de ofício, mais sensível do que Rymer às belezas do drama elisabetano, impacientava-se muito mais com as restrições do código neoclássico. Embora citasse com aprovação as ressalvas de Rymer quanto à obra de Fletcher e Shakespeare, não conseguia escapar ao fascínio deste último. No prólogo de *Aureng-Zebe* (1676), desabafava: "A despeito de todo o seu orgulho, uma secreta vergonha/ Invade-o à simples menção do nome sagrado de Shakespeare". Por influência deste, acabou "cansando-se de sua amante de tantos anos, Rima".[27] O pleno efeito disso manifestou-se em sua obra seguinte, *All for Love* [*Tudo por amor*] (1678), remanejamento de *Antônio e Cleópatra* segundo um plano rigorosamente neoclássico que privilegiava a conveniência, a moralidade e as unidades, mas sem sua "amante de tantos anos, Rima".

A tensão entre os princípios clássicos e a prática inglesa tradicional repercute novamente no *Troilus and Cressida* (1679), de Dryden, cujo prefácio intitulado "The Grounds of Criticism in Tragedy" ("As bases da crítica da tragédia") constitui uma das primeiras discussões minuciosas em inglês sobre os princípios aristotélicos. O ensaio começa pela definição da tragédia como "a imitação de uma ação inteiriça, grandiosa e provável, representada e não narrada, a qual, provocando em nós o medo e a piedade, purga de nosso espírito essas duas paixões".[28] Dryden interpreta a frase final, na esteira de Rapin e da teoria neoclássica em geral, num sentido moralizante e mesmo horaciano. "Instruir divertindo é o objetivo de toda poesia",[29] assevera ele, e a piedade e o medo servem a esse fim despojando o homem do orgulho e da insensibilidade. O herói trágico servirá de foco para essas emoções, devendo ser simpático, mais virtuoso que mau, consistente e fiel ao tipo.

As partes da definição que mais obstáculos suscitaram a Dryden foram as que se revelaram difíceis de conciliar com a prática de Shakespeare. A "ação inteiriça" parecia excluir os enredos secundários, e a limitação das emoções provocadas ao medo e à piedade como que inviabilizava a tragicomédia – duas coisas muitíssimo caras a Dryden. No prefácio de sua peça seguinte, *The Spanish Friar* [*O frade espanhol*] (1681), admitia a mescla de elementos sérios e cômicos "pelo prazer da variedade", pois o público já estava "farto de cenas sempre tristes". Entretanto, não se escuda por completo no gosto da plateia e sustenta que a tragicomédia deve ser classificada como forma distinta, tão difícil de criar quanto a tragédia, "já que com mais facilidade se mata do que se salva"; assim, exige-se muita arte e discernimento "para conduzir a ação a seu extremo e depois, por meios convincentes, restaurar tudo".[30]

Malgrado esses argumentos, Dryden nunca conseguiu harmonizar completamente sua dramaturgia com a atitude que tomara em relação às regras do drama. Por fim, a fidelidade aos princípios neoclássicos prevaleceu sobre o pragmatismo e o gosto pessoal. Em 1693, ele ainda defendia a tragicomédia, mas apenas se tivesse uma única ação central, a que se subordinaria "o enredo secundário envolvendo aventuras e caracteres cômicos".[31] Dois anos depois, renunciou até mesmo a esse compromisso e declarou que a tragédia inglesa era "inteiramente gótica, apesar do sucesso que logrou em nossos teatros". Obras como o *Pastor Fido* de Guarini e sua própria *The Spanish Friar* não passavam agora para ele de mixórdias antinaturais, em que as reivindicações conflitantes do riso e da gravidade criavam um efeito tão desagradável quanto "uma viúva folgazã gargalhando em trajes de luto".[32]

As traduções de 1680 de Horácio e Boileau influenciaram sem nenhuma dúvida o *Essay on Poetry* [*Ensaio sobre a poesia*] (1682) escrito pelo conde de Mulgrave (1648-1721), que apresentou doutrinas parecidas em forma poética. Mulgrave vinha da mesma tradição crítica de Dryden e Rymer, mas discordava frontalmente deles quanto à superioridade do teatro inglês contemporâneo. Sua indiferença para com matérias técnicas como as unidades era, diz ele, "conhecida demais para ser repisada aqui"; ao contrário, volta a atenção para os "erros menos óbvios", entre os quais o embelezamento verbal injustificado, o humor forçado, a conversação sobrecarregada de símiles, os solilóquios frequentes e monótonos. Considera Shakespeare e Fletcher modelos do drama honesto e econômico, agora quase esquecido. Num trecho menor, mas significativo do ensaio, Mulgrave, ao discutir a moralidade da arte, condena a irreverência e a obscenidade das "canções nauseabundas" de um certo "autor falecido" – presumivelmente, o conde de Rochester.

Uma vigorosa contestação desse último ponto foi apresentada por Robert Wolseley (1649-1697) no prefácio de *Valentinian* (1685). O poeta, afirma ele, deve ser livre para pintar qualquer aspecto da natureza, concreto ou abstrato, bonito ou feio, bom ou mau; não será julgado pelo valor do tema, mas pela habilidade com que o haja tratado. Na verdade, prossegue Wolseley, o autor contra quem Mulgrave se insurgiu utilizou a arte para fins morais – a exposição do vício e o castigo da loucura –, mas o critério final do valor da arte é estético e não ético. De fato, "quanto mais seco, vazio, obscuro e idiota o tema parecer, e menos suscetível de ornamento, maior será o mérito do poeta, que foi capaz de infundir-lhe dignidade e insuflar-lhe beleza".[33] Essa ambiciosa reivindicação encontrou poucos adeptos, pois a opinião pública e crítica durante a Restauração geralmente seguia a tendência francesa à moralidade na arte, tão evidente nas reações contemporâneas a Corneille e Molière. Nesse assunto, Mulgrave reflete acuradamente o espírito do tempo, e na década seguinte as acusações de obscenidade iriam dominar a crítica inglesa.

Uma tentativa de reconciliar os reclamos contraditórios do proveito e do prazer foi empreendida por Sir William Temple (1628-1699) em seu ensaio "On Poetry" ["Da Poesia"] (1690). Considera o problema de indagar qual dos dois é superior "antes um exercício de espírito que uma busca da verdade", já que a poesia em geral mistura ambos.[34] Foi Temple quem, muito influenciado por Saint-Evremond, escreveu a primeira grande contribuição inglesa à "Querela dos Antigos e Modernos", *Upon Ancient and Modern Learning* [*Sobre a erudição antiga e moderna*] (1690). Quase sempre acha que a poesia decaiu desde os tempos clássicos, mas faz exceção ao drama. Junta-se a Rapin e Saint-Evremond no elogio da comédia inglesa, que tinha por mais rica e vívida do que a dos antigos ou das outras nações modernas. A causa, cuidava ele, seria o clima do país, a vida despreocupada e a liberdade de expressão que permitiam o desenvolvimento de uma grande variedade de excentricidades – os "humores" ingleses – como em nenhuma outra parte.

Essa ideia de que o vigor do drama inglês residia no conceito nacional de humor fez fortuna entre os contemporâneos de Temple. William Congreve (1670-1729), em *Concerning Humour in Comedy* [Sobre o humor na comédia] (1695), repete exatamente (sem creditar) a declaração de Temple da superioridade da comédia inglesa e sua origem no ambiente físico e político do país. Congreve distingue o humor da afetação e do comportamento exterior, definindo-o como "uma maneira singular e inevitável de fazer ou dizer as coisas, peculiar e natural a determinado indivíduo, graças à qual seus atos e falas se distinguem das falas e atos dos outros homens".[35]

Entretanto, a preocupação crítica afastava-se do material da comédia em proveito de sua moralidade. "Of Modern Comedies" [Sobre as comédias modernas] (1694), de James Wright, e a anônima *Reflection on our Modern Poesie* [Reflexão sobre nossa moderna poesia] (1695) queixavam-se de que a comédia contemporânea parecia às vezes negligenciar seu propósito moral no afã de suscitar o prazer, e ridicularizar mais a religião do que o vício. Mas nenhuma dessas duas obras invocava a necessidade de reforma. Mais acentuadamente polêmico foi o prefácio do *Prince Arthur* (1694), de Sir Richard Blackmore (1650-1729), que acusava os poetas modernos de conspirarem para "arruinar os objetivos de sua própria arte, expor a *religião* e a *virtude*, prestigiar o *vício* e a *corrupção* dos costumes".[36] O drama grego, explica Blackmore, foi criado pelo Estado com vistas à instrução moral. Seus heróis eram castigados pela impiedade e recompensados pela ação virtuosa; quanto ao coro, "era amplamente utilizado para corrigir seus [dos atenienses] erros perante os *deuses* e o governo do mundo, para moderar suas paixões e purgar suas mentes do vício e da corrupção".[37]

Aqui, Blackmore feriu uma corda realmente sensível. O *Prince Arthur* foi reimpresso duas vezes enquanto, no teatro, a peça de profundo tom moral de Cibber, *Love's Last Shift* [Última reviravolta do amor] (1696), gozava de estrondoso sucesso. Ao mesmo tempo, choviam as queixas contra a imoralidade de outras peças. O aparecimento na França das *Maximes et réflexions sur la comédie* [Máximas e reflexões sobre a comédia] (1694), de Bossuet, provavelmente lançou mais lenha à fogueira, pois o *Gentleman's Journal* de novembro de 1694 observava que "no momento, a controvérsia em torno da legitimidade do teatro francês está tão encarniçada quanto a recente polêmica dos antigos e modernos". Acolhiam-se com simpatia as petições endereçadas ao rei e ao Parlamento denunciando a imoralidade vigente na vida social e na literatura.

Nesse quadro é que foi vibrado o mais célebre ataque ao teatro: *Short View of the Immorality and Profaneness of the English Stage* [Breve exame da imoralidade e caráter profano do teatro inglês] (1698), de Jeremy Collier. Num certo sentido, a obra pode ser vista como uma contribuição de peso para a tradição antiteatral, que incluía William Prynne, na época de Jaime I, e Stephen Gosson, no período elisabetano. Todavia, embora as censuras de Collier tenham motivação similar, sua abordagem aproxima-o mais diretamente da tendência principal da crítica do teatro do que os seus predecessores. Ansioso não apenas por descarregar sua ira contra o teatro, mas também por forçar reformas, Collier foi buscar amparo nas autoridades e argumentos geralmente aceitos pelos eminentes teóricos literários da época. Os padres da Igreja não ficam à parte, é claro, mas seus comentários aparecem em breve sumário no final do capítulo, ao passo que as autoridades citadas nos cinco capítulos anteriores são os clássicos Aristóteles, Horácio, Quintiliano, Heinsius e Rapin.

O argumento nuclear de Collier é o da finalidade moral do drama, como desde logo ele deixa claro:

> O escopo das *peças* é recomendar a virtude e desabonar o vício; denunciar a incerteza da prosperidade humana, as súbitas mudanças de fortuna e as tristes consequências da violência e da injustiça. Cabe-lhe expor as excentricidades do orgulho e da fantasia, escarmentar a insensatez e a falsidade, tornar infames todas as coisas más.[38]

Cada capítulo examina o modo pelo qual o teatro contemporâneo trabalha ao arrepio dessa finalidade. O primeiro discute sua linguagem desabrida e obscena; o segundo, seu caráter profano e blasfemo. Os autores modernos apelam para esses elementos muito mais que os clássicos, garante Collier, a despeito da amplitude do paganismo e da falsidade de seus deuses. O terceiro e o quarto capítulos ecoam mais fortemente os ditames críticos geralmente aceitos. Contra o argumento às vezes apresentado por Dryden e outros, de que os maus caracteres devem ser apresentados a uma luz favorável para o prazer da plateia, Collier cita Rapin e Jonson em apoio da justiça poética. O mal tem de ser punido, insiste ele. A busca de divertimento a todo transe leva ao desprezo pelas características de idade, sexo e condição, comprometendo a conveniência, e induz os autores a condescender com a grosseria de linguagem, condenada tanto por Aristóteles quanto por Quintiliano como fonte de riso. Examinando quatro peças específicas de Dryden, D'Urfey e Vanbrugh, Collier descobre agressões não apenas à moralidade, mas também aos padrões aceitos do drama: enredos improváveis; caracteres inconsistentes, impróprios ao tipo nos níveis de fala; e mesmo desrespeito às unidades. O capítulo final é essencialmente uma compilação de comentários antiteatrais desde os autores pagãos e cristãos.

Embora, como vimos, Collier de modo algum tenha iniciado o debate sobre a moralidade do teatro, mesmo em sua própria geração, a repercussão de seu ensaio superou a tal ponto a de seus predecessores imediatos que não seria exagero creditar-lhe o desencadeamento da batalha dos panfletos a respeito da questão, que iria prosseguir pelo próximo quarto de século na Inglaterra. Das mais de oitenta contribuições conhecidas para essa disputa,[39] apenas umas poucas, felizmente, chamam a nossa atenção como relevantes para a teoria dramática.

A maioria dos dramaturgos atacados em *Short View* ofereceu resposta, mas nenhuma realmente significativa. Dryden, que em polêmicas anteriores já se revelara um formidável contendor, não produziu nenhuma réplica oficial desta vez, para aborrecimento dos adversários de Collier. Entretanto, na *Poetical epistle to Motteux* [*Epístola poética a Motteux*] (1698) e no prefácio de *The Fables* [*Fábulas*] (1700), ele esclarece sua posição no debate e as razões pelas quais deixou de participar. Acusa Collier de falta de educação e civilidade, e até de achar blasfêmia e obscenidade onde nada disso fora pretendido. Entretanto, "em muitas coisas ele foi justo comigo", admite Dryden, "e declaro-me culpado de todos os pensamentos que possam legitimamente ser considerados imorais e profanos, deles me retratando".[40]

Talvez a resposta mais contundente a Collier seja a de John Dennis (1657-1734), um protegido de Dryden que, após a morte do mestre em 1700, foi por algum tempo entronizado como o principal crítico literário da Inglaterra. Todos os escritos anteriores de Dennis tinham sido defesas de Dryden. O *Impartial Critick* [*O crítico imparcial*] (1693) desabonava Rymer por querer introduzir o drama ateniense na Inglaterra, onde o clima, a política e os costumes sociais eram tão diferentes. Em 1698, suas "Remarks on a Book Entitled *Prince Arthur*" ["Observações sobre um livro intitulado *Príncipe Artur*"] respondem em parte às críticas contra Dryden contidas no prefácio de Blackmore. Não surpreende que o ensaio de Collier haja inspirado uma defesa mais vigorosa, *Usefulness of the stage to the happiness of mankind* [*Utilidade do teatro para a felicidade humana*] (1698).

Diferentemente da maioria dos participantes dessa querela, Dennis não intenta produzir uma série de contestações específicas a Collier; de fato, começa por admitir que o teatro se acha no momento sujeito a grandes abusos e exige reforma. "Minha missão", diz ele, "é vindicar o teatro, não seus abusos e desvios".[41] Adequadamente conduzido, o teatro é útil para a felicidade humana, a tranquilidade do Estado e os progressos da religião. Abordando em primeiro lugar a felicidade, Dennis sustenta que o drama estimula as paixões, mas não nega a razão. Isso o torna agradável e profícuo para todos os homens, sobretudo para os ingleses, raça taciturna que tende a controlar as paixões de modo exageradamente racional. O governo, em especial, se beneficia da tragédia, a qual desencoraja as rebeliões ao mostrar as graves consequências da ambição e da sede de poder. Além disso, cala as queixas dos homens quando exibe outros ainda mais infelizes do que eles e bane os pensamentos sediciosos implantando no espírito imagens de compaixão, dever e patriotismo. Tanto a Igreja quanto o Estado tiram proveito da purgação das paixões e do ensino da humildade, paciência e dever – o propósito tradicional da tragédia. Temas especificamente religiosos não têm lugar no palco, mas o drama não deixa de ensinar religião indiretamente: é que, sem a crença em Deus e numa Providência particular, o desígnio do teatro (principalmente a justiça poética, que Dennis considera essencial) revelar-se-ia impossível. Como Collier, Dennis reforça seus argumentos com citações de autoridades antigas e modernas.

A ênfase no atiçamento das paixões como estímulo à felicidade, na primeira parte do ensaio, e no objetivo moral, na última, pode sugerir uma dualidade no pensamento de Dennis a respeito do drama; de fato, porém, ele funde as duas ideias segundo um padrão geralmente horaciano. Em *Grounds of Criticism in Poetry* [*Bases da crítica poética*] (1704), faz do prazer uma finalidade secundária e da "reforma das mentes dos homens" o alvo principal da poesia. Os dois escopos, entretanto, são alcançados pelo excitamento da paixão. A poesia menor logra isso pintando objetos da vida natural, que é o método da comédia e das passagens mais comezinhas da tragédia. Já a grande poesia recorre ao despertar do entusiasmo, conceito que Dennis foi buscar em Longino e no pensamento religioso. A tragédia, em seu ponto alto, suscita sentimentos mais profundos, não de forma direta, mas estimulando o público a refletir posteriormente naquilo que presenciou (conceito algo parecido com o famoso "emoção recapitulada na tranquilidade", de Wordsworth).

Esse interesse na emoção, sobretudo em seus aspectos mais entranhados e evocativos, poderia ter levado Dennis, como outros críticos, a uma doutrina do gênio individual caso ele não estivesse tão apegado aos ensinamentos de Dryden e dos neoclássicos franceses. Assim, afirmou que os maiores gênios eram sempre escrupulosos na observância das regras da arte. Sendo o propósito da poesia "instruir e reformar o mundo, a saber, afastar os homens da irregularidade, extravagância e confusão para conduzi-los à regra e à ordem",[42] segue-se naturalmente que ordem e regra devem caracterizar a própria poesia. A descuidada observância das regras, sustenta Dennis, era a causa da pobreza da poesia em seu tempo.

A nova geração de escritores e críticos que apareceu depois de 1705 concordava com Dennis em alguns assuntos – como a tolice da Ópera Italiana, que ele julgava "um mero prazer sensual, sumamente incapaz de esclarecer o entendimento ou de reformar a vontade; e por isso mesmo sumamente inadequado para tornar-se uma diversão pública".[43] De maneira geral, porém, eles achavam sua dedicação às regulações neoclássicas e seu tom de alta seriedade religiosa cada vez mais pomposos, pedantes e obsoletos. E é verdade que após 1705 certa petulância e rigidez marcaram-lhe as tentativas de defender suas opiniões contra uma ortodoxia literária nova, mais flexível. No início da carreira, Dennis ferira uma nota positiva e até exuberante ao defender a corrente principal da literatura inglesa contra o moralismo de Collier ou o racionalismo de Rymer, e quando o século XVII começou ele se inclinava para a mesma posição flexível da nova geração; seu interesse em Longino, na psicologia do autor e do espectador, no efeito do clima e do meio ambiente sobre a literatura mostram isso. Mas a dinâmica dos debates subsequentes levou-o a abandonar esses interesses em sua determinada defesa das regras neoclássicas.

Sinais de que a autoridade dessas regras estava enfraquecendo começaram a aparecer na Inglaterra logo após a morte de Dryden. Um dos primeiros foi o informal "Discourse upon Comedy" ["Discurso sobre a comédia"] (1702) do dramaturgo George Farquhar (1678-1707). Esse ensaio em forma de carta a um amigo considera o aparente paradoxo de que as peças escritas segundo as regras de arte amplamente aceitas são no entanto insípidas e ineficazes. O problema, sugere Farquhar, está em considerar antes autoridades como Aristóteles, "que não era poeta, e portanto não estava à altura de dar instruções na arte da poesia",[44] do que o propósito básico da arte. Se o fim é conhecido, o meio pode ser mais bem descoberto pela razão do que pela confiança em alguma falsa autoridade. A comédia, portanto, é uma "história bem concebida, primorosamente contada, como um agradável veículo para o conselho ou a repreensão".[45] Como nossas loucuras e prazeres são diferentes dos dos antigos, nossas comédias devem buscar novos meios de alcançar esses fins. Os autores modernos não devem ser condenados por ignorar a unidade de tempo e lugar, que a mente pode conceber facilmente, mas apenas por "deixar o vício impune, a virtude não recompensada, a loucura não exposta ou a prudência malsucedida".[46]

Pode-se dizer que os comentários sobre o teatro de Sir Richard Steele (1672-1729) em *The Tatler* [*O bisbilhoteiro*] (1709-1710), com suas percucientes observações sobre os atores e as produções contemporâneas, iniciaram a crítica moderna. Contêm pouca teoria formal, mas o prazer em Shakespeare e a ênfase no teste pragmático do que é eficaz no teatro mostram claramente que Steele é um observador com pouco interesse nas regras tradicionais. A parte mais convencional de suas observações é a preocupação com as instâncias morais. "Não é objetivo de uma boa peça tornar cada homem um herói", observa, "mas sim dar-lhe um senso mais vívido da virtude e do mérito do que ele possuía ao entrar no teatro".[47]

Steele aparentemente estimulou o interesse pelo teatro em seu colaborador no *Tatler,* Joseph Addison (1672-1719), que produziu um corpo mais substancial de escritos teóricos. A tragédia, alvo de sua principal atenção, é tratada nos números 39, 40, 42 e 44 (abril de 1711) de *The Spectator*. Esses ensaios repetem essencialmente os ideais neoclássicos. Embora Addison ignorasse a maioria das regras específicas relativas à estrutura e às unidades, condenava a tragicomédia e só admitia subenredos quando estes "tivessem uma relação tão próxima com o desígnio principal que pudessem contribuir para a completude deste e ser rematados pela mesma catástrofe".[48] O objetivo didático da tragédia é essencial para Addison, e ele considera a negligência desse objetivo um grave defeito no drama moderno. No entanto, para ele os meios de instrução moral eram totalmente diversos dos advogados por Dennis e sua tradição. A doutrina da justiça poética, Addison considerava-a uma ideia ridícula, "sem nenhum fundamento na natureza, na razão ou na prática dos antigos".[49] O bem e o mal acontecem a todos, e se negamos as evidentes obras do mundo e resolvemos todos os problemas no final da peça, solapamos o despertar da piedade e do medo estipulado por Aristóteles. Considera-se frequentemente ter sido Addison o primeiro a fazer um ataque formal a essa doutrina na Inglaterra, mas na verdade Steele antecipou-o em *The Tatler* n.81 (18 de outubro de 1709), ao ver a justiça poética como um "método quimérico" de dispor dos destinos dramáticos, no qual "um espectador inteligente sabe que não deve ser assim; e não pode aprender nada dessa brandura, a não ser que ele é uma criatura fraca, cujas paixões não podem seguir os ditames de seu entendimento".[50]

Dennis, por muito tempo um paladino da justiça poética, refutava a asserção de Addison numa carta "To the *Spectator*" (1712), afirmando que o próprio Aristóteles exigia essa doutrina quando insistia em que um homem completamente bom não deve submergir na adversidade. Também a Razão e a Natureza respaldam a justiça poética como o fundamento inalterável da tragédia, "pois que tragédia pode haver sem uma fábula? ou que fábula sem uma moral? ou que moral sem justiça poética?".[51] Quanto à asserção de Addison de que o bem e o mal acontecem a todos, Dennis replica que não podemos saber que prazeres ou dores os homens sentem intimamente; além disso, mesmo se esta vida não faz todas as coisas certas, Deus irá recompensar e punir no além. O dramaturgo, cujo mundo termina com o baixar da cortina, deve fazer seus ajustes de contas dentro do drama. Os argumentos do *Spectator* são do tipo usado pelos artistas inferiores para justificar sua obra: "Os homens primeiro escrevem tragédias tolas e ridículas, que se chocam com todas as regras da razão e da filosofia, e depois fazem regras tolas e extravagantes que se acomodem a essas tolas peças".[52]

O foco na razão em Dennis e na emoção em Addison sugere que esses dois críticos, que podiam concordar quanto ao fim moral da tragédia, podiam igualmente discordar sobre a questão da justiça poética. Cada um deles vê diferentemente o que se poderia aprender com a tragédia. Dennis achava que aprendemos a virtude ao ver suas recompensas; Addison (e Steele) acreditava que o espetáculo da tragédia ensina, mais obliquamente, coisas como humildade, perdão e desconfiança quanto ao sucesso mundano.

No tocante ao objetivo secundário da tragédia, a divergência era ainda mais notória. A questão de saber por que a tragédia, com seu assunto doloroso, deve suscitar prazer no espectador e até ser mais profundamente satisfatória do que uma comédia alegre tornou-se uma questão de grande importância à medida que os críticos setecentistas mudaram seu enfoque da forma para o efeito. Os críticos do Renascimento tinham dado alguma atenção a essa questão e forneceram duas respostas básicas para o problema. A mais comum das duas considerava o conteúdo ético da tragédia e achava a explicação para seu encanto no cultivo do senso moral, na descarga de emoções socialmente inaceitáveis, no prazer de ver o erro castigado. Menos comum, e por vezes subordinada à primeira ideia, era a de que nos comprazemos na habilidade do artista, nas dificuldades vencidas e na capacidade de apresentar convincentemente o admirável e o maravilhoso. Temas que causariam perturbação na natureza representam o maior desafio ao artista e por isso proporcionam o maior prazer se ele consegue torná-los aprazíveis mercê de seu engenho artístico.

No século XVII, as novas teorias psicológicas de autores como René Descartes e Thomas Hobbes ensejaram outra maneira de tratar essas questões pelo exame mais atento das próprias emoções. Descartes considerava todas as emoções variados estímulos dos espíritos animais e, por isso, agradáveis na medida em que eram mantidas sob controle pelo cérebro. Desse modo, o prazer pode decorrer até mesmo da tristeza e do ódio, "quando essas paixões só são causadas pelas aventuras teatrais que vemos representadas no palco, ou por outros meios similares que, não sendo capazes de prejudicar-nos de modo algum, parecem excitar agradavelmente nossas almas ao afetá-la".[53] Esse conceito influenciou claramente críticos franceses como Rapin e, por intermédio deles, Dennis. Teoricamente, o conhecimento de que estamos num teatro deve bastar para fazer que sentimentos dolorosos se tornem seguros e portanto agradáveis, e é exatamente isso o que Dennis afirma em *The Advancement and Reformation of Poetry* [*O progresso e a reforma da poesia*].[54] No entanto, o elemento controlador continua sendo a razão ou a vontade, e a representação de um sofrimento injustificado ou de uma recompensa não merecida poderia superar o efeito distanciador do artifício e liberar as paixões para causar-nos desprazer. Assim, para Dennis a justiça poética estava necessariamente relacionada com o prazer cartesiano.

A atitude de Hobbes para com a relação entre as paixões e o prazer diferia frontalmente da de Descartes. Algumas emoções, dizia Hobbes, são agradáveis. Estas, os homens as perseguem. Outras são dolorosas; estas, os homens as evitam. Por que então são os homens atraídos pelo espetáculo da tragédia? Embora Hobbes não fale diretamente da representação teatral, uma passagem-chave no capítulo que dedica a um estudo de várias paixões em *De corpore politico* (1650) fornece um claro paralelo sobre ela. Ali, examina o prazer que os homens usufruem ao ver seus companheiros em perigo no mar ou na guerra, quando eles próprios estão seguros:

> Assim como há novidade e lembrança de sua própria segurança presente, que é prazer, assim também há piedade, que é dor. Mas o prazer é tão predominante que os homens geralmente se contentam em tal caso com ser espectadores da miséria de seus amigos.[55]

Os exemplos específicos que Hobbes oferece são os mesmos usados por Lucrécio:

> É doce, quando sobre o vasto mar os ventos revolvem suas águas, contemplar da terra os acabrunhantes sofrimentos de outrem; não porque seja prazer e deleite o ver os outros aflitos, mas porque é grato sentir de quantos males nós próprios estamos livres.[56]

Esta, para Addison e Steele, era a base do prazer da tragédia, conquanto se deva notar que na doutrina mecanicista e auto-orientada de Hobbes não haja nenhuma sugestão de aprendizado ou de aprimoramento moral. Addison e Steele, ao preconizar a visão hobbesiana, tiveram de introduzir esse elemento.

No mesmo capítulo da obra de Hobbes ocorre sua famosa asserção sobre o riso, baseada na mesma ideia do prazer resultante de uma consciência de relativa segurança, dessa vez intelectual e não física. A passagem é citada com aprovação por Addison em *The Spectator*, n.47 (1711): "A paixão do riso nada mais é que uma súbita glória advinda da súbita concepção de certa eminência em nós mesmos, por comparação com as fraquezas de outros ou com a nossa própria em tempos passados".[57] Também aqui se deve notar que Addison acrescenta a preocupação moral ao conceito de Hobbes; por exemplo, em *The Spectator*, n.446 (1712), Addison condena o teatro moderno por procurar a comédia em assuntos "impróprios para o ridículo", sobretudo na infidelidade conjugal, que deve despertar "antes o horror e a comiseração do que o riso".[58] Esses sentimentos naturais não são suscitados, contudo, porque os dramaturgos modernos tentem despertar a nossa simpatia, ou mesmo a nossa admiração, por personagens viciosos como o devasso elegante e a esposa ardilosa e pérfida.

Sobre esse ponto Dennis estava mais em harmonia com Hobbes. Acreditava ele que "a principal força da comédia deve consistir em provocar o riso" e que a fonte do riso era invariavelmente o "ridículo jovial".[59] Addison mostrava-se claramente inquieto com a crueldade e o abuso potencial dessa asserção categórica, e Steele desafiava sua validade. Embora neoclássicos tradicionais como Dennis e D'Aubignac tivessem julgado Terêncio inferior a Plauto precisamente porque o primeiro era deficiente no riso, essência da comédia, Steele elogiava Terêncio pelo que anteriormente fora considerado um defeito. Os romanos, achava ele, deviam ser louvados por produzir uma obra como o *Heautentimorumenos*, que não continha "no todo nem uma passagem que pudesse despertar o riso". "Quão bem disposto devia ser esse povo", continuava, "que podia ser entretido com satisfação por tão sóbria e fina alegria!"[60]

"Sóbria e fina alegria" tornou-se para Steele o objetivo da comédia, mais adequada que o ridículo e o riso à consecução da finalidade moral que ele procurava. Colley Cibber e outros responderam à exigência da crítica e do público, no final do século XVII por um teatro mais moral colocando o devasso amoral da comédia da Restauração num enredo conducente ao remorso e à reforma. O *Lying Lover* [*Amor mentiroso*] (1704) de Steele seguiu esse modelo, e o prefácio chamou-o "uma comédia que não poderia ser imprópria para o entretenimento de uma comunidade cristã". Embora o herói "faça amor falso, se embriague e mate o seu companheiro", no ato final ele "desperta da devassidão" com "compunção e remorso". As emoções suscitadas por essa ação, admite Steele, podem ser "uma ofensa às regras da comédia, mas tenho certeza de que são uma justiça às da moralidade".[61] Tais peças ainda eram feitas para operar por via do exemplo negativo, mas uma empatia com o personagem principal que era levado à conversão substituía o ridículo tradicional dos personagens não convertidos de Jonson ou Molière.

Por volta de 1720, Steele tinha desenvolvido outra abordagem: esperava demonstrar a virtude positivamente, e não negativamente, e tornar seu personagem principal totalmente exemplar. Em *The Theatre*, n.19 (1720) ele mencionava uma peça em andamento cujo herói "sofre agravos não provocados, nega-se a um duelo e ainda aparece como um homem de honra e coragem". Esse exemplo deve ser de grande utilidade, sugere ele, já que os jovens são tentados a imitar as garridices do palco. "Quão calorosamente não perseguiriam eles as verdadeiras galanterias, quando acompanhadas das belezas com que o poeta as representa quando tem o desígnio de torná-las amáveis?"[62]

Essa "peça em andamento", que se tornou *The Conscious Lovers* [*Os amantes conscientes*], foi frequentemente mencionada durante os dois anos seguintes por Steele e seus amigos como um trabalho que se ergueria acima de seus competidores e inauguraria uma diretriz completamente nova para a comédia inglesa. A nova diretriz não era nenhum segredo, e Dennis ficou suficientemente ofendido por ela para contestá-la mesmo antes de a peça estrear. No n.65 de *The Spectator*, Steele tinha apontado a comédia de George Etherege como "corrupta e degenerada", "perfeita oposição às boas maneiras, ao bom senso e à honestidade comum".[63] Dennis, em "A Defense of Sir Fopling Flutter" ["Uma defesa de Sir Fopling Flutter"] (1722), negou a validade da experiência de Steele. Horácio, Aristóteles e Rapin tinham todos considerado o ridículo e o riso a base da comédia, dizia ele, e o que "se não a natureza corrupta e degenerada" pode ser o assunto próprio do ridículo? A comédia nunca deve tentar propiciar-nos exemplos para imitação,

> pois todos esses padrões são coisas sérias, e o riso é a vida e a própria alma da comédia. É da comédia expor as pessoas ao nosso escrutínio, cujas atitudes podemos evitar, cujas loucuras desprezar; e, mostrando-nos o que sucede no palco cômico, ensina-nos o que nunca deve suceder no palco do mundo.[64]

O famoso prefácio de Steele a *The Conscious Lovers* (1723) não desenvolvia esse ponto, mas simplesmente afirmava sua discordância de que a comédia pudesse alcançar melhor o seu objetivo tocando o coração dos espectadores em vez de estimular-lhes o riso, insistindo antes na simpatia e admiração do que no ridículo. "A nada do que tenha sua base na felicidade e no sucesso deve ser permitido que seja o objeto da comédia", afirmou ele, "e sem dúvida constituirá um melhoramento dela introduzir uma alegria delicada demais para o riso, que não tenha sua fonte senão no deleite".[65] Tal alegria, apelando para "a razão e o bom senso", pode bem produzir, em vez do riso, lágrimas de simpatia.

Uma viva troca de panfletos e cartas alimentou essa disputa ainda por vários anos, mas acrescentou pouca substância às posições já expressas por Dennis e Steele. Provavelmente a única coisa digna de nota sejam as *Remarks on a Play, Call'd, The Conscious Lovers, A Comedy* [*Observações sobre uma peça chamada Os Amantes Conscientes, Comédia*] (1723), do próprio Dennis, em que ele ataca em minúcia tanto a peça quanto o prefácio. Em resposta à tão citada expressão de Steele "alegria delicada demais para o riso", Dennis replica que a alegria, como outras emoções, pode aparecer em vários tipos de poesia, mas que apenas "aquele tipo de alegria que é alcançado com o riso é a característica da comédia".[66]

Na tragédia como na comédia, as observações críticas de Steele estavam em grande sintonia com os sentimentos da época, embora em conflito com a tradição. Além de atacar a doutrina da justiça poética, ele formulou já em 1710 a ideia ainda mais heterodoxa (no n.172 de *The Tatler*) segundo a qual os infortúnios dos príncipes e dos grandes homens só nos afetam levemente, estando longe de nossas próprias preocupações. "Em vez dessas passagens elevadas, pensava eu que poderia ser de grande utilidade (se alguém pudesse consegui-lo) expor diante do mundo aventuras como as que acontecem a pessoas não exaltadas acima do nível comum".[67] Uma peça com personagens da vida diária, todas louváveis, com seus infortúnios advindo antes da virtude incauta do que do vício calculado – evidentemente tais são os elementos do drama sentimental, e muitas histórias escritas por Steele para *The Tatler* só precisavam ser moldadas na forma dramática para criar esse gênero. A primeira tentativa moderadamente bem-sucedida de fazer isso foi a *Fatal Extravagance* [*Extravagância fatal*] (1721) de Aaron Hill, cujo prólogo assume exatamente a posição sugerida por Steele:

> Ninguém pode esconder sua piedade pelos infortúnios
> Que a maioria dos que ouvem talvez profundamente sinta.
> Arruinados reis de poderoso nome,
> Por pomposa miséria, pequena compaixão clamam.
> Impérios destroçados, heróis postos a ferros
> Alarmam a mente mas não condoem o coração.
> Aos males distantes de nossos medos domésticos
> Emprestamos nosso pasmo, mas não as nossas lágrimas.[68]

O grande sucesso de *The London Merchant* [*O mercador de Londres*] (1731), de George Lillo (c. 1693-1739), eclipsou todas as tentativas anteriores de tragédia doméstica e estabeleceu-a como protótipo desse drama. Não foi largamente imitado na Inglaterra, mas serviu como poderoso estímulo para autores continentais, liderados por Denis Diderot e Gotthold Lessing (ver Capítulos 10 e 11). A dedicatória de Lillo desenvolve mais plenamente a posição crítica esboçada por Steele e Hill. Ele afirma estar citando Dryden ao chamar a poesia trágica de "o mais excelente e mais útil tipo de escrito", depois extrai o surpreendente corolário segundo o qual "quanto mais extensamente útil for a moral de qualquer tragédia, mais excelente essa peça será em sua espécie".[69] A finalidade da tragédia torna-se apenas moral: "A excitação das paixões a fim de corrigir as que dentre elas são criminosas, já em sua natureza, já por seu excesso". Por isso não há nenhuma necessidade de confinar a tragédia aos personagens de posição elevada; na verdade, "os contos morais da vida privada", tratando de situações familiares às suas plateias, são mais aptos a concretizar a instrução moral almejada.[70]

A geração subsequente de grandes autores ingleses de tragédia retornou das preocupações éticas às psicológicas, indagando não como a tragédia poderia emocionar melhor suas plateias, mas antes por que os acontecimentos dolorosos que na vida nos causariam aflição são aprazíveis no teatro. Considerando essa questão, David Hume (1711-1776) remontou a Descartes, e Edmund Burke (1729-1797) a Hobbes, mas cada um acrescentou significativas modificações a essas teorias.

Em "Of Tragedie" ["Da tragédia"] (1757), Hume cita aprovadoramente Jean Dubos, que em suas *Réflexions critiques sur la poésie et sur la peinture* [*Reflexões críticas sobre a poesia e a pintura*] (1719) seguira Descartes ao considerar todo estímulo emocional como potencialmente agradável. No entanto, se essa fosse a nossa única preocupação, os acontecimentos desagradáveis da vida também nos dariam prazer, diz Hume. Ele acrescenta uma importante condição, sugerida por Fontenelle: como o estímulo demasiado forte é irritante, precisamos de um elemento controlador, fornecido no teatro pelo conhecimento de que no fim das contas estamos assistindo a uma ficção. Esse conhecimento faculta ao espectador converter a paixão despertada pelos eventos dolorosos em sentimentos igualmente fortes ou até mais fortes de fruição do êxito da obra artística. Hume condena o triunfo do vício não, como Dennis, por razões morais, mas estéticas; tal espetáculo é suscetível de despertar emoções demasiado fortes para serem amenizadas pelo poder distanciador da arte. Adequadamente constituída, a tragédia transporta os espectadores para um reino que é só dela, longe do mundo real. Assim fazendo, não diminui ou enfraquece as emoções dolorosas que seriam provocadas se os acontecimentos por ela pintados fossem reais, mas transforma-os "pela infusão de um novo sentimento".[71] Desse modo Hume chega a uma visão quase diametralmente oposta à dedicação à verossimilhança preconizada por Lillo. Em vez disso, ele antecipa Kant e os românticos no conceito de que a arte oferece sua própria esfera de experiência, atingida por um desprendimento dos interesses terrenos e na qual as emoções da vida diária são significativamente transformadas.

Edmund Burke, tratando desse mesmo problema em seu *Philosophical Enquiry into the Origin of Our Ideas of the Sublime and Beautiful* [*Investigação filosófica acerca da origem de nossas ideias do sublime e do belo*] (1756), admite que algum prazer pode advir da consciência de que a tragédia é uma ficção, mas nega que isso seja uma parte significativa da nossa reação moral. Se os homens só gostam da tragédia fictícia, por que se aglomeram em torno das execuções públicas, mesmo de preferência aos mais perfeitos dramas? Por que se comprazem em observar as ruínas dos terremotos e das conflagrações? Evidentemente é porque são fascinados pelas grandes destruições, desde que eles próprios não se vejam ameaçados. Por certo essa opinião está próxima da de Hobbes, mas Burke não situa a fonte do prazer na imunidade em si, mas antes faz da imunidade uma precondição para se "sentir prazer com o sofrimento dos outros, real ou imaginário".[72]

Henry Home, Lord Kames (1696-1782), em seus *Elements of Criticism* [*Elementos de Crítica*] (1772), segue Hume e Burke ao analisar a literatura por intermédio da psicologia e das emoções e condena especificamente os franceses, que baseiam suas obras, ou na prática de Homero ou na autoridade de Aristóteles. Ao interpretar a tragédia, contudo, ele chega a uma conclusão claramente distinta da de Hume ou Burke. A despeito de suas diferenças, ambos os escritores precedentes viam o distanciamento emocional como essencial para o efeito trágico, enquanto Kames enfatiza o envolvimento emocional: a tragédia desperta as pessoas "de qualquer grau de sensibilidade" para a simpatia, uma emoção que "nos atrai para um objeto de aflição, apesar da oposição exercida pelo amor-próprio".[73] Como essa é uma manifestação do lado melhor, mais altruísta, da nossa natureza, ela não só nos traz satisfação, mesmo ao preço da dor, como faz de nós pessoas melhores. Assim, por meio das emoções, Kames retorna à função moral da poesia.

Desde o início do século, como se pode ver na controvérsia Dennis-Steele, a autoridade das regras neoclássicas foi desafiada por apelos à razão e – com o passar dos anos – à psicologia. Nessas bases Kames atacou a rigidez dos neoclássicos franceses e fez de seu contemporâneo Samuel Johnson (1709-1784), o maior crítico da época. A mais concisa declaração da atitude de Johnson, juntamente com várias observações específicas sobre o drama, pode ser encontrada em *The Rambler*, n.156 (1751). Nem todas as regras estabelecidas para nós, diz Johnson, têm igual direito à nossa submissão:

> Algumas devem ser consideradas fundamentais e indispensáveis, outras apenas úteis e convenientes; algumas ditadas pela razão e pela necessidade, outras impostas pela despótica antiguidade; algumas invencivelmente sustentadas por sua conformidade à ordem da natureza e às operações do intelecto; outras formadas por acidente, ou instituídas pelo exemplo, e portanto sempre passíveis de disputa e alteração.[74]

É dever do escritor distinguir entre as regras da natureza as do costume, e obedecer apenas às primeiras. Entre as regras do costume, Johnson coloca a unidade de tempo, a estrutura em cinco atos, a limitação de apenas três personagens falando no palco. Razão e natureza respaldam a unidade de ação e do herói principal único, e parecem permitir a mistura de elementos cômicos e trágicos – conquanto Johnson expresse certa hesitação quanto a esta última prática e se pergunte se o próprio Shakespeare não teria conseguido melhores efeitos se não "se opusesse a si mesmo" colocando bufões em suas tragédias.[75]

Em 1765, porém, quando Johnson escreveu o prefácio à sua edição das obras de Shakespeare, essa hesitação sobre os gêneros mistos havia sido superada. O único tipo de poesia que pode "agradar a muitos e por muito tempo", diz ele, envolve "representações de natureza geral", nas quais Shakespeare é único.[76] Ao misturar elementos cômicos e sérios, Shakespeare mostra "o verdadeiro estado da natureza sublunar, que compartilha o bem e o mal, a alegria e a tristeza, misturados com uma variedade infinita de proporção e modos inumeráveis de combinação". Confessamente, isto é contrário às regras tradicionais, "mas sempre existe um apelo aberto da crítica à natureza". Johnson, que assume uma visão claramente horaciana da finalidade da poesia – "instruir agradando" –, afirma aqui que o drama misto instrui melhor porque representa com mais verdade a maneira pela qual o mundo opera.[77] Essa tese levou Johnson a concordar com Addison no tocante ao conceito de justiça poética. Em *Lives of the English Poets* [*Vidas dos poetas ingleses*] (1780), escreveu ele:

> Como o mal geralmente prospera na vida real, o poeta tem certamente a liberdade de mostrar no palco a prosperidade desse mesmo mal. Pois se a poesia é uma imitação da realidade, como suas leis podem ser infringidas pela exibição do mundo em sua verdadeira natureza?[78]

No entanto, houve ocasiões, pelo menos no começo de sua carreira, em que Johnson expressou a preocupação de que uma crítica demasiado severa do desejo natural do espectador de ver o mal castigado e o bem recompensado poderia diminuir a eficácia de uma peça. Ele não podia ir tão longe quanto Addison, para quem a adaptação de Tate do *Rei Lear* – que permitiu a Cordélia viver feliz destruiu "metade da beleza" da peça.[79] Johnson confessou-se tão chocado pela morte de Cordélia que não conseguira reler o fim da peça enquanto não a reeditara em 1765. Embora "uma peça em que os maus prosperam e os virtuosos fracassam possa sem dúvida ser uma boa peça, porque ela é a exata representação dos acontecimentos comuns da vida", o amor à justiça de todos os seres racionais criará sem dúvida um prazer maior para eles se os fins da justiça forem observados, sendo iguais "outras excelências".[80]

De maneira geral, Johnson aprovava a tendência no sentido de desenvolver a tragédia a partir das situações da classe média, ainda aqui com base no fato de que elas são fiéis à realidade: "O que está mais perto de nós é o que mais nos toca", diz ele numa carta de 1770. "As paixões são mais fortes nas tragédias domésticas que nas palacianas."[81] A comédia sentimental, porém, não encontrou nenhum apoio nos escritos de Johnson. Constantemente ele considerou a alegria essencial à comédia e elogiou *She Stoops to Conquer* [*Ela se humilha para conquistar*] de Goldsmith como uma obra que cumpria a "grande finalidade da comédia – alegrar a plateia".[82]

De fato, nos anos imediatamente posteriores a 1750, o drama sentimental quase desapareceu por algum tempo. Autores como Samuel Foote, Arthur Murphy e George Coleman voltaram ao objetivo tradicional da comédia, expor as "loucuras e absurdos dos homens", como observou Foote em seu prefácio a *Taste* [*Gosto*] (1751).[83] Mas uma nova geração de dramaturgos sentimentais, dominada por Richard Cumberland (1732-1811), surgiu nos anos 1760, e a visão que Cumberland tinha da comédia, exposta em suas *Memoirs* [*Memórias*] (1806), é claramente mais próxima da de Steele que da de Johnson ou Foote. Ele critica

William Congreve e George Farquhar por tornarem o vício divertido e por perdoar qualquer maldade desde que seja cometida com finura. No entanto, diz Cumberland, era dever do dramaturgo

> reservar suas cores mais brilhantes para os melhores personagens, não dar falsos atrativos ao vício e à imoralidade, mas empenhar-se – na medida em que essa postura é coerente com semelhante contraste, que é a essência mesma de sua arte – em mostrar ao público a faceta mais amorável da natureza humana.[84]

Coerente com essa visão, ele frequentemente privilegiou nos seus dramas heróis que no passado haviam sido tradicionalmente expostos ao ridículo – escoceses, irlandeses, colonos e judeus.

Inquestionavelmente, o mais bem conhecido documento do debate sobre o primado do sentimento ou da alegria na comédia, que continuou ao longo do século XVIII, é o "Essay on the Theatre" ["Ensaio sobre o teatro"] (1773) de Oliver Goldsmith (1728-1774). Com efeito, a fama desse pequeno ensaio, fortalecida pelo aparecimento logo depois de *She Stoops to Conquer*, do próprio Goldsmith, e das peças de Richard Brinsley Sheridan, as mais duradouras do século, distorceu consideravelmente a nossa visão do que estava realmente acontecendo na teoria e na prática dramática desse período. A retórica do ensaio de Goldsmith, que – como é sutilmente explicado – comparava a "comédia alegre e sentimental", e a realização das peças subsequentes criaram a impressão de que o sentimentalismo reinava virtualmente absoluto antes de Goldsmith e de que recebera um golpe mortal deste e de Sheridan. Nenhum desses pressupostos comuns é correto. A tradição da comédia alegre continuou ao longo do século e dominou por inteiro o teatro na geração de Foote e Murphy. Os comentários esparsos de Johnson sobre a comédia não fazem sequer a mais passageira menção à comédia sentimental. Nem as comédias do próprio Goldsmith nem as de Sheridan estão livres de elementos sentimentais, a despeito da atenção dada ao riso. E, finalmente, a popularidade da comédia sentimental, apesar do sucesso desses dramaturgos, continuou inalterável durante os últimos anos do século.

O ensaio de Goldsmith deve, pois, ser adequadamente visto não como um divisor de águas no gosto dramático inglês, mas como uma exposição, semelhante às de Steele antes de *The Conscious Lovers*, que preparou o público para uma notável peça inédita ao sugerir que ela abriria uma nova era. Goldsmith retorna à visão tradicional segundo a qual "a comédia deve excitar o nosso riso exibindo ridiculamente as loucuras da parte inferior da humanidade"[85] e condena como um defeito a tendência à sentimentalidade em Terêncio, louvada por Steele. O sentimento é não apenas menos divertido mas também menos instrutivo do que o riso, pois nos leva a simpatizar com indivíduos cheios de fraquezas e defeitos. Sua aparente popularidade vem apenas da facilidade com que a comédia sentimental pode ser escrita, diz Goldsmith, e se o público exigir algo melhor ela logo desaparecerá.

Os críticos setecentistas de Dennis a Goldsmith que apelaram para Aristóteles como autoridade quase invariavelmente leram-no à luz da interpretação francesa. Isso não era de surpreender, já que de 1705 a 1775 a tradução inglesa padrão era feita não do original, mas da versão francesa de Dacier. Uma tradução anônima de 1775 apresentou uma versão mais fiel de certas passagens, mas só em 1788, com a tradução de Henry James Pye (1745-1813), teve a Inglaterra um Aristóteles finalmente desatrelado do francês. A tradução de Thomas Twining (1735-1804), dada a lume no ano seguinte, logo substituiu a de Pye; era até mais acurada e por muito tempo permaneceu a versão inglesa padrão. Os comentários de Pye e Twining são, portanto, bem mais significativos em sua independência da influência francesa, mas Twining vai mais longe, rejeitando o colorido horaciano que durante tanto tempo modificara a declaração de Aristóteles relativa ao propósito da poesia. Em nenhum lugar, diz ele, Aristóteles apoiou "uma ideia que a crítica racional explorou até aqui: a de que a utilidade e a instrução são o objetivo da poesia".[86]

Pye, apesar de sua fidelidade a Aristóteles, arrisca-se a várias discordâncias ponderáveis em relação a ele, mais notoriamente sobre a baixa posição concedida pelo filósofo grego ao espetáculo. Embora Pye admita que o teatro é inferior à pintura no efeito visual geral, afirma que o poder de interpretar eleva o drama acima de qualquer outra arte. Admira especialmente os atores na comédia e na tragédia doméstica, em que a representação parece fundir-se com a realidade. "Levanto-me depois de ter assistido a tragédias como *George Barnwell*, *The Fatal Curiosity* [*A curiosidade fatal*] e *The Gamester* [*O jogador*] quase com a mesma sensação que teria se estivesse realmente presente em cenas do mesmo tipo na vida real".[87] Mesmo a tragédia, de certo modo mais afastada da vida diária, se beneficia das modernas realizações na arte de interpretar e no cenário, que juntos a fazem parecer mais real do que qualquer coisa testemunhada pelos gregos. Pye chega ao ponto de especular que, se Aristóteles tivesse visto Garrick em *Lear* ou Siddons em *Isabella*, poderia muito bem ter atribuído maior importância à representação do drama.

Essa apoteose do ator em meio a um comentário sobre Aristóteles é uma notável ilustração de como a arte de atuar subira no conceito da crítica durante o século XVIII Como sugere Pye, o brilho de David Garrick (1717-1779) e seus contemporâneos tinha muito a ver com isso, e não é de todo coincidente que os primeiros escritos sobre a teoria e a prática geral dessa arte (em vez das anedotas descritivas que sempre haviam sido populares) apareceram durante a carreira de Garrick. O próprio Garrick redigiu um dos primeiros, *A Short Treatise on Acting* [*Pequeno tratado sobre a arte de representar*], em 1744. Ele define a arte de atuar como

> um entretenimento do palco que, requerendo a ajuda e a assistência da articulação, do movimento corpóreo e da expressão ocular, imita, assume ou determina as várias emoções mentais e corporais advindas dos vários humores, virtudes e vícios inerentes à natureza humana.[88]

A natureza humana, matéria-prima do ator, deve ser estritamente observada mas nunca simplesmente imitada, já que cada personagem expressará as paixões de diferente maneira. Suas observações devem ser "digeridas" na mente do ator, "afagadas pelo genial calor de sua concepção", traduzidas por seu julgamento, elevadas à perfeição e tornadas propriedade sua.

A maneira de o ator expressar as paixões ocupou o subsequente *Essay on the Art of Acting* [*Ensaio sobre a arte de representar*] (1746) de Aaron Hill e o *Treatise on the Passions* [*Tratado sobre as paixões*] (1747) de Samuel Foote. Hill tenta reduzir a arte de atuar a um ofício programático, quase mecânico. Considera toda paixão dramática essencialmente redutível a dez emoções: alegria, tristeza, medo, cólera, piedade, desprezo, ódio, ciúme, assombro e amor. Define cada uma dessas emoções, ilustra-a com exemplos tirados do drama e analisa-a em termos de manifestações físicas. No entanto, adverte especificamente os atores contra a tentativa de imitar as paixões mecanicamente; primeiro e sempre, a imaginação deve criar a paixão no espírito tão fortemente quanto o faria na natureza. Isso imprimirá a forma da paixão, primeiro nos músculos do rosto, depois nos músculos do corpo e enfim no som da voz e na disposição dos gestos. Seu esboço dos resultados finais desse processo é feito aparentemente apenas como um teste para que o ator possa estar seguro de ter sentido a emoção profunda e adequadamente.

O objetivo anunciado no ensaio de Foote – "traçar a ascensão e o progresso das paixões, juntamente com os efeitos sobre os órgãos de nossos corpos"– parece similar, mas as plateias, e não os atores, são os leitores em potencial; o ensaio iria presumivelmente fornecer exemplos pelos quais eles devem julgar a exatidão das imitações cênicas.[89] Na verdade, Foote evita a rigidez do enfoque de Hill. Depois de observações genéricas sobre as paixões, ele faz eco ao comentário de Garrick segundo o qual seus efeitos são diferentes em diferentes homens, e quase sempre misturados ou complicados.

Um tratado muito mais extenso sobre a arte do ator, o de Pierre Rémond de Sainte-Albine, foi traduzido para o inglês com exemplos ingleses apresentados por John Hill e o título de *The Actor* [*O ator*] (1750). Sua ênfase na emocionalidade do ator – particularmente na necessidade de um ator ser naturalmente dotado do tipo emocional próprio para o personagem que ele interpreta – estimulou a reação dos teóricos que achavam que o lado técnico e racional da arte do ator estava sendo esquecido graças à insistência na utilização das paixões. O mais famoso trabalho nesse sentido foi *Paradoxe sur le Comédien* [*Paradoxo sobre o ator*] de Diderot, que será discutido em capítulo posterior, mas também na Inglaterra houve certa resistência à ênfase emocional desses primeiros ensaios e algumas tentativas, à medida que o século progredia, de descobrir um meio-termo. Assim, James Boswell (1740-1795), no ensaio "On the Profession of a Player" ["Sobre a profissão de ator"] (1770), fala de um "sentimento duplo" no ator como fonte do "misterioso poder pelo qual ele é realmente o personagem que representa". Os sentimentos e paixões do personagem que está sendo representado sugere Boswell, "devem entrar na plena posse, por assim dizer, da antecâmara de sua mente, enquanto sua própria personalidade permanece no mais íntimo recesso".[90]

NOTAS

1 William D'Avenant, *Gondibert:* An Heroick Poem, London, 1651, p.22-3.
2 Thomas Hobbes, *An Answer to Davenant's Preface,* London, 1651, p.84.
3 Richard Flecknoe, *Love's Kingdom,* London, 1664, 67v.
4 John Dryden, *Works,* Berkeley, 1956-1979, 19v., v.8, p.99.
5 Robert Howard, To the Reader, in: *Dramatic Works,* London, 1722, A4v.
6 Dryden, *Works,* v.17, p.15.
7 Ibidem, v.17, p.7.
8 Ibidem, p.51.
9 Ibidem, p.74.
10 Ibidem, v.9, p.18.
11 Ibidem, p.171.
12 Ibidem, p.5.
13 Thomas Shadwell, *Complete Works,* London, 1927, 5v., v.1, p.183-4.
14 Ibidem, p.184.
15 Ibidem, p.100.
16 Dryden, *Works,* v.3, p.244.
17 John Milton, *Works,* New York, 1931-1938, 18v, v.1, p.331.
18 Dryden, *Works,* v.11, p.10.
19 Ibidem, p.12.
20 Ibidem, p.201.
21 Thomas Rymer, *Critical Works,* New Haven, 1956, p.2-3.
22 Ibidem, p.75.
23 Ibidem, p.22.
24 Ibidem, p.42.
25 Samuel Butler, *The Genuine Remains in Verse and Prose,* London, 1759, p.165.
26 Dryden, *Dramatic Works,* New York, 1968, 6v., v.3, p.418.
27 Ibidem, v.4, p.87.
28 Ibidem, v.5, p.14.
29 Ibidem, p.16.
30 Ibidem, p.122.
31 Dryden, *Essays,* Oxford, 1900, 2v., v.2, p.102.
32 Ibidem, p.147.

33 J. E. Spingarn (Ed.), *Critical Essays of the Seventeenth Century*, Bloomington, 1957, 9v., v.3, p.16.
34 William Temple, *Essays*, Oxford, 1909, p.43.
35 Spingarn, *Critical Essays*, v.3, p.248.
36 Ibidem, v.3, p.229.
37 Ibidem, v.3, p.228.
38 Jererny Collier, *A Short View of the Immorality and Profaneness of the English Stage*, London, 1698, p.1.
39 Ver Rose Anthony, *The Jeremy Collier Stage Controversy 1698-1726*, Milwaukee, 1937, para lista completa.
40 Dryden, *Essays*, v.2, p.272.
41 John Dennis, *Critical Works*, Baltimore, 1939-1945, 2v., v.2, p.147.
42 Ibidem, v.1, p.335.
43 Ibidem, p.385.
44 George Farquhar, *Works*, New York, 1967, 2v., v.2, p.335.
45 Ibidem, p.336.
46 Ibidem, p.343.
47 Richard Steele, n.99 (26 de novembro de 1709), *The Tatler*, G. A. Aitken (Ed.), New York, 1970, 4v., v.2, p.334.
48 Joseph Addison, n.40, *The Spectator*, Donald F. Bond (Ed.), Oxford, 1965, 5v., v.1, p.171.
49 Ibidem, p.169.
50 Steele, *The Tatler*, v.2, p.233.
51 Dennis, *Critical Works*, v.2, p.19.
52 Ibidem, p.18.
53 René Descartes, *Philosophical Works*, trad. inglesa E. S. Haldane e G.R.T. Ross, Cambridge, 1911, 2v., v.1, p.373.
54 Dennis, *Critical Works*, v.1, p.264.
55 Thomas Hobbes, *The Elements of Law*, F. Tönnies (Ed.), Cambridge, 1928, p.35.
56 Hobbes, *De rerum natura*, trad. inglesa H. A. J. Munron, London, 1914, p.41.
57 Addison, *The Spectator*, v.1, p.32.
58 Ibidem, v.4, p.68.
59 Dennis, On the *Vis Comica* (1717), in: *Critical Works*, v.2, p.160.
60 Steele, *The Spectator*, v.4, p.280.
61 Steele, *Plays*, Oxford, 1971, p.115.
62 Steele, n.19, *The Theatre*, Oxford, 1962.
63 Addison, *The Spectator*, v.1, p.280.
64 Dennis, *Critical Works*, v.2, p.215.
65 Steele, *Plays*, p.298.
66 Dennis, *Critical Works*, v.2, p.260.
67 Steele, v.3, p.306.

68 Aaron Hill, *Works*, London, 1753-1754, 4v., v.1, p.291.
69 George Lillo, *The London Merchant*, Lincoln, 1965, p.3.
70 Ibidem, p.4.
71 David Hume, *Four Dissertations*, London, 1757, p.193, 199.
72 Edmund Burke, *Philosophical Enquiry*, London, 1756, p.78.
73 Henry Home, Lord Kames, *Elements of Criticism*, London, 1762, 2v., v.1, p.448.
74 Samuel Johnson, *Works*, New Haven, 1958-1978, 14v., v.5, p.67.
75 Ibidem, p.69.
76 Ibidem, v.7, p.61-2.
77 Ibidem, p.66-7.
78 Samuel Johnson, *Lives of the English Poets*, London, 1905, 2v., v.2, p.135.
79 Addison, n.40, *The Spectator*, v.1, p.170.
80 Samuel Johnson, *Works*, v.7, p.704.
81 Samuel Johnson, *Letters*, New York, 1892, 2v., v.1, p.162.
82 James Boswell, *Life of Johnson*, Oxford, 1934-1950, 6v., v.2, p.233.
83 Samuel Foote, *Works*, London, 1799, 2v., v.1, p.iii.
84 Richard Cumberland, *Memoirs*, London, 1806, p.141.
85 Oliver Goldsmith, *Collected Works*, Oxford, 1966, 6v., v.3, p.210.
86 Thomas Twining, *Aristotle's Treatise on Poetry*, London, 1789, p.561.
87 Henry James Pye, *A Commentary Illustrating the Poetics of Aristotle*, London, 1792, p.116-7.
88 David Garrick, *An Essay on Acting*, London, 1744, p.2.
89 Foote, *A Treatise on the Passions*, London, 1747, p.3, 8.
90 James Boswell, On the Profession of a Player, *London Magazine*, p.469-70, setembro de 1770.

10

A FRANÇA SETECENTISTA

O teatro francês do começo do século XVIII em grande parte repetiu as preocupações e os enfoques do final do século XVII, mas com um poder marcadamente reduzido. As observações ocasionais sobre a teoria dramática durante a primeira década do século, derivada basicamente dos dramaturgos profissionais, mostram esses autores tão relutantes em afastar-se demasiado, em seu pensamento, dos teóricos anteriores quanto dos modelos de Molière e Racine. A tragédia é vista geralmente, apesar da veneração de Molière, como intrinsecamente superior à comédia, embora Alain-René Le Sage (1667-1748), em seu *Le diable boiteux* [*O diabo coxo*] (1707), ponha fim a uma cômica disputa entre dramaturgos trágicos e cômicos com a observação de que criar os dois tipos de drama requer um gênio diferente, mas habilidade igual.[1] Numa crítica sobre a melhor peça de sua própria autoria, *Turcaret* (1709), Le Sage revive os personagens do diabo e Dom Cléofas em *Le diable boiteux* para tecer comentários sobre a peça antes e depois de sua apresentação. O diabo se queixa de que os personagens não são simpáticos o bastante, embora admita que a comédia atenda ao fim requerido de "tornar o vício odioso". Depois, um cavaleiro espanhol lamenta que a peça tenha um enredo pouco satisfatório, mas Dom Cléofas explica que os franceses, ao contrário dos espanhóis, colocam o estudo do caráter acima da complexidade da ação.[2]

Prosper Jolyot de Crébillon (1674-1762), o maior autor trágico de começo do século, ateve-se estritamente ao credo neoclássico tanto nas peças como nos prefácios. No prefácio a *Atreu e Tiestes* (1707), jacta-se do cuidado que tomou em amenizar os detalhes cruéis do drama original, de modo a não ofender nem a "delicadeza" de seu público nem as *bienséances*. No prefácio a *Electra* (1708), admite criar uma intriga um pouco mais complexa que a do original, mas pede que essa falta seja escusada, já que torna a peça mais interessante para o público moderno. Ainda assim, no prefácio de suas obras reunidas (1750), ele pede desculpa pelas ofensas às regras ocasionalmente encontradas em suas peças, por mais que estas agradassem ao público. É um erro perigoso, diz ele, "pretender que um defeito que produz grandes belezas não deva ser considerado um defeito".[3]

As primeiras poéticas importantes do novo século devem-se ao filósofo François de Fénelon (1651-1715) em sua *Lettre écrite à l'Académie Française sur l'eloquence, la poésie, l'histoire etc.* [*Carta escrita à Academia Francesa sobre a eloquência, a poesia, a história etc.*] (1714), escrita como guia para a obra da Academia e a pedido de seu presidente. Uma parte é dedicada à tragédia e outra à comédia, constituindo ambas excelentes sumários da opinião crítica neoclássica desse período, coloridos por forte preocupação moral. A tragédia deve mostrar "grandes acontecimentos" e despertar "paixões fortes", mas nunca de tal modo que corrompa o seu público. Assim, não deve retratar paixões corruptas, mesmo para curá-las, nem pintar o amor profano – tema evitado pelos antigos mas não, infelizmente, por Racine. A linguagem da tragédia deve ser adequada ao personagem e à situação; pode, quando a natureza das coisas o exige, ser simples e sem adorno. A comédia, tratando da vida privada, tem um tom geralmente mais baixo, embora as circunstâncias possam ocasionalmente elevá-lo. Fénelon põe Molière acima mesmo de Terêncio, conquanto o autor francês seja censurado por sua linguagem ocasionalmente grosseira, por seus personagens exagerados e pela ridicularização da virtude, que Fénelon atribui à influência nefasta da comédia italiana.[4]

Uma discussão de alcance muito mais amplo dos temas teatrais pode ser encontrada nas *Réflexions critiques sur la poésie et sur la peinture* [*Reflexões críticas sobre a poesia e a pintura*] (1719) de Jean Dubos (1670-1742). Dubos, seguindo o raciocínio de Descartes, vê a função da arte como um estímulo às emoções, e a tragédia como superior à comédia porque vai muito mais fundo e envolve antes as grandes emoções, piedade e terror, do que as emoções inferiores do divertimento e do escárnio. Para sentir essas emoções, o espectador deve identificar-se até certo ponto com o seu herói, que por isso mesmo nunca pode ser um homem mau, mas alguém estimável que seja excessivamente castigado pelos seus erros. Certo distanciamento é também crucial para impedir que essas emoções fortes provoquem a dor. Assim, as tragédias devem decorrer em tempos e lugares remotos e envolver personagens um tanto separados de nós. Isso não apenas permite ao espectador sentir as emoções trágicas de maneira segura como contribui para outra emoção fundamental no gênero: a admiração. "Nenhum homem pode ser admirável", diz Dubos, "se não for visto de uma certa distância."[5] A costumeira passagem de Lucrécio é citada para respaldar o distanciamento emocional, e Dubos a desenvolve para explicar o gosto dos romanos pelas lutas gladiatórias.

De um ponto de vista puramente didático, ele prossegue dizendo que esse distanciamento torna a tragédia menos eficaz do que a comédia. A comédia também requer certo distanciamento, pois os espectadores serão antes ofendidos do que reformados se o ridículo dos erros sociais os ferir demasiado profundamente. Em regra geral, porém, a comédia só pode ser eficaz se estiver perto das situações que ela busca melhorar, enquanto o distanciamento necessário dos personagens e acontecimentos da tragédia torna as lições desse gênero vagas e imperfeitas.[6]

Dubos é também um pioneiro de destaque nas primeiras considerações mais extensas sobre a arte de representar, dedicando seis capítulos à declamação, ao movimento e ao gesto. Com longas citações dos autores clássicos, ele reconstrói um teatro clássico – atores altamente adestrados na voz e no movimento, interpretação controlada por notação musical. Em notável antecipação a Wagner, Dubos preconiza uma subordinação similar do ator à música no teatro moderno, para garantir que mesmo os atores medíocres interpretem passavelmente e para unificar a obra de arte:

> A declamação de uma peça que tenha sido composta do princípio ao fim por uma única pessoa deve ser mais bem dirigida e organizada do que uma declamação em que cada ator executa o seu papel de acordo com a própria fantasia."[7]

Dubos reconhece que isso imporia certa restrição aos atores de nível superior, mas o equilíbrio do todo lhe parece mais importante. A verdade emocional não precisa ser comprometida, já que o compositor deve sempre deixar alguma liberdade de interpretação de modulações, suspiros, inflexões etc. ao ator individual, como o demonstra a ópera. Ademais, Quintiliano conta que os atores romanos, apesar do controle de sua declamação pelo poeta, muitas vezes saíam do palco chorando depois das cenas tocantes.

As regras tradicionais da tragédia, que receberam pouca atenção de Dubos, eram de grande interesse para Antoine Houdar de La Motte (1672-1731), que escreveu fiéis imitações de Racine acompanhadas por ousados prefácios anunciando um desafio às regras – que as obras nunca infligiram. Cada uma das suas tragédias – *Os Macabeus* (1721), *Rômulo* (1722), *Inês de Castro* (1723) e *Édipo* (1726) – era impressa com um "Discours sur la tragédie" ["Discurso sobre a tragédia"]. Nesses prefácios La Motte propõe o prazer, a ser conseguido pelo despertar da emoção, como a finalidade predominante do drama. Renuncia a qualquer tentativa de "esclarecer a alma quanto ao vício e à virtude, pintando-os com suas verdadeiras cores", mas busca apenas "suscitar as paixões misturando-as".[8] As regras, inventadas apenas para assegurar o prazer, nunca devem ser invocadas contra uma obra que agrade sem elas, e as unidades de tempo e lugar nunca devem converter-se em barreiras ao prazer. Rigidamente observadas, elas não contribuem para a verossimilhança, como se postulou tradicionalmente, mas antes a prejudicam: "Não é natural para todas as partes de uma ação ocorrerem no mesmo aposento ou no mesmo lugar", observa ele, e "um lapso de tempo adequado e proporcional à natureza dos temas" é sem dúvida preferível à "precipitação de acontecimentos, que não tem nenhum ar de verdade".[9]

La Motte é mais tolerante para com a unidade de ação, mas lhe ampliaria o alcance a fim de criar uma nova unidade, a unidade de interesse, que é a sua contribuição mais original – embora não a mais clara – para a teoria dramática francesa. Conquanto a unidade de ação focalize a nossa atenção num único problema ou motivo, ela não nos garante que conservaremos na mente os vários personagens principais da peça quando essa atenção se deslocar de um aspecto do problema a outro. A unidade de interesse mantém todos os personagens principais pelo menos emocionalmente presentes. Por exemplo, embora o *Cid* seja fraco em unidade de ação, possui unidade de interesse, já que nossa simpatia é igualmente despertada por Rodrigo e Ximena à medida que eles passam por sofrimentos paralelos. Em nome da unidade de interesse, La Motte poderia, e o fez, justificar divergências mesmo da tradicional ideia de unidade de ação.

Os prefácios de La Motte estimularam uma réplica de Voltaire (1694-1778), o primeiro dos debates literários que lhe povoaram a existência. No prefácio à edição de 1730 de sua primeira peça, *Édipo*, Voltaire observou que, como os princípios de todas as artes são extraídos da natureza e da razão, parecia tão fútil para o dramaturgo falar de regras no prefácio de uma tragédia quanto para um pintor preparar o público com dissertações sobre suas telas ou para um músico tentar demonstrar que sua melodia deve agradar. No entanto, as tentativas de La Motte de derrubar as "boas e necessárias" regras dos grandes mestres requeriam uma resposta. A unidade de interesse, quando eficaz, é a mesma unidade de ação, e essa unidade exige as outras, já que mudanças de lugar ou períodos de tempo extensos envolveriam necessariamente várias ações. La Motte citara a ópera como um gênero que ignora com êxito tais restrições; Voltaire considerou esse argumento uma tentativa de "reformar um governo regular pelo exemplo da anarquia", sendo a ópera "um espetáculo bizarro e magnificente que satisfaz antes aos ouvidos e aos olhos do que à mente".[10]

Além do mais, Voltaire ficou ofendido com as observações de La Motte sobre a linguagem. No prefácio ao *Édipo*, La Motte preconizara o uso da prosa na tragédia, com base na maior verossimilhança e na maior liberdade para o poeta (mas citava o conservantismo público e a falta de treinamento dos atores na expressão da prosa como suas razões para não fazer ele próprio essa tentativa).[11] Porém, a experiência de todos os povos da Terra, dizia Voltaire, demonstrara que a prosa não podia alcançar o poder da poesia. Certo, alguns poetas italianos e ingleses rejeitaram a rima em certas tragédias, mas só porque podiam empregar padrões de sons vocálicos e repetir acentos silábicos que a língua francesa, com toda a sua clareza e elegância, não possuía.

A réplica de La Motte, a "Suite des réflexions sur la tragédie" ["Continuação das reflexões sobre a tragédia"] (1730), ofereceu apenas uma pequena resistência a Voltaire. Observava ele que, embora uma ação singular pudesse teoricamente ocupar vários lugares e mais de um dia, isso nunca acontecera em suas próprias peças, e na verdade considerava sua estrita observância das unidades um ponto forte. Admitia a necessidade da unidade de ação, apesar de afirmar que o interesse poderia ser separado dela. A prosa, ele a defendia basicamente em razão da "tolerância pelos que têm grande talento para a tragédia, mas não para a versificação", e sugeria que se as experiências com a tragédia em prosa não chegassem a bom êxito, a ideia devia ser abandonada.[12]

Tendo vencido La Motte, Voltaire assumiu uma posição nitidamente menos rígida com respeito à prática dramática tradicional francesa. Tanto a peça *Bruto* (1731) como o seu prefácio, o "Discours sur la tragédie" ["Discurso sobre a tragédia"], desafiavam implícita e explicitamente certos pressupostos do teatro francês. A influência dos dois anos de Voltaire na Inglaterra (1726-1728) era clara desde o seu elogio aberto à liberdade desfrutada pela poesia inglesa. O autor francês é "um escravo da rima", forçado às vezes a consumir quatro versos para expressar o que um inglês pode dizer em um: "O inglês diz o que quer; o francês, o que pode". Além disso, Voltaire sustenta que a rima é necessária na França, repetindo o argumento de que a língua menos flexível a exige e, curiosamente, usando um dos arrazoados de La Motte, o de que os ouvidos franceses estão acostumados a ela.

Voltaire procura também equilibrar as forças e as fraquezas relativas do drama francês e inglês. De todas as tragédias inglesas, apenas o *Catão* de Addison é "bem escrito do princípio ao fim"; o resto carece "da pureza, da condução regular, das propriedades da arte e do estilo, da elegância, de todas as sutilezas da arte" dos franceses.[13] No entanto, a delicadeza dos poetas e das plateias francesas pode levar a certa secura e falta de ação. As peças inglesas, embora quase sempre monstruosas, têm vigor e cenas admiráveis. Demonstram que os artistas de gênio podem romper eficazmente com certas práticas tradicionais – omo limitar o número de atores falando a três ou banir toda ação brutal –, desde que as "leis fundamentais do teatro", como as três unidades, sejam observadas.

Por fim, Voltaire defende a introdução de um elemento de amor em *Bruto*, prática vista com maus olhos pelos neoclássicos estritos. Como todo teatro, trágico ou cômico, é "a pintura viva das paixões humanas", o amor deve ser mostrado na tragédia se for essencial à ação central, se for realmente uma paixão trágica e conformar-se aos requisitos morais do gênero, "seja levando a sofrimentos e crimes, para demonstrar quão perigoso ele é, seja cedendo à virtude, para mostrar que não é invencível".[14]

Existem muitos ecos evidentes de *Otelo* na *Zaïre* de Voltaire (1732), mas a peça permanece plenamente fiel à prática francesa tradicional, o mesmo sucedendo com as duas "Epîtres dédicatoires" ["Epístolas dedicatórias"] (1733 e 1736), muito embora estas contenham um caloroso elogio aos ingleses e sejam dirigidas, em desafio à tradição, a um mercador inglês. O único débito literário importante para com os ingleses que Voltaire reconhece nas "Epîtres" é o "ousado passo" de colocar no palco figuras históricas – "reis e antigas famílias do reino"[15] –, passo dado mais plenamente em *Adelaïde du Guesclin* (1734). No mais, a atitude de Voltaire parece mais bem expressa por seu paralelo entre a ciência inglesa, especialmente a obra de Newton, e a dramaturgia francesa:

> Deveis submeter-vos às regras de nosso teatro, da mesma forma que devemos abraçar a vossa filosofia. Fizemos experiências sobre o coração humano tão válidas quanto as vossas na física.[16]

Dois ensaios nas *Lettres philosophiques* [*Cartas filosóficas*] (1734), um sobre a tragédia (XVIII), outro sobre a comédia (XIX), fornecem um desenvolvimento mais pleno dessas ideias. No primeiro, Voltaire torna a elogiar Addison por escrever a primeira tragédia inglesa "razoável", mas acha essa obra fria e sem vida; os escritores ingleses aprenderam a respeitar as regras francesas, porém não a trazê-las vivas. Assim, os "brilhantes monstros" de Shakespeare são ainda "mil vezes mais agradáveis do que a obra informe dos modernos".[17] Shakespeare é tanto a glória quanto a maldição do teatro inglês. "Gênio prenhe de força e fecundidade, a natureza e o sublime, sem o mais leve traço de bom gosto ou o menor conhecimento das regras", criou obras tão poderosas que mesmo os seus defeitos vêm sendo respeitados e imitados. Assim, dramaturgos ingleses posteriores usaram materiais tão grotescos quanto o estrangulamento de Desdêmona, as chacotas dos coveiros em *Hamlet* ou os trocadilhos dos aristocratas em *Júlio César*,[18] mas esses autores realizaram quando muito passagens brilhantes isoladas em meio a um bárbaro desrespeito à propriedade, ordem e verossimilhança.

A opinião de Voltaire sobre a comédia inglesa, especialmente a de Congreve, é muito mais favorável. Considera-a rigorosamente fiel às regras, cheia de personagens sutis e espirituosos e louvavelmente natural, embora veja uma infeliz tendência em autores outros que não Congreve a permitir que a fala natural descambe da franqueza para a obscenidade. Para Voltaire, a finalidade da comédia, como a da tragédia, é sempre moral e didática.

As lições morais a serem tiradas eram, naturalmente, as do Iluminismo – civilização, monarquismo benevolente e religião esclarecida. A aspiração natural do homem ao bem levou a uma aspiração ao que os ingleses chamavam de justiça poética, descrita (embora não com esse termo) na "Dissertation sur la tragédie" ["Dissertação sobre a tragédia"], que prefaciou *Semíramis* (1748): "Todos os homens têm um senso de justiça profundamente arraigado" e por isso "esperam naturalmente que o céu vingue o inocente e que em todos os tempos e países testemunhem com prazer um ser supremo castigando os crimes dos que estão fora do alcance do julgamento mortal".[19] Ao afirmar o propósito moral do teatro, Voltaire estava essencialmente seguindo as doutrinas de Dacier e Rapin:

> A verdadeira tragédia é a escola da virtude, e a única diferença entre o teatro purificado e os livros de moralidade é que a instrução no teatro se dá por intermédio da ação que retém o interesse e é embelezada pelos encantos de uma arte originalmente inventada somente para instruir a terra e abençoar o céu.[20]

Considerada um todo, a teoria dramática de Voltaire, a despeito de suas frequentes propostas de inovação, permanece fortemente conservadora. Um interesse algo maior no espetáculo visual (especialmente o exótico), embora não a ponto de desafiar a unidade de lugar; uma liberdade algo maior na expressão, embora não o bastante para erodir a forma poética francesa tradicional; uma liberdade algo maior no assunto, permitindo que figuras da história francesa se juntem aos gregos e romanos como temas possíveis; e uma nova ênfase no emocional, especialmente o sentimental – isso, essencialmente, exaure as suas inovações.

Voltaire se moveu no rumo preferencial da inovação do período, que levou da *comédie larmoyante* (comédia lacrimosa) ao *drame bourgeois* (drama burguês), mas outros escritores o precederam ao longo desse caminho, assim na teoria como na prática. A primeira justificação teórica importante da *comédie larmoyante* foi o prefácio a *Les glorieux* [*Os gloriosos*] (1732) de Nericault Destouches (1680-1754). Por mais divertida e interessante que uma comédia pudesse ser, Destouches a considerava uma "obra imperfeita e mesmo perigosa" se não procurasse "corrigir as maneiras, expor o ridículo, condenar o vício e colocar a virtude numa luz favorável para atrair a estima e a veneração do público".[21] Assim a comédia tinha sobre si, essencialmente, a mesma obrigação moral que Voltaire e outros atribuíam à tragédia. No tom emocional, se não já na linguagem e no tema, os dois gêneros começaram a convergir. Preocupado com isso, Destouches manifestou-se em seu prefácio a *L'amour usé* [*O amor gasto*] (1742) contra a introdução das "lágrimas de Melpômene" no domínio do riso.[22] Mas o gosto sentimental e moralista da época achava as lágrimas virtuosas compatíveis, e outros dramaturgos hesitavam muito menos do que ele em afastar a comédia do riso e torná-la uma vitrina para a ação virtuosa.

O principal deles foi Pierre Nivelle de La Chaussée (1691-1754), cuja primeira peça, *La fausse antipathie* [*A falsa antipatia*] (1733), continha elementos sentimentais nítidos embora cautelosamente desenvolvidos. O prólogo mostra o Gênio da Comédia paralisado pelas exigências conflitantes de um público diverso. Tália lhe vem em socorro com a nova peça de La Chaussée, se bem que a deusa expresse certas reservas em relação a ela: teria preferido "uma fábula mais bem feita, um pouco mais de comicidade, um enredo mais claro".[23] O autor levou essa autodepreciação mais longe em sua *Critique de la fausse antipathie* [*Crítica da falsa antipatia*] (1734), escrita, como a *Critique* de Molière, em resposta a seus detratores mas, ao contrário de Molière, admitindo livremente as acusações. Os personagens Imaginação e Desfecho denunciam a obra, Melpômene e Tália rejeitam sua posse e Momo – chamado a arbitrar – é forçado a lhe dar um novo nome, *épi-tragi-comique*.

La Chaussée podia permitir-se essa autodepreciação. Poucos críticos conservadores ainda continuaram a se queixar de seus enredos soltos e da substituição da emocionalidade pelo riso, mas quando *La fausse antipathie* foi seguida pela ainda mais bem-sucedida *Préjugé à la mode* [*Preconceito ao gosto da moda*] (1735), a fama de La Chaussée ficou assegurada. No ano seguinte ele foi admitido na Academia, e o discurso de recepção do arcebispo de Sens elogiou calorosamente o novo enfoque do dramaturgo:

> Continue, Monsieur, a dar à nossa juventude o que não chamarei de espetáculos, mas lições úteis, as quais, ao mesmo tempo que agradam à sua curiosidade, exortam-na à virtude, à justiça, aos sentimentos de honra e justiça que a Natureza gravou nos corações de todos os homens.[24]

O sucesso de La Chaussée aparentemente inspirou Voltaire a tentar esse novo estilo de comédia, e no prefácio a *L'enfant prodigue* [*O filho pródigo*] (1736) ele expressou uma tolerância pela experimentação na comédia muito maior do que a mostrada no caso da tragédia:

> Existem muitas peças excelentes nas quais a alegria reina, outras totalmente sérias, outras mistas, outras tão cheias de tristeza que provocam lágrimas. Nenhum tipo deve ser excluído, e se me perguntassem qual é o melhor eu responderia: "O mais bem feito".[25]

Uma comédia não deve ser condenada por não conseguir provocar o riso, mas apenas por deixar de interessar a sua plateia, e nenhuma peça merecerá repúdio por ser de um novo tipo, mas apenas por não representar bem os valores desse tipo. Esse argumento, é claro, seria largamente empregado pelos românticos.

Há também um vestígio de teoria romântica no prefácio a *Nanine* (1749), no qual Voltaire preconiza uma mistura de elementos cômicos e sentimentais numa mesma peça, já que eles estão misturados na vida real. Nesse ponto, Voltaire aparentemente acha que as respostas cômicas tradicionais devem permanecer dominantes; insiste em que a comédia deve despertar as paixões apenas se, subsequentemente, "levar os homens honestos ao riso", e em que se ela só provoca lágrimas torna-se "um gênero sumamente vicioso e desagradável".[26] Ainda assim, o prefácio a *L'écossaise* [*A escocesa*] (1760) quase repete o sentimental "alegria demasiado delicada para o riso" de Steele ao afirmar que o homem de bem sorrirá diante dessa peça "com o sorriso da alma", que é "preferível ao riso da boca". Voltaire parece mais preocupado com evitar "personagens que se esmeram em ser patéticos" do que com o próprio *pathos*, mas em todo caso as questões emocionais são, como sempre, subordinadas às éticas: "O mais importante é que esta comédia possui uma excelente moralidade ... ao mesmo tempo que nada perde do que pode agradar aos homens de bem do mundo".[27]

A grande suma intelectual da época, a *Encyclopédie* [*Enciclopédia*] de Diderot, começou a ser publicada em 1751. Seu editor e principal arquiteto, Denis Diderot (1713-1784), foi também o principal autor dessa grande obra, mas apesar de seu interesse pelo teatro encomendou os principais artigos sobre o drama basicamente a Jean François Marmontel (1723-1799), um protegido de Voltaire cujas ideias liberais e grande sucesso na Comédie Française com *Denys, le Tyran* [*Dionísio, o*

Tirano] (1748) e *Aristomèn,* justamente quando a *Encyclopédie* estava sendo lançada, tornaram-no uma escolha lógica para a tarefa.

O terceiro volume da *Encyclopédie,* publicado em 1753, continha observações de Marmontel sobre a comédia. Como Voltaire, Marmontel encarece a moralidade do drama: a função da comédia é estimular-nos a rir dos defeitos dos outros como de nós mesmos e assim aprender a evitar esses defeitos. "Julgou-se mais fácil e mais acertado empregar a malícia humana para corrigir os outros vícios da humanidade, assim como se usam pontas de diamantes para polir o próprio diamante".[28] A comédia pode ser de três tipos, dependendo de seu objeto. Se ela busca tornar o vício odioso, é uma comédia de caráter; se mostra os homens como joguetes dos acontecimentos, é uma comédia de situação; se busca tornar a virtude amada, é uma comédia de sentimento. Marmontel considera a primeira a melhor, mas todas as três são válidas, e a comédia sentimental – provocando as lágrimas em vez do riso – não deve ser desprezada como inovação moderna, já que Terêncio a usou.

O verbete subsequente, *"Comédien"* ["Ator"], foi escrito pelo padre Mallet, que contribuíra para o verbete *"Acteur"* no primeiro volume. Ambos mencionam o contraste entre o respeito inglês aos atores e o desprezo francês por eles, mas sem considerar a atitude inglesa superior, como Voltaire memoravelmente o fizera. Foi Diderot quem forneceu essa conclusão em observações próprias acrescentadas ao verbete *"Comédien".* Como o objetivo do teatro é "estimular a virtude, inspirar horror ao vício e expor a loucura", os atores encarregados dessa tarefa, argumentava ele, estão desempenhando um papel vital na sociedade e merecem o maior respeito e incentivo.

O verbete *"Décoration"* ["Cenário"], no volume seguinte (1754), condenava a prática contemporânea tanto no cenário como no vestuário por sua indiferença à verossimilhança. Em vez de confiar nas tradicionais e elegantes vestimentas trágicas e pomposas perucas, aconselhava ele, os atores deviam tentar adequar o vestuário ao personagem e à situação. Nesse aspecto Marmontel repetia Voltaire, mas tirava uma conclusão inaceitável para este último, a de que a unidade de lugar devia ser desrespeitada. Marmontel condena o teatro neutro que essa unidade encorajara na França como um empecilho artístico: "A falta de decoração leva à impossibilidade de mudanças cênicas, e isso confina os autores à mais rigorosa unidade de tempo: uma regra irritante que lhes proíbe muitos assuntos belos".[29]

No sétimo volume da *Encyclopédie* (1757) apareceu um artigo sobre a cidade de Genebra, escrito por d'Alembert (1717-1783), que veio a ser um dos mais controversos nessa obra altamente controversa. Além de observações sobre as crenças religiosas da cidade, que de modo algum estavam em consonância com as perfilhadas pela maioria das autoridades locais, havia uma passagem (provavelmente sugerida por Voltaire) na qual se afirmava que Genebra se equivocara ao proscrever o teatro para proteger a juventude. Se os atores eram frequentemente imorais, dizia d'Alembert, a culpa cabia à sociedade por condená-los ao ostracismo. Se Genebra aceitasse os atores e as peças e os regulamentasse sabiamente, poderia estabelecer uma escola de virtude para toda a Europa.

Jean-Jacques Rousseau (1712-1778), então residindo em Genebra e inquieto com a crescente influência de Voltaire e com as ideias mundanas parisienses nessa (segundo Rousseau) comunidade ainda intacta, viu-se instigado a replicar a semelhante proposta. Sua primeira obra importante publicada, a *Lettre à M. d'Alembert* [Carta ao Sr. d'Alembert] (1758), lançou Rousseau no papel de um Platão moderno defendendo uma república calvinista contra a corrupção. De fato, num ensaio acrescentado, *De l'imitation théâtrale* [Da imitação teatral], Rousseau apela diretamente a Platão, desenvolvendo comentários tirados do segundo livro das *Leis* e décimo da *República*.

A *Lettre* é, ela própria, um longo ensaio, explorando uma esfera tão ampla dos interesses de Rousseau que foi chamada de sua própria enciclopédia. No entanto, o teatro serve como tema unificador, especialmente no tocante aos seus efeitos sobre as plateias. Não se pode falar de divertimentos públicos como bons ou maus em si mesmos, diz Rousseau, já que o homem é tão modificado pela religião, governo, leis, costumes, predisposições e clima que não cabe perguntar o que é bom para os homens em geral, mas apenas "o que é bom numa dada época e num dado país em particular".[30] Para a sua Genebra, pelo menos, Rousseau não vê no teatro nenhum benefício, mas muito prejuízo. Nega que a instrução seja seu objetivo maior; não, ele existe basicamente para divertir e deve assim conformar-se à opinião pública e adulá-la. Ele "fortalece o caráter nacional, aumenta as inclinações naturais e dá nova energia a todas as paixões". Quando muito, portanto, o teatro poderia incentivar os que já são virtuosos, mas iria similarmente estimular os que são inclinados ao vício. Rousseau nega inteiramente a doutrina da catarse, insistindo em que o despertar das emoções não pode de modo algum remover essas mesmas emoções. "O único instrumento capaz de purgá-las é a razão, e eu já disse que a razão não tem nenhum efeito no teatro."[31] De fato, se quisermos aprender a amar a virtude e a odiar o vício, os melhores mestres são a razão e a natureza. O teatro não é necessário para ensinar isso, mesmo que fosse capaz de fazê-lo.

Pode ser que o teatro, apelando para a benevolência natural do homem, desperte uma sombra de bondade, mas esta permanece uma sombra, já que ali as convenções do drama removem inevitavelmente a experiência da aplicação à vida diária. Mesmo Molière, a quem Rousseau considera o maior dos autores cômicos, procura primariamente "ridicularizar a bondade e a simplicidade e concentrar nosso interesse nos personagens que empregam artimanhas e mentiras".[32] (Um bom exemplo de personagem virtuoso ridicularizado é Alceste em *O misantropo*, por quem Rousseau sente profunda simpatia.) E tanto a tragédia como a comédia tornaram-se mais e mais decadentes desde Molière, sobretudo graças ao desenvolvimento dos interesses amorosos, que Rousseau, repetindo Pascal,[33] considera terem a mais fatal influência sobre a moralidade. Se o amor é apresentado eficazmente, a peça nos seduz pelas paixões superiores da virtude e do dever; se ineficazmente, a peça é má. Além disso, colocar a ênfase no amor força o drama a favorecer a juventude em detrimento da velhice e o sentimento (preocupação das mulheres) em detrimento da virtude (preocupação dos homens) – ambos, inversões da ordem natural.

Passando das peças ao palco e aos artistas, Rousseau desenvolve a seu jeito muitos dos argumentos tradicionais dos moralistas cristãos, começando com exemplos tirados dos primeiros Padres da Igreja. O ator, ao praticar a arte de mentir e de apresentar-se sob falsas aparências, é inevitavelmente corrupto, enquanto as mulheres, ao negar sua modéstia natural, também o são particularmente. Se não existe perigo de corrupção, pergunta Rousseau, por que d'Alembert sugere que se use uma regulação sábia? Genebra já tem a única regulação segura: a proibição total dos atores. Se a proibição fosse relaxada, uma regulação menor seria difícil de passar ou de se impor. A vida social da cidade, ora consistindo em prazeres simples, inocentes e virtuosos entre amigos íntimos e família, seria desintegrada por tão atraente entretenimento.

Se algum teatro deve ser introduzido em Genebra, deve ser o teatro adequado a uma pequena república ainda perto da natureza e da virtude natural – espetáculos ao ar livre com dança, ginástica e celebração inocente por toda a população. Nessas sugestões finais, os líderes da Revolução Francesa encontraram a inspiração para os seus grandes festivais. Um século depois, Rolland e outros reviveram de novo na França esse ideal propugnado por Rousseau de um teatro comunal populista totalmente oposto à tradição maior, que tornou a florescer no Proletcult russo e nas teorias teatrais populistas de meados do século XX.

O ataque de Rousseau dificilmente poderia ter chegado em época mais desfavorável para Diderot. Os inimigos do livre pensamento expresso na *Encyclopédie* estavam aumentando seu poder e já tinham usado o malfadado artigo de Genebra para levantar questões sobre a censura. A defecção de Rousseau, ex--colaborador do projeto de Diderot, foi um novo e sério golpe. D'Alembert logo se retirou, e no começo de 1759 a *Encyclopédie* foi suprimida por decreto régio.

Durante esse turbulento período, Diderot começou a desenvolver um novo interesse: a dramaturgia. Produziu duas obras de notável originalidade acompanhadas de ensaios sumamente significativos, *Le fils naturel* [*O filho natural*] (1757) *e Le père de famille* [*O pai de família*] (1758), que sugerem reformas no teatro muito mais revolucionárias do que qualquer uma das trombeteadas por Voltaire. Diderot considerava as suas reformas, uma vez articuladas, tão evidentemente necessárias que deveriam alcançar aceitação imediata, mas o antagonismo provocado pela controvérsia em torno da *Encyclopédie* e do ensaio de Rousseau tornou esse sonho uma vã quimera. O impacto último de suas ideias foi enorme, mas o efeito imediato sobre o teatro e o drama de sua própria época revelou-se insignificante.

O germe das subsequentes teorias dramáticas de Diderot pode ser encontrado em seu romance um tanto licencioso *Les bijoux indiscrets* [*As joias indiscretas*] (1748), que dedicou dois capítulos (34 e 35) a observações sobre o teatro. Aqui o prazer prevalece sobre as regras e afirma-se que a fonte dele é a ilusão da realidade. Apesar de termos consciência de estar sempre num teatro, a representação mais próxima da natureza nos agradará mais. O teatro moderno, contudo, diminui constantemente esse prazer pelos "exageros dos atores, seu vestuário bizarro, a extravagância de seus gestos, sua peculiar fala rimada e rítmica e mil outras dissonâncias".[34]

O interesse de Diderot num maior realismo permeia os *Entretiens* [*Conversações*] (1757), três diálogos entre "Dorval" e "Eu" que acompanhavam *Le fils naturel*. Estes atacavam quase todos os aspectos do teatro francês coevo como uma ofensa à verossimilhança. O espaço do palco, já demasiado pequeno, é ainda atravancado por espectadores (finalmente removidos por insistência de Voltaire). Os cenários são tradicionais e usados peça após peça; em vez disso, insiste Diderot, deve-se "trazer para o teatro o salão de Clairville [o cenário para *Le fils naturel*] tal como ele é".[35] Diderot apoia as unidades, pelo menos na medida em que elas favorecem a verossimilhança, e permite mudanças de cena ou lapsos de tempo apenas quando ocorrem entre atos, prática que o realismo moderno seguiu fielmente. Em vez do diálogo tradicional, rítmico, rimado e altamente autoconsciente, Diderot preconiza (e usa em sua própria peça) frases truncadas e irregulares copiadas da fala cotidiana. A pantomima, diz ele, deve ser frequentemente desenvolvida no lugar da declamação. Nas cenas de grande emoção, o poeta deve facultar aos atores a liberdade que os compositores dão aos grandes músicos de desenvolver uma passagem segundo sua própria inspiração. O poeta deve reconhecer que, na vida, um homem acometido de paixão "começa muitas ideias mas não conclui nenhuma", e em vez de frases polidas explodirão palavras acompanhadas de "uma série de ruídos fracos e confusos, sons expirantes, acentos abafados que o ator conhece melhor que o poeta".[36]

A tradicional movimentação no palco, diz ele, está tão longe da realidade quanto a fala. Os atores permanecem equidistantes em semicírculos artificiais, nunca ousando "olhar-se face a face, voltar as costas para o espectador, aproximar-se de outro ator, separar-se ou juntar-se". Diderot sugere um movimento fluido, natural, e arranjos casuais sugerindo os agrupamentos na pintura. O *coup de théâtre* [lance teatral] deve ser substituído pelo *tableau* [cena], "um arranjo dos personagens no palco tão natural e verdadeiro que se fosse fielmente executado por um pintor agradaria na tela".[37] Assim, tanto visual quanto auricularmente, esse importante ensaio de Diderot lançou as bases para as práticas composicionais padrão do teatro moderno.

Encarece também a instrução moral em detrimento do prazer como o fim do drama, colocando assim seu argumento mais em harmonia com as maneiras de ver gerais do Iluminismo. Desse modo, ele enfatiza não tanto o prazer dado pela verossimilhança quanto sua eficácia em tal instrução:

> Podes deixar de conceber o efeito produzido sobre ti por um cenário real, trajes realistas, diálogo apropriado à situação, perigos que te fariam tremer por teus parentes,

por teus amigos, por ti mesmo? As catástrofes domésticas da vida diária nos afetarão mais que a morte fabulosa de tiranos ou o sacrifício de crianças a deuses pagãos.[38]

O argumento de que uma peça servirá como um exemplo melhor de virtude se estiver fundada na verossimilhança não era novo na crítica francesa, naturalmente. Como vimos, La Mesnardière e outros mostraram-se muito interessados por esse ponto. Tradicionalmente, contudo, essa linha de argumento tinha sido usada tanto por críticos franceses como italianos para justificar tipos de personagens e de situações tradicionais e esperados. A passagem de Diderot da opinião popular para a realidade observada como base da verossimilhança foi uma mudança significativa na estratégia desse argumento, e sem dúvida está em débito, pelo menos parcialmente, para com os escritores ingleses, em especial Lillo.

O *London Merchant* de Lillo é um dos dois primeiros modelos citados por Diderot para suas próprias experiências, sendo o outro a obra de Terêncio (ele não reconhece a comédia sentimental de La Chaussée, outro possível precursor). Moralidade e verossimilhança seriam mais bem servidas, sugere Diderot, por um novo gênero a meio caminho entre a comédia e a tragédia, o *genre sérieux* [gênero sério], que pintaria as paixões e circunstâncias da vida doméstica diária. O novo gênero requereria também novos assuntos: suas peças se baseariam, não nas peculiaridades de um personagem individual, mas em papéis sociais e familiais – as preocupações da nova classe média. O homem de negócios, o político, o cidadão, o administrador público, o marido, o irmão ou a irmã e o pai de família poderiam agora servir como centro de um drama.[39]

E de fato Diderot empregou o último personagem sugerido em seu drama seguinte, *Le père de famille* (1758), que apareceu com um "Discours sur la poésie dramatique" ["Discurso sobre a poesia dramática"]. Nesta peça se propõe um sistema mais formal de gêneros, criando uma espécie de espectro: num extremo, a comédia tradicional ou alegre, "cujo objeto é o ridículo e o vício"; depois, a *comédie sérieuse,* da qual *Le père de famille* é um exemplo e "cujo objeto é a virtude e os deveres do homem"; em seguida, o *genre sérieux*, agora chamado *drame*, "cujo objeto são as nossas atribulações domésticas"; e, finalmente, a tragédia tradicional, "cujo objeto são as catástrofes públicas e os infortúnios dos grandes".[40]

Capítulos sucessivos compõem uma espécie de manual da dramaturgia (a primeira grande tentativa nesse sentido desde D'Aubignac): como delinear um plano, arranjar incidentes, manejar a exposição, desenvolver personagens, estruturar atos e cenas. O suposto autor é exortado a dar particular atenção à tão negligenciada questão da pantomima, sem a qual "ele será incapaz de começar, conduzir ou terminar a sua cena com verossimilhança".[41] Figurinos e cenário devem ser simples, naturais, feitos cuidadosamente e adequados aos requisitos específicos da peça.

Uma seção-chave desse ensaio, dedicada às "maneiras", repete a convicção de Diderot quanto à utilidade moral do drama, com particular atenção à refutação de Rousseau. Todas as condições dos homens e toda instrução pública podem ser atacadas por seus abusos da mesma forma que Rousseau ataca os atores e o drama, insiste Diderot. Em vez de se concentrar nos erros do passado, dever-se-ia considerar as possibilidades do futuro. Qualquer povo "que tenha preconceitos a destruir, vícios a extirpar, loucuras a expor" tem necessidade do drama, e qualquer governo o verá como um meio eficaz de "preparar para uma mudança na lei ou a extinção de um costume".[42] Diderot aceita o pressuposto de Rousseau da bondade básica do homem, mas por essa mesma razão sustenta que o teatro, ao retratar as ações virtuosas, pode tirar o pecador do caminho em que se extraviou.

> O auditório do teatro é o único lugar onde as lágrimas do homem virtuoso e as do pecador se misturam. Ali o pecador sente-se pouco à vontade com a injustiça que cometeu, sente pesar pelos males que praticou e se indigna com o homem de seu próprio tipo.[43]

Desse modo ele se retira do teatro mais disposto a fazer o bem do que se um rígido e severo orador o tivesse condenado. Por essa razão os filósofos não devem se opor aos artistas imitativos, mas encorajá-los a usar os dons do céu para expressar o amor à virtude e o ódio ao vício.

Esse apelo à razão e à bondade natural estava em harmonia com grande parte dos escritos intelectuais da época, mas obviamente não aliviou as suspeitas dos conservadores religiosos, que desconfiavam quase tanto do humanista ético quanto do drama. Um importante porta-voz dessa posição foi Jean-Gresset (1709-1777), ex-poeta e dramaturgo cujas primeiras obras, em filosofia se não na técnica, estavam próximas das de Diderot. Em 1749, porém, Gresset publicou uma carta anunciando sua renúncia ao teatro por motivos religiosos e, em 1759, em resposta aos motejos de Voltaire e outros, produziu "Lettre sur la comédie" ["Carta sobre a comédia"], ensaio amplamente lido que refutava a chamada "utilidade moral" do drama com um argumento sofista. Declarava ele:

> Hoje vejo claramente que as leis sagradas da religião e as máximas da moralidade profana, o santuário e o teatro, são absolutamente irreconciliáveis; e todos os argumentos de opinião, *bienséance* e virtude puramente humana reunidos em favor da arte dramática nunca mereceram, nem jamais merecerão, a aprovação da Igreja.[44]

Os ataques de ex-defensores como Rousseau e Gresset foram particularmente danosos a Diderot e sua causa, mas ele perseverou em face da oposição contínua. O trabalho na *Encyclopédie*, embora o projeto estivesse proibido, prosseguiu clandestinamente; suas peças, conquanto não produzidas, foram publicadas e amplamente lidas; e após 1760, suas fortunas deram uma virada para melhor. *Le père de famille* foi encenado em 1761 (embora *Le fils naturel* tivesse de esperar mais uma década) e os longamente protelados volumes finais da *Encyclopédie* foram publicados em 1765-1766, com uma oposição comparativamente fraca.

Esses volumes finais contêm novas discussões sobre o drama, sempre basicamente por Marmontel. O verbete sobre a tragédia é o mais extenso, incluindo tanto uma história como uma análise do gênero. Aristóteles e Corneille são mencionados como os "dois guias famosos", mas as observações de Corneille são citadas com a advertência de que foram escritas em parte como justificativa de sua própria prática. A tragédia é definida como a representação de uma ação heroica calculada para despertar a piedade e o terror (a admiração, diz Marmontel, é mais uma preocupação da epopeia). Deve inspirar "o ódio ao vício e o amor à virtude" e também "purificar as paixões que são viciosas e prejudiciais à sociedade".[45] Os antigos tendiam a mostrar seus heróis sofrendo em virtude de causas externas, ou destino, enquanto os modernos tendem a mostrar o sofrimento resultante de causas internas, ou paixões. A intimidade do teatro moderno reforça esta última tendência, mas ainda assim os poetas devem resistir a levar a intimidade longe demais, criando heróis muito perto de nós ou permitindo que interesses românticos predominem na tragédia. Tais práticas, das quais mesmo Racine era culpado, reduzem a veneração pelos heróis trágicos, que é essencial ao poder do gênero. Surpreendentemente, nada se diz do novo gênero do próprio Diderot, o *drame;* só uma breve notícia no verbete *"Tragique bourgeois"* ["Trágico burguês"] reconhece o poder emocional na pintura dos sofrimentos de pessoas como nós mesmos, mas nega a tais representações o título de tragédia, porquanto lhes falta a dignidade e a grandeza próprias para inspirar a piedade e o terror requeridas pela verdadeira tragédia.

Essa desvalorização do *drame* por comparação com a tragédia tradicional, embora comum entre os críticos conservadores dos anos 1760, foi calorosa e espirituosamente atacada por Beaumarchais (1732-1799). No "Essai sur le genre sérieux" ["Ensaio sobre o gênero sério"], que prefaciou seu drama *Eugênia* (1767), citando Diderot como sua inspiração, Beaumarchais define uma peça como "a pintura fiel das ações humanas" que busca suscitar as emoções dos homens e melhorar a sua moral, e esses dois propósitos são mais bem alcançados pelo novo drama do que pelas formas tradicionais. "É objetivo essencial do drama sério, outras coisas sendo iguais, oferecer um interesse mais poderoso e uma moralidade mais relevante do que a da tragédia heroica e mais profunda do que a da comédia chistosa."[46] A tragédia clássica, mostrando a obra do destino, só nos ensina o fatalismo e a resignação. Se ela nos afeta, isso não ocorre por causa de seu distanciamento e grandeza, mas, ao contrário porque – apesar desses aspectos – reconhecemos um vínculo entre seus heróis e nós próprios. Em outras palavras, a tragédia nos afeta "apenas na medida em que se aproxima do drama sério, mostrando-nos homens e não reis".[47] As regras tradicionais não reconhecem o drama sério, mas as regras jamais produziram a grande arte; elas próprias são derivadas de obras de gênio originais produzidas não pela norma, mas pela inspiração. Os maiores poetas sempre as ignoraram, buscaram o novo e alargaram as fronteiras da arte.

Obviamente, há mais que um vestígio de romantismo nesse notável pequeno ensaio, conquanto Beaumarchais se empenhe em moderar suas asserções mais radicais e em abster-se de ataques diretos aos pilares do neoclassicismo francês. Tamanha contenção não é encontrada nos escritos subsequentes de Louis--Sébastien Mercier (1740-1814), indiscutível precursor de Hugo e Stendhal, que pagou por essa presciência o preço de ser ignorado por seus contemporâneos. Espalhada por seus numerosos prefácios e artigos, e desenvolvida com mais minúcia em *Du théâtre* [*Do teatro*] (1773) e *De la littérature et des littératures* [*Da literatura e das literaturas*] (1778), é uma poética baseada nas ideias de Diderot, porém muito mais radical. Mercier vê o inteiro desenvolvimento do teatro francês desde o final do século XVI como desencaminhado, corrompido por deferência ao arbitrário e à tola regulação. Escolhe Boileau e Racine para seu ataque particular, como os líderes de uma literatura totalmente alienada da realidade. A visão do teatro de Mercier, como a de Diderot e Beaumarchais, é a de um melhoramento social e moral, e como estes ele insiste em que tal fim pode ser mais bem realizado pelo drama seguindo-se fielmente a realidade observada. Shakespeare, e não Racine, é quem fornece o melhor exemplo; em *Tableau de Paris* [*Quadro de Paris*] (1788), Mercier aconselha:

> Leia Shakespeare, não para copiá-lo, mas para imergir em sua grande e descontraída maneira, simples, natural, forte, eloquente; estude-o como o fiel intérprete da natureza, e logo compreenderá que todas essas tragediazinhas uniformes e constipadas, desprovidas de ação ou de desígnio real, só nos oferecem uma execrável aridez.[48]

É significativo que Mercier se acautele contra a mera substituição de Racine por Shakespeare como modelo. Como os românticos, ele condena toda imitação, e uma das lições a serem aprendidas de Shakespeare é precisamente que todo artista deve desenvolver "seu estilo próprio, único e claramente definido";[49] de fato, "é essencial que cada obra tenha sua própria organização particular e individual".[50] Das unidades tradicionais, Mercier conservaria apenas a unidade de ação, interpretada de um modo próximo ao da unidade orgânica dos românticos alemães. Os gêneros tradicionais também são incompatíveis com a visão de Mercier de cada obra como única. Numa passagem que sugere Hugo, não só no conteúdo mas no estilo bombástico, ele brada:

> Caiam, caiam, ó muros que separam os gêneros! Que a visão do poeta circunvague livremente o campo aberto e que seu gênio nunca mais se sinta trancado em celas onde a arte é circunscrita e apequenada.[51]

O interesse de Mercier no drama como reflexo da vida diária levou-o muito mais longe do que Diderot rumo à democratização do teatro: ele estendeu ao proletariado a séria atenção que Diderot dedicara à burguesia. No prefácio a *La brouette du vinaigrier* [*O carrinho do vinagreiro*] (1775), chamou o dramaturgo de "um pintor universal. Cada pormenor da vida humana é igualmente seu objeto. O manto real ou a blusa do trabalhador são igualmente motivos para o seu pincel".[52] Tais declarações antecipam o interesse dos naturalistas, um século depois, em expandir o assunto do drama sério. O interesse democrático de Mercier é evidente também em sua tentativa de estimular as virtudes republicanas e de unir todas as classes no fervor patriótico por meio de um drama histórico. A verdadeira tragédia, diz ele, deve retornar à prática do drama grego, que apelava para todas as classes, mostrava ao povo seus verdadeiros interesses e despertava um patriotismo esclarecido e o amor à pátria.[53]

As tentativas do próprio Mercier nesse teatro, suas *"pièces nationales"*, não foram especialmente bem-sucedidas, mas tanto na teoria como na prática ele forneceu um vínculo crucial entre as manifestações patrióticas que Rousseau considerava talvez a única forma de espetáculo adequado à sua república e os cortejos e dramas da Revolução. No "Discours préliminaire" ["Discurso preliminar"] ao *Charles* IX (1789), de Marie-Joseph Chénier (1764-1811), a mais importante peça histórica da Revolução, há uma interessante mistura de Mercier e das ideias setecentistas tradicionais. O "fim da tragédia", diz o autor,

> é comover os corações dos homens, suscitar lágrimas de piedade ou admiração e por meio de tudo isso inculcar neles as verdades importantes, inspirar-lhes ódio à tirania e à superstição, horror ao crime, amor à virtude e à liberdade, respeito às leis e à moralidade, que é a religião universal.[54]

O desenvolvimento da teoria da representação, na França como na Inglaterra, tornou-se uma preocupação crítica corrente durante o século XVIII Um trabalho pioneiro é "Pensées sur la declamation" ["Pensamentos sobre a declamação"] (1738) de Luigi Riccoboni (1676-1753), que condena o estilo interpretativo francês contemporâneo (incluindo tanto o gesto como a fala) como estudado e artificial. Antes de considerar as questões de projeção e estilo, diz ele, os atores devem procurar captar os "tons da alma", por demais variados e complexos para serem aprendidos mecanicamente. Só "sentindo o que se diz" pode um ator alcançar esses tons e, portanto, o principal objetivo do teatro, que é "dar ilusão aos espectadores".[55] O próprio filho de Luigi, Antonio Francesco Riccoboni (1707-1772), discorda dessa teoria em seu breve *L'art du théâtre à Madame* XXX [*A arte do teatro à senhora XXX*] (1750). Segundo o jovem Riccoboni, o ator que realmente sentisse as emoções de sua parte seria incapaz de atuar. Deve ter por objetivo antes o de compreender cabalmente as reações naturais dos outros e imitá-los no palco mediante o total controle de sua expressão.[56] Em forma breve, essa é a ideia que seria mais plenamente desenvolvida por Diderot nos célebres *Paradoxos* subsequentes.

Um tratado mais extenso sobre a representação, geralmente respaldando a opinião do velho Riccoboni, apareceu em 1749: *Le comédien* [*O ator*], de Pierre Rémond de Sainte-Albine (1699-1778). Tal como o quase contemporâneo ensaio de Foote, ele procura impor ordem a uma arte antes escassamente considerada, mas seu ensaio trata do assunto com muito mais extensão e profundidade. Começa com uma consideração dos dons emocionais do ator – finura de espírito, sentimento e entusiasmo. Os melhores atores serão mais bem aquinhoados com esses dons, e os que dizem que um ator pode ser demasiado emocional confundiram a verdadeira emoção com a imitação empolada do sentimento profundo. Nem todos os atores possuem esses dons em igual medida, mas é essencial para os atores em cada tipo de papel possuí-los na proporção própria para esse tipo: os que nos querem fazer rir devem ter o dom da jovialidade e da finura de espírito; os que interpretam heróis devem ter almas elevadas; os que procuram estimular as lágrimas devem ter eles próprios sentimentos ardentes; e os que interpretam amantes devem ser pessoas nascidas para o amor. Tanto as expectativas físicas como as emocionais devem ser satisfeitas. Embora muitos tipos físicos sejam aceitáveis no palco, os heróis devem ter corpos imponentes e os amantes corpos atrativos; os atores devem levar em conta a idade própria para seus papéis e ter as qualidades vocais naturais adequadas aos seus personagens.

O que Sainte-Albine propõe, em suma, é a aplicação geral da regra horaciana da conveniência nos tipos de personagem à interpretação desses tipos pelos atores. O objetivo, como sempre, é a verossimilhança, e os primeiros 11 capítulos da segunda parte do ensaio tratam dos meios específicos de obter a verdade na representação mediante o gesto, o movimento e a emissão vocal.

Até aqui, a relação entre esse tratado e o neoclassicismo tradicional é clara, mas ao começar o Capítulo 12 Sainte-Albine volta sua atenção para uma questão mais moderna. Distingue entre o espectador mediano e os de "gosto e discernimento", dizendo que tudo o que ele escreveu até ali é necessário para satisfazer ao primeiro, mas que o segundo requer mais:

> Em seu julgamento, há entre a interpretação que é natural e verdadeira e a que é engenhosa e delicada a mesma diferença existente entre o livro de um homem que só tem conhecimento e bom senso e o livro de um homem de gênio. Eles exigem que o ator seja não só um fiel imitador, mas também um criador.[57]

Para isso, os belos artifícios da arte devem ser acrescentados à verdade. A fidelidade à natureza ainda é essencial, mas os melhores atores embelezarão o texto ou lhe corrigirão as deficiências com toques individuais e únicos a fim de acrescentar riqueza, variedade, graça e profundidade à verdade.

O ensaio de Sainte-Albine foi adaptado para leitores ingleses por John Hill com o título *The actor* [*O ator*] (1750, revisado em 1755), que seguia fielmente o original francês mas dava exemplos ingleses. Em 1769, a obra, em forma muito reduzida, foi retraduzida para o francês por Antonio Fabio Sticotti com o título *Garrick ou les acteurs anglais* [*Garrick ou os atores ingleses*]. Essa versão, com cerca de metade da extensão de suas predecessoras, concentra-se mais nas qualidades do ator do que em sua técnica. A maior parte da primeira seção de Hill – como o ator deve ajustar-se ao papel física e emocionalmente – está incluída, mas apenas um breve capítulo permanece do material sobre a fidelidade à natureza e aos recursos embelezadores da arte. Provavelmente isso se deve ao tom moral mais forte da obra de Sticotti. Ele enfatiza a instrução do espectador, que é mais bem realizada quando o ator "acrescenta aos talentos superiores as virtudes do homem honesto e as qualidades do cidadão útil".[58]

Diderot, solicitado a revisar o ensaio de Sticotti para a *Correspondance littéraire* [*Correspondência literária*] em 1770, discordou frontalmente dele e elaborou suas observações no mais famoso tratado sobre a arte de interpretar do século XVIII o *Paradoxe sur le comédien* [*Paradoxo sobre o ator*], escrito por volta de 1773 mas só publicado em 1830. Nos escritos anteriores de Diderot, os comentários ocasionais sobre a arte de interpretar eram geralmente compatíveis com Sticotti e Sainte-Albine, encarecendo a adequabilidade emocional do artista ao papel, assim Dorval, nos *Entretiens*, observa: "Poetas, atores, músicos, pintores, os melhores cantores, os grandes dançarinos, os ternos amantes, o verdadeiro devoto, toda essa companhia entusiástica e apaixonada sente profundamente e reflete pouco".[59] Durante a década seguinte, porém, as opiniões de Diderot passaram por uma mudança significativa. Sua associação com escultores e pintores, especialmente Chardin, levou-o a dar atenção cada vez maior à maestria técnica da arte, e a visita de Garrick a Paris em 1764 aumentou claramente sua crescente convicção de que o treinamento e a disciplina eram pelo menos tão cruciais para o grande ator quanto o sentimento.

De fato, Diderot chegou a ver os sentimentos simpáticos (*sensibilité*) como a fonte da interpretação medíocre e sua ausência como necessária para o melhor desempenho. Os grandes atores, argumenta ele, não se abandonam ao sentimento mas "imitam tão perfeitamente os sinais exteriores do sentimento que somos iludidos por eles. Seus gritos dolorosos lhes estão anotados na memória, seus gestos de desespero são cuidadosamente ensaiados, eles sabem o momento preciso em que suas lágrimas começarão a fluir".[60] O ator que confia na imaginação simpática atua erraticamente e quando muito produz o efeito da vida, mas não da arte, já que as imagens da paixão no teatro não constituem verdadeiras imagens, mas são acentuadas e idealizadas de acordo com as regras e as convenções da arte. A verdade para os propósitos do palco é a conformidade da ação, da dicção, da expressão e do gesto não à vida, mas a "um tipo ideal inventado pelo poeta e frequentemente realçado pelo ator".[61] Por mais realista que possa afigurar-se no palco, isso nos pareceria falso ou grotesco na rua. A arte é um produto de cuidadoso estudo e preparação, e não da espontaneidade; na verdade, o grande poeta delineará tão claramente os seus personagens que os atores terão apenas de apresentá-los sem serem tentados a acrescentar o que quer que seja deles mesmos para efeito emocional ou de clareza.

Obviamente, na altura do último terço do século XVIII, não só um certo corpo de teoria sobre a arte de interpretar tinha aparecido, como duas posições perfeitamente distintas sobre a arte tinham sido estabelecidas. Uma delas postulava que a interpretação é um processo essencialmente racionalista, um estudo dos meios técnicos para se obter uma representação graciosa da realidade idealizada. A outra encarecia a intuição emocional e a imaginação simpática, requerendo que o ator fosse além da razão para abrir as fontes interiores do sentimento. Evidentemente, essas posições refletiam de maneira geral o conflito contemporâneo na crítica entre os que se voltavam para a tradição clássica enfatizando a razão, as regras e a *bienséance*, e os que antecipavam o romantismo ao defender a inspiração, o gênio e a realidade particularizada. Note-se porém que a posição de Diderot também antecipou certas preocupações românticas. Embora houvesse concordado com Horácio e Quintiliano sobre a validade das regras e das técnicas, rejeitava totalmente a sua exigência de empatia, aproximando-se muito da desprendida "ironia romântica" do artista, que apareceu no romantismo alemão.

A oposição sobre a questão do envolvimento na interpretação não se confinava de modo algum aos críticos e teóricos. Os grandes atores da França aderiram ao debate com forte defesa de um ou outro lado. Hyppolite Clairon (1723-1803), cuja habilidade Diderot elogiava calorosamente, estava em completo acordo com suas ideias sobre a arte de interpretar. Em suas *Mémoires* [Memórias] (1798), ela descartou como tola a ideia de aplicar seus próprios sentimentos e emoções aos diversos personagens que representava. A arte, e não a simpatia, era a chave para os seus papéis: "Se alguma vez pareci personificá-los numa maneira puramente natural, foi porque os meus estudos, ajudados por alguns dons afortunados que eu possa ter recebido da natureza, me levaram à perfeição na arte".[62] A maior rival de Clairon, Marie-Françoise Dumesnil (1713-1803), respondeu em suas próprias *Mémoires* (1800) que Clairon estava descrevendo uma arte do drama, mas não do teatro; da recitação, mas não da criação. Refutando Clairon seção após seção, Dumesnil afirmava que, conquanto sua rival pudesse conquistar a admiração por sua técnica apurada, jamais conseguiria levar uma plateia às lágrimas; faltava-lhe o que Dumesnil considerava o requisito básico para o ator trágico – "um senso de *pathos*".[63]

NOTAS

1 Alain-René Le Sage, *Oeuvres*, Paris, 1828, 12v., v.1, p.220.

2 Ibidem, v.2, p.508-10.

3 Prosper Jolyot de Crébillon, *Oeuvres*, Paris, 1818, 2v., v.1, p.45.

4 François de Fénelon, *Oeuvres*, Paris, 1822, 10v., v.1, p.178-91.

5 Jean Dubos, *Réflexions critiques*, Paris, 1733, 3v., v.1, p.148.

6 Ibidem, p.13-7.

7 Ibidem, v.3, p.311.

8 Antoine Houdar de La Motte, *Oeuvres*, Paris, 1753-1754, 10v., v.4, p.182.

9 Ibidem, p.38, 40.

10 Voltaire, *Oeuvres*, Paris, 1877-1885, 52v., v.2, p.52.

11 Antoine Houdar de La Motte, *Oeuvres*, v.4, p.39-91.

12 Ibidem, p.439-40.
13 Voltaire, *Oeuvres*, v.2, p.312-4.
14 Ibidem, p.324.
15 Ibidem, p.542.
16 Ibidem, p.554.
17 Ibidem, v.22, p.456.
18 Ibidem, p.745-50.
19 Ibidem, v.4, p.504.
20 Ibidem, p.505.
21 Nericault Destouches, *Oeuvres*, Paris, 1811, 6v., v.2, p.308.
22 Ibidem, v.5, p.284.
23 Pierre Nivelle de La Chaussée, *Oeuvres*, Paris, 1762, 5v., v.1, p.26.
24 Ibidem, v.5, p.191.
25 Voltaire, *Oeuvres*, v.3, p.443.
26 Ibidem, v.5, p.10.
27 Ibidem, p.411.
28 Denis Diderot et al., *Encyclopédie*, Lausanne, 1779-1782, 36v., v.8, p.552.
29 Ibidem, v.10, p.449.
30 Jean-Jacques Rousseau, *Oeuvres*, Paris, 1823-1826, 25v., v.2, p.21.
31 Ibidem, p.24-6.
32 Ibidem, p.45.
33 Blaise Pascal, *Pensées*, Paris: Edition Variorum, s.d., cap. 24, 40, p.383.
34 Diderot, *Oeuvres completes*, Paris, 1969, 13v., v.1, p.637.
35 Ibidem, v.3, p.150.
36 Ibidem, p.140.
37 Ibidem, p.127-8.
38 Ibidem, p.186.
39 Ibidem, p.191.
40 Ibidem, p.413.
41 Ibidem, p.490.
42 Ibidem, p.480.
43 Ibidem, p.417.
44 Jean Gresset, *Oeuvres*, London, 1765, 2v., v.1, p.330.
45 Diderot, *Encyclopédie*, v.33, p.837.
46 Pierre Augustin Caron de Beaumarchais, *Théâtre complet*, Paris, 1869-1871, 4v., v.1, p.25-6.
47 Ibidem, p.29.
48 Louis-Sébastien Mercier, *Tableau de Paris*, Paris, 1782-1789, 12v., v.4, p.103.
49 Mercier, *Du théâtre*, Amsterdam, 1773, p.330.
50 Mercier, *De la littérature et des littératures*, Yverdon, 1778, p.127.

51 Ibidem, p.105.
52 Mercier, *Théâtre complet*, Amsterdam, 1778, v.3, p.116.
53 Mercier, *Du théâtre*, p.39-40.
54 Marie-Joseph Chénier, *Oeuvres*, Paris, 1824-1826, 5v., v.1, p.152.
55 Luigi Riccoboni, *Réflexions historiques et critiques sur les différents théâtres de l'Europe*, Paris, 1738, p.31, 34.
56 Antonio Francesco Riccoboni, *L'art du théâtre à Madame XXX*, Paris, 1750, p.73-5.
57 Pierre Rémond e Sainte-Albine, *Le comédien*, Paris, 1749, p.228-9.
58 Antonio Sticotti, *Garrick ou les acteurs anglais*, Paris, 1769, p.3.
59 Diderot, *Oeuvres*, v.3, p.143.
60 Ibidem, v.8, p.640.
61 Ibidem, v.10, p.435.
62 Hyppolite Clairon, *Mémoires*, Paris, 1798, p.30.
63 Marie-Françoise Dumesnil, *Mémoires*, Paris, 1800, p.59.

11

A ALEMANHA ATÉ HEGEL

Somente no período de Gotthold Lessing (1729-1781) é que a Alemanha emergiu de mais de um século de conflito político e religioso e subserviência cultural a outras nações para criar sua própria tradição moderna de literatura e crítica. Lessing contribuiu para ambas, produzindo as primeiras peças alemãs realmente significativas e os primeiros pronunciamentos alemães relevantes sobre a teoria dramática. Não deixou porém de ter predecessores nesse dois campos.

O líder da poética renascentista alemã fora Martin Opitz (1597-1639), fiel seguidor de Aristóteles, Horácio e Escalígero, que tentou, em seu *Buch von der deutschen Poeterey* [*Livro da poética alemã*] (1624), aplicar os preceitos desses críticos, tal como os entendia, à literatura alemã. O *Buch* de Opitz é breve, mal chega às cinquenta páginas, mas foi reimpresso e lido como a poética alemã básica até a época de Lessing. O quinto capítulo considera a comédia e a tragédia, definindo-as essencialmente como o fizeram os neoclássicos na França. A tragédia deve evitar personagens de classe social inferior ou acontecimentos banais, usar linguagem elevada e tratar de tópicos como o assassínio (especialmente de crianças e pais) e a guerra. A comédia deve mostrar as pessoas da classe baixa em situações do dia a dia, usar uma linguagem simples e tratar de tópicos como a ganância, o logro, a frivolidade juvenil e a avareza dos velhos.[1]

No prefácio de sua tradução das *Troianas* de Sêneca (1625), Opitz discute a função da tragédia, que ele chama de "mero espelho estendido aos que baseiam sua atividade ou inatividade apenas na sorte". Demonstrou que os infortúnios de tais pessoas despertam em nós lágrimas de compaixão e nos ensinam tanto a desenvolver a precaução e a sabedoria em nossas vidas quanto a suportar o sofrimento com mais força e menos medo.[2]

As teorias de Opitz foram posteriormente desenvolvidas nas peças e prefácios de Andreas Gryphius (1616-1664), o maior dramaturgo alemão do século XVII Como Opitz, Gryphius via como função da tragédia um ensinamento de estoica resignação perante as obras do destino. "Nesta tragédia e nas que se seguem", declarou ele no prefácio a *Leo Armenius* (1646), "tentei representar a fragilidade de todas as coisas humanas".[3] Ressaltou também que a obra é estritamente fiel às regras: seu tempo, por exemplo, vai do meio-dia até antes do amanhecer do dia seguinte.

Essa postura fortemente neoclássica, que remonta a Escalígero e Heinsius, foi desafiada após a morte de Opitz por Georg Philipp Harsdoerfer (1607-1658), que produziu uma poética muito mais minuciosa do que a de Opitz em seu *Poetischer Trichter* [*Funil poético*] (1648), curiosa mistura de ideias neoclássicas e da liberdade existente nos dramas da Renascença inglesa e espanhola. Harsdoerfer rejeitou a interpretação estoica da tragédia de Opitz em favor de um didatismo moral mais em harmonia com o pensamento neoclássico contemporâneo da França e da Inglaterra. Definiu a tragédia como "a nobre e séria apresentação de uma história triste de temas pesados, levando os espectadores ao assombro e à piedade, não apenas por palavras mas também por representações realistas do infortúnio".[4] "O assombro" sugere a "admiração" de Corneille ou dos críticos holandeses, porém Harsdoerfer o define de tal modo que o torna, na verdade, uma elaboração do medo. Há dois tipos de assombro, o que "dá calafrios ao espectador" ao mostrar coisas como "torturas terríveis e crueldades atrozes" e o que "desperta o medo pelo espetáculo de um grande personagem em perigo". As emoções trágicas não são despertadas, como sugeriram Opitz e Gryphius, para ensinar a resistência, mas para serem purgadas, e o modo por que isso se efetua é a justiça poética. O herói trágico é "um modelo de todas as virtudes" que sofre grandemente durante a peça, mas é recompensado no final. Como é sumamente agradável "ver um personagem no fim da peça numa situação totalmente diversa da do começo", a tragédia deve mostrar a "inocência oprimida e o vício triunfante, tudo mudado em prazer no desfecho".[5] A finalidade da tragédia não é a resignação, mas o restabelecimento da justiça no mundo da peça e a harmonia na alma do espectador. Qualquer meio que conduza a esse fim é permissível, segundo Harsdoerfer, mesmo a mistura do cômico com o sério e a total rejeição das unidades.

As tragédias históricas de Daniel Casper von Lohenstein (1635-1683) refletem muitas das ideias de Harsdoerfer, mas o tipo de libertação das coerções clássicas que ele aprovava era mais radicalmente demonstrado nas populares *Haupt- und Staatsaktionen* [*Peças de chefe e Estado*] do mesmo período. Essas representações largamente improvisadas combinavam eventos em ambientes requintados com as momices de Hanswurst, o bobo tradicional; levavam a mistura de estilos e a liberdade de forma a um extremo que estava além da tolerância da maioria dos teóricos.

Com efeito, o primeiro crítico influente do século XVIII reagiu a essas liberdades desenvolvendo um sistema de rigidez absoluta. Esse crítico foi Johann

Christoph Gottsched (1700-1766), professor de poesia na Universidade de Leipzig e líder do racionalismo setecentista na teoria dramática alemã. Duas preocupações dominavam os escritos de Gottsched: a insistência na função moral do drama e a exigência da virtual identidade entre realidade dramática e empírica. A abordagem mecânica dessa estética está bem ilustrada no que é, provavelmente, a mais conhecida passagem de sua volumosa obra, uma receita virtual para a dramaturgia no quarto capítulo de seu *Versuch einer critischen Dichtkunst* [*Em busca de uma arte poética crítica*] (1730):

> Primeiro selecione uma lição moral instrutiva que formará a base de todo o enredo de acordo com os objetivos que desejar atingir. Depois estabeleça as circunstâncias gerais de uma ação que ilustre com toda a clareza essa instrução escolhida ... Em seguida determine que efeito deseja alcançar com essa criação: tenciona fazer dela uma fábula, uma comédia, uma tragédia ou uma epopeia? Tudo irá influenciar os nomes dados aos personagens que nela aparecerão. Uma fábula usará nomes de animais ... Se quer fazer uma comédia ... os personagens deverão ser cidadãos, porquanto heróis e príncipes pertencem à tragédia. Quem faz o mal deve no final da peça ser objeto de desprezo e riso.[6]

Gottsched é tão rígido quanto Castelvetro ou Dacier nas unidades de tempo e lugar, e pela mesma razão – sua contribuição para a verossimilhança. Os melhores enredos são aqueles em que o tempo teatral e o tempo real coincidem exatamente, e oito ou dez horas são o máximo absoluto permitido para um enredo verossímil. Além do mais, essas horas devem decorrer durante o dia, e não à noite, visto que os personagens precisam dormir. Assim, um enredo "deve começar por volta do meio-dia e durar até a noite, ou começar de manhã e terminar à tarde".[7] De maneira análoga, "o espectador permanece sentado em um lugar; segue-se, pois, necessariamente que as pessoas que estão representando devem todas permanecer também num só lugar".[8] Ademais, esse não será o tipo de espaço neutro favorecido por Racine; o cenário tem de ser tão verdadeiro para a realidade histórica quanto possível.

Fala e ação devem igualmente seguir a realidade observada, e com base nisso Gottsched opõe monólogos, apartes e outros floreios retóricos. Tão preocupado ficou ele com a questão da verossimilhança que em 1851, num ensaio intitulado "Ob man in theatralischen Gedichten allezeit die Tugend als belohnt und das Laster als bestraft vorstellen muss" ["Se nas obras dramáticas se deve sempre mostrar a virtude triunfante e o vício punido"], propôs que mesmo a justiça poética deve ser posta de lado se não se puder compatibilizá-la com a ilusão da realidade. Nesse ponto Gottsched pareceu encaminhar-se na direção dos naturalistas do final do século XIX, mas em vários aspectos significativos ele permaneceu comprometido com o artifício tradicional. A despeito de sua rejeição dos apartes e monólogos, achava que a tragédia deve conservar a forma dos versos alexandrinos e a linguagem formal, estilizada, a ela associada. Permaneceu também firmemente neoclássico no tocante ao personagem dramático, insistindo em que os personagens devem permanecer fiéis aos tipos tradicionais gerais e sua fala não conter nada de vulgar ou idiossincrático.

Uma clara alternativa para as teorias de Gottsched foi apresentada por seu discípulo Elias Schlegel (1719-1749) cujos extensos escritos sobre teatro incluem a primeira apreciação de Shakespeare a aparecer na Alemanha, o *Vergleichung Shakespeare und Andreas Gryphius* [Confronto entre Shakespeare e Andreas Gryphius] (1741). O projeto de Frederico V de estabelecer um novo teatro em Copenhague inspirou os dois principais escritos de Schlegel sobre o drama, sumamente influentes tanto para os teóricos quanto para os profissionais do teatro: o *Schreiben von Errichtung eines Theaters in Kopenhagen* [Carta sobre o estabelecimento de um teatro em Copenhague] (1746), sobre a gestão prática do teatro, e o *Gedanken zur Aufnahme des dänischen Theaters* [Reflexões sobre a compreensão do teatro dinamarquês] (1746), sobre a teoria e o repertório dramáticos. Os pontos em que Schlegel discorda de Gottsched aparecem no começo desta última obra. Nenhum crítico do século XVIII poderia rejeitar inteiramente o propósito moral da poesia, mas Schlegel, diferentemente de Gottsched, sempre o coloca numa posição claramente subordinada. "Uma peça na qual muita arte foi esbanjada, mas que carece da arte de agradar, pertence ao estudo e não ao palco", observa ele. "Por outro lado, uma peça que atende apenas a essa finalidade principal tem o direito de ser desfrutada unicamente nessa base, mesmo pelas pessoas de bom gosto e saber".[9]

A ênfase no prazer e não na instrução moral afastou Schlegel da preocupação com a verossimilhança que ressalta nos escritos de Gottsched, no sentido de privilegiar a imaginação e os aspectos do drama que o tornam *diferente* da natureza. Toda arte tem suas próprias convenções, diz Schlegel, mediante as quais o artista concentra e torna mais eficaz a sua matéria-prima. A unidade de lugar, por exemplo, é útil não porque "o espectador permanece sentado em sua cadeira e a peça se limita a um só lugar" (como asseverava Gottsched), mas porque concentra o foco: "Quando se observam as unidades de tempo e lugar, o espectador pode dar atenção integral ao enredo, aos personagens e às emoções".[10] Para Schlegel, a probabilidade no drama depende não da semelhança do mundo do teatro com a experiência externa, mas da coerência e verossimilhança interna do enredo, ideia muito mais próxima de Aristóteles, e portanto da teoria romântica subsequente, do que de Gottsched e do neoclassicismo: "Os eventos têm verossimilhança se as causas de que eles brotam se tornam claras".[11] Ainda aqui há certa ênfase na arte em detrimento da natureza, já que uma das preocupações do artista é clarificar causa e efeito.

Schlegel está também muito mais disposto do que Gottsched a afastar-se dos tipos genéricos tradicionais. Considerando pragmaticamente o exercício teatral contemporâneo, ele propõe um espectro de tipos dramáticos semelhante ao desenvolvido por Diderot, baseado no efeito procurado e no tipo de personagem retratado. Primeiro, vinham as tragédias tradicionais, com enredos envolvendo caracteres superiores que visam despertar as paixões e, depois, quatro tipos de drama classificados todos como comédias: enredos envolvendo personagens inferiores, que procuram despertar o riso (comédia tradicional); enredos envolvendo personagens inferiores, que procuram despertar as paixões (drame de Diderot); e enredos envolvendo tanto caracteres superiores quanto inferiores, ou personagens "mesclados", que procuram despertar alguns risos e algumas paixões.[12]

O dramaturgo Christian Furchtegott Gellert (1715-1769), que ocupou a cátedra de poesia em Leipzig depois de Gottsched, modificou o enfoque racionalista deste último. Embora aceitando o didatismo e o interesse de Gottsched pelos modelos franceses, Gellert buscava inspiração não para a tragédia neoclássica, mas para a *comédie larmoyante*, e afirmava em *Pro Commoedia Commovente* (1751), sua palestra inaugural em Leipzig, que a comédia instruía melhor quando despertava antes a compaixão do que o riso satírico.

Os escritos de Gellert e Schlegel ajudaram a preparar o caminho para o primeiro grande teórico do drama na Alemanha, Gotthold Ephraim Lessing (1729-1781), que assumiu resolutamente a oposição a Gottsched e à veneração do neoclassicismo francês. Sua principal obra na teoria dramática foi a *Hamburgische Dramaturgie* [*Dramaturgia hamburguesa*] (1769), coletânea de cem ensaios que lhe foi encomendada como meio de informar o público sobre as peças oferecidas ao recém-criado Teatro Nacional de Hamburgo. Além de examinar as produções individuais, esses ensaios tratavam amplamente de questões de teoria e técnica dramática; eles forneceram, em sua totalidade, a base crítica para o estabelecimento de um teatro alemão moderno.

No ensaio final da *Dramaturgie*, Lessing reconhece a *Poética* de Aristóteles como sua maior pedra de toque crítica, obra "tão infalível quanto os *Elementos* de Euclides". As obras do teatro clássico francês, diz ele, presumivelmente baseadas em Aristóteles, são com frequência, na verdade, fruto de más interpretações e distorções das ideias do filósofo, restringindo severamente o potencial dos artistas. Os ingleses, em geral imunes às pedantes e equívocas interpretações dos franceses, produziram obras mais vitais e fiéis ao real espírito do teórico grego.

Assim, conquanto a obra de Lessing não seja, como por vezes se tem afirmado, essencialmente um comentário sobre Aristóteles,[13] ele retorna amiúde à *Poética*, não só porque encontrava em Aristóteles um grande número de conceitos úteis para seu próprio sistema crítico, mas também porque reconhecia ser difícil, se não impossível, remover as censuras do neoclassicismo francês às letras alemãs, a não ser desafiando a autoridade original dessas censuras.

A tragédia é, e isso não surpreende, a principal preocupação da *Dramaturgie*, e é no efeito emocional desse gênero que Lessing coloca a ênfase maior. No ensaio 77 ele declara que Aristóteles nunca deu uma definição lógica exata desse gênero, mas quando as qualidades acidentais são removidas de suas observações gerais uma definição razoavelmente precisa emerge, "isto é, que a tragédia é, numa palavra, um poema que suscita a piedade". O medo, segundo Lessing, opera com a piedade no processo da catarse, mas não é um objetivo direto da tragédia. A piedade despertada pelos sofrimentos de pessoas como nós mesmos termina quando a peça termina, e o medo de infortúnios semelhantes vem substituí-la.

"Esse medo nós o levamos conosco, e na medida em que ele ajuda, como ingrediente da piedade, a purificar a piedade, agora a ajuda também a purificar-se como uma paixão de existência independente."[14] Outras emoções podem ainda ser purificadas pela tragédia, mas são emoções subsidiárias. O que se busca é um equilíbrio emocional: a tragédia deve operar para diminuir a piedade e o medo naqueles que têm em excesso essas emoções, e aumentá-las naqueles em quem são escassas. Lessing rejeita especificamente a tentativa de Corneille de incluir a admiração entre as emoções trágicas, considerando-a mais apropriada para a epopeia.

O humanitarismo setecentista, mesmo sentimentalmente, sem dúvida muito contribuiu para a preferência de Lessing pela piedade. Bondade e simpatia estavam intimamente associadas em sua mente, e o processo de despertar a segunda era, portanto, automaticamente, um processo moral. Com base nisso ele foi obrigado a considerar o *Richard der Dritte* [*Ricardo III*] (1759) de Christian Felix Weisse, que serviu de fundamento para sua discussão da tragédia, um malogro: Ricardo, rematado vilão, não podia despertar a piedade necessária para o aprimoramento da moral. Ademais, Lessing admitia que o público hauria prazer da peça e, ao tentar explicar isso, passou significativamente da moral para considerações formais. A peça, dizia, tinha passagens de beleza poética; mais importante ainda, criava uma forte emoção, que ele descrevia em termos que sugeriam a posterior "através da linha de ação" de Stanislavski, que ligava o interesse do público à peça. "Amamos tanto qualquer coisa que tenha um objetivo que isso nos dá um prazer totalmente independente da moralidade do objetivo."[15]

Embora a *Dramaturgie* tenha pouco a dizer diretamente sobre a nova tragédia classe-média que o próprio Lessing contribuiu para estabelecer, a ênfase na identificação simpática com os personagens e ações trágicas aponta claramente nessa direção. O ensaio 59, por exemplo, escarnece dos que consideram "pomposo e trágico" sinônimos. Nas tragédias antigas certa reserva da fala se justificava porque as convenções do drama forçavam os personagens a falar em público diante de um coro inquisitivo, mas nenhuma dessas convenções embaraça os modernos, que devem portanto mostrar homens falando tal como falam de verdade. "O sentimento pode não ter nada a ver com a fala empolada, estudada, pomposa. Ele nem brota do sentimento nem o provoca. O sentimento se manifesta nas palavras e expressões mais simples, mais comuns, mais espontâneas."[16]

Esse interesse na simplicidade e na naturalidade foi reforçado pela leitura de Diderot cujas duas peças e prefácios Lessing traduziu em 1759 e que é extensamente citado na *Dramaturgie*. O breve prefácio do próprio Lessing a *Das Theater des Herrn Diderot* [*O teatro do Il^{mo} Sr. Diderot*] comparava favoravelmente o autor francês a Aristóteles e recomendava os escritos de Diderot como excelente antídoto aos de Gottsched.

Em questões como as unidades ou a separação dos gêneros por tipo de tom ou de personagem, Lessing assume uma posição geralmente flexível. Ele evoca as convenções de unidade requeridas pelo uso do coro (seguindo Castelvetro e D'Aubignac) e não essenciais ao drama. O ensaio sete propõe uma interessante distinção entre comédia e tragédia: ambas lidam com assuntos fora das leis vigentes normais da sociedade, mas a comédia considera aqueles defeitos morais demasiado insignificantes para a sociedade os regular; a tragédia, aqueles eventos grandes demais para a compreensão ou o controle racional. No entanto, Lessing se recusa a restringir a comédia e a tragédia a tais manifestações, observando que "o gênio ri das linhas fronteiriças que a crítica demarca".[17] Num passo posterior (ensaio 70), ele contribui para o fundamento teórico de um moderno conceito de tragicomédia, rejeitando o tipo de crua mistura de reis e bufões encontrada no *Haupt- und Staatsaktionen* [*Peças de chefe e Estado*] em favor de uma interpretação de reações emocionais em que tragédia e comédia estejam ambas presentes, embora "uma não se siga meramente à outra, mas decorra necessariamente dela, quando a seriedade estimula o riso, a tristeza o prazer, ou vice-versa, tão diretamente que não podemos abstrair uma da outra".[18]

Tais observações sugerem uma flexibilidade de abordagem teórica e uma exultação da expressão individual típicas dos românticos, mas a ideia de Lessing de gênio e individualidade é muito mais conservadora. Os gênios são grandes não por causa de sua desconfiança das regras, senão porque são dotados por natureza de uma compreensão inata dessas regras. O gênio, diz o ensaio 96, "tem em si mesmo a prova de todas as regras". Os críticos que gritam que "o gênio está acima de todas as regras" não entendem o que é o gênio. Ele não é oprimido pelas regras; é a mais plena expressão delas.[19] Verdade é que as regulações do classicismo francês são opressivas, mas isso porque muitas delas derivaram não das regras que a natureza dá a cada arte, mas do costume e da convenção.

No prefácio à *Dramaturgie*, Lessing promete considerar a arte do ator tanto quanto a do poeta. É essencial para o crítico teatral "saber distinguir infalivelmente, em todos os casos de satisfação ou insatisfação, o que e quanto delas deve ser atribuído ao poeta ou ao ator. Criticar um pelo que é falta do outro significa injuriar a ambos". Deve-se tomar um cuidado particular na crítica da ação, já que a arte é transitória. Isso impede que ela seja reexaminada, como o pode a obra de um poeta, e torna-a mais vulnerável ao humor passageiro do espectador.[20]

Apesar desse começo promissor, Lessing foi impedido pelos protestos dos atores de Hamburgo de formular qualquer crítica significativa dos trabalhos destes, e depois de se restringir a cautelosas observações nos primeiros 25 ensaios, desistiu da tentativa. Suas observações mais gerais sobre a arte pouco acrescentam às obras-padrão francesas da época. Traduziu a *Art du théâtre* [*Arte do teatro*] de Francesco Riccoboni (*Die Schauspielkunst*) no quarto e último número de um periódico que ele criou para examinar questões de teatro, o *Beiträge zur Historie und Aufnahme des Theaters* [*Contribuições à história e à compreensão do teatro*] (1750). Mais tarde, traduziu parte do ensaio de Sainte-Albine e, como ficou dito, os *Entretiens* de Diderot (conquanto ainda não tivesse conhecimento do até então inédito *Paradoxe*). A partir dessas fontes ele evoluiu para uma posição em que tentava equilibrar técnica e emoção, mas favorecendo antes a primeira: a identificação emocional, embora importante, nunca basta por si só; ainda que um ator deva ser capaz de fornecer uma base emocional adequada para a sua expressão, isto não afetará propriamente o público, a menos que ele seja proficiente nas técnicas básicas da arte que, como as da poesia, devem se fundar em regras gerais, universais e inalteráveis.[21]

A defesa de Shakespeare por Lessing e sua disposição a dar livre curso ao gênio ocasional não afetou seriamente seu compromisso básico com a tradição e os ideais do Iluminismo. O claro rompimento com essa tradição ocorre nos seis anos seguintes; pode-se vê-lo claramente nos escritos de Johann Gottfried Herder (1744-1803) e Johann Georg Hamann (1730-1788). Durante essa geração, a velha querela entre os antigos e os modernos parecia enfim resolvida em favor destes últimos, e o movimento do *Sturm und Drang* lançado por Herder – uma vasta produção, nos anos 1770 e 1780, de obras que encareciam a inspiração e o individualismo – forneceu os principais conceitos críticos para o movimento romântico subsequente e, portanto, para o desenvolvimento da moderna teoria teatral.

Hamann era mais um místico religioso que um crítico, mas preparou o caminho para o muito mais influente Herder com sua rejeição ao neoclássico amor da ordem, conveniência, probabilidade e a ideia de *la belle nature*. Considerava a poesia uma expressão sagrada, primordial, paralela à religião e ao mito, arrebatada pelo gênio diretamente de Deus. Seus comentários sobre o teatro são poucos e oraculares, mas altamente sugestivos. Coisa que não surpreende, em vista de seu fervor religioso, ele invocou as visões extáticas do teatro medieval, mas seu amor a Shakespeare mostrou-se mais estimulante para os contemporâneos. "O que há em Homero que compensa sua ignorância das regras que Aristóteles formulou depois dele, e o que há em Shakespeare que compensa sua ignorância ou infração dessas leis críticas?", perguntava. E respondia: "O gênio é a resposta universal".[22]

Como foi Hamann quem introduziu Herder a Shakespeare, estudando *Hamlet* com ele no original, não espanta que o espírito de Hamann inspire o principal ensaio de Herder, "Shakesper" (1773). Há a mesma exultação mística, a mesma visão extática do poeta como criador quase divino de modelos infinitamente sugestivos. Herder compara a dinâmica de uma peça de Shakespeare à interação das ondas sobre a superfície do oceano:

> As cenas da natureza fluem e refluem; afetam umas às outras por mais díspares que pareçam; operam juntas para criar e destruir, de modo que a visão do criador, que a princípio parecia tê-las arrojado de um modo ébrio, desordenado, possa concretizar-se.[23]

As unidades clássicas são, obviamente, condenadas, mas em vez de encarecer a liberdade do gênio, como fizera Hamann, Herder desenvolve um argumento mais racional, herdado de Lessing, segundo o qual dificilmente se poderia esperar que Shakespeare – escrevendo numa cultura e numa época diferentes – criasse peças da mesma forma que os gregos. As "regras" destes podem ter sido naturais para eles, mas tornam-se artificiais quando transplantadas para outros ambientes, como sucedera na França.

> Sófocles permanecia fiel à Natureza quando criava uma ação num único lugar e num único tempo; Shakespeare só podia permanecer fiel a ela se desenvolvesse seus eventos mundano-históricos e os destinos humanos ao longo de todos os tempos e lugares onde ocorriam.[24]

Naturalmente, Herder também considera o interesse tradicional no gênero irrelevante para Shakespeare, evocando a disparatada lista de tipos dramáticos feita por Polonius e concluindo que nenhuma das peças de Shakespeare era "Tragédia grega, história ou pastoral, nem deveria sê-lo". Cada peça, no sentido mais amplo, pertence a um único gênero, que é a história. Além desta, cada peça tem uma única inspiração unificadora, que Herder chama de sua alma;[25] pode ser derivada das imagens, dos acidentes, das referências e da evocação do cenário físico.

Todas as preocupações de Herder – a nova ideia de natureza, a ênfase no sensual e no metafórico, o relativismo histórico e a busca de um princípio unificador individual em cada obra específica – estão lançando claramente as bases da teoria estética romântica. Johann Wolfgang von Goethe (1749-1832), em sua mocidade, tinha opiniões extremamente semelhantes às de Herder. Numa breve e extática elocução em homenagem ao aniversário de Shakespeare, *Zum Schäkespears Tag* [*A propósito do dia de Shakespeare*] (1771), Goethe comparou sua experiência de ler a primeira peça de Shakespeare à de um cego de nascença que recupera a visão milagrosamente, a um prisioneiro que salta para o ar livre e lança fora os grilhões que o prendiam: "Não hesitei nem por um segundo em renunciar às regras do teatro. A unidade de lugar pareceu-me opressiva qual uma prisão, as unidades de ação e tempo afiguraram-se-me como pesadas cadeias impostas à imaginação". Os franceses, ele os descartou como lamentáveis anões tentando usar a maciça armadura dos gregos, como inconscientes autoparodistas. As criações de Shakespeare, por outro lado, eram "incorporações da natureza", Shakespeare era o "historiador da humanidade". Como Herder, Goethe evitou a exaltação da ausência de forma em si, mas reivindicava para as obras de Shakespeare uma misteriosa unidade interna:

> Seus enredos são, para falar de maneira convencional, não enredos em absoluto, mas suas peças giram todas ao redor de um ponto secreto (que até aqui nenhum filósofo viu e definiu) no qual a característica essencial de seu próprio ego, a alegada liberdade da vontade, se choca com o movimento necessário do todo.[26]

Esse conflito entre o ego e o universo, mencionado tanto por Herder como por Goethe, se tornaria também um dos fundamentos dos críticos românticos em sua busca de um modelo para substituir a descartada estrutura neoclássica.

O herói do *Wilhelm Meisters theatralische Sendung* [*Missão Teatral de Wilhelm Meister*] de Goethe (escrito entre 1777 e 1785) passa por uma conversão a Shakespeare semelhante à do próprio Goethe. Quando ele amontoa elogios sobre Corneille e especialmente sobre Racine, seu colega Jarno exorta-o a ler o dramaturgo inglês. Whilhelm, intrigado pelas informações sobre um autor especializado em "monstruosidades loucas e bizarras, que ultrajam toda *bienséance* e *vraisemblance*", concorda. Tendo lido algumas peças, é tomado de entusiasmo: "Essas peças não são ficções; dir-se-ia que se abrem diante de nós os grandes livros do Destino, enquanto a tempestade mais apaixonada das vidas ruge e se agita de lá para cá nas páginas". Os personagens "pareciam homens naturais e no entanto não o eram"; eram "misteriosas e complexas criações da natureza" cujo trabalho interior só podia ser vislumbrado "como relógios incrustados em cristal".[27]

O primeiro encontro de Wilhelm com Corneille, no livro de Goethe, prefigura o encontro com Shakespeare e leva a uma veemente defesa do neoclassicismo francês: "Tinha lido poucas peças que puseram meu espírito em tumulto como essas e fui tomado do irresistível desejo de escrever no mesmo estilo". Entusiasmo à parte, o jovem Wilhelm dá uma visão equilibrada e sensata de questões enfadonhas como a das unidades. Qualquer regra "extraída da observação da natureza e adequada a um objeto" deve ser aceita, e as três unidades parecem não só "necessárias ao drama, mas um ornamento dele". As unidades têm sido mal usadas, impelindo os críticos a verem o drama de um modo fragmentário, "como dividir um homem em alma, corpo, carne e roupa", mas são essenciais se vistas como partes de um todo orgânico. Na verdade, não nos devemos limitar a três, mas considerar uma dúzia ou mais – incluindo a unidade de maneiras, de tom, de linguagem, de caráter, de figurino, de cenário, de iluminação. "Pois se a palavra unidade significa alguma coisa, que poderia ser essa coisa senão uma totalidade interior, uma harmonia das partes entre si, adequabilidade e verossimilhança?" Nessas condições, a unidade de ação – a mais importante das três – pode significar ou simplicidade de ação ou "hábil e íntima fusão de várias ações".[28] O Goethe tardio, que preconizava um classicismo racional e flexível, parece claramente prefigurado nessa passagem de sua mocidade.

Nos primeiros escritos de Friedrich Schiller (1759-1805), os princípios do neoclassicismo, especialmente os desenvolvidos por Lessing, são muito mais dominantes do que em Goethe. Sob a influência de Shakespeare e do *Götz von Berlichingen* do jovem Goethe, Schiller criou *Die Räuber* [*Os salteadores*] (1781), talvez o mais conhecido exemplo de teatro *Sturm und Drang*. No entanto, quando a obra foi publicada, Schiller acompanhou-a de um prefácio que, com aparente sinceridade, se desculpava por suas deficiências segundo os padrões neoclássicos. Uma das principais diferenças entre classicismo e romantismo era uma mudança foco geral do enredo para o personagem, e Schiller admite que, a fim de "iluminar as almas" dos principais personagens, as unidades tinham sido sacrificadas e mais incidentes incluídos do que Aristóteles permitiria. Mais sério ainda, para retratar seus personagens com honestidade e riqueza, Schiller incluiu "boas com más qualidades", prática que segundo ele pode ser escusada se a peça for apenas lida, mas que corre o risco de ser considerada defesa do vício no palco, onde os públicos são menos ponderados e menos seletos.[29]

A obrigação moral do teatro é muito mais plenamente desenvolvida em "Die Schaubühne als eine moralische Anstalt betrachtet" ["O palco visto como uma instituição moral"] (1784), que expõe as apologias pragmáticas do teatro: sua defesa da virtude e condenação do vício, seu guia para a sabedoria prática e a vida cívica, seu valor para fortalecer o homem diante dos percalços da fortuna, sua pregação da tolerância, sua harmonização do interesse nacional. O ensaio conclui descrevendo uma espécie de apoteose da iluminação teatral, quando "os homens de todas as classes, zonas e condições, libertados dos grilhões da convenção e da moda, se fundirão numa única raça, esquecidos de si mesmos e do mundo na medida em que se aproximam de sua fonte celestial".[30]

Em "Über die tragische Kunst" ["Sobre a arte da tragédia"], outro ensaio da mocidade, Schiller mais uma vez faz eco a Aristóteles e Lessing, definindo a tragédia como uma "imitação poética de uma série coerente de eventos particulares, uma imitação que nos mostra o homem num estado de sofrimento e que visa despertar a nossa piedade".[31] E tece comentários sobre a imitação, a ação, a coerência e a completude em termos essencialmente aristotélicos, repetindo Aristóteles ao caracterizar o herói e ao distinguir a história, que deve ser fiel aos fatos e cujo fim é ensinar da poesia, que segue a "verdade natural" para comover.

A escolha da piedade como emoção central da tragédia não vem, claro está, de Aristóteles, mas de Lessing, que também inspirou a Schiller a ideia do equilíbrio emocional. A piedade não deve ser nem muito fraca (pois então ficamos impassíveis) nem muito forte (pois então também sentimos a dor). Mais eficazes são as situações em que tanto o opressor como o oprimido conquistam a nossa simpatia, o que pode ocorrer quando o opressor age contra sua própria inclinação. Há sempre o perigo de que a simpatia se torne tão intensa a ponto de causar dor, mas Schiller propõe um contrapeso nas "ideias sensoriais, ideias morais", às quais a razão "adere como a uma espécie de suporte espiritual, para corrigir-se e elevar-se das névoas do sensorial a uma atmosfera mais serena". Ele cita as sentenças morais do drama clássico como um tipo de instrumento distanciador que permite produzir com precisão esse efeito. O objetivo é elevar o espírito, acima da piedade ou da compaixão, a uma intuição ou consciência de uma "coerência teleológica de todas as coisas, uma ordem sublime de uma vontade benevolente".[32] Assim, a tragédia leva finalmente ao universo ordenado setecentista e justifica os caminhos de Deus para o homem.

Os anos dos primeiros estudos teóricos de Schiller viram também a publicação das principais obras filosóficas de Immanuel Kant, e embora estas hajam tido pouca coisa a dizer diretamente sobre a teoria literária, forneceram um plano de fundo intelectual, conceitos e terminologia de enorme importância para os teóricos posteriores, primeiro na Alemanha e, depois, em toda a Europa. Essa influência se exerce em Schiller cujo estudo de Kant afastou-o da teodiceia setecentista de Lessing e colocou-o no caminho que conduziria às teorias românticas do teatro.

Se, como afirmava Kant, o universo é incompreensível para o homem, então dificilmente o propósito da tragédia pode ser o de fornecer uma apologia racionalista para esse universo, e Schiller teve de procurar alhures a chave do poder da tragédia. Sua tentativa mais cabal nesse sentido aparece em "Über das Pathetische" ["Sobre o patético"] (1793), que abre com uma clara mudança de posição em relação aos seus escritos anteriores. "A representação do sofrimento, como simples sofrimento, nunca é o fim da arte, embora seja da maior importância como meio para atingir esse fim. O mais elevado objetivo da arte é representar o suprassensível, e isso é realizado em particular pela tragédia."[33] Schiller descreve agora o suprassensível em termos tirados diretamente de Kant. O mundo se divide em dois reinos, o dos sentidos e o da razão; o primeiro é a esfera da aparência e da necessidade, o segundo o da liberdade moral. A arte, teoricamente, poderia fornecer uma ponte entre a liberdade e a necessidade, entre o indivíduo e o mundo; e mesmo se uma harmonização última dessas esferas se revelasse impossível, ela nos faria pelo menos conscientes da tensão entre estas e nos daria assim um vislumbre do "suprassensível" que está além tanto do entendimento quanto da razão.

Esse mesmo vislumbre, diz Schiller, é encontrado por vezes na natureza, no que ele chama de "o sublime" – uma apreensão inteiramente distinta da beleza, que se baseia na harmonia e no equilíbrio. O sublime decorre, ao contrário, da disjuntura; diante dos esmagadores e irresistíveis fenômenos naturais, a mente insiste ainda assim em sua liberdade individual de ação, e desse conflito advém uma apreensão do suprassensível. Embora Kant não desenvolva essa ideia em relação à arte, Schiller o faz em seu ensaio "Über das Erhabene" ["Sobre o sublime"] (1801), assim como em "Über das Pathetische", O patético, assevera ele, decorre de duas condições: primeiro, o sofrimento, com o qual o lado sensível natural do homem se vê comprometido; depois, a liberdade moral, pela qual o homem declara sua independência em relação ao sofrimento. Como em Kant, essa disjuntura entre o efeito do sofrimento do homem sensorial e a falta de efeito no homem moral dá origem ao sublime, e "somente na medida em que é sublime pode o patético ter valor estético".[34] Na tragédia, essa sublimidade se concretiza na ação – seja mediatamente, quando o personagem escolhe o sofrimento por um senso do dever, ou imediatamente, quando o aceita como expiação por uma violação do dever.

Nesse ponto de seu desenvolvimento, a tese de Schiller parece dirigida por um conflito com Kant, já que a ênfase na escolha moral sugere um fim moral ou didático, enquanto Kant insistia explicitamente na automonia da arte e em sua desvinculação de todos os fins utilitários. Assim, na última parte de seu ensaio, Schiller procura reconciliar as escolhas morais da razão com o jogo livre e desinteressado da imaginação; enfatiza que, embora a razão atue em concordância com a lei moral, ela o faz por uma livre escolha, e é essa possibilidade de liberdade que envolve o nosso sentimento estético.

> O grau de energia estética com que os pensamentos e atos sublimes toma posse de nossas almas não depende do interesse da razão, que requer que toda ação se conforme *absolutamente* à ideia do bem. Depende, isto sim, dos interesses da imaginação, que requer apenas que a conformidade com o bem seja possível ou, em outras palavras, que o sentimento, por mais forte que seja, reprima a liberdade da alma.[35]

Isso também permite a Schiller justificar os personagens maus, se eles mostrarem grande força de vontade e portanto maior aptidão para a verdadeira liberdade moral do que a vista na virtude fraca ou que não foi posta à prova.

Se o homem frui alguma coisa da tragédia, no sistema de Schiller, além do prazer estético ou de uma apreensão do suprassensível, essa coisa parece ser uma espécie de estoicismo decorrente da observância da oposição da livre vontade do herói ao sofrimento: em "Über das Erhabene", Schiller chama à tragédia uma "inoculação contra o destino inevitável". Esse estoicismo, relacionado com a apreensão do suprassensível, levou Schiller progressivamente a uma visão da arte como meio de transcender a realidade. No prefácio a *Die Braut von Messina* [*A noiva de Messina*], intitulado "Über den Gebrauch des Chors in der Tragödie" ["Sobre o uso do coro na tragédia"] (1803), declarou ele que o objetivo da arte não era dar ao homem um transitório sonho de liberdade, mas torná-lo "absolutamente livre", o que consegue "despertando, exercitando e aprimorando em si a capacidade de tomar em relação ao mundo dos sentidos uma distância objetiva", adquirindo assim "um domínio sobre o material por meio das ideias".[36] Schiller vê o coro como um admirável instrumento para se efetuar esse distanciamento, para expressar ideias gerais em forma corpórea e para impedir que um realismo excessivo no drama venha submergir nossa liberdade na tempestade das emoções.

O tratado crítico mais conhecido de Schiller, *Über naive und sentimentalische Dichtung* [*Sobre a poética naive e sentimental*] (1795-1796), pouco tem a dizer diretamente sobre o drama, mas fornece algumas estratégias críticas significativas e uma orientação para os subsequentes teóricos do gênero. Aqui Schiller torna a moldar antigo e moderno como poesia ingênua e sentimental. A poesia ingênua, o modo geral da antiguidade, estava numa harmonia inconteste com o mundo natural. A poesia sentimental, o modo moderno corriqueiro, está cônscia de um abismo entre o real e o ideal. É essa autodividida e autoconsciente preocupação intelectual com problemas de expressão que marca o autor moderno. Ele não pode retornar facilmente à natureza e à expressão espontânea e impessoal dos antigos, mas sim esperar retornar a elas indiretamente, por meio da razão e da liberdade, de modo que o sentimental possa realizar, à sua própria maneira, o mesmo ideal que o ingênuo.

Schiller divide a poesia sentimental em dois tipos baseados não nos gêneros tradicionais, senão nos modos de sentir, todos derivados de uma consciência do abismo entre ideal e real. A poesia elegíaca chorava o ideal perdido, a poesia idílica tratava o ideal como real no passado ou no futuro, e a poesia satírica se concentrava no real à luz do ideal. O conceito de ingênuo e sentimental, tal como Schiller o desenvolveu, mostrou-se extremamente útil aos escritores alemães posteriores quando estes procuraram classificar os modos poéticos modernos e lidar com as diferenças entre classicismo e romantismo.

Cruciais na codificação e disseminação, pela Europa, das concepções e métodos críticos de Herder, Kant e Schiller foram dois irmãos, Friedrich (1772-1829) e August Wilhelm Schlegel (1767-1845), sobrinhos de Johann Elias Schlegel. No final dos anos 1790, eles faziam parte dos mesmos círculos intelectuais em Iena e Weimar, que incluíam Goethe e Schiller. Para o drama, o mais importante dos dois foi August, que tratou desse gênero com minudência considerável e, em 1808, consagrou a ele uma importante série de conferências em Viena que, traduzidas para as principais línguas europeias, tornou-se uma das obras mais lidas da teoria romântica alemã.

Ao definir o dramático, Schlegel enfatiza, em primeiro lugar, que seu diálogo deve implicar vida e ação, deve ser feito para a representação no palco e, portanto, conter um elemento ao mesmo tempo teatral e poético. Para ser poético, um drama deve ser "um todo coerente, completo e satisfatório em si mesmo" e "espelhar e trazer corporalmente a nós as ideias, vale dizer, pensamentos e sentimentos necessários e eternamente verdadeiros que pairam sobre essa existência terrena".[37] Para ser dramático, deve empenhar-se em "produzir uma impressão sobre uma multidão reunida, fixar-lhe a atenção e despertar-lhe o interesse".[38] Os espectadores devem ser levados para fora de si mesmos por uma espécie de sortilégio que, observa Schlegel, torna o drama um poderoso instrumento para o bem ou para o mal e justifica assim a preocupação que sempre causou nos legisladores.

Em suas primeiras conferências em Iena (1789), Schlegel definia a tragédia como "a representação direta de uma ação na qual o conflito entre o homem e o destino é resolvido", e a comédia como "a representação galhofeira e direta de personagens humanos numa ação".[39] Os dois gêneros são explorados com mais detalhe nas conferências de Viena, com ênfase em seus humores díspares – seriedade ou sinceridade na tragédia, jocosidade ou brejeirice na comédia. Schlegel explica o tom sincero da tragédia, o que não surpreende, pela aspiração romântica ao inatingível. A razão impele o homem a buscar constantemente um objetivo na existência, mas a razão mantém esse objetivo cada vez mais alto, até que chegue ao fim da própria existência, "e aqui essa aspiração ao infinito, inerente ao nosso ser, se vê frustrada por nossas limitações finitas".[40] A melancolia que daí resulta e o desalento ou a rebeldia estoica com que essa melancolia é aceita constituem a base da poesia trágica. Evidentemente, essa formulação remonta às mesmas fontes que a disjuntura entre o real e o ideal de que se ocupava Schiller.

Schlegel também reflete Schiller ao procurar diferentes disposições de humor como base para os vários gêneros. A comédia, que Schlegel encontra em sua forma mais pura na Antiga Comédia Grega, contrasta inteiramente com a disposição de humor da tragédia. Se a sinceridade deriva mais do nosso lado moral, a jocosidade deriva mais do sensorial, conquanto esta difira do simples prazer animalista porque a consciência humana reconhece a jocosidade pelo que ela é. A razão e o entendimento põem voluntariamente de lado a dor da disjuntura na condição humana para assumir um "esquecimento de todas as considerações sombrias no sentimento aprazível da felicidade presente".[41] Tudo deve ser tomado no "espírito de brincadeira" para o prazer da fantasia – ideia claramente relacionada com o "anseio de brincar" (*Spieltrieb*) de Schiller, termo que ele usou em seu *Über die ästhetische Erziehung des Menschen* [*Sobre a educação estética da humanidade*] (1793-1794) para se referir à atividade estética que transcende os impulsos opostos do sentido e da razão para obter prazer na atividade por ela mesma, independentemente de fins morais ou utilitários. Essa brincadeira "torna o homem total e desenvolve ambos os lados de sua natureza simultaneamente".[42]

A essência da tragédia clássica, Schlegel a encontra no fado ou destino, contra o qual o homem e às vezes até os deuses devem lutar. O resultado é quase invariavelmente uma série de acontecimentos terríveis e dolorosos, e Schlegel considera várias teorias que buscam explicar por que achamos agradável o espetáculo de tais acontecimentos. Sem levar em conta as teorias da justiça poética, da purgação, do prazer no estímulo das emoções e do prazer no contraste entre nossa própria segurança e o perigo observado no teatro, ele se coloca ao lado de Schiller ao afirmar que a liberdade moral do homem se torna mais manifesta quando em conflito com o sensorial, e que, quanto maior a oposição, mais significativa é a demonstração. Citando a ideia de Kant do sublime como sua inspiração, Schlegel define o objetivo da tragédia como uma tentativa de "estabelecer as reivindicações da mente a uma divindade interior". Para consegui-lo, "toda a existência terrena deve ser considerada despicienda; todos os sofrimentos devem ser suportados, e todas as dificuldades superadas".[43] Numa frase famosa, ele caracteriza o coro como "o espectador ideal", usando "ideal" no sentido de Schiller para sugerir a função distanciadora do coro. "Ele mitiga a impressão de uma história lacerante ou comovente, ao mesmo tempo que transmite ao espectador uma expressão lírica e musical de suas próprias emoções e o alcandora à região da contemplação".[44]

Um conceito maior na crítica de Schlegel é o da unidade orgânica, ideia aflorada por Herder mas muito mais plenamente desenvolvida por Goethe. A rejeição dos princípios organizadores da teoria neoclássica deixou os inovadores do final do século XVIII na necessidade de encontrar outra base de organização, especialmente para seu bem-amado Shakespeare, ou de declarar sua obra inteiramente vazia de forma – uma alternativa impensável. Entretanto, a identificação do gênio com a natureza, sugerida por Lessing e outros, forneceu uma solução. Se um gênio como Shakespeare criou da mesma forma que a natureza, poder-se--ia aplicar princípios orgânicos às suas criações, e essa metáfora biológica logo passou a ter um papel de relevo na teoria poética alemã. No *Wilhelm Meisters Lehrjahre* [*Anos de aprendizado de Wilhelm Meister*] de Goethe, Wilhelm protesta contra o mais ligeiro ajustamento de Hamlet baseando-se exatamente nisso:

> Wilhelm se recusava terminantemente a aceitar essa conversa de separar o trigo do joio. "Hamlet não é uma mistura de trigo e joio", dizia. "É um tronco com galhos, ramos, folhas, botões, flores e frutos. Não estão ali todos uns com os outros e uns graças aos outros?"[45]

Schlegel, cujo primeiro entusiasmo por Shakespeare foi estimulado pelo *Wilhelm Meister,* absorveu e depois defendeu esse conceito orgânico. Em suas conferências de Viena ele observou, falando de Shakespeare, que o gênio nunca é sem forma, mas que se deve distinguir entre forma mecânica e forma orgânica. A primeira é imposta de fora, como no classicismo francês; a segunda, como em Shakespeare, é inata: "Ela vem de dentro e se define simultaneamente com o pleno desenvolvimento do germe". Essa forma cria um "exterior significativo" que dá testemunho fidedigno de uma "essência oculta".[46] As tradicionais unidades de tempo e lugar, naturalmente, são parte de uma forma mecânica e portanto de pouca relevância. Schlegel considera a unidade de ação essencial, mas para isso sugere "uma unidade mais profunda, mais intrínseca, mais misteriosa do que a que satisfaz à maioria dos críticos". Essa unidade não é descoberta pelas evidências empíricas, ou por qualquer tipo de experiência, mas pela apreensão, por parte da mente, de uma unidade na esfera mais elevada de ideias. A "unidade de interesse" que La Motte queria ver substituindo as unidades tradicionais parece a Schlegel um termo possível para esse conceito, desde que não se refira ao interesse no destino de um único personagem, mas "seja utilizado para significar de maneira geral a direção que a mente toma à vista de um acontecimento".[47]

Schlegel julga ser característico da arte grega o fato de buscar continuamente a homogeneidade pela exclusão de todos os elementos heterogêneos e pela combinação e ajustamento do restante num todo harmonioso; assim, cada gênero, como uma espécie orgânica, torna-se claramente definido. Mas com o passar do tempo o espírito da poesia se manifestou de outras maneiras. Ainda aqui a metáfora é orgânica: o espírito "cria um corpo de composição diferente das substâncias nutritivas de uma era transformada".[48] Daí que seja tão incorreto quão enganoso impor velhos nomes a novas castas de poesia. Os termos comédia e tragédia não são aplicáveis à maior parte do drama moderno; há que chamá-lo simplesmente romântico. O poeta clássico separava rigorosamente os elementos dissimilares, enquanto o romântico se deleita nas misturas e contradições. O poeta clássico buscava a ordem eterna; o romântico busca o caos secreto no âmago do universo do qual surgem novas formas. Schlegel compara a tragédia clássica a um grupo escultórico, o drama romântico a um vasto painel onde grupos maiores e mais ricos aparecem com todo o plano de fundo circundante e as qualidades emocionais da luz e da cor. Devem-se considerar questões como o desprezo das unidades e a mistura de elementos cômicos e trágicos não como meras licenças do poeta, mas como aspectos e mesmo belezas do conceito moderno de poesia.

Goethe também continuou a explorar as diferenças entre poesia antiga e moderna, porém com muito menos entusiasmo do que Schlegel pelo moderno. Em *Shakespeare und kein Ende!* [*Shakespeare e nenhum final!*] (1813-1816) ele produziu este quadro de antíteses:

Antigo	Moderno
Natural (ingênuo)	Sentimental
Pagão	Cristão
Clássico	Romântico
Realista	Idealista
Necessidade	Liberdade
Destino (*Sollen*)	Vontade (*Wollen*)

A maioria dessas oposições é padrão na teoria da época, mas Goethe desenvolve o par final ao seu próprio jeito. No drama grego, um destino inalterável preordena a catástrofe e a derrota da vontade humana que se lhe opõem. No drama moderno, o foco recai na vontade e por isso mesmo na liberdade de escolha do indivíduo. Essa distinção foi feita também por Schiller, que considerava a mudança essencialmente positiva. Os teóricos sociais modernos concordariam, já que nessa visão o modo clássico representa a sociedade como inalterável, enquanto o romântico mostra-a como suscetível de mudança e reforma.

Goethe, no entanto, não vê essa mudança com bons olhos:

> O *Sollen* é despótico, quer derive da Razão, como as leis da sociedade ou o costume, quer da natureza, como as leis do desenvolvimento, crescimento e partida, vida e morte. Trememos diante dessas leis sem considerar que elas visam ao bem do todo. A *Wollen*, pelo contrário, é livre e parece livre e vantajosa para o indivíduo. Por isso ela lisonjeia os homens e os governa tão logo eles tomam conhecimento dela.[49]

Graças ao *Sollen*, a tragédia se fez grande e poderosa; graças à caprichosa *Wollen*, ela se fez fraca e insignificante, e seu poder dissolveu-se na indulgência e no capricho.

Só Shakespeare, na opinião de Goethe, evitou essa degeneração ao combinar as virtudes do velho e do novo, concedendo a vantagem ao destino, mas mantendo-o em equilíbrio com a vontade. Assim fazendo, ele forneceu um modelo para os autores subsequentes, mas não – acredita Goethe agora – para o teatro: a visão poética de Shakespeare é demasiado ampla e complexa para a corporificação física e só é adequada a um teatro da mente. Os primeiros autores que escreveram sobre Shakespeare deploraram as primitivas condições do teatro elisabetano como empecilhos ao seu gênio, porém Goethe afirma, ao contrário, que o teatro tosco e rudimentar da época de Shakespeare dispensou-o de pensar no teatro e deixou sua fantasia poética livre para se desenvolver. Como Johnson e Tate antes dele, e numa metáfora extraordinariamente similar, Goethe considera as produções de Shakespeare como dramaturgo brilhantes mas intermitentes: suas obras teatrais eram "apenas momentos, joias esparsas, que são separadas por muita coisa não teatral". A ideia de Goethe a respeito do que constituía essas "joias", contudo, é muito diferente da dos críticos setecentistas e está mais perto do conceito moderno de uma "poesia do teatro". Só é teatral, diz ele, "o que é imediatamente simbólico para o olho: uma ação significativa que evoca outra ainda mais significativa". Como exemplo, Goethe cita o momento em que o príncipe Hal tira a coroa de seu pai adormecido, coloca-a na própria cabeça e se empertiga orgulhosamente.[50]

Em seus últimos anos, Goethe deixou de considerar Shakespeare um autor teatral e elogiou-o por nunca ter permitido que seu gênio fosse restringido pelas exigências do palco. Em 1826, discordou veementemente de Ludwig Tieck (1773-1853), que estava exortando os produtores a reconhecer a "unidade, indivisibilidade e inviolabilidade" das peças de Shakespeare e a levá-las "ao palco sem revisão ou modificação do princípio ao fim".[51]

A relação do teatro com a moralidade, particularmente no tocante ao conceito de catarse, ocupa Goethe em seu "Nachlass zu Aristoteles Poetik" ["Legado da poética de Aristóteles"] (1827), seu último ensaio significativo sobre o drama. Mais uma vez ele encarece o objetivo do dramaturgo como a consecução da harmonia mediante a reconciliação de elementos opostos; mas observa que essa reconciliação, equivalente, segundo ele, à *kátharsis* de Aristóteles, ocorre no palco, e não nos espectadores. É um erro, insiste Goethe, reivindicar para o teatro um efeito benéfico sobre o público, seja de natureza moral ou emocional. Esse efeito pertence ao domínio da filosofia e da religião, e não do teatro.

> Se o poeta cumpriu sua obrigação, atando os seus nós significativamente e desatando-os adequadamente, esse mesmo processo será experimentado pelo espectador – as complicações o deixarão perplexo e a solução o iluminará; mas nem por isso ele voltará para casa como um homem melhor.[52]

O romantismo alemão como movimento literário foi inseparável da filosofia da época. Kant, como vimos, teve profunda influência sobre Schiller e, na verdade, sobre toda a geração deste; dois seguidores de Kant, Johann Gottlieb Fichte (1765-1814) e F. W. J. Schelling (1775-1854) – ambos professores em Iena – viveram, trabalharam e debateram com os Schlegel e seu círculo, revelando-se sumamente influentes ao estabelecer os fundamentos da teoria romântica.

Fichte escreveu pouco sobre questões literárias, mas seu tratado *Grundlage der gesammten Wissenschaftslehre* [*Fundamento para todo o ensino da ciência*] (1794) teve grande repercussão sobre os românticos de Iena, especialmente os Schlegel. Schiller, seguindo Kant, dividira sentimento e razão, percepção e entendimento, e vira um aspecto essencial da arte, o sublime, precisamente na inevitável disjuntura entre a percepção, pelo homem, dos fatos físicos do universo e sua incapacidade de apreender intelectualmente a essência desses mesmos fatos – a transcendental *Ding-an-sich* ("coisa-em-si"). Fichte estende o alcance da mente do homem para preencher mesmo esse abismo final. O ego humano, diz ele, é na verdade uno com a essência metafísica do universo, e assim o transcendental "outro", que Kant postulava, é uma ilusão. O mundo exterior pode ser tratado como um conceito mental, e criado ou destruído pela vontade do homem.[53] O conflito entre o mundo dos fenômenos naturais e o da liberdade moral é assim internalizado e recebe uma dimensão ética, visto que a disjuntura que preocupava Kant e Schiller não pode, segundo Fichte, ser experimentada e descrita, mas superada pela vontade, ao elevar o ego individual ao absoluto. Para tanto, o indivíduo deve transcender individualmente o mundo ilusório dos sentidos.

A estética dos Schlegel refletia rigorosamente esse sistema filosófico, mas de maneira descritiva e moral. Eles viam na criação pelo ego do não ego (o mundo exterior) um paralelismo com a criação pelo poeta de seu universo fictício e achavam que ao encarecer o distanciamento do poeta em relação ao universo e sua superioridade sobre ele podiam fornecer um modelo para o ego em sua aspiração ao absoluto. Para descrever essa estratégia poética, Friedrich Schlegel introduziu um novo termo básico no vocabulário crítico: ironia. O poeta irônico se deleita no prazer da criação e ao mesmo tempo lhe reconhece a irrealidade em relação ao infinito, celebra a realização de uma obra em eterno vir-a-ser e, simultaneamente, lhe reconhece o malogro. Em seu *Kritische Fragmente* [*Fragmentos críticos*] (1797), Schlegel diz que as obras irônicas se ocupam de "bufonerias transcendentais. Interiormente, seu espírito esquadrinha todas as coisas e paira acima de tudo o que é limitado, mesmo acima de sua própria arte, virtude ou gênio; exteriormente, na execução, elas seguem a abordagem de um bom *buffo* italiano".[54]

O conceito de ironia foi mais plenamente desenvolvido pelo filósofo Karl Wilhelm Ferdinand Solger (1780-1819) cuja última obra foi um extenso exame do *Vorlesungen über dramatische Kunst und Literatur* [*Lições sobre arte dramática e literatura*] de August Schlegel (1819). Solger discorda frontalmente da ênfase de Schlegel na distinção entre comédia e tragédia, que encarecia o humor predominante em cada uma delas. Há, diz Solger, um humor mais fundamental em ambos os gêneros, e esse humor é a ironia, a base de todo drama, e em última análise de toda arte. A união temporária do absoluto e do acidental, do mundo da essência e dos fenômenos, pode consumar-se na arte, numa obra que ao mesmo tempo propicia um vislumbre da realidade eterna e reconhece sua própria inadequação para corporificar essa realidade. Comédia e tragédia têm "uma similaridade interna. Todo o conflito entre o incompleto no homem e suas vocações superiores implica fazer-nos parecer como algo sem valor apenas em oposição àquilo que verdadeiramente valioso possa parecer".[55]

Em verdade, isso não está longe da ideia de ironia proposta por Friedrich Schlegel, porém Solger se estabeleceu como o primeiro formulador "sério" e "filosófico" desse conceito ao afirmar (corretamente) que August Schlegel deu pouca atenção à ironia e (menos corretamente) que Friedrich Schlegel a via meramente como um modo de dar livre curso à jovialidade subjetiva. A subsequente aceitação, por Hegel, da asserção de Solger solidificou a impressão de uma divisão entre Solger e Schlegel maior do que a que de fato existia. Solger certamente merece crédito por um desenvolvimento mais cabal desse conceito do que o que Schlegel lhe deu, mas não se apartava radicalmente da premissa básica de Schlegel, nem negava o lado subjetivo – e mesmo frívolo – da ironia romântica, como podemos ver em sua admiração incondicional pelas comédias liberais e autodestrutivas de seu íntimo amigo Ludwig Tieck.

A interpretação de Solger da comédia e da tragédia não mostra uma clara ruptura nem em relação à dos Schlegel nem à de Schiller. Como ambos os gêneros se baseiam na ironia, ambos devem fornecer de certo modo pelo menos um vislumbre momentâneo da ordem eterna. O herói trágico representa para Solger não a liberdade no sentido de Schiller, mas a mera individualidade ou mesmo o capricho, e o absoluto é afirmado pela sua destruição. Na tragédia a espécie é afirmada sobre o indivíduo, e a morte do indivíduo é um tipo de martírio em nome do absoluto. As subsequentes teorias da tragédia na Alemanha oitocentista, em especial as de Hegel e Hebbel, moveram-se na mesma direção. Ademais, Solger não concorda em que a comédia, como Schlegel sugeria, seja uma celebração do sensorial, do acaso e do capricho, uma vez que o acaso e o capricho nunca podem em si mesmos criar a beleza necessária à produção artística. "Uma ordem superior deve ser reconhecível através dos homens, e isso só se pode efetuar através da ironia."[56] Isso se aplica, diz Solger, tanto a Shakespeare quanto a Aristófanes.

Um enfoque algo diferente da tragédia foi oferecido por F. W. J. Schelling, sucessor de Fichte em Iena e um dos teóricos que influenciaram Solger. Quase todos os comentários específicos de Schelling sobre o drama estão enfeixados na parte final de sua *Philosophie der Kunst* [*Filosofia da arte*] (escrita em 1802-1803 e publicada em 1809). Em sua teoria dos gêneros, Schelling estabelece um sistema nitidamente dialético que ecoa tanto em Schiller como nos Schlegel. Considera a epopeia a primeira forma poética a evoluir, vendo nela uma forma algo ingênua baseada na necessidade, mas na qual esta é aceita como um fato da natureza e da vida, sem nenhuma implicação de conflito com a liberdade. À medida que o indivíduo se torna interiormente cônscio dessa liberdade, uma reação à epopeia aparece na poesia lírica, que, sendo inteiramente subjetiva, também evita o conflito aberto com a necessidade. Desses gêneros opostos procede a síntese do drama, que explora o conflito entre liberdade e necessidade mas cria um equilíbrio entre as suas exigências. O drama é, assim, "a forma hipotética que se tornará síntese final de toda poesia".[57]

Schelling baseia nesse equilíbrio as subdivisões da comédia e da tragédia. Na tragédia, a necessidade é o elemento objetivo e a liberdade, o subjetivo; a liberdade, na pessoa do herói luta em seu próprio terreno para realizar o equilíbrio requerido, que é, ao mesmo tempo, derrota e vitória – a necessidade é reconhecida sem a destruição da própria liberdade. Na comédia, a liberdade é objetiva e a necessidade, subjetiva. Aqui, como nas obras de Aristófanes, o terreno de confrontação é o da liberdade, num universo aparentemente desprovido de destino, onde a necessidade subjetiva deve estabelecer uma reivindicação por si mesma. Tanto a tragédia como a comédia têm por fim uma condição de estase (*stasis*).

Como Solger, Schelling encarece a sujeição do herói a uma ordem absoluta na tragédia, mas enquanto Solger sublinha a ordem, a ênfase de Schelling recai sobre o herói. Ele cita aprovadoramente Aristóteles no tocante ao herói ideal para a tragédia, o homem basicamente bom que erra e deve expiar o seu erro, mencionando Édipo como o exemplo central. O que é belo nesse espetáculo? É a compreensão do herói de que seu erro é menos um crime do que uma perspectiva parcial, e seu subsequente autossacrifício ao absoluto. A voluntária admissão da culpa e do sofrimento para restaurar a ordem moral é a mais alta expressão da vontade livre: "É o mais sublime pensamento e a maior vitória da liberdade o aceitar a punição por um delito inevitável a fim de que, na perda da própria liberdade, se torne manifesta essa mesma liberdade, e o submeter-se à derrota com uma declaração da liberdade da vontade".[58] É nessa livre admissão da "necessidade" ou "culpa sem culpa" que reside a tragédia, e não no infortúnio da conclusão. Os deuses não podem, como na epopeia, participar de maneira ativa como agentes independentes, pois isso comprometeria a liberdade do herói. Eles devem ou representar a necessidade ou estar eles próprios em conflito com ela, como na *Oréstia*.

Quanto às unidades, Schelling, como Schlegel, só aprova a unidade de ação, que chama de reflexo da unidade interna da obra. Também ele vê no coro um instrumento para "elevar o espectador diretamente à esfera superior da verdadeira arte e representação simbólica".[59]

Schelling considera o personagem ainda mais importante no drama moderno, que semelha a epopeia em sua mescla de elementos cômicos e trágicos e, mais significativamente, em sua incapacidade de corporificar o conflito entre liberdade e necessidade. O catolicismo, sugere ele, oferece um moderno paralelo possível em sua doutrina do pecado original, erro inevitável que é parte da dinâmica da graça. Por essa razão, ele considera Calderón, como dramaturgo trágico católico, o único moderno cujas obras igualam as de Sófocles em vigor dramático. Shakespeare, como protestante, foi forçado a descobrir uma visão diferente e um pouco menos trágica, que ele baseou no personagem, colocando sobre este "uma carga tão significativa de destino que já não se pode olhá-la como representativa da liberdade, mas como necessidade irresistível".[60] Esse conceito de personagem como destino, sugerido também por Schlegel, tornou-se um padrão na explicação romântica do poder particular da tragédia moderna. Schelling, contudo, faz questão de distinguir essa nova ideia da de fado ou destino, que ele chama de "nêmese", da necessidade clássica. Esta última, diz ele, é encontrada na realidade, e a primeira no processo histórico. A tragédia baseada no personagem põe em confronto, no fim das contas, não a liberdade com a necessidade, mas a liberdade com a liberdade, numa sucessão contínua que faz eco ao próprio processo da história. Foi esse enfoque histórico que fez de Shakespeare o maior poeta do indivíduo, o "característico", mas também o privou da universalidade concentrada, a admissão de muitos numa unidade, que caracterizava os autores clássicos. Seu mundo é sempre o mundo da realidade, nunca o da convenção ou do idealismo.

A *Philosofie der Kunst* termina com uma passagem que exorta uma redescoberta dessa universalidade perdida, que Schelling, antecipando-se a Wagner, imagina possível realizar-se por uma verdadeira união das artes à maneira grega e da qual a ópera moderna não passa de caricatura. Quando as então separadas artes da música, da poesia, da dança e da pintura se reunirem, o "drama externo, realista", do qual o povo só participa política e socialmente, será substituído por um "drama interno, ideal", que o unificará essencialmente como um povo.[61]

O poeta lírico Friedrich Hölderlin (1770-1843) tirou de Fichte, Kant e Schiller um interesse pelo moderno conceito de oposição entre o eu e o mundo que quase sempre expressa como um conflito entre as criações do homem – arte ou cultura – e a natureza. A unidade outrora desfrutada pelo homem se perdeu: "Estamos em desacordo com a natureza, e onde antes havia unidade, assim podemos acreditar, há agora oposição".[62] Hölderlin afirma que, apesar disso, o homem pode se empenhar, mediante a cultura, em obter uma nova unidade superior à antiga. Em *Über den Unterschied der Dichtarten* [*Sobre a distinção da arte poética*] (1799) ele discorda da teoria de Fichte da consciência que a tudo abarca, alegando que a consciência é impossível num sujeito sem um objeto. Somente quando o todo se divide em partes opostas é que a consciência se faz possível, porém no momento em que ocorre essa divisão a arte pode buscar uma reunificação que irá abranger a consciência assim obtida. A visão de Schiller da poesia sentimental reefetuando a unidade da poesia ingênua fá-la-ia assim superior à poesia ingênua em seu estado original. Hölderlin via a tragédia como um meio de nos aproximarmos dessa unidade, baseado numa "percepção intelectual" que reconhece tanto as partes quanto a unidade mais fundamental, que "pode ser apreendida pelo espírito e se origina da impossibilidade de uma separação e de uma unificação, ambas absolutas".[63]

Hölderlin começou sua tragédia *Empedokles* em 1798, e esta se tornou o foco de seu pensamento sobre o gênero. O ensaio fragmentário "Grund zum Empedokles" ["Fundamentação de Empédocles"] (1799) é a mais cabal expressão desses pensamentos, principiando com uma consideração filosófica da oposição e união final entre natureza e arte. A arte é a "flor, a perfeição da natureza", mas em si mesma é incompleta, como o é a natureza. Divididas embora, as duas são harmoniosas; cada uma completa a outra e supre a sua falta. "A divindade está entre ambas."[64] A missão do poeta é reconciliar esses dois reinos opostos, pois os sentidos do poeta dispõem o material indiferenciado da natureza (*die aorgischere Natur*) em formas apreensíveis pelo intelecto humano e pelo gosto estético (*der organischere kunstlichere Mensch*). O herói trágico, como Empédocles, é um indivíduo representativo que descobriu ou percebeu a unidade potencial, mas que surge entre um povo cuja autoconfiança e confiança na razão os cegou para o poder e a significação da natureza. À consequente oposição entre natureza e cultura, reconhecida apenas pelo herói-poeta, Hölderlin chama o "fado" da época.[65] A fim de alcançar para o seu povo a unidade que ele intui, o herói trágico leva-lhes a autoafirmação ao seu limite extremo, "buscando superar a própria natureza conquistada e alcançar dela uma compreensão total".[66] Levando a oposição a um extremo intolerável, ele concretiza a almejada unidade, mas só ao preço de sua própria destruição pelas forças que desafiou. Sua morte, sua redução ao nada, demonstra negativamente o poder da natureza e ele se torna um "sacrifício de sua época", pondo termo à alienação de sua sociedade mediante a própria destruição.[67]

O crítico romântico Adam Müller (1779-1829) procurou inspiração antes nos Schlegel que em Kant ou Schiller e tentou, por meio do relativismo histórico dos Schlegel, evitar o dualismo clássico-moderno tão em evidência nos escritos de seus contemporâneos. Sugeriu que, embora toda poesia pertença a um grande organismo, contribuindo cada obra para o todo e afetando-o, cada obra é ao mesmo tempo parte de outro todo orgânico, o sistema social total de sua própria época: "As preocupações científicas, econômicas e religiosas condicionam as preocupações poéticas".[68] Esse enfoque propiciou a Müller uma tolerância para com uma ampla variedade de obras que era rara nos críticos de sua geração.

Em *Über die dramatische Kunst* [*Sobre a arte dramática*] (1806) ele defende até mesmo a artificialidade do teatro clássico francês, considerando despropositados os argumentos de seus contemporâneos baseados na natureza. Chama de "representativos" os dramas romanos e franceses, enquanto o drama grego e romântico (liderado por Shakespeare) é "individual", e diferentes padrões lhes devem ser aplicados. O drama romântico pode ser adequadamente remontado à natureza, mas o drama representativo deve ser julgado de acordo com os ideais, por artificiais que sejam, de sua própria época. O teatro de Racine, por exemplo, era um "*rostrum* criado para aquele lugar particular, para aquela época particular, para aquela corte, para aquele genuíno conjunto popular de talentos que se reuniu durante o século de Luís XIV", e qualquer tentativa de encená-lo de acordo com a "natureza" lhe destruiria a eficácia. Sua essência mesma é formal e oratória.[69]

Para a Alemanha moderna, Müller propôs um teatro que se situaria "entre a praça do mercado e a igreja", servindo de elo entre os cuidados da vida diária e os da eternidade. A tragédia, naturalmente, tende para a religião, a comédia para o comércio. "A tragédia eleva o homem acima de sua existência diária, seu comércio individual e isolado com seus vizinhos, para levá-lo às alturas e profundezas da humanidade", enquanto a comédia "diverte o espírito elevado pelas emoções todo-poderosas da religião e o reconduz nas asas álacres e ligeiras ao lar, ao mercado e às atividades do dia".[70] Ambos os gêneros são afirmativos, com a comédia sublinhando a alegria e a vida, e a tragédia a conquista da morte pela visão de uma vida futura mais excelsa.

Embora esse forte elemento religioso tradicional em Müller (um convertido ao catolicismo) encontre poucos ecos nos críticos da geração seguinte, um outro aspecto de sua visão está muito mais em harmonia com os escritores subsequentes. Ao ver o teatro como um espelho não da natureza, mas das preocupações políticas, econômicas e religiosas de uma comunidade específica, Müller antecipou-se de muito à teoria do final do século XIX e do século XX, e foi particularmente presciente no ideal que propôs como finalidade do teatro. Condenou seu teatro contemporâneo como "dividido entre o proscênio, de um dos lados do qual estão os que no palco só são vistos e, do outro, os que na plateia apenas veem". O bobo em Shakespeare e o coro grego sugerem um arranjo diferente e melhor, no qual o drama se torna realmente integrado com a vida da comunidade. O teatro irá então "retornar finalmente à sua forma original, quando era uma celebração pública, e não um espetáculo unilateral, uma fria representação ou um mesquinho espelho das maneiras".[71]

Os dramaturgos alemães pouco contribuíram para a teoria dramática. Ludwig Tieck, cujas comédias eram evocadas como exemplos pelos Schlegel, por Solger e Müller, estava mais interessado na história, especialmente do drama elisabetano, do que na teoria. Seu livro monumental sobre Shakespeare nunca foi completado, e as partes que pareciam essenciais faziam eco às observações dos críticos e filósofos com quem Tieck estava em contato. Muito mais originais foram os seus estudos sobre o teatro e os figurinos elisabetanos, esforços pioneiros na reconstrução dos métodos de produção da época de Shakespeare.

Heinrich von Kleist (1777-1811) produziu um ensaio notável e evocativo, "Über das Marionettentheater" ["Sobre o teatro de marionetes"] (1810), que se antecipou ao fascínio exercido pelos fantoches nos teóricos do drama um século depois. Em seu breve trabalho o narrador é informado por um importante dançarino da ópera de que uma marionete pode dançar com uma graça impossível ao ser humano porque carece de autoconsciência e não consegue, como um ator humano, falsificar a dança "concentrando a alma (*vis motrix*) em nenhum outro ponto que não o do centro de gravidade do movimento".[72] O ser humano pode ocasionalmente conhecer momentos de graça inconsciente, reflexos espontâneos do infinito, mas esses momentos são raros e irreproduzíveis pela atividade consciente. Talvez só no fim dos tempos possa tal graça retornar, "quando o conhecimento tiver sido, por assim dizer, perpassado pelo infinito".[73]

Mais substanciais foram as observações do dramaturgo austríaco Franz Grillparzer (1791-1872) cujos dramas poéticos de temas históricos e mitológicos continuavam a tradição de Goethe e Schiller, fazendo-o, porém, no tom mais sombrio, mais resignado e fatalista típico do período da Restauração. Como

Kleist, Grillparzer via o homem como vítima de forças que estavam além de sua compreensão ou controle racional. Seu ensaio "Über das Wesen des Drama" ["Sobre a essência do drama"] (1820) principia com as observações de que a essência do drama reside numa forte causalidade, já que é esta que faz a ficção comandar a nossa crença. A causalidade torna a necessidade uma preocupação maior do drama, a expensas da liberdade. A natureza e as forças similares independentes do homem irão operar tão fortemente sobre as suas ações que parecerão esmagar qualquer desejo de liberdade nos homens de temperamento, paixão ou educação infeliz, e "mesmo os melhores dentre nós sabem quão frequentemente tomaram o pior curso através de tal influência, capaz de atingir um grau tão elevado de poder intensivo e extensivo, que é um verdadeiro prodígio o poder resistir-lhe".[74]

A tragédia, diz Grillparzer, lida sempre com a liberdade e a necessidade, e sempre se deve triunfar. Autores recentes, liderados por Schiller, mostraram a liberdade triunfante, embora Grillparzer se diga "da opinião oposta". A elevação do espírito que advém com tal vitória nada tem a ver com a tragédia, que, como observou Aristóteles, desperta sentimentos não de alegria e triunfo, mas de piedade e medo. Ela deve levar os homens "a reconhecer a nulidade do que é terreno e os perigos que os melhores devem enfrentar e sofrer".[75] O teatro não procura e não deve procurar oferecer à sua plateia um entretenimento agradável ou uma moralidade trivial, embora deva fornecer uma espécie de hilaridade, que Grillparzer descreve em nota escrita por volta de 1820 como "uma elevação do espírito, uma exaltação de toda a existência, um estímulo das emoções que não são frequentes no curso da vida diária". A fonte dessa exaltação é "uma visão geral da totalidade da vida; um vislumbre de si mesmo; um entrelaçamento dos sofrimentos próprios e alheios".[76] Essa visão da finalidade da tragédia é notavelmente similar à do contemporâneo de Grillparzer, Schopenhauer.

O teólogo Friedrich Schleiermacher (1768-1834) considerou a arte de interpretar em suas conferências sobre estética em 1832-1833 e reivindicou para o ator humano uma capacidade de aproximar-se da graça natural que Kleist teria julgado quase impossível. Para Schleiermacher, a arte é essencialmente a expressão da emoção, mas ele encontra a arte não no tipo de expressão espontânea, totalmente livre descrito por Kleist, porém na expressão modificada e transfigurada pela *Besonnenheit* (deliberação ou iluminação). Esse é o processo interno que impõe ordem e harmonia às emoções espontâneas, as marcas do absoluto, da forma platônica. Nesse processo, a experiência emocional única do indivíduo torna-se una com o infinito – autoexpressão em apoteose. Note-se que para Schleiermacher a expressão disso é suficiente, mesmo que a comunicação não ocorra. O valor da obra reside nela mesma, e o efeito sobre o público "não pode na verdade ser objeto da consideração do artista".[77]

Os escritos metafísicos alemães posteriores a Kant foram forçados a definir-se em termos do dualismo que permeia Kant. Os filósofos Fichte e Schelling e o crítico literário Friedrich Schlegel tentaram, como vimos, superar esse dualismo colocando o absoluto no reino da apreensão artística. Outros filósofos, como Solger e Schleiermacher, e poetas, como Kleist, acharam que a lacuna entre a percepção humana e o mundo superior não seria preenchida senão talvez nos lampejos momentâneos e não planejados da transcendência. Os últimos grandes filósofos alemães do começo do século XIX, Arthur Schopenhauer (1788-1860) e Georg Wilhelm Friedrich Hegel (1770-1831), consideraram a questão da tragédia de maneira notável a partir dessas duas posições antagônicas – Schopenhauer a partir do dualismo, Hegel, do monismo.

Schopenhauer definiu a *Ding-an-sich* de Kant, a essência incognoscível, como Vontade, que se manifesta nos processos e objetos do mundo sensorial por uma luta e um conflito incessantes, desprovidos de objetivo ou razão. Só por um reconhecimento e pela rejeição de todas essas manifestações – ou seja, do próprio mundo – pode o homem escapar ao poder da Vontade. O misticismo oriental, que também fascinara Schlegel, proporcionou a Schopenhauer uma filosofia-modelo para essa rejeição. Em sua obra capital, *Die Welt als Wille und Vorstellung* [*O mundo como vontade e representação*] (1819), Schopenhauer sugere que a arte, sob determinadas circunstâncias, pode propiciar um alívio temporário da luta incessante da Vontade e, portanto, um gosto da alegria da negação total. Considera a tragédia a mais elevada das artes poéticas, por ser a mais adequada para produzir esse efeito. Denuncia como ridícula a interpretação romântica comum da tragédia como uma luta do livre-arbítrio do homem contra o fado ou o destino, já que o fado é todo-poderoso e a tudo permeia. Toda vida é luta, e a chamada luta contra o destino é, na verdade, apenas um conflito insignificante entre diferentes manifestações da Vontade. A tragédia deve levar-nos antes a olhar além desse conflito, a uma "contemplação desinteressada do processo". Devemos seguir o exemplo do herói trágico, que, purificado pelo sofrimento, vê através do "véu de Maya". Seu egoísmo e seu esforço desaparecem para ser substituídos por um "conhecimento completo da essência do mundo, que traz para a Vontade um *quietus*, produz resignação, a capitulação não só da vida, mas da própria vontade de viver".[78] Por achar esse espírito de resignação mais comum na tragédia moderna que na clássica (já que os gregos tendiam a enfatizar a aceitação estoica dos golpes do destino), Schopenhauer considera superior a tragédia moderna.

De um modo geral, ele favorece as tragédias da vida diária, já que estas nos lembram mais diretamente nossa própria situação, e elogia as relações entre Hamlet, Laertes e Ofélia, e entre Fausto, Gretchen e o irmão desta por sua qualidade doméstica. Os personagens devem ser tirados da vida, combinando boas e más qualidades, sabedoria e loucura, como sucede com os homens na natureza. Além disso, Schopenhauer não rejeita o herói principesco tradicional, cuja queda mais significativa parece apontar para o funcionamento básico do universo. Seu ideal dramático parece ser aquele que, como Shakespeare, pode fornecer tanto um senso da vida ordinária como personagens da mais elevada estatura.

Como a tragédia leva à negação da vontade de viver, a comédia, seu oposto, deve afirmar essa vontade, razão pela qual Schopenhauer a encara com desprezo.

A comédia não pode evitar a descrição da adversidade e do sofrimento, já que estes são essenciais à condição humana, mas mostra-os como "transitórios, dissolvendo-se em alegria e misturados com sucesso, vitória e esperança, que triunfam no final". A cortina então deve ser rapidamente descida, "para que não possamos ver o que vem depois", o inevitável retorno do sofrimento e da luta. A comédia pode assim oferecer pouco interesse ao "espectador refletido", que reconhece que a visão da vida por ela oferecida é acidental e efêmera, portanto falaciosa.[79]

Os *Parerga* e *Paralipomena* dão também uma breve atenção à arte cênica. Em seus primeiros escritos, Schopenhauer, encarecendo a necessária verossimilhança dos personagens dramáticos, disse que os melhores dramaturgos falavam "como ventríloquos", conferindo igual verdade e naturalidade a cada personagem. O ator nunca pode ser volúvel assim, já que sua própria individualidade nunca se apaga por inteiro. Ademais, ele deve ser um "espécime capaz e completo", com suficiente inteligência e experiência para compreender seu personagem, imaginação suficiente para excitar sua própria natureza interior mediante eventos fictícios e habilidade suficiente para mostrar essa natureza interior aos outros. Se possuir essas qualidades, ele poderá criar "mil personagens extremamente distintos sobre a base comum de sua individualidade".[80]

Os escritos de Hegel servem, sob vários aspectos, como somatório de toda a tradição filosófica e estética alemã. Ele tratou do drama, em geral, e da tragédia, em particular, de um modo mais profundo e minucioso do que qualquer outro escritor desde Lessing; na verdade, os críticos modernos tenderam a fazer eco à observação feita inicialmente por A. C. Bradley em 1909, segundo a qual Hegel foi o único filósofo desde Aristóteles a tratar a tragédia "de um modo ao mesmo tempo perquiridor e original".[81] Em seguida, Bradley, nessa conferência sumamente influente, esboça a teoria de Hegel tal como a compreendia; e não surpreende que seu conciso sumário de menos de trinta páginas haja servido aos estudiosos americanos e ingleses posteriores como a essência do pensamento de Hegel sobre o assunto. Um efeito disso é o pressuposto geral, a despeito da ressalva do próprio Bradley quanto a esses pontos, de que Hegel favoreceu a tragédia grega em detrimento da moderna, e de que ele via a essência da tragédia num conflito de bondades incompatíveis, mais bem ilustrado na *Antígona* de Sófocles. Na verdade, Hegel descreve outras fontes do trágico e elogia os modernos e Shakespeare, em particular, a tal ponto que seu tradutor, Bernard Bosanquet, afirmou que no sistema hegeliano as artes românticas representam não um declínio da arte clássica, mas a sua culminação.[82]

A maioria das observações de Hegel sobre a arte pode ser encontrada em *Vorlesungen über die Aesthetik* [*Lições sobre a estética*], notas de uma série de palestras feitas nos anos 1820, publicadas em 1835. Aqui ele acrescenta às tradicionais categorias clássica e romântica um terceiro tipo de arte, a simbólica. Na arte simbólica, a forma mais antiga, o homem está consciente de vagos poderes no mundo natural e no curso dos eventos humanos, mas só é capaz de sugeri-los por meio de imagens aproximadas, e não raro distorcidas. Na arte clássica o homem descobre uma forma exterior congruente com o entendimento espiritual. O melhor exemplo é a escultura clássica, que une intimamente a forma e a ideia. A arte clássica é a mais harmoniosa e bela, mas como permanece limitada ao visível e ao finito não é a realização mais cabal do espírito. A arte romântica busca essa realização superior transcendendo o harmonioso equilíbrio entre forma e ideia e aceitando o conflito e a disjuntura de um nível superior de experiência. A pintura, a música e a poesia são as principais artes românticas, e a poesia, que une a subjetividade da música à objetividade das artes visuais, é potencialmente a mais rica das três.

A parte final da *Aesthetik* [*Estética*] de Hegel, onde ele trata mais plenamente da tragédia, começa chamando à poesia dramática não apenas a "fase mais elevada da arte da poesia" mas, "em verdade, de todo tipo de arte". Assim é porque o drama usa apenas o meio apropriado para a apresentação da vida espiritual, a voz humana, e combina a objetividade do modo épico com a subjetividade do modo lírico. Para que essa combinação se manifeste plenamente, Hegel concorda com Schlegel em que uma "apresentação cênica completa" é essencial.[83]

A discussão de Hegel sobre a poesia dramática divide-se em três partes. A primeira trata da composição dramática como uma forma de poesia, especialmente na medida em que contrasta com os modos épico e lírico. Entre outros assuntos, Hegel examina aqui as partes do drama, sua dicção e diálogo, e as três unidades. Considera a ação a única unidade essencial, e para que essa ação seja dramática ela deve envolver a busca de um objetivo remoto. A resistência a essa busca é também essencial, uma vez que a unidade genuína "só pode encontrar seu fundamento lógico no movimento total que consiste na asserção dessa colisão relativa com a definição das circunstâncias, personagens e objetivos particulares propostos, não meramente sob um modo consonante com tais objetivos e personagens, mas de tal modo que resolva a oposição implicada".[84]

A breve seção segunda trata de aspectos do drama como a obra de arte interpretada. A música e o cenário são aflorados, mas a atenção maior é dada ao ator e suas contrastantes responsabilidades no teatro antigo e moderno. O antigo teatro formal de máscaras e fala declamada requeria grande técnica mecânica, mas a principal responsabilidade do ator era entrar com todas as suas faculdades no papel "sem acrescentar nada de próprio". O teatro moderno, enfatizando a personalidade individual, exige mais do ator, não só para "estimular profundamente o espírito do poeta e o papel que ele aceita", mas também para "suplementar o papel com sua própria inspiração criadora, preencher lacunas, descobrir modos de transição e, em geral, por sua atuação, interpretar o poeta".[85]

A seção final, sobre os tipos de poesia dramática, com o foco na tragédia, é a mais famosa e a mais extensa das três. Havendo já discutido a importância central do conflito no drama, Hegel analisa as formas particulares que tal conflito assume na tragédia grega. A principal forma, desenvolvida por Ésquilo e levada aos píncaros por Sófocles, foi a oposição "entre a vida ética em sua universalidade social e a família como a esfera natural das relações morais".[86] Tal é o conflito, brilhantemente ilustrado na *Antígona*, entre bondades opostas, cuja única jaça é que cada um exige a sujeição incondicional o outro, e essa é, naturalmente, a visão da tragédia mais comumente associada a Hegel.

Uma segunda forma de tragédia grega é representada por *Édipo*, onde um homem executa uma volição sem estar cônscio da natureza criminosa desta. Os gregos, diz Hegel, não distinguiam entre atos praticados na ignorância ou em sã consciência e portanto retrataram aqui uma tensão que na consciência moderna é irrelevante; culpa ou inocência no sentido moderno não estão envolvidas. Os heróis da tragédia clássica não escolhem, "mas são inteira e absolutamente apenas aquilo que querem e fazem".[87] As posições assumidas por esses heróis não são mostradas como falaciosas, mas sua unilateralidade é cancelada por uma reconciliação final centrada não no castigo ou na recompensa, mas no estabelecimento da harmonia. Essa condição de estase e resolução é representada pelo coro, "que atribui sem reserva igual honra a todos os deuses".[88]

Na tragédia moderna, o herói que corporifica uma posição ética única é substituído por personagens "colocados num vasto âmbito de relações e condições contingentes, dentro do qual todo tipo de ação é possível". O conflito torna-se, portanto, interno, e o personagem, como os primeiros teóricos românticos já haviam observado, torna-se o centro da tragédia. Os heróis trágicos modernos atuam não "no interesse da justificação ética das reivindicações realmente substantivas, mas pela simples razão de serem o tipo de homens que são".[89] Hegel vê o conflito em Hamlet como resultante não das exigências antagônicas de vingança e moralidade cristã, mas da relutância de Hamlet em tomar qualquer atitude enérgica. Essa indecisão é típica dos personagens modernos, mas rara no drama grego, conquanto possa ser encontrada em Eurípides, o mais moderno dos gregos. A reconciliação oferecida no drama grego pelo estabelecimento da harmonia social e ética não pode ser facilmente consumada na tragédia moderna; ela oferece uma reconciliação mais fria e mais abstrata, advinda da confirmação da nossa percepção de que um personagem como Hamlet está condenado desde o princípio.

Os fundamentos conservadores da estética de Hegel são mais evidentes em suas ideias sobre a comédia do que sobre a tragédia, mas em ambos os casos vemos que ele está se empenhando em preservar uma ideia essencialmente platônica como base da realidade, um fundamento imutável de verdade, nobreza e bondade. O que ele procura e parece encontrar no drama clássico é uma dinâmica que por um processo dialético apontava para essa ideia, e o que mais o perturba no drama moderno é o desenvolvimento de oposições e conflitos que não parecem sugerir a mesma revelação. Em Aristófanes e alguns dos românticos ele parece encontrar uma visão cômica que pressupõe um universo basicamente harmonioso pela aceitação de todo conflito e contradição como algo transitório e não sério. A verdadeira comédia possui "uma infinita genialidade e confiança capazes de superar suas próprias contradições, não experimentando assim nenhum laivo de amargura ou senso de infortúnio".[90] Plauto, Terêncio e Molière são todos declarados como desprovidos de tal espírito.

Os comentadores de Hegel concordam em que ele tem o drama grego em alta estima, mas debatem sobre se considera o drama moderno potencialmente bem-sucedido, ainda que em diferentes termos. Evidentemente, Hegel era um tanto ambivalente nessa questão. Reconhecia a força e a riqueza da mundivisão clássica. No entanto, sentia, obviamente, certa nostalgia por aquilo que via como uma clara relação com o absoluto no drama grego. As mais ambíguas expressões modernas causaram-lhe certa inquietação, às vezes mesmo com Shakespeare, a quem admirava calorosamente. Na ironia romântica ele via certo reflexo possível do espírito aristofânico, mas ao mesmo tempo reconhecia que o drama poderia facilmente ir além do uso da ironia para expor as contradições de perspectivas parciais e chegar a uma posição de total subjetividade que desafiaria o próprio absoluto. Os personagens de Shakespeare ainda eram baseados num "delineamento firme e decisivo", mas outros poetas modernos levaram tão longe a postura irônica que criaram personagens "tão essencialmente diversificados que são incapazes de qualquer relação homogênea".[91] O drama daí resultante refletia não o absoluto, porém um universo de mero acaso, capricho e experiência subjetiva.

A rejeição dessa alternativa por Hegel não mascarou a tensão, e os teóricos posteriores aceitaram cada vez mais os aspectos do pensamento romântico que ele tentou negar, acabando mesmo por basear sistemas estéticos diretamente nesses aspectos. A subjetividade e o acaso que Hegel tanto deplorava vieram a ser para muitos uma parte essencial da teoria da arte.

NOTAS

1 Martin Opitz, *Gesammelte Werke*, Stuttgart, 1968-79, 4v., v.2, parte 1, p.364-5.

2 Ibidem, v.2, parte 2, p.430.

3 Andreas Gryphius, *Werke*, Hildesheim, 1961, 4v., v.2, p.14.

4 Georg Philipp Harsdoerfer, *Poetischer Trichter*, Nürmberg, 1648-53, 3v., v.2, p.80.

5 Ibidem, p.83-4.

6 Johann Gottsched, *Schriften zur Literatur*, Stuttgart, 1972, p.97-8.

7 Ibidem, p.164-5.

8 Ibidem, p.174.

9 Johann Schlegel, *Werke*, Leipzig, 1764-73, 5v., v.3, p.270.

10 Ibidem, p.293-4.

11 Ibidem, p.282.

12 J. Schlegel, *Werke*, v.3, p.276.

13 Ver, por exemplo, E. Gottschlich, *Lessings Aristotelische Studien*, Berlin, 1876.

14 Gotthold Lessing, *Gesammelte Werke*, Berlin, 1968, 10v., v.6, p.391.

15 Ibidem, p.403.
16 Ibidem, p.304.
17 Ibidem, p.41.
18 Ibidem, p.353.
19 Ibidem, p.482.
20 Ibidem, p.9-10.
21 Ibidem, p.508-9. Ver, também, Otto G. Graf, Lessing and the Art of Acting, in: *Papers of the Michigan Academy of Science, Arts, and Letters*, (1955), n.40, p.293-301.
22 Johann Hamann, *Sämtliche Werke*, Wien, 1949-1957, 6v., v.2, p.75.
23 Johann Herder, *Sämtliche Werke*, Stuttgart, 1827-1830, 60v., v.5, p.220.
24 Ibidem, p.220.
25 Ibidem, p.226.
26 Johann Goethe, *Sämtliche Werke*, Munich, 1909-1920, 41v., v.1, p.174.
27 Goethe, *Wilhelm Meisters theatralische Sendung*, Stuttgart, 1911, p.311, 321-2.
28 Ibidem, p.74-7.
29 Friedrich Schiller, *Sämtliche Werke*, Stuttgart, 1893-1904, 16v., v.2, p.3.
30 Ibidem, v.12, p.59.
31 Ibidem, v.13, p.236.
32 Ibidem, p.227, 229.
33 Ibidem, v.14, p.66.
34 Ibidem, p.72.
35 Ibidem, p.93-4.
36 Ibidem, v.6, p.177.
37 August Schlegel, *Sämtliche Werke*, Leipzig, 1846-47, 12v., v.5, p.30.
38 Ibidem, p.31.
39 A. Schlegel, *Vorlesungen über philosophische Kunstlehre*, Leipzig, 1911, p.161, 179.
40 A. Schlegel, *Werke*, v.5, p.41.
41 Ibidem, p.42.
42 Schiller, *Werke*, v.6, p.144.
43 A. Schlegel, *Werke*, v.5, p.76.
44 Ibidem, p.77.
45 Goethe, *Werke*, v.5, p.247.
46 Schlegel, *Werke*, v.5, p.157.
47 Ibidem, p.19, 21.
48 Ibidem, v.6, p.158.
49 Goethe, *Werke*, v.26, p.48-9.
50 Ibidem, p.52.
51 Ludwig Tieck, *Werke*, Wien, 1817-1824, 30v., v.30, p.63.
52 Goethe, *Werke*, v.19, p.62.
53 Johann Gottlieb Fichte, *Sämtliche Werke*, Berlin, 1845-1846, 8v., v.l, p.227.

54 Friedrich Schlegel, Kritische Ausgabe, Lyceum der schönen Künste, Munich, 1967, Frag. 42, p.182.
55 Karl Wilhelm Solger, Nachgelassene Schriften und Briefwechsel, Leipzig, 1826, 2v., v.2, p.513.
56 Ibidem, p.536.
57 Friedrich Schelling, Sämtliche Werke, Stuttgart, 1839, 6v., v.5, p.692.
58 Ibidem, p.697.
59 Ibidem, p.705.
60 Ibidem, p.720.
61 Ibidem, p.736.
62 Friedrich Hölderlin, Sämtliche Werke, Stuttgart, 1944-1962, 6v., v.6, p.203.
63 Ibidem, v.4, p.267.
64 Ibidem, p.152.
65 Ibidem, p.154.
66 Ibidem, p.158.
67 Ibidem, p.153.
68 Adam Müller, Kritische, aesthetische, und philosophische Schriften, Berlin, 1907, 2v., v.1, p.110.
69 Ibidem: Apologie der französischen dramatischen Literatur, p.269.
70 Vorlesungen über die deutsche Wissenschaft und Literatur, 1806, p.129-30.
71 Ibidem, p.198.
72 Heinrich von Kleist, Sämtliche Werke, Munich, p.884.
73 Ibidem, p.888.
74 Franz Grillparzer, Sämtliche Werke, Wien, 1909-1948, 37v., v.14, parte 1, p.31.
75 Ibidem.
76 Ibidem, v.7, p.332.
77 Friedrich Schleiermacher, Aesthetic, Berlin, 1931, p.4.
78 Arthur Schopenhauer, Sämtliche Werke, Leipzig, 1888, 6v., v.2, p.299.
79 Ibidem, v.3, p.500.
80 Ibidem, v.6, p.469-70.
81 A. C. Bradley, Oxford Lectures on Poetry, London, 1950, p.69.
82 Bernard Bosanquet, A History of Aesthetic, London, 1949, p.352.
83 G. W. F. Hegel, The Philosophy of Fine Art, trad. ingl. F. P. B. Osmaston, London, 1920, 4v., v.4, p.248.
84 Ibidem, p.259-60.
85 Ibidem, p.287-9.
86 Ibidem, p.318.
87 Ibidem, p.320.
88 Ibidem, p.321.
89 Ibidem, p.335.
90 Ibidem, p.302.
91 Ibidem, p.324-5.

1 2

A ITÁLIA E A FRANÇA
NO INÍCIO DO SÉCULO XIX

A França, que substituíra a Itália como principal nação na teoria literária do século XVII, fez da tradição do neoclassicismo quase uma posse nacional. O surgimento de uma abordagem rival da literatura na Alemanha (e em menor proporção na Inglaterra), no princípio do século XIX, dificilmente poderia ter evitado a resistência da parte dos franceses, especialmente porque o novo movimento tendia a se definir em grande parte por oposição à tradição francesa. Para piorar as coisas, a hegemonia crítica francesa foi desafiada por inimigos políticos do país, de sorte que o apoio ao neoclassicismo tornou-se um ato patriótico, fortemente encorajado pelo próprio Napoleão. Mesmo após a queda de Napoleão, embora as conferências de Schlegel sobre o drama e o *De l'Allemagne* [*Da Alemanha*] de Madame de Staël fossem publicados (ambos em 1814), a resistência ao novo movimento continuou sendo forte. Somente nos anos 1820 é que o romantismo ganhou porta-vozes e obras nativas suficientemente poderosas para estabelecê-lo na França.

A dinâmica desses anos na Itália formou um interessante contraste com a da França. Também ali a tradição literária, fortemente influenciada pelos franceses, foi acentuadamente neoclássica. Goldoni rompera com a tradição da *commedia dell'arte* para estabelecer a moderna comédia italiana, com forte inspiração em Molière, e passara seus últimos anos em Paris. O primeiro grande autor trágico da Itália, Alfieri, escreveu suas primeiras tragédias em francês, serviu-se largamente do modelo de Racine e planejava, como Goldoni, fixar-se em Paris – de onde foi expelido pela Revolução. Também a tradição crítica setecentista italiana, desde *La belleza della volgar poesia* [*A beleza da poesia vulgar*] (1700) de Giovan Crescimbeni (1663-1728) e *Della tragedia* [*Da tragédia*] (1712) de Gian Gravina (1664-1718), passando por *Lettera in le quattro tragedie* [*Carta nas quatro tragédias*]

(1751) de Antonio Conti (1677-1749) e *Discorso sul teatro italiano* [*Discurso sobre o teatro italiano*] (1771) de Alfonso Varano (1705-1788), seguiu as diretivas gerais do neoclassicismo francês, preconizando as unidades, a estrita separação de gêneros e a linguagem elevada para a tragédia, a conveniência e a nobreza moral.

No início do século XIX, porém, essa tradição literária e crítica já não era apoiada na Itália, como o era na França, pelas convicções políticas. Pelo contrário, a Itália setentrional, primeiro sob a ocupação francesa e, em seguida – após 1812 –, sob a ocupação austríaca, começou a procurar uma nova literatura nacional como parte do crescente desejo de um Estado italiano livre. O romantismo na Itália veio gradualmente a ser associado a esse sonho político e o neoclassicismo, às forças de ocupação e repressão.

Ironicamente, foram as próprias forças de ocupação que introduziram na Itália o novo movimento. Quando os austríacos substituíram os franceses em Milão, trouxeram consigo as ideias do romantismo alemão, e quando a *Bibliotheca Italiana* foi fundada em Milão para familiarizar os italianos (assim esperavam as autoridades) com a cultura germânica, ela foi, a princípio, um veículo para essa expressão. No primeiro número, Madame de Staël (1766-1817) publicou um artigo, "Sulla maniera e l'utilità delle traduzioni" ["Sobre a maneira e a utilidade das traduções"] (1816), que exortava os escritores italianos a romper com as formas tradicionais e temas mitológicos e a procurar modelos mais modernos em Shakespeare e nos alemães. A subsequente enxurrada de ensaios endossando ou atacando esse conselho é considerada o começo do movimento romântico na Itália.

Entre esses primeiros manifestos, o mais significativo foi a "Lettera semiseria di Grisostomo a suo figliuolo" ["Carta semisséria de Crisóstomo ao seu filho"] (1816) de Giovanni Berchet (1783-1851), tradutor das literaturas alemã e inglesa e forte partidário de Madame de Staël, A mais famosa frase desse ensaio é a distinção de Berchet entre classicismo e romantismo como "a poesia dos mortos" e "a poesia dos vivos".[1] Essa distinção se refere não à história, mas à escolha do assunto e da metodologia: o escritor romântico lida com sua própria cultura, fala ao homem comum e imita a natureza; o autor clássico lida com as culturas do passado, escreve para eruditos e cria "uma imitação de imitações".[2] Assim Homero, Píndaro, Sófocles e Eurípides eram "de certo modo, em sua própria época, românticos, já que escreviam não sobre os egípcios ou os caldeus, mas sobre os gregos".[3]

Berchet não trata extensamente do drama, mas desafia alguns preceitos básicos da teoria dramática neoclássica como exemplos de regras arbitrárias e artificiais. Divide a poesia em quatro formas elementares – lírica, didática, épica e dramática – e considera quaisquer outras divisões de gênero tolas e pedantes. "Se a poesia é a expressão da natureza viva, deve ser tão viva quanto as coisas que representa, tão livre quanto o pensamento que dela brota."[4] A divisão do drama em tragédia e comédia e as unidades de tempo e lugar, Berchet as vê como restrições antinaturais a essa liberdade necessária. Ressalta que mesmo puristas rigorosos permitiram que a tradicional regra das 24 horas fosse estendida por mais meio dia, embora tenham transcorrido apenas três horas do tempo real de representação. "Mas um minuto adicional irá sobrecarregar a pobre mente humana. A precisão do cálculo não pode dar margem a dúvida, pois o próprio Bom Gosto, armado com um giz, escreve no quadro o *motto* 36 = 3."[5] De modo análogo, Berchet zomba da ideia de um espectador tão iludido que tome um palco pela realidade e portanto não possa aceitar a sua mudança.

Silvio Pellico (1789-1854), cuja tragédia *Francesca da Rimini* (1815) antecipou certas práticas dos românticos, foi o compilador de *Il Conciliatore,* jornal fundado em 1818 que se opunha às inclinações pró-austríacos da *Bibliotheca Italiana* e tornou-se a principal voz do novo movimento na Itália. Pellico colaborou nesse influente periódico com vários artigos sobre assuntos teatrais antes de sua supressão em 1820. Pouco tempo depois foi preso por sua associação com a proscrita organização patriótica dos "Carbonari".

Em dois artigos sobre as tragédias de Alfieri (1818), Pellico declara-se contra as definições restritivas dos gêneros dramáticos. Admite a definição segundo a qual a tragédia é a representação de uma ação heroica que provoca em nós a compaixão e o terror, mas compara-a a uma definição de roupa como qualquer traje que protege o homem do frio ou da imodéstia: a túnica grega, a bata turca ou as modas parisienses do momento se prestam igualmente bem à definição. Analogamente, o *Otelo* de Shakespeare, "com sua multidão de personagens e nenhuma unidade de tempo ou lugar ainda provoca compaixão e terror, e continua sendo uma tragédia tão verdadeira quanto a que produz esses mesmos efeitos com três personagens e todas as reverenciadíssimas unidades".[6]

Quando as condições teatrais mudam, diz Pellico, a forma dramática também deve mudar. O que era apropriado para o teatro grego ao ar livre, abrigando uma população inteira diante de uma estrutura cênica permanente, com grande distância entre o espectador e o ator, não será adequado para as plateias modernas: algumas centenas de pessoas num espaço menor, mais íntimo, onde o cenário pode ser rápida e facilmente mudado. O assunto do drama também deve mudar, e o ensaio de Pellico termina com a questão retórica, facilmente respondida por seus leitores: "Quais são as ações heroicas mais importantes para a Itália celebrar? As da pátria ou as das nações estrangeiras? Mitológicas ou históricas? As mais antigas ou as menos remotas de nosso próprio século?"[7]

O outro autor importante do *Il Conciliatore* que escreveu sobre o drama foi Ermes Visconti (1784-1841), que produziu um dos melhores sumários dos objetivos do novo movimento em *Idee elementari sulla poesia romantica* [*Ideias elementares sobre a poesia romântica*] (1818) e um jovial *Dialogo sulle unità drammatiche di luogo e di tempo* [*Diálogo sobre as unidades dramáticas de lugar e de tempo*] (1819). Embora quatro pessoas participem do *Dialogo,* essencialmente a discussão é sobre o Romagnosi romântico e o Lamberti clássico. A unidade de tempo é o assunto central discutido, e Romagnosi segue a prática-padrão ao se concentrar na ilusão. Se um espectador pode aceitar 24 horas em três, por que deter arbitrariamente sua imaginação nesse ponto? Ele conclui que, no teatro, dois tipos de tempo estão operando: o tempo realmente requerido para o desenvolvimento dos eventos retratados e o tempo em que a atenção do espectador pode se concentrar sem fadiga. O problema surge quando os dois se confundem. O objetivo do dramaturgo deve ser "distribuir as cenas dentro do tempo real, e fazê-lo de tal modo que tudo o que não é descrito, mas apresentado, ocupe um tempo aproximadamente igual ao que o mesmo assunto ocuparia na realidade."[8]

Alessandro Manzoni (1785-1873), o mais famoso autor de sua geração, não escreveu para o *Il Conciliatore,* mas compartilhava muitos de seus ideais. Sua tragédia *Il conte di Carmagnola* [*O conde de Carmagnola*] (1820) foi o primeiro drama italiano importante a preencher as condições estabelecidas por Pellico, Berchet e seu círculo. A peça tratava de um assunto tirado da história italiana, desafiava as unidades tradicionais e povoava o palco de personagens que falavam uma língua muito menos retórica do que a da tragédia tradicional. Na "Prefazione" que escreveu para a peça ele propugnava por uma crítica imparcial, numa passagem mais tarde citada por Goethe, que encontrou muita coisa a admirar nessa peça:

> Toda compaixão apresenta a quem quer que deseje examiná-la os elementos necessários sobre os quais um juízo pode basear-se; e a meu ver esses elementos são: Qual a intenção do autor? Sua intenção é razoável? O autor concretizou-a? Pôr de lado tal exame e insistir em julgar todas as obras segundo as regras cuja universalidade e certeza são questionáveis é abrir-se para um julgamento distorcido da obra.[9]

Numa carta posterior (1827), Manzoni observa que foi com Schlegel que ele aprendeu a considerar as obras literárias "orgânicas e não mecânicas na forma", baseadas antes na relação interna do que nos modelos externos. Assim, cada composição possuía "sua própria natureza e razão de ser especiais e portanto devia ser julgada por suas próprias regras".[10]

A principal preocupação da "Prefazione" a *Il conte di Carmagnola* é com as unidades de tempo e lugar, que Manzoni – citando Schlegel – chama de não aristotélicas e inadequadas ao drama moderno: mesmo críticos clássicos como Batteux e Marmontel tiveram de aceitar uma extensão da unidade de tempo para 24 horas, em claro desafio a um argumento estrito em prol da verossimilhança. Finalmente, o argumento de Manzoni é um argumento moral: o teatro deve melhorar a humanidade, e qualquer regulação arbitrária e restritiva tende a impedir-lhe a eficácia. Bossuet e Rousseau estavam certos ao condenar a imoralidade do teatro, mas não compreenderam que o que os ofendia resultava não da natureza do drama, mas das regras francesas, ponto que Manzoni promete explicar em futuros escritos. Ainda seguindo Schlegel, ele se refere ao coro como um instrumento significativo na tragédia, uma "personificação dos pensamentos morais inspirados pela ação".[11]

Il conte di Carmagnola e seu prefácio deram a Manzoni a posição de líder dos românticos italianos e com isso fizeram dele o inevitável foco do ataque neoclássico, não só em seu próprio país como ainda na Inglaterra e, claro, na França. Estimulado por esses ataques, Manzoni escolheu para alvo de sua réplica o crítico menor francês Victor Chauvet e publicou em 1823 um extenso ensaio, "Lettre à M. C... sur l'unité de temps et de lieu dans la tragédie" ["Carta ao Sr. C... sobre a unidade de tempo e de lugar na tragédia"].

Chauvet afirmara que as unidades de tempo e lugar derivaram originariamente não das exigências de verossimilhança, mas da necessidade de unidade de ação e coerência do personagem. Manzoni retorquiu que a unidade de ação implica não um evento singular (a catástrofe), mas uma série de eventos estreitamente relacionados, que não requerem nenhuma duração ou localidade particular. Os personagens devem ser bem delineados e estar claramente motivados, seja qual for a extensão da ação, mas seus objetivos podem mudar durante uma peça, o que é perfeitamente apropriado quer se siga ou não a unidade de tempo. Na verdade, ação e personagem podem ser clarificados quando o autor não segue estritamente a unidade de tempo mas salta sobre o material não essencial (durante os intervalos). Essa abordagem "histórica", oposta à clássica, mistura "o sério e o burlesco, o tocante e o inferior", como se pode ver em Shakespeare, que "observou essa mistura na realidade e quis retratar a forte impressão que ela produziu nele".[12] O poeta deve ser fiel à história, expondo-lhe a verdadeira dinâmica, que as unidades não raro impedem. Deve ser tão fiel como o historiador aos fatos da história, mas expressa-os poeticamente, conta não só o que aconteceu, mas por que e com que efeitos emocionais.

Na última parte desse ensaio, Manzoni volta ainda uma vez à preocupação moral do drama, observando que os autores franceses foram frequentemente condenados por superenfatizar as intrigas amorosas. Isso resulta, sugere ele, do predomínio das unidades: estas impedem os autores de tratar das grandes ações da história, que têm desenvolvimentos complexos e extensos, e força-os a escrever sobre o amor, "essa paixão que é de todas a mais rica em rápidos incidentes e portanto mais adequada para ser confinada nessas regras".[13] Ademais, a maioria dos dramaturgos franceses transige com esse erro ao procurar excitar as paixões no espectador e arrastá-lo emocionalmente à ação em vez de buscar as emoções próprias da tragédia, que só vêm quando o espectador é alçado "às puras regiões da contemplação desinteressada", onde "os sofrimentos inúteis e os vãos prazeres dos homens" despertam os sentimentos apropriados de piedade e terror. No entanto, o fim da tragédia continua sendo, para Manzoni, não emocional, mas moral, e a distância que ele procura não remove os homens do mundo, como queria Schopenhauer, porém lhes dá uma perspectiva para uma compreensão mais clara da ação, à maneira de Brecht. As emoções servem para nos atrair e agradar, mas somente na medida em que podem, por sua vez, despertar "a força moral mediante a qual nós as controlamos e julgamos". O poeta trágico,

> ao pôr diante de nós eventos que não nos interessam como atores, onde somos apenas testemunhas, pode ajudar-nos a adquirir o hábito de fixar nossos pensamentos

naquelas ideias calmas e grandiosas que subjugam e dissolvem as realidades cotidianas e que, quando mais cuidadosamente desenvolvidas e acessíveis, irão inquestionavelmente melhorar nossa sabedoria e dignidade.[14]

Durante os anos que medeiam entre 1816 e 1820, enquanto o romantismo se desenvolvia em Milão, um observador interessado era o jovem francês Henri Beyle, mais tarde conhecido como Stendhal (1783-1842), entusiasta de Shakespeare e Byron e assinante, ao longo desses anos, do importante jornal britânico de crítica literária *Edinburgh Review*. Stendhal escreveu dois ensaios inéditos para *Il Conciliatore*, tratando das implicações do romantismo para o drama; esses ensaios serviram de base para sua obra posterior *Racine e Shakespeare*. Quando Stendhal regressou a Paris, em 1821, o romantismo (o termo ainda não estava em uso; Stendhal foi um dos primeiros a empregá-lo, em 1823) ainda era largamente considerado um movimento estrangeiro suspeito. As traduções de Schiller e Shakespeare apareceram nesse ano, todavia, e François Guizot (1787-1874), no prefácio à segunda, teve ousadia suficiente para exortar ao abandono do sistema clássico, da forma da estrofe alexandrina e mesmo das unidades. "O sistema clássico nasceu da vida da época, uma época que passou", disse. "Parece-me que só o sistema de Shakespeare pode fornecer um modelo para o gênio seguir em nossos dias".[15]

Um teste importante de Shakespeare na França ocorreu no verão de 1822 com a chegada de uma *troupe* de atores ingleses para interpretar suas obras. Foram vaiados na plateia por franceses patrióticos, que chamaram Shakespeare de *aide-de-camp* de Wellington, e esse escândalo estimulou Stendhal a publicar um artigo na *Paris Monthly Review of British and Continental Literature* – o primeiro capítulo de *Racine e Shakespeare* (1823). Um segundo capítulo apareceu no mesmo jornal e um terceiro foi acrescentado para completar uma brochura publicada em separado antes do fim do ano. As ideias italianas eram fortes na obra, especialmente no capítulo de abertura, parte significativa do qual é uma tradução direta de seções do *Dialogo* de Visconti, tiradas do *Il Conciliatore*. É evidente que Stendhal se manteve em estreito contato com os desenvolvimentos em Milão; tendo se associado em Paris com o amigo e tradutor de Manzoni, Fauriel, provavelmente se familiarizou também com a "Lettre à M. C. ..." ["Carta a M. C. ..."], que Fauriel publicou, juntamente com a tradução francesa da peça de Manzoni, na semana subsequente ao aparecimento de *Racine e Shakespeare*.

O capítulo de abertura de Stendhal formula a questão: "Para criar tragédias capazes de interessar o público de 1823, deve-se seguir a prática de Racine ou a de Shakespeare?". A parte principal desse ensaio é um diálogo entre um acadêmico e um romântico, tirado largamente de Visconti. Talvez a mais interessante observação nesse diálogo sobre o discutidíssimo problema da ilusão dramática seja a admissão, pelos românticos, de que na verdade existem dois momentos de "perfeita ilusão" no teatro (embora possam durar apenas algumas frações de segundo), e esses momentos são a essência do prazer que encontramos na tragédia – mas eles vêm em momentos de reflexão, não da ação nem da admiração, e são mais comuns em Shakespeare do que em Racine.

A ênfase de Stendhal no prazer como propósito da tragédia é uma ideia que o separa marcadamente dos italianos, especialmente de Manzoni. Essa famosa distinção abre o terceiro capítulo desse ensaio: "O romantismo é a arte de oferecer ao público obras literárias que, considerando-se os presentes hábitos e crenças daquele, são capazes de lhe proporcionar o maior prazer possível. O classicismo, por outro lado, oferece-lhe a literatura que dá o maior prazer possível aos seus avós".[16] Aplicando essa distinção, Stendhal considera não só Shakespeare, mas Sófocles, Eurípides e Racine todos românticos, já que escreveram de acordo com os preconceitos e as modas de seu tempo. Os autores oitocentistas que entediaram suas plateias, imitando Racine ou Sófocles, são exemplos de classicismo. É até possível ser um classicista imitando Shakespeare, em vez de procurar refletir as preocupações de nossa própria época – Stendhal cita Schiller como exemplo. Estamos mais perto de Shakespeare do que dos gregos porque também vivemos num período de convulsão e incerteza política, mas nosso público é mais requintado e culto do que o dele, de sorte que um novo tipo de drama deve ser criado para esse público.

Em seu segundo capítulo, "Le rire" ["O riso"], Stendhal abordou a questão da comédia, seguindo aqui Schlegel e os alemães mais de perto do que os ingleses ou italianos. Como os alemães, ele considerava Aristófanes o grande mestre cômico da comédia fortemente condicionada pelas circunstâncias sociais de sua criação. Aristófanes teve a grande fortuna de viver numa sociedade de pessoas despreocupadas, que procuravam a felicidade em toda parte e o encorajavam como parte de seu divertimento universal. Molière, embora homem de gênio, foi muito inferior como autor cômico em razão da rigidez de sua sociedade: sob Luís XIV, todos procuravam seguir um modelo social único, e o riso só podia ser dirigido contra os que imitavam esse modelo precariamente. O resultado é que, quando as condições sociais mudaram, Molière deixou de ser divertido. Em 1822, dizia Stendhal, *Tartufo* despertava apenas dois risos na plateia.[17]

O ensaio de Stendhal provocou um debate literário sobre o novo movimento, maior do que Paris conhecera até então. Artigos e panfletos apareceram em ambos os campos, e na Academia Francesa o romantismo foi oficialmente condenado. Num discurso de 24 de abril de 1824, o acadêmico Louis Auger (1772-1829) denunciou o romantismo alemão como um movimento puramente teórico, sem relação com a realidade, que até então não produzira uma só peça significativa. O romantismo francês era pior ainda, um filho bastardo "falto da energia, da ousadia e dos excessos do romantismo alemão".[18] Em agosto, o conde de Frayssinons, grão-mestre da Universidade de Paris, considerava o romantismo um ataque à monarquia e à religião organizada.[19]

Stendhal revisou inteiramente o seu ensaio para responder a esses ataques; o ensaio reapareceu em 1825 na forma de uma série de cartas entre um clássico e um romântico, com o título de *Racine e Shakespeare II*. Desafiado a dar uma breve definição da tragédia romântica, ele propôs: "Uma tragédia em prosa que dura vários meses e cuja ação decorre em vários locais".[20] Muitos dos grandes acontecimentos da história francesa, observa ele, seriam mais bem tratados dessa maneira (como, por exemplo, um drama baseado nos cem dias de Napoleão depois de Elba), acontecimentos que Voltaire e Racine seriam impedidos de considerar. Descartando os alexandrinos como um instrumento para ocultar a tolice (*un cache-sottise*), ele exorta a pôr fim à "linguagem épica e oficial" e preconiza a substituição das tiradas por falas simples, "animadas de um brilho natural". Homens de gênio como Molière e Racine criaram grandes obras apesar das regras, e não por causa delas. E, repetindo o argumento de Berchet, Stendhal agora reivindica Molière para o romantismo, já que "todos os grandes escritores foram românticos em suas próprias épocas".[21] Os clássicos são os que copiam esses mestres em vez de imitar a natureza. Quanto às acusações dos críticos classicistas de que os românticos criaram teoria mas não obras importantes, é a censura da Igreja e do Estado que dá ao classicismo um suporte artificial, impedindo que novas obras experimentais apareçam.

O principal período da teoria romântica na França foi inaugurado por Victor Hugo (1802-1885) no famoso prefácio à sua peça *Cromwell* (1827). Poucas de suas ideias eram totalmente originais, mesmo na França, mas Hugo apresentou-as com um colorido e uma força que o tornaram subitamente o porta-voz crítico do novo movimento. O prefácio começa com uma recapitulação da história literária à maneira dos românticos alemães, mostrando como cada período desenvolveu seu próprio tipo distintivo de poesia – a primitiva ode lírica, a epopeia do período clássico e o drama dos tempos modernos (que Hugo, sem dúvida influenciado por Chateaubriand, data do advento do cristianismo). Esses três períodos são o equivalente poético da infância, juventude e maturidade e representam um processo natural constantemente repetido. Desse modo, os grandes períodos na literatura ocidental que culminaram respectivamente na Bíblia, em Homero e Shakespeare podem ser vistos repetidos em escala menor em cada período histórico. O movimento é sempre do lírico para o épico e o dramático, do ideal para o grandioso e o humano. Assim, na Bíblia, a sequência é Gênesis, Reis, Jó; na literatura grega, Orfeu, Homero, Ésquilo; e na literatura francesa, Malherbe, Chapelain, Corneille.

O conceito central nesse ensaio, e na verdade em grande parte dos escritos de Hugo, é que o grotesco é o princípio organizador de uma terceira fase dessa sequência recorrente. A arte clássica reconheceu apenas o harmonioso e o belo como sua província, porém o cristianismo força o poeta a lidar com a verdade cabal da realidade: "Porque o feio existe ao lado do belo, o deformado junto ao gracioso, o grotesco no reverso do sublime, o mal com o bem, a escuridão com a luz".[22] O artista agora aceita esse mundo como Deus o criou, com sua diversidade e suas contradições. A poesia nascida do cristianismo, a poesia do nosso tempo, é o drama, já que o drama é a única forma poética que busca o real, fazendo-o à imitação da natureza, "combinando o sublime e o grotesco" e procurando "a harmonia dos contrários".²³ O grotesco, ademais, não é simplesmente um elemento apropriado do drama, mas uma de suas maiores belezas, como vemos em Shakespeare, cujo gênio combinava Macbeth e as bruxas, Hamlet e os coveiros, Lear e o bobo.

A mesma aplicação do senso comum que demole a tradicional mas artificial distinção de gêneros, diz Hugo, pode ser usada para demolir as unidades de tempo e lugar (tendo a unidade de ação sido de há muito universalmente aceita como válida). A verossimilhança, tradicionalmente oferecida como defesa dessas regras, é precisamente o que as destrói. Os autores modernos reconhecem que nada pode ser mais falso e artificial do que o lugar de encontro neutro da tragédia de Racine; eles sabem que "uma exata e única localização é um dos primeiros elementos da realidade".²⁴ Analogamente, cada ação dita sua própria duração necessária. As regras a que um artista deve se submeter são as leis gerais da natureza e as regras especiais, únicas para cada criação individual, que unificam essa criação. Nenhum tratado de poesia pode codificar essas regras; elas são infinitamente variáveis, e próprias de cada obra. O artista não deve olhar nem para regras nem para outros artistas, mesmo o maior deles, mas sim "aconselhar-se apenas com a natureza, a verdade e a inspiração".²⁵

Isso não significa dizer que a arte deve procurar meramente reproduzir a natureza, objetivo que Hugo considera ridículo. Ele aceita a elevação e a concentração, ou mesmo (diversamente de Stendhal) o uso do verso. O discurso poético desestimula a preguiça e a autocomplacência no dramaturgo, forçando-o a fundir seus pensamentos numa forma mais memorável e notória para o seu público. Se o drama é um espelho, não deve ser um espelho ordinário, restituindo uma imagem fiel mas opaca da realidade. Deve ser, antes, um "espelho concentrador que, longe de enfraquecer os raios coloridos, os reúna e concentre, para tornar um lampejo uma luz e uma luz uma chama".²⁶ O poeta deve ainda selecionar e refinar, mas seu objetivo não é o belo (como no classicismo) ou o lugar-comum (como alguns românticos mal-avisados parecem querer), mas o característico, concentrando-se nos elementos essenciais da realidade histórica.

Uma versão muito mais extrema desse mesmo conceito foi expressa por Alfred de Vigny (1797-1863) no prefácio ao seu romance *Cinq-Mars* (1827), *Réflexions sur la vérité dans l'art* [*Reflexões sobre a verdade na arte*]. Vigny distingue entre o Verdadeiro (*le Vrai*) , que é a totalidade dos fatos e acontecimentos objetivos e constitui a província dos historiadores, e a Verdade (*la Vérité*), que é uma tentativa de explicar e compreender esses fatos em termos da imaginação humana, a província do poeta. A Verdade é "melhor do que o Verdadeiro, um ideal conjunto de suas formas principais ... a soma total de todos os seus valores". É a verdade que constitui a finalidade da arte dramática. Obviamente, o dramaturgo deve principiar por dominar a Verdade da época que está pintando, porém isso é meramente uma tarefa de "atenção, paciência e memória". Começa então o verdadeiro trabalho de "escolher e agrupar em torno de um centro inventado"; o trabalho da "imaginação e do grande Senso Comum que é o próprio gênio".²⁷

O manifesto de Hugo em *Cromwell* foi secundado um ano depois por duas outras defesas significativas do romantismo, o *Tableau de la poésie française au XVIᵉ siècle* [*Quadro da poesia francesa no século XVI*] (1828) de Charles Augustin Sainte--Beuve (1804-1869) e o prefácio a *Etudes françaises et étrangères* [*Estudos franceses e estrangeiros*] (1828) de Emile Deschamps (1797-1871). Sainte-Beuve exorta os franceses a buscar inspiração antes no Renascimento que no século XVII com suas regras opressivas. É verdade que nenhum grande gênio dramático, nenhum Shakespeare ou Lope de Vega francês tinha aparecido até então; mas a liberdade desfrutada pela geração de Hardy e a resistência então expressa às unidades e ao alexandrino forneceram um precedente significativo para os atuais românticos.[28]

Deschamps, como Hugo e Sainte-Beuve, baseia sua discussão na ideia de evolução literária, já que "os homens de verdadeiro talento em todas as épocas são sempre dotados de um instinto que os impele para o *novo*".[29] A arte dramática sempre foi uma das glórias da França. Molière permanece único como mestre cômico da Europa, e embora apresente uma estatura similar na tragédia, Shakespeare está sozinho na Inglaterra, enquanto a França tem uma longa e ininterrupta tradição de mestres nesse gênero. O veio, contudo, está agora exaurido, e o drama francês moderno se compõe quase inteiramente de imitação sem vida dos grandes mestres franceses. Para quebrar esse ciclo de imitação, os autores franceses devem ou criar ou traduzir, e como o gênio da invenção está hoje embotado, Deschamps aconselha a tradução – particularmente de Shakespeare,

> com seu magnificente desenvolvimento, a variedade de seus personagens, a liberdade de suas concepções, suas eficazes misturas de cômico e trágico, em suma, com todas as suas novas e originais belezas e mesmo com aqueles defeitos inseparáveis delas, que pelo menos não são os defeitos de nossos próprios poetas.[30]

Deschamps se apressa em esclarecer que não está advogando traduções de fidelidade total. O bom tradutor removerá cuidadosamente o material imposto a Shakespeare pelo "mau gosto de sua época", porém conservará tudo o mais e nada acrescentará ao original. Essa tradução mostrará aos franceses que o verdadeiro drama romântico deve ser encontrado não no desrespeito às unidades ou na interrupção da declamação trágica com falsos interlúdios, mas "nas pinturas individualizadas dos personagens, na substituição contínua da recitação pela ação, na simplicidade ou no colorido da linguagem poética ou, em suma, num estilo totalmente moderno".[31]

O próprio Deschamps tentou fazer essa tradução, colaborando com Alfred de Vigny num *Romeu e Julieta* cuja encenação foi bloqueada por forças conservadoras. Vigny, intrépido, continuou a trabalhar sozinho e traduziu *Otelo* como *Le more de Venice* [*O mouro de Veneza*] (1829), representado com êxito na Comédie poucos meses antes do famoso *Hernani* de Hugo. Numa "Lettre" introdutória – que Vigny, seguindo o exemplo de Voltaire, dirigiu a um *lord* inglês –, o dramaturgo descreve seu objetivo como tríplice: criar uma tragédia moderna que na concepção ofereceria "um vasto painel da vida em vez da restrita pintura do desfecho de uma intriga"; na composição, "personagens, e não papéis, e cenas pacíficas e não dramáticas misturadas com cenas de comédia e tragédia"; e na execução, "um estilo familiar, cômico, trágico e por vezes épico".[32] Vigny sugere que a melhor maneira de testar o mérito desses objetivos é a tradução de uma obra estrangeira já consagrada, em vez de uma peça original que poderia padecer de sua própria fraqueza. Shakespeare, aceito por gerações de ingleses, parece uma escolha ideal, especialmente porque captou a realidade de sua própria época, com pouco respeito pela tradição ou pelas regras. O velho sistema clássico, diz ele, proporcionava segurança para os dramaturgos de segunda classe e produziu obras de harmonia e coerência. Além disso, como os sistemas teocrático e feudal, acabou se tornando obsoleto e teve de ser substituído.

A ideia de Vigny, de relacionar uma obra com o seu cenário histórico, é naturalmente lugar-comum entre os românticos, porém ele a leva mais longe do que a maioria. "Apresentar uma tragédia nada mais é do que preparar uma tarde, e o título mais acurado deve ser a data da encenação."[33] Assim, o acontecimento de 24 de outubro de 1829, combinação única dos objetivos do dramaturgo, a interpretação dos atores e a reação do público, era para Vigny o verdadeiro *Mouro de Veneza*. (Aqui ele se antecipa notavelmente a muitos teóricos do século XX que consideram o drama ocasião.)

A crescente respeitabilidade das ideias românticas nessa época é claramente ilustrada na obra de outro tradutor, Benjamin Constant (1767-1830). Em 1809, Constant traduzira o *Wallenstein* de Schiller e lhe adicionara um prefácio, "Quelques réflexions sur la tragédie de Wallenstein et sur le théâtre allemand" ["Algumas reflexões sobre a tragédia de Wallenstein e sobre o teatro alemão"]. Em 1829, ele remodelou esse prefácio, com alterações significativas, e intitulou-o "De la Guerre de Trente Ans" ["Da Guerra dos Trinta Anos"]. Em 1809, Constant sublinhara as dificuldades de ajustar a peça alemã à prática francesa: o uso dos alexandrinos, a eliminação dos personagens secundários e cenas de cor local, o estreitamento geral do foco tanto na ação como no personagem para seguir as unidades de tempo e lugar. No entanto, via essas mudanças como justificáveis, pois o que era apropriado para a Alemanha poderia revelar-se pernicioso na França. Os alemães, sugeria Constant, tinham uma paixão inata pela verdade, pela exatidão histórica e pela verossimilhança moral, que servia como um empecilho natural à sua imaginação e ao seu desejo de agradar ao público. Os autores franceses, obcecados com a popularidade, precisavam de restrições externas que os impedissem de procurar sucessos fáceis em detrimento da arte. Assim, as unidades, por exemplo, serviam muito bem aos franceses, "apesar dos problemas que impõem e das imperfeições que podem ocasionar".[34]

Em 1829, Constant expressou uma opinião muito diferente. Ainda pensava que o espírito francês requeria mais orientação do que o alemão, mas não tanta que implicasse "um respeito pueril por regras obsoletas", forçando o poeta a negligenciar nos personagens e nos eventos "a verdade da gradação, a delicadeza do matiz". Em vez de condenar todas as mudanças no tempo e no lugar, como fizera em 1809, ele rejeitava apenas as que fossem "demasiado frequentes ou abruptas". Em vez da devoção a regras arbitrárias, pedia flexibilidade e um sistema regulador, tanto no teatro como na sociedade, que viesse a unir "ordem e liberdade".[35]

Constant expressa ideias muito mais ousadas e originais em suas *Réflexions sur la tragédie* [*Reflexões sobre a tragédia*], também publicadas em 1829. Aqui ele sugere que existem três bases possíveis para a tragédia. A primeira é a paixão, usual na tragédia clássica francesa: Fedra, Andrômaca, Orestes só existem por suas paixões; têm pouco caráter individualizado. Shakespeare e os alemães, entretanto, e seguindo-lhes o exemplo o teatro romântico, baseiam a tragédia no caráter. Uma terceira possibilidade, até então inexplorada, é o indivíduo em conflito com a sociedade, e Constant recomenda-o como base para a tragédia do futuro. A paixão, diz ele, que os franceses diluíram em amor, estava convencionalizada e exaurida. O caráter oferece mais variedade, mas também restringe um autor ao limitá-lo a traços que servem à ação. A luta da força moral do homem contra o mundo e suas "circunstâncias, leis, instituições, relações públicas e privadas" é, contudo, "o aspecto mais importante da vida humana" e uma fonte inesgotável de situações trágicas. Além disso, a "rede de instituições e convenções que nos envolve do nascimento à morte" tem para nós o mesmo poder que o destino tinha para os gregos, e sua representação despertará no homem moderno o reconhecimento e o terror fundamentais na tragédia clássica.[36]

Victor Hugo e Alexandre Dumas (1802-1870) mostraram pouco interesse pela possível reforma do teatro francês por meio de traduções, à maneira de Deschamps, Vigny ou Constant; preferiram experimentar com obras originais baseadas em episódios da história francesa. O *Marion de Lorme* (1829) de Hugo tentou concretizar as ideias expressas no prefácio de *Cromwell*, embora a obra tenha sido bloqueada pela censura, forçando Hugo a voltar-se para o seu *Hernani*. Enquanto isso, o *Henri III et sa cour* [*Henrique III e sua corte*] (1829) de Dumas foi encenado com sucesso na Comédie. Essencialmente tão romântico quanto a obra de Hugo, *Henri III* não provocou protesto similar, sem dúvida porque Dumas não fez nenhuma tentativa para se impor como líder na teoria ou na prática do novo movimento. Pelo contrário, seu breve prefácio a *Henri III* credita a Hugo e outros a invenção do método que ele seguiu e na verdade ultrapassou. Dumas não reivindica nenhum interesse em fundar um gênero, mas deixa transparecer um nítido viés romântico: "Não estabeleço nenhum sistema porque escrevi, não de acordo com um sistema, mas seguindo a minha consciência".[37] No subsequente prefácio a *Napoléon Bonaparte*, mais uma vez, ele não reivindica nenhum sistema, nenhuma escola, nenhuma bandeira. "Divertir e interessar, tais são as únicas regras que não direi que sigo, mas admito."[38]

O sucesso do *Hernani* (1830) de Hugo, considerado tanto por clássicos como por românticos o teste-chave das ideias românticas no teatro, estabeleceu, por seu sucesso na Comédie, o novo drama na França. Seu prefácio é muito mais curto e menos pormenorizado do que o do *Cromwell*, mas é interessante por seu enfoque muito mais político. Aqui Hugo faz eco a Stendhal e aos italianos, ao ver o romantismo na literatura como uma manifestação estreitamente ligada ao liberalismo na política. "*Ultras* de todos os tipos, classicistas ou monarquistas", diz ele, buscam em vão fazer recuar a onda revolucionária e preservar o "Ancien Régime", "tanto na sociedade como na literatura".[39] O público em geral insiste agora na liberdade, mas não na licenciosidade; nas letras como na sociedade, ele clama não pela monarquia, mas por leis novas e mais flexíveis.

A revolução de 1830 removeu, ao menos por algum tempo, a ameaça de censura e abriu os teatros a obras como *Marion de Lorme* de Hugo, que antes fora proibida. Embora Hugo visse as convulsões revolucionárias com certo receio, saudou entusiasticamente a liberdade que trouxeram aos artistas. Escreveu novo prefácio a *Marion de Lorme* em 1831, criticando a censura por bloquear o desenvolvimento de uma "arte verdadeira, consciente e sincera"; 1830 iria finalmente ser reconhecido como uma "data não menos literária que política". Na literatura como na política, os homens devem trabalhar para estabelecer uma ordem nova e mais humana. A responsabilidade do poeta era "criar um teatro em sua inteireza, um teatro vasto porém simples, variado e nacional em seus temas históricos, popular em sua verdade, humano, natural e universal em suas paixões".[40] Classicismo e romantismo, como todos os velhos termos partidaristas, devem ser absorvidos na consciência unida das massas, nas quais deverá basear-se a arte do futuro.

Hugo tentou seguir esse programa de drama histórico romântico nos anos que se seguiram, desde *Le roi s'amuse* [*O rei se diverte*] (1831) até *Ruy Blas* (1838), mas outros dramaturgos românticos estavam fazendo experiências em várias direções. O mais influente deles era Dumas, que se apartou mais significativamente de Hugo em *Antony* (1831), sua tragédia da vida moderna, que também foi liberada para apresentação graças à abolição da censura. Essa obra popular e influente contém a melhor análise que Dumas fez de seus objetivos ao escrevê-la. No ato quatro, cena seis, o dramaturgo Eugène fala dos problemas de defrontar-se com um teatrólogo contemporâneo. A comédia, "pintura das maneiras", tinha-se tornado, desde a Revolução, difícil, se não impossível de criar, porque todas as classes sociais se haviam confundido. "Nada indica uma profissão, nenhum círculo se distingue por certas maneiras ou costumes; tudo está misturado, os matizes substituíram as cores, e o pintor requer cores, e não matizes." O drama, lidando com as paixões, apresenta outra dificuldade. Os personagens, emoções e ações de sua história são conhecidos e aceitos por todos, mas se alguém tenta expor o coração do homem num cenário moderno, é acusado de exagero. O espectador poderá dizer: "Isso é falso; eu não ajo assim; quando a mulher que eu amo me engana, sofro, naturalmente – sim, por algum tempo –, mas não a apunhalo nem me mato, e a prova é que ainda estou aqui".[41]

Não obstante, Dumas tentou em *Antony* representar não meramente uma cena da vida contemporânea, mas uma dramatização de uma crise emocional.

"Antony", diz ele em *Mes mémoires* [*Minhas memórias*] (1852), "sou eu próprio, com exceção do lado assassino". A peça não é um drama, nem uma tragédia – nem mesmo uma peça, mas uma "cena de amor, ciúme e ira em cinco atos".[42] Que a peça fosse atacada por imoralidade é uma acusação que Dumas credita inteiramente ao fato de sua ação decorrer no presente. Com a mudança nas leis e nos costumes, as atitudes para com o adultério mudaram, e o que Molière podia tratar como comédia exige agora lágrimas e condenação. Igualmente importante é a perda de distância. Não nos reconhecemos em Georges Dandin, Harpagão ou Pierrô, que não falam nem se vestem como nós, mas quando um autor é ousado o bastante para apresentar em roupagem moderna "as maneiras como elas são, a paixão como ela existe, o crime como ele é ocultado", então o público "se reconhece como num espelho, franze o cenho em vez de rir, ataca em vez de aprovar e resmunga em vez de aplaudir".[43]

Com *Antony*, o *drame*, que escritores do século anterior tinham visto como veículo para a promulgação da moralidade, assumiu uma ambiguidade moral que fez dele um pioneiro naquilo que se tornaria um tipo favorito do teatro oitocentista, o drama "chocante" da vida contemporânea.

Apesar da análise de Dumas, os dramas históricos não estavam isentos de acusações de imoralidade, como Hugo descobriu quando *Le roi s'amuse* foi proibido. O problema era mais político do que social – uma peça mostrando um rei de França como sedutor de mocinhas e frequentador de tabernas de má fama revelou-se intolerável, mesmo alguns dias após a tentativa de assassinato de Luís Filipe –, mas Hugo sentiu-se chamado a enfatizar a função moral do teatro nos prefácios dessa peça e da seguinte, *Lucrécia Bórgia* (1833). O teatro, disse ele, tem "a missão natural, a missão social, a missão humana" de nunca despedir suas plateias "sem lhes ter incutido alguma austera e profunda moralidade". A passagem do verso para a prosa, embora não comentada no prefácio, presumivelmente ajudou a tornar a moralidade mais acessível às massas.

Mesmo assim, o conteúdo preciso dessa moralidade austera não é claro. Ele parece envolver a demonstração das obras do destino (ou providência, como lhe chama Hugo ao falar de *Le roi s'amuse*), a interjeição de lembretes da mortalidade humana ("Lembra-te de que és pó") em todas as cenas da alegria e uma tentativa de descobrir nos mais hediondos personagens e ações um toque de humanidade e bondade (a compaixão paternal de Triboulet ou a maternal de Lucrécia Bórgia, por exemplo). O drama deve "tocar todas as coisas sem se deixar manchar por nenhuma delas, adotar uma visão moral e compassiva de todas as coisas deformadas e repulsivas". O mais medonho objeto pode tornar-se "sagrado e puro" se tocado com "uma ideia religiosa".[44] Obviamente, essa ideia reflete o contínuo interesse de Hugo pela justaposição do belo e do feio, agora com uma dimensão religiosa; seu efeito na caracterização tornou-se particularmente importante porque os tipos neoclássicos, respaldados pelo velho conceito de conveniência, começaram a ser minados pelos românticos graças à introdução consciente de elementos contraditórios. (Nesse aspecto, os autores de melodramas, à diferença de Hugo, seguiam estritamente a tradição.)

O prefácio a *Maria Tudor* (1833) passa de uma ênfase moral a uma consideração equilibrada da beleza e do didatismo no drama, exposta naquele tipo de termos opostos que sempre atraiu Hugo. Existem dois meios de suscitar as paixões no teatro, diz ele: o grande e o verdadeiro. O primeiro, método de Corneille, acomete as massas; o segundo, o método de Molière, acomete o indivíduo. Os maiores artistas, como Shakespeare, combinam esses opostos. Hamlet é "colossal, mas real"; é homem, mas também humanidade. O verdadeiro é a fonte da moralidade; o grau, a fonte da beleza. O prefácio a *Ângelo* (1835) continua desenvolvendo essas ideias, afirmando que a peça é

> não inteiramente aristocrática, por medo de que a possibilidade de aplicação desaparecesse na grandeza de suas proporções; não inteiramente burguesa, por medo de que a pequenez dos personagens anulasse a magnitude da ideia; mas principesca e doméstica – principesca porque o drama deve ser grande, doméstica porque o drama deve ser verdadeiro.[45]

Não é de Hugo a tentativa de capturar as paixões de príncipes no cenário doméstico de um *Antony*; a dimensão histórica é essencial para se conquistar a estatura que ele busca. Quando fala do *drame* (por exemplo, no prefácio de *Ruy Blas*, 1838) como "a terceira grande forma de arte, contendo, fundindo e tornando fértil as duas primeiras [comédia e tragédia]",[46] é sempre o drama histórico e nunca o doméstico que ele tem em mente.

Anteriormente, nesse prefácio, Hugo sugere outro arranjo tripartite, com um terceiro gênero que não combina os melhores aspectos da comédia e da tragédia – o melodrama. Cada gênero apela para uma parte diferente da plateia, ressalta ele. As mulheres, interessadas nas paixões e emoções, procuram o prazer do coração na tragédia. A multidão, em geral, interessada num enredo cheio de ação e efeitos sensacionais, procura o prazer dos olhos no melodrama. Os pensadores, interessados nos seres humanos e em seus motivos, procuram o prazer da mente na comédia. Embora sugira que cada um atende a uma necessidade legítima, Hugo considera o melodrama "vulgar e inferior" aos outros dois gêneros.[47]

A exata relação entre o melodrama e o drama romântico foi debatida durante esse período, e desde então não deixou de sê-lo. Hugo tentava, como o mostra claramente o prefácio a *Ruy Blas,* dissociar-se da forma popular. Além disso, sua obra, especialmente quando escreveu em prosa, tinha muito em comum com a dos autores de melodramas para que seus oponentes fundissem os dois – seja como estratégia retórica ou porque, do ponto de vista do classicismo, as duas formas fossem virtualmente indistinguíveis. O crítico Jules Janin, escrevendo sobre *Ângelo*, dizia: "Seus admiradores diziam 'É Shakespeare' e seus detratores 'É Pixérecourt!'".[48]

A distinção moderna mais comum foi formulada sucintamente por François Ponsard, num artigo de 1852:

> Eu chamaria qualquer peça seja de drama ou de tragédia se ela estivesse basicamente preocupada com a representação do personagem, o desenvolvimento das paixões ou a recriação do espírito e das maneiras da época, e subordinaria o enredo a essa ideia dominante.
> Qualquer peça, ao contrário, de aventuras e de reviravoltas inesperadas seria um melodrama. Cada uma dessas obras tem suas próprias leis particulares, que devem ser observadas.[49]

Desprezado tanto por clássicos quanto por românticos, o melodrama inspirou poucos teóricos contemporâneos a considerar o que as suas "leis particulares" poderiam ser, ou mesmo defendê-lo como digno de consideração séria. Charles Nodier (1780-1844), na introdução ao *Théâtre choisi* [*Teatro escolhido*] (1841) de Guilbert de Pixérecourt, apresentou a mais extensa defesa do gênero. Ele encarece a função moral do melodrama, sua ênfase na justiça e na humanidade, seu estímulo à virtude, a simpatia terna e generosa que desperta e, acima de tudo, sua corporificação da "moralidade da Revolução", segundo a qual "mesmo neste mundo a virtude é sempre recompensada e o crime nunca fica sem castigo".[50] O teatro melodramático substituiu, assim, a defunta Igreja como fonte de instrução moral, e a inconteste popularidade contemporânea do gênero explica por que o crime nunca foi tão raro, especialmente entre as classes inferiores. Os novos dramas românticos mostraram o potencial artístico do melodrama ao elevá-lo com "a artificial pompa do lirismo", mas infelizmente seus autores nem sempre foram fiéis à essência do melodrama – sua moralidade.[51]

Nodier considera apenas uma crítica do gênero com certa minudência, a do estilo. Admite que não raro a linguagem do melodrama é exagerada e afetada, mas assevera que ele serve bem ao seu propósito. Esse propósito consiste em deleitar e emocionar as multidões, impressionar-lhes a imaginação e apoderar-se de sua memória; o verdadeiro drama popular sempre fez isso, daí por que Aristófanes e Plauto sejam hoje tão difíceis de ler.

Não se observa em Nodier o interesse, tão típico da teoria romântica, em distanciar esse gênero dos que o haviam precedido. Pelo contrário, ao encarecer a instrução e o prazer e ao defender a justiça poética, ele parece estar tentando enfatizar certa continuidade com a tradição neoclássica. Essa tendência é igualmente clara nas declarações teóricas do pai fundador do melodrama, Guilbert de Pixérecourt (1773-1844). Em suas *Dernières réflexions de l'auteur sur le mélodrame* [*Últimas reflexões do autor sobre o melodrama*] (1843), Pixérecourt observa que, com exceção de duas peças, "em meus dramas representei as três unidades tanto quanto possível. Sempre pensei que devia haver completa unidade numa obra dramática".[52] Na opinião de Pixérecourt, o conceito de unidade estendia-se também à unidade de visão entre a obra escrita e a produção, o que o levou a preconizar um artista de teatro único envolvido no inteiro processo de produção, do tipo mais tarde defendido por Wagner: "Uma peça teatral só pode ser bem concebida, bem construída, bem dialogada, bem ensaiada e bem interpretada sob os auspícios e pelos esforços de um único homem que tenha o mesmo gosto, o mesmo julgamento, a mesma mente, o mesmo coração e a mesma opinião."[53]

Como Nodier, Pixérecourt condena o drama romântico por seu desrespeito às unidades, sua multiplicação de cenas e, sobretudo, por sua falta de moralidade e seu interesse nos vícios mais baixos – adultério, estupro, incesto, parricídio, prostituição; acha as peças "ruins, perigosas, imorais e vazias de interesse ou verdade".[54] Que é que impedia Pixérecourt de fazer causa comum com os neoclássicos, que partilhavam as mesmas queixas? A linguagem do melodrama era, sem dúvida, um obstáculo maior, como sugeriu Nodier, porém havia outros. O interesse do melodrama no espetáculo e nos tons mistos também ofendia claramente críticos neoclássicos como Jean-Louis Geoffroy; escrevendo sobre *La rase blanche et la rose rouge* [*A rosa branca e a rosa vermelha*] (1809) de Pixérecourt, dizia ele: "As características determinantes do melodrama são o abuso da pantomima, das máquinas, dos combates e das danças, a mistura de tragédia e baixa comédia, a declamação e a linguagem bombástica".[55]

Sem embargo dessa falta de respeitabilidade crítica, o melodrama mostrou ser uma forma popular e duradoura. Nem era ele o único competidor com que o drama romântico se defrontou em sua busca de plateias depois de seu triunfo sobre o neoclassicismo. Enquanto o melodrama, desenvolvido nos populares teatros de *boulevard*, tirou do drama romântico as plateias mais populares, a "peça benfeita" de Eugène Scribe (1791-1861) e seus partidários também desafiava o romantismo, primeiro nos teatros de *boulevard* mais burgueses, depois no próprio reduto do drama tradicional, a Comédie Française. É difícil superestimar a influência de Scribe sobre o drama subsequente. Os dramaturgos realistas do final do século XIX – mais notoriamente Ibsen – usaram de sua técnica de cuidadosa construção e preparação de efeitos, e mediante seu exemplo a peça benfeita tornou-se e continua sendo o modelo tradicional da construção da peça.

No entanto, Scribe, diferentemente de Hugo ou mesmo de Pixérecourt, não via a si mesmo como reformador ou fundador de nenhuma escola, mas simplesmente como o bem-sucedido praticante de um ofício. Não escreveu prefácios, não lançou manifestos; suas obras falam por si mesmas. Seu único comentário crítico mais extenso ocorre no discurso de recepção que proferiu na Academia Francesa (1836), que afirma, sem dúvida com branda ironia, a superioridade da canção sobre o drama e nega que a comédia reflita as maneiras de sua própria sociedade. Muito pelo contrário: durante o licencioso período da Regência, a comédia era fria, correta, pretensiosa e decente; durante a sangrenta Revolução, ela era humana, benevolente e sentimental. A razão disso, diz Scribe, é que os espectadores vão ao teatro "não para instrução ou aprimoramento, mas por diversão e entretenimento, e o que mais os diverte não é a verdade, mas a ficção.

Ver de novo o que se tem diante dos olhos diariamente não agrada, mas sim o que não é disponível no dia a dia: o extraordinário e o romântico".[56]

Mesmo no drama romântico, o sistema proposto por Hugo não foi, de modo algum, universalmente aceito. O *Antony* de Dumas, como vimos, oferecia um tipo de drama totalmente distinto, a exemplo do *Chaterton* (1835) de Vigny. O prefácio de Vigny, "Dernière nuit de travail" ["Última noite de trabalho"], abdica de qualquer propósito teórico: "A mais vã das vaidades é talvez a das teorias literárias, que têm seu momento de popularidade e logo são ridicularizadas e esquecidas".

Entretanto, o prefácio apresenta uma teoria diferente do drama, e a observação sobre a vaidade provavelmente advém menos da desilusão geral de Vigny do que de sua compreensão de que em 1835 estava advogando ideias que rejeitara em 1829. O público agora limitava-se a rir dos grandes efeitos "para deliciar os olhos diante de surpresas infantis" – referência que se poderia aplicar tanto a Hugo como a Pixérecourt – e chegara a época de um drama mais simples e mais sério, que Vigny chamava de "o drama do pensamento". Sua ênfase recairia sobre a ação interna – as "feridas de uma alma" – que teria "a mais completa unidade, a mais severa simplicidade". A ação seria toda catástrofe e desfecho (exatamente o tipo de coisa que Vigny condenava em 1829): "A história de um homem que escreve uma carta de manhã, que aguarda a resposta até a noite; ela chega e o mata – mas aqui a ação moral é tudo".[57] Esse formato foi descrito como uma volta aos princípios de Racine, mas sem dúvida seria mais acurado chamá-lo de uma antecipação dos de Ibsen. A estrutura, a internalização da ação, o cenário moderno e mesmo o tema – "o esmagamento de um homem espiritual por uma sociedade materialista" – sugerem fortemente a obra do dramaturgo posterior.

Encontrar intérpretes adequados para o novo drama era um contínuo problema para os dramaturgos românticos. Os mais bem adestrados atores da França eram, decerto, rigorosamente escolados nos métodos tradicionais, e os dos teatros de melodrama tinham competência mas pouco requinte – mesmo Marie Dorval e Frédérick Lemaître, os maiores atores da época. Hugo observou a desigualdade da interpretação de Lemaître, sua tendência a confiar nos momentos brilhantes e nos lampejos de gênio;[58] Dumas, em suas *Mémoires*, comentou que nenhuma atriz francesa – Dorval incluída – estava à altura de interpretar personagens como Julieta, porque eram incapazes de executar as mudanças de tom emocional requeridas por Shakespeare.[59]

Sem dúvida, os escritos teóricos sobre a arte de interpretar no começo do século XIX forneciam pouca base para o desenvolvimento de um enfoque romântico da arte. François-Joseph Talma (1763-1826), o grande ator do período napoleônico, morreu antes do triunfo do romantismo, embora ao longo de sua carreira tenha evoluído para a flexibilidade que aquele oferecia. Seu *Quelques réflexions sur Lekain et sur l'art théâtral* [*Algumas reflexões sobre Lekain e sobre a arte teatral*] (1825) sugere essa tensão; o ator cômico representando as pessoas do dia a dia, diz ele, se abebera diretamente em sua própria natureza, enquanto o ator trágico deve preservar as formas ideais criadas pelo poeta em toda a majestade que as reveste, mas fazê-lo mediante "acentos naturais e expressão verdadeira". Deve buscar "grandeza sem pompa, natureza sem trivialidade – uma união do ideal e do verdadeiro".[60] Talma discorda de Diderot na questão da sensibilidade, colocando-a acima da inteligência porque esta leva a uma interpretação regular, porém fria, enquanto aquela conduz a uma interpretação profundamente emocionante. No estilo de um bom romântico, Talma jura que "prefere a interpretação sublime à interpretação perfeita".[61]

No ano seguinte, Aristippe Bernier de Maligny (falecido em 1864) publicou a sua minuciosa *Théorie de l'art du comédien* [*Teoria da arte do ator*] (1826), que distinguia entre "atores por imitação", que não eram nem notoriamente bons nem notoriamente maus; "atores por natureza", que confiavam no gênio e eram ora brilhantes, ora detestáveis; e "atores sublimes", que "observavam friamente a natureza humana" mas posteriormente "a interpretavam com espírito e energia".[62]

Embora as obras de Talma e Sainte-Albine (reeditado em 1825) permanecessem como os melhores escritos teóricos gerais, o mais famoso, ou mais notório livro sobre a arte de representar é seguramente o de François Delsarte (1811-1871), que começou o seu *Cours d'esthétique appliqué* [*Curso de estética aplicada*] em 1839. A obra inacabada, interpretada às vezes de forma contraditória por seus discípulos, adquiriu uma fama diametralmente oposta àquela que seu autor pretendia. Delsarte, reagindo contra o treinamento mecânico e formalizado de seu tempo, preconizava um retorno à natureza por uma observação e um registro cuidadosos das expressões e gestos produzidos não pela arte, mas pelo instinto e pela emoção. Mas quando estes foram codificados para seus alunos, o resultado foi ainda outro sistema mecânico, cujos detalhes formais eram tão rigorosamente ensinados pelos discípulos de Delsarte no restante do século que mesmo hoje o seu sistema é quase sinônimo de expressões e gestos mecânicos e arbitrários, exatamente o que ele buscara prevenir.

NOTAS

1 Giovanni Berchet, *Opere*, Napole, 1972, p.463.
2 Ibidem, p.464.
3 Ibidem, p.463.
4 Ibidem, p.468.
5 Ibidem, p.489.
6 Silvio Pellico, Due Articoli sulla "Vera Idea della Tragedia di V. Alfieri", Conciliatore, 6 de setembro de 1818, in Egidio Bellorini (Ed.) *Discussioni e polemiche sul romanticismo*, Bari, 1943, 2v., v.1, p.408.
7 Ibidem, v.1, p.415.

8   Ermes Visconti, Dialogo sulle unità drammatiche di luogo e di tempo, in: Egídio Bellorini, op. cit., 1943, v.2, p.44.
9   Alessandro Manzoni, *Tutte le opere*, Milano, 1957-74, 6v., v.1, p.105.
10 Manzoni, *Carteggio*, Milano, 1921, 2v., v.2, p.359.
11 Manzoni, *Opere*, v.1, p.108.
12 Ibidem, v.2, p.1676, 1694.
13 Ibidem, p.1700.
14 Ibidem, p.1710.
15 François Guizot, Notice biographique et littéraire, in: *Oeuvres complètes de Shakespeare*, trad. francesa Le Tourneur, Paris, 1821, 13v., v.1, p.51.
16 Henri Beyle, *Oeuvres complètes*, Paris, 1927-1937, 79v., v.13, p.43.
17 Ibidem, p.38.
18 Léon Séché, *Le cénacle de la muse française*, Paris, 1908, p.79.
19 Ibidem, p.237.
20 Henri Beyle, *Oeuvres complètes*, v.13, p.89.
21 Ibidem, p.106, 109.
22 Victor Hugo, *Oeuvres complètes*, Paris, 1967-1970, 18v., v.3, p.50.
23 Ibidem, p.60.
24 Ibidem, p.63.
25 Ibidem, p.69.
26 Ibidem, p.70.
27 Alfred de Vigny, *Oeuvres complètes*, Paris, 1914-1935, 6v., v.5, p.viii.
28 Charles Augustin Sainte-Beuve, *Tableau de la poésie française au XVIe siècle*, Paris, 1876, 2v., v.1, p.427.
29 Emile Deschamps, *Oeuvres complètes*, Paris, 1872-1874, 6v., v.2, p.260.
30 Ibidem, p.284.
31 Ibidem, p.285-6.
32 Alfred de Vigny, *Oeuvres complètes*, v.3, p.xiv.
33 Ibidem, p.xii-xiii.
34 Benjamin Constant, *Quelques réflexions sur la tragédie de Wallenstein et sur le théâtre allemand*, Paris, 1809, p.xxiii.
35 Benjamin Constant, *Oeuvres*, Paris, 1957, p.918.
36 Ibidem, p.951-2.
37 Alexandre Dumas, *Théâtre complet*, Paris, 1863-1874, 15v., v.1, p.115.
38 Ibidem, p.314.
39 Victor Hugo, *Oeuvres*, v.3, p.922.
40 Ibidem, v.4, p.465-6.
41 Alexandre Dumas, *Théâtre complet*, v.2, p.52-3.
42 Alexandre Dumas, *Mes mémoires*, Paris, 1954-1967, 5v., v.4, p.302.
43 Ibidem, p.305-6.

44 Victor Hugo, *Oeuvres complètes*, v.4, p.656.
45 Ibidem, v.5, p.683.
46 Ibidem, p.670-1.
47 Ibidem, p.669-70.
48 Jules Janin, *Histoire de la littérature dramatique*, 2ème série, Paris, 1853-1858, 6v., v.4, p.368.
49 François Ponsard, *Oeuvres complètes*, Paris, 1865-1986, 3v., v.3, p.372-3.
50 Guilbert de Pixérecourt, *Théâtre choisi*, Paris, 1841-1843, 4v., v.1, p.iii.
51 Ibidem, p.vii.
52 Ibidem, v.4, p.496.
53 Ibidem, p.497.
54 Ibidem, p.497-8.
55 Ibidem, p.506-7.
56 Eugène Scribe, *Oeuvres complètes*, Paris, 1854, 16v., v.1, p.6.
57 Alfred de Vigny, *Théâtre*, Paris, 1926-1927, 2v., v.2, p.240-1.
58 Jules Claretie, *Profils de théâtre*, Paris, 1902, p.51.
59 Alexandre Dumas, *Mes mémoires*, v.3, p.57.
60 François-Joseph Talma, *Mémoires de Lekain*, Paris, 1825, p.xliii.
61 Ibidem, p.xxxvii.
62 Aristippe Maligny, *Théorie de l'art du comédien*, Paris, 1826, p.42.

13

A INGLATERRA DO SÉCULO XIX

A similaridade entre as ideias de Samuel Taylor Coleridge (1772-1834) e as dos românticos alemães, os Schlegel em particular, é tamanha que um elemento maior no estudo de Coleridge tem sido uma análise de empréstimos feitos. Para nossos propósitos, a questão de determinar até que ponto o pensamento de Coleridge era original é menos importante do que o fato de ele ter introduzido na crítica inglesa a revolucionária ideia romântica, segundo a qual uma peça podia ter uma espécie de unidade diferente daquela que preocupava a crítica neoclássica, uma unidade orgânica respaldada de dentro e exclusiva da própria obra. Assim, em seu famoso ensaio "Shakespeare's Judgment Equal to His Genius" ["Julgamento de Shakespeare igual ao seu gênio"),[1] Coleridge discorda da "noção popular" segundo a qual Shakespeare "era um grande dramaturgo por mero instinto e que se fez imortal apesar de si mesmo". A fonte dessa ideia errônea reside "no confundir regularidade mecânica com forma orgânica". É verdade que Shakespeare não observou a primeira, mas como a própria natureza, ele era sempre fiel à segunda. Nesse aspecto seu gênio requeria julgamento, já que o gênio nunca deixa de ter leis; ele atua "criativamente, obedecendo a leis que se originam nele mesmo", o que permite à forma orgânica moldar e desenvolver de dentro uma forma externa perfeita.[2]

Nas notas de Coleridge a *Romeu e Julieta* ele rejeita as unidades de tempo e de lugar como "meras inconveniências ligadas às peculiaridades locais do drama ateniense" e considera a ação a única unidade que "merecia o nome de um princípio". Em seguida, fazendo eco a Schlegel (que por sua vez estava citando La Motte), Coleridge sugere substituir "interesse" por "ação":

> Em vez da unidade de ação, devo preferir as palavras, muito mais apropriadas embora escolásticas e toscas, homogeneidade, proporcionalidade e totalidade de

interesse – expressões que envolvem a distinção, ou melhor, a diferença essencial, entre a habilidade modeladora do talento mecânico e a habilidade criadora, produtiva e dotada de força vital do gênio inspirado.[3]

Essa unidade significava, para Coleridge, que cada drama se desenvolve a partir de uma ideia organizadora, tal como uma planta se desenvolve a partir de um germe (de fato, sua crítica usa "germe" e "ideia" de maneira quase permutável). Ela principia com um desequilíbrio ou oposição que a peça deve resolver. O desequilíbrio pode estar num único personagem (como Hamlet, que possui "uma grande, quase enorme atividade intelectual e uma aversão proporcional à ação real"),[4] ou num conjunto de circunstâncias (como nos cegos, mas determinados, conflitos de família que opõem os jovens amantes em *Romeu e Julieta*). Para além desses desequilíbrios, que fornecem à ação do drama uma força orientadora, há uma preocupação com a harmonia, não meramente na resolução última do desequilíbrio, mas até mesmo no próprio desequilíbrio, de sorte que forças conflitantes continuam participando do mesmo mundo imaginário. Isso é realizado em parte pela ação (cada cena de *Romeu e Julieta*, cômica ou séria, das altercações iniciais dos criados ao quadro final sobre o corpo dos amantes, se desenvolve a partir do mesmo germe) e em parte pelo tom (todos os personagens nesse drama, por exemplo, compartilham a precipitação caraterística da paixão juvenil).

Há sempre um senso da reconciliação de opostos no conceito de unidade orgânica em Coleridge. Às vezes, esse senso sugere a conciliação hugoana do sublime e do grotesco, mas Coleridge aplicou essa dialética muito mais largamente, vendo o processo mesmo de reconciliação, e não a reconciliação de alguma oposição específica, como a dinâmica da arte. Seu modelo básico, contudo, foi aparentemente a oposição kantiana entre razão e entendimento, reconciliados pela imaginação. No ensaio "On Poesy or Art" ["Sobre a poesia ou arte"], fortemente influenciado por Schelling, Coleridge escreve:

> Em toda imitação dois elementos devem coexistir, e não só coexistir como ser percebidos como coexistentes. Esses dois elementos constituintes são a semelhança e a dessemelhança, ou a identidade e a diferença, e em todas as criações de arte genuínas há de haver uma união desses dois elementos.[5]

"The Drama Generally and Public Taste" ["O drama em geral e o gosto público"] fala de "um grande princípio" comum a todas as artes e que vinha a ser um "equilíbrio sempre variável de imagens, noções ou sentimentos, concebidos como opostos uns aos outros".[6]

A percepção simultânea de opostos está por trás do mais famoso conceito de Coleridge referente ao teatro: a *"voluntary suspension of disbelief"* ["suspensão voluntária da incredulidade"]. Essa formulação particular aparece na *Biographia Literaria* (v.III, p.6), porém o conceito aparece também, variadamente formulado e com mais elaboração, em seus escritos sobre Shakespeare. Assim é que, ao definir o teatro em "Progress of the Drama" ("Progresso do drama"), ele fala de uma "combinação de várias ou de todas as belas-artes para um todo harmonioso dotado de uma finalidade própria", sendo essa finalidade a de "imitar a realidade (objetos ou paixões) sob uma aparência de realidade". A palavra-chave é *semelhança*, que requer uma contribuição do espectador. As peças "devem produzir uma espécie de meia-fé temporária, que o espectador estimula em si mesmo e sustenta por uma contribuição voluntária de sua própria parte".[7] Em suas notas a *A tempestade*, Coleridge compara uma peça a um sonho:

> No sonho passamos subitamente por um mergulho repentino nessa suspensão da vontade e do poder comparativo, enquanto numa peça interessante, lida ou representada, somos levados a esse ponto, na medida em que ele é requerido ou desejável, pela arte do poeta e dos atores e com o consentimento e a colaboração positiva de nossa própria vontade. *Optamos* por ser iludidos.[8]

Nenhum outro crítico importante de seu tempo estava tão imbuído quanto Coleridge das preocupações e estratégias críticas dos teóricos alemães contemporâneos. A tradição empirista inglesa que caracterizou os outros grandes críticos da época teve em geral pouca tolerância para com essa especulação abstrata. William Hazlitt (1778-1830), por exemplo, ironizava a metafísica de Coleridge ou Schlegel: "A verdade, como eles a viam, nunca é o que é, mas o que, segundo o sistema deles, *deve* ser".[9] Hazlitt não erigiu nenhum sistema, não desenvolveu nenhuma filosofia da arte, mas considerava obras específicas mais à luz do físico que do metafísico, do fisiológico que do filosófico.

Não obstante, algumas preocupações comuns podem ser encontradas ao longo de seus escritos. Apesar de sua desconfiança dos alemães, partilha com eles um interesse mais voltado para o personagem do que para a ação como elemento central do drama: o que torna Shakespeare preeminente entre os poetas é o brilho com que concebe os personagens individuais, cada um dos quais é "tanto ele mesmo, e tão absolutamente independente do resto, como se tratasse de pessoas vivas e não de ficções criadas pela mente".[10] Hazlitt, portanto, partilha com Schopenhauer a ideia de que o grande dramaturgo cria personagens que não são reflexos dele próprio, mas indivíduos únicos, tais como a natureza os poderia ter moldado. Aos bons e maus personagens é igualmente permitido falar por si mesmos sem comentário moral pelo poeta. "Em certo sentido, Shakespeare não era em absoluto um moralista", diz Hazlitt escrevendo sobre *Medida por medida*. "Em outro, ele foi o maior dos moralistas. Era um moralista no mesmo sentido em que o é a natureza." O gênio de Shakespeare levava-o à identificação simpática "com a natureza humana em todas as suas formas, graus, depressões e elevações".[11] Essa ênfase na expressão simpática, encontrada em toda a crítica de Hazlitt, é diametralmente oposta à ideia comum entre os românticos, segundo a qual o poeta expressa sentimentos gerados em seu íntimo pela contemplação da natureza. O poeta de Hazlitt acrescenta à realidade objetiva apenas uma sensibilidade consciente. Shakespeare "nada era em si mesmo, mas era tudo o que os outros eram ou podiam vir a ser".[12]

Não surpreende que com essa orientação Hazlitt considere superiores as artes que expressam mais diretamente a vida humana. As pinturas de seres humanos, por exemplo (outras coisas sendo iguais), são superiores às pinturas paisagísticas. A poesia dramática é superior à lírica em virtude de sua exploração mais cabal do caráter humano; e a tragédia é a mais alta forma de drama em razão do alcance e da intensidade de suas preocupações. Ainda aqui, seu efeito baseia-se na simpatia, sendo a plateia movida pela obra, tal como o poeta fora originalmente movido pela natureza. Os alemães diziam que a tragédia oferece uma percepção metafísica; Hazlitt sugere, ao contrário, uma percepção emocional com um tom nitidamente moral. A tragédia "substitui o mero egoísmo pela simpatia imaginária. Infunde-nos um interesse elevado e permanente, para além de nós mesmos, na humanidade como tal". Ela faz do homem "um co-participante de sua espécie, subjuga e abranda a obstinação de sua vontade, ensina-lhe que existem ou existiram outros como ele, mostrando-lhe como num espelho o que sentiram, pensaram e fizeram. Abre os compartimentos do coração humano".[13]

A dinâmica da comédia é exatamente o oposto; aqui o que se busca é não a simpatia, mas o distanciamento, e por essa razão Hazlitt a considera uma forma inferior. A comédia apela para "nossa indolência, nossa vaidade, nossa fraqueza e insensibilidade", enquanto "a poesia séria e apaixonada apela para nossa força ou magnanimidade, nossa virtude e humanidade".[14] Hazlitt desenvolve uma taxonomia minuciosa da comédia, dividindo-a no meramente risível, cujos efeitos se devem largamente à surpresa; no burlesco (a esfera usual da comédia), em que "certa deformidade ou inconveniência" contrária "ao que é costumeiro ou desejável" é adicionado à surpresa; e no ridículo, o reino da sátira e o mais alto grau de comédia, "contrário não só ao costume, mas ao bom senso e à razão".[15] Os maiores instrumentos da comédia são o humor e a finura de espírito, o primeiro envolvendo a simples representação do burlesco numa situação ou personagem acidental, a segunda elevando-a artificialmente por uma inesperada comparação ou contraste.

Conquanto na opinião de Hazlitt a simpatia torne o drama sério preferível à comédia, ele considera a mistura da simpatia com a comédia um defeito e com base nisso julga a comédia da Restauração superior à de Shakespeare. A afetação e a artificialidade da sociedade postas a ridículo são tão patentes que "somos quase transportados para outro mundo e escapamos dessa época estúpida para outra que era toda vida, fantasia, alegria e humor".[16] Para Hazlitt, porém, esse não é o mundo do conto de fadas, como o é para Charles Lamb; os vícios e loucuras pintados são bastante reais para suas plateias contemporâneas, que respondem corrigindo, ou pelo menos escondendo, essas faltas. Hazlitt vê a comédia em seu papel horaciano tradicional como o látego da loucura e o corretor das maneiras; além disso, está tão convencido da eficácia da comédia nesse papel que acredita que ela "se desgasta naturalmente – destrói o próprio alimento de que vive; e ao ridicularizar de modo constante e eficaz as loucuras ou fraquezas da humanidade ela acaba se despojando de tudo o que é digno de riso".[17]

A tragédia também exaure gradualmente o seu material, porque é um estímulo tão eficaz de interesses e paixões que os homens chegam a preferi-la à vida. "Aprendemos a existir não em nós mesmos, mas nos livros." As paixões dos homens tornam-se assim "ideais, remotas, sentimentais e abstraídas",[18] e o público teatral de Hazlitt acaba se defrontando com um dilema como o do poeta sentimental de Schiller: sua autoconsciência literária e crítica ergue uma barreira entre ele próprio e a natureza. Hazlitt não sugere nenhuma fórmula para superar esse dilema modernista. O drama, em sua teoria, parece fadado à extinção, vítima de seu próprio sucesso.

Os pressupostos críticos de Charles Lamb (1775-1834) correspondem estreitamente aos de Hazlitt. Ele é provavelmente mais conhecido entre os que se interessam pelo teatro por sua asserção de que as peças de Shakespeare são melhores lidas do que representadas, mas na verdade seus escritos mostram uma familiaridade tão simpática e íntima com a obra representada quanto a de qualquer outro crítico importante de sua geração. Como Hazlitt, Lamb contrasta tragédia e comédia com base na simpatia e no distanciamento, e no ensaio "Stage Illusion" ["Ilusão do palco"] (1825) sugere como isso afeta também a arte de interpretar. Lamb descarta rapidamente a ideia de ilusão perfeita no palco – um certo distanciamento parece tão inevitável quanto útil – e considera os diferentes graus de ilusão na comédia e na tragédia. Como em Hazlitt, a simpatia é a chave. O ator cômico, ao representar os defeitos e as fraquezas da natureza humana, não deve envolver-se muito profundamente com eles, do contrário nós, como espectadores, ficaremos demasiado envolvidos. "Ver um covarde *real* no palco produziria qualquer coisa menos hilaridade", por isso o ator cômico deve mostrar, por "uma perpétua subinsinuação a nós, os espectadores, mesmo no auge do entusiasmo, que ele não era nem a metade do covarde por quem o tomáramos".[19] Por esse distanciamento algo brechtiano, o ator cômico evita engendrar o tipo de simpatia próprio da tragédia. O prazer dramático requer "uma compreensão judiciosa, não muito abertamente anunciada, entre as damas e os cavalheiros de ambos os lados da cortina".[20]

É no distanciamento essencial na comédia que Lamb baseia sua famosa defesa da comédia da Restauração, "On the Artificial Comedy of the Last Century" ["Sobre a comédia artificial do século passado"] (1822). O distanciamento emocional em tais peças, assevera ele, deve afastá-las de quaisquer considerações morais; elas são "um mundo em si mesmas quase tanto quanto um conto de fadas", "um espetáculo passageiro, no qual devemos ficar tão despreocupados com os problemas de vida e morte como na batalha das rãs e dos ratos".[21]

O principal comentário de Lamb sobre a tragédia é o conhecido "On the Tragedies of Shakespeare Considered with Reference to their Fitness for Stage Representation" ["Sobre as tragédias de Shakespeare consideradas com referência à sua adequação para a representação no palco"] (1811), segundo o qual "as peças de Shakespeare são menos calculadas para a representação no palco do que as de praticamente qualquer outro dramaturgo".[22] Tentou-se explicar esse preconceito com base na insatisfação de Lamb com o teatro da época; no entanto, embora ele critique desfavoravelmente a interpretação de Mr. K (John Philip Kemble) e de Mrs. S (Sarah Siddons), sua teoria geral do drama parece levar à mesma conclusão independentemente da qualidade da interpretação em qualquer época particular. Como Hazlitt, Lamb considera a tragédia o mais elevado dos gêneros poéticos, graças à identificação emocional que ela inspira, e Shakespeare o poeta trágico supremo, graças à sua habilidade de perder-se inteiramente em suas criações. Uma autoaniquilação deve idealmente ocorrer no espectador (sempre permitindo o mínimo distanciamento que a mente deve impor para evitar a verdadeira dor ou sofrimento), mas a realidade física do palco trabalha constantemente contra isso. "O que vemos no palco é corpo e ação corporal; o de que estamos conscientes ao ler é quase exclusivamente o espírito e seus movimentos".[23] Ao ler, podemos tirar de nossa imaginação apenas os elementos, como trajes, cenário e ação física, de que necessitamos para participar plenamente dos "pensamentos e da maquinaria interna" do personagem, enquanto no palco devemos ter uma multidão de exterioridades minuciosas e específicas, muitas das quais são potencialmente distrativas. Quando malfeitas (como nas representações pintadas nas rochas e árvores), elas perturbam a ilusão; mesmo quando benfeitas (como na escolha de um gesto eficaz), elas ainda podem distrair-nos da essência do drama. Lamb via a tão admirada despedida dos hóspedes na cena do banquete de *Macbeth* por Mrs. Siddons como um caso bem ilustrativo disso: quando um gesto notável rivaliza com os momentos de ação interna, argumenta ele, serve para "nivelar" todos os aspectos do drama e para fazer "truques, mesuras e cortesias de importância".[24]

Um ponto de vista similar, porém um pouco mais moderado, é expresso por Sir Walter Scott (1771-1832) em seu "Essay on the Drama" ["Ensaio sobre o drama"] (1814), escrito para a *Encyclopedia Britannica*. O objetivo de todo artista, diz Scott, é provocar em seu público "as mesmas sensações sublimes que ditaram suas próprias composições", e o drama, com a ajuda física da representação, "tem mais possibilidade de atingir o seu objetivo, especialmente quando se dirige às fantasias indolentes e inertes da multidão". Além disso, para pessoas de mais gosto e discernimento, Scott concorda com Lamb em que essa estimulação crua é desnecessária e mesmo prejudicial. Ele questiona se "com todos esses meios e instrumentos as mentes de uma temperatura poética elevada não podem receber uma impressão mais viva da leitura solitária do que da representação de uma das peças de Shakespeare".[25]

A tradição da crítica romântica inglesa representada por Hazlitt e Lamb foi continuada em meados do século pelos escritores mais jovens Thomas De Quincey (1785-1859) e Leigh Hunt (1784-1859). O mais famoso ensaio de De Quincey, "On the Knocking at the Gate in *Macbeth*" ["Sobre a batida na porta em

Macbeth"] (1823), analisa com certa minudência a fonte do "peculiar horror e profundidade solene" despertados nele por esse momento particular. Durante anos, conta ele, tentou em vão compreendê-lo racionalmente; até que, como bom romântico, voltou-se para seus sentimentos e encontrou enfim uma explicação num processo que sugeria a justaposição romântica de opostos. Um mundo de trevas, desumano e infernal, apossara-se da peça durante o assassinato, e as batidas indicam a súbita passagem desse mundo para o seu oposto:

> A reação começou; o humano fez o seu refluxo para o diabólico; as pulsações de vida estão começando a bater de novo; e o restabelecimento das coisas do mundo em que vivemos nos torna profundamente sensíveis aos terríveis parênteses que as suspendera.[26]

A mais importante tentativa de De Quincey para estabelecer uma teoria mais geral do drama pode ser encontrada em sua "Theory of Greek Tragedy" ["Teoria da tragédia grega"] (1840), trabalho que ele próprio considerava altamente original, mas que na verdade tem muita coisa em comum com Schlegel. Toda comédia, diz ele, apresenta uma semelhança de família, já que brota das mesmas fontes: "o burlesco do incidente, ou o burlesco da situação, ou o burlesco que surge de maneira mesclada entre o personagem e a situação".[27] A tragédia é uma forma mais variada, tão diferente na Grécia e na Inglaterra que se torna quase irreconhecível como o mesmo gênero. Tudo na tragédia grega tende a torná-la abstrata e distante da vida real: as origens religiosas, os vastos teatros, as máscaras e os coturnos, os coros. É um drama não da ação ou das paixões em desenvolvimento, mas de "situações fixas, imutáveis", de "quadros vivos" interpretados diante de um painel cósmico. Seu modo é o sofrimento, e não o conflito, "pois o sofrimento é duradouro e indefinido", não condicionado pelo temporal. O drama inglês visava à vida e à ação, ao conflito e ao movimento.

De Quincey sintetiza esses dois enfoques em "The *Antigone* of Sophocles as Represented on the Edinburgh Stage" ["A *Antígona* de Sófocles representada no palco de Edimburgo"] (1846): a tragédia grega oferece "a abstração de uma vida que aspira, a solenidade de uma vida que é lançada a uma distância infinita", enquanto a tragédia inglesa oferece uma "vida que respira – paixão, frêmito, palpitação de vida".[28] Ambas nos afetam profundamente, mas de maneiras totalmente distintas, uma por sua profundidade de tristeza não mitigada, a outra por seus conflitos tumultuosos e suas ondas alternadas de luz e trevas, como se observa no momento central de *Macbeth*.

Dentre os ensaístas ingleses do período romântico, Leigh Hunt foi o que escreveu mais prolificamente sobre o drama, publicando centenas de ensaios e recensões entre 1805 e os anos 1830. Como Hazlitt e Lamb (aos quais chamou, em 1831, os melhores críticos dramáticos que a Inglaterra ainda produzira), evitava as preocupações estéticas abstratas de Coleridge e dos alemães, mas partilhava com eles uma teoria coerente, embora desacreditada do drama, de inclinação nitidamente romântica.

Para Hunt, o drama é "a mais perfeita imitação da vida humana", representando o homem "em todas as suas variedades mentais, em suas expressões de maneira e em seu poder de ação", e também "a primeira das moralidades, porque nos ensina o modo mais eficaz de autoconhecimento".[29] Hunt admite que pouca coisa no teatro contemporâneo se aproxima desse ideal, mas como outros românticos refugia-se em Shakespeare, modelo universal e gênio infalível do teatro: "Quanto mais consideramos esse poeta único, mais o achamos superior a todos os tempos e circunstâncias".[30]

Embora Hunt também formule o problema da imitação e da relação entre a tragédia, a comédia e a realidade observada, sua discussão desses gêneros tem um enfoque algo diferente do de Lamb e de Hazlitt. Em vez de enfatizar a simpatia emocional ou o distanciamento, Hunt segue uma linha neoclássica mais tradicional, vendo a comédia como uma peça próxima da vida real na qual os intérpretes "agem naturalmente", enquanto os personagens da tragédia "requerem uma elaboração de linguagem e maneira que nunca usamos na vida real".[31] Hunt está bem ciente de que essa distinção pode levar a uma apresentação abstrata e mecânica da tragédia e exorta os autores e atores a não se esquecerem de que a imitação da paixão é a essência da tragédia.

Era precisamente com respeito a esse ponto que ele criticava o jogo cênico de Kemble, que "estava cônscio de que havia uma diferença entre tragédia e vida comum mas não sabia em que consistia ela, salvo na *maneira*, que ele por conseguinte levava ao excesso, perdendo de vista a paixão". Edmund Kean, por outro lado, sabia que se seu jogo cênico se baseasse na paixão, a maneira se seguiria naturalmente, "como a flor brota da inteireza da planta, ou de tudo o que era necessário para produzi-la". Kemble "começou com a flor" e "não tinha noção alguma de uma coisa tão deselegante como uma raiz, ou a terra comum, ou de todos os preciosos elementos que fazem um coração e uma vida na planta e coroam o seu sucesso com a beleza".[32]

Todos os grandes poetas românticos da Inglaterra tentaram o drama, mas apenas alguns de seus esforços, encabeçados por *The Cenci* (1819) de Percy Bysshe Shelley (1792-1822), alcançaram certa reputação, ainda que modesta, no teatro. Suas contribuições para a teoria dramática são ainda mais escassas, embora Shelley ofereça um comentário bastante extenso sobre o drama em sua *Defense of Poetry* [*Defesa da poesia*], escrita por volta de 1821, mas só publicada em 1840. O ensaio trata de Sidney, da ideia platônica de inspiração poética e do pensamento romântico recente. A primeira dessas três seções define a poesia e discute o modo como ela realiza os seus efeitos: a poesia é um produto da imaginação que sintetiza as coisas conhecidas em verdades eternas, propiciando tanto o prazer quanto o aprimoramento moral.

A segunda seção apresenta uma breve história da poesia europeia e contém observações específicas de Shelley sobre o drama. Ele antecipa Wagner ao saudar os gregos como possuidores do verdadeiro teatro até então conhecido – uma fusão perfeita de todas as artes: "Empregavam a linguagem, a ação, a música, a pintura, a dança e a instituição religiosa para produzir um efeito comum na representação do mais alto idealismo da paixão e do poder". Como Wagner, Shelley condena o período moderno por separar e debilitar as artes individuais. Lamenta também a perda das máscaras como meio de abstrair expressões e torná-las completas e eternas, e desaprova a prática de misturar comédia e tragédia, a menos que a comédia possa tornar-se "universal, ideal e sublime", como no *Rei Lear*.[33]

Voltando-se para o aspecto moral do teatro, Shelley afirma que, enquanto o drama estiver aliado com a poesia ele poderá tocar com majestade e beleza "os raios mais luminosos da natureza humana", estimulando-os e mesmo propagando-os. Mas quando a sociedade decai, o drama decai com ela, perdendo seu contato com a poesia e retornando à imitação estéril ou às grosseiras adulações da moral da época. O exemplo mais notório disso na Inglaterra é a poesia e o drama da Restauração. É dever dos poetas libertar o drama da servidão às circunstâncias sociais e restaurá-lo em sua função de espelho dos maiores e mais elevados pensamentos e sentimentos da humanidade. A terceira e última parte do ensaio explora esse dever no célebre panegírico da poesia que conclui assim: "Os poetas são os legisladores não reconhecidos do mundo".[34] Os dramaturgos que, como Shakespeare e os gregos, trazem a poesia para o teatro compartilham essa glória e essa responsabilidade.

As mortes de De Quincey e Hunt, em 1859, constituíram essencialmente o fim da tradição da crítica romântica na Inglaterra e diminuíram ainda mais as já comparativamente insignificantes contribuições que estavam sendo dadas à teoria dramática. A visão geral vitoriana da literatura ou como utilitária e moralmente elevadora ou como frívola, se não degradante, não estimulou o pensamento especulativo sobre o drama, que em geral era visto sob esta segunda luz. O drama do início do século XIX era certamente indistinto, e os teóricos românticos estavam bem cientes disso, mas após 1850 as queixas relativas à sua insubstancialidade começaram a assumir também o tom da condenação moral. Para muitos vitorianos respeitáveis, a própria experiência de ir ao teatro era suspeita, e embora Shakespeare (suprimidas as passagens mais cruas) fosse reverenciado, muitos acataram o conselho de Lamb e apreciaram suas peças em casa e não no teatro.

As reações de Thomas Babington Macaulay (1800-1859) ao louvor de Hunt e Lamb à comédia da Restauração antecipa essa postura vitoriana. Macaulay compartilha da aversão inglesa às abstrações críticas; em seu ensaio "Lord Bacon" (1837) ele declara toda teoria "inútil" e afirma à boa maneira vitoriana que a utilidade e o progresso são as verdadeiras finalidades do homem, e a filosofia mera fiação de palavras. Platão, Aristóteles e seus seguidores "desprezavam o que era prático; depois de encher o mundo de palavras e barbas compridas, deixaram-no tão ruim e ignorante como o encontraram."[35]

Dados a utilidade e o progresso como as duas justificativas disponíveis para o empenho humano, Macaulay não consegue encontrar defesa para os autores que ele discute em "Comic Dramatists of the Restoration" ["Dramaturgos cômicos da Restauração"] (1841). Tem suficiente tolerância liberal oitocentista para não recomendar a supressão das obras de Wycherly, Congreve, Vanbrugh e Farquhar, mas não o bastante para descobrir algo de redimível nelas. "Essa parte da nossa literatura é uma desgraça para a língua e o caráter nacional", queixa-se ele; ela procura, como os elisabetanos jamais fizeram, "associar o vício com aquelas coisas que os homens mais valorizam e mais desejam, e a virtude com tudo quanto é ridículo e degradante."[36] Lamb está equivocado ao chamar-lhe um mundo de fantasia; o mundo retratado na comédia é quase reconhecível como o da sociedade contemporânea, e a essa sociedade tais dramaturgos pregam uma moralidade corrupta. Essas observações aproximam Macaulay da visão de Steele, ou mesmo de Collier, sobre a comédia da Restauração, mas ele mitiga essa condenação com uma justificativa histórica: devemos ver essas peças em seu contexto como uma reação às "extremas e insensatas coerções" do Estado puritano e preservá-las como ilustração do caráter de "uma época importante nas letras, na política e na moral".[37]

O principal crítico dramático da Inglaterra nos meados do século foi George Henry Lewes (1817-1896), a quem Bernard Shaw caracterizou como "o mais capaz e brilhante crítico entre Hazlitt e nossos próprios contemporâneos".[38] Não é uma afirmação exagerada, mas Lewes não alcançou a posição de um teórico maior. Era um analista perspicaz e ponderado, que se referia indiretamente a si mesmo ao comentar a dificuldade de estabelecer um conhecimento teórico substancial e sustentado no contexto da crítica jornalística: "Gostaria que Quintiliano assistisse a uma 'primeira apresentação' e, indo diretamente do teatro para a redação, ali se sentasse para julgar a nova obra sabendo que seu artigo iria ser lido por milhares de pessoas antes de ele acordar no dia seguinte".[39] No entanto, ele formulou várias ideias que lhe valeram menção entre os teóricos dramáticos, de cujas fileiras parecia excluir a si mesmo. A mais importante delas é o conceito de realismo, que entra na crítica inglesa nos escritos de Lewes, primeiro sobre o romance, depois sobre o drama. "O que apreciamos e aplaudimos mais sinceramente", escreveu ele em 1847, "é a verdade no delineamento da vida e do caráter: incidentes ainda que maravilhosos, aventuras ainda que perigosas são quase insignificantes quando comparados ao interesse profundo e duradouro suscitado por algo como uma representação correta da vida".[40]

Assim, quase exatamente ao mesmo tempo que o drama francês se voltava para o realismo com a *école de bons sens* (ver capítulo 19), Lewes estava introduzindo essa moda na Inglaterra. Releva compreender que Lewes não estava preconizando o naturalismo zolaesco mais que seus contemporâneos franceses; todavia, como podemos ver claramente por suas observações em *On Actors and the Art of Acting* [*Sobre os atores e a arte de interpretar*] (1875), ele considera essa arte a "da representação, e não da ilusão"; ela deve "representar o personagem com uma verossimilhança tal que ele nos afete como real, e não rebaixar o personagem ideal ao nível vulgar".[41] A expressão natural deve ser convertida em arte pelo ator, tal como a linguagem teatral é tirada da fala diária mas "purificada das hesitações, incoerências e imperfeições". Na vida real, os homens e as mulheres raramente expressam seus sentimentos com franqueza, e uma imitação honesta dessa reticência seria de todo ineficaz no palco. Por isso o ator deve encontrar "símbolos bem conhecidos" daquilo que um indivíduo deve sentir para que os espectadores, "reconhecendo essas expressões, sejam impelidos a um estado de simpatia".[42]

O ator deve ainda levar em conta outra preocupação de Lewes, a relatividade da "verdade". Tendo herdado do romantismo uma visão do relativismo histórico, Lewes tenta ver cada obra, na medida do possível, à luz das preocupações, necessidades e expectativas de sua própria época. Similarmente, a interpretação "natural" deve levar em conta as exigências de qualquer peça particular e seu público. "Como a naturalidade é a verossimilhança, torna-se óbvio que um realismo de casaca-e-colete requer uma maneira, dicção e gesto totalmente distintos do realismo poético da tragédia e da comédia", observa ele, e condena os atores que confundem o estilo da vida ideal com o da vida ordinária.[43]

A orientação historicista de Lewes colocou-o em conflito com a maioria dos seus contemporâneos em duas importantes questões. A primeira dizia respeito à imitação dos modelos passados. Poder-se-ia supor que com o fim do classicismo a confiança na prática dos dramaturgos do passado deixaria de ser uma preocupação séria; mas mesmo na França, como vimos, os teóricos sentiram a necessidade de advertir os poetas de que deviam evitar meramente substituir a imitação de Racine pela de Shakespeare. Na Inglaterra, essa nota raramente foi ferida; pelo contrário, os dramaturgos menores da época de Shakespeare foram redescobertos e prodigamente elogiados pelos críticos da geração de Lamb e imitados – sabemos com que sucesso – pelos dramaturgos ingleses mais jovens com pretensões literárias. Em 1850, Lewes denominou essa veneração pelos modelos passados "a maior injúria já sofrida pelo drama inglês"; ele preconizava um teatro que refletisse o seu próprio tempo: "idealizado, é claro, mas saído da atmosfera que respiramos". Isso valia para o drama elisabetano quando este era escrito, afirmava, mas quando era transportado para uma época posterior nada sobrava senão a poesia, e isso induziu os dramaturgos modernos a pensar que por si só a poesia bastaria para criar o drama – um erro terrível.[44]

A mesma ênfase na poesia marcou as interpretações contemporâneas de Shakespeare, a segunda área em que Lewes divergia significativamente de Lamb e outros. Esses escritores, observava ele em "Shakespeare's Critics: English and Foreign" ["Críticos de Shakespeare: ingleses e estrangeiros"] (1849), estavam profundamente equivocados ao enfatizar a habilidade poética de Shakespeare e esquecer que sua maior preocupação era escrever e produzir peças de sucesso. Seus dons poéticos eram grandes, mas o concentrar-se neles levara à "singular falácia" da preferência de Lamb pela leitura dessas obras, quando na verdade, contestava Lewes, a produção teatral "cria um efeito infinitamente maior do que o proporcionado por qualquer leitura de gabinete."[45]

Mathew Arnold (1822-1888), em sua aula inaugural em Oxford em 1857, "On the Modern Element in Literature" ["Sobre o elemento moderno na literatura"], elogiou o drama como uma forma mais duradoura e agradável do que o épico, já que evita descrições locais e efêmeras de pormenores da vida e se concentra nas "ações do homem na medida em que são estritamente determinadas por seus pensamentos e sentimentos". Isso o torna "sempre acessível, sempre inteligível, sempre interessante".[46] Nessa época, Arnold sonhava criar sua própria grande tragédia ao estilo grego, mas só uma dentre as várias tentativas que fez se concretizou – a insossa e estéril *Merope* (1857), que o próprio autor teve de admitir haver sido "calculada mais para inaugurar meu Magistério com dignidade do que para comover profundamente".[47]

Pouca coisa mais sobre o drama se encontra nos escritos de Arnold. Seus comentários posteriores mais substanciais aparecem no ensaio "The French Play in London" ["A peça francesa em Londres"] (1879), onde ele critica a mania inglesa pelo teatro francês. Os franceses, mais mecânicos, mais dominados por regras artificiais e subservientes ao inflexível alexandrino, são deficientes "em força, em penetratividade, em crítica da vida, em capacidade de exprimir energia e júbilo".[48] Mesmo Molière, seu maior gênio, era tão restringido por essa tradição que foi incapaz de criar uma tragédia, gênero mais profundo e difícil do que a comédia. A única coisa que os ingleses podem aprender com os franceses, diz Arnold, é que o Estado deve se empenhar em amparar e incentivar o drama.

O ensaio "On the Idea of Comedy" ["Sobre a ideia de comédia"] (1877) de George Meredith (1828-1909) é bem conhecido não só porque tem espírito e encanto, mas também por ser um dos poucos ensaios ingleses da época a considerar a questão da teoria literária e dramática abstrata. Meredith divide os "poderes do riso" em sátira, ironia e humor, segundo o grau de simpatia com o objeto de riso. A sátira, uma arma de ridículo declarado, é o mais cruel; a ironia deixa a vítima desconcertada, porém incerta sobre se o ataque era realmente a sério; o humor mistura piedade com exposição e pode até mesmo permitir que a simpatia supere inteiramente o riso. O espírito cômico é a percepção que inspira a todos eles. Como a sociedade está baseada no senso comum, o espírito cômico lida com as sempre recorrentes e mutáveis loucuras que se desviam dessa base. O teste da verdadeira comédia, diz Meredith numa frase famosa, consiste em verificar "se ela desperta o riso ponderado".[49] Seus exemplos prediletos, Menandro e Molière, são produtos de sociedade nas quais a mistura ideal de sentimento e intelecto estava presente para produzir o espírito cômico.

Durante os anos 1880, a preocupação central da teoria teatral inglesa voltou-se para a arte da interpretação cênica. O estímulo imediato parece ter sido um livrinho, *L'art et le comédien* [*A arte e o ator*] (1880), do ator francês Constant Coquelin (1841-1909), mais lembrado por sua criação do Cyrano de Bergerac de Rostand. O livro, traduzido para o inglês em 1881, principia com uma defesa do ator como artista independente que usa a criação do dramaturgo como base para uma recriação própria. Coquelin aceita resolutamente a ideia de Diderot sobre a arte cênica e declara ser o paradoxo a única razão pela qual a interpretação pode ser considerada uma arte: "Só se pode ser um grande ator se se tiver um completo autodomínio e uma capacidade de expressar sentimentos que não são vivenciados, que nunca podem ser vivenciados, que pela própria natureza das coisas nunca podem ser vivenciados".[50] O naturalismo está equivocado, diz Coquelin, ao pressupor que a natureza pura e simples pode ser eficaz no palco. O teatro deve elevar e selecionar com sabedoria e bom gosto. Um uso demasiado frequente das convenções destruirá toda verdade no teatro, mas uma fidelidade excessiva ao fato destruirá toda ilusão e todo efeito.

O ensaio de Coquelin deu início a uma série de observações inglesas. Num prefácio, "On the Stage" ["Sobre o teatro"], às suas *Notes upon Some of Shakespeare's Plays* [*Notas sobre algumas peças de Shakespeare*] (1882), Frances Kemble (1809-1893) distingue entre o dramático, que é o "elemento apaixonado, emocional, espirituoso" da natureza humana, e o teatral, que é a reprodução consciente, artificial, desse elemento. O grande ator deve ter um talento para ambos, deve ser capaz de conceber a paixão e também de apresentá-la. Há uma certa qualidade analítica no teatral, mas o dramático tem um "poder de apreensão mais rápido do que o processo desintegrador da análise crítica".[51] Os melhores atores, portanto, confiam mais fortemente em seu talento dramático e só usam o teatral na medida em que é necessário ajustar-se às exigências físicas do teatro.

A defesa de Diderot por Coquelin encorajou uma tradução inglesa do *Paradoxe* em 1883, com prefácio de Henry Irving (1838-1905). Irving discorda frontalmente de Diderot e Coquelin, considerando o paradoxo uma ideia engenhosa, porém totalmente disparatada. O grande ator não deve negar sua sensibilidade; ele sente emoções talvez mais agudamente do que outros e usa esses sentimentos na sua arte. Contra Diderot, Irving cita Talma, para quem a sensibilidade deve apossar-se do ator e abalá-lo em sua própria alma antes que a inteligência possa selecionar e utilizar essa experiência no palco: "Quando são produzidas segundo a vontade do ator e sob o seu controle, as lágrimas constituem uma verdadeira arte; e feliz do ator que as enumera entre os seus dons".[52] Irving fez essencialmente as mesmas observações numa palestra, "The Art of Acting" ["A arte de interpretar"], em Harvard, e em 1877 providenciou uma publicação inglesa do ensaio de Talma para neutralizar a influência de Coquelin e Diderot.

Dentre os vários comentários sobre esses dois ensaios, um dos mais argutos foi o escrito por um estudioso da interpretação cênica oitocentista, Fleeming Jenkin (1833-1885), na *Saturday Review*. Citando Kemble e Talma, Jenkin sugere que o treinamento do ator é em grande parte um treinamento da memória emocional. Todos os atores devem possuir a sensibilidade descrita por Talma e que se manifesta em lampejos de profunda e honesta emoção. Mais tarde, a sós, o ator fixa as efusões espontâneas dessa emoção – seus tons, gritos, gestos e ações –, para que estas possam ser reproduzidas à vontade e, se necessário, ajustadas ou recombinadas. Isso estabelece um círculo de efeitos: "Se com a ajuda da memória reproduzimos perfeitamente um tom ou um grito, esse tom ou grito determina simultaneamente uma reprodução fiel do sentimento pelo qual ele foi inicialmente criado".[53]

Um outro ensaio de Coquelin, "L'Art du Comédien" ["A arte do ator"] (1886), foi publicado em inglês pelo *Harper's* em 1887. Aqui Coquelin fala da necessidade de uma personalidade dual no ator. O "primeiro eu" concebe o personagem a ser criado em termos do "segundo eu", seu instrumento. Os grandes atores sempre manterão esse segundo eu rigorosamente sob o controle do primeiro. Quando o segundo, o ego, se torna predominante, a individualidade do ator eclipsa o papel e a caracterização se perde em meio a detalhes pitorescos. Coquelin cita Irving como exemplo desse erro, de quem prefere o efeito à análise. A base da arte do ator deve ser uma compreensão cabal do personagem, descoberto no texto pelo primeiro eu. O segundo deve ser idealmente "uma massa de argila de escultor, capaz de assumir qualquer forma de acordo com sua vontade".[54]

Irving sentiu-se na obrigação de responder a esse argumento, e um mês depois publicou no *Nineteen Century* uma réplica intitulada "An Actor's Notes" ["Notas de um ator"].[55] Mais uma vez ele insistia na eficácia de o ator se deixar ocasionalmente levar pelas paixões no palco, mas seu ponto focal é o ideal de Coquelin de um ator que negue sua individualidade a tal ponto que nada dela venha a influenciar os vários personagens por ele representados. Irving acha que isso nem é possível nem desejável; todos os grandes atores, como Salvini, Booth ou Kean, puseram uma marca pessoal nos grandes papéis que desempenharam, fazendo que cada uma dessas criações se tornasse em certo sentido sua própria criação.

Dion Boucicault (c. 1820-1890) sugeriu, num ensaio publicado na *North American Review*, que a negligência em distinguir o gênero dramático podia explicar o aparente conflito entre esses dois grandes artistas. Em sua obra como dramaturgo, Boucicault achava que um autor, ao escrever uma comédia, devia ser "circunspecto e previdente, cuidadoso na seleção de pensamentos, um fastidioso espectador dos pormenores de sua obra, totalmente autoconsciente e deliberado"; ao escrever tragédia ou cenas de *pathos* profundo, contudo, ele deve ser impulsivo e espontâneo: "A paixão governa sua pena".[56] Similarmente, o ator cômico faria bem em considerar Coquelin e manter um certo cálculo em tudo o que faz, porém o ator trágico deve atentar antes em Irving. A propensão de atrizes trágicas contemporâneas como Berhardt a seguir o método de Coquelin resultava, dizia ele, de uma consciência analítica inculcada no teatro francês por Zola e não levava a uma expressão trágica maior.

A réplica de Coquelin apareceu no *Harper's Weekly* em novembro de 1887, com uma nota introdutória de Brander Matthews resumindo a controvérsia até aquela data. Coquelin concorda com Boucicault em que diferentes atitudes para com o drama explicam o seu conflito com Irving, mas atribui isso não ao foco em diferentes gêneros, porém a traços nacionais. Os ingleses tendem a favorecer a originalidade, os franceses a tradição; os ingleses o específico, os franceses o geral.

Shakespeare cria grandes indivíduos, Molière grandes tipos. Os grandes atores franceses sempre foram capazes de se expressar dentro de uma tradição e por isso são mais conscientes de seu trabalho do que os ingleses, que favorecem a inspiração. Não nega o poder da emoção espontânea, mas os sentimentos que não podem ser adequadamente utilizados, seja no ensaio, seja na representação, a menos que o ator já esteja tão enfronhado em seu papel, tão "imbuído da essência de seu personagem" que a emoção possa ser eficazmente usada na cena.[57]

O mais conhecido documento dessa animada controvérsia, e o mais longo trabalho sobre a arte do ator a aparecer na Inglaterra até então, foi o *Masks or Faces? [Máscaras ou rostos?]* (1888) de William Archer. O debate estava passando da questão comparativamente menor de saber se os atores realmente sentem as emoções que expressam para o problema mais básico de saber se os atores projetam e controlam sua apresentação. Archer, entretanto, ficou com a primeira: "Sentir ou não sentir? – Eis a questão".[58] Preparou um longo questionário sobre se e quando os atores de fato choravam, enrubesciam etc., no palco, e enviou-o aos principais atores da época. O crítico Francisque Sarcey, a quem ele pediu que supervisionasse a pesquisa na França, recusou-se a atendê-lo, replicando-lhe: "Considero esse procedimento, que é de natureza americana, inimigo tanto da crítica quanto da arte".[59] Archer recebeu respostas de vários atores britânicos importantes e de alguns atores franceses (não disse quantos). Partindo da confusão das não raro contraditórias provas assim exumadas, ele desenvolveu uma posição que cautelosamente respaldava Coquelin. Não se pode esperar que "o maior virtuoso da mímica mecânica" atinja "a sutil e absoluta verdade de imitação que é possível para o ator que combina a sensibilidade artisticamente controlada com meios físicos de expressão perfeitos". Visto que ninguém tinha advogado a "mímica mecânica", a frase aqui sugere Coquelin, embora Archer observe a seguir que a produção e a reprodução de uma sombra de sentimento precisa decorre não "da mera ação da vontade", mas "da intervenção da simpatia imaginativa".[60] Coquelin provavelmente concordaria com isso, mas nesses termos a posição de Irving poderia provavelmente ser conciliada, embora a questão mais básica da relação entre o texto, as emoções verdadeiras, a simpatia imaginativa e a vontade, infelizmente, nunca sejam diretamente afrontadas.

Se bem a Inglaterra não haja produzido nenhum dramaturgo-teórico entre 1850 e 1890 para defender o drama do socialismo socialmente engajado (como fez Dumas Filho, em particular, na França), os ensaístas vitorianos Lewes, Arnold e Meredith, prefigurados por Macaulay, aceitaram-no geralmente como a forma dramática mais adequada à sua época. Essa postura foi vivamente contestada por Oscar Wilde (1854-1900) no final dos anos 1890. Afirmava ele que a forma, e não o conteúdo, é que era a mais importante consideração na arte e que a vida devia servir à arte, e não vice-versa. A mais completa discussão de Wilde sobre essa posição apareceu em três artigos no *Nineteenth Century*, posteriormente reunidos na coleção intitulada "Intentions" (1891). Eram eles "The Decay of Lying" ["A decadência da mentira"] (janeiro de 1889) e as duas partes de "The

Critic as Artist" ["O crítico como artista"] (julho e setembro de 1890). Em forma de diálogo, todos os três examinam a relação entre a arte e a vida.

Em "The Decay of Lying", Vivian – porta-voz de Wilde – afirma que a atual decadência na arte resulta de a arte ter-se voltado para a natureza e a verdade. Os elisabetanos herdaram um drama poderoso em abstração e perfeição de forma, que eles levaram a novas alturas mas depois começaram a trair. Mesmo em Shakespeare se pode observar um declínio: "Ele se mostra pela gradual supressão do verso branco nas últimas peças, pela predominância da prosa e pela excessiva importância atribuída à caracterização".[61] Essa tendência ao realismo foi um erro, já que nega o que dá à arte o seu poder. Se os temas da arte não são remotos, corremos o risco de ficar emocionalmente envolvidos e de perder o prazer estético: "As únicas coisas belas são as que nos dizem respeito". A arte restaurada em seu próprio poder não será um modelo *de* vida, mas um modelo *para* ela, de vez que a vida sempre busca encontrar expressão e "a arte a oferece em certas formas belas através das quais ela pode realizar essa energia".[62]

Em "The Critic as Artist", Wilde discute as visões ética e estética da arte, citando Platão e Aristóteles como os dois primeiros grandes exemplos dessas duas atitudes. Platão, o moralista, estava preocupado com a importância da arte para a cultura e queria torná-la um meio para outro fim. Aristóteles encarava apropriadamente a arte como um fim em si e por isso chegou mais perto de sua essência. Sua *kátharsis* era um processo purificador e espiritualizador, uma iniciação numa esfera mais elevada que a da realidade normal. Goethe, corretamente, viu isso mais como um processo estético do que como um processo moral, como Lessing erroneamente supusera. Toda arte está portanto desvinculada da moralidade, "exceto aquelas formas inferiores de arte sensual ou didática que buscam excitar à ação do mal ou do bem". A ação é a esfera não da arte, mas da ética, e "o objetivo da arte é simplesmente criar uma disposição de ânimo".[63] Ela começa não com uma ideia, porém com uma forma artística, uma forma que sugere, ela própria, "o que deve preenchê-la e torná-la intelectual e emocionalmente completa". O artista com alguma coisa a dizer, ou mesmo com certo sentimento específico a comunicar, não pode abandonar-se por inteiro às exigências dessa forma: "Toda má poesia brota do sentimento genuíno" e toda grande poesia emana "da adoração da forma".[64] Embora Wilde não aplique essa doutrina especificamente ao debate sobre a arte da interpretação cênica, sua posição a esse respeito está claramente implicada: o ator que confia em suas próprias emoções seria, como o poeta, necessariamente não artístico, porquanto a verdadeira arte provém não da vida, mas da forma. "Você quer amar?", indaga Wilde. Então "use a Litania do Amor e as palavras criarão o anelo de que brotam as fantasias de mundo que elas encerram".[65]

Uma oposição resoluta a essa visão formalista do drama foi feita pelo mais prolífico autor/crítico do final do século XIX na Inglaterra, George Bernard Shaw (1856-1950), que insistiu – começando com suas primeiras resenhas sobre teatro e seu primeiro ensaio crítico importante, *The Quintessence of Ibsenism* [*A quintessência do ibsenismo*] (1891) – em que o objetivo primacial da arte deve ser didático. Tem-se observado frequentemente, com bastante justiça, que *Quintessence* na verdade revela mais sobre Shaw do que sobre Ibsen. Talvez fosse mais exato dizer que Shaw tomou um aspecto de um dramaturgo muito complexo, o do iconoclasta que insiste em contar verdades que a sociedade não gostaria de ouvir, e lidou exclusivamente com esse aspecto. Shaw pergunta por que as peças de Ibsen levaram cavalheiros de outro modo estáveis, como o crítico dramático Clement Scott, a paroxismos de escoriação; sem dúvida ele estava certo ao atribuir esse efeito às "mensagens" de Ibsen. A maior novidade técnica de Ibsen, diz Shaw, foi alterar a estrutura dramática tradicional para refletir seu objetivo didático. "Antigamente você tinha no que é chamado de uma peça benfeita uma exposição do primeiro ato, uma situação no segundo, um desfecho no terceiro. Hoje você têm exposição, situação e discussão; e a discussão é o teste do dramaturgo."[66] Em tal peça não há nenhuma conclusão definida, assim como não existem heróis ou vilãos evidentes; há, isto sim, uma séria consideração de questões contemporâneas significativas.

O prefácio à primeira peça de Shaw, *Widowers' Houses* [*Casas de viúvos*] (1893), insistia em que ela deve ser julgada em suas bases próprias, como uma "peça propagandista, uma peça didática, uma peça com um propósito", embora ao mesmo tempo ele a caracterizasse como "uma peça teatral praticável tecnicamente boa" para os que procuram no teatro apenas entretenimento.[67] Era, claro está, precisamente essa mistura de didatismo e habilidade dramática que caracterizava grande parte da obra de Shaw e assegurava sua constante popularidade, enquanto o diligente moralista Eugène Brieux – cujas bravatas ao tratar com tópicos proibidos no palco e cujo desprezo pela estrutura scribiana levaram Shaw, mal-avisadamente, a equipará-lo a Molière e Shakespeare[68] – está hoje quase totalmente esquecido.

O verdadeiro drama, diz Shaw no prefácio a *Mrs. Warren's Profession* [*A profissão da Sra. Warren*](1894), é encontrado na peça-problema, "porquanto o drama não é um mero apontar da câmara para a natureza; é a apresentação em parábola do conflito entre a vontade do Homem e seu ambiente: numa palavra, de um problema".[69] A missão do dramaturgo passa a consistir em isolar um problema, em clarificar os seus termos e, talvez, em arranjar o argumento de modo a sugerir uma solução. Pela seleção e disposição do material "a partir do caos dos acontecimentos diários", o dramaturgo pode fazer-nos "passar de espectadores aturdidos de uma monstruosa confusão a homens inteligentemente cônscios do mundo e seus destinos".[70] Se um teórico alemão empregasse esses mesmos termos, estaria sem dúvida pensando de maneira metafísica, mas Shaw permanece firmemente dentro da tradição inglesa, pragmática e com os pés no chão. Em "The Problem Play" ["A peça-problema"] (1895), ele afirma que

> a preferência geral do dramaturgo por assuntos em que o conflito está mais entre o homem e suas circunstâncias aparentemente inevitáveis e eternas do que entre suas

circunstâncias políticas e temporais se deve, na vasta maioria dos casos, à ignorância política do dramaturgo (para não mencionar a de seu público).[71]

Se o dramaturgo deve simplesmente propor um problema em termos suficientemente claros para a plateia pensá-lo por si mesmo, ou se deve buscar conduzi-la a uma convicção particular, é uma questão que nunca foi claramente respondida nos escritos de Shaw, embora ele pareça tender para esta última postura depois de 1900. Como quer que seja, fica claro que uma ponderada consideração das questões sociais continua sendo para Shaw o requisito fundamental para um drama significativo.

Como paladino do teatro didático, Shaw desenvolve em seus próprios termos uma teoria do drama com notórias correspondências com as dos teóricos anteriores orientados para a instrução, como Minturno e D'Aubignac. Como eles, Shaw afirma que, para que um público se interesse adequadamente pelas questões morais debatidas no palco, estas devem ser apresentadas pelos dramaturgos e atores com um mundo familiar, essencialmente semelhante ao desse mesmo público. Com isso, a verossimilhança tão cara aos neoclássicos horacianos reaparece na defesa que Shaw faz do realismo. "O princípio e o fim da questão do ponto de vista do autor", escreveu Shaw na famosa carta que dirigiu a seu colega irlandês Matthew McNulty, "é a arte de fazer o público acreditar nas coisas reais que estão acontecendo às pessoas reais".[72] Isso naturalmente colocou Shaw em oposição direta aos atores convencionais e suas tradicionais questões cênicas; ele fulminou contra eles ao longo de sua carreira. O apêndice a *The Quintessence of Ibsenism* descreve os problemas que os personagens de Ibsen dão ao ator convencional, que insiste em "reduzir seu papel ao dos tipos teatrais com que está familiarizado e que aprendeu a representar ernpiricamente".[73]

Como grande parte de sua crítica, os famosos comentários negativos de Shaw sobre Shakespeare assentam em argumentos morais. O ensaio "Better than Shakespeare?" ["Melhor que Shakespeare?"], que prefaceia *César e Cleópatra* (1900), afirma que Shakespeare padece de uma desvantagem inerente com respeito a qualquer dramaturgo moderno, simplesmente porque não pode lidar com questões de nosso próprio tempo em nossos próprios terrnos.[74] Mas para Shaw, a inadequação de Shakespeare vai muito mais fundo: sua falta real é a incapacidade de engajar-se em questões de real importância psicológica e social. Nesses assuntos cruciais, Shakespeare é "absurdamente excedido por um dramaturgo como Ibsen, e a obra de Ibsen, se é menos permanente pelos padrões literários convencionais, é vastamente preferível. *Casa de bonecas,* prediz Shaw, será "tão insípida quanto água de lavar louça", enquanto *Sonho de uma noite de verão* é ainda "tão fresca como uma alface". Mas terá "feito mais trabalho" no mundo, e "isso basta para o mais alto gênio, que é sempre intensamente utilitário".[75] O que a obra faz, ela o faz no mundo? Essa pergunta é a pedra de toque definitiva em toda a crítica de Shaw, tanto sobre a dramaturgia quanto sobre a interpretação cênica.

NOTAS

1. Os escritos críticos de Coleridge são, com frequência, esparsos e fragmentários, e seus títulos sugerem por vezes uma ordem não existente. É o que sucede com esse "ensaio" – na verdade uma série de seis fragmentos, todos eles escritos provavelmente entre 1808 e 1819, coligidos e ligados por temas não originais e cujo título foi dado pelo principal editor de Coleridge, seu sobrinho Henry Nelson Coleridge.
2. Samuel Taylor Coleridge, *Complete Works*, W. G. T. Shedd (Ed.), New York, 1853, 7v., v.4, p.51-4,55.
3. Ibidem, p.110.
4. Ibidem, p.145.
5. Ibidem, p.381.
6. Ibidem, p.41.
7. Ibidem, p.86-7.
8. Ibidem, p.73.
9. William Wazlitt, Schlegel on the Drama, in: *Collected Works*, P. P. Howe (Ed.), London, 1930-1934, 21v., v.16, p.58.
10. Hazlitt, Lectures on the English Poets, in: op. cit., 1930-1934, v.5, p.50.
11. Hazlitt, Characters of Shakespeare's Plays, in: op. cit., 1930-1934, v.4, p.346-7.
12. Hazlitt, Letters, in: op. cit., 1930-1934, v.5, p.47.
13. Hazlitt, Characters, in: op. cit., 1930-1934, *v.4*, p.200.
14. Hazlitt, Lectures on the English Comic Writers, in: op. cit., 1930-1934, v.6, p.23.
15. Ibidem, p.7-8.
16. Ibidem, p.70.
17. Hazlitt, On Modern Comedy, in: op. cit., 1930-1934, v.4, p.10.
18. Ibidem, p.13.
19. Charles and Mary Lamb, *Works*, E. V. Lucas (Ed.), New York, 1903, 5v., v.2, p.163.
20. Ibidem, p.165.
21. Ibidem, p.144.
22. Ibidem, p.1:99.
23. Ibidem, p.108.
24. Ibidem, p.111.
25. Walter Scott, *Miscellaneous Prose Works*, Edinburg, 1827, 6v., v.6, p.368-9.
26. Thomas De Quincey, *Collected Writings*, Edinburg, 1862-1863, 14v., v.13, p.217. (Essa seção dos *Collected Writings* de 1890 é incompleta.)
27. Ibidem, p.342.
28. De Quincey, *Works*, Edinburg, 1862-1863, 15v., v.13, p.217. (Essa seção dos *Collected Writings* de 1890 é incompleta.)
29. Leigh Hunt, *Critical Essays on the Performers of the London Theatres*, London, 1807, p.1.
30. Hunt, *Dramatic Criticism*, New York, 1949, p.190.
31. Ibidem, p.1-2.

32 Hunt, *Dramatic Essays*, London, 1894, p.224.
33 Percy Bysshe Shelley, *Works*, London, 1880, 8v., v.7, p.114.
34 Ibidem, p.144.
35 Thomas Babington Macaulay, *The Works of Lord Macaulay*, London, 1866, 8v., v.6, p.220.
36 Ibidem, p.490-l.
37 Ibidem, p.493-4.
38 George Bernard Shaw, *Our Theatres in the Nineties*, London, 1931, 3v., v.3, p.163.
39 George Henry Lewes, Criticism, *Leader*, v.2, n.71, p.735, ago. 1851.
40 Lewes, Recent Novels: French and English, *Fraser's Magazine*, v.36, p.687, dez. 1847.
41 Lewes, *On Actors and the Art or Acting*, London, 1875, p.112-3.
42 Ibidem, p.119, 124.
43 Ibidem, p.115-6.
44 Lewes, The Old and Modern Dramatists, *Leader*, v.1, n.19, p.451, ago. 1850.
45 Lewes, Shakespeare's Critics: English and Foreign, *Edinburgh Review*, v.90, p.62-3, 68, 1859.
46 Matthew Arnold, *The Complete Prose Works*, Ann Arbor, 1960-1977, 11 v., v.1, p.34.
47 Arnold, *Letters (1848-1888)*, London, 1895, 2v., v.1, p.60.
48 Arnold, *Works*, v.9, p.69.
49 George Meredith, *Works*, New York, 1909-1912, 29v., v.23, p.46.
50 Constant Coquelin, Art and the Actor, trad. ingl. Abby Alger, in: *Papers on Acting*, New York, 1915, série 2, v.2, p.56.
51 Frances Kemble, *Notes upon Some of Shakespeare's Plays*, London, 1882, p.3.
52 Denis Diderot, *The Paradox of Acting*, trad. ingl. Walter H. Pollock, London, 1883, p.10.
53 Fleeming Jenkin, Talma on the Actor's Art, *Saturday Review*, p.542, abr. 1883.
54 Coquelin, Acting and Actors, *Harper's*, v.74, p.894, maio 1887.
55 Henry Irving, An Actor's Notes, *Nineteenth Century*, v.21, p.800-3, jun. 1887.
56 Dion Boucicault, Coquelin-Irving, *North American Review*, v.145, p.159, ago. 1887.
57 Coquelin, A Reply to Mr. Henry Irving, trad. ingl. Theodore Child, *Harper's Weekly*, v.31, n.1612, p.831, nov. 1887.
58 William Archer, *Masks or Faces?*, London, 1888, p.211.
59 Ibidem, p.7.
60 Ibidem, p.208.
61 Oscar Wilde, *Works*, London, 1969, 15v., v.8, p.24.
62 Ibidem, p.56.
63 Ibidem, p.183.
64 Ibidem, p.207.
65 Ibidem, p.108.
66 George Bernard Shaw, *Works*, London, 1930-1950, 37v., v.19, p.145.
67 Shaw, *Prefaces*, London, 1934, p.670.
68 Ibidem, p.196-218.
69 Shaw, *Works*, v.7, p.167.

70 Shaw, *Prefaces*, p.205.
71 Shaw, *Shaw on Theatre*, E. J. West (Ed.), New York, 1959, p.65.
72 Ibidem, p.153.
73 Ibidem, p.1.
74 Shaw, *Shaw on Shakespeare*, Edwin Wilson (Ed.), New York, 1961, p.219.
75 Ibidem, p.63.

14

A TEORIA RUSSA ATÉ 1900

O primeiro crítico literário russo importante foi Vissarion Belinsky (1811-1848), que em geral é lembrado por ter estabelecido a ênfase nas preocupações sociais e políticas, que tem sido a principal característica da tradição crítica russa a partir de então. Na verdade, sua postura só foi desenvolvida plenamente na fase final de sua obra, após 1842. Antes de 1840, Belinsky escreveu largamente sob a influência dos teóricos românticos alemães, encarecendo a unidade orgânica, a íntima relação entre expressão artística e espírito nacional e a liberdade da arte em relação a preocupações essencialmente didáticas. Por um breve período no início dos anos 1840, sua preocupação em proteger o artista para que este não se tornasse um abastecedor de "paixões mesquinhas e frenesis partidários" levou-o a separar quase totalmente a arte das questões sociais. Sua postura mais tardia procurava reter para a arte sua função social e ao mesmo tempo proteger sua integridade estética. Como ele disse em "Sumário da literatura russa" (1847): "Sem dúvida a arte deve ser, antes de tudo, arte – e só então pode ela ser uma expressão do espírito e da direção da vida social durante um dado período".[1]

Os comentários mais extensos de Belinsky sobre o drama aparecem num importante ensaio, "A divisão da poesia em tipos e gêneros" (1841). Em quase todos os pontos, Belinsky segue o sistema hegeliano, que ele estava estudando nessa época. Classifica a poesia como épica, lírica e dramática, sendo o drama, uma fusão das outras duas, a forma mais elevada. A tragédia retrata o conflito de princípios opostos representados por personagens de estatura heroica. Tão convencido está Belinsky dessa visão hegeliana que atribui a falta de grandes tragédias na literatura russa à falta de lutas ideológicas significativas na história do país. Em "O teatro russo em Petersburgo" (1841), ele observa: "Uma variedade de paixões, a colisão de interesses internos e a diferenciação da sociedade – tais são as condições sem as quais não pode haver drama; e nada disso jamais existiu na Rússia".[2]

A ideia de Belinsky da comédia é também hegeliana, opondo ao mundo da tragédia a necessidade de um mundo de acaso e ilusão. No ensaio "A tristeza do humor" (1840), Belinsky aplica essa interpretação à obra de Nikolai Gogol e Alexander Griboedov, vendo seus mundos cômicos de pinturas como uma realidade negativa, um mundo de atividade ilusória. Na medida em que essa realidade negativa opera no mundo traquejado da sociedade russa, tais peças podem sugerir indiretamente o ideal positivo que elas subvertem. Nesse sentido, mais que no sentido tradicional de ensinar uma lição moral específica, a comédia pode ser considerada didática.

Os dois maiores dramaturgos russos do começo do século XIX, Alexander Pushkin (1799-1837) e Nikolai Gogol (1809-1852), forneceram algumas observações críticas sobre o seu mister. As de Pushkin inspiraram-se basicamente em seu próprio *Boris Godunov* (1827) e são visivelmente influenciadas pelo romantismo europeu. Numa inédita "Carta ao editor do *Moscou Messenger*" (1828), Pushkin reconhece "Nosso Pai Shakespeare" como seu modelo e inspiração primacial. "Ao seu altar", Pushkin "levou-lhe como sacrifícios duas unidades clássicas, mal preservando a terceira." Além disso, descartou uma quarta unidade tradicional, a do estilo; trocou os alexandrinos por versos brancos e prosa ocasional; e não seguiu a tradicional divisão em atos. Em vez de respeitar essas regras provadas e comprovadas, procurou criar "uma pintura fiel e exata dos caracteres, com o desenvolvimento de personagens e acontecimentos" a fim de produzir "uma tragédia deveras romântica".[3]

Pushkin acha ridícula a ideia tradicional de verossimilhança. "De todos os gêneros, o mais irrealista (*invraisemblable*) é o drama", escreveu ele em 1825, "e, no drama, a tragédia; porque geralmente o espectador deve esquecer o tempo, o lugar e a linguagem".[4] Num esboço de 1829 para um prefácio a *Boris Godunov*, ele perguntava: "Que tipo de verossimilhança existe num aposento dividido em duas partes, uma das quais é ocupada por duas mil pessoas supostamente invisíveis para os que estão no palco?".[5]

No ensaio "Sobre o drama nacional e sobre *Marfa Posadnitsa*" (1830), Pushkin procura na história do drama o tipo de verossimilhança verdadeiramente própria desse gênero. Quando os calafrios incipientes e o riso burlesco fácil dos primitivos entretenimentos populares começaram a entediar, diz ele, os dramaturgos compreenderam que só a exploração das paixões humanas permanece eternamente interessante. Assim, a única verossimilhança importante no drama é "a verdade das paixões, a verossimilhança dos sentimentos nas circunstâncias apresentadas", e isso deve ser respeitado tanto na alta comédia como na tragédia.[6] Os grandes dramaturgos populares, como Shakespeare, continuaram a tradição de apelar para a multidão, embora com novo interesse na emoção e grande inspiração poética. Mas os dramaturgos da corte, como Racine, sentiam-se inferiores ao seu público mais seleto e restringiram o seu gênio seguindo regras arbitrárias e artificiais que, segundo eles, iriam agradar a esses superiores alheados. O problema da tragédia russa, que começou pela imitação desse modelo artificial, é encontrar um idioma, que ela nunca possuiu, acessível à gente comum.

Os principais comentários de Gogol sobre o teatro também giram em torno de sua mais famosa peça, *O inspetor-geral* (1836). Embora ela ainda estivesse em fase de ensaio, Gogol escreveu o texto postumamente publicado "O teatro de Petersburgo em 1835-1836", onde elogia o movimento romântico por quebrar os grilhões do drama neoclássico, mas afirma que chegou a hora de uma arte mais calma e controlada, que utilize o melhor, tanto do romantismo como do classicismo. Há que ser uma arte socialmente orientada, que exponha os males da sociedade contemporânea, e sua maior arma deve ser o riso, que Gogol considera o mais eficaz dos corretivos sociais.

A recepção crítica geralmente desfavorável dada a *O inspetor-geral* inspirou Gogol a escrever um comentário dramático, "Depois da peça", que mostrava membros da plateia discutindo a obra no saguão do teatro. As duas queixas mais frequentemente feitas contra a obra de Gogol eram que ela não continha nenhum interesse amoroso central e que atacava o governo. Dois amantes da arte consideram o primeiro desses problemas, afirmando o segundo que a comédia era na origem "uma criação social, popular", como se vê em Aristófanes, e que mais tarde se tornou artificialmente restrita ao "caminho estreito" de interesse romântico. Com isso a verdadeira finalidade social da comédia se perdeu e nem mesmo os melhores autores são capazes de dar ao gênero um significado maior. Não obstante, tanto a tragédia como a comédia devem idealmente exprimir "a mesma ideia excelsa" – a ideia "da lei, da justiça e do dever".[7]

Essa asserção leva naturalmente à outra crítica dirigida à peça, e "um homem modestamente vestido" diz que o ataque de Gogol não se dirigia ao governo, mas aos funcionários corruptos. Essas exposições da hipocrisia não prejudicariam o governo, antes o fortaleceriam, mostrando ao povo "que os abusos não vêm do governo, mas das pessoas que não lhe compreendem as necessidades; que não querem ser responsáveis por ele".[8] No fim da cena, o autor, deixado a sós, especula sobre a função do riso, a grande força poética para a elevação e o enobrecimento da humanidade, "sem cuja força penetrante o homem ficaria desanimado diante da trivialidade e da vaidade da vida". Esse riso, conclui ele, não deve levar à revolta, como afirmam alguns, mas promover a tolerância e a compreensão. Ele atinge o velhaco que vê sua velhacaria exposta; mais importante, propicia ao homem honesto uma profunda e luminosa experiência. Os que julgam o riso uma coisa inferior, simplesmente nunca sentiram seu poder de libertar e elevar.[9]

Quando Gogol, em seus últimos escritos, passou das preocupações sociais para as religiosas, continuou a ver o riso como o grande agente libertador. Em outro ensaio em forma dramática, "A conclusão de *O inspetor-geral*" (1846), o "primeiro ator cômico" louva o riso como uma criação "destinada a zombar de tudo o que degrada a verdadeira beleza do homem" e conclama todos os homens à união, rindo tanto dos outros como de si mesmos. Aqui *O inspetor-geral* é interpretado não como comentário social, mas como alegoria religiosa. Não mostra nenhuma cidade russa representativa, mas "a cidade de nossas almas", e o verdadeiro inspetor é "nossa consciência desperta que súbita e abruptamente nos obriga a olhar em nosso íntimo com olhos desanuviados". Os que podem rir do que encontram em si mesmos passam por uma purificação, não política, mas espiritual, e a comédia participa do que Gogol chama de a nova preocupação da poesia: "Uma batalha não pela liberdade temporal (por nossos direitos e privilégios), mas por nossa alma".[10]

Essa concepção da nobre missão da poesia e do drama forneceu a Gogol a base para uma defesa da arte contra escritores como o conde A. P. Tolstói (1801-1873), que brandiu muitos dos velhos argumentos eclesiásticos contra o teatro. No ensaio "Sobre o teatro" (1845), Gogol acusou Tolstói de unilateralidade, de condenar todo o teatro porque uma parte dele era corrupta. Tudo no mundo, dizia Gogol, pode ser um instrumento a serviço de Deus. O teatro, no que ele tem de melhor, pode preencher essa função ao renovar o espectador "mediante representações vívidas de nobres façanhas", após as quais o público se retiraria imbuído de uma nova força, "depois de ter assistido a um feito heroico bem representado".[11]

Essa nota religiosa nunca foi tocada nos escritos sobre teatro da geração seguinte. A maioria dos críticos russos que seguiu Belinsky tendeu a continuar colocando a ênfase na importância social da poesia e por isso eles foram chamados de críticos cívicos ou democráticos, enquanto os que reagiram contra essa ênfase e se concentraram nos aspectos orgânicos e formais foram denominados escola estética ou conservadora. Embora os dois grupos revestissem importância quase igual entre 1850 e 1880, os primeiros eram tão mais compatíveis com o pensamento soviético subsequente que os últimos entraram em relativa obscuridade.

Nikolai Chernyshevsky (c. 1828-1889), altamente respeitado, tanto por Marx como por Lenin, é provavelmente o mais bem conhecido dos críticos cívicos. Era o líder dos "homens dos anos 60", grupo de escritores que defendiam o materialismo científico, o utilitarismo e o progresso social. A premissa central da dissertação de Chernyshevsky *A relação estética da arte com a realidade* (1855) é que a arte é inferior à realidade e que sua meta primacial é não imitar, mas reproduzir a realidade, "para compensar o homem no caso de ausência de oportunidade de fruir o pleno prazer estético proporcionado pela realidade".[12] Intimamente ligada a essa função, há uma segunda: explicar e julgar a realidade. A arte "apresentará, ou resolverá, os problemas que a vida apresenta para o homem que pensa".[13]

Chernyshevsky achava a base metafísica da estética hegeliana totalmente inaceitável, e em suas observações sobre a tragédia ele se empenha em remover todos os traços de transcendentalismo. A ideia de uma força no universo chamada destino ou fado, segundo Chernyshevsky, é um remanescente da propensão do homem selvagem a personificar forças na natureza; o homem científico sabe que a natureza é neutra, que pessoas culpadas e inocentes, famosas e obscuras sofrem da mesma maneira. A ideia alemã da necessidade deve ser depurada da teoria trágica e o conceito reduzido a termos mais básicos e pragmáticos. "O trágico é um sofrimento ou a morte do homem – isto é suficiente para encher-nos de horror ou simpatia", sem referência a nenhuma "força infinitamente poderosa e irresistível". Disseram alguns que a morte puramente acidental não é trágica. "Pode ser assim nas tragédias escritas por autores, mas não na vida real",[14] e a vida real é sempre a craveira pela qual se deve medir o sucesso artístico.

O crítico estético ou conservador mais preocupado com o drama foi Apollon Grigoriev (1822-1864) cuja postura reflete duas influências principais. Uma é o romantismo alemão, particularmente a visão de Schelling segundo a qual a arte é um processo orgânico; a outra é o movimento da "alma nativa" (*pochvenniches-tvo*), que visava encorajar uma cultura distintamente russa provinda do povo e da terra. Grigoriev encontrou essas duas preocupações reunidas nas peças de seu amigo Alexander Ostrovsky (1823-1866), a quem o crítico chamou "espelho da consciência nacional".[15] Como Pushkin e Wagner, Grigoriev acreditava que o grande teatro deve emanar do povo, das massas, e que deve dar expressão a algo aparentado com o que Wagner chamava de "necessidade coletiva". Por isso é errôneo chamar Grigoriev de crítico estético, na medida em que o termo implica uma atitude de "arte pela arte". Verdade é que ele desprezava o materialismo estrito de Chernyshevsky, mas achava que a poesia estava muito envolvida com a vida num nível mais profundo, mais filosófico: ela não devia dar instruções sobre as questões sociais do momento, mas devia iluminar a consciência popular e o desenvolvimento histórico geral de que emergem as questões sociais. O dramaturgo deve ser "um sacerdote que acredita em seu deus e que por essa razão nunca dá às massas o menor indício de insinceridade em sua adoração, que instrui as massas, que põe diante delas o melhor de sua própria visão do mundo".[16]

Tanto Belinsky como Grigoriev punham grande ênfase na importância do ator, a quem viam não só como simples intérprete, mas como importante criador, pouco menos relevante que o próprio poeta. Grigoriev fala do grande ator como de um mágico, capaz de fazer algo vigoroso e significativo mesmo a partir de um material pouco promissor. Pavel Mochalov (1800-1848), cuja confiança na emoção e na inspiração não raro o afastaram da tradição e, acham alguns, até mesmo da intenção evidente do texto, era calorosamente elogiado por ambos esses críticos;[17] eles condenavam os atores que confiavam na "rotina e trivialida-de". Como relegava a grande maioria dos atores que, segundo ele, se inscrevia nesta última categoria, Grigoriev tanto era temido como odiado pelos membros do teatro de Moscou, nos anos 1850, e pelos de Petersburgo, na década seguinte.

A busca da verdade interior por Mochalov contribuiu claramente para a tradição da grande arte interpretativa russa, que alcançou sua mais famosa encarnação em Stanislavski. O principal elemento do talento, escreveu Mochalov, são "a profundidade espiritual e uma imaginação fluida". O ator deve ter a "capacidade de imaginar o que ele próprio está vivendo com a mente e a alma da plateia"; deve "forçar a plateia a compartilhar sua alegria e suas lágrimas" e, enfim, esquecer-se de si mesmo no mundo emocional por ele criado.[18] Uma visão similar foi expressa pelo respeitado contemporâneo de Mochalov, Michael Shchepkin (1788-1863). Em carta dirigida a uma atriz em 1848, ele contrastava dois atores, igualmente dedicados à sua arte e cada qual trabalhando conscienciosamente: um é inteligente e racional e "elevou a arte do fingimento a um alto grau"; o outro expressa sentimentos verdadeiros por meio de uma "centelha flamejante da alma celestial". Shchepkin considerava o segundo muito superior em efeito.[19]

Depois dos trabalhos críticos dos anos 1860, pouca teoria dramática significativa foi escrita na Rússia até o fim do século. Os vários comentários de Anton Tchekhov (1860-1904) sobre o drama, dispersos em suas cartas, são, em sua maioria, observações sobre peças específicas ou questões de técnica. No entanto, ele se ocupou longamente da debatida questão da relação do artista com os problemas sociais em várias de suas cartas ao editor e crítico A. S. Suvorin (1834-1912). Suvorin acusava Tchekhov de uma objetividade demasiado geral em sua obra, de uma relutância em tomar partido, mas este insistia em que o dever do artista não era resolver problemas, mas apenas expô-los com clareza. "O artista deve ser não o juiz de seus personagens e das conversações destes, mas apenas uma testemunha imparcial";[20] ele coloca as provas diante do júri dos leitores e espectadores e deixa que eles pronunciem a sentença.

Uma posição totalmente oposta foi tomada por Leon Tolstói (1828-1910). Em *Que é a arte?* (1897), Tolstói estabelece uma definição da arte e os critérios mediante os quais se deve distinguir a boa da má arte. Começa resumindo as teorias tradicionais e considera inaceitável a ênfase que elas colocam na beleza, porque isso converte a arte em mero instrumento de prazer, quando sua mais importante função é a comunicação (chama-a de contaminação) do sentimento. Como Pushkin e Grigoriev, Tolstói deplora o afastamento da arte em relação ao povo e sua corrupção pelas pequenas elites para seu próprio prazer. Considera o drama simbolista de Henrik Ibsen, Maurice Maeterlinck e Gerhart Hauptmann, juntamente com experiências similares nos outros modos artísticos, perversamente difícil. O objetivo da arte não é tornar as coisas obscuras; pelo contrário, é "tornar compreensível e acessível o que na forma de raciocínio pode permanecer incompreensível e inacessível".[21] Se a arte é boa ou má, vai depender da qualidade dos sentimentos que ela expressa. A boa arte deve contribuir para o progresso da alma humana, e assim como "o conhecimento mais verdadeiro e mais necessário desaloja o conhecimento desnecessário e lhe toma o lugar", a arte pode ajudar seu público a desenvolver "pensamentos melhores" – os da simpatia e da fraternidade humana.

Tolstói foi inspirado a aplicar essas observações gerais a Shakespeare em particular por um ensaio, "Shakespeare and the Working Classes" ["Shakespeare e as classes trabalhadoras"], escrito por Ernest Crosby, escritor e legislador americano. Crosby, muito influenciado pelos escritos de Tolstói, condenava Shakespeare por sua indiferença para com os sentimentos do homem comum. O prefácio que Tolstói planejara para essa obra evoluiu para um ensaio maior e autônomo, "Shakespeare e o drama" (1906). Depois de uma rápida análise de *Rei Lear* reminiscente da análise de Rymer de *Otelo*, Tolstói fala mais genericamente dos personagens não motivados de Shakespeare, os anacronismos e a negligência deste em diferenciar a fala individual. Mas se falta a Shakespeare um domínio apropriado dos requisitos técnicos de seu gênero, ele falha ainda mais seriamente no conteúdo e na sinceridade. É sempre artificial e obcecado com a palavra espirituosa; despreza as massas e não tem interesse algum em melhorar a ordem estabelecida da sociedade. Todo drama significativo deve ter alguma coisa a dizer sobre "a relação do homem com Deus, o universo e tudo o que é infinito e eterno", e os dramas shakespearianos falham nesse aspecto porque falta ao seu autor o que os grandes dramaturgos devem ter, "uma visão definida da vida, correspondente à sua mais alta compreensão religiosa num dado período".[22]

Tolstói explica a veneração de Shakespeare como um acidente histórico. Os críticos estéticos alemães do período romântico, buscando libertar-se das restrições do classicismo francês, agarraram-se a Shakespeare como a uma arma e, sem nenhum verdadeiro senso artístico, louvaram até mesmo seus piores defeitos. Tão volumosos foram os escritos desses críticos, escorados pela grande autoridade de Goethe, que se estabeleceu uma indústria de Shakespeare que age agora por conta própria e que ninguém se atreve a contestar. Os dramaturgos jovens reprimem seus sentimentos estéticos e éticos naturais para seguir o falso modelo de Shakespeare, razão pela qual o drama, "a mais importante esfera da arte", se torna "meramente um divertimento vazio e imoral para a multidão vazia e imoral".[23]

NOTAS

1 Citado em Viktor Terras, *Belinskij and Russian Literary Criticism*, Madison, 1974, p.102.

2 V. G. Belinskij, *Polnoe sobranie sočinenij*, Moscow, 1953-1959, 13v., v.5, p.497 (trad. inglesa p.174).

3 Alexander Pushkin, *The Critical Prose*, trad. inglesa Carl R. Proffer, Bloomington, 1969, p.66-7.

4 Ibidem, p.40.

5 Ibidem, p.98.

6 Ibidem, p. 131.

7 Nikolai Gogol, *Oeuvres complètes*, Paris, 1966, p.1058-9.

8 Ibidem, p.1061-2.

9 Ibidem, p.1088-9.

10 Ibidem, p.1718.

11 Ibidem, p.1556.

12 N. G. Chernyshevsky, *Selected Philosophical Essays*, trad. inglesa anôn., Moscow, 1953, p.373.

13 Ibidem, p.375.

14 Ibidem, p.311.
15 Apollon Grigoriev, Russkij teatr, *Epocha*, v.1-2, p.423, 1864; citado (em alemão) em Jurgen Lehmann, *Der Einfluss der Philosophie des deutschen Idealismus in der russischen Literaturkritik des 19. Jahrhunderts*, Heidelberg, 1975, p.185.
16 Grigoriev, *Sobranie sočinenij*, v.3, p.57; citado em Lehmann, op. cit., 1975, p.186.
17 Ver Belinsky, Gamlet, drama Sekspira i Mocalov v roli Gamleta, *Polmoe sobranie sočinenij*, v.3, p.329, e Grigoriev, *Vospominanija*, Moscow, 1930, p.405.
18 Citado em Toby Cole, Helen Chinoy, *Actors on Acting*, New York, 1954, p.415.
19 Trad. inglesa David Pressman, in: Cole & Chinoy, op. cit., 1954, p.423.
20 Anton Tchekhov, 30 de maio de 1888, in *Letters*, trad. inglesa Constance Garnett, New York, 1920, p.88. Ver, também, cartas de 27 de outubro e 1º de abril de 1890.
21 Leon Tolstói, *Complete Works*, trad. inglesa Leo Wiener, London, 1904, 12v., v.11, p.232.
22 Idem, *Recollections and Essays*, trad. inglesa Aylmer Maude, Oxford, 1952, p.376.
23 Ibidem, p.380.

15

A TRADIÇÃO ALEMÃ
NO FINAL DO SÉCULO XIX

Na Alemanha do começo do século XIX, os filósofos mais insignes, Kant e Hegel, e os dramaturgos mais preeminentes, Goethe e Schiller, tinham todos, de um modo ou de outro, apresentado uma visão da arte como idealização, a revelação do universal, a verdade eterna oculta por trás da realidade mundana, empírica. O conceito de drama como vida idealizada ou verdade revelada permaneceu forte entre os teóricos e os dramaturgos que os seguiram. A recusa de Georg Büchner (1813-1837) em aceitar essa opinião predominante explica, em grande parte, por que seus dramas vigorosos tiveram de esperar várias gerações antes de ser reconhecidos como uma das maiores contribuições desse período para o teatro.

Para Büchner, a realidade idealizada não era superior, mas inferior à natureza, já que punha fora de consideração uma parte importante da realidade. A defesa mais extensa de suas ideias ocorre numa carta à sua família, escrita em 28 de julho de 1835, relativa à sua peça *Dantons Tod* [*A morte de Danton*]. O dever do dramaturgo, afirma Büchner, é recriar a história de um modo mais direto e vívido do que aquela proporcionada pelo historiador. Ele deve "situar-nos na vida de uma época, dar-nos caracteres em vez de caracterização, e formas em vez de descrições". Sua principal missão é "aproximar-se o mais possível da história, tal como ela de fato aconteceu" e não ser "nem moral nem imoral, como a própria história". Aos que pedem ao poeta para mostrar o mundo "como ele deveria ser", Büchner replica que não deseja criar um mundo "melhor do que o feito por Deus, que seguramente fez o mundo tal como ele podia ser". Os dramaturgos idealistas criaram apenas "marionetes com narizes azul-celeste e *pathos* afetados", cujas tristezas e alegrias têm pouca relevância para nós. Em vez disso, o drama deveria oferecer "pessoas de carne e sangue", cujas ações tenham realmente o poder de despertar nossas emoções.[1]

Conquanto haja um vestígio de Friedrich Hebbel no tipo de anti-idealismo que Büchner expressa, só com o surgimento do naturalismo, meio século depois, é que uma visão do drama semelhante à de Büchner ganhou ampla aceitação. Nesse meio-tempo, as teorias de Hegel e os dramas de Schiller constituíram a principal orientação intelectual do alemão. Em nenhum lugar a influência hegeliana é mais clara do que na especulação subsequente acerca da natureza da tragédia. O esteta Friedrich Vischer (1807-1887), muito lido no final do século XIX, reflete claramente o enfoque hegeliano em seu *Über das Erhabene und Komische* [Sobre o sublime e o cômico] de 1837 e se rende quase completamente ao sistema hegeliano em sua *Ästhetik* [Estética] de 1847-1858. Em ambas as obras, ele descreve a evolução da ideia trágica em forma triádica. Primeiro vem a vaga percepção do absoluto "como a base obscura de um poder natural eterno", que desperta no homem um sentimento não de culpa, mas antes de inadequação à medida que ele se torna cônscio de sua "existência temporal, individual".[2] Essa percepção pode aparecer na tragédia, mas não como base dela; seu domínio próprio é a história ou a poesia épica. O segundo estádio permite uma verdadeira expressão trágica. Aqui o destino aparece como a força da justiça penetrando no reino ético, e a luta se dá amiúde entre diferentes reivindicações a um direito ou entre conhecimento individual e conhecimento divino, como em *Édipo*. A terceira e mais pura das formas trágicas faculta a plena expressão tanto do absoluto como da reivindicação total do indivíduo. As reivindicações opostas entram numa luta que, mediante o purificador "fogo do sentimento", as conduz "a uma unidade superior no espírito absoluto".[3]

Nas teorias sobre a tragédia formuladas por Kierkegaard, Hebbel e Nietzsche durante a geração seguinte, a influência de Hegel continua a se exercer, porém esses autores não estavam satisfeitos em organizar suas observações, como fizera Vischer, dentro do vasto arcabouço do sistema hegeliano. Para um pensador como Sören Kierkegaard (1813-1855), o grande triunfo desse sistema, com sua lógica interna e sua exploração organizada do espírito e da consciência, era também o seu grande defeito. Ele via a ênfase de Hegel nos universais e o empenho pela harmonia última por meios essencialmente racionalistas, como um retorno equivocado, após a revolução de Kant, a algo que se assemelha ao mundo intelectual de Lessing. Kierkegaard pode ser visto como uma nova reação romântica a esse enfoque emocional e individualista que preconiza, não a harmonia, mas o paradoxo, e que busca o primordial não através da lógica, mas do conhecimento religioso individual.

Ou/Ou (1843), o primeiro trabalho importante de Kierkegaard, contém um ensaio sobre a teoria trágica, "O motivo trágico antigo refletido no moderno", mas sua função nos escritos desse autor requer alguma explicação. A abordagem geral de Kierkegaard é socrática; ele fala em muitas vozes e expõe seu argumento de maneira antes poética que lógica. *Ou/Ou* explora dois modos contrastantes de existência: o estético, baseado na subjetividade e levando por fim ao desespero, e o objetivo, fundado no dever moral e levando por fim à crise por meio do conflito com o irracional. Um terceiro estádio da existência, o religioso, transcende as limitações tanto do prazer estético quanto da autossegurança ética para escolher Deus por um ato de fé. O ensaio sobre a tragédia deve ser visto nesse contexto, já que é obra de uma das *personae* estéticas de Kierkegaard, um artista identificado apenas como "A.", que lê esse ensaio como um trabalho em andamento diante de uma sociedade de estetas. Deve-se considerá-lo não a "teoria da tragédia" de Kierkegaard, mas uma teoria desenvolvida dentro da dimensão estética de seu pensamento: tanto a comédia como a tragédia são manifestações de contradições resultantes de perspectivas parciais e desaparecerão quando se alcançar o estádio religioso transcendente (o foco real da preocupação de Kierkegaard).

O ensaio de "A." rejeita igualmente a reconciliação trágica de Hegel e a resignação trágica de Schopenhauer. O conceito do herói trágico mudou desde os tempos clássicos. Na tragédia clássica o herói ainda estava acorrentado a toda a sua sociedade, colocado contra o poder do destino. Seu sofrimento, compartilhado por outros, dá origem à tristeza trágica. Na tragédia moderna o herói é mais isolado, mais refletido, mais consciente da culpa e menos do destino. Conscientes de seu isolamento, sentimos maior pena por seu sofrimento, porém menos pesar. Nossa época, tendo perdido as "categorias substanciais de família, do Estado e da raça", deixa o indivíduo entregue a si mesmo, de sorte que "ele se torna seu próprio criador; sua culpa é, por conseguinte, pecado; sua dor é remorso; mas isso anula o trágico".[4] Uma dialética entre culpa e inocência, individualidade e destino, dor e tristeza é necessária para a verdadeira tragédia, mas isso parece impossível na época presente. Em vez disso, temos uma predominância de comédia e ironia, modas que reconhecem o isolamento e a disjuntura e sobre eles se erigem.

Em dois ensaios sobre a arte de representar, "A crise e uma crise na vida de uma atriz" (1848) e "Herr Phisto como capitão Scipio" (1848), as *personae* adotadas por Kierkegaard operam, de novo, inteiramente de dentro da consciência estética. A arte é considerada como um meio transparente através do qual brilham formas ideais, e a questão é saber até que ponto o ator pode realizar essa transparência. Uma distinção, que sugere Diderot, é feita entre a "juventude direta, fortuita" da atriz principiante que alcança grande sucesso por estar naturalmente sintonizada com o seu papel, e o sucesso mais raro, porém mais estético, da atriz madura que, por um "domínio pleno e consciente, bem adquirido e dedicado sobre seu poder essencial", retoma à representação do ideal interior mas o faz numa maneira ideal.[5] Sua interioridade original não reflexiva pode levá-la a tamanha harmonia com a idealidade que sua interpretação chega mesmo a revelar ao próprio poeta "o original que ele estava tentando copiar",[6] mas essa graça efêmera desaparece com a idade; só o ator reflexivo pode manter essa transparência ao longo de toda uma carreira. O ator ideal apresenta "uma totalidade que se reflete por inteiro em cada detalhe", e o espectador ou crítico ideal observa e compreende o desempenho com uma reflexão não menos pormenorizada e circunstancial.[7]

O principal dramaturgo alemão de meados do século, Friedrich Hebbel (1813-1863), como Kierkegaard, rejeitou a reconciliação hegeliana como uma abordagem da realidade por demais racional e otimista, mas enquanto Kierkegaard encontrou na fé religiosa outro centro para a existência, Hebbel achou no centro do universo apenas um conflito não resolvido e insolúvel. Ele contesta a assertiva de Hegel segundo a qual a filosofia substituiu a arte como a mais elevada interpretação da vida e afirma que, pelo contrário, a filosofia de Hegel mascara a terrível realidade da existência por seu processo de unificar teses e antíteses em sínteses sempre mais elevadas. Desse modo, ela está fadada a aproximar-se eternamente do centro da vida ao criar círculos lógicos de circunferência sempre decrescente, enquanto a arte pode penetrar simbólica mas diretamente no próprio centro. A arte é "filosofia realizada assim como o mundo é Ideia realizada"; é o drama, e não a filosofia, que pode "mediar entre a Ideia e a condição do homem e do mundo".[8] Para isso, o drama deve refletir o processo histórico, tornar-se o espelho do dia – na verdade, da hora – e expressar o espírito em sua própria época, seja qual for o seu objeto real.

Em "Ein Wort über das Drama" (1843), Hebbel desenvolve uma teoria geral da tragédia baseada na habitual divisão filosófica da vida em Ser e Vir-a-Ser (*Sein* e *Werden*). *Sein* representa o "nexo original" (como o *Geist* de Hegel) de que decorrem as manifestações individuais de *Werden*. À medida que procura expressar sua própria forma e foco, o indivíduo se separa necessariamente do meio e, dessa maneira, libera inevitavelmente uma força oposta para restaurar o equilíbrio que ele rompeu. A culpa dramática é o resultado inevitável desse processo de individualização. Diferentemente do pecado original da cristandade, que está preocupada com a direção da vontade humana, essa culpa advém da mera ação da vontade e "é totalmente indiferente, dramaticamente falando, saber se o herói fracassa numa ambição louvável ou repreensível".[9] O herói é destruído não pelos feitos perversos, juízos errôneos ou mesmo *hubris*, mas simplesmente porque é um indivíduo: "Toda ação, quando confrontada com o destino, que está com a vontade do mundo se dissolve em sofrimento".[10] Como símile da vida, Hebbel sugere um grande rio onde os indivíduos são blocos de gelo que devem inevitavelmente ser derretidos e absorvidos na correnteza.

Uma vez que pouca coisa da reconciliação hegeliana foi deixada nessa teoria, não surpreende que os hegelianos geralmente tenham acusado Hebbel de pessimismo e mesmo de falência filosófica. No entanto ele manteve sua posição, insistindo, num eco inequívoco a Büchner, que "é tolice exigir do poeta o que nem o próprio Deus provê: a reconciliação e a resolução das dissonâncias". Tudo quanto se pode pedir ao poeta é mostrar "que a catástrofe é inevitável, isto é, como a morte é estabelecida pelo próprio nascimento".[11] O único alívio oferecido é o da reafirmação da Ideia imutável, e Hebbel dizia que os heróis trágicos não devem morrer "soturnos e irreconciliados", mas alcançar "uma clara visão da relação do indivíduo com o todo". Em vez de uma verdadeira reconciliação hegeliana, Hebbel via isso como uma espécie de aceitação estoica do inevitável.

No entanto, a rejeição do otimismo hegeliano não conduziu Hebbel na mesma direção, de Schopenhauer, a um desejo de renunciar totalmente às obras da vontade de viver. Ele via a vontade como parte necessária do processo da vida, e o drama como um meio de proporcionar, se não uma reconciliação do dualismo da vida, ao menos uma resolução temporária da dissonância "tão logo esta apareça com demasiada proeminência"; sua imagem é a de dois círculos na água, que se misturam num único círculo maior. Sempre permanece uma dissonância mais fundamental que nem o drama nem a filosofia tentam resolver, e em primeiro lugar a dissonância original que causou a individuação ou a dualidade. A culpa trágica é inevitável porque essa causa interior permanece não revelada, mesmo quando o indivíduo tem uma revelação parcial e morre em paz. "Nunca encontrei resposta para isso", diz Hebbel, "e tampouco a encontrará quem quer que considere seriamente o problema."[12]

Essas observações gerais sobre a dinâmica da tragédia recebem um enfoque particular no "Vorwort zur 'Maria Magdalena'" (1844). Aqui Hebbel repete sua asserção de que a função do drama, "ponto culminante de todas as artes", é ilustrar "o estado existente do mundo e do homem em sua relação com a Ideia".[13] Ele afirma que o grande drama só pode ocorrer quando alguma mudança significativa está ocorrendo nessa relação, situação que só sobreveio três vezes na história do drama. A primeira, foi durante o período da tragédia grega, quando a velha e ingênua concepção dos deuses foi contestada pelo novo conceito de destino. A segunda, foi no tempo de Shakespeare, quando o advento da consciência protestante fez que a atenção se concentrasse no indivíduo e o conflito entre o homem e o destino mudou-se em trágico dualismo no interior de cada indivíduo. Em sua própria época surgiu uma nova fonte de dualismo trágico – insinuada, pensa Hebbel, em algumas das obras de Goethe –, um dualismo no interior da própria Ideia ou pelo menos naquela parte dela que podemos compreender. "As instituições da sociedade humana existentes, políticas, religiosas e morais", diz ele, tornaram-se problemáticas e a tragédia pode ser desenvolvida com base nas contradições que se percebem nessas manifestações da Ideia. O homem moderno não deseja destruir as instituições tradicionais, mas restabelecê-las em bases mais firmes, menos contraditórias. O drama da crítica social pode ser de grande valia em tal processo.

Esse ensaio instigador conclui com uma veemente defesa da tragédia burguesa, que, segundo ele, foi aviltada pelo artesão inferior que desdenha a essência de toda a tragédia: que ela deve retratar o conflito universal por meio de casos individuais. Os autores modernos, diz Hebbel, substituíram o *pathos* da tragédia por conflitos externos e evitáveis, como a falta de dinheiro e o conflito de classes. Ademais, eles ou elevaram e falsearam artificialmente a fala de seus personagens, numa tentativa de enobrecê-los, ou os transformaram, em nome do realismo, em "blocos de madeira vivos, cuja capacidade de dizer Sim ou Não é causa de não pequena surpresa".[14] Uma linguagem rica e interessante das pessoas é disponível para o artista perceptivo, porém – mais importante ainda – a tragédia burguesa só se tornará significativa na medida em que lidar, como sempre o fez a grande tragédia, com as tensões básicas da condição humana.

O tom de resignação e pessimismo tantas vezes encontrado nos escritos de Hebbel ajuda a identificá-lo como um dos últimos representantes da geração, iniciada com Schopenhauer e Grillparzer, que rejeitou o otimismo moral e mesmo o zelo revolucionário encontrado em Schiller. A geração seguinte, cuja chegada à maturidade assinalou-se pelas convulsões revolucionárias de 1848-1849, tendeu a concordar com Hebbel no sentido de que a arte deve se preocupar com a sociedade contemporânea, mas com um entusiasmo reformador muito próximo do de Schiller. Um exemplo central dessa nova geração de teóricos do teatro é Richard Wagner (1813-1883). Wagner estava começando a ganhar certa projeção quando um envolvimento nos tumultos de 1848, em Dresden, obrigou-o a exilar-se em Zurique, onde permaneceu por dez anos. Durante esse tempo, escreveu a maior parte de suas obras em prosa e solidificou as teorias que serviram de base para suas maiores óperas e influenciaram o curso do teatro moderno.

O exílio chegou, se é que tal circunstância pode ser positiva, num momento extremamente favorável para Wagner. Com *Tannhäuser* (1845) e *Lohengrin* (1848), ele levara a ópera romântica tradicional aos seus limites e estava pronto para se lançar em algo muito mais experimental. O exílio deu-lhe o tempo e a oportunidade de mapear um novo caminho e de harmonizá-lo com as crescentes preocupações sociais que tinham levado ao seu envolvimento na política de Dresden. O título de seu primeiro ensaio importante, "Die Kunst und die Revolution" ["A arte e a revolução"], deixou isso bem claro, e em sua posterior introdução a esse ensaio no *Gesammelte Schriften* (1872) ele escreveu: "Eu acreditava na Revolução, na sua necessidade e irresistibilidade ... e senti-me chamado a indicar o caminho para a sua salvação". Isso não significava, explicou ele, que queria sugerir a forma da nova ordem política necessária; sua preocupação era com a nova arte, que deve ser construída simultaneamente com a ordem política sobre as ruínas do passado desacreditado.[15]

Die Kunst começa com uma entusiástica invocação do drama grego antigo, uma criação política e espiritual na qual todo o povo (*Volk*) se congregava para "compreender a si mesmo, entender suas próprias atividades, realizar uma unidade interior com seu ser, sua comunidade e seu deus".[16] Com o declínio de Atenas sobreveio o declínio desse drama, e à medida que o espírito grego comum "se dividia em mil preocupações egoístas, também a obra de arte unificada da tragédia se dividia em gêneros artísticos separados",[17] e a filosofia veio substituir a arte como intérprete da realidade. Os romanos e os cristãos rejeitaram o drama por razões opostas: os primeiros, por uma negação da espiritualidade; os segundos, por uma negação do prazer sensual. Quando a arte ressurgiu no Renascimento, foi como um divertimento para os ricos e poderosos. Um prazer destinado a toda a humanidade tornou-se um prazer da classe afluente. Com isso, tanto os artistas quanto as plateias se corromperam, tornando-se a arte um comércio e um instrumento do capitalismo. A arte grega era conservadora, "a mais profunda e nobre expressão da consciência do povo", mas para recuperar essa função a arte deve ser revolucionária, a começar pela rejeição daquilo que ela se tornou sob a influência da sociedade moderna.[18]

O ensaio "Das Kunstwerk der Zukunft" ["A obra de arte do futuro"] (1850) usa menos a retórica da revolução e procura a fonte dessa nova arte no *Volk*. Wagner define o *Volk* como "a soma total de todos os que sentem uma necessidade comum",[19] como oposta aos que não sentem nenhuma necessidade verdadeira mas a substituem pelo prazer do luxo, pelo capitalismo e pela ciência ateia. Cada subdivisão da arte tornou-se corrompida, a dança mudou-se em pantomima, a música em forma abstrata, a canção em ária operística e o próprio drama "em forma morta de literatura".[20] O *Volk* deve responder à sua necessidade premente, reunificar as artes e redescobrir a única obra de arte real, livre e universalmente significativa, uma obra total como a da Grécia.

"Oper und Drama" ["Ópera e drama"] (1851), o mais importante texto teórico de Wagner, continua a explorar o triste estado da arte e a sugerir a maneira de mudá-lo. Na primeira de suas três seções, "Die Oper und das Wesen der Musik", Wagner resume a história da ópera para ilustrar o que ele considera a falácia básica do gênero: "que um meio de expressão (drama) tenha-se tornado o fim, e o fim da expressão (drama) o meio".[21] A segunda seção, "Das Schauspiel und das Wesen der dramatischen Dichkunst", empreende um exame paralelo da poesia dramática, que se aliando à literatura degenerou num "realismo raso". Ela perdeu o propósito básico do drama grego, que era o de transmitir "o conteúdo e a essência do mito da forma mais convincente e inteligível".[22] A seção final, "Dichtkunst und Tonkunst im Drama der Zukunft", discute a reunificação das artes separadas da poesia e da música e o que cada uma ganharia com isso. A poesia, cujo veículo são as palavras, se dirige básica e necessariamente ao entendimento, enquanto a música fala diretamente às emoções. Se um único artista, ao mesmo tempo músico e poeta, pudesse uni-las, preencheria a necessidade que o *Volk* sente de uma expressão de seu ser total.

O grande documento sociopolítico da época, o "Manifesto comunista" de Karl Marx (1818-1883) e Friedrich Engels (1820-1895), apareceu na véspera das convulsões revolucionárias de 1848. Uma parte significativa da moderna crítica teatral reconhece Marx como seu pai intelectual, embora os escritos de Marx e Engels sobre literatura e arte, em geral, e sobre o drama, em particular, não sejam nem extensos nem facilmente redutíveis a um sistema. Não obstante, como os que existem são relativamente coerentes entre si e no contexto geral da filosofia marxista, eles serviram de base para uma subsequente variedade de teorias mais abrangentes. Documentos-chave para o drama são as cartas de opinião solicitadas em 1859 a Marx e Engels por Ferdinand Lassalle (1825-1864), a propósito de seu drama histórico *Franz von Sickingen*. As respostas dos dois, embora não coordenadas, são notavelmente semelhantes. Ambos falam, primeiro, da impressão fortemente favorável que a obra fez sobre eles subjetivamente e, depois, passam a questões de forma. Marx recomenda maior cuidado com os versos poéticos; Engels aprova a estrutura geral mas considera a peça mais literária que teatral. Para adaptá-la melhor ao palco, aconselha reduzir os monólogos, mesmo a expensas do conteúdo intelectual, e dar maior atenção ao modo como os personagens fazem o que fazem.

Ambos os autores acham que as peças de Lassalle são prejudicadas por seguir Schiller e não Shakespeare como modelo: ou seja, o realismo foi sacrificado a ideias abstratas e os indivíduos tornaram-se porta-vozes de posições intelectuais particulares. O geral e o ocasionalmente individual podiam ser encontrados na peça, mas raramente ou nunca a mediação entre ambos, que mais tarde Georg Lukács chamou de "típica".

As duas cartas tratam também, breve mas sugestivamente, da ideia do herói trágico e das fontes do trágico. O elemento trágico real no destino de Sickingen, o herói da peça, diz Engels, é o fato de ele ter nascido fora de sua época: a revolta nacional com que sonhava só poderia ter sido bem-sucedida se os cavaleiros se tivessem alinhado com os camponeses, alinhamento historicamente impossível durante esse período. Um conflito trágico está implícito "entre o postulado historicamente necessário e a impossibilidade prática de sua realização".[23] A análise de Marx é similar, considerando Sickingen "um Dom Quixote, se bem que historicamente justificado".[24]

Outra declaração significativa sobre o teatro aparece numa carta de Engels a Paul Ernst, de 5 de junho de 1890, relativa à interpretação de Ernst da obra de Ibsen. Engels critica Ernst por rejeitar Ibsen de forma simplista e pelo pressuposto de que as estruturas de classe na Alemanha e na Escandinávia contemporâneas são idênticas. Numa frase-chave, Engels adverte que "o método materialista se converte em seu oposto direto se, em vez de ser usado como fio condutor na pesquisa histórica, tornar-se um padrão convencional pelo qual se investigam os fatos históricos".[25] Nesses poucos pronunciamentos sobre o drama, os pais do comunismo – num sistema dominado pela consciência histórica – parecem preconizar uma flexibilidade de interpretação, uma evitação geral da tendenciosidade aberta ou da escrita propagandista, uma representação de figuras típicas em situações históricas, um respeito pelos modelos do passado, como Shakespeare, e uma possibilidade de focalizar a tragédia moderna na disjuntura entre o indivíduo e o momento histórico.

Da mesma forma, o espírito da revolução social permeia o livrinho *Das moderne Drama* [*O drama moderno*] (1852), do teórico literário e historiador Hermann Hettner (1821-1882). Como Wagner, Marx e Engels, Hettner afirma que o drama do futuro "só pode ser social e histórico",[26] refletindo as necessidades sociais e emocionais de seu público. Reis e heróis importantes já não são a melhor opção para temas históricos, "porque hoje e no futuro estaremos mais ocupados com questões sociais do que com conflitos políticos", e para a exploração de tais questões o drama social burguês é muito mais apropriado do que o drama histórico, tal como ele foi tradicionalmente concebido.[27]

Hettner identifica três tipos de tragédia. O primeiro é a tragédia da condição, na qual um personagem importante se vê confrontado com o mundo externo, como nas tragédias contemporâneas que têm por tema o destino. Em seguida, as tragédias de paixão mostram o herói em conflito consigo mesmo, um tipo popular em Shakespeare e Schiller. E, enfim, a tragédia da ideia, a mais elevada das três, deve ser a meta do drama sério no futuro. Esse drama também envolve conflito interno, porém este é causado não por fraqueza ou deficiências do personagem, como em Wallenstein ou Hamlet, mas por obrigações e ideais conflitantes. A *Antígona* de Sófocles, o *Fausto* de Goethe e as peças de Hebbel apontam o caminho para um novo drama burguês de conflito social que lida com as crises decorrentes do próprio desenvolvimento do homem social. Hettner esperava que um seu amigo dramaturgo, Gottfried Keller, concretizasse essa visão. Foi uma esperança frustrada, mas um quarto de século depois outro jovem autor, Henrik Ibsen, ficou fortemente impressionado pelo livro de Hettner e levou suas ideias a uma brilhante consecução.

Hettner começou sua carreira de crítico com "Gegen die spekulative Aesthetik" ["Contra a estética especulativa"] (1845), um panfleto onde criticava, em nome do realismo, a abordagem metafísica da arte que dominara a teoria alemã durante o meio século precedente. Na Alemanha como na França, a tendência filosófica em voga era para o empirismo e para as preocupações deste mundo crescentemente ocupado por teóricos literários.

Gustav Freytag (1816-1895) levou o empirismo ainda mais longe, considerando o drama um artefato puro e simples, e não um artefato social e político. Sua *Die Technik des Dramas* [*A técnica do drama*] (1863) procura estabelecer as regras básicas do drama, que resultaram numa estrutura bastante similar à peça francesa benfeita contemporânea. O enfoque de Freytag é, pelo menos aos seus olhos, puramente pragmático. Ele analisa a obra dramática de cinco mestres reconhecidos – Sófocles, Shakespeare, Lessing, Goethe e Schiller – para descobrir "as leis fundamentais da construção dramática"[28] comum a todos eles. A base geral de seu sistema é aristotélica. A ação é primacial (embora uma ideia controladora preceda a ação e lhe garanta a unidade). A unidade, a probabilidade e a magnitude recebem cada qual um capítulo em separado e Freytag mostra que elas inspiram as obras maiores dos dramaturgos por ele selecionados.

Ao tratar da tragédia propriamente dita, Freytag diverge de Aristóteles. A visão que o homem tem de si mesmo e do universo mudou através dos séculos, e o grande poeta refletirá as mais elevadas preocupações de seus contemporâneos. Ele deve "inquietar-se muito pouco" quanto ao propósito ou efeito da tragédia, mas deve "fazer de si mesmo um homem reto e depois, com coração alegre, escolher um tema que envolva personagens fortes numa luta ingente e deixar a outros as sonoras palavras culpa e redenção, requinte e elevação".[29] Já não ficamos profundamente emocionados com a tragédia grega porque vemos o universo como essencialmente racional e os eventos explicáveis pela ação humana: "Não reconhecemos nenhum destino no palco, mas apenas aquele que dimana da natureza do próprio herói".[30] A razão humana nos grandes dramas modernos é equiparada à razão divina, e o efeito visado é "a bela transparência e a elevação jubilosa". O personagem do poeta moderno, sua "virilidade", libera seus ouvintes e torna-os mais fortes e mais nobres. Freytag considera esse resultado relacionado com a *kátharsis* de Aristóteles, efeito raramente atingido no mundo menos esclarecido dos gregos.

Provavelmente, a parte mais conhecida do livro de Freytag é a seção que ele chama de "estrutura piramidal" do drama mais eficaz. Esta consiste em cinco partes e três crises. A primeira é a *introdução* dos personagens e da situação. A primeira crise põe em jogo as forças dramáticas e inicia o *movimento ascendente*, levando ao *clímax*, o vértice da pirâmide e o ponto médio emocional do drama. A segunda crise, ou momento trágico, põe termo ao clímax e introduz o *movimento descendente*, ou retorno. Entre este e a parte final, a *catástrofe*, pode sobrevir uma terceira crise, o momento da tensão final. Freytag aplica essas observações gerais à obra dos grandes dramaturgos gregos, ingleses e alemães e em seguida passa a recomendações técnicas mais pormenorizadas: como arranjar e situar os monólogos e as falas dos mensageiros, como construir o diálogo e as cenas de conjunto, como motivar as saídas do palco, como revelar o personagem. Por fim, ele volta às preocupações específicas da montagem da peça no palco – o ajustamento do roteiro a atores específicos, a necessidade de cortes e alterações, o tamanho dos atos de acordo com o gosto contemporâneo, o papel do dramaturgo no processo de ensaio. Essa seção demonstra muito claramente a orientação pragmática de Freytag. Suas sugestões são específicas e práticas, baseadas não numa teoria qualquer do drama, mas nas condições de trabalho contemporâneas do teatro alemão.

O livro de Freytag, traduzido para o inglês em 1894, serviu no século XX como o manual-padrão dos jovens dramaturgos, muito embora seu fácil otimismo, sua visão simplista da tragédia grega e seu enfoque mecânico tenha provocado algus protestos. O filósofo, psicólogo e esteta Wilhelm Dilthey (1833-1911) expressou tal crítica num extenso ensaio, publicado um ano depois do aparecimento do livro, no *Berliner Allgemeinen Zeitung*. Dilthey remonta à teoria romântica e particularmente a Schopenhauer ao refutar a interpretação de Freytag da *kátharsis*, essencialmente a remoção das emoções desagradáveis, como "inútil para a nossa compreensão da tragédia atual".[31] Em vez disso, ele sugere como função da tragédia a elevação do homem a uma consciência superior, ao reino livre do universal.

Dilthey não nega a teoria de Freytag relativa à estrutura dramática, mas questiona-lhe o significado. Ainda que seja possível abstrair a forma "típica" de um modo artístico, esse tipo de procedimento mecânico e científico parece, a Dilthey, ignorar o que é a essência da arte e, pior, orientar erroneamente os futuros artistas ao estimulá-los a concentrar-se em regras codificadas. "A estética, como a ética, não está interessada nas regras da natureza, mas nas obras-primas".[32] O verdadeiro princípio organizador da grande obra, na medida em que esta se opõe à obra típica, seria menos a pirâmide de Freytag do que a "forma interior" dos românticos, a alma secreta do drama, que dita não meramente o curso geral da ação, mas a colocação de cada personagem e de cada cena.

Esse princípio organizador deriva da reação psíquica do artista ao mundo, do qual a obra de arte serve como símbolo objetivo. Em "Die Typen der Weltanschauungslehre" (1911), Dilthey postula três tipos de visão do mundo, sugerindo que cada época foi dominada por um deles, que imprimiu sua marca em todos os produtos psíquicos dessa mesma era – filosofia, sociedade, literatura e arte. A primeira visão é o positivismo, que vê a natureza como uma força cega, desprovida de propósito criativo. O naturalismo na arte reflete essa visão. A segunda, o idealismo objetivo, é panteísta e procura um espírito unificado capaz de organizar o homem, a natureza e a sociedade num todo coerente. É representada por autores como Goethe e Shakespeare. A terceira é o idealismo dualista, que surgiu na filosofia com Kant; ela vê o espírito humano como independente da natureza e criador de sua própria ordem e significado. Corneille e Schiller refletem essa visão.[33] As variações do enfoque de Dilthey, que busca relacionar as manifestações artísticas e intelectuais num período particular baseando-se num suposto fundamento psíquico comum, foram extremamente populares na Alemanha durante a primeira metade do século XX.

Uma reação nitidamente menos sofisticada ao empirismo de meados do século foi a de Otto Ludwig (1813-1865), um dos dramaturgos mais populares da época. Ele rejeitou de igual modo o drama socialmente engajado preconizado por autores como Hebbel e Hettner e a preocupação com a técnica observada em Freytag. Em ambas as coisas, ele via uma ênfase no aspecto intelectual do drama a expensas do aspecto emocional, mais essencial. Freytag, disse Ludwig em 1863, "carece de paixão; não a compreende, e sem isso ninguém pode ser dramaturgo". Seu livro revela nobreza de caráter e grande cultura, mas ele considera "apenas as exterioridades, e não a essência" do drama.[34]

O mais claro desenvolvimento da teoria do próprio Ludwig sobre o drama pode ser encontrada em seu *Dramaturgische Aphorismen* [*Aforismos dramáticos*], especialmente no grupo escrito entre 1840 e 1860. Como os comentários sobre Freytag sugerem, ele vê a essência da tragédia no conflito emocional, mas antes no íntimo do herói do que entre homem e destino ou entre homem e sociedade. O conflito trágico deve brotar "do recesso mais profundo" do eu do herói, "de uma contradição absoluta em sua própria natureza, de sorte que o conflito está, por assim dizer, latente a princípio e é despertado e posto em evidência pela situação".[35] Essa formulação sugere a descrição da tragédia moderna por Hegel, e a análise de sua evolução por Ludwig é similarmente hegeliana. Ludwig chama a tragédia por ele defendida de realismo poético, que ele vê como uma síntese das perspectivas parciais oferecidas pelo naturalismo e pelo idealismo. Do naturalismo ele tira os elementos do mundo real; do idealismo, a unidade artística nascida da harmonia e do contraste. O naturalismo lhe dá o material; o idealismo, a forma.

Há uma espécie de ordem moral no mundo na tragédia de Ludwig, já que o conflito interno dá origem à culpa e emana ele próprio das obras da paixão. Ele descreve esse processo em "Shakespeare Kunst", uma seção de seu *Shakespeare-*

-*Studien* [*Estudos de Shakespeare*] (1871): "A paixão, e não a reflexão, deve ser o motivo principal ... O trágico é o sempre necessário nexo de culpa nascida da paixão e de sofrimento nascido da culpa. A realidade externa é apenas um símbolo dessa necessária luta interna."[36] Em sua ênfase na unidade, assim interna como externa – que ele descreve amiúde em termos orgânicos – e em sua ênfase no personagem e não no enredo, Ludwig mostra uma clara influência romântica, mas sua visão central da tragédia remonta ao século XVIII e ao herói que cria sua própria instabilidade por um excesso de paixão, ocasionando assim seu próprio e merecido castigo.

Uma interpretação muito mais radical da tragédia foi formulada na primeira obra importante de Friedrich Nietzsche (1844-1900), *Die Geburt der Tragödie aus dem Geiste der Musik* [*O nascimento da tragédia no espírito da música*] (1872), a mais influente exposição teórica sobre o drama na Alemanha na segunda metade do século XIX. O livro tem muitos senões, e ninguém os apontou mais severamente do que o próprio Nietzsche em 1886, num prefácio à obra:

> um livro impossível ... mal-escrito, pesado, embaraçoso, louco e confuso em imagens retóricas, sentimental, às vezes açucarado a ponto de chegar ao efeminado, de ritmo desigual, sem a vontade de clareza lógica, muito convencido e por isso mesmo desdenhoso de provas e até mesmo da propriedade da verdade ... um livro arrogante e rapsódico.[37]

Não obstante, com todos os seus defeitos, esse texto evocativo inspirou um amplo círculo de críticos modernos.

Na realidade, apesar de seu estilo extremamente floreado, o livro de Nietzsche tem uma estrutura bastante lógica. Divide-se em 25 capítulos: os sete primeiros examinam as condições sob as quais a tragédia surgiu na Grécia antiga; os nove seguintes discutem seu declínio e morte; e os últimos nove sugerem como a tragédia pode renascer nos tempos modernos.

O livro principia com a dualidade na qual a teoria da tragédia de Nietzsche, e na verdade todo o seu sistema metafísico, se baseia: ele distingue os modos apolíneo e dionisíaco como governando "os diferentes mundos artísticos dos sonhos e da embriaguez". Apolo é o deus dos sonhos, das belas ilusões e um princípio de individuação, como Schopenhauer o descreveu. Dioniso é o deus da embriaguez e da perda do eu na unidade primordial, no turbilhão da permanente criação e destruição. Há um indício de Hegel nesse dualismo e, para além de Hegel, da propensão romântica em geral de ver o mundo em termos de oposições: clássico-romântico, antigo-moderno, ingênuo-sentimental etc. Com efeito, Schlegel, em certo ponto de suas palestras, parece antecipar o dualismo descrito por Nietzsche:

> Toda a poesia e arte antiga é, por assim dizer um *nomos*, uma promulgação harmoniosa de um mundo permanentemente estabelecido, submetido a uma ordem superior e refletindo em si imagens eternas. A poesia romântica, por outro lado,

expressa a secreta atração por um caos que se oculta no próprio âmago do universo ordenado e está perpetuamente originando novos e espantosos nascimentos; aqui o espírito doador de vida do amor primevo paira de novo sobre a face do abismo.

Em seguida, Schlegel ressalta que o primeiro é individualista e o segundo geral e mais próximo do "segredo do universo".[38] Tudo o que se requer para fazer essa observação totalmente nietzschiana é romper o equilíbrio implícito da dualidade, tornar ilusórias as "eternas imagens" platônicas da arte e enfatizar o caos "doador de vida" como base do universo. Foi essencialmente o que Schopenhauer fez, e não surpreende que Nietzsche o cite como sua maior inspiração filosófica.

Não há nada de schopenhaueriano, porém, na visão final de Nietzsche do propósito da tragédia. Para Schopenhauer, a tragédia levava o homem a uma negação da Vontade mediante uma revelação da falta de finalidade do universo, mas Nietzsche via a tragédia como a grande resposta afirmadora da vida a tal visão. O trágico grego, "tendo ousado encarar a terrível destrutividade da chamada história do mundo e a crueldade da natureza", bem poderia ter sucumbido àquilo que Schopenhauer advogava, "uma negação budista da Vontade"; em vez disso, ele foi "salvo pela arte", e graças a essa arte também a vida é salva.[39] Essa foi a grande contribuição da Grécia clássica; tendo penetrado no horror do mundo dionisíaco da existência, ele criou o apolíneo mundo dos sonhos do Olimpo. Cada nova emergência do primeiro fortalecia e enriquecia o segundo. Nesse processo de opor sonho e embriaguez, os gregos compartilham o "âmago eterno do mundo", que Nietzsche via como um ser sofredor e autocontraditório que busca alívio, redenção e até mesmo distração por meio de uma contínua criação e destruição. A existência humana não passa de "imagens e projeções artísticas para o verdadeiro autor"; somos "fenômenos estéticos".[40]

Considerar o homem e o mundo fenômenos estéticos sugere o espetáculo fugaz de Schopenhauer e parece fazer da própria visão apolínea uma espécie de escapismo. Mas Nietzsche vê o espírito apolíneo não como um meio de evitar ou negar o dionisíaco, mas como um complemento necessário deste. A negação de qualquer um deles envolve a negação de ambos, e foi precisamente ao abandonar Dioniso, diz Nietzsche, que Eurípides se viu abandonado por Apolo. Em seu apogeu, a tragédia pode ocultar o verdadeiro dionisíaco, mas ao cabo o próprio espírito apolíneo é impelido "para uma esfera em que ele começa a falar com sabedoria dionisíaca e mesmo a negar sua visibilidade apolínea". Desse modo se realiza uma união: "Dioniso fala a linguagem de Apolo; Apolo, finalmente, fala a linguagem de Dioniso e assim se atinge o objetivo mais elevado de toda a tragédia".[41]

A seção intermediária de *Die Geburt* de Nietzsche mostra como esse objetivo se perde a começar por Eurípides, que – sob a influência do pensamento socrático – renunciou a Dioniso em favor de uma arte supostamente baseada na moralidade e no racionalismo. Essa visão ilusória prevaleceu até os nossos dias, mas contém as sementes de sua própria destruição. A ciência, espalhando-se infinitamente em todas as direções, descobrirá inevitavelmente que a lógica humana não pode penetrar os mistérios mais profundos do universo ou corrigir todas as contradições. Quando se alcançar essa percepção, uma visão trágica será de novo exigida, e um novo Sócrates, que compreende o espírito da música, poderá aparecer. O livro conclui com a crença de Nietzsche de que o mundo se encontra nesse limiar.

Não admira que uma obra tão estranha e idiossincrática tenha encontrado uma formidável resistência. O elogio do filósofo a Wagner como um dos pioneiros a apontar o caminho para a nova arte trágica lhe valeu o apoio dos wagnerianos, porém a maior parte da comunidade intelectual, em geral, e dos clássicos, em particular, recebeu *Die Geburt der Tragödie* com o silêncio; os poucos que reconheceram o valor da obra a rejeitaram por sua erudição supostamente falha. Somente no século XX ela passou a ser largamente aceita como obra de grande inspiração poética, a despeito de suas imperfeições.

A teoria do drama predominante nos anos 1870 seguiu as orientações mais moderadas e tradicionais sugeridas por Hebbel, Freytag e Ludwig. Prevaleciam as peças benfeitas que tratavam das condições sociais contemporâneas, especialmente as de casamento e família, e a teoria crítica que lhes dava suporte estava muito próxima da de Dumas Filho ou Francisque Sarcey, na França. O influente crítico e dramaturgo de Berlim Paul Lindau (1839-1919) explicou que seu drama trágico *Marion* (1870) visava demonstrar "como as condições predominantes bastavam por si sós para provocar a tragédia" e que "os dois fatores decisivos na vida humana" – a educação e o modo como se arranja o casamento e se estabelecem as famílias – "leva inevitavelmente ao enfraquecimento da família e à destruição moral e física do indivíduo".[42]

Tanto em Berlim como em Paris, esse tipo de drama social engajado foi violentamente atacado por membros do movimento naturalista que emergiu nos anos 1880. Alguns, como Michael Georg Conrad (1846-1927), fundador do jornal naturalista *Die Gesellschaft* em Munique, fê-lo mediante uma aceitação incondicional das teorias de Zola (ver capítulo 16). Mais típico dos naturalistas alemães foi Heinrich Hart (1855-1906) em Berlim, cujo ensaio "Für und gegen Zola" (1885) considera o naturalismo de Zola uma reação extrema contra a pompa do romantismo francês – corretivo felizmente desnecessário na Alemanha. Hart via em Zola o perigo de uma perda do controle artístico e uma malfadada abertura para o que é rasteiro e desagradável na existência humana. Preconizava, ao contrário, uma natureza controlada e refinada pela arte – essencialmente o que Ludwig designava por "realismo poético". "O que nosso teatro precisa", escreveu ele no começo dos anos 1880, "é de uma superação do prosaico e do lugar-comum que nele impera" e de uma volta à "poesia profunda, interior, emocional, que traz em suas asas pensamentos recônditos e une o céu e a terra com sua visão".[43]

Essa convicção aparece claramente no mais importante ensaio de Hart sobre o teatro, "Das 'deutsche Theater' des Herrn L'Arronge" (1882), que vê no drama "o ápice de toda a arte" e assevera que o teatro "abre para nós o puro mundo das ideias, livre de restrições ou ocorrências fortuitas; mostra-nos o homem em sua essência, no pleno âmbito de seus feitos e ações; ele é o espelho da humanidade e dá ao homem a consciência de seus sentimentos e energias".[44] Esse objetivo poderia levar ao drama abstrato dos simbolistas, mas Hart estava satisfeito com as representações do conflito social e de cenas da vida familiar desde que fossem desenvolvidas "artisticamente" e "em harmonia com as criações poéticas de nossa nação".[45]

Hard atribui o declínio do drama parcialmente aos dramaturgos que negligenciam essa dimensão poética, mas também aos diretores, atores e mesmo aos cenógrafos e contrarregras que tentam usurpar a posição de superioridade do dramaturgo. Descarta como doutrina perniciosa a asserção de que "a peça na forma escrita é apenas metade de uma obra de arte". O ator "não acrescenta à clareza do personagem tal como ele é criado na imaginação do leitor" senão um "efeito maior sobre os sentidos", que na verdade é o propósito da representação como um todo.[46] Por isso, Hart exorta o dramaturgo a ignorar o processo de produção a fim de proteger sua visão original.

Um naturalismo idealizado semelhante ao de Hart é preconizado pelo crítico berlinense Otto Brahm (1856-1912), fundador do Freie Bühne, que foi em Berlim (como o Théatre-Libre de Antoine em Paris) o teatro pioneiro para as ideias modernas sobre encenação e dramaturgia. Em sua obra sobre o teatro parisiense contemporâneo *Pariser Theatereindrücke* [*Impressões teatrais parisienses*] (1880), Brahm secundou Zola na condenação do teatro francês contemporâneo por confiar mais na convenção do que na procura da natureza; no artigo "Der Naturalism und das Theater" (1891), ele afirmou que o teatro "só pode recuperar seu grande poder espiritual sobre a vida dos alemães se trilhar o caminho do naturalismo".[47]

Obviamente, o vocabulário crítico de Brahm deve muito a Zola, mas sua base intelectual é a tradição filosófica alemã. Brahm considera verdadeira, mas infeliz, a afirmação de Zola, segundo a qual a realidade sempre é vista "através de um temperamento"; ele objeta que os maiores dramaturgos, como Goethe e Shakespeare, reduzem esse elemento subjetivo a quase nada. Quando o temperamento é dominante, "temos apenas uma peça de tese"; quando sua influência é dominada, temos "a obra de arte pura", que pode ser julgada "em bases puramente artísticas".[48] Por isso o naturalismo de Brahm, parcialmente em reação ao drama social da geração de Lindau, evoca o idealismo metafísico do começo do século XIX.

Brahm fica do lado dos idealistas românticos que veem o ideal não como um absoluto imutável, mas como um processo em constante mudança. Goethe e Shakespeare não refletem nenhum ideal clássico permanente, mas uma dinâmica de mudança e crescimento orgânico constante. Num trabalho de 1887 sobre a peça *Fantasmas*, de Ibsen, Brahm condena os que criticavam Ibsen com base nas regras tiradas de Aristóteles e Lessing, já que a própria teoria deve mudar "para conciliar as sempre mutáveis regras da arte".[49] O grito de guerra da nova arte, diz ele na primeira edição de *Freie Bühne für modernes Leben* [*Teatro livre para a vida moderna*] (1890), é "uma só palavra: verdade", e essa verdade não é fixa, não é para ser descoberta consultando-se as autoridades, mas se revela nas lutas da vida real.[50] O próprio naturalismo, a arte viva do tempo, será invariavelmente substituída por outras abordagens à medida que esse processo continua.

As teorias de Brahm sobre o desempenho cênico em "Von alter und neuer Schauspielkunst" (1892) refletem esse mesmo interesse pela mudança e desenvolvimento na arte. O impulso para essas observações foi um ataque feito pelo crítico berlinense Karl Frenzel (1827-1914) às tendências artísticas de representar relacionadas com o naturalismo:

> Os atores jovens estão pregando a mais fantástica teoria de uma nova arte de representar, mais ou menos à maneira dos pintores impressionistas, que imita a natureza a qualquer custo, rejeitando a beleza da humanidade para voltar grotescamente a uma bestialidade repugnante.[51]

Brahm replica admitindo uma afinidade entre sua obra e a de alguns pintores "impressionistas" (Millet em particular), mas nega o objetivo de "imitar a natureza a qualquer custo". Condena o realismo superficial de Meininger e de pintores históricos como Piloty, mas acha que Millet oferece algo mais, uma "observação íntima da natureza" e uma apreensão da "verdade interior". Analogamente, o ator não deve ser simplesmente um observador arguto dos pormenores da vida diária, mas um ser humano dotado de rica e pura personalidade, alguém que experimenta a vida em profundidade e tenta apresentar a natureza "em sua inteireza, em sua plenitude de alma".[52]

O principal objetivo de Brahm ao fundar o Freie Bühne foi conseguir uma audiência para as novas obras que iriam revitalizar o teatro alemão, "que corre o risco de perder o contato com a vida alemã moderna".[53] Gerhart Hauptmann (1862-1946), o principal dramaturgo de Brahm, forneceu-lhe uma série de peças no começo da década de 1890 que tratam de importantes questões sociais de um modo notoriamente realista. Sua obra foi apresentada como um exemplo pelos defensores do naturalismo, como o crítico de Munique Hans von Gumppenberg (1866-1928), que em "Wohin mit dem Drama?" (1892) defendia um teatro que reproduzisse escrupulosamente a vida cotidiana. Elogiava particularmente o *Die Weber* (1892) de Hauptmann por suas caracterizações realistas e seu uso do dialeto – "a única fala viva realmente verdadeira" –, em vez da linguagem teatral convencional.[54]

Uma interessante réplica a esse artigo foi publicada num número subsequente do mesmo jornal, o *Münchener Kunst*, pelo dramaturgo Julius Brand (1862-1895). Brand opunha-se ao uso do dialeto, e na verdade a todo o conceito da "fatia de vida", que ele considerava adequado para o romance mas não para o teatro. O drama, dizia ele, por sua própria natureza envolve "conflito, explosão, luta, diálogo, dualismo, dialética". Ele não pode mostrar as "secretas operações interiores do espírito" que causam essas explosões, "por ser demasiado deficiente na análise psicofisiológica".[55]

Obviamente, essa asserção dificilmente seria aceita por qualquer simbolista, cuja preocupação era precisamente a de captar essas "secretas operações interiores". Destarte o crítico vienense Hermann Bahr (1863-1934), em seu influente *Die Überwindung des Naturalismus* [*O domínio do naturalismo*] (1891), afirma que o naturalismo provocou sua própria destruição, já que seus exames cada vez mais precisos e minuciosos acabaram levando a uma infinidade de impressões sensoriais evanescentes; a arte do futuro, pensava Bahr, deve voltar-se para a psicologia e para a descrição dessas impressões.

Bahr não considerava essa direção desfavorável ao drama. Na verdade, entre os membros do *Jung Österreich*, como chamava os escritores que seguiam o novo estilo, ele incluía Arthur Schnitzler (1862-1931) e Hugo von Hofmansthal (1874-1929); esses jovens dramaturgos vienenses inspiravam-se no filósofo Ernst Mach (1838-1916), especialmente em sua *Die Analyse der Empfindungen und das Verhältnis des Physischen zum Psychen* [*A análise do sentimento e da relação entre o físico e a psique*] (1886-1900), que negava a possibilidade de averiguar a realidade subjetiva. Toda experiência, diz Mach, é totalmente condicionada pelo observador; no entanto, o próprio observador não é fixo, mas é uma constelação de impressões em constante mutação. A realidade, portanto, não é apenas subjetiva, mas está num fluxo constante.

As evanescentes e inconstantes impressões da vida tornaram-se a preocupação desses dramaturgos – não sem uma consciência de estar patinando à beira de um abismo metafísico. No poético *Einleitung* à peça de Schnitzler *Anatol* (1892), Hofmansthal escreveu:

> Assim fazemos o teatro,
> Assim encenamos nossas peças privadas,
> Precocemente maduras, ternas, tristes,
> A comédia de nossa própria alma,
> Todas as coisas em forma encantadora,
> Palavras polidas e pinturas vívidas,
> Sensações pessoais meio formadas,
> Agonias e episódios... [56]

Esse enfoque "impressionista", claramente aparentado ao simbolismo francês, foi advogado em Berlim por jornais como o *Blätter für die Kunst* [*Folha de Arte*], fundado em 1892, e o *Dramaturgische Blätter* [*Folha Dramática*], fundado em 1898. Para este último, Johannes Schlaf (1862-1941), um dos pioneiros do naturalismo alemão, escreveu um ensaio, "Von intimen Theater" (1898), onde afirmava que a essência do drama moderno envolve uma passagem para a ação interna. O dramaturgo deve aprender a trabalhar de maneira direta, criar diálogos e situações que revelem "o movimento interior da alma".[57] Nesse mesmo ano, dois artigos do poeta Rainer Maria Rilke (1875-1926) preconizavam um drama "mais concentrado, mais penetrante" do que a vida. Rilke denunciava o realismo "quarta-parede", observando que para refletir verdadeiramente a existência humana, no teatro uma parede não é pouco, mas três são demais. "Ele deve achar espaço para tudo o que preenche os nossos dias e que desde a infância nos move e converte-nos no que somos."[58]

Junto ao crescente interesse num teatro interior, psicológico na Berlim do final do século, desenvolveu-se ali uma preocupação totalmente diversa com o teatro como fenômeno social. Esse enfoque também tinha suas raízes no naturalismo, mas foi levado à preeminência pelas crescentes lutas políticas do socialismo. O interesse de Brahm nas peças que tratavam da "vida alemã moderna" levou Freie Bühne a oferecer obras que versavam sobre questões políticas contemporâneas, embora a própria teoria de Brahm não apresentasse uma coloração política mais intensa. Num período de crescente consciência socialista, esse programa inspirou uma vontade de estabelecer um teatro similar para o proletariado; em 23 de março de 1890 o *Berlin Volksblatt*, o mais importante porta-voz dos social-democratas, publicou um manifesto de Bruno Wille (1860-1928), "Aufruf zur Gründung einer Freien Volks-Bühne". O gosto do povo alemão, dizia Wille, "fora corrompido em todos os níveis da sociedade por certas condições econômicas", e o teatro, que deve ser um guia moral e um "poderoso estímulo para se pensar sobre as grandes questões da época", tornara-se – sob a influência do capitalismo – um entretenimento estúpido. O Freie Bühne suscitara esperanças de algo melhor, mas seu público permaneceu essencialmente burguês e precisava-se de um teatro capaz de criar dramas que fossem importantes para a classe operária.[59]

O programa anunciado por Wille não sugeria nenhuma tensão entre o desenvolvimento cultural do proletariado e o estímulo político, mas de há muito essas preocupações rivalizavam entre si. Os oponentes de Wille, insistindo em vínculos mais estreitos com o Partido Socialista, tiraram-lhe o controle do Freie Volksbühne e ele se afastou para fundar um teatro rival, o Neue Freie Volksbühne. A direção da organização original foi então oferecida a Franz Mehring (1846-1919), um influente jornalista e editor que se convertera recentemente ao Partido Social-Democrata. Mehring foi o primeiro teórico literário a tentar aplicar os princípios do marxismo à literatura europeia, e sua administração do Freie Volksbühne, durante a qual ele continuou a escrever artigos críticos, coincidiu com a publicação de seu primeiro ensaio importante sobre o pensamento marxista, "Über den historischen Materialismus" (1893), e da primeira obra substancial onde ele tratava da literatura nesses termos, *Die Lessing-Legende* [*A lenda de Lessing*] (1892).

Die Lessing-Legende considerava a aspiração das obras originais de Lessing e o desenvolvimento de sua subsequente reputação produtos de forças sociais e econômicas. Referia-se também à fundação do Volksbühne como outra manifestação dessas forças. Para Mehring, o Volksbühne era um dos primeiros frutos da crescente consciência proletária e de uma estética proletária em desenvolvimento, que "se relacionaria com a política proletária assim como a estética burguesa se relaciona com a política burguesa".[60] O advento do naturalismo era um passo na direção certa, mas o verdadeiro teatro proletário ainda estava por se concretizar. Numa obra anterior, *Kapital und Presse* [*Capital e imprensa*] (1891), Mehring elogiara o naturalismo por romper com o formalismo vazio e a apologética burguesa, mas deplorava a tendência dos autores naturalistas a escolher temas "de um pessimismo desesperado e desconsolado" que erodiam o desejo do homem de melhorar a sua sociedade; e advertia que o movimento, ainda em sua infância, poderia facilmente "perder o rumo ou até mesmo começar a retroceder".[61]

"Der heutige Naturalismus" (1893) desenvolve ainda mais essas observações. O naturalismo é elogiado por sua "coragem e amor da verdade ao mostrar as condições contemporâneas como elas são", mas está apenas a meio caminho de seu objetivo de retratar uma sociedade proletária. Como essa sociedade ainda não se consubstanciou, a segunda metade do caminho requererá "maior coragem e maior amor da verdade para que se possam retratar as condições como elas devem ser e como estão se tornando diariamente".[62] Há aí um certo paradoxo, já que Mehring, ao mesmo passo que invoca a arte como destinada a preparar intelectual e emocionalmente o caminho para a nova ordem, afirma que ela só pode refletir a ordem em que foi criada.

Durante a década de 1890, o fato de o naturalismo não ter conseguido proporcionar o tipo de teatro proposto por Mehring levou-o a uma crescente convicção de que essa literatura deve aguardar a reorganização da sociedade. Em 1895, ele escreveu: "Ainda não chegou a hora, embora seja certo que ela virá, de o proletariado produzir um poeta dramático nascido de seu próprio ventre".[63] Mehring via os novos dramas simbolistas – particularmente a mudança de Hauptmann, cujas primeiras obras ele elogiara, nessa direção – como uma confirmação de seus piores temores. Ele caracterizava o *Hannele* de Hauptmann, com suas incursões na fantasia, como uma "representação infinitamente sentimental e emocional do tipo que se costumava criar nas comédias musicais do Real Teatro Prussiano para as lacrimosíssimas almas da Bolsa".[64] Mehring veio a se convencer de que o teatro, tal qual era, devia desaparecer por completo, junto à sua sociedade, antes que uma arte nova e superior pudesse aparecer. Somente quando "a burguesia decadente não mais puder criar uma grande arte e o proletariado ascendente não puder ainda criar uma grande arte" haverá neste último um desejo suficiente para levar, enfim, a uma "arte maior, mais elevada e mais nobre do que os olhos dos homens até então contemplaram".[65]

NOTAS

1 Georg Büchner, *Sämtliche Werke und Briefe*, Hamburg, 1967-1971, 4v., v.2, p.443-4.

2 Friedrich Vischer, *Kritische Gänge*, Leipzig, 1914-1922, 6v., v.4, p.65, 70.

3 Ibidem, p.89.

4 Sören Kierkegaard, *Either/Or*, trad. inglesa David e Lillian Swenson, Garden City, New York, 1959, 2v., v.1, p.147.
5 Idem, *Crisis in the Life of an Actress*, trad. inglesa Stephen Crites, London, 1967, p.86-9.
6 Ibidem, p.77, e nota.
7 Ibidem, p.111.
8 Friedrich Hebbel, *Sämtliche Werke*, Berlin, 1901-1907, 24v., v.11, p.56-7.
9 Ibidem, v.11, p.4.
10 Ibidem, v.11, p.52.
11 Hebbel, *Tagebücher*, Berlin, 1903, 4v., v.2, p.269.
12 Hebbel, *Werke*, v.11, p.31-2.
13 Ibidem, p.40.
14 Ibidem, p.63.
15 Richard Wagner, *Gesammelte Schriften und Dichtungen*, Leipzig, 1871-1872, 10v., v.3, p.2.
16 Ibidem, p.11.
17 Ibidem, p.12.
18 Ibidem, p.21.
19 Ibidem, p.48.
20 Ibidem, p.112.
21 Ibidem, p.231.
22 Ibidem, v.4, p.34.
23 Karl Marx, Friedrich Engels, *Werke*, Berlin, 1956-1969, 39v., v.29, p.604.
24 Ibidem, p.591.
25 Ibidem, v.37, p.411.
26 Hermann Hettner, *Das moderne Drama*, Berlin, 1924, p.9.
27 Ibidem, p.75-6.
28 Gustav Freytag, *Die Technik des Dramas*, Darmstadt, 1965, p.7.
29 Ibidem, p.77.
30 Ibidem, p.81.
31 Ibidem, p.331.
32 Ibidem, p.340.
33 Wilhelm Dilthey, *Gesammelte Schriften*, Leipzig, 1914-1982, 19v., v.8, p.110-2.
34 Otto Ludwig, *Gesammelte Schriften*, Leipzig, 1891, 6v., v.6, p.320.
35 Ibidem, v.5, p.429.
36 Ibidem, p.163.
37 Friedrich Nietzsche, *Werke*, Munich, 1954-1956, 3v., v.1, p.11.
38 August Wilhelm von Schlegel, *Vorlesungen über dramatische Kunst und Literatur*, Bonn, 1923, 2v., v.2, p.114.
39 Nietzsche, *Werke*, v.1, p.48.
40 Ibidem, p.40.
41 Ibidem, p.120.

42 Paul Lindau, *Dramaturgische Blätter,* Stuttgart, 1874-1875, 2v., v.2, p.209.
43 Heinrich Hart, *Kritische Waffengänge,* Leipzig, 1882-1884, 6v., v.2, p.28.
44 Ibidem, v.4, p.20.
45 Ibidem, p.24-5.
46 Ibidem, p.18.
47 Otto Brahm, *Kritiken und Essays,* Zurich, 1964, p.418.
48 Ibidem, p.486.
49 Ibidem, p.103.
50 Ibidem, p.317.
51 Ibidem, p.463.
52 Ibidem, p.473.
53 Heinz Selo, *Die "Freie Volksbühne in Berlin",* Berlin, 1930, p.185.
54 Hans von Gumppenberg, Wohin mit dem Drama?, *Münchener Kunst,* v.2, n.39, p.360, 1892.
55 Julius Brand, Das Drama, *Münchener Kunst,* v.2, n.41, p.387, 1892.
56 Arthur Schnitzler, *Gesammelte Werke,* Wien, 1922-1928, 9v., abt.2, pt.1, p.12.
57 Johannes Schlaf, Von intimen Theater, *Dramaturgische Blätter,* v.2, n.1, p.36, 1899.
58 Rainer Maria Rilke, Theater, *Dramaturgische Blätter,* v.1, n.38, p.296, 1898; v.1, n.40, p.312.
59 Siegfried Nestriepke, *Geschichte der Volksbühne,* Berlin, 1930, p.10.
60 Franz Mehring, *Die Volksbühne,* v.9, n.2, p.10, 1901.
61 Mehring, *Kapital und Presse,* Berlin, 1891, p.131.
62 Idem, Die Volksbühne, v.1, n.3, p.12, 1892.
63 Ibidem, v.3, n.9, p.3, 1895.
64 Mehring, Ein Traumstück, *Die Neue Zeit,* v.12, n.1, p.246, 1893.
65 Mehring, *Gesammelte Schriften und Aufsätze,* Berlin, 1929-1931, p.230.

16

A FRANÇA NO FINAL DO SÉCULO XIX

O triunfo do romantismo no teatro francês não foi nem absoluto nem duradouro, pelo menos na forma defendida e mesmo exemplificada por Hugo. Uma década depois do prefácio do *Cromwell*, mesmo críticos simpáticos ao movimento, como Théophile Gautier, queixavam-se de que a maré alta do romantismo passara sem estabelecer o teatro moderno que prometera. A visão de um teatro de verdade e relevância contemporânea permaneceu, mas o empenho dos dramaturgos em realizá-lo esmoreceu nos românticos estabelecidos. Em 1838, Honoré de Balzac (1799-1850), que durante algum tempo aparentemente se considerava um possível candidato ao papel, escreveu:

> Ao teatro já não é possível ser outra coisa senão verdadeiro, como meus romances vêm tentando ser. Porém a criação da verdade não é dada a Hugo, cujo talento o impele para o lirismo, nem a Dumas, que passou por ele para não mais voltar; não pode ser outra vez o que já foi. Scribe acabou. Cumpre buscar novos talentos.[1]

Naquele mesmo ano, o enorme sucesso da atriz Rachel em revivescências dos clássicos franceses insuflou nova vida a uma tradição por muitos descartada como coisa do passado. Alfred de Musset (1810-1857) sentiu-se inspirado para considerar de um novo ângulo o gênero trágico em "De la tragédie à propos des débuts de Mlle. Rachel" ["Da tragédia a propósito das estreias da Srta. Rachel"] (1838). Rachel provara, dizia ele, que doravante tanto a abordagem clássica como a romântica devem ser aceitas como parte da contínua tradição francesa. Não se podia, contudo, retornar ao estilo de Corneille e Racine, de sorte que Musset se voltou para a questão de saber qual forma a tragédia moderna deve assumir.

Ele começa com uma breve história do gênero, ressaltando que uma mudança-chave ocorreu quando a cristandade e a filosofia moderna destruíram a crença clássica no fado ou destino. Isso conferiu à providência e ao acaso o papel de forças dominantes, nenhuma delas trágica: uma leva apenas a conclusões felizes, a outra não dá nenhuma forma ou coerência a um drama. Corneille, em face desse dilema, voltou-se para a representação da paixão como fonte da tragédia, inaugurando assim o drama moderno: "Uma paixão e um obstáculo; isso resume quase todas as nossas peças".[2]

Em Racine, o desenvolvimento da paixão tornou-se a fonte do enredo, e a ação essencialmente desapareceu – tendência encorajada, diz Musset, pela *encumbrance* dos espectadores no palco. O drama, restaurando essa ação, alcançou grande popularidade mas, ao se recusar a seguir as regras, negou a si mesmo o maior poder do teatro. As unidades e outras regras não são componentes arbitrários, mas componentes essenciais da arte: "Um arquiteto usa rodas, roldanas, vigamentos; um poeta usa regras, e quanto mais precisamente estas são observadas maior será o efeito e mais sólido o resultado".[3] Musset recomenda o desenvolvimento de um estilo trágico moderno, com personagens tirados da história francesa, como em Chenier e Hugo, mas com respeito pelas unidades e em linguagem poética mas simples e direta.

Quando em 1843 a *Lucrécia* de François Ponsard (1814-1867), vista largamente como uma obra contrarromântica, alcançou notável sucesso quase simultaneamente a uma recepção indiferente à nova obra de Hugo, *Les Burgraves*, Ponsard foi logo saudado como o líder da nova escola tão sequiosamente procurada e que veio a ser conhecida como *"école du bons sens"*. Embora os escritos de Ponsard e outros membros desse grupo fossem a certos respeitos apenas uma revivescência dos temas e métodos neoclássicos, esses autores não eram meros epígonos. Seu sucesso se devia não à nostalgia, mas à relevância, porque, mais acuradamente do que Hugo ou Dumas, eles refletiam as preocupações e os ideais da nova sociedade burguesa da década de 1840. Embora escrevessem em versos, estes eram simples e diretos, como aconselhara Musset, despojados da ornamentação empolada do romantismo. A razão e a moderação substituíram a emoção e o excesso e, talvez ainda mais importante, o dever para com a família e a sociedade foi enfatizado no lugar da exaltação do ego individual.

Num "A propos" a *Agnès de Méranie* (1847), sua segunda peça, Ponsard respondeu aos ataques dos românticos à sua obra asseverando que o romantismo já se estava tornando tão inflexível e distanciado da vida como os imitadores tardios do classicismo, que as cópias vulgares de Shakespeare tinham substituído as cópias vulgares de Racine. Preconizava a rejeição de fórmulas e doutrinas, assim como da preocupação com a inovação ou a imitação, em favor de um reconhecimento de que toda arte era simplesmente boa ou ruim. Para Ponsard, a "única soberania a ser admitida" era a do "bom senso. Digo que todas as doutrinas, antigas ou modernas, devem ser continuamente submetidas a esse supremo juiz".[4] Só o "bom senso", na versão oitocentista da "razão" do século anterior, poderia salvar o drama das disputas e pedantices doutrinais.

A confrontação Racine-Shakespeare foi considerada mais plenamente no "Discours de réception à l'Académie Française" ["Discurso de recepção na Academia Francesa"] (1856), que elogiava Shakespeare como um grande gênio dramático mas defendia Racine como um corretivo novamente necessário, porque os autores franceses estavam adotando tudo de Shakespeare, mesmo os seus defeitos. Se Shakespeare tivesse dominado o teatro francês durante duzentos anos e Racine fosse então descoberto, dizia Ponsard, haveria um entusiasmo ilimitado "por sua linguagem, sempre pura, harmoniosa, nobre sem pompa, natural sem banalidade, e pela severa majestade de suas tragédias, onde uma ação clara, lógica, verossímil e unificada se desenrola de maneira controlada".[5] Os franceses deviam agora acolher essas virtudes do teatro francês clássico e usá-las para moderar o recente entusiasmo pelo drama estrangeiro, não por espírito de reação ou cego patriotismo, mas com o desejo objetivo de seguir avante, utilizando o melhor de ambas as tradições. A meta deveria ser a simplicidade e a verdade, e Racine "é simples, muito simples, mais simples e mais natural do que Goethe; tão natural quanto Shakespeare quando o próprio Shakespeare é natural".[6]

Emile Augier (1820-1887) defendeu a causa de Ponsard e a volta aos valores tradicionais do drama francês enquanto foi crítico dramático do efêmero *Spectateur Republicain* (julho a setembro de 1848), mas depois disso escreveu pouca crítica. Como dramaturgo, por outro lado, veio a ultrapassar Ponsard de longe em popularidade e influência. Nas suas peças ele começou a aplicar, primeiro em verso e depois em prosa, as ideias da *"école du bons sens"* aos temas contemporâneos; desse modo, ele e Dumas Filho estabeleceram o drama social pós-1850, a primeira escola pós-romântica de relevo na França.

A dama das camélias (1851), de Alexandre Dumas Filho (1824-1895), foi o primeiro grande sucesso dessa escola. Apresentava certa relação com o *Antony* de Dumas Pai, mas era ainda mais direta em sua utilização da experiência pessoal e de referências contemporâneas específicas. O prefácio à peça (escrito em 1867) descreve a aparência física e resume a vida da Marguerite Gautier "real" – Marie Duplessis, que faleceu em 1847. Embora nem todas as suas peças subsequentes tenham sido tão diretamente tiradas da experiência pessoal, Dumas Filho sempre procurou descrever, com o maior realismo possível, a sociedade e os indivíduos que via ao seu redor. O mundo de *Le Demi-monde* (1855), assegura-nos o prefácio, é "absolutamente verdadeiro". Jeannine, em *Les Idées de Madame Aubry* [*As ideias da senhora Aubry*], diz Dumas, "realmente existia"; ele conservava um desenho dela em sua escrivaninha. No prefácio a *Le fils naturel* [*O filho natural*] ele descreve a si mesmo como "alguém que passa, olha, vê, sente, reflete, tem esperanças e diz ou escreve o que o impressiona na forma que é a mais clara, a mais rápida, a mais adequada ao que ele quer dizer".[7] O prefácio a *Un père prodigue* [*Um pai pródigo*] (1859) chega ao ponto de negar a necessidade da imaginação num dramaturgo:

Temos apenas de observar, lembrar, sentir, coordenar e restaurar, numa forma particular, o que cada espectador deve recordar imediatamente, depois de ter visto ou sentido sem havê-lo notado antes. A realidade como base, a possibilidade nos fatos, a ingenuidade nos meios, isso é tudo o que se deve exigir de nós.[8]

Evidentemente, Dumas via o poeta não como o gênio único e singular do romantismo, mas como o representante da humanidade em geral, diferente apenas pelo fato de ter observado mais ponderadamente e registrado suas observações mais cuidadosamente do que os outros, de sorte que possam ser reconhecidas como parte da experiência comum. Há aqui, sem dúvida, uma sugestão do realismo "fatia-de-vida", e Dumas Filho contribuiu inquestionavelmente para o desenvolvimento de tal enfoque, mas esse não era de modo algum o seu objetivo. Ele reconhecia a importância do estilo e da forma artística, elogiando calorosamente as realizações de Scribe, apesar da vacuidade de seus personagens. O drama ideal deve primar tanto pela técnica como pela observação: "O dramaturgo que conhece o *homem* como Balzac o conhecia e o *teatro* como Scribe o conhecia será o maior dramaturgo que jamais existiu".[9]

A outra clara distinção entre Dumas Filho e os realistas subsequentes foi a sua dedicação ao propósito moral do drama. "A pura e simples reprodução dos fatos e dos homens é função do fotógrafo", diz ele no prefácio a *Le fils naturel*. "Toda literatura que não se preocupa com a perfectibilidade, a moralidade, o ideal e o útil é, numa palavra, uma literatura enfermiça e raquítica, morta ao nascer."[10] O teatro deve mostrar o homem como ele é, mas só para lhe indicar o que ele pode se tornar e como consegui-lo. Dumas considera a expressão "arte pela arte" "totalmente vazia de sentido". Seu didatismo, que é cada vez mais óbvio em seus últimos dramas, marca também os prefácios; muitas vezes eles contêm extensas discussões de assuntos como prostituição, maternidade e preservação da família. Tanto as peças como os prefácios tornam-se tribunais, como ocorreria mais tarde com Shaw, mas infelizmente os de Dumas Filho são com muito menos frequência animados pela objetividade e finura.

Foi precisamente essa qualidade didática que mais ofendeu os principais novos dramaturgos e teóricos da década de 1870. Villiers de l'Isle-Adam (1838-1889), no prefácio à sua excelente peça *La révolte* [*A revolta*] (1870) – que antecipa o tema de Ibsen em *Casa de bonecas* –, recusou-se a responder aos que lhe perguntavam "o que ele queria provar": tudo o que queria era "simplesmente pintar em *La révolte* a triste situação de um homem de bem apanhado na rede de uma mulher apaixonada".[11]

Emile Zola (1840-1902) foi muito mais longe, afirmando que em última análise esse didatismo impediu Dumas Filho de conseguir um sucesso significativo naquilo que Zola considerava ser o próximo estádio da evolução teatral, o teatro "naturalista". Em seu ensaio sobre Dumas em *Nos auteurs dramatiques* [*Nossos autores dramáticos*] (1881), Zola conclui:

Em suma, Balzac deseja retratar e Dumas provar. Isso diz tudo. Dumas, como Sand, está na escola idealista. O mundo que ele vê parece mal construído, e ele sente uma constante necessidade de reconstruí-lo. No prefácio a *Le fils naturel* ele declarou com toda a clareza que deseja desempenhar o papel de moralista e legislador. Eu, por mim, tenho outras ideias.

Essas ideias, explica Zola, baseiam-se na crença de que "na presente época de ciência experimental", o artista deve emular com o cientista, assim no método como no desígnio, sendo o método o estudo cuidadoso dos fenômenos objetivos, e o desígnio "uma análise exata do homem".[12]

A metáfora científica – muito influenciada, como ele admitia de bom grado, pela *Introduction à l'etude de la médecine expérimentale* [*Introdução ao estudo da medicina experimental*] de Claude Bernard (1865) – está constantemente presente na teoria de Zola. Ele descreve amiúde o trabalho do autor como a realização de uma experiência à maneira do cientista. O romancista, diz Zola em *Le roman expérimental* [*O romance experimental*] (1880), "coleta fatos observados, escolhe um ponto de partida e estabelece uma base sólida sobre a qual os personagens podem caminhar e os fenômenos se desenvolver". Em seguida, ele permite que os personagens evoluam "de acordo com o requerido pelo determinismo e os fenômenos que estão sendo estudados", e observa e registra o resultado. O "romance experimental" é, assim, "um relato verbal de uma experiência que o romancista conduz na presença do público", tendo por objetivo "o conhecimento científico do homem em sua ação individual e social".[13]

Zola ressalta que o naturalismo, "o retorno à natureza e ao homem, observação direta, anatomia exata, aceitação e pintura do que existe", tem importantes antecedentes literários.[14] Sempre que um escritor tenta captar a verdade, o naturalismo até certo ponto está presente. Homero era um naturalista à sua maneira, como o era Aristóteles, mas somente no século XVIII é que algo aparentado ao naturalismo moderno começou a se desenvolver. O interesse de Rousseau na natureza e o espírito de investigação dos enciclopedistas abriu o caminho para o naturalismo moderno, e alguns autores franceses do final do século XVIII como Mercier e especialmente Diderot (que, segundo Zola, "defendia as mesmas ideias que eu"),[15] foram os primeiros a aplicar essas concepções ao teatro. O romantismo, em seu frenesi revolucionário, obstou ao desenvolvimento regular do naturalismo mas, ao remover a tradição clássica exaurida e libertar os artistas das convenções desgastadas, deu uma importante contribuição para o triunfo final do naturalismo.

Infelizmente Zola, como Diderot, mostrou-se muito mais influente como teórico do que como dramaturgo praticante, embora suas obras tenham fornecido modelos para a geração subsequente. O prefácio à sua peça mais conhecida, *Thérèse Raquin* (1873), serviu como uma espécie de manifesto do naturalismo, foi o prefácio do *Cromwell* de sua geração. Ele sugere ideias mais plenamente desenvolvidas em *Le roman expérimental* e *Le naturalisme au théâtre* [*O naturalismo no teatro*] (1881), ambos baseados na convicção de Zola "de que o espírito científico e experimental do século haverá de prevalecer no teatro e de que nele reside a única renovação possível para o estádio em que nos encontramos".[16] A lógica dessa peça devia ser não de fatos, mas de "sensações e sentimentos, e o desfecho um resultado matemático do problema formulado".

O imaginário matemático e científico, tão comuns nas obras de Zola, pode ser enganoso, a menos se reconhecermos que Zola nunca esqueceu a contribuição da personalidade do artista. Uma obra de arte, diz ele em *Le roman expérimental,* é sempre "um pedaço de natureza visto através de um temperamento".[17] Ele não vê o efeito do temperamento do artista como negativo; pelo contrário, este intensifica e modela idealmente, sem suprimi-la, a obra da natureza. Zola nunca defende a "mera fotografia"; reconhece que a contribuição pessoal do artista transforma a natureza em arte, mas adverte que o artista nunca deve distorcê-la ou falsificá-la para ajustá-la, seja às suas próprias concepções, às convenções da forma ou ao gosto do público.

O cenário de *Thérèse Raquin,* segundo o seu prefácio, foi fixado inteiramente de acordo "com as ocupações ordinárias de meus personagens, para que eles não 'representem', mas 'vivam' diante do público".[18] Essa ideia é muito mais plenamente desenvolvida nas seções "Le costume" ["O vestuário"] e "Les décors" ["Os cenários"] de *Le naturalisme au théâtre,* onde Zola explora as implicações do estilo mais natural nos cenários, nos vestuários e na interpretação. Em cada uma dessas áreas ele vê a necessidade de grandes mudanças, já que em cada área teatral reinam as convenções.

A situação da arte cênica francesa, por exemplo, pode ser inferida do principal texto sobre o assunto na época, *L'art théâtral* [*A arte teatral*] de Joseph Samson (1863), onde o autor, o mais importante professor de arte cênica da Comédie Française, expõe suas ideias sobre a arte em geral e sobre os principais papéis específicos de seu repertório. A forma trai imediatamente o conteúdo, já que a obra em dois volumes está composta em oito "canções", cada uma das quais é um poema redigido nos tradicionais alexandrinos do teatro clássico francês. Samson dá como assente que as falas de um ator serão em versos; a única questão está em saber se ele deve "declamá-los ou dizê-los" – enfatizar o verso ou tentar convertê-lo em prosa. A solução de Samson, como não poderia deixar de ser, é o meio-termo clássico ideal:

> Evite ambos; evite todo esquema mal-encaminhado.
> Procure a verdade entre os dois extremos –
> Os desejos do coração em cadência para expor
> Ou os alexandrinos para reduzir à prosa.
> Para tais excessos não há defesa –
> Um choque para os ouvidos e para o bom senso.[19]

Samson não nega a "centelha divina" da inspiração, mas tem o maior desprezo pelos atores que nela confiam. Em vez disso, ele aconselha:

> Medite, planeje e teste tudo de antemão.
> Esse trabalho cuidadoso lhe dará confiança.

Em seguida, sentindo-se seguro em cada detalhe, o ator poderá

> Aumentar os efeitos aprendidos com deliberação,
> Os tons e movimentos tirados da inspiração.[20]

Para Zola, naturalmente, esse conselho representava um sistema de "deplorável tradição", que "nada tem em comum com a vida real". Os pretensos melhores atores da França, observava ele, falam artificialmente, não se relacionam uns com os outros, desempenham para o público e entram e saem como se fossem movidos por uma regra. Em contraste, ele elogiava o desempenho de uma *troupe* de atores italianos, dirigidos por Tommaso Salvini, que na época visitava Paris. "O público parece não existir para eles ... Davam as costas para a orquestra, entravam, diziam o que queriam dizer e saíam naturalmente, sem o menor esforço para chamar a atenção sobre si. Isso não parece grande coisa, mas é enorme para nós na França."[21]

Igualmente importante para que os atores dessem a impressão de viver o papel era colocá-los em trajes e cenários apropriados à sua condição. Para Zola, isso não era simplesmente uma extensão do interesse romântico pela cor local. Ele ressaltava que as pessoas atuam como o fazem na vida real em parte *por causa* dos trajes que usam e do ambiente em que vivem. O velho herói abstrato ou metafísico requeria apenas três paredes neutras que o encerrassem, mas "o homem fisiológico de nossas tragédias modernas exige cada vez mais imperiosamente ser determinado pelo cenário, pelo meio do qual ele é o produto".[22]

Obviamente, o meio físico estava se tornando tão importante para o drama quanto os próprios personagens, e as preocupações da teoria dramática, que se expandira para incluir a arte do ator no século XVIII começou no século XIX – mais significativamente com os escritos dos naturalistas – a incluir também considerações de trajes e cenários. A principal influência sobre o interesse de Zola pelo ambiente parece ter sido Hippolyte Taine (1828-1893), cuja discussão acerca dos efeitos do meio sobre a literatura Zola citava aprovadoramente ao abrir seu ensaio sobre o vestuário.

A *Histoire de la littérature anglaise* [*História da literatura inglesa*], de Taine (1863), serviu como um importante vínculo entre os críticos da tradição romântica alemã e aqueles que, como Zola, procurava no pensamento científico oitocentista seus modelos de procedimento crítico e literário. Taine concorda com os alemães em que cada obra de arte deve ser vista em seus próprios e únicos termos, como um todo orgânico:

> Toda arte original cria suas próprias regras, e nenhuma arte original pode submeter-se às regras de outra; ela traz seu próprio contrapeso e não recebe nenhum de outra parte; forma um todo inviolável; é um ser animado que vive de seu próprio

sangue e que definha ou morre, caso se remova parte de seu próprio sangue para substituí-lo pelo sangue de outro.[23]

Ainda como os alemães, Taine liga essa ideia de unicidade com uma visão histórica e nacional da literatura, vendo uma relação entre todas as obras de um período particular. Seguindo Hegel, ele vê essa relação se desenvolvendo de maneira evolutiva, com cada época reagindo às doutrinas da época anterior ou assimilando-as. Sua principal contribuição é uma visão muito mais programática desse processo do que a da maioria de seus predecessores, refletindo possivelmente o interesse empírico inglês por fatos e dados. Numa tentativa de isolar as "forças primordiais" que atuam sobre a literatura para criar suas características em cada período, ele propõe a sua famosa tríade: *raça, momento* e *meio*. A *raça* compreende as "disposições inatas e hereditárias que o homem traz consigo ao chegar ao mundo", não raro ligadas a variações na fisiologia humana; o *meio* se compõe do ambiente externo de um povo – clima e geografia, assim como pressupostos sociais e culturais; o *momento* é o *"momentum* adquirido" do que a *raça* e o *meio*, operando juntos, já produziram num ponto específico do tempo em que o artista ou a obra aparece.[24]

Pela análise cuidadosa dessas variáveis, afirma Taine, pode-se explicar as produções não só de literatura, mas de todas as artes, assim como as da filosofia, da ciência e da técnica – numa palavra, de todo o esforço humano. Cada uma delas tem "por causa direta uma disposição moral; a causa dada, elas aparecem ... cada qual está ligada às suas causas exatamente como um fenômeno físico às suas condições, como o orvalho à queda da temperatura, como a dilatação ao calor".[25] As causas da ação humana, analisadas com suficiente precisão (processo que Taine admite estar ainda em sua infância), podem não só explicar o passado como predizer o futuro. Cada uma das obras naturalistas de Zola pode ser vista como um experimento em tal análise, uma demonstração das causas e dos efeitos da ação humana.

Antes de Zola começar sua campanha para revitalizar o teatro por meio do naturalismo, Edmond (1822-1896) e Jules (1830-1870) de Goncourt tentaram uma virada mais modesta em direção ao realismo nas suas peças *Henriette Maréchal* (1863) e *La patrie en danger* [*A pátria em perigo*] (1867). A primeira foi apresentada sem sucesso, a segunda não foi encenada durante mais de vinte anos e os subsequentes prefácios de Edmond de Goncourt a essas peças parecem refletir uma irritação tanto com a indiferença do público quanto com a usurpação por Zola da posição de principal reformador dramático. Numa introdução de 1879 às duas peças, Edmond de Goncourt se exclui inteiramente da tradição realista e acusa Zola de tentar impor o realismo numa forma de arte que é "uma caixa de convenções, uma criação de papelão". O realismo é impossível sem a psicologia, e Goncourt não considera "o palco um campo apropriado para estudos mais aprofundados das maneiras";[26] para esse tipo de criação, o romance é muito superior ao teatro. Com efeito, e replicando indiretamente à asserção de Zola segundo a qual o teatro deve tornar-se naturalista ou deixar de existir, Goncourt conclui que dali a cinquenta anos ele será substituído pelo romance.

Em 1885, para uma segunda edição de *Henriette Maréchal*, Goncourt toma uma posição um pouco mais positiva. Ainda considera o teatro em sua doença terminal, mas como ele "ainda não morreu" e poderia subsistir por algum tempo num estado de definhamento, "como a atual Igreja católica", poder-se-ia tentar prolongar-lhe a existência por uma "transfusão de novos elementos para seu velho organismo". Esses elementos não serão os fatos, os acontecimentos ou as situações da vida humana real preconizados por Zola, pois Goncourt ainda insiste em que são impróprios para esse "templo de papelão da convenção". Em vez disso, os dramaturgos deverão desenvolver primeiro uma "linguagem literária falada", um estilo poético sem as exibições verbais eruditas dos românticos ou as enfadonhas banalidades dos naturalistas. Com isso eles deverão criar pinturas de "sentimentos em seus personagens que estão de acordo com a natureza".[27]

O teatro mais associado com o naturalismo francês foi o Théâtre-Libre de André Antoine (1858-1943), inaugurado em 1887. Antoine escreveu pouca teoria, mas em maio de 1890 publicou uma brochura onde tentava explicar ao público os objetivos e procedimentos de seu teatro. Ele segue essencialmente Zola ao preconizar um teatro baseado na verdade, na observação e no estudo direto da natureza, denunciando o aprendizado tradicional dos atores como "talvez perigoso – no mínimo inútil e acima de tudo mal organizado".[28] Tal aprendizado enfatiza os tipos tradicionais, os gestos tradicionais e principalmente a elocução tradicional. Os atores de Antoine "retornarão aos gestos naturais e substituirão a *composição pelos efeitos realizados unicamente por meio da voz*". Essa nova arte interpretativa, naturalmente, deve acontecer em cenários realistas onde um ator possa desenvolver, "simples e naturalmente, os gestos simples e os movimentos naturais de um homem moderno que vive a sua vida diária".[29]

Um dos dramaturgos de Antoine, Jean Jullien (1854-1919), tornou-se o principal porta-voz crítico da aventura de Antoine. O prefácio ao seu *L'echéance* [*O prazo*], dedicado a Antoine e encenado no Théâtre-Libre em 1889, oferece um bom sumário das ideias de Jullien, também fortemente influenciado por Zola. A definição de Zola, "um fragmento da natureza visto através de um temperamento", converte-se no dito mais famoso de Jullien: "Uma peça é uma fatia de vida colocada no palco com arte".[30] Por arte, Jullien não entende a construção tradicional; com efeito, ele rejeita a preparação, a exposição e o desfecho por "inúteis". Os espectadores não precisam saber das intenções do autor ou receber detalhes supérfluos que lhes permitam conhecer os personagens. O que o teatro deve oferecer não é nem uma análise de caráter nem enredos benfeitos, mas ação, ação cheia de surpresas e com muitas vezes sem solução, como acontece na vida real. A arte do teatro consiste no fato de o dramaturgo "viver mentalmente com seus personagens durante longo tempo, chegando a pensar como eles e adquirindo assim uma linguagem própria a cada um deles e capacitando-se a escrever um diálogo real sem procurar criar efeitos num estilo impróprio". O teatro implica "estruturar logicamente os atos e as cenas sobre uma base sólida composta de fatos observados, em vez de se preocupar com a hábil articulação das conversações" e fazer que coisas como "entradas e saídas sejam justificadas por natureza".[31]

O modo de apresentação é também muito importante para Jullien. Como Diderot, ele enfatiza fortemente a pantomima; de fato, seu interesse na ação leva-o a colocar o movimento acima da linguagem em ordem de importância para o dramaturgo. *L'echéance*, diz ele, "tanto poderia ser representado em pantomima como falada",[32] e exorta todos os dramaturgos a que se empenhem em atingir esse grau de clareza visual. Nenhum crítico anterior – nem Diderot, para quem todas as cenas deviam ser apresentadas em pantomima, nem Goethe, que considerava a imagem visual simbólica fundamental para o efeito teatral – foi tão longe quanto Jullien, para quem a essência do drama não pode ser encontrada nas palavras. (Uma parte significativa da teoria teatral do século XX se ocuparia dessa possibilidade.)

Jullien, como Antoine, exorta os atores a abandonar os tipos de personagem tradicionais e a não mais querer "entrar na pele de um papel, mas sim adaptar o papel a si mesmos"[33] e representar "como se estivessem em casa, ignorando as emoções que suscitam no público". Naquela que é talvez sua frase mais memorável, Jullien diz que a abertura do proscênio deve ser considerada "uma quarta parede, transparente para o público, opaca para o ator".[34] Outra produção sugere reforçar essa visão do teatro como uma ilusão da vida real. O auditório deve ser escurecido, as ribaltas abandonadas, os acessórios reais e não pintados no cenário, os trajes apropriados ao personagem. O espectador "deve perder por um instante a sensação de sua presença num teatro" e, sentado no escuro diante de uma caixa iluminada, deve "ficar atento e não mais se atrever a falar".[35] Só assim, diz Jullien, pode o teatro ser considerado uma arte séria.

Muitas dessas mesmas preocupações podem ser encontradas naquela que é provavelmente a mais conhecida declaração das ideias e práticas do teatro naturalista, o prefácio de August Strindberg (1849-1912) a *Miss Julie* [*Senhorita Júlia*] (1888), escrita sob a influência de Zola e seus discípulos e apresentada no Théâtre-Libre. A postura objetiva advogada por Strindberg sugere a imparcialidade científica de Zola levada quase à paródia. Ele admite que sua peça pode agora parecer trágica, mas "dia virá em que seremos tão evoluídos e esclarecidos que veremos com indiferença o espetáculo da vida, que hoje nos parece tão brutal, cínico e cruel". A piedade que os espectadores podem ser tentados a sentir por Senhorita Júlia é, diz Strindberg, um sinal de fraqueza; ele aconselha seu público a buscar em sua peça a alegria, alegria nas "fortes e eternas lutas da vida" e prazer em aumentar o conhecimento que temos delas.[36] Como Zola, ele analisa cuidadosamente as várias forças que atuam sobre os personagens, expondo minuciosamente as razões psicológicas, fisiológicas, sociais e ambientais que determinam as ações de sua heroína. Os personagens modernos, com efeito, não devem ter nenhum "caráter" no sentido tradicional de um predizível conjunto de reações extraído do tipo; devem, ao contrário, refletir a variedade de forças que atuam sobre eles. Devem ser "vacilantes, desintegrados ... conglomerados dos estádios passados e atuais da civilização".[37]

Em sua própria técnica, Strindberg mostra um forte débito para com os naturalistas. Seu diálogo evita a "construção simétrica, matemática" e deixa que "as mentes das pessoas funcionem irregularmente, como sucede na vida real".[38] Ele preconiza um interior realista, com objetos reais, em vez de potes e panelas pintados nas paredes, assim como a abolição da iluminação artificial das ribaltas. Situa toda a sua ação num único interior e observa a unidade de tempo a ponto de estender a substituição dos intervalos tradicionais por uma pantomima e uma dança que permitem à ação fluir ininterruptamente. Considera demasiado utópico esperar que os atores tratem o palco como "um aposento real desprovido da quarta parede", mas espera ver um dia os atores dispostos a ignorar a plateia e a representar no palco uns para os outros.[39] Gostaria também de ver a caracterização abolida, ou pelo menos reduzida a um mínimo.

O tom darwiniano da luta entre Jean e a senhorita Júlia também sugere o naturalismo, embora a análise que Strindberg faz dele seja intensamente colorida por preocupações pessoais: o conflito homem-mulher, a confrontação de classes, o ariano moralmente superior (um eco de Nietzsche) cujo senso de honra o enreda num combate com um adversário moralmente inferior, mas por isso mesmo mais implacável. Strindberg tenta, nessa peça, interpretar os conflitos interiores, psicológicos e fisiológicos em termos essencialmente naturalistas, porém a objetividade científica apregoada por Zola é impossível para um artista tão subjetivo e seus escritos teóricos subsequentes estão muito mais em harmonia com a crítica simbolista e psicanalítica.

Zola, na esteira de Taine, acreditava que "todo governo consolidado e duradouro tem sua própria ética", ideia que em última análise deriva do historicismo introduzido pelos românticos alemães. Destarte ele considerava o naturalismo a literatura inevitável da República de 1870, governo baseado no pensamento positivista e numa análise científica das necessidades da nação.[40] Na verdade, o naturalismo refletia a nova República de maneiras menos positivas, que compreensivelmente não são notadas por Zola. A pungente derrota de Napoleão III pelos prussianos, em 1870, foi, para muitos, um convite antes ao cinismo que ao cientificismo, e uma nota nitidamente obscura e pessimista permeava o movimento naturalista, expondo Zola ao ataque de vários grupos. Havia os que admiravam a competência técnica de Scribe e sua escola, e que não viam atrativo nas fatias de vida naturalistas, sobretudo quando pareciam especializar-se no sórdido e no deprimente. Havia os escritores que Zola chamava de idealistas, que o acusavam de negar o lado espiritual, e mais significativo, do homem. Por fim, havia mesmo os que voltavam os argumentos de Zola contra ele próprio, dizendo que, ao enfatizar a vileza, ele estava traindo a objetividade científica que apregoava como sua meta.

Entre os defensores de Scribe estava o principal crítico teatral francês da segunda metade do século XIX, Francisque Sarcey (1827-1899), que apresentou uma visão bem informada, por vezes sutil e percuciente, do teatro francês de 1860 até sua morte. Sua clara preferência pelos clássicos e pelas peças benfeitas de Scribe, Augier e Dumas Filho, em detrimento das fatias de vida naturalistas e dos subsequentes devaneios dos simbolistas, acabaram por lhe granjear a imerecida reputação de ser um tradicionalista estreito, e seu objetivo de aplicar o senso comum e valores que fossem compreensíveis para o frequentador de teatro mediano foi citado pelos que o consideravam um filisteu. Na verdade, mesmo suas observações sobre gêneros pelos quais ele tinha pouca simpatia contêm percepções notáveis, mas quanto à sua contribuição para a teoria dramática em geral devemos levar em conta basicamente suas observações sobre a peça bem-acabada e seus praticantes.

O *Essai d'esthétique de théâtre* [*Ensaio de estética teatral*] define a arte dramática como o "conjunto de convenções universais ou locais, eternas ou temporárias com a ajuda do qual representamos a vida humana num palco, de modo a dar ao público a ilusão da verdade".[41] Cada parte dessa formulação algo enfadonha é na verdade importante para Sarcey, mas o âmago de sua estética e de sua crítica fundamenta-se nas palavras "ao público"; o efeito sobre o público foi sempre sua pedra de toque. Assim, ele reconhece o argumento de Hugo segundo o qual na realidade as lágrimas às vezes se misturam com o riso e o sublime é visto como justaposto ao grotesco, porém este não é necessariamente um argumento a favor da criação no palco de uma imitação da realidade. A questão, para Sarcey, não é saber se "bufonaria e horror estão misturados na vida", mas se "duas mil pessoas reunidas no auditório de um teatro podem passar facilmente das lágrimas ao riso e do riso às lágrimas".[42] É essa preocupação, sugere ele, que subjaz às velhas ideias da distinção dos gêneros e da unidade de impressão. Sarcey só recomendava as mudanças abruptas se o público pudesse chegar a aceitá-las; ele admite que os dramaturgos de sua época podiam introduzir certo grau de grotesco que teria sido inaceitável em 1817, já que as ideias e o gosto do público haviam mudado desde então.

Sarcey se opõe especificamente ao estabelecimento de regras permanentes. Não está interessado em saber se uma nova peça pode ser uma obra-prima duradoura, mas apenas se ela agradará ao gosto contemporâneo. Desse modo, ele pode elogiar um drama reconhecidamente menor como *Le maître de forges* [*O mestre de forjas*] de George Ohnet (1883), que preenchia essa condição. "Enquanto uma escola de turbulentos revolucionários afirma subverter de alto a baixo as velhas regras e trazer-nos uma nova arte, aqui está um homem que é bem-sucedido ... simplesmente porque conhece o seu ofício, porque nos dá o que costumamos chamar de uma peça benfeita". Em seguida, Sarcey relaciona os componentes de tal obra: o drama "baseia-se em sentimentos que todos compreendem e que interessam a todos porque são os sentimentos comuns à natureza humana; é exposto com clareza, desenvolve-se logicamente e tem um desfecho feliz".[43]

A clareza e a estrutura lógica são as qualidades que Sarcey mais admira no drama, e a pedra angular da estrutura é a *"scène à faire"* (cena obrigatória), termo por ele inventado que se tornou um conceito fundamental na análise da construção de uma peça. Sua análise da ação inicial de *Les Fourchambault* de Emile Augier (1878) ilustra o modo como esse conceito opera. Sarcey elogia a peça como um excelente exemplo de construção em geral:

> Os dois atos não são uma conversa vã da qual emerge um drama que não tenha relação com ela. Não se pronuncia uma só palavra que não sirva posteriormente seja para elucidar a ação, seja para explicar o caráter dos que dela participam. Quando a cortina se fecha após a frase "Ele é meu pai", antevejo imediatamente duas cenas obrigatórias e sei que elas acontecerão – a cena entre o filho e o pai que ele vai salvar e entre Bernardo e seu irmão Leopoldo.

A configuração precisa que essas cenas assumirão é desconhecida, mas Sarcey considera essa mesma incerteza um dos grandes encantos do teatro. "Digo a mim mesmo: 'Ah, eles vão se falar! O que resultará daí?' E esse é de tal modo o pensamento de todo o público que quando as duas pessoas se confrontam na cena obrigatória um arrepio universal perpassa o auditório."[44] Essa habilidade, esse arranjo cuidadoso da antecipação e da efetivação era o que Sarcey e o público que ele representava admiravam como a essência da experiência teatral.

O enfoque lógico da estrutura dramática representada por Sarcey e o espírito de codificação inspirado pelas ciências físicas no século XIX atingiram uma espécie de apoteose em *Les 36 situations dramatiques* [*As 36 situações dramáticas*]. Esse quadro periódico do drama, criado por Georges Polti (n. 1868), foi publicado no *Mercure de France* em 1894 e saiu posteriormente como volume separado. Inspirando-se na observação de Goethe a Eckermann segundo a qual Gozzi limitara a 36 o número das situações trágicas, Polti se dispôs a descobrir, coisa que Goethe não conseguira fazer, quais eram precisamente essas situações. Procurou isolar 36 emoções "básicas" nas quais as situações poderiam basear-se e anunciou que conseguira encontrá-las.

Na verdade sua lista é uma mixórdia de elementos. Alguns são infinitivos: "suplicar", "obter", "sacrificar-se a um ideal", "matar uma vítima desconhecida", "sacrificar tudo a uma paixão". Outras são substantivos modificados ou não modificados: "revolta", "desastre", "o salvador", "loucura", "rivais desiguais", "homicídio por adultério", "erro judicial". Outros, ainda, são frases, como "vingança perseguindo um crime". No entanto, todas são cuidadosamente elaboradas mediante variações possíveis. Um enredo complexo poderia combinar dois deles para (diz ele, com um conhecimento lastimavelmente fraco da matemática) um total de 1.332 situações, e por um processo de novas combinações Polti oferece aos diretores de teatro de Paris dez mil roteiros diferentes – mil na primeira semana, se eles quiserem. "O tempo da imaginação acabou", declara ele. "Agora ela deve ser substituída por um princípio lógico superior e mais moderno."[45]

Apesar dos laivos científicos desse enfoque, ele não granjeou nenhum louvor de Zola, que deplorou o cálculo e a manipulação envolvidos em qualquer abordagem do drama que tentasse estabelecer esquemas. Considerava essa atenção à estrutura dramática um ressurgimento da velha prática de fazer dos atores e das ações meros dentes de engrenagem numa máquina dramática que guarda pouca relação com a vida real. Na década de 1880, porém, o próprio naturalismo zolaesco era alvo de sérios ataques, e seus inimigos não se restringiam de modo algum aos proponentes da peça benfeita.

Ferdinand Brunetière (1849-1906) tentou desacreditar Zola em nome da própria divindade de Zola, o realismo científico. Em *Le roman naturaliste* [*O romance naturalista*] (1882), Brunetière afirmava que a falta de gosto e espírito em Zola, assim como de finura psicológica, levaram-no ao "pessimismo literário e à investigação do que é rude e grosseiro", mascarado como apresentação objetiva do material.[46] Seus personagens tornaram-se assim ou marionetes desprovidas de vida ou meros animais que nada têm de humano. Em sua paixão de evitar os excessos líricos dos românticos, Zola distorcera a realidade com a mesma gravidade na direção oposta.

O mesmo argumento foi repetido num ataque muito menos razoável e mais pessoal em 1887, o famoso "Manifeste des cinq" ["Manifesto dos cinco"], que apareceu na primeira página de *Le Figaro* em 18 de agosto. Aqui, cinco jovens autores renunciavam ao naturalismo e acusavam Zola de degradar a literatura e converter seu movimento em quase sinônimo de escatologia. Especulavam que certos defeitos psicológicos e físicos do próprio Zola tinham estimulado seu interesse no vulgar e obsceno, ou que ele era simplesmente tentado pelos lucros a serem auferidos com a excitação do público. Fosse como fosse, ele tinha corrompido a célebre fórmula do naturalismo de fazer dela um "fragmento da natureza visto através de um sensório mórbido".[47]

Os ataques a Zola com suas próprias armas, acusando-o de vieses pessoais e do uso não científico de seu material, feriram-no mais do que os ataques de uma nova geração de idealistas, mas na consciência crítica da época os segundos eram mais eficazes. O prefácio a *L'étrangère* [*A estrangeira*] de Dumas Filho (1879) indicou o caminho para essa nova orientação. Dumas afirma que Zola, em seu desejo de colocar no palco a réplica exata da vida, perdeu de vista tanto os métodos como o propósito da arte. O romancista pode, se quiser, lidar com sangue e corpo reais ou mostrar cenas da mais embaraçante intimidade, mas a forma e a função do teatro não permite isso. Toda arte tem suas omissões convencionais necessárias – a escultura carece de cor, as pinturas carecem de relevo –, e a negação dessas convenções em nome da reprodução mais fiel da natureza só fará converter as artes em cópias inferiores de um original maior e mais rico. A natureza é "a base, a prova, o meio da arte", mas não a finalidade da arte. A missão do artista é mais difícil do que a mera reprodução da natureza; ela consiste em "descobrir e revelar-nos aquilo que não vemos no que observamos diariamente", em conferir "uma alma às coisas materiais, uma forma às coisas da alma e, numa palavra, em idealizar o real que é visto e tornar real o ideal que se sente".[48]

Esse prefácio e a crítica de Brunetière representam o que se poderia chamar de primeiro estádio da reação idealista, que procurava em parte derrotar Zola em seus próprios termos, ou seja, repetindo as acusações de que ele estava exclusivamente interessado no aspecto mais torpe do homem e por isso não podia reivindicar para o naturalismo uma verdadeira pintura da condição humana. "O grande erro do século", escreveu Brunetière em 1890, "foi misturar e confundir o homem com a natureza, sem jamais se deter para considerar que na arte, na ciência e na moralidade o homem só é homem na medida em que se distingue da natureza e se torna uma exceção a ela."[49] O naturalismo, acusava ele, lidava antes com o atual que com o real e se contentava com a mera acumulação de dados fatuais que nunca criariam uma pintura daquela mescla de físico e espiritual que torna o homem verdadeiramente humano. Em seus *Etudes critiques* [*Estudos críticos*] de 1880, Brunetière chegou a tentar negar à obra de Zola o título de naturalismo. O verdadeiro naturalismo pintaria "tudo da natureza, o interior e o exterior, o invisível e o visível", e os autores se autodenominam falsamente naturalistas "quando não expressam um lado da natureza humana com tanto vigor e precisão quanto o outro". A abordagem de Zola criava necessariamente algo "estreito, incompleto e mutilado".[50] Desse modo, Brunetière propunha o idealismo como uma ajuda ao naturalismo para se criar uma representação equilibrada e completa do homem na literatura.

Essa tentativa essencialmente racionalista e moderada de reformar o naturalismo foi ofuscada por uma reação idealista muito mais extrema, que procurava fornecer não meramente um corretivo necessário, mas uma alternativa superior e totalmente diversa. Os críticos e autores desse movimento concordavam em que Zola ignorara o interior, o invisível, o espiritual no homem, e fizeram desses elementos sua preocupação exclusiva. Wagner foi para essa reação o que Shakespeare fora para os românticos, e a *Revue Wagnérienne*, fundada no começo de 1885, tornou-se o órgão central de seus pronunciamentos críticos. Os artigos, a maioria dos quais constituem análises e exaltações das obras de Wagner, não incluem manifestos bem organizados, mas alguns temas são regularmente repetidos. Talvez o mais comum seja a rejeição do mundo "real" dos naturalistas em favor do mundo ideal da arte. Teodor de Wyzewa (1862-1917), um dos fundadores daquela influente revista, descreve a missão da arte segundo Wagner como uma tentativa de recriar o mundo, "para construir o mundo sagrado de uma vida melhor acima do mundo das profanas aparências do dia a dia".[51] A ideia de arte oitocentista como expressão de uma sociedade particular, sugerida por Schlegel e defendida por Taine, foi negada pelos wagnerianos, que viam a arte como expressão mística de uma realidade mais profunda, não afetada pelas efêmeras preocupações seculares. Pelo menos no tocante à questão da arte como expressiva do particular ou do geral, eles renunciaram à posição do romantismo e retornaram à do classicismo.

O outro conceito wagneriano de grande interesse para esses críticos franceses era o de que a integração das várias artes, cada qual expondo uma parte dessa realidade mais profunda para criar um conjunto estético mais profundo e completo do que qualquer coisa atingível por uma arte isolada. Wyzewa recapitula brevemente a explicação que Wagner dá desse processo:

> Primeiro a alma recebe as Sensações, que ela organiza em Noções que se misturam entre si, e as Sensações mais poderosas dão lugar às Emoções. A arte tem tentado refletir cada um desses modos da alma – a arte plástica, as Sensações; a literatura, as Noções; a música, as Emoções. Wagner tentou, criando uma obra de arte total, estabelecer uma unidade desses elementos para refletir a vida total da alma.[52]

O principal movimento que se desenvolveu a partir dos teóricos antirealistas da década de 1880 foi o simbolismo, e a *Revue Wagnérienne* foi efetivamente a primeira publicação dedicada a esse movimento. Além disso, a adoção de Wagner como espírito orientador provocou, desde o início, uma tensão na teoria simbolista, já que os líderes do movimento na França nunca aceitaram plenamente a ênfase básica de Wagner na música, nem sua crença na obra representada como expressão artística total ideal. Em nenhum outro lugar essa tensão é mais evidente do que nos comentários de Stéphane Mallarmé (1842-1898), cujo "Richard Wagner, rêverie d'un poète français" ["Richard Wagner, devaneios de um poeta francês"], publicada na *Revue Wagnérienne* de 8 de agosto de 1885, foi provavelmente o artigo mais famoso da revista.

Como seu título sugere, o ensaio é mais uma meditação na forma de poema em prosa do que um artigo crítico, mas ele deixa claro tanto o que atraía como o que inquietava Mallarmé na obra de Wagner. Mallarmé elogia a rica, quase sagrada, experiência que o drama de Wagner procura e seu sucesso em utilizar o poder de todas as artes, especialmente a música, para espiritualizar o teatro e conferir autêntica vida interior à matéria anteriormente inerte. Ao mesmo tempo, Mallarmé discorda da escolha, por Wagner, da música em vez da poesia como o elemento unificador essencial da obra de arte total. E tampouco aceita a visão que Wagner tem dessa obra como existindo numa forma sólida, tridimensional; em última análise, o mundo do espírito só poderia ser recriado, afirma Mallarmé, em seu próprio domínio, a imaginação. "Um fato espiritual, a preparação ou a floração de símbolos, requer um lugar para se desenvolver outro que não o vestíbulo ficcional da visão sob o olho de um público. Um sagrado dos sagrados, mas mental."[53] A presença física de atores e cenário só poderia diminuir a expressividade potencial da arte.

Wyzewa demonstrou a mesma preocupação, observando que "um drama lido parecerá às almas sensíveis mais vivo do que o mesmo drama encenado num palco por atores vivos".[54] Esse nítido viés antiteatral nos simbolistas mostra claramente que Wagner não era, de modo algum, a única influência sobre seu pensamento crítico. Igualmente importante era a tradição da teoria idealista na

França, desprezada por Zola e temporariamente ofuscada pelo naturalismo, mas ainda vital e disponível para ajudar a alimentar a reação antirrealista da década de 1880.

Não surpreende, portanto, dada a posição extrema assumida pelos teóricos naturalistas ao enfatizar o detalhe físico concreto no teatro, que os idealistas tenham reagido com uma rejeição total de tais preocupações. A expressão mais significativa dessa posição durante a década de 1870 foram os ensaios sobre o teatro de Théodore de Banville (1823-1891), publicados entre 1869 e 1881 na *National*. Escrevendo em 1873, o ano de *Thérèse Raquin*, Banville chama a poesia de "a grande evocadora, a grande mágica, a grande criadora de prodígios e milagres. Ela sabe fazer e está totalmente disposta a fazer tudo isso sem ajuda, mas somente sob a condição expressa de que seja sem ajuda". Contra uma simples cortina, ela pode criar o palácio do Doge, o castelo de Hamlet, a Roma de César e o Egito de Cléopatra, mas se alguém insistir na "seda real, no traje de ouro real, nos ouropéis da época, na madona espanhola real (como se costumava fazer em *Ruy Blas*), em colunas, mobiliários, luzes elétricas projetadas", então uma musa ciosa como a poesia dirá: "Já que quereis juntar a mim a matéria inerte e estúpida, que a matéria faça tudo sozinha e opere os vossos milagres sem mim!". Não se deve permitir nenhum detalhe de traje ou cenário que perturbe a "harmonia ideal suscitada na mente do espectador pelo gênio do poeta".[55]

É igualmente errôneo, continua Banville, atribuir ao talento do ator o poder do teatro. Sem um poeta, o ator está perdido. "O palco nunca seria capaz de imitar os grandes acontecimentos a não ser com manequins irreais e sem vida, enquanto os versos de Victor Hugo, com uma palavra evocativa, lhes infunde vida."[56] Banville não renuncia à representação física, mas desenfatiza-a claramente, encorajando a poesia a pintar a cena. Os românticos, diz ele, descartaram a unidade de lugar só para serem forçados, por seu amor aos cenários magnificentes, a restaurá-la para cada ato. O palco deve, pelo contrário, ser um espaço de encenação neutro, talvez com apenas um pano de fundo e bastidores, de sorte que as peças possam seguir o exemplo de Shakespeare, "onde uma única ação continua sem interrupção em locais absolutamente distintos".[57] A peça mais ambiciosa do próprio Banville, *Le forgeron* [*O ferreiro*] (1887), poderia facilmente ser encenada dessa maneira mas, reconhecendo o poder que o realismo ainda exerce sobre o teatro, ele a escreveu apenas para ser lida. Mallarmé elogiou calorosamente esse "espetáculo numa poltrona" como exemplo do melhor teatro, um teatro da mente.

Para alguns simbolistas, o teatro da mente, totalmente eterizado e não contaminado pela apresentação física, tornou-se o único teatro digno do nome de arte. Mallarmé, embora claramente tentado por essa alternativa, continuou a admitir o teatro como uma arte representada; em parte porque via o drama como uma arte destinada tanto ao povo como ao leitor solitário; em parte porque achava que os sons, as cores e mesmo os odores, desde que sempre subordinados à poesia, poderiam enriquecer o efeito poético. Ambas essas atitudes foram respaldadas pelas ideias de Wagner, embora este também oferecesse um apoio para a eterizado do teatro por sua insistência em subordinar na sua obra a ação externa aos movimentos interiores da alma. O processo de realizar essa subordinação, de espiritualizar a forma de arte que os naturalistas tanto haviam fisicalizado, constituiu o foco dos simbolistas no teatro, tanto na teoria como na prática.

Os escritos de Mallarmé sobre o drama são de dois tipos gerais. Há os seus comentários sobre as produções contemporâneas em suas colaborações como crítico dramático para a *Revue Indépendante* em 1886-1887 e as observações teóricas espalhadas ao longo dos seus escritos, sobretudo as contidas em *Le livre* [*O livro*], sua grande obra, nunca terminada. Nenhum deles oferece uma expressão mais clara de sua teoria. Nos primeiros, ele tenta descobrir os aspectos positivos mesmo nos dramas que pouco lhe interessam, na esperança de melhorá-los; sua própria visão só é sugerida indiretamente. Nos últimos, seus pronunciamentos são, em geral, poéticos e oraculares, difíceis de reduzir a uma forma teórica.

Muito mais acessíveis são os escritos dos discípulos de Mallarmé, vários dos quais ofereceram o que equivalia a manifestos do novo movimento. O mais conhecidos destes, *La littérature de tout à l'heure* ["A literatura de daqui a pouco"] (1889), de Charles Morice (1861-1919), menciona o teatro apenas de passagem. Morice admite que Wagner via o teatro como o templo para os "ritos da religião estética", mas o teatro de hoje está tão longe de tal apoteose que a nossa civilização pode perecer antes que essa visão se realize. Em todo caso, "essas coisas são demasiado remotas para serem consideradas" num livro que é "necessariamente inicial e geral".[58]

Outros teóricos mostraram-se mais dispostos a tentar uma estética simbolista do teatro, que significava basicamente encontrar um modo de reconciliar o componente físico da representação teatral com a visão abstrata do poeta. Duas estratégias básicas se desenvolveram. Uma foi a de um subgrupo de simbolistas a quem Saint-Pol-Roux (1861-1940), seu líder, chamou de *ideorrealistas*. Como o termo sugere, esses escritores buscavam combinar aspectos do realismo e do idealismo. A grande descoberta de Wagner, disse François Coulon no *Mercure de France* de outubro de 1892, foi a de que só no teatro se poderia sintetizar todas as artes e trazer ao público em geral a grande visão poética. Gênios poéticos como Rimbaud ou Mallarmé não tinham esperança alguma de alcançar o leitor médio, que poriam seus poemas de lado por demasiado difíceis. Mas no teatro, "se os espectadores, mesmo que hostis, experimentarem um formidável conflito das paixões humanas num drama *ideorrealista*, é possível que eles nos deem sua atenção mesmo que não compreendam o símbolo da peça, símbolo acessível somente à elite".[59] Assim, um artista como Wagner poderia oferecer a seu público superior uma peça de ideias em suas manifestações eternas, enquanto o público de um nível inferior poderia simultaneamente ser comovido por emoções e conflitos humanos realistas.

Um enfoque diferente foi sugerido por Camille Mauclair (1872-1945), que em 1893 colaborou com Aurelian Lugné-Poe (1869-1940) na fundação do

Théâtre de l'Oeuvre, o teatro que foi para o simbolismo o que o Théâtre-Libre de Antoine fora para o naturalismo. No ensaio "Notes sur un essai de dramaturgie symbolique" ["Notas sobre um ensaio de dramaturgia simbólica"], publicado na *Revue Indépendante de Littérature et d'Art* de março de 1892, Mauclair tentou expor uma teoria do drama simbolista. O teatro contemporâneo, diz ele, apresenta três concepções distintas sobre o drama. A primeira é "a visão da vida moderna do ponto de vista psicológico" – o teatro positivista de Henri Becque e Jean Jullien. A segunda é o teatro metafísico de Maurice Maeterlinck, espécie de teatro de diálogo platônico, "mais filosófico em essência do que dramático". A terceira concepção, a simbolista, difere profundamente das duas outras; seu objetivo é criar "entidades filosóficas intelectuais" por meio de "personagens sobre-humanos num cenário emocional e sensual".[60]

Essa meta, diz Mauclair, requer atitudes inusitadas tanto para com o cenário quanto para com os personagens principais. Ambos, naturalmente, devem ser depurados de todos os traços de tempo e lugar específicos, de tudo o que seja individualista. Só o que é eterno e fixo deve ser sugerido. O cenário não precisa ser um espaço vazio, mas deve evitar todo detalhe específico. "Uma simples sombra de verde dará talvez melhor impressão de uma floresta do que um papelão recortado imitando a natureza folha por folha. Um fundo em púrpura intenso inspirará talvez a alegria de uma aurora triunfante."[61] Os atores principais "não terão valor algum, salvo como encarnações da Ideia que simbolizam". Eles se movimentarão pouco e "enunciarão ideias eternas" em "linguagem magnificente, rutilante de poesia". Mauclair concorda com a ideia dos *ideorrealistas* segundo a qual não se pode esperar que a "multidão iletrada ou indiferentemente meditativa" compartilhe o entusiasmo do "artista-espectador" pela Ideia pura, contudo vai mais além da sugestão deles de oferecer a esse público uma história superficial interessante; sugere cercar as figuras centrais abstratas estatuescas de personagens secundários realistas, que cumpririam as atividades diárias e por seus comentários ajudariam o público a compreender as figuras centrais. Poderiam desempenhar o papel do coro clássico, "servindo de intermediários entre a idealidade do drama e o intelecto do público".[62] Desse modo, idealismo e realismo, paixão e poesia, psicologia e sonho poderiam unir-se no palco.

Declarações como essas de Mallarmé, Coulon e Mauclair sugerem um teatro estático, altamente abstrato, semelhante a um transe, e os oponentes do simbolismo inclinavam-se a encará-lo nesses termos. No entanto, quando Lugné-Poe e Mauclair organizaram o Théâtre de l'Oeuvre, sua teoria e prática tenderam para um teatro mais vívido e colorido, fortemente comprometido tanto com a arte quanto com a vida. O "Oeuvre" tinha, afirmavam eles, dois objetivos distintos. O primeiro, segundo Mauclair o descrevia, era "lutar, criar a partir das correntes de ideias, das controvérsias, rebelar-se contra a inércia dos espíritos que tendem a ser um pouquinho delicados, fazer uso de nossa juventude não mais para desculpar experiências mas para viver violenta e apaixonadamente por meio de nossas obras". Mauclair elogiava as peças de Ibsen como modelos desse teatro, já que incluíam não só "obras-primas do simbolismo", como *Rosmersholm* e *O mestre de obras*, mas também dramas socialmente engajados, como *Um inimigo do povo*, que "fez gritar no palco uma multidão angustiada pelas questões sociais contemporâneas".[63]

O segundo objetivo dizia respeito "não à sociologia, mas à própria arte"; envolvia o lado mais familiar do simbolismo, o drama vago e evocativo, mas apresentado com todos os recursos do espetáculo teatral. Mauclair e Lugné-Poe deploravam a minuciosidade física do teatro de Zola, mas não defendiam um vazio neutro como a melhor alternativa. A iluminação, as cores, o movimento e mesmo o arranjo cênico não deviam ser rejeitados, na medida em que serviam antes ao desígnio da evocação que ao da verossimilhança. A presença física do ator continuou sendo o mais obstinado vínculo com a realidade cotidiana e levou Mallarmé a preconizar, como Lamb na Inglaterra no começo do século, um teatro para o leitor solitário. Mas Lugné-Poe via alternativas sumamente teatrais – "figuras-sombras, talvez maiores que o natural, marionetes, a pantomima inglesa, a pantomima *clown*, macabra ou engraçada ... ou talvez todas elas misturadas em grandes espetáculos de contos de fada". Lugné-Poe propunha essas alternativas como possibilidades experimentais e prometeu tentar tantas quantas seu orçamento o permitisse.[64] Na verdade, ele nunca perseguiu realmente as possibilidades simbolistas de figuras não humanas no teatro, mas o conceito reaparece, para ser explorado mais plenamente, nos escritos de Edward Gordon Craig, na Inglaterra, e de William Butler Yeats, na Irlanda.

Os recursos físicos necessários ao teatro "espetáculos de contos de fada" estavam também fora do alcance do teatro de Lugné-Poe, e ele passou a se interessar mais pelas possibilidades do teatro essencialmente desadornado, sobretudo depois de tomar conhecimento das experiências inglesas contemporâneas para a representação de Shakespeare dessa maneira. Dois importantes artigos de Lugné-Poe e Alfred Jarry (1873-1907), no *Mercure de France* em 1896, dedicaram-se a esse enfoque.

O artigo de Jarry, "De l'inutilité du théâtre au théâtre" ["Da inutilidade do teatral no teatro"], apareceu em setembro. Ele põe à parte a consideração da melhor maneira de agradar a multidão infinita e medíocre e se preocupa com as "quinhentas pessoas que têm em si um toque de Shakespeare ou Leonardo". Entre as coisas que esses quinhentos acham mais "horrorosas e incompreensíveis" no teatro contemporâneo estão o cenário e os atores, "que atravancam o palco para nada". Os cenários são híbridos, nem artificiais nem naturais. Se se quiserem cenários reais, as interpretações devem ser feitas ao ar livre; se artificiais, então os quinhentos têm direito a cenários que englobem o mundo "tal como o dramaturgo o viu" – isto é, com seu significado *interior* exposto. Jarry afirma que o melhor cenário seria um pano de fundo não pintado ou o lado oposto de um cenário. "Cada qual pode imaginar por si mesmo o lugar que deseja, ou melhor, que sabe que deseja, e o cenário real pode aparecer no palco por exosmose."[65]

O ator poderia também fazer-se abstrato e evocativo usando os gestos universais da marionete, usando uma máscara que sugerisse diferentes expressões ao mudar ligeiramente sua relação com a luz e falando com uma voz especial – a "espécie de voz que a boca da máscara teria se os músculos de seus lábios pudessem mover-se". De fato, para evitar qualquer intrusão possível do particular, Jarry advoga a dicção de toda a peça num tom monocórdio.[66]

Numa sequência a esse artigo publicada sob o mesmo título no mês seguinte, Lugné-Poe cita as experiências da Sociedade do Teatro Elisabetano de Londres como exemplo da bem-sucedida aplicação das ideias de Jarry. No entanto, ele evita o elitismo de Jarry, dizendo que na verdade todas as classes da sociedade elisabetana aceitavam o palco despojado de Shakespeare, com o cenário pintado pelas palavras do poeta. Lugné-Poe tampouco vai tão longe a ponto de preconizar a reinstituição da máscara, mas exorta os atores a descartar todos os adornos do teatro convencional e os detalhes do naturalismo:

> Ficando sozinho diante da plateia, brilhantemente iluminado, ele deve compreender rapidamente que a multiplicidade de gestos é odiosa, que se quiser conseguir dar forma artística à abstração que ele encarna deve economizar os efeitos ou abandoná-los. Do contrário, será um criminoso para essa arte.[67]

Na *première* de sua peça *Ubu Rei* no "Oeuvre" em 10 de dezembro de 1896, Jarry apresentou um breve *discours* que repetia, de maneira jocosa, os vários temas de seu artigo no *Mercure de France*. Alguns atores, anunciava ele, se dispõem a atuar com máscaras "a fim de se tornarem mais precisamente o homem interior e a alma das marionetes em tamanho natural que vocês vão ver". O cenário é descrito de um modo que sugere menos o plano de fundo neutro anteriormente advogado por Jarry e Lugné-Poe do que as visualizações antilógicas dos surrealistas. Jarry considera-o um cenário "perfeitamente exato", pois da mesma forma que é

> fácil estabelecer uma peça na eternidade, por exemplo, disparando revólveres no ano 1000 ou em suas imediações, vocês verão portas abrindo para planícies cobertas de neve sob um céu azul, lareiras com relógios em cima abrindo para servir de entrada e palmeiras nos pés das camas apascentadas por elefantinhos empoleirados em prateleiras de bibelôs.[68]

Essa questão do teatro simbolista foi tratada em detalhe nas teorias de Adolphe Appia (1862-1928) cuja obra, embora tenha obtido reconhecimento tarde demais para influenciar as produções do "Oeuvre", brotava precisamente das mesmas raízes e tornou-se uma das mais significativas contribuições do século XX para o teatro. Durante toda a vida, Appia foi amigo de Houston Stewart Chamberlain (1855-1927), importante wagneriano francês, mas as produções do teatro-festival de Wagner em Bayreuth, tão prodigamente elogiado na *Revue Wagnérienne* por Chamberlain e outros, parecia a Appia totalmente indigno do gênio de Wagner. Com uma penetração e profundidade de pensamento nunca antes aplicada a esse aspecto do teatro, ele começou a considerar o cenário visual mais adequado às obras wagnerianas. Seu primeiro breve ensaio sobre o assunto, "Notes de mise en scène pour L'anneau de Nibelung" ["Notas de encenação para O anel de Nibelung"], escrito em 1891 mas só publicado em 1954, desenvolve uma teoria da encenação completamente distinta de tudo o que se conhecia no teatro europeu dessa época. Em vez dos cenários atravancados, pormenorizados e ilusionistas empregados até mesmo em Bayreuth, Appia preconizava um cenário que antecipava os interesses dos simbolistas – um simples arranjo de formas espaciais, mais evocativas que específicas, que desse maior ênfase à luz e ao movimento no espaço do ator; a intenção era captar a unidade orgânica da obra teatral a fim de que os elementos visuais ficassem tão bem integrados à obra de arte wagneriana total quanto os elementos musicais e poéticos.

Essas ideias são mais plenamente desenvolvidas no pequeno livro *La mise en scène du drame wagnérien* [*A encenação no drama wagneriano*] (1895), publicado em Paris com a ajuda de Chamberlain. Aqui, Appia afirma que Wagner requer uma nova abordagem cênica, que difere tanto da ópera convencional quanto do teatro falado. A música, diversamente do teatro falado, controla o tempo ao mesmo passo que expressa as mudanças emocionais, razão por que o compositor operístico tem sempre maior controle sobre os movimentos que se desenrolam no palco e mesmo sobre as proporções do cenário do que o dramaturgo comum. No novo teatro, tal como Wagner o concebia, o poeta--músico deve controlar todos os aspectos da produção, incluindo o cenário, e estes devem formar um todo único para cada obra. O cenário já não deve confiar "nas convenções, como o faz normalmente a ópera, nem na imitação da vida, como o teatro falado". Em vez disso, "cada drama determinará seu próprio cenário", único para ele.[69] A inspiração do desenho deve, portanto, brotar da própria obra, e não da convenção ou da realidade externa. O atual sistema de encenação impede o ator, quando animado pela música, de relacionar qualquer meio unificado com o cenário inanimado ao seu redor. A solução é permitir que esse cenário seja também condicionado pela música. A pintura do cenário deve ser substituída pela iluminação, que compartilha a animação do ator vivo e pode servir de elemento unificador entre ele e o espaço cênico neutro requerido pelos movimentos da música.

Uma nova elaboração dessas ideias aparece em *La musique et la mise en scène* [*A música e a encenação*], que Appia, na esperança de causar maior impacto na pátria de Wagner, fez publicar inicialmente numa tradução alemã, *Die Musik und die Inscenierung* (1899). A despeito de seu estilo difícil, esse livro começou, enfim, a chamar a atenção para as ideias do autor. Os brilhantes desenhos incluídos no livro foram, pelo menos, tão influentes quanto o texto, e inumeráveis jovens desenhistas da Europa e da América, durante a geração seguinte, foram influenciados pelo revolucionário estilo abstrato de Appia.

Die Musik principia com o problema que mais ocupava Wagner: a falta de controle, pelo dramaturgo, sobre a apresentação última de sua obra no palco. A música, que tanto cria como controla o tempo e a emoção no teatro wagneriano, fornece uma solução, mas se for para unificar tudo seu domínio deve ser estendido ao cenário físico. Isso ela só pode fazer renunciando aos elementos necessários ao teatro tradicional, onde a obra incompleta do dramaturgo é completada pelos acréscimos do ator ou do cenógrafo. Ator e cenário não devem acrescentar informação, mas simplesmente expressar a vida que já existe na obra. O novo problema passa a ser o de integrar o ator vivo nos cenários inanimados, e a melhor maneira de fazê-lo é pela presença mediadora da luz. O ator, aliviado da tarefa de "completar" o papel com sua própria experiência, torna-se outro intermediário (embora o mais importante) para a expressão do dramaturgo. Assim, a visão simbolista do ator ideal, que Craig chamou de *Über-marionette*, é claramente requerida no teatro de Appia. Por meio da música, "o corpo humano vivo se desfaz do acidente da personalidade e torna-se puramente um instrumento para a expressão".[70] Appia, com efeito, aconselha o virtual ator do novo teatro a evitar as peças tradicionais; elas são agora, para ele, um "veneno", uma vez que a tendência a trazer sua própria vida emocional e seus valores espirituais para a interpretação é tão persistente, tão difícil de superar que a simples vontade de retornar a eles pode ser suficiente para torná-lo desigual para a luta.[71]

Evidentemente, o ator como artista original é rebaixado nesse sistema, ficando subordinado ao conjunto expresso na partitura (a *partitur*) e controlado pela música. No entanto, ele continua sendo o elemento central da produção, aquele que dá o tom ao texto e a entidade animada cujos movimentos, definidos embora pela luz e controlados pela *partitur*, condiciona o meio físico do espaço cênico. "O que a música é para a *partitur*", diz Appia, "a luz é para a apresentação: um elemento de pura expressão contrastado com os elementos que contêm um significado racional".[72] Ademais, é o ator que dá a esses dois grandes elementos expressivos uma forma tangível para o público, que é a base do teatro. O teatro ideal deve ser totalmente flexível (mesmo o piso, o teto e as paredes) atrás do arco do proscênio, a fim de que cada drama possa desenvolver-se em seu próprio e exclusivo espaço cênico – outra ideia de Appia que se tornou sumamente importante no século XX. Os dois *motto* de seu livro, Appia foi buscá-los em Schopenhauer – "A música em e por si mesma nunca expressa os fenômenos, mas apenas a essência íntima do fenômeno" – e em Schiller – "Quando a música alcança o seu poder mais nobre, converte-se em forma" –, ambos constituindo um forte estímulo para o pensamento simbolista.

O principal dramaturgo do movimento simbolista, Maurice Maeterlinck (1862-1949), escreveu amiúde sobre a relação entre a vida interior e sua figuração exterior no palco. Como Appia e os simbolistas em geral, ele via o interesse anterior do teatro pelo acidental e pelo realista como uma barreira à expressão mais profunda mas, ao contrário de Appia, Maeterlinck nunca encontrou o que ele considerava uma maneira satisfatória de resolver a tensão física entre a visão espiritual do poeta e o mundo físico do teatro e do ator. Alguns de seus primeiros escritos afirmam que Lear, Hamlet, Otelo e Macbeth "não podem ser apresentados no palco e que é perigoso vê-los ali". A "sombra de um ator" interpõe-se entre nós e o Hamlet "real", que é uma figura dos nossos sonhos: "Toda obra-prima é um símbolo, e o símbolo nunca pode suportar a presença ativa de um homem". Para mitigar esse problema, Maeterlinck sugere o uso de máscaras, ou mesmo de figuras de cera ou esculpidas, marionetes ou sombras em vez de atores vivos.[73] Com efeito, seus primeiros dramas foram escritos para marionetes.

Algo dessa convicção permanece na obra de Maeterlinck, porém ele continuou a procurar uma maneira satisfatória de adequar o teatro físico aos seus sonhos. Seu ensaio "Le tragique quotidien" ["O trágico cotidiano"] em *Le Trésor des Humbles* [*O tesouro dos humildes*] (1896) defende um novo tipo de drama, um drama estático de ação e reflexão internas, de revelação pelo meio mais simples. Na passagem mais famosa desse ensaio, ele propõe um ideal que parece negar o significado da própria ação, aceita como cerne do drama desde Aristóteles:

> Vim a acreditar – disse ele – que um velho sentado em sua poltrona, simplesmente esperando junto à sua lâmpada, ouvindo inconscientemente todas as leis eternas que reinam em torno de sua casa ... vim a acreditar que esse velho imóvel está vivendo na realidade uma vida mais profunda, mais humana e mais universal do que o amante que estrangula a sua amada, o capitão que conquista sua vitória ou o "marido que vinga sua honra".[74]

Maeterlinck não propõe a ideia do drama estático como totalmente nova; cita *Prometeu*, *As suplicantes* e *Édipo em Colona* como exemplos gregos. Em tais peças, a vida interior é revelada não por ações, mas por palavras. Elas contêm dois diálogos, um que é necessário à ação e outro "que parece supérfluo. Mas examine-o com cuidado e verá que ele é o único diálogo que a alma ouve profundamente, porque só aqui se fala à alma".[75] Ibsen é um mestre desse diálogo do "segundo grau", e a estranheza da conversação numa peça como *O mestre de obras* advém de uma tentativa de misturar ambos os diálogos numa única conversação.

Maeterlinck acabou renunciando ao ideal do drama estático, admitindo no prefácio de suas peças reunidas (1903) que a abstração facilmente disponível para o poeta lírico não era possível para o dramaturgo.

> Ele é obrigado a trazer a ideia que ele criou do desconhecido para a vida real, para a vida cotidiana. Deve mostrar-nos como, de que forma, em que condições, segundo quais leis e para que fim esses poderes superiores, esses princípios infinitos, essas influências desconhecidas que como poeta ele sente permear o universo atuam sobre nossas vidas.[76]

Em *Le drame moderne* [*O drama moderno*] (1904), Maeterlinck chegou a declarar que "a lei soberana, a exigência essencial do teatro será sempre a ação",[77] embora no drama moderno, ao lidar com a psicologia e a vida moral, essa ação seja normalmente a do conflito interior, como o que se dá entre o dever e o desejo.

A filosofia de Maeterlinck nos anos posteriores, baseada na busca da harmonia interna que fortificaria o homem contra as forças do destino e da morte, era, em última análise, incompatível com sua visão inicial do teatro: quando a harmonia for finalmente alcançada, todo conflito desaparecerá e com ele o drama, que é a expressão do conflito.

Essa conclusão contrasta vivamente com a de Ferdinand Brunetière, que evoluiu nessa época para uma teoria do drama algo similar e muito mais conhecida como o conflito de deveres e desejos opostos. Brunetière, como vimos, começou a adquirir proeminência crítica na década de 1880 como líder da reação contra Zola e os naturalistas. Não obstante, ele estava longe de negar o cientificismo que Zola reivindicava como sua autoridade; de fato, seu próprio método crítico era franca e orgulhosamente derivado de Darwin, e ele tentou aplicar a doutrina da evolução à história literária.

Brunetière aceitava as forças da raça e do ambiente sugeridas por Taine, mas enfatizava mais do que Taine a série de reações hegeliana, a influência das obras sobre as obras subsequentes. As mudanças de gosto, diz ele, podem explicar-se por um tipo de processo dialético: Racine quis fazer "algo diferente" de Corneille; Diderot quis fazer "algo diferente" de Molière; os românticos quiseram fazer "algo diferente" dos clássicos. E o autor que consegue fazer "algo diferente" pode se explicar em termos da seleção natural darwiniana. O grande dramaturgo original, um Shakespeare ou um Molière, é o espécime mais bem dotado que aparece subitamente em meio à multidão indiferenciada como o touro com chifres melhores ou o cavalo de rapidez excepcional:

> Em seguida, não só a variedade é modificada como novas espécies vêm à luz: o drama psicológico, a comédia de caráter, o romance de costumes. A superior adaptabilidade e o poder de sobrevivência das novas espécies são de pronto reconhecidos e comprovados, em verdade, na prática. É em vão que as novas espécies tentam lutar; seu destino está selado.[78]

Uma vez estabelecida a nova espécie literária, ela é continuada por sucessoras menores, com distinção e originalidade em declínio, até se tornar enfraquecida, empobrecida e incapaz de sobreviver ao desafio dos novos rivais. "Um gênero nasce, cresce, atinge a perfeição, declina e finalmente morre."[79]

Brunetière aplicou essa crítica evolucionista ao teatro francês numa série de palestras proferidas no Odéon e publicadas em *Les époques du théâtre français* [*As épocas do teatro francês*] (1892). Na palestra inaugural ele propôs não apenas considerar o desenvolvimento do drama francês e a relação das grandes obras umas com as outras, mas também investigar as "leis" gerais do teatro, princípios "flexíveis, plásticos e orgânicos" que fornecem uma base para todos os dramas em todos os tempos, em oposição às regras mais rígidas de um período particular, que devem ser rejeitadas à medida que o gênero evolui.[80] Brunetière propõe três dessas leis. A primeira vincula o teatro a outros gêneros e à própria vida; ela requer que a ação gire em torno de "alguma questão de interesse geral" – um caso de consciência ou uma questão social. A terceira lei, comum a todos os gêneros, é que à medida que uma arte evolui ela sempre conserva alguma coisa das formas anteriores e "emprega os restos daquilo que ela destruiu". A primeira lei liga a obra ao presente; a terceira, ao passado.

A segunda lei é a única especificamente ligada ao drama, e em "La loi du théâtre" ["A lei do teatro"], sua introdução aos *Annales du théâtre et de la musique* [*Anais do teatro e da música*], de 1893, Brunetière a propõe como a lei *única* do teatro. Eis como ele a formula em suas palestras: "Uma ação teatral deve ser conduzida por vontades que, quer livres quer não, estão pelo menos sempre conscientes de si mesmas".[81] "La loi du théâtre" elabora esse conceito demonstrando que a fórmula de uma vontade em busca de algum objetivo ou consciente dos meios que emprega pode ser vista operando em todos os gêneros dramáticos, na tragédia como numa farsa, em Shakespeare como em Racine. No entanto, ela não opera assim na poesia lírica ou no romance, e só os romances que envolvem a operação dessa vontade poderão ser adaptados para o teatro com êxito.

Essa lei fornece também um meio de diferenciar entre várias "espécies" dramáticas – "como se faz com as espécies na natureza".[82] Isso é feito considerando-se os obstáculos contra os quais a vontade se dirige. Na tragédia, eles são ou parecem ser insuperáveis – os decretos do destino para os gregos, a providência para os cristãos, as leis da natureza ou uma fatalidade interior nos tempos modernos. Aqui a derrota do herói é predeterminada. Se ele tiver a sorte de levar seu obstáculo de vencida – uma paixão interior que pode ser superada ou alguma coisa exterior como um preconceito ou uma convenção social que podem dar lugar a um esforço determinado –, então temos o drama. Na comédia, naturalmente, a vontade do herói triunfa.

E, enfim, Brunetière afirma que o maior drama será produzido quando todo um povo estiver envolvido num projeto da vontade. A tragédia grega floresceu na época das Guerras do Peloponeso; a espanhola e a inglesa, quando essas nações estavam empenhadas na consecução do poder global; as francesas, quando a nação estava concretizando sua unidade e influência. Quando a vontade nacional é fraca ou está ausente, o drama declinará e sua forma rival, o romance, florescerá.

A influência de Schopenhauer, com quem Brunetière confessava ter um grande débito intelectual, pode ser vista claramente nessa formulação, mas Brunetière usa a terminologia de Schopenhauer para chegar a conclusões muito diferentes e, no drama, quase opostas. Em sua batalha intelectual com críticos impressionistas como Anatole France (1844-1924), Brunetière usou Schopenhauer como um meio de estabelecer um ponto fixo para a reação crítica. Se a vontade é comum a todos os homens, então com base nela se podem postular a compreensão e a comunicação. Ela nos fornece, entre nós e o herói dramático, uma base para a simpatia emocional buscada pelos críticos ingleses e que pode ser perdida em razão da objetividade dos naturalistas e da subjetividade dos impressionistas. Assim, para Brunetière, a ideia da vontade levou a um profundo envolvimento no drama, e não ao distanciamento preconizado por Schopenhauer. Ademais, longe de aceitar a meta deste último de retirada da vida, conclusão muito mais próxima da de Maeterlinck (e mais vaga) de superar os conflitos da vontade por meio do esclarecimento, Brunetière achava que um reconhecimento da vontade como a base da existência levava a um compromisso com a ação como autodefinição, tanto dos indivíduos como das nações, por assim dizer quase existencialista.

O filósofo Henri Bergson (1859-1941) também reagiu contra o cientificismo de Zola e sua geração, voltando sua atenção, como o fizeram os simbolistas, não para o mundo utilitário dos sentidos e da razão, mas para o mundo interior das emoções e da intuição. O mais famoso conceito do sistema de Bergson é o *élan vital*, o "impulso vital" – uma corrente de vida interior que podemos perceber por instinto ou por intuição, mas que é totalmente inacessível a sistemas intelectuais rígidos ou à acumulação científica de dados que tanto fascinavam os naturalistas. O famoso ensaio de Bergson *Le rire* [*O riso*] apareceu primeiro como dois artigos na *Revue de Paris* em 1900. Embora seja de fato basicamente um estudo das fontes do riso, ele inclui uma teoria geral da arte e do drama que demonstra como estes se relacionam com o sistema filosófico global de Bergson. Nesse sistema o artista desempenha um papel especial porque, como o filósofo, ele possui um dom específico que lhe dá acesso ao mundo interior do *élan vital*. Se esse dom fosse partilhado por todos os homens, já não haveria necessidade da arte, "ou melhor, todos nós seríamos artistas, pois então nossa alma vibraria continuamente em perfeito acordo com a natureza".[83]

Existe, porém, na maioria dos homens um véu entre eles e essa consciência: "Não só os objetos externos, mas até nossos próprios estados mentais estão escondidos de nós em seu aspecto íntimo, pessoal, na vida original que possuem".[84] Em vez dessa essência interior altamente variável e individual, vemos as generalidades e respondemos aos rótulos que tornam a vida diária mais fácil de ser vivida. É o artista que, de tempos a tempos, põe de lado as generalidades convencionais e nos coloca face a face com a própria realidade. O que se chamou de idealismo artístico é, na verdade, realismo da mais elevada ordem.

O drama não é exceção a essa regra. Ele fornece vislumbres da parte secreta, oculta de nossa natureza que a necessidade de viver em sociedade e de submeter-nos às normas da razão e da propriedade obscureceu. Por baixo desse verniz, a "crosta de esfriamento" da civilização, está o obscuro e turbulento mundo da natureza, as paixões elementais do homem individual. Estas devem ser apenas reprimidas, e não obliteradas, e na tragédia elas afloram temporariamente. A arte deve sempre expressar o individual, porque essa é a natureza do mundo oculto. Os grandes heróis trágicos, como Hamlet, devem ser únicos, como deve sê-lo a visão que os cria. Podemos, assim, nunca perceber a visão individual precisa que Shakespeare via na criação de suas obras, mas podemos reconhecer a sinceridade de sua tentativa de penetrar o véu do geral, e isso nos serve de estímulo para procurar nossa própria percepção individual.

A arte genuína é sempre desinteressada, ou seja, ela se afasta do mundo exterior e da sociedade para buscar e expressar a intuição individual. A comédia "está a meio caminho entre a arte e a vida", vale dizer, não dá as costas à vida, como a tragédia, para buscar a natureza pura. Ao contrário, ela dá as costas à arte e "aceita a vida social como um elemento natural".[85] Desse modo, ela não lida com o indivíduo, mas com tipos e generalidades. Seu propósito é não uma compreensão profunda do eu e da experiência do *élan vital*, mas uma afirmação da ordem social. "O cômico expressa acima de tudo uma especial falta de adaptabilidade à sociedade." O objeto da comédia é o desajustamento social, e nosso riso tem sempre a intenção inconfessa de "humilhar e assim corrigir o nosso vizinho, se não em sua vontade, ao menos em suas ações".[86] Esse utilitarismo social exclui a comédia da esfera da arte.

Bergson vê a rigidez ou a inelasticidade envolvidas em todos os aspectos do cômico. Sempre que o corpo humano, suas ações, seus gestos ou sua linguagem se tornam mecânicos, o cômico aparece. O *élan vital* força a própria sociedade a mudar constantemente, sempre envolvendo novos sistemas ou generalidades a que o homem social deve adaptar-se; o não consegui-lo expõe a pessoa à força punitiva do riso. Ao longo de todo o ensaio, este é apresentado como um processo positivo mas, ao terminar, Bergson lembra que o riso é, acima de tudo, uma arma de intimidação usada pela sociedade e não pode ser considerado generoso ou justo. Ele é como uma alegre e reluzente escuma na superfície da vida social, mas para o filósofo, cônscio das recompensas mais ricas oferecidas pela tragédia, a substância da comédia é exígua e seu ressaibo amargo.

NOTAS

1 Honoré de Balzac, *Correspondance*, Paris, 1960-1969, 5v., v.3, p.476.
2 Alfred de Musset, *Oeuvres complètes*, Paris, 1866, 10v., v.9, p.325.
3 Ibidem, p.333.
4 François Ponsard, *Oeuvres complètes*, Paris, 1865-1876, 3v., v.3, p.352.
5 Ibidem, v.1, p.27.
6 Ibidem, p.24.
7 Alexandre Dumas Filho, *Théâtre complèt*, Paris, 1890-1898, 8v., v.3, p.10. (Esses prefácios foram quase todos escritos em 1868, para uma edição de suas peças reunidas.)
8 Ibidem, p.211-2.
9 Ibidem, p.219.
10 Ibidem, p.31.
11 Villiers de l'Isle-Adam, *Oeuvres complètes*, Paris, 1914-1931, 11v., v.7, p.xix.
12 Emile Zola, *Oeuvres complètes*, Paris, 1927-1929, 50v., v.43, p.133.
13 Ibidem, v.41, p.16-7.
14 Ibidem, p.95.

15 Ibidem, v.42, p.154.
16 Ibidem, v.38, p.iii.
17 Ibidem, v.41, p.92.
18 Ibidem, v.38, p.iii.
19 Joseph Samson, *L'Art théâtral*, Paris, 1863, p.56.
20 Ibidem, p.20.
21 Zola, *Oeuvres*, v.42, p.120.
22 Ibidem, p.105.
23 Hippolyte Taine, *Histoire de la littérature anglaise*, Paris, 1866-1871, 5v., v.3, p.177.
24 Ibidem, v.1, p.xxiii-xxx.
25 Ibidem, p.xlii-xliii.
26 Edmond e Jules de Goncourt, *Préfaces et manifestes littéraires*, Paris, 1888, p.136.
27 Ibidem, p.112-3.
28 Citado em Toby Cole, Hellen K. Chinoy, *Actors on Acting*, New York, 1970, p.212.
29 Ibidem, p.214.
30 Jean Jullien, *Le théâtre vivant*, Paris, 1892, p.11.
31 Ibidem, p.14.
32 Ibidem, p.15.
33 Ibidem, p.18.
34 Ibidem, p.11.
35 Ibidem, p.10.
36 August Strindberg, *Six Plays*, trad. inglesa Elizabeth Sprigge, Garden City, 1955, p.62-3.
37 Ibidem, p.65.
38 Ibidem, p.68.
39 Ibidem, p.73.
40 Zola, *Oeuvres*, v.41, p.32.
41 Francisque Sarcey, *Quarante ans de théâtre*, Paris, 1900-1902, 8v., v.1, p.132.
42 Ibidem, p.140.
43 Ibidem, v.7, p.201.
44 Ibidem, v.5, p.94-5.
45 Georges Polti, Les 36 situations dramatiques, *Mercure de France*, v.12, p.244, 1894.
46 Ferdinand Brunetière, *Le roman naturaliste*, Paris, 1882, p.iii.
47 Citado em Matthew Josephson, *Zola and His Time*, New York, 1928, p.313-S.
48 Alexandre Dumas Filho, *Théâtre complèt*, v.6, p.178.
49 Brunetière, *Nouvelles questions de critique*, Paris, 1890, p.393.
50 Brunetière, *Etudes critiques sur l'histoire de la littérature française*, Paris, 1880, p.335.
51 Teodor de Wyzewa, Notes sur la Peinture Wagnérienne, *Revue Wagnérienne*, v.2, p.102, 1886.
52 Ibidem, p.103.

53 Stéphane Mallarmé, Richard Wagner, Rêverie d'un Poëte Français, *Revue Wagnérienne*, v.1, p.199,1885.
54 Wyzewa, Notes, p.102.
55 Théodore de Banville, *National*, 22 de dezembro de 1873; citado em Maximilian Fuchs, *Théodore de Banville*, Paris, 1912, p.342.
56 *National*, 14 de abril de 1879; Fuchs, p.343.
57 Ibidem, 24 de setembro de 1877; Fuchs, p.354.
58 Charles Morice, *La littérature de tout à l'heure*, Paris, 1889, p.290.
59 François Coulon, Essai de rénovation théâtrale, *Mercure de France*, v.6, p.158, out. 1892.
60 Camille Mauclair, Notes sur un essai de dramaturgie symbolique, *Revue Indépendante de Littérature et d'Art*, v.22, p.309, mar. 1892.
61 Ibidem, p.311-2.
62 Ibidem, p.314.
63 Mauclair, Communications, *Mercure de France*, v.9, p.191, out. 1893.
64 Aurelian Lugné-Poe, Lettre-programme, *Gil Blas*, 9 de agosto de 1893.
65 Alfred Jarry, *Oeuvres complètes*, Paris, 1972, p.406-7.
66 Ibidem, p.409.
67 Alfred Jarry, De l'inutilité du théâtre au théâtre, *Mercure de France*, v.20, p.97, out, 1896.
68 Idem, *Oeuvres*, p.400.
69 Adolphe Appia, *La mise en scène du drame wagnérien*, Paris, 1895, p.12.
70 Appia, *Die Musik und die Inscenierung*, Munich, 1899, p.36.
71 Ibidem, p.43.
72 Ibidem, p.81.
73 Maurice Maeterlinck, Le théâtre, *La Jeune Belgique*, v.9, p.331, 1890.
74 Maeterlinck, *Le trésor des humbles*, Paris, 1898, p.187-8.
75 Ibidem, p.193.
76 Idem, *Théâtre*, Bruxelles, 1908-1910, 3v., v.1, p.xii.
77 Idem, *Le double jardin*, Paris, 1904, p.119.
78 Brunetière, *Etudes critiques*, p.23.
79 Idem, *L'evolution des genres dans l'histoire de la littérature*, Paris, 1890, p.23.
80 Idem, *Les epoques du théâtre français*, Paris, 1892, p.8-9.
81 Ibidem, p.367.
82 Idem, La loi du théâtre, *Annales du théâtre et de la musique*, p.xi, 1893.
83 Henri Bergson, *Le rire*, Paris, 1900, p.158.
84 Ibidem, p.159.
85 Ibidem, p.170.
86 Ibidem, p.146, 148.

17

OS PRIMÓRDIOS DO SÉCULO XX
(1900-1914)

Por volta de 1900, os grandes anos do simbolismo tinham passado na França, mas a influência das ideias simbolistas continuavam a propagar-se por outros países. Na Inglaterra, contribuições significativas para a teoria simbolista do teatro foram dadas, no princípio do novo século, pelo crítico Arthur Symons (1865-1945), pelo cenógrafo Edward Gordon Craig (1872-1966) e pelo poeta-dramaturgo William Butler Yeats (1865-1939). Symons foi uma figura-chave na importação e promoção das ideias simbolistas na Inglaterra e, a despeito de sua reputação de crítico místico, vago e impressionista, deixou na verdade algumas das formulações mais claras e concisas da estética simbolista desse período. "The Ideas of Wagner" ["As ideias de Wagner"] (1905) estabelece as bases teóricas da obra de Wagner mais claramente do que Wagner jamais o fez; "A New Art of the Stage" ["Uma nova arte do teatro"] (1902, 1906) é uma arguta introdução à obra de Craig, e "A Symbolist Farce" ["Uma farsa simbolista"] (1888) à importância do *Ubu Rei* de Jarry. Também em sua teoria mais geral, Symons pode ser considerado mais um guia para o pensamento da época do que um criador de ideias, mas é um dos guias mais bem informados e insinuantes que esse período oferece, e a maioria dos conceitos fundamentais do teatro simbolista é explorada em seus ensaios.

O próprio Symons considerava suas várias coletâneas de ensaios, tomadas em conjunto, um sistema de estética; a coletânea *Plays, Acting, and Music* [*Peças, interpretação e música*] recobre as artes teatrais. Começa com "An Apology for Puppets" ["Um sucedâneo para as marionetes"], e nela Symons concorda com Maeterlinck (a quem o livro é dedicado) e Craig quanto aos seres humanos serem elementos perturbadores numa peça porque estão sempre sujeitos ao "capricho pessoal". A marionete deve retratar a ideia mais geral e universal e, portanto, mais emocional e poética. Tais ideias são mais finas e profundas do que as preocupações "meramente racionalistas" do drama hodierno.[1]

Nos ensaios sobre os atores e atrizes individuais – Bernhardt, Coquelin, Réjane, Irving, Duse –, Symons estende a metáfora da marionete aos artistas vivos. Existem, segundo ele, três tipos de atores: os do tipo Réjane, que buscam a realidade e parecem retratar as pessoas reais em situações reais; os do tipo Bernhardt e Irving, que se afastam da natureza com soberba habilidade e técnica; e os do tipo Duse, que não "atuam" em absoluto, mas simplesmente refletem o caráter essencial ou a alma do drama. Estes últimos, naturalmente, funcionam para o texto como marionetes ideais e são para Symons os maiores artistas. Duse "pensa no palco"; "cria a partir da própria vida uma arte que ninguém antes havia jamais imaginado: não o realismo, não uma cópia, mas a própria coisa, a evocação de uma vida ponderada".[2] Bernhardt, que é uma artista muito maior no sentido convencional da palavra, pode fazer de uma peça inferior uma experiência emocionante, o que não sucede com Duse, mas quando uma peça toca as profundezas da condição humana a arte de Duse é muito mais profunda do que qualquer coisa que a brilhante superfície técnica de Bernhardt pode realizar.

Os atores ingleses, diz Symons em "On Crossing Stage to Right" ["Cruzando o palco para a direita"], são viciados na ação física, que não raro nos afasta da alma do drama. "Duas pessoas devem ser capazes de sentar-se calmamente numa sala, sem sequer levantar-se de suas cadeiras, e prender a nossa atenção pelo tempo que o autor quiser".[3] O grande drama deve ser uma mescla de vida e beleza, diz ele em "A Theory of the Stage" ["Uma teoria do teatro"], de ação e poesia e harmonias interiores. A ação sozinha é "uma coisa violenta que foi desdenhosamente chamada de melodrama", mas é a vida e a ação que dominam o teatro em prosa moderno. Temos assim atores que compreendem apenas a ação, autores como Shaw, "uma inteligência excêntrica desprovida de alma",[4] e cenários particularmente dispendiosos e tentativas inartísticas na realidade. O drama deve passar de Shaw e Pinero para Yeats e Maeterlinck, com cenários criados por artistas como Craig, que apresentam "sugestão em vez de realidade, um símbolo em vez de uma imitação".[5]

Craig iniciou sua carreira de ator com Henry Irving e em seguida dedicou-se à criação de cenários e ao desenvolvimento de uma nova estética teatral de orientação simbolista. Seu primeiro escrito crítico importante, *On the Art of the Theatre* [*Sobre a arte do teatro*] apareceu em 1905. É apresentado na forma de um diálogo entre o diretor de cena e o espectador e formula várias ideias que permeiam os escritos posteriores de Craig e na verdade grande parte da teoria teatral do século XX. O diretor de cena começa enfatizando a natureza holística do teatro. Este não é "nem a interpretação nem a peça, nem o cenário nem a dança", mas consiste num composto dos mais básicos elementos de ação, palavras, fala, cor e ritmo.[6] Há que se fazer uma distinção entre o texto escrito e a obra representada. Quando um texto é completo em si mesmo – como as peças de Shakespeare, por exemplo –, a interpretação teatral nada lhe pode acrescentar, e o teatro do futuro deve afastar-se dessa literatura e buscar textos que só sejam completos quando representados. O novo teatro, portanto, se baseará não na arte do dramaturgo, mas na do diretor de cena, que controlará, ainda que não o crie especificamente, cada elemento da produção. Também o ator deve subordinar-se à cenografia total; deve concentrar-se no ritmo da produção total, e não nos seus próprios pensamentos e emoções. Embora coloque pouca ênfase na *partitur* de Appia ou Wagner, Craig visa ao mesmo objetivo: a subordinação de todos os elementos a uma visão artística única.

Essas ideias são reelaboradas em vários ensaios publicados em *The Mask,* uma revista internacional sobre história e teoria da arte dramática que Craig dirigiu em Florença, entre 1908 e 1929. Entre os primeiros artigos que apareceram nessa publicação estava o texto mais controverso de Craig, "The Actor and the *Über-Marionette*" ["O ator e o *Über-Marionette*"] (1908). Aqui Craig condena a arte de interpretar, afirmando que ela não pode em absoluto ser chamada de uma arte, já que o ator, sendo de carne e osso, é sempre presa da emoção, e a emoção introduz o acidental, que é inimigo da arte. Craig exorta os atores a reduzir esse elemento em seu trabalho, renunciando à personalização e à representação, e a procurar uma nova forma, baseada no "gesto simbólico".[7] Ele concorda com Lamb em que uma imitação física de Lear no palco sempre haverá de ser ridícula. Assim, o teatro nunca deve tentar reproduzir a natureza, mas sim criar suas próprias formas e visões nunca vistas na natureza. O ator, tal como o conhecemos, ligado à natureza, deve desaparecer; em seu lugar deve vir a "figura inanimada – o *Über-marionette*",[8] figura da visão simbolista que "não competirá com a vida", mas "irá além dela", ao transe e à visão.

Em escritos posteriores, Craig afirma que esse ideal não deve ser uma marionete literal; um ator humano, se for despojado do acidental, poderia cumprir esse papel. Henry Irving indicara o caminho passando da tradicional "expressão da face humana, espasmódica e ridícula", para a máscara, que será o instrumento do futuro. Só a máscara, assevera Craig em "The Artists of the Theatre of the Future" ["Os artistas do teatro do futuro"] (1911), pode efetivamente representar "as emoções da alma", os estados de espírito essenciais da humanidade.[9]

Conclusões notavelmente similares foram tiradas por William Butler Yeats, conquanto ele tenha dedicado mais atenção do que Craig aos conteúdos e à dinâmica das misteriosas profundezas a serem reveladas pela máscara. Em toda a sua obra ele se debateu com a questão central: como tornar o drama espiritualmente significativo. O teatro de sua época – ou melhor, de sua própria tradição – sacrificara, segundo ele, a visão às complexidades do estudo de caráter e à realidade superficial. A rejeição dessa tendência tornou-se parte importante de sua busca do que ele chamava "o teatro do antieu".[10] A documentação dessa busca está espalhada através dos escritos teóricos de Yeats, mas sua mais completa expressão pode ser encontrada em três ensaios-chaves: "The Tragic Theatre" ["O teatro trágico"] (1910), "Certain Noble Plays of Japan" ["Algumas peças nobres do Japão"] (1916) e "A People's Theatre" ["Um teatro do povo"] (1923).

O primeiro deles é mais uma declaração dos objetivos de Yeats do que uma exposição dos meios para atingi-los. Ele desafia o "dogma da crítica impressa" segundo o qual o personagem é essencial ao drama, vendo, ao contrário, a expressão lírica como a essência do teatro grande e sério. O personagem, diz ele, é a essência da comédia; ele define o indivíduo e separa-o de nós mesmos, enquanto a tragédia "deve ser sempre uma submersão e um rompimento dos diques que separam o homem do homem".[11] Na arte trágica o mundo real é apenas ligeiramente aflorado, "e para os lugares que deixamos vazios convocamos o ritmo, o equilíbrio, o padrão, as imagens que nos recordam a vasta paixão, a imprecisão dos tempos passados, todas as quimeras que rondam o limiar do transe". A referência contemporânea e a emoção pessoal devem ser purificadas pela "forma ideal, por um simbolismo manejado pelas gerações, por uma máscara através de cujos olhos os desencarnados espreitam".[12]

A máscara, para Yeats uma imagem fundamental, fornece um meio técnico para se alcançar a expressão do ideal, do sobre-humano, do espiritual. Ela é uma das convenções do drama Nô japonês, ao qual Yeats dedica os maiores elogios: "O rosto parece mais nobre por falta-lhe curiosidade, atenção alerta, tudo o que sintetizamos na famosa palavra dos realistas, 'vitalidade'".[13] As estrofes, o ritual, a música e a dança, a máscara, os gestos estilizados e o cenário não realista devem unir-se para manter a porta fechada contra um "mundo intruso". As "artes prosaicas" do Ocidente, preocupadas apenas em colocar uma moldura ao redor de um pedaço do mundo observado, devem ser substituídas por artes que "nos permitam passar durante alguns momentos para uma profundidade da mente que até aqui havia sido demasiado sutil para a nossa habitação".[14]

Em *Per Amica Silentia Lunae* (1918), Yeats distingue entre realidade humana e sobre-humana, a *anima hominis* e a *anima mundi*, que sugerem os mundos físico e espiritual postulados pelos românticos alemães. A primeira é o reino dos tangíveis mas efêmeros fenômenos parciais, das forças conflitantes e do mal, que é a expressão do conflito. Para os que transcendem esse mundo de divisão e formas incompletas, existe o reino do ser homogêneo, eterno, completo, que é "música e tudo o mais".[15] Qualquer homem ou grupo que opera no reino inferior engendrará conflito porque ali todas as perspectivas são parciais, e qualquer coisa que eles rejeitam se transforma numa força que se lhes opõe. A essa força, que sugere a Vontade adversa de Schopenhauer, Yeats chama *"Daemon"*. Ela obriga o herói trágico à confrontação final com o eu e a realidade que leva ambos à derrota trágica e à unificação com a esfera superior. Ela "impele o homem continuamente para o lugar de escolha, aumentando a tentação de que a escolha possa ser tão definitiva quanto possível, impondo sua própria lucidez aos eventos, levando sua vítima a qualquer uma dentre as obras que, não sendo impossíveis, são as mais difíceis".[16] No bom estilo simbolista, Yeats coloca essa força no íntimo do personagem: daí a contínua busca de um teatro interiorizado.

As sociedades, como os homens, sofrem com o conflito segundo a mesma dinâmica. Assim, a realidade subjetiva, reprimida desde o Renascimento, aparece agora como um *Daemon* oposto, e Yeats vê a si mesmo como contribuindo para ela. "Não vejo um teatro, mas o antieu do teatro", escreve ele em "A People's Theatre".[17] Enquanto o teatro popular segue seu curso objetivo, mais preocupado com ver e entender, o antiteatro desenvolverá as experiências rejeitadas do sentimento e da imaginação para emergir finalmente num momento de revelação quando o objetivo tiver completado o seu ciclo e já não puder evitar a confrontação com seu *Daemon*. Enquanto isso, a obra do dramaturgo espiritual deverá ser clandestina, quase subversiva. "Quero criar para mim mesmo um teatro impopular e uma audiência que seja como uma sociedade secreta, onde a admissão seja por favor e nunca para muitos", afirma Yeats; ali uns poucos iniciados experimentarão "a arte misteriosa, sempre evocando ou quase evocando, nos que o compreendem, coisas ternamente amadas, fazendo seu trabalho por sugestão e não por declaração direta, uma complexidade de ritmos, cores e gestos que permeia o espaço não como intelecto, mas como memória e profecia".[18]

Não surpreende que, quando Gordon Craig estabeleceu um comitê internacional para sua nova escola visionária sobre a arte do teatro em 1913, Yeats tenha sido um dos dois representantes da Inglaterra. O outro era Edward Lord Dunsany (1878-1957), que igualmente defendeu a causa do drama simbolista tanto na qualidade de ensaísta como na de dramaturgo. Em "Romance and the Modern Stage" ["O romance e o teatro moderno"] (1911) ele preconiza um retorno da visão poética no teatro. As preocupações comerciais e utilitárias, as falsas verdades da política e da propaganda tiraram o romance das nossas vidas; e a única força contra elas no drama, a do realismo, procura expor as imposturas mas não oferece nada de positivo em seu lugar. Precisamos de um drama para "construir novos mundos para a fantasia, porque o espírito, assim como o corpo, necessita às vezes de uma mudança de cenário".[19] Precisamos de poetas para "ver através da poeira das coisas efêmeras os frios espaços eternos que nos circundam", para ver uma vez mais "as coisas idílicas perdidas e devolvê-las às pessoas, que estão mais cansadas de esperá-las do que se poderia pensar".[20] Só assim a simplicidade e a beleza retornarão ao nosso mundo e estaremos então mais bem preparados para lidar com os problemas do nosso tempo. Além disso, deixaremos aos nossos filhos a única herança duradoura que o homem ainda descobriu: o romance e o canto.

John Galsworthy (1867-1933), em "Some Platitudes concerning Drama" ["Alguns lugares-comuns relativos ao drama"] (1909), afirma que existem dois canais abertos para o drama inglês do futuro: o drama em prosa poética do simbolismo, que buscava "desvendar a alma elemental e as forças da natureza", e o drama do naturalismo, "fiel à vida fervilhante e múltipla ao nosso redor".[21] Sua preferência pessoal é claramente pelo segundo, cujo caráter ele discute com certa minudência. Como Zola, Galsworthy considera o artista e o cientista "as duas únicas pessoas imparciais" na sociedade. O artista deve colocar diante do público "os fenômenos da vida e do personagem, selecionados e combinados, *mas não distorcidos* segundo a perspectiva do autor", e isso deve ser feito "sem medo, favor ou preconceito, deixando o público absorver essa pobre moral na medida em que a natureza o permitam".[22] Nesse drama, a interação do personagem está naturalmente acima do enredo, pois "um ser humano é o melhor enredo que existe",[23] e a missão do dramaturgo consiste essencialmente em reunir personagens interessantes, pô-los em movimento com uma ideia dominante e registrar suas ações e diálogos.

Uma filosofia muito semelhante é expressa por St. John Hankin (1869-1909) no prefácio ao seu *Three Plays with Happy Endings* [Três peças de final feliz] (1907). Respondendo aos críticos que se queixavam de que essas peças, na verdade, ou terminam mal ou não "terminam", ele replica que seleciona um episódio na vida de seus personagens quando alguma coisa importante deve ser decidida e "levanto a minha cortina. Tendo mostrado como ela foi decidida e por que o foi, torno abaixá-la". Não há nenhuma tentativa de "provar" o que quer que seja, pois "é tarefa do dramaturgo representar a vida, e não arrazoar sobre ela".[24]

Na versão original de seu ensaio, Galsworthy insistiu em que as abordagens poética e naturalista deviam permanecer separadas, pois a mistura efetiva de estilos tão díspares é impossível. Alguns de seus contemporâneos, contudo, discordaram dele, em especial John Millington Synge (1871-1909) e John Masefield (1878-1967), que tentaram efetuar precisamente esse "mau acasalamento de formas". Synge encontrou na Irlanda rural uma imaginação e uma linguagem que lhe permitiram efetivar a combinação que ele expressou no prefácio a *The Playboy of the Western World* [O estroina do mundo ocidental] (1907): "Deve-se ter realidade e deve-se ter alegria".[25] Os lugares onde a linguagem e a imaginação ainda são ricas e vívidas permitem ao escritor "ser rico e copioso em suas palavras e ao mesmo tempo apresentar a realidade, que é a raiz de toda poesia, numa forma abrangente e natural".[26] Masefield, num prefácio de 1911 à sua *Tragedy of Nan* [A tragédia de Aninha], chamou à tragédia "uma visão do coração da vida" que leva a multidão "a um conhecimento apaixonado das coisas exultantes e eternas". Os dramaturgos contemporâneos, a seu ver, careciam do poder essencial de realizar o "poder de exultação que vem de uma meditação deleitável sobre coisas excessivas e terríveis", e enquanto esse poder não retornar os autores teriam de empenhar-se humildemente em recapturá-lo com todos os tipos de material que a vida podia apresentar.[27] Desse modo, Synge, por opção, e Masefield, por omissão, temperaram sua visão poética com a realidade e o fizeram com tal êxito que, ao revisar o seu ensaio, Galsworthy manifestou um relutante reconhecimento da obra deles como uma "aparente mistura de lirismo e naturalismo". Mas apressou-se em acrescentar que sua realidade era tão distante da nossa que "não podemos efetivamente dizer, e portanto preocupar-nos com isso, se uma ilusão absoluta é mantida".[28]

Outras abordagens significativas do drama na Inglaterra dessa época, que na verdade nem se ajustou às alternativas de Galsworthy nem ofereceu uma mistura de ambas, podem ser vistas nos escritos de dois dos mais renomados críticos teatrais da época, Bernard Shaw e William Archer. Shaw continuou (ver capítulo

13) a defender o drama didático, e seu programa de instrução era incompatível, seja com o lirismo, seja com o naturalismo. Seu prefácio a *The Shewing-Up of Blanco Posnet* [*A revelação de Blanco Posnet*] anunciava categoricamente: "Escrevo peças com a intenção deliberada de converter a nação às minhas opiniões nos assuntos que abordo".[29] Numa palestra intitulada "Literature and Art" ["Literatura e arte"] (1908), Shaw insistiu em que "toda arte em sua origem é didática" e em que "nada pode produzir arte senão a necessidade de ser didático", denunciando em termos bíblicos (ele estava falando do alto de um púlpito) "o homem que acredita na arte pela arte" como "um louco varrido, vale dizer, um homem em estado de danação".[30]

Shaw achava que o drama moderno tinha evoluído para um novo gênero, baseado no realismo e no comentário social, a fim de alcançar seu objetivo didático e condenava os autores que tentavam retornar a gêneros tradicionais como a comédia e a tragédia da mesma forma que condenava os atores que continuavam a interpretar os seus papéis de acordo com as surradas expectativas do herói ou do vilão, do melodrama ou da farsa. Em "Tolstoy: Tragedian or Comedian?" ["Tolstói: trágico ou comediógrafo?"] (1921), Shaw afirma que a tragédia tradicional, uma forma simples e sublime incapaz de variar sua abordagem, terminou com Wagner; a comédia, mais aberta à mudança, evoluiu gradualmente para uma "forma superior" – a moderna mistura de elementos que ele chama de tragicomédia. Mais uma vez Ibsen é saudado como o grande pioneiro, "o poeta dramático que estabeleceu firmemente a tragicomédia como um entretenimento muito mais profundo e terrível do que a tragédia". Seus heróis, por todos os seus sofrimentos, ainda são heróis cômicos, e seus julgamentos já não são "convulsões de piedade e horror purificadoras da alma, mas censuras, desafios, críticas dirigidas à sociedade e aos espectadores como um escrutínio constituinte da sociedade".[31] O sofrimento desses heróis não é irremediável porque resulta de "falsas posições intelectuais que, sendo intelectuais, são remediáveis por uma melhor maneira de pensar".[32]

Archer inclinava-se a compartilhar as opiniões de Shaw acerca da função social do drama, mas como crítico voltou sua atenção mais para a forma do que para o conteúdo. Sua *Play-making* [*Como se faz uma peça*] (1912), essencialmente um manual de instrução para a peça benfeita, procura descobrir a "essência do drama" e a encontra não no conflito de Brunetière, mas na crise. "Uma peça é uma crise que se desenvolve mais ou menos rapidamente no destino ou na circunstância, e uma cena dramática é uma crise dentro de uma crise que leva claramente ao evento final." De fato, o drama "pode ser chamado de a arte das crises", enquanto a ficção em geral é "a arte dos desenvolvimentos graduais".[33] A base dessa observação, como seria de esperar em Archer, é empírica e pragmática. Ele a chama de "uma indução a partir da esmagadora maioria dos dramas existentes, e uma dedução a partir da natureza e das condições inerentes da representação teatral".[34] Há sempre lugar para a experimentação; com efeito, alguns dramas recentes evitaram com êxito uma crise mais pronunciada em amplas pinturas dos fenômenos sociais. Mas, falando de maneira geral, o dramaturgo está mais seguro ao optar por fórmulas comprovadas: "As formas e os métodos que se descobriram para agradar ... provavelmente tornarão a agradar".[35]

O dramaturgo Henry Arthur Jones (1851-1929), em sua introdução a uma tradução inglesa da *Law of the Drama* [A lei do drama] de Brunetière em 1914, tenta reconciliar Archer e o crítico francês. Elogia a ambos por insistirem no enredo e na forma numa época em que muitos dramaturgos ignoram essas matérias cruciais com a justificativa de que estão interessados apenas nas "ideias" psicológicas ou sociais. O verdadeiro drama, diz ele, seja qual for o seu uso da "ideia", deve sempre envolver uma oposição; os personagens devem estar "consciente ou inconscientemente 'confrontados' com uma pessoa, circunstâncias ou destino antagônicos". O curso da ação dramática é determinado pelas reações, "físicas, mentais ou espirituais" a essa oposição, e o drama termina quando a reação se completa. O drama mais impressionante e mais intenso surge quando "o obstáculo assume a forma de outra vontade humana, numa colisão quase equilibrada".[36] A visão de vida que Jones apresenta, uma guerra contínua de forças opostas, faz lembrar Schopenhauer, mas Jones não afirma que o ver esse conflito em forma dramática nos distanciará dele; pelo contrário, ele acredita que o nosso reconhecimento dessa guerra como a base da vida assegurará nosso interesse no espetáculo.

A abordagem do drama representada por críticos como Archer foi comum na Inglaterra e na América nos anos imediatamente posteriores a 1900. Abeberando-se em fontes como Sarcey, Freytag e Brunetière, seus partidários viam o drama como um gênero criado para produzir efeitos particulares no teatro e consideravam a forma do drama – a estrutura de incidentes, a representação de um conflito ou de uma crise – como a base de tais efeitos. Um importante porta-voz dessa posição na América foi Brander Matthews (1852-1929), nomeado pela Columbia em 1899 como o primeiro professor de literatura dramática numa universidade de língua inglesa. A nomeação foi extremamente oportuna, já que foi o objetivo constante de Matthews que justificou o estudo do drama como uma arte distinta da literatura, compreensível não só no estudo mas também no teatro.

Em *The Development of the Drama* [O desenvolvimento do drama] (1903), Matthews insiste em que não existe obra-prima dramática, por mais notável que seja o seu poder poético, que não seja "sustentada por uma sólida estrutura de técnica dramatúrgica";[37] em *A Study of the Drama* [Um estudo do drama] ele afirma que é "impossível considerar o drama proveitosamente separado do teatro em que ele nasceu e onde se revela na sua mais cabal perfeição".[38] A técnica dramática e a realização histórica no teatro são as preocupações invariáveis de Matthews. A qualidade literária pode ser acrescentada ou estudada por si mesma, mas não é essencial. Matthews define o drama como "uma história em diálogo mostrada em ação diante de um público"[39] e afirma que conceitos básicos como a lei do conflito de Brunetière e o cenário obrigatório de Sarcey decorrem naturalmente das necessidades do público do teatro, que reage como uma multidão e não como indivíduos isolados. O atrativo do drama se exerce sempre "sobre a massa e sobre os desejos comuns do corpo principal".[40] Assim, o único teste verdadeiro do drama é o de saber se ele atrai o público em massa – o teste sempre advogado por Sarcey –, e é significativo que no ensaio "Three Theorists of the Theatre" [Três teóricos do teatro"] (1916) Matthews considere Lessing e Aristóteles como os mais importantes autores que já escreveram sobre essa arte; "a certo intervalo depois deles e muito adiante de qualquer pretendente futuro", ele colocou Sarcey.[41]

O crítico Clayton Hamilton (1881-1946), aluno de Matthews, dedicou-lhe seu livro The Theory of the Theatre [Teoria do teatro], que abria com uma definição, inspirada em Matthews, que segundo Hamilton resumia "em si toda a teoria do teatro": "Uma peça é uma história inventada para ser representada por atores num palco diante de uma plateia".[42] De acordo com Hamilton, a principal implicação dessa visão é que o dramaturgo consciente de que seu trabalho será interpretado por atores desenvolve necessariamente um choque dinâmico de vontade e, sabendo que ele poderá atrair um público heterogêneo, lhe confere necessariamente uma orientação fortemente emocional.

A posição de Matthews e Hamilton foi firmemente contestada por outro professor de Columbia, Joel Elias Spingarn (1875-1939), o principal exegeta americano de Benedetto Crocce (1866-1952). Em seu ensaio-chave "New Criticism" ["Crítica Nova"], Spingarn preconiza uma rejeição de todas as regras tradicionais; conceitos de gênero, juízos morais da arte, história de temas – na verdade de qualquer tipo de preocupações históricas – e uma crítica que reconhece cada obra como uma tentativa original de expressão, uma criação individual "regida por sua própria lei".[43]

Os "críticos novos" dos anos 40 não reconheceram Spingarn como um dos seus, mas não obstante essa preocupação com a unidade e a forma da obra individual repercutiu em seu enfoque. Nem a velha nem a nova "crítica nova" deu muita atenção ao enredo no teatro, no qual ambos seguiram Croce. A Estetica de Croce, na parte intitulada "A atividade da externalização", advertia que os meios técnicos das artes, como os gêneros e as regras tradicionais, deviam ser rejeitados como instrumentos básicos porque tendiam a definir ou a limitar a expressão artística. O drama, em certos casos, requer atores e cenário, mas deve--se evitar tornar essas "exterioridades" absolutas: "Podemos obter o efeito de certas peças simplesmente lendo-as; outras exigem declamação e cenário".[44] Spingarn, corretamente, via a posição assumida por Matthews e Hamilton como um desafio a Croce nesse ponto específico e, de acordo com este último, considerava a ênfase que eles davam à interpretação como uma confusão da estética com a história cultural e social. As condições do teatro e o público do teatro, observava ele, não têm mais relação com o drama como arte do que uma história da editoração a tem com a poesia.[45]

Os oponentes de Spingarn poderiam ter recorrido ao maior rival contemporâneo de Croce no campo da teoria estética, George Santayana (1863-1952), muito embora, se algum deles o fez, as evidências disso sejam mínimas. Os comentários específicos de Santayana sobre o drama em sua principal obra sobre estética, *The Sense of Beauty* [O senso da beleza] (1896), são breves. Ele concorda com Aristóteles em que o enredo é o elemento essencial do drama, visto que lhe constitui o princípio formal, e considera o personagem apenas "um símbolo e uma abreviação mental para um conjunto de atos".[46] Ademais, Santayana rejeita especificamente o que em 1903 ele chamou de "o estéril e fútil transcendentalismo" de Croce[47] ao insistir na importância do veículo físico da arte. "Não existe nenhum efeito de forma que um efeito de material não possa realçar", observa ele, "e esse efeito de material, subjacente ao da forma, eleva esta última a um poder superior e confere à beleza do objeto certa pungência, profundidade e infinitude que de outro modo lhe faltariam".[48] O mármore do Parternon e o ouro da coroa do rei não são para Santayana meros aspectos acidentais, mas são essenciais à experiência estética, e seu argumento poderia evidentemente aplicar-se com igual força à representação material do drama.

O crítico inglês A. B. Walkley (1855-1926) fez uma refutação apologética de Spingarn no *Times* de Londres de 20 de março de 1911, afirmando que o dramaturgo é mais restringido do que qualquer outro artista porque deve trabalhar sob condições de representação particulares. Um pintor pode usar qualquer cor sugerida por sua imaginação, mas um dramaturgo trabalha para um palco particular e com atores que, "como não existem no universo duas coisas idênticas", nunca podem "coincidir exatamente com o personagem preconcebido pelo dramaturgo". Além disso, ele é limitado pela "psicologia particular do público a quem se dirige", que pode colocá-lo na posição de um pintor, por exemplo, cujo público não sabe distinguir a cor vermelha.[49]

A resposta de Spingarn, "Dramatic Criticism and the Theatre" ["A crítica dramática e o teatro"] (1913), concentrou-se no argumento da psicologia da plateia, argumento que vai de Castelvetro, passando por Diderot e Sarcey, a Archer, Walkley e suas "ruidosas mas desprezíveis repercussões em nosso país".[50] O verdadeiro poeta, diz Spingarn, escreverá para expressar sua visão interior, quer seu resultado se ajuste ou não às convenções externas de sua época. A representação, como a recompensa financeira, pode servir como estímulo, mas não como impulso criador, e as circunstâncias da representação são "apenas uma, e das mais insignificantes, de todas as influências que vieram a constituir a literatura dramática".[51]

As posições assim estabelecidas por Spingarn e Martthews incluíam, cada qual, tamanho desdém uma pela outra que a conciliação era impossível, e os escritos subsequentes desses dois influentes teóricos, assim como de seus numerosos discípulos, alimentaram campos críticos opostos na teoria dramática americana durante anos a fio.

O simbolismo, uma preocupação menor na teoria dramática inglesa e americana durante esse período, desempenhou papel muito mais importante na Rússia, tanto diretamente quanto como estímulo para uma posterior teoria antirrealista do teatro. As traduções e os estudos de escritores como Baudelaire, Mallarmé, Wilde e Nietzsche, durante a década de 1890, prepararam o caminho. Nas páginas do *Mundo da Arte*, revista publicada em São Petersburgo de 1898 a 1904, Serge Diaghilev (1872-1929) e Alexander Benois (1870-1960) contestaram o pressuposto crítico geral de que a arte deve ter um fim utilitário; eles preconizavam a "expressão pura" em linha, massa e cor; a obra de arte total à maneira de Wagner; e o exemplo evocativo, não referencial da música como modelo de toda arte à maneira de Mallarmé.

Na Rússia, como em toda parte, os simbolistas, mesmo os que viam o drama como a mais elevada das artes, quase sem exceção voltaram a maior parte de sua atenção criativa e crítica para a poesia lírica. No entanto, eles produziram grande quantidade de peças notáveis e um corpo de teoria que exerceu grande influência sobre a brilhante geração de diretores teatrais que despontou no início do novo século. O poeta e teórico Valery Bryusov (1873-1924) é considerado o inaugurador do movimento contra o naturalismo no teatro russo; seu artigo "A verdade desnecessária", publicada no *Mundo da Arte* em 1902, constituiu a maior declaração dessa revista sobre o teatro e uma espécie de manifesto do novo movimento. Bryusov era já uma figura importante do movimento, tendo publicado poemas simbolistas de sua autoria e traduções do francês e fundado em Moscou, em 1900, a Scorpion Press, que publicou autores inovadores como Ibsen, D'Annunzio e Schnitzler. Em "Verdade desnecessária" ele exortou o teatro a afastar-se do tipo de reprodução da realidade oferecida por Stanislavski (ver capítulo 19) em favor de uma estilização consciente. Em vez de atravancar-se com os detalhes da vida diária, o teatro deve proporcionar apenas "o que é necessário para ajudar o espectador a representar tão facilmente quanto possível em sua imaginação o cenário requerido pelo enredo da peça".[52] Embora o dramaturgo forneça a forma básica, o artista criativo central no teatro é o ator, e tanto o roteiro como o cenário só existem para dar ao ator a mais completa liberdade criadora. O fim de toda arte é a comunicação dos impulsos e sensações da alma, e "a única obrigação do teatro é ajudar o ator a revelar sua alma à plateia".[53]

A ideia de Bryusov frutificou no teatro quando Vsevolod Meyerhold (1874-1940), insatisfeito com a ênfase dada por Stanilavski ao realismo psicológico no Teatro de Arte de Moscou, estabeleceu sua própria companhia na Ucrânia. Ali, em 1903, Bryusov fundou a Sociedade do Novo Drama, cujo diretor literário, Aleksei Remizov (1877-1957), aderiu entusiasticamente a essa nova visão. Em um de seus primeiros artigos na revista literária *Escalas*, lançada por Bryusov em 1904, Remizov estabeleceu as metas do "Novo drama" – criar um teatro que, "tomado de sede insaciável, saísse em busca de novas formas para a expressão dos mistérios eternos", que deixasse de ser um jogo, um entretenimento ou uma cópia da fraqueza humana para se tornar "um culto, uma missa, em cujos mistérios talvez se oculte a Redenção".[54]

A estética de Remizov tem um enfoque ligeiramente diverso da de Bryusov. Bryusov é o exemplo mais conspícuo da primeira fase do simbolismo russo, por vezes considerada a fase "decadente" e fortemente influenciada por Mallarmé e outros autores franceses. Seu teatro, como o deles, era abstrato, evocativo de estados interiores. Remizov e outros, abeberando-se sobretudo na tradição filosófica alemã, particularmente em Wagner e Nietzsche, começaram a defender um teatro de êxtase espiritual e participação da plateia. Os líderes desse movimento foram Vyacheslav Ivanov (1866-1949) e Fyodor Sologub (1863-1927). Ivanov cita Nietzsche e Wagner num ensaio sobre a máscara (1904) e preconiza um novo teatro para restaurar a antiga relação entre o poeta e o público. Ambos precisam dessa relação, diz ele, já que o povo fornece ao poeta os símbolos, as expressões espontâneas de sua necessidade coletiva wagneriana, enquanto o poeta transforma esses símbolos no mito que responde a essa necessidade.[55] Por meio do exemplo do herói, o mito restitui ao povo o seu senso da "unidade total do sofrimento". Isso é efetuado com mais eficácia pelo uso da máscara, já que os personagens das grandes tragédias são "máscaras de um eu inteiramente humano".[56] Essa transfiguração vincula as visões religiosas grega e moderna: Dioniso, o herói sacrificial, torna-se um avatar do Cristo, e o sofrimento e a morte por que ele passa tornam-se uma crucifixão que purifica a humanidade de seus pecados.

Sologub, em "O teatro da vontade única" (1908), preconizava igualmente um teatro de "encantamento e êxtase", produto de uma visão criativa wagneriana única que refletia uma realidade nietzschiana: "a eterna contradição do mundo, a eterna identidade do bem e do mal e outras polaridades".[57] Para expressar isso, o ator deve abandonar suas habilidades e truques, na realidade desistir da própria arte de representar e tornar-se uma simples marionete, expressão transparente da visão do poeta. Quando essa visão é revelada ao espectador, ele pode ser inspirado a compartilhá-la, como um participante do coro. A ação da tragédia do futuro será acompanhada pelo poder liberador da dança, e o público que veio assistir será arrastado para o "frenesi rítmico do corpo e da alma, submergindo no elemento trágico da música".[58]

Na prática, esses teóricos descobriram – como outros o fizeram mais tarde no século XX – que a revivescência calculada da experiência religiosa cultual é uma empresa difícil, se não impossível. Nos termos de Schiller, eles eram poetas sentimentais que debalde tentavam criar uma consciência ingênua. Essa tensão é particularmente clara nos simbolistas que seguiam Wagner na busca da poesia do povo, já que suas criações eram, sem exceção, altamente requintadas e abstratas e estavam longe dos interesses ou mesmo da compreensão do homem comum. Não admira que outros simbolistas não só admitiam como defendiam uma visão muito mais aristocrática. Assim, o poeta e dramaturgo simbolista belga Georges Rodenbach (1855-1898), no *Figaro* de 17 de setembro de 1896, contestou a arte para as massas: "A arte não é criada para o povo. Ela é essencialmente complexa, composta de matizes, enquanto o povo só aprecia as mais diretas, claras e simples representações da vida". O drama para o povo deve "descer ao nível do povo" e tornar-se assim "apenas um meio de propaganda a serviço de ideias chamadas filantrópicas ou dos interesses dos políticos" – em suma, "apenas uma paródia da arte".[59]

Edouard Schuré (1841-1929), um dos primeiros defensores de Wagner e investigador do oculto, adotou uma visão do drama mais ampla porém em última análise igualmente aristocrática em *Le théâtre de l'âme* [*O teatro da alma*] (1900). O teatro do futuro, diz ele, assumirá três formas principais, correspondentes aos "três níveis de vida, consciência e beleza".[60] Primeiro viria o "Teatro popular rural e provincial" da vida, que fora imaginado por Rousseau e estava sendo desenvolvido na França por Maurice Pottecher. Depois viria o "Teatro da cidade" ou "Teatro do conflito", um drama intelectual que expunha a realidade social contemporânea ao modo de Ibsen ou Hauptmann. E enfim, para os discípulos de elite da beleza, um "Teatro dos sonhos" ou "Teatro da alma", seguindo o exemplo de Maeterlinck, "uniria o humano ao divino", refletindo as verdades eternas no espelho da história, da lenda e do símbolo.[61]

Os não simbolistas podiam aceitar as divisões gerais de Schuré do drama sério da época, mas não sua análise das funções do drama ou as conclusões que ele tirava dessa análise. Os que estavam envolvidos nos teatros estabelecidos para o povo eram geralmente movidos por preocupações muito diferentes, mais sociológicas que filosóficas. Queriam melhorar antes a vida que a arte e se inspiravam em Rousseau, de preferência a Wagner. Isso valia tanto para os teóricos alemães do *Volksbühne* como, subsequentemente, para os dois principais porta-vozes franceses de um *théâtre du peuple* [teatro do povo]: Maurice Pottecher (1867-1960) e Romain Rolland (1866-1944). Pottecher, cujo teatro do povo – fundado no Bussang rural em 1895 – serviu de modelo e inspiração para esse movimento, estava disposto a admitir certa rudeza no gosto de seu público, porém insistia em que não se deve entretê-lo com "melodramas grosseiros" e "farsas circenses", mas tentar alçá-lo a sentimentos mais puros e a pensamentos mais nobres mediante um teatro "não propagandista, mas verdadeiramente educativo, por meio de uma linguagem que o espectador possa entender e a representação de atos heroicos".[62]

Rolland aplaudiu a obra de Pottecher, mas discordava de sua limitação a audiências pequenas, geograficamente restritas. Remontando à *Lettre à d'Alembert* [*Carta a d'Alembert*] de Rousseau e aos festivais da Revolução Francesa, Rolland denunciou tanto o drama clássico tradicional quanto o drama burguês contemporâneo como irrelevantes e incompreensíveis para o proletariado; preconizou um novo repertório, aberto às necessidades e interesses deste último. A *Revue d'Art Dramatique,* que Rolland editou de 1900 a 1903, tornou-se um ponto de reunião para o teatro populista na França, publicando manifestos, encorajando a produção de dramas populistas e exortando o governo (em vão) a engajar-se nessa causa. O próprio Rolland contribuiu com uma série de dramas que tratavam dos eventos da Revolução Francesa e com uma variedade de artigos que analisavam as inadequações do teatro do passado e delineando as necessidades do futuro que foram coligidos em seu livro *Le théâtre du peuple* [*O teatro do povo*] (1903). Como

Pottecher, ele visava a um teatro que fosse acessível aos trabalhadores sem ser condescendente, e educativo sem ser pomposo ou exclusivo. Propunha para ele três objetivos: proporcionar um relaxamento para seus espectadores depois de um dia de trabalho, dar-lhes energia para o dia seguinte e estimular-lhes a mente. "Prazer, força, inteligência – tais são as principais condições para um teatro do povo." Esse teatro não ensinaria lições morais, mas aprimoraria gradualmente o gosto de seu público, criando nele um vínculo fraternal, e "infundiria mais luz, mais ar e mais ordem no caos da alma".[63] O projeto de Rolland não se concretizou, mas suas preocupações continuaram a ser perfilhadas na teoria francesa, mais recentemente por Gatti, Benedetto e Mnouchkine.

Jules Romains (1885-1872) veio a apoiar o drama populista por razões tanto filosóficas quanto sociais. Aceitando o conceito de Bergson da vida como um fluxo psíquico contínuo, Romains achava que o coletivo expressa esse fluxo mais clara e ricamente do que as casuais e mais fortuitas atividades dos indivíduos; cunhou o termo *uninimisme* para as obras que focalizam o grupo. No prefácio à sua primeira peça, *L'armée dans la ville* [*O exército na cidade*] (1911), ele considera o grupo a base de todo drama: "Que é a cena senão a vida de um grupo precário, emocional? Um ato é uma filiação de grupos". O drama só desenvolvera um grupo extensamente, o casal, mas chegara a hora de explorar grupos mais amplos em "sínteses superiores" que devolveriam ao drama a profundidade e a espiritualidade que ele perdera. A ênfase no indivíduo é uma convenção obsoleta e o drama em prosa um erro degenerado. O drama do futuro, dizia ele, deve não só representar a multidão, mas dirigir-se a ela, tratando assuntos que atraem a massa num palco próprio e numa linguagem capaz de elevar o espírito de todo um povo.[64]

Depois da Revolução Russa, as visões populistas de autores como Rolland tiveram um impacto significativo sobre essa nação, mas nos primeiros anos do século a visão dionisíaca mais mística de Ivanov e Sologub afiguravam-se mais atraentes. Vários simbolistas escreveram peças de mistério modernas, e Meyerhold considerava Ivanov – juntamente com Bryusov – uma fonte maior de inspiração para o novo teatro. O próprio Meyerhold falava de um teatro universal, festivo, que "intoxicaria o espectador com a taça dionisíaca do eterno sacrifício" e faria dele um "quarto *criador*, além do autor, do diretor e do ator".[65] A participação do espectador de Meyerhold seria, no entanto, emocional e não física. Sua tarefa consistiria em "empregar sua imaginação *criativamente* a fim de preencher os detalhes *sugeridos* pela ação no palco", ao modo do teatro estilizado que Meyerhold propunha como substituto da "fantasia apolínea" do naturalismo.[66]

Foi esse tipo de preocupação que Meyerhold trouxe para o Teatro de Arte de Moscou em 1905, quando Stanislavski o convidou para voltar a dirigir o novo Estúdio. A essa altura, sete anos depois da abertura de seu teatro, Stanislavski ainda não havia formulado nenhuma teoria significativa, mas suas famosas produções de Tchekhov e Gorki tornaram-no o símbolo teatral do realismo no teatro russo e o alvo óbvio dos ataques dos simbolistas. Talvez a aproximação de

Stanislavski e Meyerhold tenha sido em parte uma resposta a esses ataques, mas em todo caso o Teatro de Arte de Moscou se defrontava nessa época com um sério problema prático. As últimas peças de Ibsen e as obras de Maeterlinck e outros novos dramaturgos pareciam preconizar uma abordagem acentuadamente distinta do realismo psicológico, que se mostrara tão bem-sucedido com Tchekhov. Stanislavski lembrava mais tarde, em *Minha vida na arte,* que "o realismo e a cor local viveram sua vida e já não interessam ao público. Chegou a hora do irreal no teatro". Encontrara-se uma maneira de representar a vida "não como ela acontece na realidade, mas como a sentimos vagamente nos nossos sonhos, visões e momentos de elevação espiritual". Desse modo, ele foi levado a considerações que se aproximavam das dos simbolistas, a um interesse "nas cores, nas linhas, nas notas musicais e na eufonia das palavras", que incentivariam o espectador a "criar em sua própria imaginação".[67]

Tais observações sugerem uma convergência nas preocupações de Stanislavski e Meyerhold por essa época, mas ainda aqui, como em 1903, pareceu-lhes impossível estabelecer um relacionamento eficaz e duradouro. Cresceram as tensões entre o Estúdio e o Teatro de Arte, e as conturbações políticas em Moscou em 1905 forneceram um motivo para se adiar e finalmente cancelar por completo a inauguração oficial do Estúdio. Stanislavski continuou a explorar os textos simbolistas ao seu próprio jeito e Meyerhold saiu em busca de um ambiente mais compatível com suas ideias. Pareceu-lhe tê-lo encontrado no novo teatro estabelecido pela atriz popular Vera Komissarzhevskaya. Komissarzhevskaya, interessada nas teorias e no drama do simbolismo, renunciou a uma posição de relevo no Teatro Imperial para organizar o seu próprio teatro, onde o "alarido do realismo" já não distraísse a atenção da "alma do ator", um teatro que apresentaria *"sugestões* de coisas e não as coisas em si".[68] Para ajudá-la a concretizar essa visão, ela apelou para dois dos principais experimentadores cênicos da época, o poeta Aleksandr Blok (1880-1921), como dramaturgo, e Meyerhold, como diretor.

Antes de voltar à poesia, Blok estudara para tornar-se ator, mas só veio a se interessar de novo pelo teatro em 1906, quando sua associação com Komissarzhevskaya resultou em sua importante peça *A barraca de feira* e em seu principal trabalho sobre teoria dramática, "O teatro dramático de V. F. Komissarzhevskaya". Nesse ensaio, que é bastante típico do amálgama simbolista de Wagner e Nietzsche, ele afirma que o teatro, como a poesia, emana "do elemento primitivo da terra: o ritmo", que controla "tanto os planetas como as almas das criaturas terrenas". O drama, "a própria encarnação da arte", é "a mais elevada manifestação criativa desse ritmo".[69] Ele deve responder à necessidade coletiva das pessoas, que trazem em si "o espírito da música" e que pedem não distração, mas algo superior, uma "reconciliação de contradições" e uma "concessão de asas".[70]

Blok posteriormente rejeitou *A barraca de feira* como uma tentativa nesse teatro, mas seu uso de elementos do drama popular tradicional – a farsa, o palhaço, a comédia – sugere certamente uma tentativa de recapturar uma consciência teatral ingênua. Em todo caso, tanto a peça como o conceito revelaram-se extremamente estimulantes para o pensamento de Meyerhold. A peça de Blok pareceu-lhe o veículo ideal para a exploração das ideias que ele estava desenvolvendo com base nos escritos de Georg Fuchs (1868-1932), o diretor do Teatro de Arte de Munique.

Em *Die Schaubühne der Zukunft* [*O palco do futuro*] (1904) e *Die Revolution des Theaters* [*A revolução do teatro*] (1909), Fuchs juntou-se a Appia numa denúncia do "teatro-estereoscópico" dos naturalistas: o teatro jamais pode reproduzir efetivamente a natureza, diz ele, e a tendência do teatro para uma minuciosidade cada vez mais realista (como sucedia com a companhia alemã de Meininger) só chama a atenção para o fato de que, "comparado à natureza, todo cenário é totalmente inverossímil, impossível e tolo".[71] Por isso as plateias ficaram cada vez mais desiludidas com o teatro e perderam o senso de encantamento, de festividade e, finalmente, de realização que o teatro originalmente lhes oferecia. Para recobrar o perdido poder, o teatro deve renunciar ao literalismo e à literatura e restaurar o ator numa posição de primazia. O cenário realista não só distrai como empurra o ator para as profundezas do palco, frustrando seu "impulso instintivo" de dirigir-se à plateia.[72] Para conciliar esse impulso com a eficácia do teatro, Fuchs sugere o uso de um "palco em relevo", com o ator perto do espectador, livre da caixa asfixiante do cenário e definido pela luz, que é "o mais importante fator no desenvolvimento do cenário".[73] A predominância da literatura restringiu a criatividade do ator e infelizmente colocou-o sob o controle do diretor, já que "o ator precisa de um diretor para não ceder ao impulso teatral, o anseio criador que está em seu íntimo; para que ele cumpra a função, que lhe foi impingida, de ser uma ilustração ambulante do texto literário".[74] Em vez de forçar o ator a submeter-se ao texto, o autor deve construir um texto baseado numa "delicada compreensão das possibilidades de forma que são inerentes às personalidades dos intérpretes".[75]

A influência dessas ideias é clara no ensaio de Meyerhold "O teatro naturalista e o teatro de humor" (escrito em 1906 e publicado em 1908), que condena o teatro naturalista por não deixar nada à imaginação do espectador e por distraí-lo do ator, que deve sempre ser "o principal elemento do teatro".[76] A ideia do teatro de relevo e da proximidade ator-espectador também influenciou claramente suas produções para Komissarzhevskaya, mas – o que não surpreende – para ele o diretor era uma força muito mais positiva do que para Fuchs. Em 1908, ele contribuiu com um ensaio, "O novo teatro prefigurado na literatura", para uma coleção intitulada "Teatro: um livro sobre o novo teatro", onde afirmava que "o teatro deve empregar todos os meios para ajudar o ator a fundir sua alma com a do dramaturgo e revelá-la através da alma do diretor".[77] A mudança é significativa, visto que o teatro de Meyerhold sempre refletiu sua própria visão – não raro, na opinião de seus críticos, a expensas do ator. Sem dúvida sua leitura de Craig, que começou em 1907, estimulou-o nesse sentido.

Apesar de haver sido dedicada a Stanislavski, a coleção "Teatro" era essencialmente um sumário das preocupações dos principais simbolistas contemporâneos, a maioria dos quais contribuiu para ela. Um pronunciamento do diretor do Teatro de Arte de Moscou teria parecido muito estranho nessa companhia; ainda que tivesse sido desejada, Stanislavski provavelmente teria pouca coisa a dizer na forma de uma declaração teórica. Segundo seu próprio relato, só durante o verão de 1906, quando se achava de férias na Finlândia, é que começou a refletir sobre o processo da criação artística pelo ator e a desenvolver alguns dos princípios que acabariam sendo incorporados ao seu sistema. O primeiro esboço desse sistema, nunca publicado mas disponível para os membros do Teatro de Arte de Moscou, parece ter sido redigido na altura de 1909, porém muitos anos se passariam antes que Stanislavski desenvolvesse suas ideias o bastante para dá-las a público.

Dominado embora pelo pensamento simbolista, "Teatro" não foi de modo algum uma afirmação estética unificada, já que havia profundas divisões entre os próprios simbolistas. A visão do drama como cerimônia comunal extática, tal como era advogada por Ivanov e Sologub, foi defendida nessa coleção pelo ensaio de Sologub "O teatro da vontade única", enquanto o êxtase dionisíaco foi firmemente rejeitado no artigo "Teatro e drama moderno" pelo importante poeta, romancista e crítico simbolista Andrey Bely (1880-1934). O ataque de Bely foi particularmente significativo porque, nos anos imediatamente posteriores a 1900, ele expressara ideias semelhantes às de Ivanov e Sologub. "As sementes do drama e da ópera do futuro encontram-se nos ditirambos em louvor a Dioniso", escreveu ele em 1902 no *Mundo da Arte*, e designou como meta do simbolismo o retorno do drama às suas origens nas peças de mistério.[78] O foco desse novo mistério, disse ele mais tarde, devia ser o "Feminino encarnado ... incorporando os começos unificados da humanidade".[79]

Publicados inicialmente por volta de 1906, contudo, seus escritos começaram a refletir a tensão, tão comum nos teóricos simbolistas, entre a visão abstrata do drama e sua representação física. Em "O teatro simbolista" (1907), assim como em "Teatro e drama moderno", ele via com igual suspeita os mistérios córicos de Sologub e as experiências de Blok e Meyerhold para Komissarzhevskaya. Nenhuma dessas abordagens parecia adequada para a concretização do que Bely viera a considerar como a meta do drama simbolista – a recriação da vida a partir de dentro, pela visão e atividade individual. Não se pode esperar criar um coro dionisíaco colocando roupas brancas e grinaldas "numa dama *art nouveau*, num corretor da Bolsa, num operário ou num membro do Conselho Privado" e fazendo-os dançar ao redor de uma vítima sacrificial. Não se adquire tão facilmente o antigo senso comunitário; as preces dos celebrantes não se harmonizarão, e a presença física do teatro impedirá a transcendência num reino superior. "A vida permanece vida, o teatro permanece teatro."[80]

Não mais bem-sucedidas, no entender de Bely, são as tentativas de Blok e Meyerhold quanto a expressar o reino superior mediante a interpretação de um texto por um ator. Um ator que procura remontar às fontes da vida, ao mesmo passo que imita um personagem fora dele próprio, só pode distorcer medonhamente o processo de transfiguração. Sua psicologia individual destrói "o ritmo de sua própria relação com o vínculo simbólico". O diretor moderno, que busca superar a individualidade dos atores e só consegue convertê-los em marionetes, acrescenta sua própria distorção ao material que eles já distorceram.[81] Meyerhold, como vimos, insistia em que as visões dos atores e do diretor devem fundir-se numa visão superior, mas Blok estava menos disposto a defender suas experiências dramáticas a esse respeito. Ele não contribuiu para a coleção "Teatro", mas seu ensaio "Sobre o drama" (1907) mostra-o tão pouco disposto quanto Belly a defender as tentativas da Rússia no verdadeiro drama simbolista. Numa tese que lembra Pushkin ele explica que, uma vez que a técnica, a linguagem, o *pathos* e a ação dramática tradicional nunca se desenvolveram na Rússia, tanto quanto na Europa ocidental, as dramaturgos russos tenderam a desenvolver apenas um drama de vago lirismo. As civilizações modernas que Blok, a exemplo de Bely, vê como fragmentadas, contraditórias, irônicas e concentradas no indivíduo estimularam essa tendência, de sorte que a forma literária moderna mais bem-sucedida é uma poesia lírica sutil e evanescente, "capaz de expressar as incertezas e contradições contemporâneas, as fantasias de espíritos ébrios e as quimeras de forças indolentes".[82] Na Rússia moderna um drama lírico estreitamente aparentado a essa poesia é possível, mas isso está muito longe de, antagônico embora, um verdadeiro drama que fale às necessidades básicas de toda a humanidade.

Uma visão muito mais positiva do teatro é oferecida por Bryusov em sua colaboração para "Teatro", "Realismo e convenção no palco", que procura um meio-termo entre o realismo de Stanislavski e o simbolismo de Meyerhold. Tanto o teatro "realista" quanto o "convencional", diz Bryusov, leva a uma contradição insolúvel. O primeiro, buscando imitações cada vez mais próximas da realidade, só chama a atenção para a irrealidade básica do palco. O segundo, buscando escapar a essa armadilha, cai em outra. Na medida em que estiliza ou torna abstratos os elementos da produção, ela se defronta com o obstáculo do corpo humano. O resultado final é um teatro de marionetes ou de pura abstração. Um caminho extingue o teatro fundindo-o com a vida, o outro fundindo-o com o pensamento. Ambos negam a essência do teatro, que, como observava Aristóteles, é ação: "Assim como as formas pertencem à escultura e a linha e a cor à pintura, assim a ação, a ação direta, pertence ao drama e ao teatro".[83] Desse modo, o ator vivo é essencial, e em torno dele deve haver objetos que sejam reais mas não inoportunos, ilusionísticos ou desarmoniosos. O plano de fundo simples do teatro grego ou as tapeçarias e drapejamentos do teatro elisabetano devem servir de modelo para um teatro que, não sendo nem realista nem convencional, forma um plano de fundo simples para os legítimos donos do teatro – os atores.

A afirmação, encontrada tanto em Bely como em Bryusov, de que o teatro de convenção (cujo principal representante era Meyerhold) estava destruindo a criatividade do ator, e portanto a arte como um todo, era ouvida com frequência nessa época; ela formou um *leitmotiv* de uma espécie de contra-antologia ao "Teatro", publicada mais tarde no mesmo ano, chamada *A crise no teatro*. O teatro moderno, diziam os colaboradores desse volume, oscilando entre o espetáculo de marionete e o de mistério, estava perdendo rapidamente toda a relevância que poderia ter para o homem contemporâneo. Essas preocupações se refletiam claramente na decisão de Komissarzhevskaya de romper sua relação com Meyerhold no final de 1907, decisão calorosamente aplaudida por Bely e por seu irmão Fyodor Komissarzhevsky.

Meyerhold, que continuou suas experiências em outros teatros, não mostrou a menor propensão a mudar suas ideias. Em Sobre o teatro, uma coletânea de seus escritos críticos que apareceu em 1913, um ensaio-chave ("A barraca de feira", 1912) defende a teatralidade e a estilização, a marionete e a máscara e o primado da forma sobre o conteúdo. Meyerhold lembra que o próprio Bely declarara, em seu ensaio de 1912, que "a impossibilidade de abarcar o conjunto da realidade justifica a esquematização do real (em particular por meio da estilização)". Ele concorda, inclusive, com uma observação posterior de Bely, segundo a qual o teatro deve continuar sendo teatro e o mistério, mistério. Mas para Meyerhold, isto significa que o teatro deve procurar seus efeitos mais profundos com seus próprios meios: a pantomima, a máscara, o prestidigitador, a marionete, a ação improvisada. Com esses meios o drama pode sugerir as "vastas e insondáveis profundezas" que se encontram por baixo da realidade visível. Particularmente útil é o grotesco – conceito que Meyerhold usa, de um modo que lembra Hugo, para defender uma dialética de opostos, a farsa contra a tragédia e a forma contra o conteúdo, de modo a forçar o espectador, mediante reações ambivalentes, a ter uma visão mais profunda da realidade e a tentar "decifrar o enigma do inescrutável".[84]

A principal réplica dessa época à defesa do teatralismo por Meyerhold foi o ensaio "Rejeitando o teatro" (1912), do crítico teatral Yuli Aikhenwald (1872-1928). Esse ensaio é essencialmente uma elaboração de um ponto levantado por Bryusov em "Realismo e convenção", segundo o qual o teatro de convenção, ao negar a arte do ator, envolve o risco de acabar com o próprio teatro, uma vez que as abstrações intelectuais podem ser facilmente evocadas na mente do leitor inteligente. Aikhenwald amplia a advertência para aplicá-la a todo o teatro e – mais como Lamb que como Bryusov – afirma que em última análise o drama é essencialmente literário, enquanto as grosseiras materializações do palco, sejam elas realistas ou convencionais, são inferiores à imaginação do leitor perspicaz. Na verdade, Aikhenwald se recusa até mesmo a aceitar o ator como um artista criativo: ele simplesmente recita palavras, escritas por outrem e estranhas a ele mesmo, em benefício de um público inculto ou semiculto. Numa oposição direta a Wagner, Aikhenwald considera o drama um produto híbrido de outras artes, e portanto inferior à música, à dança, à poesia e à literatura em suas formas puras, genuínas.

Uma posição análoga, embora menos radical, foi adotada por Leonid Andreyev (1871-1919), o mais bem-sucedido dramaturgo experimental da época, cuja *Vida de homem* foi encenada em 1907, tanto por Meyerhold como por

Stanislavski. Embora Andreyev não tenha sido membro de nenhum dos vários grupos simbolistas russos, sua "Carta sobre o teatro" (1913) reitera a desconfiança geral que eles manifestavam em relação ao teatro e é claramente influenciada por Maeterlinck. Ele propõe um novo teatro de "pan-psique" que renunciará à ação e ao espetáculo que sempre caracterizaram o drama, juntamente com temas como fome, ambição ou amor, e se voltará para dentro a fim de concentrar-se no "pensamento humano, com todos os seus sofrimentos, alegrias e lutas". Em vez da ação externa, ele pintará "a imobilidade serena e externa da experiência viva". Até aqui, o teatro simbolista não conseguiu atingir essa meta porque, em vez de voltar-se para dentro, ele tentou eterificar a realidade e com isso só chegou a uma estilização grotesca. A "figura pesada e carnal" do ator foi "convertida em formas grotescas, sua voz tornou-se forçada e contorcida", porém o resultado foi apenas falsidade, e as plateias voltaram com alívio ao reconhecível, embora trivial, mundo do realismo.[85]

Fyodor Komissarzhevsky (1882-1954), que dividia a direção do teatro de sua irmã com Nikolay Evreinov depois da saída de Meyerhold, concordava com Bryusov em que o teatro só sobreviveria como arte se aceitasse a centralidade do ator. Nesse ponto ele se opunha à obra de Meyerhold para sua irmã, e num ensaio de 1912 publicado em *Debates sobre o teatro*, coletânea reunida para refutar Aikhenwald, ele afirmava que a indiferença de Aikhenwald à encenação resultava da falta de compreensão, por parte do crítico, da arte do ator. O meio-termo entre realismo e convenção, que Bryusov procurava no arranjo cênico, Komissarzhevsky buscava-o no estilo de interpretar. Tanto Meyerhold como Stanislavski, dizia ele, restringiam a função criativa essencial do ator ao convertê-lo em mero imitador – Meyerhold de ações físicas, Stanislavski de estados psicológicos.

De fato, foi provavelmente por essa época que Stanislavski passou a se interessar particularmente pelas técnicas destinadas a liberar o poder criativo do subconsciente, e o termo-chave "memória emocional", tirado do psicólogo francês Théodule Ribot, entrou em sua obra. Em *A arte do ator e a teoria de Stanislavski* (1916), Komissarzhevsky elogia Stanislavski por seu trabalho ao estudar o conjunto psicológico interior de um personagem, mas critica-o por começar com uma análise racional dos estados psicológicos. Por fim, ele rejeita o subconsciente e transforma a "experiência viva genuína em simulação racional", substituindo a penetração do texto do autor pelas "experiências terra a terra, antiartísticas e incolores do próprio ator".[86] Esse enfoque poderia ajudar o ator que já fosse criativo, mas não é incapaz de inspirar a criatividade. O próprio Stanislavski acabou chegando a uma conclusão muito semelhante; na década de 1930 ele passou da ênfase na análise psicológica para o que chamava de "método das ações físicas" (ver Capítulo 19).

Komissarzhevsky chama seu próprio método de "sintético". Nega a afirmação de Aikhenwald, segundo a qual a mistura das artes é uma deficiência no drama, e repete Wagner, ao preconizar um teatro no qual todas as artes se unam para "comunicar simultaneamente os mesmos sentimentos e ideias ao espectador. O ritmo da música deve estar em harmonia com o ritmo das palavras, com o ritmo dos movimentos dos atores, das cores e linhas dos cenários e trajes e da mudança das luzes".[87] É o ator, a quem Komissarzhevsky chama "o ator universal", quem deve efetuar essa unificação. Ele deve dominar todos os meios de expressão – música, poesia, dança, canção, mímica; deve entender "a arte da composição dos corpos, das linhas e das cores" e saber como o corpo se move "através do veículo da música". Deve então sintetizar todos esses elementos, subordinando-os "à sua concepção do papel e ao ritmo de suas emoções".[88]

O codiretor de Komissarzhevsky, Nikolay Evreinov (1879-1953), mostrou-se menos interessado no ator do que no processo teatral propriamente dito – no que significa "teatral" e em como o material se torna "teatralizado". Em 1907, ele fundou o Teatro Antigo, que buscava recapturar a consciência teatral de outros tempos, abafados durante o século XIX pelo triunfo do realismo. Ao explicar os objetivos desse empreendimento, ele citava o crítico E. A. Znosko-Borovski (1884-1954), que aconselhava os produtores a estudar as "épocas particularmente teatrais" como antídoto contra o realismo e a tentar a reprodução não só de obras importantes do passado, mas também, na medida do possível, das condições de encenação originais. O teatro, dizia Evreinov, "não é literatura dramática", mas uma totalidade composta de drama, interpretação, encenação e plateia; uma revivescência adequada das obras passadas deve tentar reviver "um todo complexo da vida social e intelectual de uma dada época, onde o próprio espetáculo ocupa apenas uma parte da cena".[89] Assim, Evreinov, como William Poel na Inglaterra e André Antoine na França, procurou realizar encenações de época com plateias apropriadamente trajadas em espaços cênicos convenientes – igrejas, salas de castelos e praças públicas.

O sucesso dessas representações valeu a Evreinov seu convite para juntar-se a Komissarzhevskaya em 1908. No mesmo ano, ele esboçou sua teoria geral do teatro num artigo intitulado "Uma apologia da teatralidade". A teatralidade, diz ele, é um dos instintos básicos do homem; já existia antes que se desenvolvesse qualquer senso estético. Todas as outras artes, desenvolvidas a partir do teatro, estão baseadas na formação, enquanto o teatro se baseia no objetivo, "mais primitivo e fácil de atingir", da transformação.[90] A base do teatro não é a religião, a dança ou outra arte qualquer, mas o desejo de mudar, de ser alguma coisa diferente de si mesmo; se o teatro moderno se tornar um templo, um púlpito, um tribunal, uma escola ou um espelho da vida, ele estará traindo a sua base. O realismo, reprodução inútil da vida, e o simbolismo, que subverte a alegria direta da percepção visual ao enfatizar o mundo interior, são ambos hostis ao verdadeiro espírito do teatro.

Essa ideia é mais plenamente desenvolvida em *O teatro como tal* (1912) e *O teatro para si mesmo* (1915-1917), cujos principais capítulos foram combinados para uma tradução inglesa intitulada *The Theatre in Life* [*O teatro na vida*] (1927). Nesses livros, Evreinov leva as implicações de sua teoria muito além do teatro, preconizando um reconhecimento do teatral na própria vida. Devemos reviver o de há muito suprimido instinto teatral, contrarregra da nossa vida, reconhecer a alegria e o poder de ver essa vida como expressão teatral e de assumir novos papéis para estender o âmbito de nossa experiência e nossa interação com outras criaturas.

Em Evreinov, o espírito experimental no teatro russo, que desde a revolta simbolista se voltara contra a participação na realidade contemporânea, retornou a essa participação partindo de outra direção. Ao mesmo tempo, outros teóricos, particularmente os de tendências marxistas e socialistas, continuaram a adotar uma visão da arte mais diretamente em concordância com os críticos oitocentistas que enfatizavam suas dimensões sociais e políticas.

O primeiro crítico marxista russo de relevo foi Georgy Plekhanov (1857-1918), que introduziu o termo "materialismo dialético" nas artes. Entre seus predecessores na teoria crítica, Plekhanov foi o mais interessado em Hegel, Belinsky e Taine, que viam a arte como algo interdependente com toda a vida e pensamento humanos. Belinsky e Taine tinham ido mais longe, vendo a arte como o produto de uma sociedade particular. Mas mesmo em Taine, a quem Plekhanov muito admirava, havia uma contradição fundamental. Taine, dizia Plekhanov, considerava corretamente a arte o produto da psicologia humana, que muda à medida que o ambiente muda, mas atribuía incorretamente as mudanças do ambiente ao desenvolvimento do pensamento e do conhecimento humano. Na primeira asserção, ele adotou um ponto de vista materialista; na segunda, um ponto de vista idealista, e assim criou um conflito permanente no interior de seu sistema. Plekhanov usou o pensamento de Marx para dirimir o conflito ao tornar o sistema totalmente materialista. Plekhanov afirmava que as variáveis condições humanas são determinadas não por mudanças no pensamento humano, mas "pelo estado de suas forças produtivas e suas relações de produção".[91]

A mais significativa aplicação desse princípio ao drama por Plekhanov foi feita em seu ensaio "Henrik Ibsen" (1906-1908). Aqui ele afirma que a insatisfação de Ibsen com o mundo da pequena burguesia da Noruega oitocentista levou-o a se revoltar mas não lhe ofereceu nenhuma solução política. Na sociedade contemporânea, o proletariado "representa a única classe capaz de ser inspirada com zelo por tudo o que é nobre e progressivo", mas a sociedade de Ibsen não possuía essa classe. Era "uma massa completamente rudimentar, afundada no torpor mental".[92] Assim, Ibsen, como seu herói Brand, foi condenado a uma revolução puramente negativa. Incapaz de perceber a importância da ação política, ele se voltou para a libertação individual, que o levou ao simbolismo e à abstração. Essa mesma incerteza valeu a Ibsen a estima do "grupo pensante" da moderna burguesia, que foi levado ao simbolismo pela mesma razão: as visões abstratas do aprimoramento humano podem substituir as ameaças da revolução social. Por ora o proletariado não pode preocupar-se economicamente com a arte, mas ainda pode reverenciar Ibsen por sua reação contra o *status quo*; sua situação histórica permitiu-lhe oferecer alguma coisa, como nenhum outro artista moderno podia fazê-lo, às "classes irreconciliavelmente opostas na sociedade contemporânea".[93]

Semelhantes pronunciamentos conferiram a grande parte da crítica específica de Plekhanov um tom de utilidade social, mas ele condenava seus predecessores Chernyshevsky e os críticos cívicos por superestimar a função utilitária da arte. Plekhanov, como Mehring, admirava Kant e nunca foi capaz de rejeitar completamente a visão kantiana do prazer desinteressado na arte. Na conclusão de seu ensaio "Literatura dramática francesa e pintura setecentista francesa do ponto de vista sociológico" (1905), ele tenta reconciliar prazer estético "desinteressado" com utilidade social. O indivíduo, diz ele, pode desfrutar a arte de maneira puramente estética, mas o homem social procura primeiro a utilidade, mesmo quando pensa que está respondendo somente à beleza na arte. Se a utilidade estivesse absolutamente ausente, um objeto não pareceria belo.[94] Assim, pelo menos para o homem social, Plekhanov tenta reconciliar instrução moral e prazer estético em termos muito próximos dos dos críticos do século XVII. Críticos marxistas posteriores, a quem não preocupava uma interpretação estritamente social da arte, condenaram essa abordagem como intencionalmente ambígua.

Outro importante teórico marxista da literatura, o húngaro Georg Lukács (1885-1971), só aderiu ao Partido Comunista em 1918 e não empreendeu a tarefa de desenvolver as estratégias críticas sugeridas por Mehring e Plekhanov senão depois de 1930. De seus anos pré-marxistas provieram vários escritos críticos significativos que estabeleceram o jovem estudioso como um crítico maior, muito embora ele renegasse depois de sua conversão política. Lukács passou a se interessar pelo drama quando estudante na Universidade de Budapeste, onde escreveu peças e ajudou a fundar uma organização teatral, o Thalia, que – como o Freie Volksbühne em Berlim – procurou levar o drama moderno à classe operária. Em 1906, Lukács dirigiu-se a Berlim para continuar seus estudos e ali escreveu um esboço de seu primeiro livro, *História do desenvolvimento do drama moderno*, publicado em húngaro em 1911. Seu segundo capítulo foi publicado em alemão em 1914 como "Zur Soziologie des modernen Dramas" ["Sobre a Sociologia do drama moderno"]. Outra consideração importante do drama por Lukács também apareceu em 1911, a "Metaphysik der Tragödie" ["Metafísica da Tragédia"], último ensaio de uma coletânea de dez. Outra obra importante de crítica literária de seu período pré-marxista, *Die Theorie des Romans* [*Teoria do romance*] (1916), contém apenas observações esparsas sobre o drama.

Em seu esboço autobiográfico, *Mein Weg zu Marx* [*Meu caminho em direção a Marx*] (1933), Lukács cita os escritos dos sociólogos Georg Simmel (1858-1918) e Max Weber (1864-1920) como "meus modelos para uma 'sociologia da literatura'. na qual os elementos de Marx, embora naturalmente diluídos e esmaecidos, já estavam presentes, ainda que fossem escassamente reconhecíveis".[95] Nessa época, Lukács aceitava a opinião de Simmel segundo a qual Marx, em sua preocupação com o fetichismo da mercadoria, estava descrevendo apenas um caso particular de uma "tragédia da cultura" geral – a substituição do subjetivo pelo objetivo, de uma cultura de pessoas por uma cultura de coisas. No prefácio ao seu *Philosophie des Geldes* [*Filosofia do dinheiro*] (1900), a obra de Simmel que mais influenciou o jovem Lukács, Simmel se afasta explicitamente de Marx, observando que as mudanças econômicas encarecidas por Marx eram elas próprias "o resultado de avaliações mais profundas e correntes de precondições psicológicas ou mesmo metafísicas".[96]

A angústia diante da situação moderna, que sobrepõe as criações mecânicas do homem ao próprio homem, permeia os escritos de Simmel e Weber, e era essa alienação que interessava claramente a Lukács nessa época. Simmel, contudo, tratou também especificamente dos problemas da produção artística na era moderna. Assim, em "Der Schauspieler und die Wirklichkeit" [*O ator e a realidade*] (1912) ele discorda de duas falsas noções populares da arte de representar: que ela tenta reproduzir a realidade e que serve apenas como ilustração de um texto poético. E sugere como axioma: "As artes dramáticas como tais transcendem a poesia e a realidade".[97] O ator dramático, como o poeta, "cria em si mesmo uma unidade completa com suas leis únicas", tendo suas raízes "nos mesmos fundamentos que todas as outras formas de arte", muito embora utilize outra arte – a do poeta – como meio de expressão.[98] Sua tarefa é não a transformação da obra dramática em realidade, mas a transformação da realidade, da integração psicológica de sua experiência anterior, em obra de arte. Assim, Simmel vê a interpretação cênica, a exemplo de outras artes, como requerendo um compromisso antes com os processos vitais do que com a mecanização que ameaça toda a cultura moderna. A verdadeira arte cênica é "uma expressão da energia artística básica da alma humana, que assimila tanto a arte poética como a realidade num processo vivo, em vez de se compor desses elementos de maneira mecânica".[99]

O ensaio de Lukács "Zur Soziologie des modernen Dramas" (1911) baseia-se na alienação moderna descrita por Simmel. O drama manifesta claramente as tensões da cultura burguesa em geral, diz ele, e o dramaturgo moderno compartilha a alienação de todos os artistas modernos, separado do corpo de crença partilhado que o ligava ao seu público na época pré-capitalista. Na arte teatral isso resultou numa separação entre o drama e o teatro: o drama tornou-se didático e tendencioso, um "campo para a luta de classes", um meio para a burguesia "inspirar, encorajar, exortar, atacar e ensinar"; incapaz de criar uma arte para o povo nesses termos, o drama retirou-se para a página impressa e o teatro transformou-se num "entretenimento estúpido".

Mais importante, continua Lukács, em nenhum dos dois já não há nenhum traço "do festivo, do religioso ou mesmo, pelo menos, de algum tipo de sentimento religioso",[100] e a perda desse centro metafísico tornou problemático todo o drama sério moderno. Sem uma mitologia, sem um senso do heroico, ele se vê reduzido ao material da vida diária, e isso "já não é dramático, já não tem a possibilidade de fundir o poético atemporal e as sensações do momento numa síntese ingênua".[101] O distanciamento histórico é agora substituído pelo mito, mas é muito mais consciente (nos termos de Schiller, o ingênuo deu lugar ao sentimental) e está muito mais preocupado com a exatidão dos fatos e dos dados empíricos. O distanciamento histórico pode propiciar certa redução do senso do trivial e do acidental que ameaça as representações da vida diária, mas ainda não consegue fornecer um sistema ético unânime que possa ser desenvolvido em termos estéticos e assim não pode evitar a relatividade ideológica que infesta o drama moderno. "Quando uma mitologia está ausente ... a base sobre a qual tudo deve ser justificado é o personagem",[102] mas o próprio personagem é uma coisa mutável, instável, uma busca daquele centro vital que a vida contemporânea não oferece. A principal luta do homem torna-se simplesmente uma defesa de sua individualidade contra as circunstâncias usurpadoras da vida e a tendência do racionalismo e do capitalismo a procurar a uniformidade nas personalidades humanas.

Essa defesa, muito embora Lukács a reconheça como solitária e mesmo por vezes heroica, é ela própria problemática, porque não se baseia em nenhuma estrutura ética positiva. O homem tende para o isolamento, que é inimigo do drama; para a expressão da soledade num diálogo cada vez mais "fragmentado, alusivo, impressionista";[103] e para a patologia, que o crítico Alfred Kerr (1867-1948) caracterizou como "a poesia permitida do naturalismo".[104] A subjetividade dos personagens permeia todo o mundo da peça; os acontecimentos tornam-se trágicos ou cômicos não em essência, mas simplesmente do ponto de vista. Lukács condena as mutáveis respostas emocionais da tragicomédia moderna, pois ainda que a comédia possa ser aprofundada graças a elas, a "pureza de estilo" é destruída e a tragédia reduzida "ao nível do banal e do trivial, quando não descamba para o grotesco".[105] O remédio deve ser procurado não na arte, mas na vida. Até que se redescubra um centro ético, o tipo de centro compartilhado pelos dramaturgos clássicos e seu público, o problema do drama moderno permanecerá insolúvel.

O ensaio de Lukács "Metaphysik der Tragödie" (1911) contém poucas das preocupações históricas ou sociológicas que caracterizam "Zur Soziologie des modernen Dramas", ainda que uma referência ao estado "aterradoramente desalmado" da natureza e da sociedade contemporânea faça eco à obra anterior. No começo do século, muitos dos principais dramaturgos e teóricos dramáticos alemães voltaram-se tanto contra o naturalismo como contra o simbolismo para preconizar um retorno aos princípios clássicos e mesmo à forma e à matéria clássica, e Lukács se interessara por suas experimentações. Paul Ernst (1866-1913), Samuel Lublinski (1868-1910) e Wilhelm von Scholz (1874-1922) foram os líderes dessa revivescência neoclássica, e foram as peças e as teorias de Ernst, o mais conhecido dos três, que serviram de inspiração para o ensaio de Lukács.

O interesse de Lukács em Ernst é compreensível quando se sabe que esse neoclassicismo brotou das mesmas raízes que os escritos sociológicos de Simmel. O próprio Ernst se engajara no Partido Social-Democrático quando estudante em Berlim e inicialmente foi atraído pelo naturalismo como um movimento artístico que parecia harmonizar com suas preocupações sociais. Mas no início dos anos 1890, ele, como Mehring, começara a achar que o naturalismo era incapaz de concretizar os objetivos políticos a que aspirara. Em "Die neueste litterarische Richtung in Deutschland" ["A mais nova escola literária da Alemanha"] (1891) ele condenou o naturalismo por sua ignorância do processo de desenvolvimento da sociedade moderna e sua falta de apoio ao socialismo. Ao mesmo tempo estava envolvido na organização de um elemento radical no partido para opor o seu declínio em zelo revolucionário e sua tendência ao compromisso político, suas tentativas de buscar a reforma não pela confrontação, mas pela formação de sindicatos e de um parlamento peticionário. Sua desilusão com o partido levou-o a um rompimento em 1896, quando voltou sua atenção para a literatura. Suas tentativas de lidar com as questões sociais modernas no drama, contudo, não o satisfizeram, pois, segundo ele, as convenções do naturalismo converteram o teatro num lugar de resignação e desesperança. Em "Das Drama und die moderne Weltanschauung" ["O drama e a visão de mundo moderna"] (1899) ele se queixava de que o drama moderno "acredita que o homem é desprovido de livre-arbítrio"; o herói do drama clássico, por outro lado, "embora pudesse sofrer ou ser derrotado, deixava no espectador ou no leitor a mais forte impressão de dignidade e força humana".[106]

Por volta de 1900, Ernst chegara a uma conclusão semelhante à de Simmel, de que as forças da objetividade e da alienação eram demasiado fortes para sucumbir ao ataque político num futuro próximo. O trabalhador, em quem o socialismo baseava sua esperança e o naturalismo seus personagens, ainda não podia criar uma nova sociedade porque sua luta para atender às necessidades materiais não lhe dava tempo para conceber ideais. Nessas tristes condições, para que o drama servisse como um modo de manter viva uma visão do homem que ainda não era politicamente realizável, ele devia retornar ao herói aristocrático, que poderia preservar esse ideal até que as massas se capacitassem a partilhá--lo. Em "Die Möglichkeit der klassische Tragödie" ["A possibilidade da tragédia clássica"] (1904), Ernst diz que a oposição do herói à necessidade sempre fora essencial à grande tragédia e que as modernas condições sociais e econômicas tornam possível uma nova formulação dessa oposição. O desenvolvimento e a expansão do capitalismo "criara vínculos sem precedentes e muito estreitos entre todos os membros da sociedade", porém esses vínculos tinham suas próprias regras e obrigações, que não levam em conta o indivíduo. Assim, "para o indivíduo eles se tornaram um destino cego".[107]

Em 1904, o mesmo ano em que apareceu esse ensaio de Ernst, uma visão notavelmente similar do drama foi formulada na França por André Gide (1869-1951), que também considerava o mundo contemporâneo estultificante para o espírito humano e o drama contemporâneo um reflexo patético da perda da esperança pelo homem. Gide remontava a fonte da opressão não a causas socioeconômicas, mas à imposição a todos os indivíduos de valores e sistemas morais arbitrários; não obstante, sua solução era a mesma que a de Ernst – a exaltação do indivíduo no drama como forma de manter vivo o espírito de liberdade do homem.

Em "De l'évolution du théâtre" ["Da evolução do teatro"] (1904), Gide considera o interesse no realismo da época um reflexo da doença que grassava tanto na arte como na natureza. Sempre que a arte definha, ela retoma à natureza para curar-se, mas isso é uma ilusão porque arte e natureza são rivais; a beleza resulta não da natureza, mas do artifício e da coação. Nas épocas em que "a vida transborda de plenitude", a arte acolhe de bom grado as coações que lhe conferem seu maior poder, mas quando a própria vida fica sufocada e coagida os papéis se invertem, e tanto a arte como a vida padecem. A arte "só aspira à liberdade em períodos de doença".[108]

É isso, diz Gide, que está ocorrendo hoje, quando a sociedade se vê sufocada pelo peso da moral convencional. Ora, o teatro pode, quando muito, mostrar as "bancarrotas do heroísmo" à maneira de Ibsen, nas quais as únicas alternativas que se apresentam ao homem são a dócil resignação à moral contemporânea ou a aceitação hipócrita dessa mesma moral.[109] Uma vez que Gide, como Ernst, não vê nenhuma possibilidade de mudança imediata nessa situação, ele recorre ao teatro para tomar a iniciativa e fornecer ao mundo novos modelos de heroísmo. Desse modo, tanto a arte como a sociedade talvez possam ser salvas.

A passagem de Lublinski do socialismo ao neoclassicismo assemelha-se à de Ernst. Seu *Bilanz der Moderne* [*Balanço do modernismo*] (1904), de orientação fortemente marxista, condenava tanto o romantismo como o naturalismo por apresentarem símbolos e perspectivas parciais e evitarem representações reais da sociedade. Nos anos subsequentes, contudo, inspirado parcialmente em Ernst e Nietzsche, Lublinski procurou uma liberdade subjetiva que Marx não parecia proporcionar. Em *Der Ausgang der Moderne* [*O fim do modernismo*] (1907) ele renunciou às ideias formuladas em *Die Bilanz*, rejeitou a classe trabalhadora por "viver numa luta demasiado difícil com a realidade material para tomar parte no aprimoramento cultural"[110] e propôs o herói solitário – expressando sua individualidade em conflito com a sociedade – como a única fonte da tragédia e a mais alta expressão de humanidade. Declarou também sua afinidade com Wilhelm von Scholz, a quem atribuía o estabelecimento da "base estética e filosófica" da tragédia moderna, e com Ernst, que resolvera seus "problemas literários e técnicos" e impedira que ela se tornasse um exercício puramente formal.[111]

Scholz, que parece ter sido menos engajado em questões sociais do que Ernst ou Lublinski, chegou às preocupações neoclássicas mediante um exame do modo como o drama influi e atua sobre o seu público. Em *Gedanken zum Drama* [*Reflexões sobre o drama*] (1905) ele condena o drama que busca apenas a tensão efêmera do suspense e preconiza um drama que atue sobre o seu público por meio da "tensão emocional" decorrente da "luta da vontade contra a vontade".[112] A luta deve ser inevitável, baseada na necessidade, e não imposta ao herói. Assim, embora o herói possa ser oposto por forças externas, Scholz preferiria um "conflito autogerado", oriundo de impulsos contraditórios dentro do próprio herói, como as reivindicações equilibradas de autoafirmação e reconhecimento da lei moral universal.[113]

A "Metaphysik der Tragödie" trata basicamente das tragédias de Ernst, mas abebera-se em cada um desses críticos neoclássicos. A tragédia, diz Lukács, expressa a tensão entre o mundo empírico e corruptor da vida diária e a visão cristalina da vida real, descomprometida e totalmente preenchida. Essa vida superior pode ser abordada por meio de formas transcendentais, das quais um exemplo-chave é a tragédia. A tragédia é uma manifestação miraculosa, porém necessariamente momentânea da vida real em meio à vida empírica. Ela "converte implacavelmente a vida numa equação clara e inequívoca – que ela então resolve".[114] O homem é demasiado fraco para suportar essa revelação mais que momentaneamente, mas enquanto ela está ocorrendo ele se separa de sua realidade para entrar no mundo da essência. A tragédia acontece nesse mundo, fora do espaço e do tempo, e essa é a razão metafísica das unidades, para as quais os franceses e Lessing tentaram erroneamente dar uma explicação racionalista. A experiência da tragédia é semelhante à do misticismo, uma experiência "criadora de formas", mas a essência da primeira é a autorrealização, e a do segundo o autoesquecimento: "uma, no fim de seu caminho, é absorvida no Todo, enquanto o outro se esfacela contra o Todo".[115]

A influência do pensamento neokantiano, ou antes, neoplatônico, pode ser vista no dualismo de Lukács e na sugestão de que as formas que a alma busca são *a priori* estáticas e eternas; mas a dinâmica desse ensaio é mais sugestiva de Kierkegaard (objeto de um ensaio anterior na mesma coletânea) em sua busca do absoluto e de uma existência autêntica. O ensaio foi, portanto, considerado por Lucien Goldmann e outros um precursor do existencialismo moderno, muito embora esse não tenha sido o curso que o próprio Lukács seguiu. Quando seu estudo de Marx o reconduziu a uma preocupação mais específica com o contexto social e histórico da literatura, ele passou a considerar "Zur Soziologie" uma indicação muito mais significativa de seu pensamento posterior do que a "Metaphysik".

Outras estratégias críticas foram ainda aplicadas à análise da tragédia durante esse período por outros escritores alemães, as da análise psicológica por Sigmund Freud (1856-1939) e as da fenomenologia por Max Scheler (1874-1928). Freud é mais conhecido dos estudiosos da teoria dramática por seu uso dos personagens dramáticos (mais notoriamente Édipo) para ilustrar certas condições psiconeuróticas; por seu estudo dos chistes, que se reportam indiretamente às condições da comédia; e, em menor medida, à sua crítica psicológica de certas cenas e personagens do drama, como a cena dos três escrínios em *O mercador de Veneza*, ou a de Rebecca, no *Rosmersholm* de Ibsen.

Menos conhecido é o ensaio em que Freud trata diretamente da teoria do drama, "Personagens psicopatas no teatro", escrito provavelmente em 1905. Tomando como base as observações de Aristóteles sobre a purgação, ele afirma que o drama proporciona um meio seguro de "explorar fontes de prazer ou de deleite em nossa vida emocional",[116] análogo à liberação da energia das crianças no brinquedo. Há um prazer direto que vem da identificação com o herói, livre de quaisquer preocupações políticas, sociais ou sexuais, mas também uma satisfação masoquista indireta na derrota dessa figura, vivenciada sem dor ou risco para nós mesmos. "Todo tipo de sofrimento é pois a matéria-prima do drama", contanto que a plateia seja compensada por sua simpatia pelas satisfações psicológicas da estimulação psíquica. O sofrimento deve ser mental, e não físico, já que o último desencoraja tanto a fruição como a atividade psíquica. Ele deve emanar de "um acontecimento que envolva conflito e deve incluir um esforço da vontade juntamente com a resistência".[117]

O primeiro e grande exemplo, diz Freud, foi a luta contra o divino da tragédia clássica. Depois, as crenças religiosas diminuíram, o herói foi contraposto à sociedade humana ou a outros indivíduos poderosos (embora aqui a "fonte rebelde do prazer" se perca). Em seguida, veio o drama, onde o conflito ocorre na mente do herói entre diferentes impulsos e resulta não na morte, mas na renúncia a um desses impulsos. Por fim, o drama psicológico pode tornar-se psicopatológico no conflito entre um impulso consciente e um impulso reprimido, como em *Hamlet*. O impulso reprimido não pode ser abertamente reconhecido, pois nesse caso só os espectadores neuróticos poderiam tirar prazer dele. Para simpatizarem com o herói, as pessoas normais devem entrar em sua doença juntamente com ele, e isso só pode ser feito se o dramaturgo mantiver o impulso reprimido mais ou menos oculto, de sorte que nossa resistência não seja despertada para diminuir nosso prazer na liberação.

A fenomenologia de Edmund Husserl (1859-1938), desenvolvida nos primeiros anos do novo século, inspiraram outra interpretação da tragédia em "Zum Phänomen des Tragischen" ["Sobre o fenômeno do trágico"] (1915), obra de um aluno de Husserl, Max Scheler. A preocupação de Husserl era com o processo da cognição, a determinação do que existe na base daquilo que aparece. O foco particular de Scheler nesse sistema é sobre a dimensão emotiva da consciência, que, segundo ele, é objetivamente determinada por uma série de valores; estes, tanto quanto a atividade racional, condicionam as ações do indivíduo. A soma dessas ações define tanto o indivíduo no mundo como o mundo na concepção do indivíduo. Ambas essas perspectivas são necessariamente parciais, pois só um indivíduo infinito e perfeito, como Deus, se relaciona diretamente com a totalidade do mundo de Deus.

Desse sistema de perspectivas, de valores conflitantes nas concepções individuais do mundo, surge a tragédia; de fato, diz Scheler, a tragédia pode ser encontrada "apenas no reino onde existem objetos de valor e onde estes atuam dessa ou daquela maneira uns sobre os outros".[118] O "atuar uns sobre os outros" é crítico para Scheler, uma vez que, embora a tragédia envolva a destruição de um valor, essa destruição "como tal não é trágica". Ela só se torna trágica quando o valor é forçado à destruição por outros valores que com ele competem, e "a mais pura e mais clara tragédia" ocorre quando "objetos de valor igualmente alto parecem minar e arruinar-se uns aos outros".[119] A tragédia retrata a estrutura do mundo cognitivo – suas associações, seus poderes e suas crenças, e as necessárias disjunturas que neles ocorrem. Os participantes de uma tragédia não devem ter nada a fazer com a "culpa trágica", visto que o poder da tragédia é diminuído se tudo não estiver seguindo seus mais altos valores e concepções do dever. "O desastre só se torna trágico quando todos cumpriram o seu dever e, no sentido usual da palavra, ninguém incorreu em 'culpa'."[120]

Em campos correlatos, Scheler nega a ideia tradicional da "necessidade" na tragédia. Se alguém não cumpriu o seu dever ou mesmo se omitiu certas medidas que estavam ao seu alcance para evitar a calamidade, ou se alguém é corrompido e condenado desde o princípio, a tragédia não é possível. A necessidade trágica está além de semelhantes considerações; ela só aparece como uma realidade transcendente, tanto inevitável quanto impredizível, a partir "da essência e da relação essencial da inevitabilidade e inescapabilidade das coisas fundadas na sociedade".[121] Só quando o espectador testemunha o resultado trágico sendo suportado por todo o poder concebível dos participantes é que a experiência pode ser "a dor trágica específica e a simpatia trágica", juntamente com "a paz e a reconciliação únicas das emoções", que é o objetivo da tragédia.[122]

Uma importante nova dimensão foi dada às considerações da tragédia mais ou menos nessa época pelas teorias desenvolvidas por um grupo de estudiosos de Cambridge que estavam interessados na tragédia grega como um fenômeno mais antropológico que estético e que viam sua relação com o ritual sob a inspiração não de Nietzsche, mas do influente antropólogo e estudioso dos ritos primitivos Sir James Frazer (1854-1941). Com base no ciclo ritual de morte e renascimento tal como ele é visto num rei sacrificado e ressuscitado em *O ramo de ouro* (1890), Gilbert Murray (1866-1957) identificou a estrutura ritual que ele acreditava subjazer a toda tragédia grega. Essa estrutura, descreveu ele em "Excursus on the Ritual Forms Preserved in Greek Tragedy" ["Excurso sobre as formas rituais preservadas na tragédia grega"] (1912), compunha-se de um *agon* (representando a luz contra as trevas, o verão contra o inverno), um *pathos* (representando a morte sacrificial), um *mensageiro* (já que raramente a morte real é representada no palco), um *threnos* ou lamentação e uma *anagnorisis* ou reconhecimento do Deus sacrificado, seguida pela sua *apotheosis* ou epifania.[123]

O influente ensaio de Murray apareceu no livro *Themis* de Jane Ellen Harrison (1830-1928), que forneceu um estudo mais pormenorizado do Deus sacrificado e ressuscitado na arte e na lenda gregas. Uma teoria sobre a origem da tragédia anterior e rival, formulada por William Ridgeway (1853-1956), via as comemorações dos heróis mortos mais como a adoração de algum deus ou demônio; Harrison absorve a teoria de Ridgeway afirmando que a própria figura do herói é uma manifestação secundária do deus sacrificado. "Como herói, ele é um funcionário; ele usa a máscara e absorve o ritual de um *Eniautos-Daimon* [termo usado por Harrison para indicar o espírito do ano mutável]".[124]

Em *The Origin of Attic Comedy* [*A origem da comédia ática*] (1914), F. M. Cornford (1874-1943) remonta a tragédia grega ao mesmo ritual sazonal de morte e renascimento, que nesse caso parte da festa agonal para culminar no casamento ritual. O ritual tradicional que faz eco à vida do ano-espírito, disse ele, deu "a concepção ou o movimento abstrato do enredo" tanto à comédia como à tragédia; a tragédia, retratando o destino humano, manteve esse movimento central, enquanto a comédia, mais interessada na psicologia individual e nas loucuras do caráter humano, conservou-o em grande parte como uma questão de conveniência. O orgulho fatal, a *hubris* do protagonista trágico, também encontrou eco na comédia, no fraudulento, jactancioso *Alazon*, que foi contraposto ao modesto *Eiron*, o herói cômico.[125]

Todos os críticos de Cambridge estavam preocupados fundamentalmente com as bases históricas e antropológicas da comédia e da tragédia; Murray, especificamente, rejeita a crítica estética como parte de suas observações.[126] No entanto, a insistência desses críticos em afirmar que o drama – especialmente a tragédia – devia ser considerado à luz do ritual produziu uma impressão permanente no pensamento crítico moderno, mesmo depois que os pormenores de sua teoria foram devastadoramente criticados pelo eminente estudioso moderno do teatro grego A. W. Pickard-Cambridge (1873-1952) em seu livro *Dithyramb, Tragedy and Comedy* [*Ditirambo, tragédia e comédia*] (1927).

NOTAS

1 Arthur Symons, *Plays, Acting, and Music*, New York, 1909, p.8.
2 Ibidem, p.65.
3 Ibidem, p.171.
4 Ibidem, p.200, 207.
5 Ibidem, p.165.
6 Edward Gordon Craig, *On the Art of the Theatre*, Chicago, 1911, p.138.
7 Craig, The Actor and the Über-Marionette, *Mask*, v.1, n.2, p.5, abr. 1908.
8 Ibidem, 11.
9 Craig, The Artists of the Theatre of the Future, *Mask*, v.1, n.3, p.58, maio 1908.
10 William Butler Yeats, *Plays and Controversies*, New York, 1924, p.215.
11 Yeats, *Essays and Introductions*, NewYork, 1961, p.241.
12 Ibidem, p.243.
13 Ibidem, p.226.
14 Ibidem, p.224.
15 Yeats, *Per Amica Silentia Lunae*, London, 1918, p.71.
16 Ibidem, p.79.
17 Yeats, *Explorations*, New York, 1912, p.215.
18 Ibidem, p.213.
19 Edward Lord Dunsany, Romance and the Modern Stage, *National Review*, v.57, p.834, jul. 1911.
20 Ibidem, p.829.
21 John Galsworthy, *The Inn of Tranquility*, New York, 1912, p.200-1.
22 Ibidem, p.190.
23 Ibidem, p.193.

24　St. John Hankin, *Dramatic Works*, New York, 1912, 3v., v.3, p.120-1.
25　John Millington Synge, *The Complete Works*, New York, 1935, p.4.
26　Ibidem, p.3-4.
27　John Masefield, *The Tragedy of Nan*, New York, 1935, p.4.
28　Galsworthy, *The Inn*, p.202.
29　George Bernard Shaw, *Works*, London, 1930-1938, 33v., v.13, p.380.
30　Shaw, *Platform and Pulpit*, Dan Laurence (Ed.), London, 1962, p.44.
31　Ibidem, p.45.
32　Shaw, *Works*, v.29, p.277.
33　William Archer, *Play-making*, Boston, 1912, p.36.
34　Ibidem, p.50.
35　Ibidem, p.48.
36　Citado em Barrett H. Clark, *European Theories of the Drama*, New York, 1947, p.469.
37　Brander Matthews, *The Development of the Drama*, New York, 1903, p.16.
38　Matthews, *A Study of the Drama*, New York, 1910, p.3.
39　Ibidem, p.92.
40　Ibidem, p.93.
41　Matthews, *The Principles of Playmaking*, New York, 1919, p.81.
42　Clayton Hamilton, *The Theory of the Theatre*, New York, 1910, p.3.
43　Joel Elias Spingarn, *Creative Criticism*, New York, 1931, p.22.
44　Benedetto Croce, *Aesthetic*, trad. ingl. Douglas Ainslie, London, 1929, p.116.
45　Spingarn, *Criticism*, p.31.
46　George Santayana, *The Sense of Beauty*, London, 1896, p.175.
47　Santayana, Croce Aesthetics, *Journal of Comparative Literature*, v.1, p.191, abr. 1903.
48　Idem, *Sense of Beauty*, p.78.
49　A. B. Walkley, Criticism and Croce, *London Times*, p.12, mar. 1911.
50　Spingarn, *Criticism*, p.76.
51　Ibidem, p.90.
52　*Mir iskusstva*, v.4, São Petersburgo, 1902, citado em Vsevolod Meyerhold, The New Theatre Foreshadowed in Literature, in: *Meyerhold on Theatre*, trad. inglesa Edward Braun, New York, 1969, p.39.
53　Ibidem, p.38.
54　Citado em Harold Segel, *Twentieth Century Russian Drama*, New York, 1979, p.65.
55　Vyacheslav Ivanov, Poèt i Cern, *Vesy*, v.3, p.41, 1904, trad. para o alemão in: Armin Hetzer, *Vjaceslav Ivanovs Tragödie*, Munich, 1972, p.99.
56　Ivanov, Novye maski, *Vesy*, v.3, p.57, 1904, in: Armin Hetzer, op. cit., 1972, p.101.
57　Fyodor Sologub, The Theatre of One Will, trad. inglesa Daniel Gerould, *Drama Review*, v.21, n.4, p.94, dez. 1977.
58　Ibidem, p.98.
59　Citado em Maurice Pottecher, Le théâtre populaire, *Revue de Paris*, v.4, n.4, p.211, jul.-ago. 1897.

60 Edouard Schuré, *Le théâtre de l'âme*, Paris, 1900, 2v., v1, p.xiii.
61 Ibidem, p.XV.
62 Pottecher, *Le théâtre du peuple*, Paris, 1899, p.16.
63 Romain Rolland, *Le théâtre du peuple*, Paris, 1913, p.116.
64 Jules Romains, *L'armée dans la ville*, Paris, 1911, p.X.
65 Meyerhold, The Stylized Theatre, in: *Meyerhold on Theatre*, p.60.
66 Ibidem, p.63.
67 Constantin Stanislavski, *My Life in Art*, trad. inglesa J. J. Robbins, New York, 1956, p.428.
68 Fyodor Komissarzhevsky (Theodore Komisarjevsky), *Myself and the Theatre*, New York, 1920, p.71.
69 Aleksandr Blok, *Sobraniye Sochineniy*, Leningrado, 1932-1936, 12v., v.12, p.7. Citado em francês in: Sophie Bonneau, *L'univers poétique d'Alexandre Blok*, Paris, 1946, p.387.
70 Ibidem, p.389.
71 Georg Fuchs, *Revolution in the Theatre*, trad. inglesa Constance Kuhn, Ithaca, 1959, p.99.
72 Ibidem, p.69.
73 Ibidem, p.85.
74 Ibidem, p.115.
75 Ibidem, p.121.
76 Meyerhold, The Naturalistic Theatre and the Theatre of Mood, in: *Meyerhold on Theatre*, p.32.
77 Idem, The New Theatre Foreshadowed in Literature, in: *Meyerhold on Theatre*, p.38.
78 Andrey Bely, Formy iskusstva, *Mir iskusstva*, v.12 1902; trad. inglesa George Kalbouss, in: *Andrey Bely: A Critical Review*, (Ed.) Gerald Janecek, Lexington, 1978, p.148, 150.
79 Ibidem, p.150.
80 Bely, Theatre and Modern Drama, trad. inglesa Laurence Senelik, in: *Russian Dramatic Theory from Pushkin to the Soviets*, Austin, 1981, p.158-60.
81 Ibidem, p.167-8.
82 Blok, On Drama, in: *Russian Dramatic Theory from Pushkin to the Soviets*, p.107.
83 Valery Bryusov, Realism and Convention on the Stage, in: *Russian Dramatic Theory from Pushkin to the Soviets*, p.179.
84 Meyerhold, The Fairground Booth, in: *Meyerhold on Theatre*, p.137, 139.
85 Leonid Andreyev, Andreyev on the Modern Theatre, trad. inglesa Manart Kippen, *New York Times*, 5 de outubro de 1919, seç.4, p.3.
86 Citado em Oliver M. Saylor, *The Russian Theatre under the Revolution*, Boston, 1920, p.251-2.
87 Komissarzhevsky, *Myself*, p.149.
88 Ibidem, p.144-5.
89 Nikolay Evreinov, *Histoire du théâtre russe*, trad. francesa G. Welter, Paris, 1947, p.383-4. A primeira edição do original russo, *Istoria russkogo teatra*, apareceu em New York em 1955.
90 Ibidem, p.375.
91 Georgy Plekhanov, Historical Materialism and Art, trad inglesa Eric Hartley, in: *Art and Social Life*, London, 1953, p.56.
92 Idem, Ibsen, Petty Bourgeois Revolutionist, trad. Emily Kent et al., in: Angel Flores, *Henrik Ibsen*, New York, 1937, p.62.

93 Ibidem, p.92.
94 Plekhanov, French Dramatic Literature and French Eighteenth Century Painting from the Sociological Standpoint, trad. inglesa Eric Hartley, in: *Art*, p.165.
95 Georg Lukács, *Schriften zur Ideologie und Politik*, Neuwied, 1967, p.324.
96 Georg Simmel, *The Philosophy of Money*, trad. inglesa Tom Bottomore e David Frisby, London, 1978, p.56.
97 Simmel, *The Conflict in Modern Culture and Other Essays*, trad. inglesa K. P. Etzkorn, New York, 1968, p.95.
98 Ibidem, p.96.
99 Ibidem, p.97.
100 Lukács, *Werke*, Darmstadt, 1964-1981, 17v., p.57.
101 Ibidem, p.115.
102 Lukács, The Sociology of Modern Drama (resumido), trad. inglesa Lee Baxandall, *Tulane Drama Review*, v.90, n.4, p.168, verão 1965.
103 Ibidem, p.163.
104 Alfred Kerr, *Die Welt im Drama*, p.192, citado em Lukács, op. cit., 1965, p.169.
105 Ibidem, p.165.
106 Paul Ernst, *Der Weg zu Form*, Berlin, 1906, p.30-1.
107 Ibidem, p.130.
108 André Gide, *Oeuvres complètes*, Paris, 1932-1939, 14v., v.4, p.206.
109 Ibidem, p.216.
110 Samuel Lublinski, *Der Ausgang der Moderne*, Berlin, 1907, p.14.
111 Ibidem, p.159.
112 Wilhelm von Scholz, *Gedanken zum Drama*, Munich, 1905, p.5.
113 Ibidem, p.67.
114 Lukács, *Soul and Form*, trad. inglesa Anna Bostock, Cambridge, Mass., 1971, p.153.
115 Ibidem, p.160.
116 Sigmund Freud, *The Standard Edition of the Complete Psychological Works*, trad. inglesa James Strachey et al., London, 1953-1974, 24v., v.7, p.305.
117 Ibidem, p.307.
118 Max Scheler, On the Tragic, trad. Bernard Stambler, *Cross Currents*, v.4, n.2, p.180, inverno 1954.
119 Ibidem, p.181.
120 Ibidem, p187.
121 Ibidem, p.186.
122 Ibidem, p.188.
123 Jane Ellen Harrison, *Themis*, Cambridge, 1912, p.342-3.
124 Ibidem, p.xiv.
125 F. M. Cornford, *The Origin of Attic Comedy*, Cambridge, 1934, p.183.
126 Harrison, *Themis*, p.363.

18

O SÉCULO XX (1914-1930)

Jacques Copeau (1879-1949), o mais influente diretor teatral de sua geração na França, declarou-se muitas vezes inimigo da teorização abstrata. Já em 1905, ele escrevia que nada o deixava tão chocado quanto a preocupação com qualquer modo específico – "teatro poético, teatro realista, peça psicológica, comédia de ideias, comédia de maneiras, comédia de caráter" – que *"a priori* e sistematicamente exclui da arte dramática qualquer aspecto de verdade humana, qualquer aspiração à beleza".[1] Em 1913, às vésperas da inauguração de seu teatro Vieux Colombier, ele anunciava: "Não representamos nenhuma escola ... Não endossamos nenhuma fórmula ... Não sentimos nenhuma necessidade de revolução ... Não acreditamos na eficácia de fórmulas estéticas que nascem e morrem todo mês em seus pequenos *cénacles*".[2]

Não obstante, o "Essai de rénovation dramatique" ["Ensaio de renovação dramática"] de Copeau, embora desprovido da postura de vanguarda tão popular nos manifestos artísticos da época, apresenta um programa claro e até mesmo, em certos aspectos, revolucionário. Copeau deplora a moderna situação do teatro, entregue ao comercialismo, ao sensacionalismo e exibicionismo barato, à ignorância, à indiferença e à falta de disciplina – aviltando tanto a si mesmo quanto ao seu público. Propõe um novo teatro, erigido "sobre alicerces absolutamente sólidos", que possa servir como um lugar de reunião para atores, autores e plateia, "que estejam possuídos pelo desejo de restaurar a beleza no espetáculo cênico".[3] O meio que Copeau sugere afasta-o tanto dos teatros comerciais como dos de vanguarda de sua época. Ele segue os simbolistas ao colocar o poeta e o texto num papel fundamental e sublinha que a obra do diretor sempre deve permanecer subserviente àqueles. Similarmente, ele preconiza uma simplicidade extrema no cenário físico, o famoso *tréteau nu* (palco nu), que permitiria ao ator e ao autor apresentar o texto sem intrusão "teatral".⁴ O repertório de seu teatro enfatizaria as grandes obras do passado como modelos para o presente, encenadas em repertório para evitar a exploração sistemática de sucessos particulares.

Esses ideais conquistaram muitos adeptos na França e em outros países, mas cada um deles – o primado do texto, a veneração dos clássicos, a ênfase no ator, o despojamento do palco – era categoricamente refutado pelo primeiro grande movimento de vanguarda do novo século, o futurismo, que teve seu maior impacto nos anos durante os quais o Vieux Colombier estava sendo planejado e implantado. O futurismo foi lançado em Paris por um manifesto de Filippo Marinetti (1876-1944), publicado na página de frente do *Fígaro* de 20 fevereiro de 1909. Em sua violenta e rapsódica declaração, Marinetti preconizava uma nova arte adequada ao novo século, dedicada à velocidade e à luta, à multidão, à fábrica e à máquina. O automóvel de corrida devia substituir a "Vitória de Samotrácia" como símbolo da beleza, e as tradições de um passado entorpecedor deviam ser abandonadas. A guerra devia ser idealizada não só porque representava a ação e a luta, mas porque contribuía para a destruição do passado. Marinetti convocava os novos artistas para "destruir os museus, as bibliotecas, as academias de todo tipo" e "lutar contra o moralismo, o feminismo, toda covardia oportunista ou utilitária".⁵

Em 1909 e 1910, Marinetti organizou eventos futuristas, chamados *serate*, que envolviam a leitura de poesias e manifestos futuristas para plateias entusiásticas e não raro hostis; escreveu também uma série de ensaios sobre o futurismo e o modo como ele poderia ser desenvolvido em várias artes. Tais ensaios foram enfeixados sob o título de *Le futurisme* [*O futurismo*] (1911). Seu "Manifeste des auteurs dramatiques futuristes" ["Manifesto dos autores dramáticos futuristas"], de 1910, aparece aqui como "La volupté d'être sifflé" ["A volúpia de ser vaiado"]. Ele apresenta o teatro como, "dentre todas as formas literárias, aquela que pode servir ao futurismo mais eficazmente".⁶ Para tanto, os dramaturgos devem desdenhar as fórmulas comprovadas e o sucesso popular, juntamente com a psicologia e os temas tradicionais. Devem, em vez disso, procurar "afastar a alma da plateia da realidade diária e alçá-la a uma atmosfera deslumbrante de intoxicação intelectual", um reino de "velocidades terrestres, marinhas e aéreas, dominadas pelo vapor e pela eletricidade".⁷ A nova sociedade do século XX, uma sociedade de revolução científica e do poder da máquina, exige uma nova arte que reflita sua força dinâmica. As plateias presumidas, satisfeitas, tradicionalistas resistirão a nós, mas os autores e atores devem rejeitar o aplauso que recompensa a mediocridade e aprender a gozar "o prazer de ser vaiado".⁸

Esse programa um tanto vago recebeu maior desenvolvimento no segundo e mais famoso pronunciamento de Marinetti sobre o teatro futurista, "Il teatro di varietà" ["O teatro de variedade"] (1913), que logo foi reproduzido em forma abreviada no *Dail Mail* de Londres e no *Mask* de Craig. Esse ensaio denuncia O teatro contemporâneo como vacilando estupidamente entre a reconstrução histórica e a reprodução fotográfica e exorta o dramaturgo futurista a buscar sua nova inspiração no teatro de variedade. Ali, em vez da exaltação da vida interior e das "estúpidas análises dos sentimentos", pode ser encontrado o que Marinetti opõe à psicologia: a *fisicofollia* (loucura do corpo), uma exaltação da "ação, do heroísmo, da vida ao ar livre, da destreza, da autoridade, da autoridade do instinto e da intuição".[9] Assombro e surpresa são os efeitos a serem procurados; a plateia pode ser constantemente surpreendida por coisas como bilhetes errados ou cola em seus assentos. A tradição deve ser não apenas ignorada, mas ativamente destruída, e toda a arte clássica sistematicamente prostituída no palco.[10] Forma, cor, palavras e ação física devem ser exibidas e desfrutadas por si mesmas, e não em referência a valores exteriormente estabelecidos. O ensaio conclui com dinâmicos fogos de artifício de palavras, frases e ruídos desconexos. As preocupações desse ensaio devem ser vistas claramente na *sintesi*, breves cenas dramáticas interpretadas pelos futuristas que buscam capturar a velocidade, a surpresa, a irreverência e a imediaticidade que Marinetti admirava no teatro de variedade.

Na primavera de 1913, Marinetti encontrou-se com Meyerhold em Paris, quando este estava produzindo seu primeiro trabalho fora da Rússia, o *Pisanelle* de D'Annunzio. Como o importante ensaio de Meyerhold "A barraca de feira" acabava de ser publicado, é possível que ele tenha sugerido a Marinetti o poder teatral dessas formas populares, se bem que este estivesse pouco interessado nos cíclos simbolistas do enfoque de Meyerhold. E tampouco Meyerhold, cujos escritos teóricos estão salpicados com os nomes dos contemporâneos cujas ideias ele achava estimulantes, parece ter lucrado muito com Marinetti. De fato, recordando essa época em 1929, ele observava que Marinetti havia meramente reforçado aquela anarquia que era "uma tradição infeliz do teatro italiano".[11]

A relação entre as vanguardas russa e italiana nesse período tinha sido objeto de muita controvérsia, já que um movimento futurista, com alguns pontos claros em comum mas com diferenças ainda mais claras, apareceu em ambos os países. Certamente o primeiro e mais famoso manifesto futurista russo, "Um tapa na cara do gosto público" (1912), guardava forte semelhança com os pronunciamentos de Marinetti. "Joguem Pushkin, Dostoiévski, Tolstói et al. para fora do navio da modernidade", conclamava ele. Os simbolistas mais recentes, Bryusov, Andreyev e Blok, eram igualmente desprezados pelos quatro jovens autores desse documento, que expressavam um "ódio insuperável" por toda a linguagem anterior e "horror pela fama e reputação", e que viam a si mesmos, como os atores de Marinetti, erguendo-se orgulhosamente no meio de "um mar de vaias e indignação".[12]

Um dos signatários desse documento, Vladimir Maiakovski (1893-1930), tornou-se o principal porta-voz do teatro futurista russo. No verão de 1913 ele publicou "Teatro, cinematografia, futurismo", artigo em que condenava o teatro moderno, e Stanilavski em particular, por conduzir o drama através do caminho estéril do realismo. O triunfo do cinema, dizia ele, que pode efetivar o realismo mais eficazmente, devia libertar o teatro para que ele se transformasse outra vez numa arte significativa.[13] A primeira peça de Maiakovski, *Vladimir Maiakovski*, foi escrita nesse mesmo ano como um exemplo do novo drama. Ideias similares foram expressas no ano seguinte pelo crítico futurista Vadim Shershenevitch (1893-1942) em "Uma declaração sobre o teatro futurista", publicado no jornal *Nov*. Ele atacava não só Stanislavski, mas também Meyerhold, por enfatizarem o ecletismo e por reprimirem o ator, cujo movimento era a verdadeira base do teatro. A palavra já não devia governar, dizia ele, mas ser substituída pela "improvisação intuitiva".[14]

Em janeiro e fevereiro de 1914, Marinetti visitou Moscou e São Petersburgo, despertando muito interesse pelo futurismo mas ao mesmo tempo demonstrando que sua postura era muito diferente da dos russos. Marinetti considerava suas hostes metafísicas e nacionalistas, ainda ligadas ao passado; eles o julgavam anárquico e desprovido de verdadeira sensibilidade artística. Em São Petersburgo, Marinetti frequentou o estúdio recém-fundado por Meyerhold para realizar experimentos com a pantomima, o teatro de variedade e o grotesco; chegou mesmo a trabalhar com um tipo de atores que tratava o conceito do grotesco numa produção de três minutos do *Otelo*.

De volta à Itália, Marinetti defendeu esse tipo de drama concentrado num artigo escrito em colaboração com Emilio Settimelli (1891) e Bruno Corra (1892), "Il teatro futurista sintetico" ["O teatro futurista sintético"] (1915). Seu sutil "atécnico-dinâmico-simultâneo-autônomo-alógico-irreal" resume os objetivos do novo drama "sintético" que, segundo esperavam seus criadores, iria ajudar a encorajar a "muito-almejada-grande guerra".[15] Técnicas tradicionais como a construção de momentos de clímax, prenúncios e conexões lógicas deviam ser abolidas. O novo teatro devia remodelar a realidade, e não fotografá-la, desafiar a lógica aceita e ser extremamente compacto, comprimindo "em alguns minutos, em poucas palavras e gestos, inumeráveis situações, emoções, ideias, sensações, fatos e símbolos".[16] Devia ser um "ginásio" destinado a treinar o espírito para a vida no novo mundo da velocidade e do progresso científico.

Outros teóricos italianos examinaram o modo de transportar o futurismo para o palco físico. Os mais importantes foram Enrico Prampolini (1894-1956) e Fortunato Depero (1892-1960). O ensaio "Scenografia e coreografia futurista" ["Cenografia e coreografia futurista"], de Prampolini (1915), condena até mesmo cenógrafos experimentais como Appia e Craig por terem feito apenas "algumas inovações limitadas, algumas sínteses objetivas". Em vez disso, ele propõe um teatro abstrato dirigido para as sensações emocionais da plateia, para os sentimentos despertados pela cor e pelo espaço, e não pelas palavras do poeta ou pelos gestos do ator. Em vez de telas de fundo pintadas, o palco deve empregar "arquitetura eletromecânica, receber uma vida poderosa através das emanações cromáticas de uma fonte luminosa proporcionada por reflexos elétricos de vidraças dispostas e coordenadas analogicamente com a psique de cada ação cênica".[17] "Il teatro plastico" ["O teatro plástico"], de Depero (1919), fala em termos ainda mais extáticos de espetáculos elétricos e mecânicos, nos quais as formas animadas e inanimadas porfiariam, se fundiriam e se transformariam numa espécie de máquina-balé cósmica.[18] Os cenários de Giacona Ballapara para o *Feu d'artifice* [*Fogo de artifício*] de Stravinsky, apresentado pelos Ballets Russes em Roma em 1917, foram a mais famosa manifestação dessas ideias no teatro.

O movimento futurista continuou sendo uma parte significativa da cena teatral italiana até a altura de 1930, mas após a Primeira Guerra Mundial contribuiu com pouca coisa de novo para a teoria dramática. Os dois principais manifestos depois de 1915, "Il teatro della sorpresa" ["O teatro da surpresa"] (1921), de Marinetti e Francesco Cangiullo, e "L'atmosfera scenica futurista" ["A atmosfera cênica futurista"] (1924), de Prampolini, repetiam essencialmente posições já estabelecidas em escritos anteriores. Além disso, o sucesso de Pirandello e outros, depois de 1920, tendeu a eclipsar os futuristas, que nunca tinham alcançado – ou sequer procurado – grande sucesso teatral.

Enquanto o futurismo se desenvolvia na Itália e na Rússia, movimentos experimentais paralelos e ocasionalmente sobrepostos eram lançados em outros lugares: o dadá em Zurique e o expressionismo na Alemanha. Os vínculos entre esses movimentos, pelo menos em seus primeiros anos, eram óbvios no programa da primeira *soirée* dadá, realizada em 14 de abril de 1917 em Zurique. A principal oferenda foi a peça *Sphinx und Strohmann* [*Esfinge e espantalho*] de Oscar Kokoshka (1886), mais tarde proclamado como um dos pais do expressionismo, e entre os eventos preambulares estava a leitura de um dos manifestos de Marinetti.

Os dadaístas, mais extremados ainda que os futuristas em sua iconoclastia, mas sem um porta-voz unificador como Marinetti, deixaram poucas declarações discursivas acerca de sua ideia no teatro. A nota de Tristan Tzara (1896-1963) em sua *Chronique zurichoise* [*Crônica zuriquense*] (1919), nessa primeira oferenda da noite, é uma das mais claras, e a afinidade com o futurismo é óbvia:

> Essa apresentação decidiu o papel do nosso teatro, que confiará a direção do palco à sutil invenção do vento explosivo; o enredo na plateia; uma direção visível por meios grotescos: o Teatro Dadaísta. Acima de tudo, máscaras e tiros de revólver, a efígie do diretor. Bravo e Boom Boom.[19]

Numa nota bem mais coerente, "Le dadaïsme et le théatre" ["O dadaísmo e o teatro"] (1922), Tzara saudou a passagem do realismo e do "teatro ilusionista". Livre da obrigação de imitar a vida, o teatro poderia "preservar sua autonomia artística, vale dizer, viver por seus próprios meios cênicos". Os atores poderiam libertar-se da "gaiola" do teatro de proscênio e os efeitos cênicos e luminosos ser arranjados bem à vista dos espectadores, tornando-os parte do mundo teatral.[20]

A reivindicação de "autonomia artística" no teatro, em vez da imitação da vida, ecoa através de grande parte da teoria francesa dessa época. Ela está estreitamente relacionada com o conceito de Guillaume Apollinaire (1880-1918) do surrealismo, definido pela primeira vez em suas notas programáticas ao balé *Parade* [*Parada*] (1917) de Cocteau, Picasso e Satie. Essa obra *"surréaliste"*, disse Apollinaire, "traduzia a realidade" num conjunto coerente de pintura, dança, mimo e arte plástica – uma peça de teatro total. Em vez de tentar imitar a realidade, ela a sugeria "por uma espécie de síntese-análise que abarcava todos os elementos visíveis e algo mais, se possível, uma esquematização integral que busca harmonizar as contradições ao mesmo passo que às vezes renuncia deliberadamente ao aspecto imediato do objeto".[21] Apollinaire retomou esse conceito no prefácio e prólogo à sua peça de 1917, *Les mamelles de Tirésias* [*As mamas de Tirésias*]. Numa passagem famosa, ele compara a obra do surrealista à roda, uma invenção do homem destinada a imitar o caminhar, mas que não guarda semelhança alguma com a perna. Similarmente, o teatro "não é mais a vida que ele representa do que a roda é uma perna", e deve criar a realidade em seus próprios termos. O dramaturgo, diz o prólogo, deve evitar o realismo e não prestar a mínima atenção ao tempo ou ao espaço convencional:

> Seu universo é seu palco
> Dentro deste ele é o deus criador
> Dirigindo segundo sua vontade
> Sons gestos movimentos massas cores
> Não com o mero objetivo
> De fotografar a chamada fatia de vida
> Mas para gerar a própria vida em toda a sua verdade.[22]

O prefácio a *Les mariés de la Tour Eiffel* [*Os casados da Torre Eiffel*] (1922) de Jean Cocteau (1889-1963) cita *Ubu rei* e *Les mamelles de Tirésias* como precursores e reitera sua rejeição da realidade convencional. Como Apollinaire, Cocteau reivindica uma nova arte que combine vários elementos – "o fantástico, a dança, a acrobacia, o mimo, o drama, a sátira, a música e a palavra falada".[23] Numa frase memorável, ele rejeita o drama em verso tradicional como poesia no teatro em favor de uma "poesia do teatro", realizada por todos os meios disponíveis para a representação teatral.[24] Rejeita também o realismo de Antoine em favor de um realismo mais profundo que, avezados que estamos aos clichês do teatro naturalista, nos surpreenderá como bizarro ou mesmo fantástico. Antecipando o termo crítico popular do meado do século, Cocteau chama esse teatro de "absurdo" porque, "em vez de tentar manter esse lado do absurdo da vida, mitigá-lo, organizá-lo e retocá-lo tal como organizamos e retocamos a história de um incidente no qual desempenhamos um papel desfavorável, eu o acentuo".[25] Obviamente, o absurdo de Cocteau está próximo do surrealismo de Apollinaire.

Entre 1905 e 1913, quando Paris testemunhava o nascimento do futurismo e as primeiras pinturas cubistas, um visitante fascinado era o poeta e pintor polonês Stanislaw Witkiewicz (1885-1939). Depois de viajar aos Mares do Sul com o antropólogo Malinowski e de participar da Revolução Russa, Witkiewicz regressou à Polônia em 1918 para ingressar numa carreira notavelmente inovadora. Uma parte dela envolvia a produção de peças e de teoria dramática tão experimentais que só depois da revolução de Beckett-Ionesco dos anos 50 (ver capítulo 20) foi sua obra amplamente compreendida e valorizada. Quando de seu retorno à Polônia, Witkiewicz associou-se a um grupo chamado "Os Formistas", cujas doutrinas coincidiam significativamente com as ideias sobre arte que ele estivera desenvolvendo desde seus anos em Paris.

Os "Forrnistas" falavam de diferentes tipos de realidade aos quais o artista poderia dar forma igualmente legítima: o naturalismo pintava a realidade material, o surrealismo a realidade psicológica, o futurismo ou o expressionismo a realidade da livre imaginação. No ensaio "Sobre um novo tipo de peça" (1920), Witkiewicz propõe um teatro baseado não na realidade externa ou psicológica, mas na pura forma, como sucedia em alguns experimentos na pintura. A base pode ser ou realista ou fantástica, mas ambas devem ser retrabalhadas para se obter uma síntese criativa de som, cenário, movimento e diálogo, "de modo a criar um todo cujo significado seria definido apenas por sua construção interna puramente cênica".[26] Cada elemento – um gesto, uma cor, uma nota musical, um feixe de luz – deve ser visto como um elemento formal e aceito não por si mesmo, mas como parte desse todo, "tal como aceitamos como inevitável uma parte particular de uma composição numa tela ou uma sequência de acordes numa obra rnusical".[27] (Conforme veremos, exatamente nessa época, Eisenstein estava trabalhando, na Rússia, nessa mesma direção com o seu teatro de "montagem".)

Um ensaio suplementar, "Algumas palavras sobre o papel do ator no teatro da pura forma" (1921), foi estimulado pela publicação do livro de Komissarzhevsky sobre as teorias de Stanislavski. Witkiewicz concorda prontamente com a ênfase de Stanislavski no conjunto cênico de preferência ao *star system*, mas rejeita com firmeza a ideia de um ator "experimentar" a vida interior do papel. Em vez disso, ele deve tentar captar "a *concepção formal* da obra (como distinta de sua disposição de ânimo na vida real) e seu caráter separadamente de todas as probabilidades da vida real".[28] Ele deve subordinar-se não meramente ao conjunto cênico, mas à totalidade da obra, e escolher tons e gestos não com base na imitação ou na verdade psicológica, mas em sua contribuição para o todo – uma linha pode ser dada de um modo psicologicamente realista ou apenas como um padrão de som ou como o estímulo de uma imagem. A forma global é de responsabilidade do diretor, mas o dever do ator é "manter-se firmemente sob controle", "esquecer completamente a vida" e dedicar-se por inteiro à construção da experiência cênica total.[29]

O expressionismo alemão – o teatro de vanguarda mais significativo da época – partilhava com o futurismo, o surrealismo e o dadaísmo uma rejeição tanto do naturalismo, com sua fidelidade à realidade superficial e seu interesse nas questões sociais, quanto do simbolismo, com sua adoração da beleza e das visões de paraísos etéreos. Os novos movimentos exaltavam a subjetividade e o vitalismo e favoreciam a abstração, a distorção e o excesso lírico sobre a mimese e a beleza formal. Inimigos comuns e certas preocupações compartidas permitiam uma certa fertilização cruzada entre esses movimentos contemporâneos, mas não obstante diferenças significativas os dividiam. O fascínio futurista pela maquinaria moderna e pelos produtos da sociedade industrial não era de forma alguma compartilhado pela maioria dos expressionistas; pelo contrário, eles tendiam a achar que o espírito do indivíduo estava sendo esmagado por esses desenvolvimentos. O futurismo encarecia as circunstâncias exteriores – luz, cor, velocidade, risco físico –, enquanto o expressionismo, como os surrealistas depois de Breton, buscava explorar os mistérios da vida interior. As rapsódias psicológicas de Nietzsche ajudaram a orientar nessa direção os jovens alemães do novo século, e no drama, tanto Frank Wedekind como Carl Sternheim foram importantes precursores, mas provavelmente a maior influência isolada foram as últimas peças de Strindberg, amplamente lidas e encenadas na Alemanha durante os anos de formação do expressionismo.

Evidentemente, um interesse em revelar as obras do inconsciente assinala até mesmo as chamadas peças naturalistas de Strindberg; no artigo "Des arts nouveaux" ["Das artes novas"] (1894), subintitulada "o papel do acaso na criação artística", ele fala do pintor que permite a sua espátula se mover ao acaso, "mantendo em mente o modelo da natureza sem tentar copiá-lo". Isso resulta numa "encantadora mistura de inconsciente e consciente", na qual o artista "trabalha como a caprichosa natureza, sem objetivo predeterminado".[30]

Depois de 1900, Strindberg empreendeu experiências dramáticas mais radicais com o inconsciente, como se pode ver em *Uma peça de sonho* (1902), cujo breve prefácio considera a obra uma tentativa de "reproduzir a forma desconexa mas aparentemente lógica de um sonho". O tempo e o espaço convencionais desaparecem à medida que a psique vagueia livremente através de fragmentos da realidade; "a imaginação fia e tece novos padrões compostos de memórias e experiências, de livres fantasias, absurdos e improvisações. Os personagens são divididos, reproduzem-se e se multiplicam; evaporam-se, cristalizam-se, dispersam-se e convergem".[31] O único elemento controlador é o livre fluxo da consciência do sonhador. No ensaio "Verdade no erro" (1907), o "professor" de Strindberg expõe uma ideia swedenborguiana que poderia ser tomada como *motto* de grande parte do movimento expressionista: "O mundo é um reflexo de nosso estado interior e dos estados interiores dos outros".[32]

"August Strindberg é o nosso lema", declarou o expressionista René Schickele (1883-1940) em 1912,[33] e sua opinião foi secundada por Kurt Pinthus (1886-1975) em "Zur jüngsten Dichtung" ["Sobre a nova poética"] (1915). Ibsen, disse Pinthus, procurou revelar "o determinismo de uma verdade presumida" por meio de uma "análise científica das relações psíquicas", compreendendo tarde demais (como ele confessa em sua última peça) que essa análise intelectual conduz à morte. Strindberg, por outro lado, foi o primeiro a tentar de um modo "seminalmente explosivo" libertar a humanidade, "um Atlas obsequioso, do peso alpino da Realidade que ele estivera suportando".[34]

Diferentemente do futurismo ou do movimento surrealista tardio, o expressionismo não tinha nenhum líder, nenhum manifesto central. O termo foi usado pela primeira vez na crítica de arte e depois aplicado a alguns jovens dramaturgos alemães que, depois de 1912, começaram a lidar com seu material de maneiras altamente subjetivas e não raro radicalmente distorcidas. O *Lydia und Mäxchen* (1907) de Alfred Döblin (1878-1957) e o mais conhecido *Mörder, Hoffnung der Frauen* [*Assassino, esperança das mulheres*] (1907) do pintor Kokoschka foram precursores de *Der Bettler* [*O mendigo*] (1912) de Reinhard Sorge (1892-1916), primeiro exemplo plenamente desenvolvido do novo estilo. Seu protagonista, o Poeta (que, como os personagens de sonho de Strindberg, assume outro papel, o Filho, na parte central da peça), sonha com um "novo drama" que libertará a humanidade. Rejeita o enredo no sentido tradicional do termo, pois o verdadeiro enredo "não pode ser expresso nem em palavras, pois que é silente, nem nos gestos do ator, pois na verdade ele tem gestos, mas estes não podem ser imitados, nem nas figuras, pois na verdade ele tem uma imagem mas é preenchido por relações eternas, por impulsos e mil almas que não podem ser reproduzidos".[35]

Der Sohn [*O filho*] (1914) de Walter Hasenclever (1890-1940), apresentando personagens similarmente abstratos numa forma dramática mais tradicional, foi largamente aceito como a principal obra do novo movimento. Em "Versuch eines zukunftigen Dramas" ["Em busca de um drama do futuro"] (1914), Pinthus critica até mesmo Wedekind e Sternheim por condicionarem seus personagens pela realidade exterior, enquanto na peça de Hasenclever "a perspectiva do princípio ao fim é a do filho. Assim devemos ver os personagens, não como se costumava fazer até agora, de um modo objetivo, mas tal como o filho os vê".[36] O interesse já não está no desenvolvimento do enredo ou do personagem, mas na expressão de "uma alma prenhe de tragédia". Essa tragédia, por referir-se à vida oculta de todo homem, é instantaneamente reconhecível, diz Pinthus, embora nunca tenha sido explorada nem pelos realistas, nem pelos neoclássicos, nem pelos românticos. "Nenhum filho na realidade jamais falou como esse; mas na alma de cada filho humano em tal situação tudo isso é sentido, de forma mais ou menos inconsciente".[37] O próprio Hasenclever falava do teatro não só como um meio de expressar o homem interior mas como um "veículo entre a filosofia e a vida" que tenta expor "o cisma não expresso entre o que existe e o que o homem necessita".[38]

Outro importante contribuinte para o expressionismo pré-guerra, Paul Kornfeld (1889-1942), acompanhou sua primeira peça, *Die Verführung* [*A sedução*] (1913) de um ensaio sobre a arte de representar expressionista. Ele condena os atores que tentam a ilusão da espontaneidade no palco ou que visitam os bares para ver como as pessoas se comportam quando bêbadas. No palco deve-se falar e agir como ninguém jamais o fez na vida real. "Em suma, que ele não se envergonhe do fato de estar representando. Que não negue o teatro ou tente fingir realidade." Livre das contracorrentes das paixões conflitantes e dos interesses da vida real, o ator pode representar emoções com clareza cristalina. Uma vez banidas a memória e a observação emocional, o ator descobrirá que a expressão de um sentimento artificialmente estimulado é "mais puro, mais claro e mais forte" do que qualquer sentimento suscitado por estímulos reais.[39] Só o ator é livre para externar-se por completo.

A Primeira Guerra Mundial não foi saudada pelos expressionistas com o entusiasmo observado entre os futuristas. A maioria deles via a guerra como outra manifestação do sistema social despersonalizante, que sempre foi o adversário dos expressionistas. Na altura de 1916, a principal preocupação do expressionismo era a denúncia da guerra e a conclamação a uma nova ordem social baseada na fraternidade e numa crença na bondade fundamental do homem. Num prefácio de 1916 a *Der Sohn*, Hasenclever reivindicava-o como um drama político que expressava "a luta do espírito contra a realidade" e ensinava que "todos nós somos filhos, porém mais que filhos: somos irmãos".[40] Ernst Toller (1893-1939), o principal expoente dessa visão, considerou *Die Wandlung* [*A mudança*] (1919), sua primeira peça, "uma panfleto político" cuja finalidade era "renovar o conteúdo espiritual da sociedade humana". O poeta político e o poeta religioso transmitiam a mesma mensagem, dizia Toller, "a de que o homem se sente responsável por si mesmo e por cada irmão na sociedade humana".[41]

Georg Kaiser (1878-1945), o mais importante dramaturgo do expressionismo, também compartia dessa visão. Embora desprezasse as exterioridades do realismo, partilhava com dramaturgos como Shaw uma visão do teatro como um fórum intelectual. O drama, diz ele em seu ensaio "Der Mensch im Tunnel" ["O homem no túnel"] (1922), treina o homem em uma das partes mais difíceis porém essenciais da vida, a capacidade de pensar. "Escrever um drama significa: pensar um pensamento até a sua conclusão", começa ele, citando os diálogos de Platão como exemplos notáveis desse processo.[42] O dramaturgo deve procurar sempre fazer recuar as fronteiras e estimular outros a juntar-se a ele. Deve mostrar a seus semelhantes o propósito de ser, que é "a consecução de realizações recordes", movendo-se sempre em direção a uma visão mais abrangente da realidade.[43]

Se os principais autores do drama expressionista em seus anos de fastígio de 1918 a 1922 compartilhavam essa visão religiosa/política de sua obra, uma visão menos tendenciosa do drama como exploração da vida interior também teve os seus adeptos. Em "Theater und anderes" ["Teatro e outros"] (1918), Kornfeld contrastou o drama antigo baseado no caráter do homem com o novo drama baseado na alma. No primeiro, o homem era representado como "a soma de atributos e habilidades, governado por uma causalidade psicológica similar à causalidade material". O drama moderno da alma, pelo contrário, "afirma que o homem não é um mecanismo, que a subjetividade consciente é destrutiva e que a causalidade psicológica é tão desprovida de importância quanto a material".[44] Trinta anos depois, essa visão seria retomada por Adamov e Ionesco.

De modo análogo, Friedrich Koffka (1888-1951), em "Über die Zeit und das Drama" ["Sobre o tempo e o drama"] (1919) rejeita o caráter como próprio da epopeia mas não do drama, já que a epopeia mostra o homem como um fenômeno, uma parte da ordem do mundo, enquanto o drama o mostra como uma força fora do mundo ou mesmo oposta a ele. Em termos que sugerem os últimos existencialistas, Koffka descreve o homem como vivendo contente no mundo até que "chega um dia em que algo desconhecido o desperta subitamente, um poder obscuro, como que subterrâneo", elemental e indescritível, que o lança num curso de alienação e conflito com o mundo. Num eco a Nietzsche, ele conclui: "No meio do resplendente curso apolíneo da vida e do mundo pacífico, Dioniso acorda. Foi desse evento, e de nenhum outro, que nasceu o drama, e os grandes escritores trágicos não se ocuparam de outra coisa".[45]

O "Über des Tragische" ["Sobre o trágico"] (1921) de Hasenclever também situa o conflito trágico na relação entre "o mundo tal como ele existe e os homens que nele devem viver", mas sua descrição do conflito remonta aos primeiros românticos: "Toda percepção é trágica; ela é o reflexo das formas humanas nas fronteiras do possível. Quando essas fronteiras são transpostas, o pensamento é transposto; a causalidade é neutralizada; as fórmulas da lógica deixam de se aplicar".[46] Uma geração depois, esse mesmo conceito da percepção como trágica e do colapso da causalidade e da lógica reapareceriam nas teorias e peças de Ionesco e dos "absurdistas".

Um paralelo ainda mais estreito com a experimentação subsequente foi fornecido pela obra de Ivan Goll (1891-1950), cuja carreira confinou tanto com o dadá e o surrealismo quanto com o expressionismo. O prefácio à peça de Goll *Die Unsterblichen* [*Os imortais*] (1920) preconiza um *Überdrama* como a terceira e última fase do desenvolvimento do drama. Primeiro veio o drama grego, que representou as lutas entre os deuses e os homens; depois, as peças mal-engendradas que lidavam de maneira limitada com os problemas dos indivíduos. O novo superdrama mostrará "a luta do homem com tudo o que é material e animalesco em torno e dentro dele". A oposição básica nesse drama será entre a alma do homem e a realidade exterior, que Goll descreve em termos simbolistas. Toda "forma externa" deve ser destruída; o teatro deve retornar ao seu "símbolo primordial", a máscara, e a uma percepção como a da criança. Para contrabalançar o enorme embotamento e a enorme estupidez do homem contemporâneo, o teatro deve criar suas próprias enormidades, tiradas de "um grotesco que não suscita o riso".[47]

O desafio do expressionismo à forma tradicional e às convenções dramáticas aceitas fez dele um fenômeno de alta significação para o crítico Oskar Walzel (1864-1944), que estava tentando estabelecer uma abordagem da teoria poética menos dependente que as de seus predecessores na análise do conteúdo ético ou ideológico. Em seus primeiros escritos, Walzel foi atraído pelas teorias de Wilhelm Dilthey, na medida em que Dilthey fornecia uma alternativa para o positivismo comtiano. Walzel considerou muito úteis os famosos três tipos de visão do mundo de Dilthey, cada um deles associado a um diferente tipo de estrutura dramática, embora as bases psicológicas do sistema atuassem contra a análise mais estritamente formal que Walzel pretendia desenvolver.

A publicação de *Kunstgeschichtliche Grundbegriffe* [*Conceitos fundamentais da história da arte*] (1915) do historiador da arte Heinrich Wölfflin (1864-1945) propiciou a Walzel um sistema muito mais compatível. Wölfflin contrastava as artes renascentista e barroca com base em cinco pares de oposições formais: o gráfico (linha) e o pictórico (cor), a superfície e a profundidade, a forma fechada (bem definida e autossuficiente) e a forma aberta, a multiplicidade e a unidade, a clareza e a imprecisão. Walzel achou que essas polaridades ou outras similares poderiam também ser usadas para analisar a estrutura dramática; experimentou com todas elas, menos o gráfico e o pictórico, mas o par que lhe pareceu mais estimulante foi o das formas aberta e fechada (também chamadas atectônica e tectônica). Esses termos ele os empregou pela primeira vez numa análise de Shakespeare, "Über Shakespeares dramatische Baukunst" ["Sobre a estrutura dramática shakespeariana"] (1916), lançando uma moda internacional de consideração das qualidades "barrocas" na estrutura shakespeariana e estabelecendo as categorias de Wölfflin como instrumentos críticos padrão para subsequentes teóricos literários alemães. As formas aberta e fechada permaneceram como as mais populares, mas as outras também foram usadas – mesmo a linha e a cor, que entraram na teoria dramática como dramaturgia baseada na linha *versus* dramaturgia baseada na cena.

A principal obra de Walzel, *Gehalt und Gestalt in Kustwerk des Dichters* [*Conteúdo e forma na obra poética*] (1923), tentativas de corrigir a tradicional ênfase no conteúdo (*Gehalt*) mostrando como este se relaciona e inter-relaciona com a estrutura (*Gestalt*). Walzel vê o processo da história literária como uma alternância entre *Gestalten* opostas – mas não ao modo hegeliano, já que a oposição entre elas é tão completa que nenhuma síntese é possível[48] – e a mais recente reversão na *Gestalt* como tendo ocorrido logo depois da virada do século, quando a forma fechada, ou tectônica, do naturalismo científico deu lugar a várias formas abertas, ou atectônicas, a mais importante das quais foi o expressionismo.

Depois da publicação do livro de Walzel, as novas peças que se escreveram sugeriam que o tempo da nova reversão tinha chegado. Poucas obras expressionistas ou experimentais apareceram na Alemanha depois de 1923. Formas mais convencionais e temas reminiscentes do realismo da virada do século reapareceram como parte de um movimento chamado "Neue Sachlichkeit" ["Nova objetividade"], termo aplicado inicialmente em 1925 a um grupo de quadros expostos em Munique e depois à literatura. Um dos principais porta-vozes da nova escola, Wilhelm Michel, delineou o seu programa em "Physiognomie der Zeit und Theater der Zeit" ["A fisionomia do tempo e o teatro do tempo"] (1928). Em vez de "obra de arte", o drama "Neue Sachlichkeit" mostraria "a própria 'coisa', a própria vida, o objeto autêntico. A ilusão já não é aceitável". Em termos claramente antecipadores de Brecht e do teatro documental, Michel propunha que o teatro mostrasse "a vida real e suas forças sem mediação, com 'encarnação', sem colocá-la numa moldura harmoniosa e estética". Uma era "problemática" requeria um "teatro direto", um "teatro de ação real", que acumulasse testemunhos e estimulasse a discussão dos problemas contemporâneos.[49]

No entanto, embora a experimentação na dramaturgia declinasse, pelo menos um centro importante permaneceu para a experimentação nas técnicas de produção – o Bauhaus, influente escola de arquitetura e arte aplicada fundada em

Weimar em 1919 e que pelo menos em seus primeiros anos mostrou certas preocupações expressionistas. Lothar Schreyer (1886-1966), a quem Walter Gropius (1883-1969) convidou em 1921 a desenvolver um estúdio de teatro no Bauhaus, foi editor de *Der Sturm*, a mais importante publicação para os escritos e gráficos expressionistas. O primeiro número da revista teatral do próprio Bauhaus, a *Bauhausbühne*, que apareceu em dezembro de 1922, continha manifestos de Gropius, "Die Arbeit der Bauhausbühne" ["O trabalho do teatro Bauhaus"], e Schreyer, "Das Bühnenwerk" ["A obra teatral"]. Ambos concordavam quanto a um fim metafísico último do teatro, que Gropius descreve em termos schillerianos como "colocar em evidência física a ideia supersensual" e Schreyer em termos hegelianos como "a resolução de contradições pela lei, a lei que é a ordem que dá vida a todas as coisas vivas". Gropius é mais específico ao sugerir os meios para esse fim: o novo espaço cênico deve basear-se no espírito de construção (*Bau-Geist*) e unir movimento, corpos orgânicos e mecânicos, forma, luz, cor, som verbal e musical; o ator deve ser o tipo de "artífice inspirado" que era o ideal do Bauhaus, "encarnando uma ideia imaterial" por meio de seu domínio das leis do "movimento e do repouso, da óptica e da acústica". Schreyer fala muito mais vagamente de "meios mecânicos livres do mecanismo, meios orgânicos livres do orgânico, luz e alma, as partes vivas da obra", e do teatro produzindo vida "como a vida produz vida. A mensagem do homem interior agindo sobre o homem interior".[50]

Quando Schreyer saiu do Bauhaus, em 1923, a divisão do teatro passou à supervisão de Oskar Schlemmer (1888-1943), muito mais próximo de Gropius do que Schreyer o fora em seu interesse pelos materiais e processos de construção e pelas possibilidades formais e mecânicas do corpo humano. Logo depois que o Bauhaus se transferiu de sua primeira sede em Weimar para Dessau, publicou-se ali um número especial da revista *Bauhaus-Buch* dedicado ao teatro, com uma introdução de Gropius e artigos de Schlemmer e dois cenógrafos bauhaus húngaros, Farkas Molnár e László Moholy-Nagy (1895-1946).

O mais conhecido desses artigos é o "Theater, Zirkus, Variété" ["Teatro, circo, variedades"], que propõe um "teatro total" do futuro. Elogia os dadaístas e os futuristas por romperem com o teatro "lógico-intelectual" (literário) do passado, mas critica-os por manter o homem como o elemento dominante.[51] No teatro do futuro, o homem deve ser empregado "em pé de igualdade com os outros meios formativos" e expressar não preocupações individuais, mas as atividades comuns a todos os homens. Isto se fará por meio de um "grande processo dinâmico-rítmico" que combine vários elementos formais contrastantes, cômico e trágico, trivial e monumental (como sucede no circo ou no espetáculo de variedades), e todos os meios disponíveis – cor, luz, som, maquinaria –, num espaço cênico totalmente flexível que pode ser estendido até mesmo para incluir a plateia.[52]

O "Teatro-U" de Molnár e o "Teatro Total" de Gropius de 1926 foram as mais famosas tentativas de concretizar essa visão. O objetivo da arquitetura do teatro, escreveu Gropius em 1928, é "tornar o teatro um instrumento tão impessoal, tão flexível e tão transformável quanto possível a fim de se não impor nenhuma restrição ao diretor e permitir-lhe expressar as mais diversas concepções artísticas".[53]

Schlemmer estava muito menos disposto a renunciar à posição central do homem no teatro. Como Appia, via a tensão entre o homem, o organismo vivo e o ambiente não vivo no palco como a oposição crítica da arte. Mas o próprio homem, observava Schlemmer, é tanto espiritual quanto mecânico. "Ele segue o senso de si mesmo tanto como o seu senso do espaço abrangente."[54] Em "Mensch und Kunstfigur" ["O homem e a figura teatral"] Schlemmer evoca o interesse de Craig, Kleist e Bryusov na marionete, mas afirma que o fantoche nunca deve constituir a essência do drama, que é "dionisíaco em sua origem". A figura teatral ideal deve ser tanto formal quanto espiritual, tanto homem quanto marionete (algo mais perto da *Über-Marionette* de Craig); Schlemmer chama-a de *Kunstfigur*.[55] Como Meyerhold, Schlemmer foi muito influenciado pelos estudos de Taylor sobre o movimento, que ele via como um meio para os gestos humanos mais eficientes e "puros", derivados da própria vida e não de uma forma simbólica abstrata.

Esperava-se que a ascensão ao poder dos bolcheviques na Rússia em 1917 produziria uma virada para o marxismo na teoria dramática; no entanto, mais uma década se passaria antes que o novo regime começasse a impor uma teoria da arte derivada de sua visão do materialismo histórico e dialético. Nesse entretempo, o partido inspirou-se em observações superficiais sobre o drama extraídas de teóricos populistas e engajados como Belinsky, Rousseau, Wagner e Rolland, e também dos escassos comentários de Marx e Engels sobre *Franz von Sickingen*. Finalmente, estes levaram a uma teoria do realismo e a um comentário político, mas em 1917 o enfoque teórico dominante no drama ainda era o dos antirrealistas, e essa postura manteve sua supremacia durante vários anos. Os teatros mais conservadores e realistas, mais notoriamente o Teatro de Arte de Moscou, estimularam inadvertidamente essa situação ao se mostrarem durante certo tempo altamente desconfiados da nova ordem, que recebia um apoio muito mais entusiástico dos experimentadores – Maiakovski, Blok e Meyerhold. Os historiadores do teatro afirmaram com frequência que os comunistas aceitavam esses artistas de vanguarda com relutância, já que não tinham uma alternativa imediata; mas se Lenin parecia indiferente à vanguarda, isso decerto não ocorria com o primeiro Comissário do Povo para a Educação, Anatoly Lunacharsky (1873-1933), que dirigiu a política do teatro soviético durante os primeiros anos da Revolução.

Num ensaio de 1908, "O socialismo no teatro", ele tacha o teatro *bourgeois* tradicional de "grosseiro, abjeto e vulgar", apenas com ocasionais indícios de ideias, baseado no falso pressuposto de que um trabalhador cansado requer unicamente entretenimento leve depois do seu dia de labuta. Pelo contrário, diz Lunacharsky, o teatro deve lidar com ideias – não no estilo requintado, neurastênico da época, mas de um modo que enleará a gente comum ainda que choque "jovens damas nervosas e o creme azedo da sociedade" como cru. Deve ser um teatro de "ação rápida, grandes paixões, raros contrastes, personagens totais, sofrimentos ingentes e êxtase sublime", um teatro "ruidoso, célere, rutilante". "Sua sátira golpeará ruidosamente a face do espectador; sua tristeza o fará soluçar. Sua alegria o fará esquecer-se de si mesmo e dançar; sua vilania será aterradora".[56] Essas observações mostram Lunacharsky explorando em grande parte o mesmo terreno de Meyerhold e, conquanto em termos menos místicos, Ivanov, que receberam ambos cargos de supervisor sob o novo regime.

O ensaio de Lunacharsky de 1908 não preconiza uma renúncia aos clássicos como parte da renovação do teatro; pelo contrário, Shakespeare e Schiller devem ser recapturados a partir da burguesia "a fim de unir a grande arte aos grandes senhores do futuro – o povo". Com base nisso ele defendeu as abordagens tradicionais do drama contra Meyerhold e outros, segundo os quais uma nova ordem social exigia um claro rompimento com o passado. Por outro lado, Lunacharsky não desestimulou a experimentação, e as produções das obras clássicas nesse período eram com frequência tão radicalmente originais que redundavam essencialmente em novas criações. Foi essa, com efeito, a política declarada do Teatro Modelar do Estado de Moscou, fundado em 1919. Seu teórico, F. A. Stepun (1884), afirmava em "Tragédia e vida contemporânea" que somente a "superarte do passado" poderia celebrar dignamente o proletário, o "super-homem do futuro", mas essa "superarte", os clássicos, devia ser inteiramente reinterpretada para mostrar sua relevância contemporânea. Nossa missão, escreveu Stepun a propósito de sua produção de *Édipo*, "é mostrar não a Grécia antiga, mas a Rússia contemporânea".[57]

Muito mais extremado era o enfoque da Organização Educacional Cultural Proletária, a Proletcult, dirigida por Alexander Bogdanov, que preconizava uma completa rejeição do passado e a criação de uma cultura dos trabalhadores totalmente nova. A forma precisa que um teatro dos trabalhadores deveria assumir era, contudo, objeto de considerável debate. Alguns teóricos imaginavam uma espécie de festival comunal, recorrendo para inspiração a simbolistas como Ivanov ou ao místico suíço Appia, cujo último livro importante, *L'oeuvre d'art vivant* [*A obra de arte viva*] (1921), propunha um novo tipo de celebração religiosa, sem auditório, palco, peça ou espectador, uma experiência do puro senso de alegria do corpo livre movendo-se no espaço compartilhado por toda a comunidade.[58] Outros teóricos do drama de massa, menos religiosos e de tom mais social ou político, eram muito mais atraentes. Os escritos de Rolland e, por meio deles, as ideias de Rousseau e os modelos dos grandes festivais da Revolução Francesa eram uma fonte maior de estímulo, alcançando uma apoteose nos espetáculos ao ar livre de grandes eventos históricos com elencos de milhares de atores dirigidos por Evreinov e outros.

A mais importante declaração sobre o teatro do Proletcult foi *Teatro criativo* (1919), de Platon Kerzhentsev (1881-1940). Kerzhentsev considerava todo o teatro existente tão infectado pela cultura burguesa que dele nada se podia salvar;

o repertório, o corpo de funcionários, os métodos de produção devem todos ser recriados. Autores e artistas devem ser encontrados entre o proletariado, "para liberar o instinto criativo das massas". Mesmo um ator burguês de gênio era inútil para a nova ordem, de vez que o teatro socialista não devia ser criado por artistas burgueses mais do que uma revista socialista devia sê-lo por jornalistas burgueses.[59] Os artistas de teatro já não deviam comportar-se como entretenedores contratados para divertir os seus patrões, mas deviam ser considerados colegas de suas plateias. A tradicional relação criador-espectador deve desaparecer, e o espectador deve desempenhar um papel ativo não só na representação, como nos ensaios e em todo o trabalho do teatro.

Nessa mesma época, em Berlim, Erwin Piscator (1893-1966), ao inaugurar o seu próprio Proletarisches Theater, declarava que o teatro e o drama podiam ser feitos para servir à plateia proletária sem uma rejeição completa da tradição. Grande parte do repertório-padrão, depois de uma judiciosa reescrita e talvez com prólogos e epílogos explicativos, "poderia servir à causa da Revolução Proletária tal como a história universal serve para propagar a ideia da luta de classe". No devido tempo os atores surgiriam da classe trabalhadora, mas por ora os atores estabelecidos poderiam ser usados desde que aprendessem uma nova abordagem. Todos os estilos antigos devem ser abandonados – a confiança na "experiência" ou na "expressão", a rejeição da vontade consciente. O ator deve converter-se num ser político, apresentando o material clara e concretamente aos seus iguais na plateia, no estilo de um manifesto de Lenin.[60] O novo autor deve também aprender a "colocar suas próprias ideias e características originais em segundo plano e concentrar-se em pôr em cena as ideias que estão vivas na psique das massas", e deve "cultivar formas triviais que têm o mérito de ser claras e facilmente compreendidas por todos".[61] Atores, autores, diretores, cenógrafos e espectadores devem ver a si mesmos como participantes iguais num esforço comum voltado para um objetivo comum.

O mais famoso dos diretores do Proletcult, Sergei Eisenstein (1898-1948), concentrou sua atenção no teatro como instrumento de autodescobrimento ideológico para as plateias proletárias. No ensaio "Montagem de atrações", escrito para sua encenação de uma peça de Ostrovsky em 1923, ele afirma que o objetivo de "todo teatro utilitário" é "guiar o espectador na direção desejada". Cada parte da produção – cor, som e movimento, assim como elementos intelectuais e psicológicos – deve ser considerada à luz desse objetivo. O resultado será um teatro muito distanciado da "imitatividade ilusória" e da "representacionalidade" do passado. Em vez de construir uma ilusão autossuficiente da realidade, a encenação será composta de um conjunto de "atrações". Uma atração é "qualquer aspecto agressivo do teatro; ou seja, qualquer elemento dele que sujeite o espectador a um impacto sensual ou emocional". Além disso, esses elementos devem ser "experimentalmente regulados e matematicamente calculados para produzir nele certos choques emocionais", arranjados num padrão significativo, a "montagem", para capacitar o espectador a "perceber o lado ideológico do que está sendo demonstrado – a conclusão ideológica última".[62] Como Meyerhold, Eisenstein via no espetáculo de variedades e no circo os modelos dessa nova montagem.

Os novos teatros proletários tinham um forte patrocinador em Meyerhold, a quem Lunacharsky nomeou diretor do Departamento Nacional de Teatro em Moscou, em 1920. Nas páginas de sua revista, *Vestnik teatra* [*O Arauto do Teatro*], ele defendeu produções do Proletcult não profissionais e atribuiu às atitudes apolíticas dos teatros profissionais de Moscou o "romantismo açucarado e antiquado" do Teatro Exemplar do Estado, o "meiningenisrno psicológico" do Teatro de Arte de Moscou e a mórbida ostentação do Teatro Kamerny de Tairov.[63] O próprio Meyerhold trabalhou com atores jovens e inexperientes para desenvolver uma nova abordagem, denominada biomecânica, que tentava relacionar a arte de representar com a nova era da máquina e a nova ordem política. Enfatizando o treinamento físico no lugar da inspiração ou do *insight* psicológico, Meyerhold afirmava que a arte cênica poderia ficar ao alcance de um segmento muito mais amplo da população. Seu ensaio "O Ator do futuro e a biomecânica" (1922) observa que o teatro e a arte cênica sempre refletiram a sua sociedade, e a nova sociedade russa requer portanto uma nova visão do teatro. Como o trabalho "já não é visto como uma maldição, mas como uma necessidade prazerosa, vital", o espetáculo de um homem trabalhando com eficiência proporciona prazer positivo, e tal deve ser o objetivo do ator.[64] Sendo sua arte a das formas plásticas no espaço, ele deve estudar o funcionamento, a mecânica do corpo, em busca não de *insight* psicológico, mas de clareza física, um estado de *"excitação* que se comunica ao espectador e o induz a compartilhar o desempenho do ator".[65]

Os outros grandes diretores desse período notável – Tairov, Evreinov, Vakhtangov, Komissarzhevsky – desenvolveram cada qual uma abordagem do teatro a meio caminho entre as polaridades estabelecidas por Meyerhold e Stanislavski. Alexander Tairov (1885-1950), com um interesse no treinamento físico e uma rejeição determinada das fórmulas passadas, foi o que mais se aproximou de Meyerhold, muito embora durante o início dos anos 20 ele tenha suscitado algumas das críticas mais mordazes deste.

A teoria de Tairov está delineada em seu livro *Notas de um diretor* (1921). Como Komissarzhevsky, ele propõe um teatro "sintético", centrado no que chama de "ator-mestre estreitamente aparentado ao "ator universal" de Komissarzhevsky.[66] Tairov, obviamente cônscio desse paralelo, insiste (de modo não totalmente acurado) em que o teatro sintético de Komissarzhevsky não procurava uma unidade orgânica de seus elementos díspares, uma unidade que o próprio Tairov advoga.[67] Os estreitos limites da literatura dramática existente, diz ele, não podem conciliar esse teatro ideal, que deve criar suas próprias obras fundindo os "hoje separados elementos da arlequinada, da tragédia, da opereta, da pantomima e do circo, refratando-os através da alma moderna do ator e do ritmo criativo com ele aparentado".[68]

O poeta não seria banido desse novo teatro, mas pertenceria a um grupo de artistas contribuintes, dando forma acabada às falas do ator e às sequências da ação. Tairov rejeita a visão de Craig do gênio criativo isolado, já que homem algum pode ser mestre em todas as artes que o teatro requer. Um diretor é necessário para garantir a unidade, mas não em seus próprios termos; em vez disso, ele "concentra em si a vontade criativa de todo o coletivo".[69] Igualmente rejeitada é a tentativa do Proletcult de trazer a plateia para o processo artístico, visto que isso introduzirá inevitavelmente o acaso, e "onde existe um elemento de acaso não existe arte".[70] Mesmo quando as massas são utilizadas como multidões controladas e ensaiadas, como em certos experimentos de Reinhardt e Evreinov ou como foi visualizado na pompa comunal cósmica e mística do inconcluso *Mistério* de Alexander Scriabin (1871-1915), elas serão artisticamente inferiores aos atores profissionais. De fato, Tairov vê o espectador apenas como uma testemunha da arte, de modo algum necessária a ela. Pode haver ensaios "tão inspirados que nenhuma representação subsequente se lhes possa comparar".[71]

No relaxamento das demandas socialistas que se seguiram à implementação da Nova Política Econômica de Lenin em 1921, a experimentação teatral continuou a florescer a despeito dos apreensivos críticos do Proletcult. A predominância do realismo socialista ainda está no futuro, embora o XII Congresso do Partido, em 1923, tenha exortado os dramaturgos russos a produzir obras que "usassem episódios da luta heroica travada pela classe trabalhadora",[72] e Lunacharsky, num influente artigo publicado no jornal *Izvestya* nesse mesmo ano, tenha conclamado o teatro russo a retornar a Ostrovsky e ao espírito de seu drama, baseado no estudo de caráter e nas representações realistas das preocupações da vida diária.

Cada teatro se sentia livre, entretanto, para interpretar o conselho do "retorno a Ostrovsky" ao seu próprio jeito. No final de 1923, o conservador Maly montou uma versão realista perfeitamente tradicional de *A floresta*, enquanto Meyerhold respondia, em 1924, com uma interpretação altamente estilizada da mesma peça, reduzindo os personagens a grotescas "máscaras sociais" e desenvolvendo seus movimentos a partir de exercícios biomecânicos. "Uma peça", disse ele com referência a essa produção, "é simplesmente o pretexto para a revelação de seu tema no nível em que a revelação pode parecer vital nos dias de hoje".[73] Tairov não tardou a segui-lo com uma encenação que desafiava o realismo de um modo inteiramente diverso; excluiu da representação todos os pormenores específicos dos trajes e todas as inflexões realistas da fala e dos gestos e usou um cenário neutro que consistia unicamente numa ponte de madeira e rampas. Em 1926, Stanislavski respondeu, por sua vez, a essas produções com uma brilhante revivescência em seu próprio estilo de *O coração ardente* de Ostrovsky. Durante os ensaios, ele observou: "Nossa tarefa é lutar pelo realismo. Não devemos dar aos críticos 'elegantes' a mais ínfima razão para pensarem que temos a mais leve simpatia pelos truques de Meyerhold".[74]

A altamente controversa encenação de Piscator da *Die Räuber* [*Os salteadores*] de Schiller, em 1926, obrigou-o também a tratar da questão de como um teatro socialmente engajado deve relacionar-se com os clássicos. Piscator suscitou protestos tanto da esquerda como da direita; o crítico conservador Hebert Ihering (1888) acusou-o de "arrastar o clássico sagrado da nação através da lama", enquanto o liberal Bernhard Diebold (1886) disse que ele não devia em absoluto apresentar os clássicos, pelo menos durante vários anos, para incentivar a produção de novas peças pelos autores socialistas. Tentar uma atualização relevante das peças de Schiller ou Shakespeare, dizia Diebold, requeria uma modificação do conteúdo e da forma que "as tornariam esteticamente incompreensíveis".[75]

A visão do Proletcult de uma nova arte pelos e para os trabalhadores foi atacada por Leon Trotski (1879-1940) em seu livro *Literatura e revolução* (1924). O partido, diz Trotski, deve encorajar as tendências positivas na arte mediante comentário ou clarificação, mas não deve tentar estimular ou controlar a arte. Isso é tarefa dos "processos históricos da história", para os quais só o partido e o proletariado contribuem.[76] A condenação automática dos artistas não partidários e o apoio de artistas proletários são igualmente equívocos. A natureza transitória da presente sociedade deve ser aceita, e tudo o que parecer positivo e promissor deve ser encorajado, seja qual for a sua fonte. Trotski manifesta certo ceticismo com respeito às experimentações do teatro contemporâneo, como a biomecânica, mas evita condená-las. Sugere que o teatro busque um novo repertório realista revolucionário, em especial a comédia soviética, que se afigura particularmente apropriada para a sociedade de transição. No futuro, quando o teatro "sair de suas quatro paredes e fundir-se com a vida das massas", a biomecânica e outras experimentações similares poderão ser mais apropriadas.[77]

Trotski considera a revivescência da tragédia na nova sociedade mais difícil do que a da comédia, já que seu foco ainda não é claro. O tema da tragédia antiga era o desamparo do homem em face da natureza, expressa como destino. O Renascimento concentrou-se no indivíduo e na paixão individual. Em Shakespeare, isso "é levado a um grau de tensão tão alto que excede o indivíduo, torna-se superpessoal e é transformado em certo tipo de destino". Do modo como os românticos o expressaram, o caráter tornou-se destino. As contradições internas da sociedade burguesa corroeram gradualmente o sonho da emancipação individual e despertaram o homem para a percepção de que enquanto ele não se assenhorear de sua organização social o caráter "pairará sobre ele como sua sina". Assim, a tragédia moderna reside no conflito entre o individual e o coletivo, ou no conflito entre dois coletivos hostis no mesmo indivíduo.[78] Parece haver mais de Hegel do que de socialismo utópico nisso, porquanto a visão trágica de Trotski implica um contínuo vir-a-ser e sugere que o Estado socialista ideal nunca será alcançado. Mesmo quando o ser humano médio tiver se elevado às alturas de um Aristóteles, de um Goethe ou de um Marx, "acima dessa cordilheira novos picos se altearão".[79]

O tipo de tolerância manifestado por Lunacharsky para com o teatro experimental e por Trotski para com a arte não proletária foi visto com menos frequência no decorrer dos anos 20. Uma teoria do teatro muito mais estreita e mais engajada politicamente já se evidenciava no XV Congresso do Partido, em 1927; o Comitê Central revelou-se muito mais sensível do que antes às exigências das organizações literárias esquerdistas de que o governo insistisse num teatro mais claramente socialista. Foi aprovada uma resolução segundo a qual a luta de classe era "um importante fator a ser considerado no planejamento e na execução da política teatral". A indiferença governamental às ofertas do teatro incentivara o aparecimento da ideologia burguesa, manifestada seja por uma combinação dos "fenômenos decadentes e socialmente insalubres do teatro pré-revolucionário", seja pelo aparecimento de "novos fenômenos que direta ou indiretamente refletem opiniões que o proletariado considera adversas ou hostis".[80]

Depois de 1927, a censura endureceu e somente os autores e diretores bem estabelecidos foram capazes de alargar os limites da experimentação permitida. Um dos últimos grupos de vanguarda teatral a aparecer foi o Oberiu (das iniciais da Associação para a Arte Real), lançado em 1928 contra a impropícia tela de fundo do primeiro plano quinquenal de Stalin e a ascensão ao poder das organizações dos escritores proletários. Daniil Kharms (c. 1905-1938), o membro do grupo que mais se interessava pelo teatro, ajudou a redigir o "Manifesto Oberiu" (1928), que expunha uma teoria da arte esquerdista totalmente oposta à das sociedades dos escritores. Em vez de enfatizar o tema realista, o Oberiu propunha um "conceito de vida organicamente novo" que "penetrasse no cerne da palavra, da ação dramática e da estrutura do filme". Os esforços para fazer a arte assemelhar-se à vida falsificavam a ambos, já que a arte tem sua própria lógica e, para representar um objeto da vida, deve ajustá-lo às suas próprias leis. No teatro, a costumeira sequência lógica da ação deve ser substituída por uma "sequência teatral" (como a "montagem" de Eisenstein). O enredo dramático deve dar lugar ao "enredo cênico, que decorre espontaneamente de todos os elementos de nosso espetáculo".[81] Não deve haver nenhuma tentativa de subordinar os elementos individuais; eles desenvolvem melhor o enredo cênico se permanecerem autônomos e de igual valor. Seus conflitos e inter-relações constituem a base do teatro. (Esse conceito de isolamento dos elementos ocorreria mais tarde no teatro épico de Brecht, mas em ambientes mais adequados.)

Desde a Revolução, os artistas de vanguarda russos tentaram defender a possibilidade de uma arte formalista, não realista, que não obstante permanecesse preocupada com a vida, em geral, e a nova ordem social, em particular. Contra isso, os escritores e críticos proletários insistiam num enfoque realista e numa mensagem clara mesmo para as plateias mais incultas. Na altura de 1930, quando o Oberiu se dissolveu, a batalha estava essencialmente terminada e o triunfo desta última visão do teatro era completo.

As experiências artísticas no teatro europeu durante os primeiros anos do século XX suscitaram apenas vagos ecos na Inglaterra e na América, mas após 1914 um importante grupo de diretores, cenógrafos e críticos americanos começou a advogar algumas ideias derivadas da experimentação europeia, sob o título coletivo de "a nova dramaturgia". Seu principal porta-voz crítico era a revista

Theatre Arts, fundada em 1916 por Sheldon Cheney (1886). Um manifesto dessa publicação, "What We Stand For" ["O que defendemos"] apareceu no último número do primeiro volume. Denunciava o comercialismo, o naturalismo e o *star system* e preconizava uma "nova raça de artistas-diretores" que considerariam as "peças bem-escritas, a interpretação inspirada ou os cenários bonitos" não como fins em si, "mas apenas como contribuições para uma unidade mais ampla, uma síntese ou harmonia de todas as artes menores – uma *arte do teatro* mais nova, mais verdadeira".[82] Teóricos como Appia, Craig, Symons e Evreinov foram representados nas páginas da revista, juntamente com seus discípulos americanos; estes últimos eram liderados por Kenneth Macgowan (1888-1963), que se juntou a Cheney como coeditor, em 1919, e a Robert Edmund Jones (1887-1954), o principal cenógrafo do novo movimento, que sucedeu a Cheney como editor, em 1922.

Em "The New Path of the Theatre" ["O novo caminho do teatro"] (1919), Macgowan desenvolveu três ideias nas quais, dizia ele, o teatro moderno haveria de basear-se – simplificação, sugestão e síntese. A primeira rejeitava o palco atravancado do realismo; a segunda enfatizava o elemento evocativo, um candelabro ou um arco sarraceno; a última implicava "uma fusão complexa e rítmica de cenários, luzes, atores e peça".[83] O conceito de Jones era muito mais místico. "Notes on the Theatre" ["Notas sobre o teatro"] (1924), reminiscente de Craig ou Yeats, rejeitava toda "obviedade no palco" juntamente com a "tirania do escritor, o autor de palavras". O teatro deve, ao contrário, buscar uma visão estática do "imenso, meditativo, antitético eu do mundo, uma completude da incompletude do dia a dia, o despertar inconsciente do sonho da vida para uma percepção da realidade viva, espiritual". Ele deve apresentar indicações, sugestões, evocações, incorporações "não de caráter, mas de paixão", com movimentos "maiores que os da vida humana".[84]

Macgowan e Jones serviram como codiretores do Teatro de Provincetown juntamente com Eugene O'Neill (1888-1953), em cujos comentários esparsos, assim como em suas peças, se pode observar um similar e forte interesse na experimentação europeia. Em nota programática para *A sonata fantasma* de Strindberg (1924), encenada no Teatro de Provincetown, ele considerou Strindberg "o mais moderno dos modernos" e elogiou os expressionistas por romperem com as restrições para descobrir "alguma forma de 'supernaturalismo'" que "expressasse no teatro o que compreendemos intuitivamente daquela autofracassada auto-obsessão que são os juros que nós modernos temos de pagar pelo empréstimo da vida".[85] O teatro, dizia ele, devia tratar não das relações entre o homem e o homem, mas das relações entre o homem e Deus, e da mais básica dentre as buscas humanas: encontrar um significado para a vida e um modo de "confortar as lágrimas da morte".[86] Ao se concentrar em tais questões, ele na verdade fazia eco às preocupações de vários dos expressionistas e simbolistas alemães; como muitos destes, também ele se interessou pela máscara como instrumento de exploração dos estados espirituais. Em "A Dramatist's Notebook" ["Agenda de um dramaturgo"] (1933), ele advogou o uso da máscara como "símbolo da realidade interior", "daqueles profundos conflitos ocultos da mente que as investigações da psicologia continuam a nos revelar".[87] O teatro de máscaras deve ser necessariamente um "teatro imaginário não realista", espécie de templo "onde a religião de uma interpretação poética e celebração simbólica da vida" seria comunicada a seres humanos espiritualmente famintos.[88]

Para O'Neill, a tragédia era a consequência natural da condição humana: a própria existência é trágica; a angústia, o castigo do homem por sua consciência. Essa visão da tragédia, raramente encontrada nos escritos do Renascimento ou nos séculos XVII e XVIII, ganhou proeminência nas teorias de Schopenhauer, Kierkegaard e Nietzsche. "O homem, pelo simples fato de ser homem, de possuir consciência", escreveu o filósofo espanhol Miguel de Unamuno (l864-1936), "é um animal enfermo". A compreensão de que a única existência do homem está na consciência e de que essa consciência não passa de um fenômeno transitório origina aquilo que Unamuno chamou de "o senso trágico da vida", que pode ser possuído por indivíduos ou por povos inteiros, mas que irá inevitavelmente confrontar quem quer que reflita profundamente sobre a existência humana.[89] Grande parte da especulação do século XX concernente à tragédia assume uma visão similar da estreita relação entre consciência e o "senso trágico da vida".

Em seu livro *The Drama and the Stage* [O drama e o teatro] (1922), o crítico americano Ludwig Lewisohn (1882-1955) também viu a tragédia como a expressão do inevitável sofrimento da humanidade, mas seu foco era mais utilitário que metafísico. A guerra, esperava ele, tinha enterrado para sempre as velhas ideias de culpa e vingança, baseadas na interpretação humana de padrões morais absolutos. A tragédia moderna deve tentar "compreender nossos fracassos e nossas tristezas"; sua piedade será uma piedade "por nosso destino comum", seu terror "um terror gerado pelo receio de ferir nosso irmão ou de lhe violar a vontade", e sua reconciliação "um profundo senso da comunidade do sofrimento humano".[90] A fim de realizar isso mais plenamente, o drama deve empenhar-se sempre em expandir sua audiência, aliando-se ao progresso humano e procurando levar "a mais grave e mais estimulante das artes" a um número cada vez maior de pessoas.[91]

O maior rival de Lewisohn, George Jean Nathan (1882-1958), rejeitou completamente essa visão democrática da tragédia em *The Critic and the Drama* [O crítico e o drama]. Segundo ele, a tragédia, como toda grande arte, apela somente para "a reflexão, a simpatia, a sabedoria, a cortesia galante, a experiência" da minoria espiritualmente superior. Para estes, ela traz uma "tristeza melancólica" diante do espetáculo daquilo "que poderiam ser, mas infelizmente não são". O crítico que procura tornar esse *insight* especial relevante para as massas corre o risco de acabar, como Sarcey, por reconhecer o valor do drama apenas em seu efeito sobre a multidão. Para os homens comuns, entretanto, nenhuma visão mais elevada é possível, quando muito apenas uma experiência "mística e aterradora" que não deve "torná-los felizes por estarem vivos, mas antes fazê-los especular por que lhes é permitido estar vivos".[92]

O livro *Tragedy* [*Tragédia*] de W. M. Dixon apresentava, como o de Lewisohn, uma visão democrática do gênero dramático, mas considerava seu efeito muito mais inspirador. Dixon julgava as teorias "pessimistas" de críticos como Nietzsche e Schopenhauer engenhosas mas mal orientadas. O objetivo da tragédia, diz ele, não é documentar o desamparo da condição humana, mas mostrar quão "grande e espantoso" é o mundo do qual o homem é parte. A tragédia estimula-nos a expandir nossa imaginação rumo ao infinito, rumo a "inteligências maiores e propósitos mais vastos" do que os nossos. Essa visão, reforçada pela "ordem e beleza" da expressão do poeta, torna a experiência da tragédia, em última análise, uma experiência de júbilo.[93] O drama moderno, adverte Dixon, corre o risco de perder esse júbilo "por sua secularização, por sua autoimposta limitação" ao passar das preocupações cósmicas para as preocupações sociais e psicológicas.[94]

I. A. Richards (1893-1979) também discutiu o efeito da tragédia em seus extremamente influentes *Principles of Literary Criticism* [*Princípios de crítica literária*] (1924), porém sua abordagem era de orientação nitidamente mais científica. Richards estava interessado em aplicar os novos conhecimentos oferecidos pela psicologia à experiência da arte. Em termos que lembram Coleridge, dizia ele que a obra de arte eficaz organiza e equilibra as respostas emocionais e que a arte mais poderosa lida com o equilíbrio de emoções opostas. A catarse da tragédia decorre exatamente dessa oposição. "A piedade, o impulso para aproximar-se, e o Terror, o impulso para afastar-se, são levados na Tragédia a uma reconciliação que lhes é impossível encontrar alhures, e com eles quem sabe que outros grupos aliados de impulsos igualmente discordantes".[95] As melhores tragédias (poucas em número, segundo Richards) estão entre as mais elevadas experiências descobertas pelo homem. Aqui todas as supressões e sublimações psicológicas são rejeitadas e, ao confrontar impulsos de outro modo evitados, a tragédia harmoniza e cria o júbilo a partir deles. Ela não ensina que "tudo está certo no mundo", ou que de algum modo, em algum lugar a justiça triunfará, mas antes que "tudo está certo aqui e agora no sistema nervoso".[96]

Duas outras teorias sobre a tragédia, ambas publicadas em 1927, consideravam a ênfase de Richards no equilíbrio das forças psicológicas totalmente inaceitável. Gilbert Murray, em *The Classical Tradition in Poetry* [*A tradição clássica na poesia*], continuou a defender as vibrações do mito antigo na obra como a fonte primacial do prazer trágico, reforçada pela "beleza da forma na execução".[97] É verdade que somos tanto atraídos pelo herói trágico como "salvador e paladino" quanto repelidos por "seus pecados e violações e pela terrível expiação destes", mas a catarse expressa muito mais do que o equilíbrio de tais impulsos. Segundo o mito e o ritual antigo, "os pecados que ele expia são na verdade nossos", e em nosso ser mais profundo reconhecemos que essa expiação e sacrifício restabelecem nossa própria harmonia com o universo.[98]

F. L. Lucas (1894-1967) tentou, em *Tragedy* [*Tragédia*], libertar a crítica aristotélica de suas incrustações modernas, entre elas as especulações da crítica psicológica moderna. A atração da tragédia, diz Lucas, provém da curiosidade, do fascínio da própria vida e da alegria da experiência emocional. Vamos às tragédias não para "livrar-nos das emoções, mas para tê-las em abundância; para banquetear-nos, e não para purgar-nos".[99] Desse modo, a tragédia deve mostrar-nos algo que nos impressiona ao mesmo tempo como significativo e como fiel à realidade. Seu prazer advém não do equilíbrio emocional ou de uma lição aprendida, mas da experiência mais ampla que ela nos propicia acerca da condição humana, "a verdade com que ela é vista e a finura com que é comunicada".[100]

Em todas essas considerações da tragédia, as questões de representação raramente aparecem, muito embora Lucas dedique um capítulo a "Diction and Spectacle" ["Dicção e espetáculo"], ao que parece em deferência a Aristóteles. Ele deplora a tendência moderna a enfatizar os elementos visuais a expensas do texto e afirma que o teatro "precisa de uma audiência, e não de espectadores"; "aqueles cujo único sentido é o visual devem ter outro lugar aonde ir".[101] Lucas não vai tão longe quanto Lamb ao rejeitar a representação, mas sempre insiste no primado do ouvido sobre o olho.

Apesar de suas divergências quanto à função precisa da tragédia, de um modo geral os teóricos ingleses e americanos dessa época ainda acreditam na relevância contemporânea do gênero – crença em que as observações, na tragédia, da ordem moral, da condição humana, da culpa e da expiação ainda são eficazes para o homem moderno. Na Alemanha, a atitude para com o gênero, marcada pelos teóricos pessimistas na virada do século, foi muito mais problemática. Walter Benjamin (1892-1940), em seu evocativo e místico *Ursprung des deutschen Trauerspiels* [*A origem da tragédia alemã*] (1928), desenvolveu à sua maneira a afirmação de Lukács de que a alienação moderna e a perda de um centro metafísico removera a base necessária ao *insight* trágico. Há que se fazer uma distinção, diz Benjamin, entre a tragédia da Grécia clássica e a moderna *"Trauerspiel"* (palavra alternativa alemã para tragédia; literalmente, "peça triste"), que ele considera um desenvolvimento da consciência do período barroco. Embora alguns críticos hajam tentado fundir tragédia e *Trauerspiel,* Benjamin as vê como gêneros radicalmente distintos, instaurados em bases diferentes e visando a diferentes efeitos. Outras fusões que ele rejeita especificamente incluem a tentativa dos teóricos naturalistas de substituir a causação natural pelo destino trágico grego e o conflito de Scheler de níveis entre herói e ambiente, que ignorava por completo "a forma grega única de tais conflitos".[102]

Na esteira de Lukács, Benjamin coloca a história como a base da moderna *Trauerspiel* e o mito como a da tragédia grega. O herói trágico grego era o sacrifício de um único tipo olhando em duas direções: para trás, para as antigas leis dos deuses, e para a frente, para uma nova comunidade e nação. O sacrifício era ao mesmo tempo uma expiação no sentido tradicional, uma exposição das inadequações do sistema olímpico e a primeira ação representativa de uma nova consciência, dada para um povo ainda não ciente de sua importância. Esta última sugere a teoria trágica de Hölderlin, mas este postulava uma ordem preexistente para a qual o herói dirigia a atenção da humanidade. O herói de Benjamin é muito mais claramente existencialista, e ele cita aprobatoriamente Lukács: "A essência desses grandes momentos é a pura experiência do eu".[103]

Particularmente valiosos para Benjamin no desenvolvimento de seu conceito da tragédia foram os comentários do filósofo judeu Franz Rosenzweig (1886-1929) em *Der Stern der Erlösung* [*A estrela da redenção*] (1921). Rosenzweig considera o herói clássico na primeira seção de seu livro, que trata do isolamento e da independência, na Antiguidade clássica, dos três elementos kantianos da existência – Deus, o Mundo e o Homem: Deus estava longe deste mundo; o Mundo continha o seu próprio *Logos*; e o Homem estava isolado dentro do eu. O herói trágico grego era uma encarnação desse isolamento: "Ao manter-se silencioso, ele destrói as pontes que o ligam a Deus e ao Mundo, eleva-se sobre o reino da personalidade, que se define a si mesma e se aparta dos outros por meio da fala, na glacial solidão do eu".[104] Na segunda parte de seu livro, Rosenzweig considera os "caminhos" que transcendem o isolamento de Deus, do Homem e do Mundo: a Criação, a Revelação e a Redenção. Na seção sobre a Redenção, o caminho que une o homem ao seu vizinho e ao mundo, ele contrasta a tragédia clássica e a moderna. O herói moderno não está isolado do mundo, mas "é jogado de lá para cá" nele, "totalmente receptivo, totalmente vivo e cheio de um indisfarçado medo do túmulo hiante".[105] Ele não é um eu neutro, abstrato, mas uma personalidade individual única com limitada consciência, tentando adquirir a consciência tanto do eu como do mundo. Seus objetivos e preocupações são totalmente opostos aos do herói trágico grego. Em vez de refugiar-se no silêncio e no eu, ele se compromete no mundo em linguagem e ação, empenhando-se finalmente em unir-se com o Outro absoluto. O objetivo último, nunca alcançado, do herói trágico moderno é a santidade.[106]

Para Benjamin, cujo foco incide não sobre a redenção, mas sobre o fascínio barroco pela lamentação, pelo sofrimento terreno e pela morte, o santo de Rosenzweig é basicamente um mártir, uma persona do herói trágico barroco, o outro ser do soberano absoluto que frequentemente combina os papéis de tirano e vítima. Ele está encerrado no mundo, na história, no domínio da fala e da ação, mas Benjamin enfatiza o processo, o sofrimento, em vez do objetivo de Rosenzweig, a reconciliação. Assim, em termos do homem e do universo, Benjamin inverte essencialmente o esquema de Rosenzweig. A tragédia clássica retrata uma "realização cósmica", enquanto a *Trauerspiel* moderna se acha estabelecida em "um mundo interior de sentimento" que afasta a existência humana e a mortalidade de qualquer sentido transcendental.[107] Nesse drama, o símbolo, que poderia sugerir transcendência, é substituído pela alegoria, o emblema da mortalidade. "O que as alegorias são no reino dos pensamentos as ruínas são no reino das coisas": indicadores da corrupção da existência e postes sinalizadores na estrada da morte, que é a única porta para o significado possível, mas inacessível ao mundo do drama.[108]

A consciência de viver num mundo em declínio, tão difundida na Alemanha do começo do século XX (*Der Untergang des Abendlands* [*O declínio do Ocidente*] de

Oswald Spengler [1880-1936], em 1918, situa-se entre os primeiros escritos de Lukács e Benjamin sobre a tragédia), aparece na teoria americana em *The Modern Temper* [*O temperamento moderno*] (1929) de]oseph Wood. Seu capítulo intitulado "The Tragic Fallacy" ["A falácia trágica"] afirma que a tragédia já não é possível porque o homem perdeu a convicção de que suas ações são significativas. No "universo tal qual o vemos, tanto a Glória de Deus quanto a Glória do homem desapareceram", e com elas a tragédia, que inspirava pena e desespero por uma exortação a uma ordem e harmonia superiores.[109] O universo pode agora oferecer, em vez dela, apenas *pathos* e farsa. Ainda podemos ler tragédias, graças a uma espécie de nostalgia, mas já não podemos escrevê-las; no futuro, mesmo o vago eco de consolação oferecido por sua leitura provavelmente desaparecerá. Esse argumento, como veremos, estimulou um animado debate sobre a possibilidade da tragédia entre os teóricos americanos durante a década seguinte.

Outra controvérsia, dessa vez relativa à "teatralidade" do teatro e à importância da representação do roteiro dramático, que se travou com extremo vigor entre Spingarn e Matthews nos primeiros anos do século, continuou a ser um foco de atenção crítica. Durante esse período, o debate centrou-se amiúde na função do ator – se a representação deve ser vista essencialmente como uma arte criativa ou meramente como um meio (tão transparente quanto possível) para a obra criativa do dramaturgo. Spingarn, apoiado nos primeiros escritos de Croce, considerava o ator simplesmente como uma das externalizações da arte dramática e portanto de pouco interesse estético; sua visão foi retomada por Nathan, que rejeitava quaisquer reivindicações de arte para a representação, já que mesmo o melhor ator nada cria, mas permanece "simplesmente como um instrumento maleável nas mãos do dramaturgo", carecendo tanto de originalidade quanto de independência.[110] Lewisohn tomou uma posição mais próxima da de Matthews, insistindo em que o ator permanece fiel à visão original do autor, mas sob a condição de permitir-lhe uma parte significativa na criação da obra dramática. Ele deve "captar a intenção do poeta" e, com o auxílio da "observação imaginativa" e da "plasticidade pessoal", ajustar-se ao ser "que o poeta e ele combinaram modelar".[111]

Croce, entrementes, afastara-se de certo modo da rejeição total da representação que tanto influenciara Spingarn. Em *Ariosto, Shakespeare e Corneille* (1919) ele descarta as interpretações no palco como guias para o sentido do texto original – não porque elas sejam externalizações irrelevantes, mas porque transformam necessariamente o original numa nova obra de arte. Como os atores sempre trazem para a obra "sua própria maneira particular de sentir", seu desempenho se relaciona com o original da mesma forma que a música e as pinturas inspiradas pelas peças, "que são música e pintura, e não aquelas peças".[112]

A ideia requeria entre texto e desempenho uma separação maior do que a maioria dos teóricos estava disposta a admitir, e outros escritos críticos publicados na Itália logo estimularam o próprio Croce a modificar sua posição. O historiador do teatro Silvio D'Amico (1887-1955), em seu livro *Maschere* [*Másca-*

ras], (1921) insistiu, como Brander Matthews, em que o drama é sempre "criado pressupondo idealmente, se não materialmente, uma integração cênica", e sob essa luz deve ser analisado.[113] Um jovem e brilhante crítico, Piero Gobetti (1901-1926), respondeu em termos croceanos, em seu artigo "L'Interpretazione" ["A interpretação"] (1921), que D'Amico confundira o trabalho do ator com a obra do poeta. Ele compara o ator ao crítico, cujo trabalho pode e deve ser julgado com base na integração artística e na expressão de sentimentos pessoais; esses sentimentos, contudo, são estimulados não diretamente pela natureza, mas por uma obra poética preexistente. "A obra do poeta deve ser julgada como a obra do poeta, e o trabalho do ator como o trabalho do ator."[114] Não se deve permitir que os defeitos da obra poética condicionem o julgamento do trabalho do ator, ao passo que o texto deve ser considerado completo em si mesmo e suas inadequações não devem ser toleradas sob o pressuposto de que poderiam desaparecer na representação; com base nisso, nenhuma obra dramática poderia jamais ser julgada um fracasso, porque sua representação apropriada sempre poderia ocorrer no futuro.

Croce, em suas *Conversazioni critiche* [*Conversações críticas*] (1931), elogiou a resposta de Gobetti à "teoria comum e vulgar", segundo a qual "uma obra composta para o teatro deve ser julgada apenas com referência ao teatro".[115] Não aprovou, entretanto, o paralelo que Gobetti traçou entre crítico e ator, pois achava que o desempenho não pode iluminar um texto como o pode a crítica. Preferia ver o ator como um tradutor, tentando – com inevitável perda – expressar o texto numa outra linguagem, para torná-lo acessível em certa medida "aos que não podem ou não sabem como lê-lo; torná-lo mais pronta e facilmente apreensível em dias e horas de diversão e relaxamento, sublinhar certas partes para melhor compreensão etc.".[116] Croce continuou a defender essa teoria da "tradução" até perto do fim da vida, embora seus derradeiros escritos sugiram uma disposição a considerar a arte do teatro algo mais independente e holístico. "Dicção, gesto e cenário tornam-se uma só coisa na representação", escreveu ele em *Terze Pagine Sparze* [*Terceiras páginas esparsas*] (1948), "um ato único de criação artística no qual não se pode separá-los".[117]

O ensaio crítico mais extenso e conhecido de Luigi Pirandello (1867-1936) "L'umorismo" ["O humorismo"] (1908) foi basicamente uma refutação da asserção croceana de que o humor, como o cômico e o trágico, é essencialmente indefinível, de que não existe o chamado humor no abstrato, mas apenas obras humorísticas individuais. A resposta de Pirandello, analisando o humor como uma justaposição de contrários, trata de várias preocupações estéticas gerais, mas não do teatro como tal. Seu desafio a Croce provocou entre os dois homens um antagonismo que durou a vida inteira, mas Pirandello, em ensaios críticos que não concerniam ao teatro, tomou posições nitidamente mais em harmonia com Croce.

Os mais importantes deles são "Teatro e letteratura" ["Teatro e literatura"] (1918) e "Teatro nuovo e teatro vecchio" [Teatro novo e teatro velho"] (1922).

A declaração, neste último, de que toda obra completa cria um mundo "único em si mesmo e para além da comparação" que é "simplesmente 'aquilo que é' em si e por si eternamente"[118] é muito croceano – como o é a correlata advertência de que os críticos que insistem em aplicar padrões anteriores a obras novas irão inevitavelmente compreendê-las mal. "Teatro e letteratura", como o título sugere, considera a tensão entre texto e representação, e ainda aqui Pirandello essencialmente faz eco a Croce. Ele considera o texto escrito a forma artística completa; o que se vê no teatro é apenas uma "tradução cênica do texto": "Tantos atores, tantas traduções, mais ou menos fiéis, mais ou menos felizes, mas, como qualquer tradução, sempre e necessariamente inferiores ao original".[119] Os autores que insistem em que escrevem para o teatro e não para a literatura escrevem "para a tradução" obras incompletas, como os enredos da Commedia dell'arte, e têm pouco direito ao título de artista criativo.[120]

Uma posição similiar é insinuada, se não diretamente expressa, por T. S. Eliot (1888-1965) na célebre passagem sobre o "correlativo objetivo" em seu *Hamlet* (1919). Tomando a expressão da emoção como uma função central da arte, Eliot sugere que o artista busca "um conjunto de objetos, uma situação, uma cadeia de eventos que serão a fórmula dessa emoção *particular*" e que a despertarão inevitavelmente quando for lida ou representada. O senso da "inevitabilidade" artística que Eliot descreve poderia decorrer de uma combinação texto *mais* representação, mas o próprio Eliot o vê incrustado apenas no texto. "Se examinarmos qualquer uma das tragédias mais famosas de Shakespeare, veremos essa equivalência exata."[121] Tanto a palavra como a ação foram determinadas pelo poeta para produzir uma resposta emocional precisa e calculada.

Lorenz Kjerbüll-Peterson (1891), diretor do teatro de Mannheim na Alemanha, também se concentrou na resposta emocional da audiência, mas na verdade, seu livro *Psicologia da representação* (1925), está interessado apenas no modo como a peça funciona no teatro. Toda arte, diz ele, se caracteriza pela "ilusão estética" da "autoilusão consciente" – a "suspensão voluntária da incredulidade" de Coleridge. Para estimular essa resposta paradoxal, uma obra deve conter tanto elementos que favoreçam a ilusão como elementos que a impeçam, encorajando a consciência do receptor a vacilar constantemente entre ambos. A plateia do teatro apresenta um problema particular, já que é essencialmente uma coletividade psicológica; como tal, tem uma tendência a abandonar-se à emoção e perder o equilíbrio essencial à arte. O teatro deve empregar diversos elementos para evitar essa perda – a cortina, a forma do proscênio, o uso de programas e assim por diante –, mas o instrumento mais importante para o controle da plateia é o ator vivo, que deve estar o tempo todo consciente desse equilíbrio instável e em condições de estabelecê-lo. Dado que nenhum ator encarna totalmente um papel, ele desafia o espectador a completar aquela "unidade mística entre pessoa e personagem" que é um dos "principais encantos do teatro".[122]

É da responsabilidade do ator, porém, estimular esse processo em sua plateia particular, uma espécie de tradução que Kjerbüll-Peterson vê como muito mais profunda e exigente do que o simples empenho em tornar um texto visual. O grande ator "representará o espírito da época intensificado";[123] ele estudará a maneira de atingir os interesses particulares de sua plateia, fazer eco a seus temores e esperanças e, reconhecendo a permanente variabilidade da multidão, "observará constantemente sua plateia a fim de reagir aos seus mais leves movimentos na ocasião oportuna e da maneira apropriada".[124] A capacidade de regular o equilíbrio da ilusão é a fonte do poder único do teatro.

O crítico americano mais associado ao conceito de teatro como tradução é Stark Young (1881-1963), cujo livro *The Theatre* [*O teatro*] (1927) dedica um capítulo central a essa ideia. Young rejeita totalmente a asserção de Croce--Pirandello de que as traduções são necessariamente inferiores. O teatro é uma recriação em seus próprios termos de um texto, assim como o texto é uma recriação em seus próprios termos da matéria-prima da vida. O sucesso da recriação depende mais da habilidade do artista do que da qualidade do material usado. Uma representação pode, assim, ser ou inferior ou superior ao texto-base, mas em qualquer caso esse texto deve reconhecer as necessidades do teatro. A definição de Young de uma peça coloca-o no campo de Matthews: "uma obra literária sobre uma seção da vida escrita de tal maneira que passará por cima da ribalta, de tal maneira que terá de dizer o que pode dizer no teatro".[125]

Um novo respaldo a essa posição foi oferecido por dois dos mais lidos críticos e diretores ingleses da época: Ashley Dukes (1885-1959) e Harley Granville-Barker (1877-1946). Em "Dramatist and Theatre" ["Dramaturgo e teatro"] (1924), um dos muitos artigos que publicou em *Theatre Arts*, Dukes propõe um fim do reinado do "dramaturgo napoleônico", que busca esmagar atores e diretores "sob o peso morto de uma concepção rígida", como Shaw e os realistas mais recentes.[126] Como um modelo melhor, ele sugere Shakespeare, que "criou obras de qualidade plástica que podem ser manuseadas e moldadas por seus colegas artífices", que escreveu "não para ditar, mas para contribuir; não para impor, mas para colaborar", encontrando sua verdadeira liberdade como artista na renúncia à autoridade total.[127]

On Dramatic Method [*Sobre o método dramático*] de Granville-Barker discute a mesma ideia mais minuciosamente. O dramaturgo deve ver o ator não como um intérprete, mas como um colaborador, e seu problema principal é como favorecer essa colaboração. Os poucos grandes dramaturgos realizaram um equilíbrio viável entre duas preocupações opostas: "O personagem tal como ele sai das mãos do dramaturgo deve ser recriado em termos da personalidade do ator; e o problema do dramaturgo é como escrevê-lo de modo que se possa impedi-lo – o *seu* personagem – de perecer no processo".[128] Como um *iceberg*, o texto escrito está oito décimos submerso e suas profundezas ocultas só são reveladas no teatro. O dramaturgo deve moldar essas partes ocultas, que serão reveladas pela interpretação cênica e por todos os outros aspectos da produção, de um modo que concretize sua própria visão ao mesmo passo que inspire em outros um trabalho criativo original. Os esclarecedores *Prefaces to Shakespeare* [*Prefácios a Shakespeare*]

(1927) exploram o modo como Shakespeare trabalhava para atingir essa dupla meta. Granville-Barker admite que um dramaturgo pode visar a algo grande demais para que o "instrumento imperfeito" que é o ator humano possa transmitir, mas isso não o leva, como Lamb, a descrer do teatro. "Atribua ao ator tarefas impossíveis e ele se sairá melhor nelas do que nas possíveis; deixe-o ser ele mesmo o mais possível e ele será melhor do que Hamlet ou Lear."[129]

A posição assumida por Jacques Copeau e seus partidários na França estava próxima da defendida por Granville-Barker. Copeau, como vimos, sempre reconheceu o primado do texto, mas ao mesmo tempo achava que o texto deve estimular ou mesmo exigir a teatralização. Um exame desse processo mais extenso do que Copeau jamais desenvolveu foi oferecido por seu amigo dramaturgo Henri Ghéon (1875-1944), numa série de conferências proferidas no teatro de Copeau, o Vieux Colombier, em 1923, e publicadas sob o título de L'art du théâtre [A arte do teatro]. Ghéon rejeita o conceito de "teatro total" de Wagner como um equilíbrio completo de elementos difícil, se não impossível, de obter; concentra-se no drama tradicional, que reconhece o texto como primacial. Isto não significa que o texto seja completo em si mesmo; a peça escrita apenas para ser lida é um "sucedâneo essencialmente falso".[130] O dramaturgo deve criar "um drama que seja realizável, viável, encenável e, se me é permitido cunhar um termo bem pobre, 'exteriorizável'". Suas palavras devem suscitar "a imagem, o gesto, o movimento, a ação, a vida", mas não com uma "precisão tão implacável" que não deixe "espaço para a imaginação do ator".[131] Ele deve fornecer um conjunto de possibilidades entre as quais o ator possa escolher, uma série de sugestões fecundas, de fragmentos estimulantes para que o ator os complete. Deve haver também uma plateia receptiva à visão do autor, uma plateia que esteja "no mesmo nível intelectual e moral" do autor e do ator. Só uma sociedade verdadeiramente orgânica pode ter um verdadeiro teatro.

Louis Jouvet (1887-1951), o mais claro sucessor de Copeau, faz eco à aversão deste último pela teoria – "abominável em si mesma, um sistema de danação, uma condenação, uma esterilização do espírito"[132] – e insiste em que um homem do teatro deve trabalhar "por intuição e nunca por sistema".[133] Por outro lado, seus artigos e seu livro Réflexions du comédien [Reflexões do ator] (1938) delineiam sua própria teoria do drama em estreita harmonia com Copeau. Jouvet deplora o realismo, já que o teatro sempre deve apelar para o espírito e mostrar mais do que o ouvido pode ouvir ou o olho pode ver na vida diária. O teatro do futuro deverá "elevar os direitos do espiritual sobre os do material, o mundo sobre a ação, o texto sobre o espetáculo".[134] A obra do autor deve sempre ser tomada como a base da representação; o ator é o seu vínculo com o público, e o diretor o seu servidor. O diretor deve "encontrar o tom, o clima, o estado de alma que inspiraram o poeta durante a concepção" e procurar evocar essa "fonte viva e fluida" numa audiência a respeito da qual o autor pode não ter conhecido nada.[135]

Em 1927, Jouvet, juntamente com Georges Pitoëff (1884-1939), Charles Dullin (1885-1949) e Gaston Baty (1882-1951), formou uma associação, Cartel des Quatre, que dominou o palco francês dos anos 30. Em suas declarações teóricas, Pitoëff e Dullin, como Jouvet, seguiram geralmente as pegadas de Copeau, rejeitando qualquer sistema mas concordando quanto à centralidade do texto e à busca de uma abordagem espiritual e não naturalista do teatro. O mais belo teatro do mundo, diz Dullin, deve tirar sua beleza "da constante elevação do espírito que ele procura e não da exibição de um luxo inútil".[136] E, diz Pitoëff, "é preferível sacrificar todo o lado decorativo a sacrificar a palavra".[137] Ele propõe uma representação mais preocupada "com o significado mais profundo do que com as aparências externas".[138]

Apenas um membro do Cartel des Quatre afastou-se decididamente da posição teórica geral estabelecida por Copeau. Foi Gaston Baty, que não expressou nenhuma reserva quanto à especulação teórica sobre o teatro; em dois livros, *Le masque et l'encensoir* [*A máscara e o incensório*] (1926) e *Rideau baissé* [*Cortina baixada*] (1949), e em numerosos artigos ele desenvolveu uma estética que divergia da tradição de Copeau. Aceitava o texto como um elemento crucial, mas comparava seu papel no teatro ao da palavra na vida. O domínio da palavra é imenso, já que inclui "toda inteligência, tudo o que um homem pode entender e formular", mas para além da palavra está a experiência inacessível à análise racional. Se o teatro quiser apresentar "uma visão integral do mundo", deverá usar a expressão plástica, a cor, a luz, a música, o gesto e assim por diante, para evocar o mundo para além da palavra e do texto.[139]

Le masque et l'encensoir principia com um argumento em favor da origem comum do teatro e da religião, ambos os quais procuram, pela combinação de elementos plásticos e literários, envolver as partes espiritual e intelectual do homem; em todos os seus escritos Baty ressalta que o lado espiritual do homem deve ser abordado no drama, e que são os aspectos não textuais da arte que fazem isso. Por isso, Baty defende a ideia wagneriana da obra de arte total, onde "a pintura, a escultura, a dança, a literatura e a música" estão "unidas, ordenadas, seus meios harmonizados e cada qual exaltada".[140] Acusado de rejeitar o texto em favor de valores "teatrais", Baty replicou num artigo (1923) que o diretor deve submeter-se sempre a duas leis: "obediência ao texto" e "rejeição de tudo o que não seja essencial". No entanto, ele deve acrescentar ao texto tudo o que falta a este. "Se o que se busca é apenas uma tradução da literatura, devemos contentar-nos com a literatura".[141] Na encenação, todos os elementos não textuais devem receber igual peso; cenário e iluminação devem ser reconhecidos como elementos tão significativos quanto a interpretação cênica.

Pouco depois de sua chegada a Paris, Baty organizou "Les Compagnons de la Chimère", grupo de atores, cenógrafos, dançarinos e músicos com uma visão similar à dele. No começo de 1922, eles começaram a editar o *Bulletin de la Chimère*, do qual Baty foi colaborador regular. Em breve, o grupo recebia a adesão de autores com interesses semelhantes, liderados por Jean-Jacques Bernard (1888-1972) e Denys Amiel (1884-1971), que se tornaram os principais teóricos do que veio a se chamar *"théâtre du silence"*, embora Bernard preferisse o termo *"théâtre de l'inexprimé"*, No quinto número do *Bulletin* (1922), Bernard declarou em "Le silence au théâtre" que o teatro não tem inimigo pior do que a literatura, que "expressa e dilui o que só deve ser sugerido". Em termos reminiscentes de Maeterlinck, ele chamava a atenção para o "diálogo submerso sob o diálogo ouvido" e aspirava "à revelação dos sentimentos mais profundos" não "pelas próprias respostas, mas pelo choque das respostas".[142]

No sétimo número do *Bulletin* (1923), Amiel sugeria um teatro "baseado quase inteiramente no uso do silêncio, com palavras ocorrendo a intervalos como ecos ... servindo de uma espécie de centro sinóptico em torno do qual a ação se possa desenvolver".[143] O prefácio às obras reunidas de Amiel (1925) compara o olhar para um texto de teatro ao olhar para um aquário, "vendo através da transparência todo o mundo silencioso embaixo, descendo, movendo-se de um lado para outro, tocando ocasionalmente a superfície". Ele tenta mostrar como as pessoas "sentadas tranquilamente, falando pacatamente, usando os gestos da sociedade bem-educada" poderiam estar dilaceradas em seus corações "pela inveja, pelo ciúme, pelas paixões da besta ancestral".[144]

Aparentemente, o mundo não expresso de Bernard e Amiel não era o reino místico de Maeterlinck, mas algo muito mais aparentado com as descobertas da psicanálise. De fato, em 1930, Bernard chamou Maeterlinck de precursor de suas ideias mas criticou-lhe precisamente a falta de especificidade psicológica: "A linguagem alusiva, em vez de esclarecer o espectador no tocante às emoções dos personagens, parece ocultá-las. Ou às vezes se tem a impressão de que nada existe por trás da linguagem alusiva, de que ela é empregada por si mesma".[145] O subconsciente freudiano torna-se, assim, um instrumento que propicia uma definição mais clara do reino místico dos simbolistas.

NOTAS

1 Jacques Copeau, Critiques d'un autre temps, *Nouvelle Revue Française*, v.21, p.225, dez. 1923.
2 Ibidem, p.243.
3 Ibidem, p.234.
4 Ibidem, p.248.
5 Filippo Marinetti, Manifesto of Futurism, trad. R. W. Flint, in: *Marinetti: Selected Writings*, New York, 1972, p.42.
6 Idem, The Pleasure of Being Booed, op. cit., 1972, p.113.
7 Ibidem, p.114.
8 Ibidem, p.115.
9 Marinetti, The Variety Theatre, op. cit., 1972, p.120.
10 Ibidem, p.21.
11 Vsevolod Meyerhold, The Reconstruction of the Theatre, trad. Edward Braun, in: *Meyerhold on Theatre*, New York, 1969, p.258.

12 Vladimir Mayakovski et al., A Slap in the Face of Public Taste, in: E. e C. Proffer, *The Ardis Anthology of Russian Futurism*, trad. inglesa H. Segall, Ann Harbor, Mich., 1980, p.179.
13 Idem, Theatre, Cinematography, Futurism, in: Proffer, op. cit., 1980, p.182.
14 Citado em Vladimir Markov, *Russian Futurism*, Berkeley, 1968, p. 147.
15 Marinetti et al., The Futurist Synthetic Theatre, in: *Marinetti*, p.123.
16 Ibidem, p.124.
17 Enrico Prampolini, Futurist Scenography, in: Michael Kirby, *Futurist Performance*, trad. inglesa V. N. Kirby, New York, 1971, p.204.
18 Fortunato Depero, *Il Teatro Plastico*, Luglio, 1970, p.147-8.
19 Tristan Tzara, *Oeuvres complètes*, Paris, 1975, 5v., v.1, p.564.
20 Ibidem, p.606.
21 Citado em Daniel Oster, *Guillaume Apollinaire*, Paris, 1975, p.111.
22 Guillaume Apollinaire, *The Breasts of Tiresias*, in: Michael Benedikt, George Wellwarth, *Modern French Theatre*, trad. inglesa Louis Simpson, New York, 1966, p.66.
23 Jean Cocteau, Prefácio a *The Wedding on the Eiffel Tower*, trad. inglesa Michael Benedikt, in: Benedikt & Wellwarth, op. cit., 1966, p.98.
24 Ibidem, p.96.
25 Ibidem, p.95.
26 Stanislaw Witkiewicz, *The Madman and the Nun and Other Plays*, trad. inglesa Daniel C. Gerould e C. S. Durer, Seattle, 1968, p.292.
27 Ibidem, p.293.
28 Witkiewicz, A Few Words about the Role of the Actor in the Theatre of Pure Form, trad. inglesa D. C. Gerould, in: *Twentieth Century Polish Drama*, Ithaca, New York, 1977, p.154.
29 Ibidem, p.156.
30 August Strindberg, The New Arts, trad. inglesa Albert Bermel, in: *Inferno, Alone and Other Writings*, New York, 1968, p.99.
31 Idem, *Six Plays*, trad. inglesa Elizabeth Sprigge, New York, 1956, p.193.
32 Idem, *En Bla Bok*, Estokolm, 1962, p.216.
33 René Schickete, August Strindberg, *Die Aktion*, v.2, n.4, p.104, jan. 1912.
34 Kurt Pinthus, Zur jüngsten Dichtung, in: Paul Raabe, *Expressionismus:* Der Kampft um eine literasche Bewegung, Munich, 1965, p.71.
35 Reinhard Sorge, *Der Bettler*, Berlin, 1919, p.152.
36 Pinthus, Versuch eines zukunftigen Dramas, *Die Schaubühne*, v.10, p.393, 1914.
37 Ibidem, p.394.
38 Walter Hasenclever, Das Theater von Morgen, *Die Schaubühne*, v.12, p.477, 1916.
39 Paul Kornfeld, Epilogue to the Actor, trad. inglesa Joseph Bernstein, in: Walter Sokel, *An Anthology of German Expressionist Drama*, New York, 1963, p. 7.
40 Citado em Kunst und Definition, *Neue Blätter für Kunst und Dichtung*, v.1, p.40, 1918.
41 Ernst Toller, *Schöpferische Konfession*, Berlin, 1920, p.48.
42 Georg Kaiser, Man in the Tunnel, trad. inglesa Walter Sokel, in: Sokel, *Anthology*, p.12.
43 Ibidem, p.13.

44 Kornfeld, Theater und anderes, *Das Junge Deutschland*, v.1, p.11-2, 1918.
45 Friedrich Koffka, Über die Zeit und das Drama, *Masken*, v.15, n.14, p.315-6, 1919.
46 Hasenclever, Über der Tragische, *Menschen*, v.4, n.2, p.18, 1921.
47 Ivan Goll, Two Superdramas, trad. inglesa Walter Sokel, in: Sokel, *Anthology*, p.9-11.
48 Oskar Walzel, *Gehalt und Gestalt in Kunstwerk des Dichters*, Berlin, 1923, p.116.
49 Wilhelm Michel, Physiognomie der Zeit und Theater der Zeit, *Masken*, v.22, p.6-8, 1928.
50 Walter Gropius, Die Arbeit der Bauhausbühne, e Lothar Schreyer, Das Bühnenwerk, *Die Bauhausbühne, Erste Mittelung*, Weimar, 1922.
51 László Moholy-Nagy, Theatre, Circus, Variety, trad. inglesa A. S. Wensinger, in: *The Theatre of the Bauhaus*, Middleton, Conn., 1961, p.52.
52 Ibidem, p.57-8.
53 Gropius, Vom modernen Theaterbau, *Die Scene*, v.18, p.4, 1928.
54 Oskar Schlemmer, Man and Art Figure, trad. inglesa Wensinger, in: *Bauhaus*, p.25.
55 Ibidem, p.29.
56 Anatoly Lunacharsky, Sotsializm i teatr, *Teatr*, 1908; citado em Nikolai Gorchakov, *The Theatre in Soviet Russia*, trad. inglesa Edgar Lehrman, New York, 1957, p.108-9.
57 F. Stepun, V poiskakh geroicheskogo teatra, *Literaturyi sovremennik*, v.1, p.71, 74, 1951; citado em Gorchakov, *Theatre*, p.127.
58 Adolphe Appia, *The Work of Living Art*, trad. inglesa H. D. Albright, Coral Gables, Fla., 1960, p.54-5.
59 Citado em Marc Slonim, *Russian Theatre from the Empire to the Soviets*, New York, 1962, p.234.
60 Erwin Piscator, *The Political Theatre*, trad. inglesa Hugh Rorrison, New York, 1978, p.45.
61 Ibidem, p.46-7.
62 Sergei Eisenstein, Montage of Attractions, trad. inglesa D. e E. Gerould, *Drama and Theatre*, v.9, p.10, outono 1970.
63 Meyerhold, On the Contemporary Theatre e The Solitude of Stanislavsky, in: *Meyerhold on Theatre*, p.168-9, 175.
64 Idem, Biomechanics, in: Meyerhold on Theatre, p.197.
65 Ibidem, p.199.
66 Alexander Tairov, *Notes of a Director*, trad. inglesa William Kuhlke, Coral Gables, Fla., 1969, p.54.
67 Ibidem, p.66.
68 Ibidem, p.99.
69 Ibidem, p.101.
70 Ibidem, p.137.
71 Ibidem, p.141.
72 Slonim, *Russian Theatre*, p.303.
73 Meyerhold, Meyerhold o svoyom Lese, Novy Zritel, v.7, p.6, 1924; citado em *Meyerhold on Theatre*, p.190.
74 Gorchakov, *Rezhisserskie uroki K. S. Stanislavskogo*, Moscow, 1951, p.390; citado em Gorchakov, Theatre, p.433 n.

75 Herbert Ihering, *Reinhardt Jessner, Piscator oder Klassikertod?*, Berlin, 1926; e Bernarhd Diebold, Tod der Klassiker, *Frankfurter Zeitung*, jul. 1929; citado em Piscator, *Das politische Theater*, Berlin, 1929, p.87-9.
76 Lev Trotski, *Theatre and Revolution*, trad. inglesa anôn., New York, 1957, p.218.
77 Ibidem, p.238-9.
78 Ibidem, p.242-3.
79 Ibidem, p.256.
80 S. N. Krylov (Ed.) *Puti razvitiia teatra*, Moscow, 1927, p.478; citado em Gorchakov, *Theatre*, p.441 n.
81 Daniil Kharms et al., The Oberiu Manifesto, trad. inglesa George Gibian, in: *Russia's Lost Literature of the Absurd*, Ithaca, New York, 1971, p.194.
82 Sheldon Cheney, What We Stand For, *Theatre Arts*, v.1, p.149, 1917.
83 Kenneth Macgowan, The New Path of the Theatre, *Theatre Arts*, v.3, p.88, 1919.
84 Robert C. Jones, Notes on the Theatre, *Theatre Arts*, v.8, p.323-5, 1924.
85 Citado em Oscar Cargill et al., *O'Neill and His Plays*, New York, 1961, p.108.
86 Ibidem, p.115.
87 Ibidem, p.116-7.
88 Ibidem, p.120-1.
89 Miguel de Unamuno, *The Tragic Sense of Life*, trad. inglesa J. E. Crawford Flitch, London, 1926, p.17-8.
90 Ludwig Lewisohn, *Drama and the Stage*, New York, 1922, p.23.
91 Ibidem, p.15.
92 George Jean Nathan, *The Critic and the Drama*, New York, 1922, p.31-2.
93 W. M. Dixon, *Tragedy*, New York, 1924, p.225-8.
94 Ibidem, p.68-71.
95 I. A. Richards, *Principles of Literary Criticism*, London, 1934, p.245.
96 Ibidem, p.246.
97 Gilbert Murray, *The Classical Tradition in Poetry*, Cambridge, 1927, p.67.
98 Ibidem, p.68.
99 F. L. Lucas, *Tragedy*, London, 1957, p.73.
100 Ibidem, p.78.
101 Ibidem, p.166.
102 Walter Benjamin, *The Origin of German Tragic Drama*, trad. inglesa John Osborne, London, 1977, p.101, 106.
103 Georg Lukács, *Soul and Form*, trad. inglesa Anna Bostock, Cambridge, Mass., 1970, p.156.
104 Franz Rosenzweig, *Der Stern der Erlösung*, Frankfurt, 1921, 2v., v.1, p.103.
105 Ibidem, v.2, p.157.
106 Ibidem, p.156.
107 Benjamin, *Origin*, p.119.
108 Ibidem, p.178.

109 Joseph Wood Krutch, *The Modern Temper*, New York, 1929, p.l41.
110 Nathan, *Critic*, p.91.
111 Lewisohn, *Drama*, p.42.
112 Benedetto Croce, *Ariosto, Shakespeare and Corneille*, trad. inglesa Douglas Ainslie, New York, 1920, p.330.
113 Citado em Piero Gobetti, *Opere complete*, Torino, 1969-1974, 3v., v.3, p.10.
114 Ibidem, p.12.
115 Benedetto Croce, *Conversazioni critiche*, Bari, 1924-1939, 5v., v.3, p.71.
116 Ibidem, p.72.
117 Idem, *Terze pagine sparse*, Bari, 1955, 2v., v.2, p.267.
118 Luigi Pirandello, The New Theatre and the Old, trad. inglesa Herbert Goldstone, in: H. M. Block, Herman Salinger, *The Creative Vision*, New York, 1960, p.127.
119 Luigi Pirandello, Theatre and Literature, in: Block & Asalinger, *The Creative Vision*, p.111.
120 Ibidem, p.112.
121 T. S. Eliot, *Selected Prose*, New York, 1975, p.48.
122 Lorenz Kjerbüll-Peterson, *Psychology of Acting*, trad. inglesa Sarah T. Barrows, Boston, 1935, p.75-6.
123 Ibidem, p.114.
124 Ibidem, p.123.
125 Stark Young, *The Theatre*, New York, 1954, p.48.
126 Ashley Dukes, Dramatist and Theatre, *Theatre Arts*, v.8, p.687, 1924.
127 Ibidem, p.685.
128 Harley Granville-Barker, *On Dramatic Method*, New York, 1956, p.29.
129 Ibidem, p.36.
130 Henri Ghéon, *The Art of the Theatre*, trad. inglesa Adele M. Fiske, New York, 1961, p.8.
131 Ibidem, p.9.
132 Louis Jouvet, *Témoignages sur le théâtre*, Paris, 1951, p.191.
133 Ibidem, p.85.
134 Ibidem, p.14.
135 Ibidem, p.190.
136 Charles Dullin, *Souvenirs*, Paris, 1946, p.71-2.
137 Georges Pitoëff, *Notre théâtre*, Paris, 1949, p.37.
138 Ibidem, p.15.
139 Gaston Baty, *Rideau baissé*, Paris, 1949, p.219.
140 Ibidem, p.79.
141 Baty, Réponse à l'enquête de Xavier de Courville sur le théâtre et la mise en scène, *Revue critique des idées et des lettres*, ago. 1923.
142 Jean-Jacques Bernard, Le Silence au Théâtre, *Bulletin de la Chimère*, v.5, p.67, maio 1922.
143 Denys Amiel, Silence, *Bulletin de la Chimère*, v.7, p.65, abr. 1923.
144 Idem, *Théâtre*, Paris, 1925, p.i.
145 Bernard, *Témoignages*, Paris, 1933, p.27.

1 9

O SÉCULO XX (1930-1950)

Os anos 30, década decisiva para a moderna teoria dramática, presenciaram o surgimento de três obras capitais de três dos mais influentes teóricos do século: Brecht, Artaud e Stanislavski. A reputação deste último já estava firmada, é claro, e algum material crítico sobre seu sistema aparecera na Rússia antes de 1930. No entanto, o próprio Stanislavski pouco escreveu a respeito de sua vida e obra quase até o final da carreira, de sorte que as plateias da Europa ocidental e da América, fortemente impressionadas com as turnês do Teatro de Arte de Moscou em 1923, tiveram de contentar-se com alguns indícios tantalizadores dos meios pelos quais Stanislavski obtinha tão brilhantes resultados. Ex-aluno do Teatro de Arte de Moscou, Richard Boleslavsky (1879-1937) aproveitou-se do sucesso das turnês para fundar uma escola de arte dramática no outono de 1923; em novembro, saía em *Theatre Arts* [*Artes teatrais*] a primeira de suas seis "lições" de interpretação que, reunidas em 1933, serviram por anos a fio como introdução básica, para muitos atores americanos, a certas estratégias da abordagem russa.

My Life in Art [*Minha vida na arte*], de Stanislavski, nasceu na América em 1923, foi a ela dedicado e apareceu pela primeira vez em tradução inglesa. Fornecia algumas indicações sobre o desenvolvimento do famoso sistema, mas quase nada a respeito de teoria ou técnica específicas. Umas poucas informações mais estavam contidas no breve artigo "Direction and Acting" ["Direção e interpretação"], escrito para a edição de 1929 da *Enciclopédia Britânica*. Nele, Stanislavski insistia no senso de verdade e na importância da memória emocional (ambos igualmente enfatizados por Boleslavsky) e mencionava conceitos como "linha ininterrupta" e "supraobjetivo" de um modo mais intrigante que esclarecedor.

Finalmente, em 1930, encontrando-se na França, Stanislavski esboçou – a rogo de seus amigos americanos Norman (1868-1937) e Elizabeth Hapgood

(1874) – quatro livros que iriam resumir suas constantes pesquisas da arte de interpretar e aos quais *My Life in Art* serviria como uma espécie de prefácio. A elaboração da grande obra prosseguia lentamente e foi somente em 1936 que o primeiro volume, traduzido por Elizabeth Hapgood, apareceu na América com o título de *An Actor Prepares* [*A preparação do ator*]. Uma versão mais substanciosa foi publicada na Rússia dois anos depois.

Independentemente do estímulo de *A preparação do ator*, o interesse pelo teatro russo cresceu depressa na América no começo da década de 1930, reforçado sem dúvida pela curiosidade que a cultura soviética despertava nos artistas americanos, como parte da consciência social aguçada pelos anos da Depressão. Um pouco da tendência do período pode ser vislumbrado no fato de a primeira história do Theatre Guild, escrita por Walter Eaton (1878-1957) em 1929, descrever a organização desse grupo não esquerdista em termos inteiramente russos. Seu quadro de diretores vem caracterizado como um "soviete teatral revolucionário" em franco desafio ao "postulado de que o teatro sempre deve ter um tzar".[1]

O Group Theatre, fundado em 1931, era um rebento do Theatre Guild, mas com orientação nitidamente mais política, e tirava muito de sua inspiração das experiências teatrais russas. Lee Strasberg (1901-1982), que formava os atores do Group, traduziu diversas palestras antigas feitas por Stanislavski a seus alunos, além da "Preparação para o papel" de Vakhtangov, que acabou se tornando um texto fundamental para Strasberg. Segundo esse ensaio, o ator deve buscar a "fé cênica", que encara "as circunstâncias sugeridas na peça com uma atitude tão séria quanto se realmente existissem". Para assumir essa atitude, o ator recorrerá a si mesmo: o que fizer terá de ser-lhe inerente, inerente a seus nervos, sangue, pensamentos. É necessário "vivenciar o próprio temperamento no palco, não o suposto temperamento do personagem. Procedamos a partir de nós mesmos e não de uma imagem concebida".[2] Somente depois de ultrapassar a crença, de viver realmente o papel, conseguirá o ator livrar-se de todas as convenções e clichês.

Harold Clurman (1901), um dos fundadores, sugeriu uma orientação para o Group em "O que quer o Group Theatre?" (1931). Uma boa peça não é aquela que aspira a "um certo padrão literário de 'arte' ou 'beleza'", mas aquela que apresenta os problemas morais ou sociais da atualidade na crença de que "para cada um deles existe uma resposta".[3] Essa preocupação social estava amplamente difundida no universo teatral dos anos 30, mas então e depois surgiu certa confusão quanto a que teoria do teatro, precisamente, o Group representava. Conta Clurman em suas memórias, *The Fervent Years* [*Os anos ardentes*], como ele próprio e Strasberg foram convidados na época para um simpósio sobre "Revolução e Teatro" no John Reed Club e ali apresentados como homens "de centro", em comparação com a Direita do Theatre Guild e a Esquerda dos recém-organizados "grupos" de trabalhadores.[4] Embora Clurman se insurgisse contra a estreiteza dessa classificação, ela não era uma descrição inexata da imagem do Group Theatre. Sua má vontade em perfilhar tanto a política quanto as práticas de importantes grupos esquerdistas como o Prolet-Bühne (criado no Clube dos Trabalhadores Alemães) ou o Worker's Laboratory Theatre (associado ao Workers International) naturalmente o tornaram suspeito de conservadorismo aos olhos daquelas agremiações. Ao mesmo tempo, seu engajamento social e sua orientação teórica esquerdista expunham-no às acusações de bolchevismo por parte dos conservadores. A postura equidistante não era nada fácil de manter nos anos 30, que, como a década de 1960, tendiam a polarizar as atitudes. O artigo "Nasce um teatro" (1931), de Hallie Flanagan (1890-1969), que posteriormente dirigiria o Federal Theatre Project, sugeriu a dinâmica: "Em todo o país, hoje em dia, só existem dois teatros cujos objetivos são claros: um é o teatro comercial, que quer ganhar dinheiro, e o outro é o teatro dos trabalhadores, que aspira a uma nova ordem social".[5]

O *Theatre Arts*, embora favorável ao novo teatro dos trabalhadores, não se mostrava suficientemente empenhado nos problemas políticos para servir como órgão dessa novel consciência e ainda viu surgir, em 1933, um temível rival: o *New Theatre*, sucessor do *Worker's Theatre*, que fora fundado em 1931 para coordenar os esforços dos palcos proletários em toda a nação. Sob ambos os títulos, o jornal denunciava a visão capitalista do drama como busca da beleza e chamava-o, em vez disso, de arma na luta do homem pela justiça. A influência da teoria dramática marxista ficou clara desde o primeiro número, que instava os trabalhadores a familiarizar-se com as artes cênicas para utilizá-las em apoio às suas lutas e procurar por trás da "seca enumeração de nomes, datas etc." das histórias capitalistas do teatro "as condições sociais e econômicas que dão nascimento a cada forma particular".[6] A mudança para um título mais abrangente assinalou o desvio de uma preocupação quase exclusiva com o teatro proletário rumo à aplicação dos princípios socialistas a todos os aspectos da arte teatral contemporânea. Entre os editores que colaboraram para o novo jornal estavam Hallie Flanagan, Lee Strasberg, Mordecai Gorelik (cenógrafo principal do Group Theatre) e o dramaturgo John Howard Lawson.

O *New Theatre* refletia, o que não é de espantar, o interesse do Theatre Group pela teoria da interpretação russa, sem prejuízo de suas preocupações políticas. No primeiro número apareceram algumas notas sobre interpretação escritas por Mikhail Chekhov (1865-1936) em 1922, quando ele trabalhava no Primeiro Estúdio do Teatro de Arte de Moscou.[7] Nelas, enfatizava o trabalho interior do ator – concentração, imaginação, fé cênica etc. –, aproximando-se bastante de Boleslavsky e Vakhtangov.

No mesmo ano, entretanto, Stella Adler (1902), que estudara com Stanislavski em Paris, retornou trazendo na bagagem uma ideia conflitante do sistema russo que insistia menos na experiência pessoal do que na imaginação e estudo do texto. Strasberg, em particular, opôs-se a essa nova interpretação, e o tão esperado *A preparação do ator*, que veio a lume em 1936, parecia confirmar sua tese, levando-se em conta principalmente que os volumes subsequentes projetados por Stanislavski ficaram incompletos por motivo de seu falecimento.

Nos anos 30 e 40, período em que mais fortemente se fez sentir a influência de Stanislavski na América, seu sistema era conhecido sobretudo através da perspectiva parcial oferecida por *A preparação do ator*. A ênfase desse livro incide no desenvolvimento dos recursos interiores e na libertação tanto da mente quanto do corpo para responder às exigências do texto. Stanislavski volve ao "mágico se" de *Minha vida na arte* como expediente para estimular a imaginação, amparada pela confiança do ator em sua criação e enriquecida com as lembranças de suas emoções pessoais. Ele invoca um consistente propósito orientador ao longo da peça, o "supraobjetivo" que tem o poder de "extrair todas as faculdades criativas do ator e absorver todos os detalhes, todas as unidades ínfimas de uma peça ou enredo". Embora fragmente a obra em pequenas unidades coerentes, cada qual com seu escopo próprio, o ator nunca deve perder de vista esse objetivo superior. Coerentemente ordenadas, as unidades menores criarão uma "linha ininterrupta de ação", unificando o trabalho interior do ator e subordinando-o ao supraobjetivo. Stanislavski considera esses três conceitos – apreensão interior, supraobjetivo e linha ininterrupta de ação – os aspectos mais importantes do processo criativo do ator.[8]

O segundo livro sobre seu sistema, editado a partir de diversos rascunhos, apareceu em inglês com o título de *Building a Character* [*A construção do personagem*] em 1949. Os capítulos devotados a temas como expressão corporal, dicção e tempo-ritmo da fala demonstraram claramente que Stanislavski de modo algum ignorava a técnica exterior em proveito de seu interesse pela exploração interior. Com efeito, transcrições de seus últimos ensaios e a publicação (1961) de algumas de suas derradeiras notas em *A criação do papel* sugerem que, por volta de 1930, ele arrefecera a ênfase até então posta na vida interior como fonte para um papel e voltara-se para o estudo do texto, e também das ações físicas por este requeridas, como um meio de estimular a vida interior. Buscava-se uma nova linha, a "linha do ente físico", e uma nova estratégia: os atores devem começar pelos "objetivos e ações mais simples" que conduzem à "vida física de um papel", a qual, por seu turno, remete à vida espiritual e ao sentido verdadeiro da vida de uma peça ou papel; estes, finalmente, "transformam-se no estado íntimo criador".[9] A visão tardia de Stanislavski do sentimento como "reflexo" aos estímulos dos atos físicos no momento da criação sugere a possível influência de Pavlov, cujas teorias começavam a ser entronizadas como base de toda a pesquisa psicológica russa. Mas, qualquer que tenha sido sua inspiração, Stanislavski não parece ter visto esse "método das ações físicas" como um repúdio de seu sistema primitivo, mas sim como um desenvolvimento dele. A tarefa do ator evolui, de forma cíclica, da ação física e da análise do texto para a criação da vida interior e regressa à ação exterior no papel – tudo como parte de um mesmo processo.

Foi decerto essa nova orientação que Stella Adler captou em Paris em 1933; no entanto, sem outra documentação disponível do pensamento de Stanislavski que *A preparação do ator*, por quase uma geração prevaleceu a tese mais psicológica de Strasberg como base do "método" americano, então geralmente aceito como corolário fiel da abordagem stanislavskiana. Essa tendência era bastante clara no *Theatre Workshop*, publicação trimestral que apareceu em 1936 no lugar do *New Theatre* e que voltava a incluir no número de seus diretores Gorelik, Strasberg e Lawson. O primeiro número, especialmente dedicado à arte de interpretar, incluía importante artigo do sucessor de Vakhtangov, I. M. Rapoport (1901-1970). Tratava-se de outro comentário detalhado do desenvolvimento dos "aspectos interiores e exteriores" que enfatizava a "atitude cênica" (a crença do ator, correspondente à "fé cênica" de Vakhtangov) como "o alicerce sobre o qual se constrói o papel".[10]

Outros artigos russos com a mesma ênfase foram veiculados nos números subsequentes. O *Theatre Workshop* II (1937) apresentou duas conferências sobre "O processo criativo" da lavra do diretor Ilya Sudakov, discípulo de Stanislavski: um examinava a técnica interior insistindo na concentração, verdade e memória sensorial; o outro versava sobre o adestramento da voz e do corpo. O *Theatre Workshop* III estampou "Princípios da direção", de Bóris Zakhava (1896-1976), formado pelo Terceiro Estúdio de Vakhtangov. Dizia Zakhava que um teatro de peso não poderia brotar do "desejo subjetivo de uma única personalidade criadora", mas sim da "vontade unificada do coletivo".[11] Censurava Craig e Solugub por negarem a contribuição criativa do ator, e Aikhenwald pela ideia errônea de que, findo o trabalho do autor, finda está também a tarefa de criação. O artista verdadeiro deve utilizar seu material "como expressão da reação pessoal à vida".[12] Era assim que Shakespeare tratava suas fontes, é assim que os atores e diretores devem tratar Shakespeare. De outra forma, não passarão de simples técnicos e ilustradores, acusação que Aikhenwald lhes imputa. Os diretores não têm mais direito de subjugar os atores do que os dramaturgos de subjugar os diretores. A matéria-prima do diretor não é o corpo do ator e sim a própria criatividade deste, que deve ser estimulada e encorajada.[13]

Em 1937, conflitos internos começavam a abalar o Group Theatre, e, embora Clurman mantivesse o empreendimento vivo por mais quatro anos, sua antiga importância já se perdera. Strasberg, que se retirou em 1937, continuou a trabalhar no Método, esboçando sua concepção em "Interpretação e adestramento do ator", na obra *Producing the Play* [A produção da peça] (1941) de John Gassner. A arte de interpretar evoluiu gradualmente, diz Strasberg, quando os atores aprenderam a falar em vez de declamar, a reagir a outros atores, a criar a ilusão de uma pessoa real e, finalmente, a relacionar-se com a totalidade do mundo da peça. A grande realização da moderna teoria interpretativa foi a rejeição de "todo sistema com ilustrações detalhadas sobre como se comportaria o ator em determinada situação" em favor de "um método graças ao qual ele alcançará por si mesmo os resultados convenientes".[14] O objetivo do método é tornar os recursos do ator acessíveis a ele próprio, de modo a ter à mão o equipamento mental, físico e emocional para responder a quaisquer demandas. Somente assim poderá ele dar total credibilidade aos delineamentos do autor.

O cenógrafo Mordecai Gorelik (1899), que permaneceu com o Group Theatre até o fim, analisou o desenvolvimento da produção teatral em seu livro *New Theatres for Old* [*Novos teatros em lugar do antigo*] (1940). Seu parentesco teórico com Clurman e outros membros do Group é patente ao longo do livro, que começa definindo a finalidade do drama como "o emprego de meios teatrais para influenciar a vida".[15] Os artistas devem aprimorar a compreensão de suas próprias vidas e utilizá-la para iluminar as plateias. Gorelik não esconde sua simpatia por aquilo que chama teatro "tribunal", teatro de "investigação" que se prende às "regras da evidência" apresentando vereditos imparciais sobre a época em que atua.[16] Seu escopo não deve ser nem a arte pela arte nem a manipulação propagandística da opinião pública, mas sim "um conhecimento útil e prático do mundo".[17]

John Howard Lawson (1894), o mais conhecido dramaturgo esquerdista do período, também se associou ao Group no começo da década de 1930, tendo publicado em 1936 *Theory and Technique of Playwriting* [*Teoria e técnica da dramaturgia*], que tentava harmonizar o drama socialmente comprometido com a tradição da teoria dramática de Freytag-Sarcey-Archer. Lawson cita Brunetière, Archer e Jones a propósito de crise e conflito, mas acha suas opiniões inadequadas. Prefere o conflito de Brunetière à crise de Archer como essência do drama, mas ressalta que o conflito deve ser sempre de natureza *social*. Jones não atribui à vontade consciente a condição de força geradora do conflito. Esta há que ser orientada para um fim específico que "o ponto de vista social da plateia" possa aceitar como realístico e ser suficientemente poderosa para "conduzir o conflito ao ponto de crise".[18] A mera *força* de vontade não determina, como queria Brunetière, o valor do drama: o que o determina é a *qualidade* da vontade e das forças que a ela se opõem. Em cada um desses ajustamentos, Lawson vai se afastando das preocupações puramente estruturais e se aproximando do interesse pelo conteúdo, em particular o social.

Nenhum escritor do século XX influenciou tanto o teatro, como teórico e como dramaturgo, quanto Bertold Brecht (1898-1956), que se ocupou principalmente da dimensão social e política dessa arte. Seus primeiros escritos teóricos, pela maior parte críticas veiculadas no jornal *Der Augsburger Volkswille* entre 1919 e 1921, não passam de textos acentuadamente convencionais. Entretanto, algumas de suas anotações de início dos anos 20 mostram-no na pista de uma nova concepção do drama, que enfatiza não a similitude, mas o maravilhoso e o surpreendente.[19] Esses pensamentos começaram a cristalizar-se numa teoria por volta de 1926, quando muitos achavam que o teatro alemão estava morrendo. O *Vossische Zeitung* de 4 de abril observava: "Mais e mais se sustenta que a decadência já começou ou mesmo se instalou no teatro. É velha a pretensão de que a tragédia constitui uma impossibilidade em nosso tempo, mas muito nova a de que o próprio drama, como forma de arte, está ultrapassado".[20] O expressionismo triunfava incontestavelmente e o espírito clássico parecia além da possibilidade de resgate; o cinema, o rádio e os esportes iam conquistando uma parcela cada vez maior do público.

Tanto em resposta a essa preocupação generalizada quanto pela busca de uma técnica dramática adequada às peças que tratassem da situação econômica da América, Brecht pôs-se a desenvolver o que chamou de *"episches Drama"* ("drama épico"). Confidenciou à sua secretária, Elizabeth Hauptmann, que semelhante tema não poderia receber tratamento convencional: "Quando se conclui que o mundo moderno é irreconciliável com o drama, conclui-se também que o drama é irreconciliável com o mundo moderno". Entre as ideias de Brecht, nessa época, de um novo drama adequado à contemporaneidade, estava a de que o ator representa "de cor (citando gestos e atitudes)".[21]

Outras declarações do mesmo ano facultam novas sugestões. Numa entrevista, Brecht sustentou que seu "teatro épico" dirige-se à razão e não à empatia, pois "os sentimentos são privados e limitados. Diante deles, a razão é inteiramente compreensível e tem credibilidade".[22] Uma primitiva versão do *"Verfremdungsprinzips"* (princípio do estranhamento ou da alienação) ocorre no artigo "Ovation für Shaw" ["Oração para Shaw"], onde a essência da abordagem que Shaw faz da caracterização vem a ser seu "deleite em deslocar nossas associações estereotipadas".[23] Em 1926, também Brecht começou a estudar *O capital* de Marx, achando-o extremamente útil na sistematização de muitas de suas próprias preocupações – a busca de padrão e direcionamento do esforço humano, a análise ou mesmo a cura da corrupção da sociedade moderna e, na dialética hegeliana, uma ferramenta estimulante para a exploração dramática. "Esse Marx", notava ele em *Schriften zum Theater* [*Escritos sobre teatro*], "foi o único espectador de minhas peças que conheci."[24]

A primeira declaração abrangente da teoria dramática de Brecht aparece numa série de notas à sua ópera *Aufsteig und Fall der Stadt Mahagonny* [*Ascensão e queda da cidade de Mahagonny*] (1930), que contém a tabela, frequentemente reproduzida, das mudanças de ênfase entre "forma dramática" e "forma épica". Essa tabela elabora a distinção já preconizada entre a resposta emocional ao drama e a resposta racional ao épico. A primeira encoraja o espectador a envolver-se no drama, a aceitá-lo como um inalterável desenvolvimento linear da experiência. A última distancia o espectador, apresenta sua ação como passível de alteração e força-o a considerar outras possibilidades, sopesando-as uma por uma.[25] Outra distinção possível seria entre teatro "estético" e "político", já que o ensaio de Brecht insiste em ver o novo teatro épico nos termos da política. A herança de Wagner e Marx é clara na seção inicial, que caracteriza a arte como mercadoria produzida não para o bem geral ou segundo os desejos do artista, mas de acordo com "as leis normais do comércio". Apenas esse tipo de arte presta-se à estrutura da sociedade atual, suprimindo-se tudo o que possa ameaçar a mudança.[26] Entretanto, se tal análise denuncia a influência de Wagner, a solução é radicalmente diversa. Brecht considera a *Gesamtkunstwerk* wagneriana um dos mais poderosos recursos no sistema existente: ela submerge o espectador na obra de arte, cobre-o de esperanças e afasta todo elemento de inquietação capaz de levá--lo a refletir. Brecht, ao contrário, invoca uma separação cabal dos elementos de modo que um propicie comentários sobre os outros e obrigue o público a pesar as alternativas para tomar uma decisão.[27]

O teatro de Brecht não é para uma futura sociedade socialista, mas para a sociedade burguesa de hoje, sendo o seu escopo educativo: expor as contradições ocultas dentro dessa mesma sociedade. Uma vez que o texto, a música e o cenário são livres para "perfilhar atitudes"; uma vez que a "ilusão" é sacrificada à "discussão" aberta; uma vez que o espectador se vê "como que coagido a depositar seu voto" – então, inaugurou-se uma mudança que constitui o primeiro passo rumo à "função social do teatro".[28] Brecht achava que *Mahagonny* funcionava em dois níveis: o nível tradicional da ópera, experiência puramente deleitosa, e o nível da instrução. Para alcançar o primeiro, sugere ele em nota de rodapé, tudo tem de ser *"gestisch"*, gestual, pois "o olho que busca o gesto em tudo é o senso moral".[29] Brecht, a respeito desse termo tão importante, mostra-se menos claro do que quando fala do estranhamento. Talvez seja menos obscuro em "Über gestische Musik" ["Sobre a música gestual"] (1932?), onde distingue *Gestus* e gesticulação tradicional. Ambos exteriorizam algo que de outra forma permaneceria escondido, mas a gesticulação revela estados pessoais subjetivos, ao passo que *Gestus* é sempre de natureza social: torna corpóreas e visíveis as relações entre as pessoas. O ofício do trabalhador, por exemplo, representa um *Gestus* social porque "toda atividade humana votada ao domínio da natureza constitui um empreendimento social, entre homens".[30] Desse modo, o *Gestus* mantém sempre diante dos olhos do espectador as implicações sociais do teatro épico.

Ao longo do ensaio de *Mahagonny*, Brecht mostra-se cauteloso quanto à possibilidade de a nova forma épica conseguir romper com as expectativas do tradicional teatro "culinário" e forçar o espectador afeito à aceitação passiva a um papel mais comprometido. Em parte como manifestação dessa cautela e em parte pelo desejo de explorar as possibilidades de um teatro legitimamente socialista num futuro em que formas de compromisso como *Mahagonny* já não sejam necessárias, Brecht, a esse mesmo tempo, começa a modelar outro tipo de drama, *Lehrstück* (peça educativa). "Die Grosse und die kleine Pädagogik" ["A grande e a pequena pedagogia"] (c. 1930) distingue entre a "pedagogia menor" do teatro épico, que "apenas democratizou o teatro no período pré-revolucionário", e a "pedagogia maior", que "transforma completamente a função da representação ao abolir o sistema de espectador e ator", convertendo "todos os interesses particulares no interesse do Estado".[31] Da produção de *Lehrstück*, pequenos grupos de trabalhadores poderiam participar para sua mútua instrução. Nas notas a *Die Horatier und die Kuratier* [*Os horácios e os curiácios*] (1934), Brecht diz que "quem apresentar uma peça educativa deverá fazê-lo como estudante" e que ela instrui "não por ser vista, mas por ser interpretada; na verdade, não se precisa de nenhum espectador numa peça educativa".[32] Em suma, o drama épico destina-se à instrução do espectador, a peça educativa à do ator.

O ensaio "Verfremdungseffekte in der chinesischen Schauspielkunst" ["O estranhamento na arte teatral chinesa"] (1936?) representa a primeira discussão abrangente que Brecht empreendeu sobre o conceito capital de *Verfremdung*, alienação ou estranhamento. Cita o tradicional estilo interpretativo chinês como modelo para os atores do teatro épico, que procura levar a plateia a refletir sobre seu desempenho tornando-o "estranho". O teatro burguês apresenta os acontecimentos como universais, atemporais e inalteráveis; o teatro épico ou "historicizante" vale-se de *Verfremdung* para transformar até mesmo os eventos cotidianos numa "investigação notável, particular e inquietante".[33] Portanto, o *V-Effekt* constitui uma parcela-padrão do vocabulário crítico brechtiano. O ensaio "Über experimentelles Theater" ["Sobre o teatro experimental"] (1939) sugere *Verfremdung* como alternativa para a compreensão simpática que os tradicionais elementos da piedade e do terror evocam. "Alienar um acontecimento ou um personagem é simplesmente tomar o que, no personagem ou acontecimento, é óbvio, conhecido e evidente, e com ele produzir surpresa e curiosidade."[34]

Esse conceito teve tanta influência, identificando-se a tal ponto com Brecht, que convém lembrar uma coisa: não foi ele que o inventou. Brecht apenas pôs nova ênfase numa ideia muito antiga. Mesmo a *Poética* de Aristóteles (capítulo 22) fala da obrigação que toca ao poeta de empolar a linguagem corrente por meio de metáforas, ornamentos, vocábulos estrangeiros ou raros. Francis Bacon, que Brecht costuma citar com aprovação por seu interesse no experimento científico em lugar da aceitação cega dos preceitos tradicionais (aristotélicos), aconselhava no *Novum Organum* o uso do "estranhamento". Sugeria toda uma variedade de abordagens para perceber a "singularidade" e incitar o "maravilharnento" contra o "hábito depravado" do intelecto, que "é necessariamente corrupto, pervertido e distorcido pelas impressões diárias e habituais".[35]

Os românticos alemães interessaram-se vivamente por esse processo; com efeito, Novalis, um dos poetas mais originais do romantismo, define a poesia romântica como "a arte de surpreender de maneira agradável, de tornar um objeto estranho, mas ainda assim compreensível e interessante".[36] Em época mais recente, Viktor Shklovsky (1893), líder dos formalistas russos, no seu famoso artigo "Arte como técnica" (1917) estabeleceu o *priyom ostranenije* (técnica de tornar estranho) como pedra angular da teoria formalista russa, declarando que os poetas empregam a metáfora e a linguagem figurada não, como queria o pensamento teórico tradicional, para exprimir o desconhecido, mas para tornar o conhecido estranho e surpreendente.[37] Uma vez que Brecht se encontrava em Moscou quando da apresentação da *troupe* chinesa de Mei Lan-fang que inspirou seu ensaio sobre *Verfremdung*, é possível que essa cunhagem deva alguma coisa a Shklovsky, embora se saiba que há já algum tempo ele vinha burilando a ideia. Seja como for, a dimensão política do tratamento de Brecht afasta-o de qualquer de seus predecessores.

Na década de 1930, intensificou-se o interesse pelo desenvolvimento de um drama que respondesse às inquietações do homem comum e aos problemas da moderna sociedade; entretanto, a radical abordagem brechtiana dessas questões não foi de modo algum pronta e universalmente acatada, nem mesmo por outros teóricos alemães que partilhavam suas convicções. Odön von Horváth (1901-1938) sugeriu um tratamento muitíssimo diferente. Suas teorias e peças emergiram de uma relativa obscuridade no final dos anos 60 para apresentar um sério desafio a Brecht. A preocupação capital de Horváth era com o *Volksstück*, termo que colheu do tradicional teatro popular de Viena, e suas principais assertivas teóricas a respeito dessa forma podem ser encontradas numa entrevista com Willi Cronauer e em "Gebrauchsanweisung" (ambos os textos de 1932).

Horváth declara que vai "destruir deliberadamente a forma e o *ethos*" do velho *Volksstück* para criar algo novo, um drama que pintará as vicissitudes do povo "visto pelos olhos do próprio povo" e que "apelará antes para os instintos do que para o intelecto das pessoas".[38] Obviamente, isso contribui com uma nota de natureza bem mais psicológica do que a que se pode descobrir nas teorias de Brecht; com efeito, o objetivo visceral de Horváth é o freudiano "desvelamento do inconsciente", sendo seu motivo nuclear o "eterno combate entre o consciente e o subconsciente".[39] Por meio de uma "síntese da seriedade e da ironia", ele tenta expor "os impulsos instintivos absolutamente íntimos" de seus personagens e, portanto, de seus espectadores. O tradicional *Volksstück* negava essa realidade psicológica tanto quanto outras referentes à língua e à sociedade. O "povo" da Alemanha de Horváth são os pequeno-burgueses que não falam em dialeto nem recorrem aos torneios finórios do *Volksstück*, mas adotam o "jargão da cultura" eivado de clichês e ideias recebidas. O novo drama de Horváth procura expor a seu público o conflito entre esse jargão pretensioso e vazio, e as autênticas agonias dos impulsos psicológicos reprimidos, além da igualmente reprimida constatação da injustiça do sistema socioeconômico.

Um desafio ainda mais sério às teorias de Brecht, nos anos 30, foi lançado por Georg Lukács, que por essa época volveu aos estudos literários, mas agora de uma perspectiva nitidamente marxista. Com base nas observações de Marx e Engels, sugeriu uma literatura de "realismo", isto é, que descrevesse acurada e abrangentemente a situação sócio-histórica de uma dada sociedade. Seus personagens não deveriam nem ser exclusivos a ponto de inviabilizar a aplicabilidade geral, nem abstratos a ponto de se intercambiarem, mas unir o geral e o particular em "tipos" emblemáticos das leis universais da sociedade. A burguesia anterior a 1848, quando ainda constituía uma classe progressista, era capaz de produzir obras "realistas", mas, no contexto social presente, prossegue Lukács, apenas o proletariado revela essa limpidez de visão.

No *Die Linkskurve*, jornal proletário de Berlim para o qual escreveu de 1931 a 1933, Lukács condenou boa parte da literatura proletária contemporânea por não insistir em mesclar o geral e o particular na tentativa de obter o "típico". Num extremo, disse ele, os propagandistas criaram modelos abstratos de ação como o "íntegro não comunista que de repente se converte ao comunismo" em vez de "pessoas de carne e osso com suas relações, em perpétuo estado de fluxo".[40] No outro extremo, os fazedores de "reportagens" ou "montagens" buscam a objetividade apresentando fatos isolados ou conjuntos de fatos, mas nem assim apreendem a totalidade de um processo social. Para Lukács, o exemplo máximo desse erro é a obra do romancista Ernst Ottwalt (1901-1936?), embora ele cite também as peças de Brecht: Ottwalt e Brecht se insurgiram contra a tradição psicológica e subjetiva da literatura burguesa concentrando-se no fato objetivo, com o que deixaram escapar "a interação dialética da subjetividade e dos elementos formais".[41]

Esses ataques acenderam um inflamado debate teórico no seio da crítica marxista, que se arrastou pelos anos 30 e teve ressonâncias nas décadas seguintes. Brecht não respondeu de pronto, mas Ottwalt, que trabalhava a quatro mãos com Brecht em *Kuhle Wampe* (1932), publicou no *Linkskurve* uma apologia do colega. "Não é dever de nossa literatura estabilizar a consciência do leitor, mas abalá-la", desafiava ele, acusando Lukács de defender obras inadequadas ao atual período de transição, obras bem-acabadas e harmoniosas que deixam a plateia "satisfeita com as coisas como estão."[42]

A defesa de Ottwalt revela uma diferença essencial entre Brecht e Lukács: Brecht via uma contradição intrínseca na realidade social e considerava a racionalidade cética e experimental (embora o "período de transição" de Ottwalt mascare esse ceticismo); Lukács, mais hegeliano, achava que a arte pode harmonizar contradições para exprimir a essência da "totalidade". A réplica de Lukács, intitulada "Aus der Not eine Tugend", apresentava outras provas, posto que indiretas: negando o ponto de vista brechtiano, segundo o qual o "velho" teatro reputava o homem imutável, chamou essa postura de "mecânica e infiel ao verdadeiro sentido da tese marxista", já que Marx deslindou o processo dialético atuante ao longo da história e o próprio Lukács encontrava material valioso na tradição literária pré-marxista. Afirmou que a insistência de Brecht na contradição nada tinha de marxista, sendo apenas uma expressão burguesa disfarçada da falta de sentido, tão comum na arte decadente do século XX.[43]

A tese de Lukács foi corroborada por Andor Gábor (1884-1953), outro marxista húngaro que vivia então em Berlim. No mesmo número do *Linkskurve*, seu artigo "Zwei Bühnenereignisse" demolia duas peças proletárias inspiradas nas "falsas e enganosas" ideias de Brecht. Gábor reproduziu a tabela comparativa do prefácio de *Mahagonny* e, ignorando a advertência de Brecht de que ela só mostrava uma mudança de ênfase, acusou-o de "idealismo" por criar abstrações tais como um homem dotado apenas de sentimento ou apenas de razão. Em consequência, sustentou Gábor, Brecht não podia ou não queria colocar no palco o homem "que ama e vive" na plenitude de sua vida emocional *e* racional, substituindo-o por "um grau de consciência e não de ser", próprio tão somente para "burgueses idealistas".[44]

A tomada do poder por Hitler, em 1933, encerrou essa fase do debate e também pôs termo ao *Linkskurve* e ao Partido Comunista alemão. Lukács e Gábor fugiram para Moscou, Brecht e Ottwalt para a Dinamarca. Na Rússia, Lukács encontrou apoio para suas ideias na doutrina do realismo socialista, que começava a despontar. O termo apareceu na primavera de 1932 e, em outubro, Stalin o consolidou observando que, se um artista "pinta fielmente nossa vida, não pode deixar de notar e reproduzir tudo aquilo que, nela, conduz ao socialismo. Pois essa é que será a arte socialista. Será esse o realismo socialista".[45] O Congresso dos Escritores Soviéticos, reunido em 1933, começou a explorar as implicações dessa doutrina. Andrei Jdanov (1896-1948), secretário do Comitê Central e encarregado dos assuntos ideológicos, sustentou que o realismo socialista não significa apenas "fidelidade e concretude histórica do retrato artístico", mas também "a remodelação ideológica e a educação do povo operoso dentro do espírito do socialismo". Nas palavras de Stalin, os escritores deveriam ser "engenheiros de almas", e a literatura socialista, tendenciosa e orgulhosa disso.[46] O drama, na qualidade de gênero mais adequado à educação das massas, recebeu atenção especial do Comitê Central Soviético.[47]

Lukács subscreveu na essência a interpretação ortodoxa do realismo socialista, embora se sentisse menos inclinado do que Jdanov a festejar o caráter tendencioso da literatura e mais tolerante para com os autores de outras épocas que, a seu ver, conseguiram criar uma arte realista importante a despeito de sua formação de classe. Concordava muito mais com as autoridades literárias soviéticas a respeito da decadência e inutilidade da experimentação literária não realista ou "formalista". Já em 1933, publicava o artigo "'Grösse und Verfall' des Expressionismus", que condenava o expressionismo como forma decadente e retrógrada, uma manifestação precoce da ideologia fascista.

Essa posição foi reafirmada pelo discípulo de Lukács, Alfred Kurella (1895-1975), num dos primeiros números de *Das Wort*, jornal editado em Moscou para servir de fórum internacional para os autores antifascistas, mas que visava também a atualizar o resto da Europa com as novas teorias literárias soviéticas. A campanha de Kurella contra o expressionismo inspirou uma série de artigos em 1937 e 1938 no *Das Wort*, coletivamente chamados de "Expressionismusdebatte" ["Debate sobre o expressionismo"]. Seus artigos principais apareceram na conclusão: "Diskussionen über Expressionismus" ["Discussão sobre o expressionismo"], de Ernst Bloch (1885-1977), sendo a palavra final o "Es geht um den Realismus" ["Trata-se do realismo"], de Lukács. Bloch e Lukács conviviam intimamente há mais de trinta anos e, por ocasião da Primeira Guerra Mundial, chegaram a planejar uma obra conjunta sobre estética. Mas já em 1918, a primeira obra capital de Bloch, o místico *Geist der Utopie* [*O espírito da utopia*], continha uma celebração do experimento expressionista e modernista que pareceu inaceitável a Lukács. A famosa troca de artigos no *Das Wort* resumiu assim o debate entre esses dois teóricos que durava há perto de duas décadas.

O artigo de Bloch censurava Lukács (e seu porta-voz Kurella) pela insistência numa visão em preto e branco da realidade, na qual "todas as formas de oposição à classe dominante, que não sejam comunistas desde o início, amalgamam-se com o poder" e, assim, desmentem qualquer utilidade crítica. Essa visão provém da ideia de Lukács de uma "realidade fechada e integrada" – herança da filosofia alemã clássica: uma vez que ele nega que o sistema burguês contém disjunturas, contradições e fissuras em suas inter-relações de superfície, pode também condenar as tentativas legítimas de explorar tais disjunturas e, mesmo, encontrar novos valores nas fissuras, não como crítica saudável, mas como "exercício" decadente e vazio.[48]

Lukács, em resposta, aceitou de bom grado a acusação de postular uma totalidade na cultura burguesa e citou Marx – "as relações de produção de qualquer sociedade formam um todo" – repisando sua antiga reivindicação do reflexo da realidade objetiva na literatura e alertando para os riscos do experimento subjetivo e autocomplacente. Uma técnica como a montagem pode ser deslumbrante em sua diversidade e até produzir alguns curiosos efeitos ocasionais de relevância política, mas jamais logrará dar forma à realidade e a um mundo de inter-relações que constitui a obrigação precípua da arte marxista.[49]

Embora Brecht fosse coeditor do *Das Wort*, encontrava-se pessoalmente na distante Dinamarca, de modo que sua influência real era mínima, conforme o prova o generalizado tom antiexperimental do debate de 1937-1938. Ele chegou a escrever diversos ensaios em resposta a Lukács, mas desistiu de publicá-los. Walter Benjamin, que compartilhou por algum tempo seu exílio escandinavo, registrou conversações nas quais Brecht parecia querer evitar ao mesmo tempo o confronto teórico direto com Lukács e o desafio aos poderes políticos de Moscou, que talvez apoiassem seu adversário. Seu *Arbeitsjournal* do período, no entanto, poucas dúvidas deixam a respeito das opiniões do autor: Lukács é que ainda estava tolhido pela tradição literária burguesa, pois não via nenhuma diferença, nenhum conflito entre o chamado "realismo proletário" e o realismo da tradicional cultura burguesa. Com efeito, o realismo "foi tão bem corrompido pelos nazistas quanto o socialismo" e o próprio Lukács poderia ser classificado como um "murxista" cujo único título consistia no fato de "escrever em Moscou".[50]

Dois dos ensaios que Brecht escreveu em 1937 em resposta a Lukács, "Weite und Vielfalt der realistischen Schreibweise" ["Extensão e diversidade do estilo realista"] e "Volkstümlichkeit und Realismus" ["Popularidade e realismo"], apareceram finalmente em 1954 e 1958, ao passo que outros foram incluídos na edição de 1967 de seu *Schriften zur Kunst und Literatur* [*Escritos sobre arte e literatura*]. Todos eles tratam Lukács com mais gentileza do que o *Arbeitsjournal*, mas a incompatibilidade entre ambos é notória. Brecht atribui a Lukács alguns "ensaios notáveis" sobre o realismo, embora, a seu ver, estes o definam "de modo muito estreito". O realismo tem de ser "amplo e político", igualmente livre das "restrições estéticas" e da "convenção".[51] O artista cujas obras expõem fielmente o nexo causal da sociedade para o proletariado não deve recear a incompreensão do povo, mesmo que sua abordagem seja nova. Na verdade, a arte voltada legitimamente para o povo precisa acompanhar-lhe o movimento, buscando novos tratamentos à medida que a sociedade evolui. A arte que a tanto se recusar perderá o contato com a vida e se tornará mera repetição estéril de obras antigas. "Impossível decidir se uma obra é realista ou não comparando-a a outras que assim foram tidas em seu tempo. Em cada caso, a pintura da vida será comparada não a outra pintura, mas à vida que estiver sendo pintada".[52] Assim, Brecht alega que não ele, mas Lukács é que foge da realidade para o formalismo reverenciando realistas como Balzac.

O ensaio de Walter Benjamin "Versuche über Brecht" ["Ensaio sobre Brecht"], escrito nos anos 30 e publicado em 1966, apresenta outra defesa da teoria e prática épicas. O drama brechtiano tem muitos pontos em comum com o *Trauerspiel* de Benjamin – é fragmentado, despojado, chocante –, mas segue um programa positivo para sanar a desolação da sociedade que o *Trauerspiel* apenas reflete com melancólica angústia. A apologia de Benjamin estava nitidamente condicionada pelos argumentos de Lukács. O artista, como o trabalhador, deve avaliar sua posição no processo produtivo. Se aceitar levianamente os métodos de produção do passado (como o realismo do século XIX), até mesmo suas criações mais "proletárias" passarão a ser assimiladas em termos tradicionais, ou seja, como mero entretenimento: aquilo que Brecht chamou de teatro "culinário". Brecht foi o primeiro artista a exigir mudanças no aparato cênico para quebrar a ilusão e impedir que essa assimilação se operasse. Examinando o cinema, o rádio e a fotografia, mas evocando talvez a teoria de Eisenstein, Benjamin dá a essa técnica o nome de montagem. Levando a ação a uma "parada em plena carreira", ela "obriga o espectador a posicionar-se perante a ação, o ator a posicionar-se perante seu papel".[53]

A expansão do poder de Hitler afugentou Brecht da Europa para a América em 1941. Ali, encontrou a famigerada controvérsia com Lukács à sua espera. Em 1937, Mordecai Gorelik publicara no *Theatre Workshop* a primeira apreciação da teoria brechtiana realizada na América, acolhida no número seguinte por uma refutação de John Howard Lawson, que em essência repetia Lukács e considerava as ideias de Brecht "desacreditadas e inteiramente não marxistas.[54] Brecht repostou com seu "Short List of the Most Frequent, Common and Boring Misconceptions about the Epic Theatre" ["Breve enumeração dos equívocos mais frequentes, surrados e aborrecidos a respeito do teatro épico"]. Um desses grandes equívocos era a crença de que a teoria do teatro épico, superintelectualizada e abstrata, renegava as emoções.

Brecht não voltou a produzir muitas obras críticas em seus anos de América. Entretanto, após voltar para a Europa, em 1947, publicou seu trabalho mais importante, *Kleines Organon für das Theater* [*Pequeno organon para o teatro*] (1949), que reunia os vários elementos da teoria épica – a historicização do presente, o *Verfremdungseffekt*, o distanciamento do ator de seu papel, a divisão da ação em episódios individuais e dialeticamente opostos (cada qual com seu *Gestus* básico), a separação das várias artes do drama para um idêntico estranhamento mútuo – e os desenvolvia segundo sua capacidade de despertar o homem para a possibilidade de mudança em todas as coisas.[55]

A primeira parte do manifesto de Brecht estabelece, um tanto surpreendentemente, que a base autêntica do teatro é o entretenimento, sendo o prazer sua única justificação. O público da idade científica, porém, exige um tipo de entretenimento que reflita a visão moderna e científica da realidade. Desse ponto de partida antes estético que político, Brecht passa a defender o teatro épico. Este traz para o campo das relações humanas, diz ele, o espírito científico a que o homem ainda recorre no trato da natureza e do mundo, criando assim uma diversão relevante para a consciência moderna e com ela condizente.

Brecht propôs-se explorar mais a fundo tais ideias em seus *Messingkauf Dialogues* [*Diálogos sobre comércio de latão*], mas, como estes nunca foram concluídos, o *Kleines Organon*, espécie de condensação dos *Dialogues*, tornou-se o resumo consagrado da teoria brechtiana.

Antonin Artaud (1896-1948), cuja influência no teatro posterior fez sombra à de Brecht, também via o drama como um instrumento revolucionário, uma ferramenta para reorganizar a existência humana. Como Brecht, tentou dissociar o teatro tal qual deveria ser, "o remate dos mais puros desejos da humanidade", daquilo que efetivamente era, "um fácil e enganoso" provedor de prazeres passageiros ao qual se ia "como se vai ao bordel".[56] A perspectiva de Artaud, entretanto, era a de um teatro que pudesse mudar o homem psicologicamente e não socialmente, por meio da liberação das forças tenebrosas e latentes em sua alma. Assim, Brecht e Artaud acabaram representando posições diametralmente opostas, o primeiro estimulando o espectador ao raciocínio e à análise, o outro considerando o pensamento discursivo como uma barreira ao despertar do espírito aprisionado no corpo. Em Artaud, vislumbramos as inquietações dos teóricos simbolistas e surrealistas levadas à máxima radicalização.

A primeira exposição significativa de Artaud sobre o teatro, "L'évolution du décor" ["A evolução do cenário"] (1924), rompe com as ideias de seus antigos patronos do Cartel des Quatre e ressalta "o espírito e não a letra do texto", denunciando o objetivo de "reteatralizar o teatro". Em vez disso, o teatro deveria "voltar à vida", não à maneira dos naturalistas, mas num nível mais místico e metafísico. Cenógrafos e atores têm de surpreender a vida oculta das grandes peças e criar um teatro aonde o público vá, "não para observar, mas para participar".[57]

Essas ideias foram desenvolvidas mais tarde em manifestos que Artaud escreveu de 1926 a 1929 em apoio de sua empresa de produção artística, o Théâtre Alfred Jarry. Ele prometia um teatro que mostraria à plateia "as angústias e perturbações de suas vidas reais" e onde o espectador se submeteria a "uma verdadeira operação envolvendo não apenas a mente, mas também os sentidos e a carne". Seria um teatro mágico, voltado não para o olho ou o intelecto, mas para "os mais misteriosos recessos do coração".[58]

André Breton, então politicamente empenhado na promoção do surrealismo, expulsou Artaud do movimento por sua visão apóstata da revolução como "mera mudança nas condições internas da alma". Artaud não negou a acusação e, em 1927, caracterizou a revolução de Breton, preocupada com "a necessidade de produção" e "a condição dos trabalhadores", como uma "revolução para castrados". Para ele, as raízes dos problemas humanos estão muito abaixo da organização social: a única revolução merecedora de incentivo é a libertação do homem interior.[59]

Naturalmente, tais declarações levaram os críticos politicamente engajados a qualificar Artaud de formalista, defensor da arte pela arte, postura que ele também repeliu em "Le théâtre Alfred Jarry" ["O teatro de Alfred Jarry"] (1929). Embora seu objetivo fosse um teatro tão livre quanto a música, a poesia e a pintura (um "espetáculo total" de experiência pura), esse teatro nada tinha a ver com "arte ou beleza"; era extrateatral, uma reintegração da vida em si mesma, uma visão próxima da alucinação da realidade humana, a "realidade da sensação e da inquietação" em sua plenitude.[60]

No começo dos anos 30, Artaud produziu uma série de ensaios que foram enfeixados em sua obra mais influente, *Le théâtre et son double* [*O teatro e seu duplo*] (1938). O primeiro deles, "Sur le théâtre balinais" ["Sobre o teatro balinês"] (1931), recorda um acontecimento capital em sua vida e pensamento: a apresentação dos bailarinos balineses na Exposição Colonial de Paris. Num dos manifestos de 1926, Artaud dissera que a encenação e a representação "deveriam ser entendidas como simples sinais visíveis de uma linguagem invisível e secreta",[61] mas o modelo dessa sinalização lhe escapou até que pôde contemplar o desempenho dos bailarinos balineses. Então, finalmente, captou "a ideia do teatro puro onde tudo, concepção e realização, tem valor e existência apenas na medida do grau de sua objetivação no *palco*". As palavras haviam sido eliminadas; os próprios atores se tornaram "hieróglifos animados" cujos gritos e gestos despertavam na plateia uma resposta intuitiva que a linguagem lógica e discursiva não conseguia reproduzir.[62]

Desde o começo de sua carreira como poeta, Artaud vivera obcecado pela sensação de que as palavras eram incapazes de capturar a vida interior, tema constantemente repisado em sua *Correspondence avec Jacques Rivière* [*Correspondência com Jacques Rivière*], de 1924. Os bailarinos balineses pareciam aventar uma solução para o problema, ou seja, um meio de contornar as armadilhas da linguagem. Ali estava expresso um sistema de signos espirituais, "um secreto impulso físico que é a Fala anterior à palavra".[63] "La mise en scène et la métaphysique" ["A encenação e a metafísica"] (1931) e "Théâtre oriental et théâtre occidental" ["Teatro oriental e teatro ocidental"] (c. 1935) desenvolviam essa ideia. O teatro não pode subordinar-se ao texto assim como o corpo não pode subordinar-se à mente. A linguagem, se usada, já não deve ser humanista, realista e psicológica, mas religiosa e mística, uma linguagem encantatória.[64]

Artaud escolheu o termo "crueldade" para caracterizar o novo teatro, em 1932, após examinar e rejeitar "absoluto", "alquímico" e "metafísico". Lançou dois manifestos em defesa do *théâtre de la cruauté* em 1932 e 1933, suplementando-os com cartas e os ensaios "Le théâtre alchimique" ["O teatro alquímico"] (1932), "En finir avec les chefs-d'oeuvre" ["Chega de obras-primas!"] (1933) e "Le théâtre et la peste" ["O teatro e a peste"] (1934). Desde o início Artaud recusou uma interpretação moral ou física da crueldade. Derramamentos de sangue e carnes martirizadas, observou na primeira "Lettre sur la cruauté" ["Carta sobre a crueldade"], constituem "um aspecto insignificante da questão". A crueldade é, de preferência, um "rigor cósmico, uma intenção e decisão implacáveis, uma determinação irreversível e absoluta" que subjugam tanto o torturador quanto o torturado.[65] Assim, embora o derramamento de sangue seja uma parte insignificante desse centro de dor, ainda é uma parte dele. A base é a força turbulenta do poder criador, um impulso irracional cuja lei permanente é o mal.[66] O obscuro poder criador exposto pelo teatro sugere a Vontade cruel e sombria de Schopenhauer ou talvez, mais diretamente, o espírito dionisíaco de Nietzsche; mas o espectador do teatro de Artaud, encerrado no ser, não tem acesso à libertação mística sugerida por Schopenhauer, nem Artaud postula uma contraposição apolínea originária da arte. A única e verdadeira tarefa do teatro é revelar o âmago da treva na própria vida.

Todas as armadilhas da sociedade moderna, especialmente ocidental – sua moralidade, seus tabus, suas instituições – constituíam, na opinião de Artaud, tentativas intencionais de negar e refrear essa crueldade cósmica, as quais, como as repressões freudianas, minaram profundamente a saúde espiritual do homem ocidental. A disparidade entre sentimento e linguagem, que sempre torturou Artaud, ele agora a considerava manifestação pessoal de uma crise cultural geral, uma tentativa, em termos nietzschianos, de edificar uma sociedade apolínea em desafio à dionisíaca. No ensaio rapsódico "O Teatro e a peste" (1933), Artaud associa o teatro à praga como liberadora e reveladora desse espírito reprimido; é "o mergulho no abismo da crueldade" que "desencadeia poderes e possibilidades sombrias". O crítico Franco Tonnelli, com sutileza, denomina esse processo de "antipurgação".[67] Ele não busca aliviar a alma de certas paixões tenebrosas para restaurar a paz e o equilíbrio, mas confrontar a alma, talvez demasiado complacente, com as energias aflitivas e abissais que não admitem reconciliação.[68]

Menos fértil em controvérsias, mas igualmente sujeito a interpretações equivocadas era o conceito de "duplo". Numa carta de 1936, assim Artaud explicava o título de sua obra capital: "Se o teatro é o duplo da vida, a vida é o duplo do verdadeiro teatro". Isso nada tem a ver, apressa-se ele a ressaltar, com o paradoxo de Wilde segundo o qual a natureza imita a arte, mas sim com "os duplos do teatro que descobri há muitos anos: metafísica, praga, crueldade".[69] O duplo do teatro não é a realidade cotidiana e observada, que cada vez mais se torna vazia e sem sentido; ele é "a realidade arquetípica e perigosa" que Artaud, no ensaio "O Teatro alquímico" (1932), dizia ser a finalidade das experiências da alquimia e outras ciências ocultas. Em termos ocultistas tradicionais, Artaud traça a origem do drama até a segunda fase da criação, quando "matéria e materialização" surgiram do espírito original indiviso.[70]

Artaud também utiliza o conceito do duplo ao falar da arte do ator em "Un athlétisme affectif" ["Um atletismo afetivo"] (1936). O ator deve ver seu corpo como o duplo de um "espectro" eterno, plástico, sempre inacabado "como o Ka das múmias egípcias". Cada parte do corpo tem seu poder místico especial;

cada emoção, sua base orgânica. Até os diferentes métodos de respiração podem e devem ser analisados em busca de um conteúdo simbólico. "Pelo hieróglifo de um hausto", conclui Artaud, "posso encontrar outra vez a ideia de um teatro sagrado."[71] Depois de 1936, o teatro se tornou, para Artaud, cada vez mais identificado com o corpo. Seu poema de 1947, "Le théâtre et la science" ["O teatro e a ciência"], sustenta que o teatro "Não é um desfile cênico onde, simbólica e virtualmente, se desenvolve um mito,/Mas um cadinho incendiado" onde, "Pelo esmagar de ossos, de membros e de sílabas,/Os corpos se reconstituem".[72] Nesse cadinho se dissolveram os derradeiros e atormentados anos de Artaud, durante os quais ele nada produziu que se comparasse aos ensaios coletados em *O teatro e seu duplo*.

O predomínio da tradição crítica orientada para o texto, de Copeau e Jouvet, impediu que as ideias de Artaud exercessem influência significativa na França durante muitos anos. O espírito teórico do começo dos anos 40 acha-se admiravelmente plasmado em *L'essence du théâtre* [*A essência do teatro*] (1943), de Henri Gouhier (1898). Quatro breves "testemunhos" de membros do Cartel precedem o texto, reafirmando a estética de Copeau. "Nosso objetivo", diz Pitoëff, "consiste unicamente em ajudar o pensamento do autor a ser revelado de modo mais claro ao espectador." "O senhor do teatro é o autor", declara Dullin. Jouvet mostra interesse por um estudo histórico da arquitetura teatral.[73] Baty, como era de esperar, aproxima-se mais de Artaud ao preceituar um teatro que não apenas fale do mundo, mas torne-o "sensível".[74] No entanto, em muitos aspectos, sua visão é o oposto da de Artaud. Baty gostaria de afastar-se do homem para abraçar a criação inteira e mesmo Deus, numa harmonia panteística; Artaud preferiria adentrar o homem para em seu íntimo surpreender o conflito e a rebelião.

A teoria de Gouhier, obviamente, também se inspira em Copeau. O texto "não é a totalidade da peça", mas seu "germe", ao qual a encenação deve sempre permanecer fiel. Todavia, o teatro não pode ser julgado como gênero literário; trata-se de uma arte isolada, baseada na "exteriorização da vontade" e na "presentificação por meio das presenças" dos atores e do cenário.[75] Essa criação de uma realidade cênica é a aproximação máxima que o homem consegue da criação divina e constitui, pois, o supremo esforço de seu espírito para superar a fraqueza da condição humana.[76] Aqui nada há de Artaud cinco anos após o aparecimento de sua obra maior, embora o professor Gouhier acabasse por colocá-lo no centro da discussão em 1974, no estudo *Antonin Artaud et l'essence du théâtre* [*Antonin Artaud e a essência do teatro*].

Mesmo os primeiros defensores de Artaud, Jean-Louis Barrault (1910) e Jean Vilar (1912-1971), apesar de censurarem a geração prévia por sua subserviência à "intenção do autor", continuaram comprometidos com um teatro de texto (ambos, por exemplo, reverenciavam Claudel) e pouco disseram a respeito da visão sombria que constitui o cerne dos escritos de Artaud. Vilar, em "Le metteur en scène et l'oeuvre dramatique" ["O encenador e a obra dramática"] (1946), fala com aprovação da ênfase de Artaud na natureza "encantatória" do texto, texto que deve servir de "cenário" para a obra criativa do teatro.[77] Vilar, como Pushkin e Wagner, acha que o grande drama só é possível "naquelas épocas privilegiadas em que uma crença, seja cristã, pagã ou ateística" inspira o poeta e harmoniza-o com o povo que compartilha o mesmo credo. Já que isso se tornou inviável pela fragmentação da sociedade e a comercialização da arte, cumpre que o artista se volte para as causas sociais: "Primeiro temos de construir uma sociedade para depois, quem sabe, construir um teatro condigno".[78] Assim, a despeito das palavras de apoio a Artaud, o programa de Vilar era totalmente diverso; o repúdio das soluções metafísicas em prol das soluções sociais para os problemas do homem constituía, é claro, exatamente o ponto de ruptura entre Artaud e os surrealistas de Breton.

Barrault foi encontrar em Artaud inspiração para suas próprias concepções teóricas, que viam o teatro como uma experiência física e psíquica total. Considerava Artaud um dos cinco teóricos supremos que todo jovem artista deveria conhecer (os outros eram Aristóteles, Corneille, Hugo e Craig).[79] O ensaio sobre representação, com suas cabalísticas (Barrault chama-as "alquímicas") divisões de tipos de respiração, parece singularmente próximo do trabalho do ator francês no rigoroso desenvolvimento da expressão física; entretanto, Barrault pregava uma análise igualmente pormenorizada de cada parte do mecanismo vocal. Mostrava-se muito menos à vontade com a rejeição da fala propugnada por Artaud: "Fala e gesto não são como pera e maçã, cachorro e gato, mas uma só e mesma fruta, como um pêssego de pomar e um pêssego selvagem".[80] Na verdade, Barrault tinha interesse mínimo na mudança radical do teatro, preocupando-se mais com aprofundar e enriquecer a tradição já firmada. Seu bastante convencional "espectro do teatro" – com o "gesto puro", de um lado, e a "fala pura", de outro, e Shakespeare e Molière, no centro – pouco tem a ver com o tipo de visão apocalíptica encontrado em Artaud.

Jean-Paul Sartre (1905-1980) considerava o drama um retrato do processo de engajamento, que lidava não com fatos, mas com "direitos", e onde cada personagem "age porque está empenhado numa aventura, e, como essa aventura tem de ser levada a termo, justifica-a racionalmente e acredita estar certo em ernpreendê-la".[81] O processo deve ser relevante para as preocupações do público, mas distanciar-se dele a fim de oferecer uma perspectiva. No teatro, o homem vê a si mesmo "não como os outros o veem, mas como de fato é".[82] A essência do teatro, tanto para Sartre quanto para Brecht, resume-se numa combinação de distância objetiva e apresentação de situações importantes para o espectador. A palestra "Le style dramatique" ["O estilo dramático"] (1944), que contém essas observações, também lembra Brecht ao recorrer ao gesto como fundamento do drama. A linguagem teatral deve sempre voltar-se para a ação, não para o realismo ou a expressão psicológica; ela exige o gesto e precisa contribuir diretamente para a montagem de um esquema de engajamento.

A ênfase no gesto foi bem recebida por Barrault, um dos que comentaram a palestra de Sartre (os outros foram Vilar, Camus e Cocteau). Barrault sugeriu que o estilo dramático começa com "a expiração de uma inspiração" e que o gesto está implícito no próprio som de certas consoantes e vogais. A influência de Artaud pode ser percebida aqui, bem como na referência de Barrault a uma "alquimia" da palavra "não enquanto ideia, mas ação e gesto", e em sua sugestão de que até a algaravia "pode constituir uma extraordinária linguagem dramática". Sartre, cujo drama de escolha e crença exigia a linguagem discursiva, manteve-se previsivelmente arredio a essas propostas.[83]

No final da década de 1940, Sartre burilou a ideia de um "teatro de situações" em substituição ao "teatro de caráter". Em "Forger des mythes" ["Criação de mitos"] (1946), ele acena com a esperança de que, nesse drama, os jovens autores franceses retornem à tragédia "como a entendiam os gregos" – na afirmação de um direito hegeliano. À diferença do drama de tese ou do drama derrotista do naturalismo, o novo teatro apresenta "o homem livre em meio às suas próprias situações, escolhendo, quer queira quer não, pelos outros quando escolhe por si mesmo".[84] Essa escolha, resultado da vontade livre e feita em face do "absurdo do mundo", envolve as questões mais fundamentais de como o homem vê e define a si mesmo, podendo por isso assumir a significação de mito moderno.

Ao propor essa abordagem da tragédia para o homem contemporâneo, Sartre aproxima-se bastante de Albert Camus (1913-1960), o qual, a despeito de seus protestos, passou a ser frequentemente considerado um dramaturgo "existencialista" em sintonia básica com Sartre. O "absurdo do mundo", mencionado por Sartre, é mais plenamente desenvolvido no prestigioso "Le mythe de Sisyphe" ["O mito de Sísifo"] (1943), de Camus, e a criação, por parte do homem, de uma significação em face de um mundo aparentemente indiferente a ela constitui a preocupação central de ambos os autores. No final dos anos 40, entretanto evidenciou-se marcada diferença em suas ideias, tendo o seu cisma público no começo da década de 1950 sido acompanhado – à moda tradicional da França – por uma guerra de artigos e panfletos. Camus achava o marxismo de Sartre uma perspectiva parcial, uma traição à consciência individual em prol da coletiva. Sartre acusava Camus de má vontade em engajar-se nos processos da história, em aceitar até mesmo a instância da culpa moral.

As ramificações políticas e filosóficas dessa controvérsia foram desenvolvidas em ensaios que os dois escritores publicaram no começo da década de 1950, com a obra teatral de cada um consolidando suas posturas contrastantes. O debate se reflete menos claramente nas teorias dramáticas de ambos, mas seus traços podem ser percebidos na grande exposição teórica de Camus sobre o drama, "Sur l'avenir de la tragédie" ["Sobre o futuro da tragédia"] (1955). As bases que ele sugere para a tragédia moderna lembram mais Hebbel do que Hegel. Tomando a experiência grega e renascentista, observa: "A idade trágica parece sempre coincidir com uma evolução na qual o homem, conscientemente ou não, liberta-se de uma forma antiga de civilização para logo descobrir que rompeu com ela sem ter achado outra capaz de satisfazê-lo".[85] Camus vê uma espécie de efeito pendular, na história, entre sociedades firmadas na religião e no homem. Tanto os gregos quanto os autores renascentistas pintavam o herói em conflito com a ordem do mundo, mas nos dois casos, com o triunfo da razão e dos direitos individuais, a tragédia desaparecia. Nos tempos modernos, o homem transformou o intelecto, a ciência e a história numa nova divindade que agora "afivela a máscara do destino". O indivíduo, forcejando por livrar-se desse novo deus, cai outra vez na situação ambígua e contraditória que dá azo à expressão trágica.[86]

A possibilidade e a significação da tragédia no mundo atual despertaram vivo interesse também na América e Inglaterra dos anos 30 e 40, a começar pelas réplicas às declarações pessimistas de Krutch sobre o futuro da visão trágica, em 1929. Kenneth Burke (1897), em *Counter-Statement* [*Teoria da forma literária*] (1931), aceita o argumento de que toda obra de arte reflete, até certo ponto, o seu próprio tempo, mas rejeita a análise spengleriana de decadência e declínio que ele vislumbra no escrito de Krutch. Burke assegura que a sociedade moderna já não compartilha um sistema moral ou ideológico comum (a base tradicional para uma arte "objetiva" como o drama) e que a arte contemporânea, por isso mesmo, passou a depender mais da experiência "subjetiva" do artista. Contudo, o "espírito trágico" não arrefeceu e as preocupações da tragédia – "a participação íntima do homem em processos que o ultrapassam" e uma postura engajada diante de tais processos – continuam acessíveis como sempre. Embora a ciência haja substituído o tradicional sistema metafísico da fé, ela própria cedeu lugar à crença no "movimento lento e canhestro da sociedade humana".[87] Assim, em futuro, o herói trágico se relacionará com um processo *histórico* e não divino.

Mark Harris (1907), em *The Case for Tragedy* [*A defesa da tragédia*] (1932), parece ignorar os escritos de Burke, mas adota um argumento algo similar. Desde o começo, insiste em que, à parte as preocupações estéticas e filosóficas, deve-se sempre ter em mente os aspectos sociológicos do drama, os valores "que sucedeu serem prezados" na era do espectador e são "objetivados para ele no espetáculo dramático".[88] Aqueles que, como Krutch, negam a viabilidade da tragédia moderna estão apenas tentando aplicar a uma nova ordem valores que já não são mais aceitos. Se o nexo do atual sistema de valores deslocou-se do céu e do homem, a ciência encontrou um novo nexo na natureza; e trágicos modernos como O'Neill ou Ibsen alardeiam o triunfo da natureza, negando por isso a reconciliação humanista ou metafísica típica das tragédias do passado. Na medida em que o homem persegue valores, quaisquer que sejam, no universo, e teme os desafios a esses valores, cria-se uma tensão que torna possível a tragédia, pois esta sempre "põe em risco" os valores pessoais e coletivos da época.[89]

Eric Bentley (1916) também defende a tragédia moderna, criada em termos modernos, em *The Playwright as Thinker* [*O dramaturgo como pensador*] (1946). Conforme o título sugere, Bentley advoga o teatro de ideias, oposto tanto ao divertimento leve do espetáculo comercial quanto ao teatralismo não verbal de Craig e os simbolistas. Bentley privilegia o equilíbrio da tragédia: ela não deve ser nem exageradamente otimista, "pois isso equivaleria a subestimar o problema", nem por demais pessimista, "pois então se perderia a fé no homem".

Cumpre que a tragédia se apresente como "um relato amplo e profundo da vida do indivíduo", no qual "nem os problemas do homem, nem sua capacidade de arrostá-los sejam minimizados".[90] De igual modo, evitem-se os extremos do expressionismo, que busca captar "a essência da vida sem o conteúdo", e do surrealismo, que persegue o conteúdo sem a essência. Bem mais satisfatórios são os dramaturgos modernos como Sartre e Brecht, que por meios complementares examinam a intrínseca tensão dramática de nossos tempos: a tensão entre indivíduo e sociedade.[91]

Nenhuma sugestão de que a tragédia se tornou problemática ou de que a tragédia moderna precisa alterar suas preocupações aparece no ensaio de Maxwell Anderson (1888-1959), "The Essence of Tragedy" ["A essência da tragédia"] (1939). Anderson sustenta que a consciência humana pouco mudou desde a época dos gregos, que o fundamento da tragédia e da comédia continuou essencialmente o mesmo ao longo da história e que o teórico deve apenas procurar aquilo que todas as obras-primas reconhecidas como tais apresentam em comum – mas na estrutura e na função. Quanto à estrutura, Anderson volta-se para o Aristóteles tal qual interpretado por críticos formais do século XIX, como Archer: "A peça deve conduzir a uma crise central e dela se afastar, crise que consistirá numa descoberta, feita pelo personagem principal, que tenha indelével efeito em seu pensamento e emoções, alterando-lhe completamente o curso da ação".[92] A crise é em geral colocada, conforme sugeria Freytag, próximo do fecho do ato central da peça. O herói tem de falhar para que, após a crise, se torne melhor. Assim, contribui para o aprimoramento moral da espécie e preenche a função da tragédia como "uma afirmação religiosa, um rito antigo que restabeleça e reafirme as esperanças supremas e a crença do homem em seu próprio destino".[93]

Kenneth Burke volveu ao tema do drama em *The Philosophy of Literary Form* [*A filosofia da forma literária*] (1941), mas agora como ponto de referência central para seu sistema filosófico em desenvolvimento. Antecipando as estratégias de numerosos sociólogos e antropólogos posteriores, Burke propunha que, dado que os seres humanos desempenham papéis, definem-se pelos atos e participam da dinâmica social tanto na vida quanto no drama, "as relações humanas devem ser analisadas relativamente aos indícios descobertos pelo estudo do drama".[94] Burke considera o drama ritual sua "*Ur-form*, 'o eixo', com todos os outros aspectos da ação humana tratados como raios projetados desse eixo".[95] Não quer isso dizer que ele aceite necessariamente o drama ritual como a forma original do drama, à maneira de Gilbert Murray, mas sim que esse drama lhe fornece o melhor "vocabulário ou grupo de coordenadas" disponível para o estudo de todos os fenômenos sociais. Tal estudo (a ser elaborado por Burke em escritos subsequentes) recebe a denominação de "dramatismo", e o autor propõe que se esmiúce mais cuidadosamente sua análise anterior – da ação poética e social como estratégia para abarcar uma situação – por meio de cinco termos dramáticos: arte, cena, agente, ação, propósito.[96]

The Grammar of Motives [A gramática dos motivos] (1945) baseia-se nesses termos, e, na discussão da "dialética da tragédia", Burke utiliza-os para explicar o "ritmo trágico". Essa formulação lembra Hegel: um agente empreende um ato de afirmação que provoca "uma contra-afirmação nos elementos que compõem seu contexto". O agente original deve então "sofrer" o processo de compreender a contra-afirmação para assim transcender o "estado que o caracterizava no início".[97] Começa-se com uma ação, o *poiema* (significando tanto ato quanto poema), que suscita a oposição do *pathema* (sofrimento e situação) e conduz aos *mathemata* (conhecimentos). Burke, subsequentemente, aplicou esse ritmo à análise não só da literatura imaginativa em geral, mas também à maior parte das ações humanas.

Francis Fergusson (1904) aceitou o conceito de "ritmo trágico" de Burke e sua ênfase na ação, temendo embora que a base racional, conceptual e linguística de Burke se revelasse por demais reducionista para uma crítica proveitosa do drama. Em termos puramente formais, diz ele, a tragédia grega e o diálogo platônico seguem o mesmo ritmo, mas nesse nível de abstração outras questões cruciais são amplamente ignoradas, como por exemplo aquelas que dizem respeito ao "ser que o artista vislumbra e a ação histriônica, e não racional, com a qual ele o imita ou representa".[98] Nesse sentido, a mudança de ideias de Édipo não é dialética; ela provém não do pensamento, mas "da dor e da experiência direta: uma evolução do próprio homem".[99] Em *The Idea of a Theatre* [A ideia de um teatro] (1949), Fergusson argumenta que tanto a criação quanto a fruição do drama exigem uma "sensibilidade histriônica", que ele compara a um ouvido treinado para a música.[100] O primado gramatical que Burke concede ao drama ritual, Fergusson o aceita ao pé da letra, remontando aos antropólogos de Cambridge em busca de apoio, embora considere o ritmo tripartite de Burke (que ele traduz por "propósito, paixão e percepção") um instrumento mais útil do que o *agon*, *pathos*, mensageiro, *threnos*, *anagnorisis* e teofania de Murray.

A conversão de Fergusson à estratégia geral de Burke, da inclusão do ato humano num esquema ritual subjacente à tragédia, naturalmente envolve algum estreitamento e ajustamento de termos. A dialética de Burke/Hegel entre ato (*poiema*) e situação (*pathema*) quase não se reconhece no propósito e na paixão. O propósito, tal qual Fergusson o define, aproxima-se mais da tendência modeladora sugerida pela linha ininterrupta de ação de Stanislavski. Quanto ao ritmo trágico, Fergusson utiliza-o tanto para descrição quanto para avaliação. Concordando com Krutch em que o drama moderno foi severamente prejudicado pela ausência de totalidade cultural, Fergusson apresenta como prova algumas peças em que o ritmo trágico é fraco ou truncado. No entanto, diferentemente de Krutch, Fergusson nutre esperanças de renovação. Podemos aprender a "reconhecer e apreciar as perspectivas fragmentárias ao nosso dispor", na expectativa de que algum dia o esquema total voltará a ser acessível em toda a sua limpidez.[101]

Cleanth Brooks (1906), paladino maior, nos anos 40, da escola americana do New Criticism, voltada para o texto, compartilhava com Burke uma visão dramática da poesia como um todo. Na tradição de Eliot e I. A. Richards (mais tarde de Coleridge), ele considerava a poesia uma síntese de forças opostas e o poema um conjunto final de soluções aceitas. A tragédia, "onde a tensão entre atração e repulsão é mais forte", deve assim ser vista como a mais elevada forma de poesia.[102]

A exposição fundamental do New Criticism sobre o drama como gênero poético isolado foi o texto *Understanding Drama* [A compreensão do drama] (1945), de Brooks e Robert B. Heilman (1906). Nele, após uma introdução geral ao drama como forma literária, uma série de peças – "dispostas numa escala de dificuldade ascendente" de *Everyman* a *The Way of the World* – era analisada de acordo com os princípios de sua escola, em termos de caracterização, estrutura, tema, símbolo e os aspectos críticos centrais de Brooks: unidade, equilíbrio, metáfora e ironia. No glossário, define-se "dramático" como aquilo que é "apresentado pela ação dos personagens e marcado pela tensão do conflito".[103] Como gênero, Brooks e Heilman consideram o drama mais próximo da poesia do que da prosa de ficção, já que essas duas formas compartilham uma elevada concentração de efeito na linguagem e são estritamente controladas pelas restrições da forma.[104]

Una Ellis-Fermor (1894-1958), em *The Frontiers of Drama* [As fronteiras do drama] (1945), tenta também abstrair os elementos essenciais da forma dramática na pressuposição de que cada arte carrega em embrião, como qualquer organismo, "certos princípios que determinam seu crescimento e características".[105] Ela tenta identificá-los examinando os aspectos correlatos das grandes peças e investigando aquelas "peças-limite" cujos criadores tentaram subjugar material considerado normalmente impróprio para essa arte. Desse modo, ela desenvolve os traços usuais do drama: conflito de fortes paixões e série nitidamente moldada de fatos correlatos, coordenados por uma espécie de "grande simplicidade de ideia". Ao contrário, alguns materiais como experiência religiosa, ideias complexas ou acontecimentos épicos não podem ser contemplados pelo limitado raio de ação do drama. Ellis-Fermor considera a tragédia à luz de outra limitação, a atmosfera, porque sua feitura depende da manutenção de "um rigoroso e cerrado equilíbrio entre duas leituras opostas da vida e de suas emoções consequentes, que operam no espírito do poeta".[106] Esse equilíbrio lembra o sugerido por Bentley, o reconhecimento tanto do mal e da dor quanto de uma certa reconciliação final ou interpretação em termos do bem. De vez que tal equilíbrio é sempre acessível ao artista superior, Ellis-Fermor não vislumbra obstáculo à criação da tragédia moderna, embora advirta contra a tendência a confundi-la com o drama socialmente engajado. Este trata de males remediáveis ou mostra a miséria humana sem esperança de redenção, duas atitudes que inviabilizam o equilíbrio da tragédia, para a qual o bem e o mal são inevitáveis.

A teoria da tragédia exposta em *Aesthetics* [Estética], de James Feibleman (1904), apesar de vazada em termos mais filosóficos é, em última análise, muito parecida. Feibleman vê a tragédia e a comédia como explorações da disjunção entre o real e o possível, em termos que lembram a teoria romântica alemã. Em direta oposição a Sartre, ele afirma: "A essência é uma categoria mais ampla e abrangente que a existência" e nela se enquadram tanto a comédia quanto a tragédia. Toda coisa real é "fragmentária, em lida perpétua para completar-se", o que inevitavelmente a impele ao conflito com "outros fragmentos empenhados na mesma busca". Nesse conflito, cedo ou tarde, todos os valores são derrotados, já que nada no mundo real é eterno.

A tragédia, na análise de Feibleman, deplora a perda desses valores vencidos mas, ao mesmo tempo, "tácita e enfaticamente" reconhece o ser de um outro mundo, situado além da realidade, em que tais valores se preservam e podem, por isso mesmo, retornar a qualquer tempo.[107] A comédia é um tratamento indireto daquilo que a tragédia trata diretamente, sendo mais intelectual que emocional. "Enquanto a tragédia se ocupa de valores *qua* valores, a comédia investiga os limites desses valores."[108] Assim, a tragédia prega a aceitação e a comédia, a ação, pois para ela as limitações podem ser superadas e as condições melhoradas. Não obstante, a tragédia encarna a forma mais profunda porque, independentemente dos melhoramentos ocorridos, todos os produtos da realidade devem perecer; podemos esperar que eles retornem algum dia, mas nunca ter certeza disso.

Os dois maiores dramaturgos americanos da década de 1940, Arthur Miller (1915) e Tennessee Williams (1911-1983), defendiam a tragédia como gênero moderno possível, mas propondo, cada qual, sua revisão à luz das preocupações de hoje. Logo depois da estreia de *Death of a Salesman* [*A morte do caixeiro-viajante*], Miller publicou dois ensaios correlacionados no *New York Times:* "Tragedy and the Common Man" ["A tragédia e o Homem comum"] e "The Nature of Tragedy" ["A natureza da tragédia"]. No segundo, abordava a tragédia em termos semelhantes aos de Anderson. Toda obra teatral tem de envolver conflito, externo como no melodrama ou interno como no drama ou na tragédia. O que distingue a tragédia do simplesmente patético é o fato de aquela "nos proporcionar não apenas tristeza, simpatia, identificação ou mesmo medo, mas também, ao contrário do *pathos,* conhecimento e iluminação". Esse conhecimento, como nas palavras de Anderson, mostra "a maneira correta de viver neste mundo" por intermédio do exemplo negativo de personagens como nós próprios, que descobrem tarde demais que o que são não é o que poderiam ter sido. O herói trágico "deixou de completar sua alegria", mas mostra-nos que tal alegria é possível.[109]

No primeiro ensaio, mais conhecido, Miller defende a tragédia moderna em bases um tanto diferentes, privilegiando não a oportunidade de realização mas a força do empenho do herói. O sentimento trágico é suscitado em nós por um personagem "pronto a renunciar à vida, se for preciso, em troca da preservação da dignidade pessoal". A "falha trágica" é simplesmente "sua incapacidade de permanecer passivo em face daquilo que ele concebe como uma ameaça à sua dignidade, à imagem que faz da legitimidade de sua condição". A ação que empreende contra um esquema degradante de coisas nos ilumina ao apontar "o dedo heroico para o inimigo da liberdade humana".[110] A ênfase do romantismo alemão na liberdade *versus* necessidade parece ecoar nessa visão, mas há aí também uma notável similitude com as quase contemporâneas declarações de Sartre a respeito do desafio lançado pelo herói ao mundo absurdo. O tema central desse ensaio, entretanto, não é a definição da tragédia e sim a defesa do homem comum como herói trágico, chegando Miller a afirmar que o tradicional herói de casta superior não passa de convenção fora de moda. O desejo de justificar a própria existência e buscar a autorrealização é sentido pelo homem comum com a mesma intensidade.

No prefácio de *The Rose Tattoo* [*A rosa tatuada*] (1950) intitulado "The Timeless World of a Play" ["O mundo atemporal de uma peça"], Williams sugere que o distanciamento do universo dramático, sua existência "fora do tempo", constitui a fonte tanto de sua força duradoura quanto de sua fraqueza presente. No teatro, livres do senso aterrador da impermanência, podemos assistir clara e francamente ao desfile das ações e emoções humanas. Aliviados da autoconsciência, vemos com piedade o homem afirmar sua dignidade pela escolha deliberada de "certos valores morais com os quais viver".[111] Williams não acha que esse processo é automático como foi nos velhos tempos ou como Miller sugere. O homem moderno mostra tanta reserva em admitir seus sentimentos e sua sensibilidade até para si mesmo que o mundo "atemporal e emocional" da peça só age sobre ele de modo passageiro, se é que realmente o faz, e permanece alheio à sua vida fora do teatro. Talvez só com "uma certa toleima, uma certa distorção tendente ao grotesco", possa o dramaturgo de nossos dias forçar o público a reconhecer o liame entre seu mundo temporal e o mundo atemporal do drama.[112]

O terceiro dos grandes dramaturgos americanos da década de 1940, Thornton Wilder (1897), tentou resumir os traços essenciais da arte teatral. Seu incisivo e curto ensaio "Some Thoughts on Playwriting" ["Algumas reflexões sobre a dramaturgia"] (1941) apresenta "quatro condições fundamentais do drama" enquanto forma distinta das outras artes, examinando algumas implicações de cada uma. Relativamente à primeira dessas condições – o teatro como arte de colaboração –, Wilder discute o vínculo entre texto e interpretação, atentando em especial para o ator. Este deve servir de colaborador, cabendo ao dramaturgo criar cada personagem "de modo a tirar proveito dos dons do intérprete".[113] A segunda condição – o teatro dirigido a uma mente coletiva – requer vasto campo de interesses e um movimento nitidamente para diante na ação. Aqui, Wilder se coloca na tradição de Sarcey, Archer e Matthews. A terceira condição – o teatro vive de convenções – denuncia a procura da ilusão de realismo como um erro, já que as convenções encorajam a necessária "atividade de colaboração da imaginação da plateia" e conduzem a ação do específico para o geral.[114] Enfim, o teatro acontece num tempo eternamente presente, representando a existência pura, o que priva o dramaturgo de inúmeros recursos descritivos e narrativos utilizados pelo escritor de romances, mas, em troca, concede-lhe o formidável poder da forma viva.

O "tempo eternamente presente" do teatro (observado por Wilder) ou o "mundo atemporal" de Williams eram, para Gertrude Stein (1874-1946), uma fonte não de poder, mas de distração e irritação, pois raramente se coadunava com o presente emocional da plateia. A emoção, declarou ela em "Plays" ["Peças"] (1934), está sempre em "tempo sincopado", sempre "na frente ou atrás da peça".[115] Embora a função da arte seja "exprimir completamente o presente real completo", a devoção do drama à crise e ao clímax é estranha à experiência de excitação e alívio na vida real, sua introdução e desenvolvimento dos personagens bem mais abruptos e arbitrários do que no tempo real. Assim, Stein invocava e tentava criar um teatro que fosse "atemporal" ou "perpetuamente presente" de um modo mais extremo que o aventado por Williams ou Wilder. Esse teatro rejeitava preocupações tradicionais como crise e clímax, começo, meio e fim, prefiguração, desenvolvimento de personagens e intriga em favor de um fluxo de existência – conceito que é uma reminiscência de Bergson. O espectador não tentará adentrar o mundo emocional de um drama desses, apenas o observará como observaria uma paisagem que estivesse simplesmente diante de seus olhos. "Você deverá conhecê-lo, não ele a você." Assim, a disjunção entre o desenvolvimento da emoção no palco e na plateia não mais inquieta: "A relação entre ambos, a qualquer tempo, é tão exata que carece de importância, a menos que atentemos para ela".[116]

O último grupo de teóricos do drama nesse período só recentemente mereceu a atenção geral, graças à aplicação dos métodos semióticos à análise do teatro. As primeiras tentativas importantes foram empreendidas nos anos 30 e 40, na Tchecoslováquia, por alguns membros do chamado Círculo Linguístico de Praga. Abeberando-se nas metodologias dos formalistas russos e na linguística estrutural de Ferdinand de Saussure (1857-1930), o Círculo deu a público, em 1928, um conjunto de "Teses". Isso lançou os alicerces de um estudo semiótico da arte ao distinguir entre a função prática da linguagem – quando primariamente voltada para o que é denotado no mundo exterior – e sua função poética, "quando a linguagem se dirige ao próprio signo".[117]

No ensaio-chave "Arte como fato semiótico" (1934), Jan Mukařovský (1891-1975) afirma que a elucidação do caráter semiótico da arte é essencial ao entendimento de sua função. Tomando o signo como "uma realidade perceptível pelos sentidos que tem relação com outra realidade a ser por ela evocada", Mukařovský examina a natureza dessa segunda realidade quando o signo é artístico. Na teoria de Saussure, o signo é composto de um "significante" (como a palavra "vermelho") que o uso tradicional consagrou para evocar um "significado" (aqui, o conceito da cor). Mukařovský observa que algumas artes, especialmente as chamadas "representacionais", podem utilizar significantes dessa maneira "informacional", mas que todos os signos artísticos são originalmente "autônomos". Em vez de restringir-se a um significado com "valor existencial" específico, eles se referem ao "conteúdo total dos fenômenos sociais" de um determinado meio – "filosofia, religião, política, economia etc.".[118] Mukařovský, no breve ensaio "Tentativa de análise estrutural de uma figura dramática" (1931), estuda um conjunto limitado de signos "autônomos", os signos gestuais empregados por Chaplin em *Luzes da cidade*.

Os linguistas de Praga que se mostravam particularmente interessados na análise do teatro devem muito à primeira grande obra tchecoslovaca dedicada ao assunto, *A estética da arte do drama* (1931), de Otakar Zich (1879-1934). Embora Zich não pertencesse à escola estruturalista, seus conceitos imbricavam com os dela em diversos pontos capitais. Ele rejeitava a fusão da *Gesamtkunstwerk* de Wagner para considerar a mútua interação de vários elementos na arte dramática, aproximando-se bastante do significante e significado saussurianos em sua distinção entre elementos materiais ou físicos (auditivos e visuais) e metáfora ou elementos conceituais da ação dramática, personagem dramático, enredo dramático e localização dramática.

O desenvolvimento dessas ideias em termos semióticos foi inicialmente empreendido pelo folclorista Petr Bogatyrev (1893-1970), cujo interesse nas formas populares permitiu-lhe particularizar algumas das generalizações feitas por Zich com base no drama realista. Em "Semiótica no teatro folclórico" (1938) e "Formas e funções do teatro folclórico" (1940), Bogatyrev sugere a transformação como traço central do teatro. Nele, todos os aspectos da realidade material, especialmente o ator, tornam-se uma coisa diferente; ao mesmo tempo, a transformação deve ser até certo ponto transparente. O espectador tem consciência do ator como pessoa e como personagem, consequentemente como entidade viva e como sistema de signos visuais e auditivos. O teatro realista de Zich despreza essa "duplicidade artística especial", ao passo que o teatro folclórico reconhece seu enorme potencial estético.[119]

Bogatyrev também discorda de Zich quanto à estilização uniforme das representações teatrais em diferentes períodos, apontando novamente para a miscelânea de estilos utilizada no teatro folclórico a fim de enriquecer o vocabulário potencial de signos. Um dos aspectos da transformação teatral é a passagem de signos de um estilo a outro. O real e o abstrato podem igualmente mudar de lugar: um objeto concreto como um anel torna-se abstração (por exemplo, amor ou riqueza); um objeto abstrato como uma pilha de formas cúbicas passa por objeto concreto (uma montanha) ou por outra abstração (uma escada para o sucesso). Cada nova representação explora essas possibilidades transformacionais de outra maneira; ela "luta contra os signos tradicionais e tenta substituí--los por signos novos".[120] Ademais, o inusitadamente denso sistema de signos do teatro permite-lhe apelar para uma plateia ampla e difusa, já que a mesma ação pode ser compreendida simultaneamente, mas graças a signos diferentes, "por espectadores de variados gostos, variados padrões estéticos".[121]

Karel Brušák, em "Signos do teatro chinês" (1939), enfatiza outros aspectos da significação considerando uma tradição teatral diferente. Ele achava o drama chinês insignificante do ponto de vista literário; "prevalece o desempenho", e os elementos do desempenho "encerram numerosos signos obrigatórios para referentes não raro bastante complexos".[122] Segundo Brušák, a importância que Bogatyrev e Zich atribuíam às interpretações individuais é uma constante na crítica ocidental, que lida com um teatro no qual "há numerosos fatores constitutivos casuais, que vão da concepção do produtor à dicção do intérprete". O teatro chinês, ao contrário, oferece uma estrutura "geralmente homogênea" e um amontoado de sistemas essencialmente fixos de "signos lexicalizados" que podem ser decodificados com alguma precisão.[123]

Jindřich Honzl (1894-1953), diretor do vanguardista Teatro Liberado de Praga, em "Dinâmica do signo no teatro" (1940), associa a abordagem estruturalista de Zich com a ênfase de Bogatyrev na transformação. Tudo o que constrói a realidade no palco representa outra coisa, de sorte que o teatro é fundamentalmente um complexo de signos aptos a se transformarem com facilidade. Um signo visual pode passar a signo auditivo; o ator pode assumir a função de cenário e vice-versa. E é essa mesma mutabilidade que tanta confusão causou na definição da arte dramática ou na descoberta de sua essência. Honzl crê que a essência possa ser encontrada na antiga ideia de ação, mas ressalva que a palavra, o ator, a indumentária, o cenário e a música podem, todos eles, ultrapassar a ação como "diferentes condutos de um único fluxo que passa de um para outro ou escorre por vários ao mesmo tempo".[124] As mudanças nesse fluxo refletem diferentes interpretações, diferentes estilos, diferentes períodos. Em "Hierarquia dos recursos dramáticos" (1943), Honzl insiste num tipo especial de transformação, a transformação da referência poética em ação não mostrada, mas imaginada pelos espectadores. Esse recurso, comum no teatro clássico mas um tanto raro no realismo, constitui para Honzl uma fonte importante de poder teatral, porquanto a percepção teatral estriba-se "numa oposição entre representação mental e realidade", sintetizada num "ver" emocionalmente carregado pelo ato de interpretação do espectador.[125]

Jiří Veltruský, em "Homem e objeto no teatro" (1940), concorda com Honzl em que a mutabilidade dos signos teatrais e a flexibilidade do fluxo de ação através de diferentes sistemas sígnicos são de capital relevância. Essa flexibilidade, diz Veltruský, torna o teatro particularmente eficaz num processo que lembra a desfamiliarização de Shklovsky. Signos mutáveis "podem ser utilizados para reunir diversos aspectos não convencionais da realidade", permitindo ao teatro desenvolver vigorosas concepções sociais quando mostra "novos modos de perceber e compreender o mundo".[126] Num ensaio datado de 1942, Veltruský adverte que a imagem de Honzl da ação transitando de um signo a outro como um fluxo não deve sugerir a fusão de diferentes sistemas sígnicos: "As palavras não podem ser plenamente traduzidas em gestos, quadros ou música; o significado de uma pintura não pode ser cabalmente veiculado pela língua, música, jogo dos músculos faciais etc.". Cada tipo de signo refere-se à mesma realidade, mas nenhum captura essa realidade em sua inteireza. Portanto, o teatro deve ser encarado como um laboratório de "semióticas contrastantes".[127]

O ensaio "Situação atual da teoria do teatro" (1941), de Mukařovský, pode ser considerado uma súmula dessa primeira geração de críticos teatrais com formação semiótica/estruturalista. O objetivo dessa crítica, afirma Mukařovský, é demonstrar que, a despeito de toda a tangibilidade material de seus meios, o teatro revela-se em essência "uma ação recíproca de forças imateriais que se movem através do tempo e do espaço arrastando o espectador para sua tensão mutável, para aquilo que denominamos uma produção teatral, uma representação".[128] A análise dessa ação recíproca encorajou o estudo de alguns elementos fundamentais do teatro – particularmente o texto, o espaço dramático, o ator e o público. Para cada um deles, Mukařovský resume os problemas críticos aparentemente mais importantes. Quando a semiótica ressurgiu como concepção crítica basilar no final dos anos 60, as áreas de pesquisa abertas por Mukařovský ainda definiam suas orientações fundamentais.

NOTAS

1 Walter Eaton, *The Theatre Guild:* The First Ten Years, New York, 1929, p.6, 8.
2 Trad. de B. E. Zakhava, in: Toby Cole, *Acting:* A Handbook of the Stanislavski Method, New York, 1947, p.120.
3 *Playbill*, Mansfield Theatre, 10 de dezembro de 1931, p.4-5.
4 Harold Clumnan, *The Fervent Years*, New York, 1957, p.60.
5 Hallie Flanagan, A Theatre Is Born, *Theatre Arts*, n.15, p.9-15, 1931.
6 *Workers Theatre*, v.1, abr. 1931; cit. em *Theatre Arts*, v.15, p.911, 1931.
7 Trad. de Mark Schmidt in: Cole, *Acting*, p.105-15.
8 Constantin Stanislavski, *An Actor Prepares*, trad. inglesa de E. R. Hapgood, New York, 1936, p.256.
9 Stanislavski, *Creating a Role*, trad. inglesa de E. R. Hapgood, New York, 1961, p.223.
10 Cole, *Acting*, p.67.
11 Ibidem, p.185.
12 Ibidem, p.191.
13 Ibidem, p.189.
14 John Gassner, *Producing the Play*, New York, 1953, p.141.
15 Mordecai Gorelik, *New Theatres for Old*, New York, 1948, p.5.
16 Ibidem, p.466-7.
17 Ibidem, p.471.
18 John Howard Lawson, *The Theory and Technique of Playwriting*, New York, 1936, p.168.
19 Bertold Brecht, *Tagebücher 1920-1922*, Frankfurt, 1975, p.187.
20 Cit. em Jan Knopf, *Brecht Handbuch*, Stuttgart, 1980, p.429.
21 Elizabeth Hauptmann, Notizen über Brechts Arbeit 1926, *Sinn und Form*, v.2, p.242, 1957.
22 *Brecht on Theatre*, trad. inglesa de John Willett, New York, 1964, p.15.

23 Ibidem, p.11; *Schriften zum Theater*, Frankfurt, 1963-1967, 3v., v.3, p.99.
24 Brecht, p.24; *Schriften*, v.1, p.181.
25 Brecht, p.37; *Schriften*, v.3, p.1009-10.
26 Brecht, p.34; *Schriften*, v.3, p.1006.
27 Brecht, p.37; *Schriften*, v.3, p.1010.
28 Brecht, p.39; *Schriften*, v.3, p.1013.
29 Brecht, p.36; *Schriften*, v.3, p.1006.
30 Brecht, p.104; *Schriften*, v.2, p.753.
31 Brecht, Die grösse und die kleine Pädagogik, *Alternative*, v.78/79, p.126, ago. 1971.
32 Idem, *Schriften*, v.3, p.1022, 1024.
33 *Brecht on Theatre*, p.96-7; *Schriften*, v.3, p.1087-91.
34 Brecht, On the Experimental Theatre, trad. inglesa de C. R. Mueller, *Tulane Drama Review*, v.6, n.1, p.14, set. 1961; *Schriften*, v.1, p.301.
35 Francis Bacon, *Novum Organum*, New York, 1902, 2.32.185.
36 Cit. em alemão em R. H. Stacy, *Russian Literary Criticism*, Syracuse, 1974, p.166.
37 Iskusstvo, kak priyom, trad. em *Russian Formalist Criticism*: Four Essays, ed. por L. T. Lemon e M. J. Reis, Lincoln, Neb., 1965, p.12.
38 Ödön von Horváth, *Gesammelte Werke*, Frankfurt, 1971, 4v., v.4, p.662-3.
39 Ibidem, p.659-60.
40 Georg Lukács, Willi Bredels Romane, Die *Linkskurve*, v.3, n.11, p.25, nov. 1931.
41 Idem, Reportage oder Gestaltung, *Die Linkskurve*, v.4, n.7, p.25, jul. 1932.
42 Ernst Ottwalt, "Tatsachenroman" und Formexperiment: Eine Entgegnung an Georg Lukács, *Die Linkskurve*, v.5, n.10, p.22-4, out. 1932.
43 Lukács, Aus der Not eine Tugend, *Die Linkskurve*, v.4, n.12, p.18-24, dez. 1932.
44 Andor Gábor, Zwei Bühnenereignisse, *Die Linkskurve*, v.4, n.12, p.29, dez. 1932.
45 Cit. em Herman Ermolaev, *Soviet Literary Theories, 1917-1934*, Berkeley, 1963, p.145.
46 Andrei Jdanov, *Problems of Soviet Literature*, trad. inglesa anônima, Moscow, 1935, p.21.
47 Ermolaev, *Soviet*, p.142 e notas.
48 Ernst Bloch, Diskussionen über Expressionismus, *Das Wort*, v.6, p.110-2, 1938.
49 Lukács, Es geht um den Realismus, *Das Wort*, v.6, p.135-8, 1938.
50 Brecht, *Arbeitsjournal*, Frankfurt, 1973, 2v., v.1, p.13, 25, 39.
51 Idem, Volkstümlichkeit und Realismus, *Sinn und Form*, v.4, p.109, 1958.
52 Ibidem, p.112.
53 Walter Benjamin, *Understanding Brecht*, trad. inglesa de Anna Bostock, London, 1973, p.100.
54 *Theatre Workshop*, n.3 e 4, 1937.
55 Brecht, *Versuche*, v.12, p.137, Berlin, 1958.
56 Antonin Artaud, Le théâtre de l'atelier, *Oeuvres complètes*, Paris, 1956, 17v., v.2, p.155.
57 Artaud, L'évolution du décor, *Oeuvres*, v.1, p.213-6.
58 Idem, Le théâtre Alfred Jarry, *Oeuvres*, v.2, p.13-4, 23.
59 Idem, Manifeste pour un théâtre avorté, *Oeuvres*, v.2, p.25.

60 Idem, Le théâtre Alfred Jarry, *Oeuvres*, v.2, p.34.
61 Ibidem, p.30.
62 Idem, *The Theatre and Its Double*, trad. inglesa de M. C. Richards, New York, 1958, p.53-4.
63 Ibidem, p.60.
64 Ibidem, p.46.
65 Ibidem, p.101.
66 Ibidem, p.103.
67 Franco Tonnelli, *L'esthétique de la cruauté*, Nizet, 1972, p.19.
68 Artaud, *Theatre*, p.31.
69 Idem, Lettre à Jean Paulhan, 25 de janeiro de 1936, *Oeuvres*, v.5, p.272.
70 Idem, *Theatre*, p.48, 50.
71 Ibidem, p.134, 141.
72 Alain Virmaux, *Antonin Artaud et le théâtre*, Paris, 1970, p.264.
73 Henri Gouhier, *L'essence du théâtre*, Paris, 1943, p.IV, V.
74 Ibidem, p.VIII.
75 Ibidem, p.45, 48.
76 Ibidem, p.231.
77 Jean Vilar, *De la tradition théâtrale*, Paris, 1955, p.86.
78 Ibidem, p.101.
79 Jean-Louis Barrault, *Reflections on the Theatre*, trad. inglesa de Barbara Wall, London, 1951, p.50.
80 Ibidem, p.53.
81 Jean-Paul Sartre, *Sartre on Theatre*, trad. inglesa de Frank Jellinck, New York, 1976, p.14.
82 Ibidem, p.12.
83 Ibidem, p.26.
84 Ibidem, p.36.
85 Albert Camus, *Lyrical and Critical*, trad. inglesa de Philip Thody, London, 1967, p.179.
86 Ibidem, p.185.
87 Kenneth Burke, *Counter-Statement*, New York, 1931, p.200.
88 Mark Harris, *The Case for Tragedy*, New York, 1932, p.XV.
89 Ibidem, p.182.
90 Eric Bentley, *The Playwright as Thinker*, New York, 1946, p.33.
91 Ibidem, p.194.
92 Maxwell Anderson, *The Essence of Tragedy*, Washington, 1935, p.7.
93 Ibidem, p.9.
94 Burke, *The Philosophy of Literary Form*, New York, 1941, p.310.
95 Ibidem, p.103.
96 Ibidem, p.106 n.
97 Burke, *The Grammar of Motives*, New York, 1945, p.38.
98 Francis Fergusson, *The Human Image in Dramatic Literature*, New York, 1957, p.203.

99 Ibidem, p.202.
100 Fergusson, *The Idea of a Theatre*, Princeton, 1949, p.236.
101 Ibidem, p.227.
102 Cleanth Brooks, *The Well-Wrought Urn*, NewYork, 1947, p.230.
103 Cleanth Brooks, Robert B. Heilman, *Understanding Drama*, New York, 1945, p.500.
104 Ibidem, p.26.
105 Una Ellis-Fermor, *The Frontiers of Drama*, New York, 1945, p.1.
106 Ibidem, p.127.
107 James Feibleman, *Aesthetics*, New York, 1949, p.67-8.
108 Ibidem, p.77.
109 Arthur Miller, *The Theatre Essays*, ed. por Robert Martin, New York, 1978, p.11.
110 Ibidem, p.4-5.
111 Tennessee Williams, *The Rose Tattoo*, New York, 1950, p.IX.
112 Ibidem, p.X.
113 Augusto Centeno (Ed.) *The Intent of the Artist*, Princeton, 1941, p.89.
114 Ibidem, p.95.
115 Gertrude Stein, *Writings and Lectures*, ed. por Patricia Meyerowitz, London, 1967, p.58.
116 Ibidem, p.75.
117 *Thèses*: Travaux du Cercle Linguistique de Prague, Praga, 1929, p.14.
118 Jan Mukařovský, *Structure, Sign and Function*, trad. inglesa de John Burbank, Peter Steiner, New Haven, 1978, p.84.
119 Petr Bogatyrev, Forms and Function of Folk Theatre, trad. inglesa de Bruce Kochis, in: *Semiotics of Art:* Prague School Contributions, ed. por Ladislav Matejka e Irwin Titunik, Cambridge, Mass., 1976, p.48.
120 Ibidem, p.47.
121 Ibidem, p.44.
122 Karel Brušák, Signs in the Chinese Theatre, trad. inglesa do autor in: *Semiotics of Art:* Prague School Contributions, p.59.
123 Ibidem, p.73.
124 Jindřich Honzl, Dynamics of Sign in the Theatre, trad. inglesa de Susan Larson, in: *Semiotics of Art:* Prague School Contributions, p.91.
125 Idem, The Hierarchy of Dramatic Devices, trad. inglesa de Susan Larson, in: *Semiotics of Art:* Prague School Contributions, p.I23.
126 Jiří Veltruský, Man and Object in the Theatre, trad. inglesa de Paul Garvin, in: *A Prague School Reader on Esthetics, Literary Structure, and Style*, Washington, 1955, p.106-7.
127 Idem, Notes Regarding Bogatyrev's Book on Folk Theatre, trad. inglesa de Ladislav Matejka, in: Matejka, Titunik, *Semiotics*, p.281-2.
128 Mukařovský, *Structure*, p.203.

20

O SÉCULO XX (1950-1965)

O impacto internacional de *En attendant Godot* [*Esperando Godot*] (1953), de Samuel Beckett (1906-1989), fez que as atenções se voltassem para um novo estilo de drama antirrealista na França – o qual haveria de tornar-se o teatro de vanguarda mais bem-sucedido que o século já produzira. Agrupando a obra de Beckett com as primeiras peças de Eugène Ionesco (1912-1994) e Arthur Adamov (1908-1971), os críticos literários e teatrais franceses saudaram um novo movimento. O aparecimento de *O mito de Sísifo*, de Camus, em 1951, transformou o "absurdo" num lema literário da moda, ao qual diversos escritores recorreram para classificar o novo drama – a despeito dos protestos tanto de dramaturgos existencialistas como Sartre e Camus, quanto dos assim rotulados como Ionesco e Adamov. Em "Cerisy-la-Salle" (1953), Ionesco considerou o termo "absurdo" "tão vago que já nada significa, uma definição fácil de coisa alguma". Achava o mundo "não absurdo, mas incrível". Pode-se, com efeito, vislumbrar certo sentido na vida, descobrir leis, estabelecer regras "razoáveis". Só quando se busca a fonte da existência ou se pretende entendê-la como um todo é que o incompreensível aparece.[1] Em *L'homme et l'enfant* [*O homem e a criança*] (1968), Adamov firmou ainda mais vigorosamente sua ojeriza ao rótulo, dizendo-o ao mesmo tempo incorreto e irritante. "A vida não é absurda, apenas difícil, dificílima."[2]

Não obstante, o prestigioso *Theatre of the Absurd* [*Teatro do absurdo*] (1961), de Martin Esslin (1918), evocando outra vez o livro de Camus como a pedra de toque filosófica do novo drama, estabeleceu em definitivo esse termo no âmbito da crítica inglesa. Os franceses, no afã de separar a tradição de Sartre e Camus da de Beckett e Ionesco, mostraram-se mais receptivos à alternativa proposta por este último: *"théâtre de dérision"* (teatro de irrisão).

Beckett, Ionesco e o jovem Adamov estavam na verdade unidos menos por uma postura filosófica comum do que por aquilo que rejeitavam: as convenções aceitas do teatro francês tradicional, a ênfase na palavra, o vínculo de causa e efeito, a tendência ao realismo e o desenvolvimento psicológico do caráter. Os dramaturgos existencialistas, privilegiando a situação, ajudaram a minar a abordagem psicológica tanto quanto o fizeram as obras de Edmond Husserl e Maurice Merleau-Ponty (1908-1961) cujo abandono dos reflexos em prol das estruturas que os organizam já havia afetado o romance francês. Adamov emprestou a semelhante mudança o caráter de uma campanha, chamando seus trabalhos de protesto, inspirado em Artaud, contra "as pretensas obras psicológicas" que infestavam os palcos.[3] A introdução a *La parodie* [*A paródia*] e *L'invasion* [*A invasão*] (1950), em termos que lembram muito Artaud, clama por "um teatro vivo, isto é, um teatro onde os gestos, as atitudes, a vida real do corpo tenham o direito de despojar-se da convenção da língua, ultrapassar as convenções psicológicas, numa palavra, perseguir até o fim sua significação mais profunda".[4]

O diário de Ionesco do dia 10 de abril de 1951 chama *La cantatrice chauve* [*A cantora careca*] de "teatro abstrato. Puro drama. Antitemático, anti-ideológico, antissocial-realista, antifilosófico, antipsicologia de *boulevard*, antiburguês – a descoberta de um novo teatro livre".[5] Ele considera *Les chaises* [*As cadeiras*] "uma tentativa de dilatar as fronteiras atuais do drama;[6] não é obra psicológica, nem social, nem cerebral, nem poética." Em "Notes sur le théâtre" ["Notas sobre o teatro"] (1953), diz querer purificar a ação dramática "de tudo o que lhe é intrínseco: enredo, características acidentais dos personagens, seus nomes, posição social e contexto histórico, razões aparentes do conflito dramático e todas as justificativas, explicações e lógica do próprio conflito", para assim obter um conflito abstrato "sem motivação psicológica".[7] Dessa forma, livre de quaisquer distrações exteriores, o teatro pode preocupar-se com material mais importante: é o que Ionesco, em 1954, chamou de "teatro de dentro", "os desejos mais entranhadamente reprimidos do homem, suas necessidades essenciais, seus mitos, sua inegável angústia, sua realidade e desejos mais secretos" – tudo o que normalmente é ocultado pela "crosta social e pelo pensamento discursivo".[8] Para tal expressão, as palavras não são o único meio possível, sequer o melhor à disposição do dramaturgo. "Tudo é linguagem no teatro", afirma Ionesco numa passagem que lembra os linguistas de Praga, "palavras, gestos, objetos, ação". O autor "não só pode como deve transformar os adereços em atores, dar vida aos objetos, animar o cenário e materializar símbolos".[9]

Esslin considerava Jean Genet (1910-1986), juntamente com Beckett, Ionesco e o jovem Adamov, um grande dramaturgo absurdista – opinião certamente defensável nos termos da técnica de Genet, mas muito menos à luz de sua visão filosófica. Uma concepção geral da condição humana com imagens de solidão, ausência de significado e ruptura da linguagem une os três primeiros autores, mas as peças de Genet voltam-se mais para o fascínio com os esquemas de dominação e submissão, às vezes com matizes sadomasoquistas vertidos em metáforas elaboradamente cerimoniosas e rituais. Num prefácio de 1954 a *Les bonnes* [*As criadas*] (1947), Genet considera a celebração da missa o maior dos dramas ao alcance do moderno homem ocidental, cujo teatro perdeu, talvez para sempre, o elemento religioso. O teatro deveria ser "uma rede intricada de símbolos ativos capazes de falar à plateia uma língua em que nada é dito e tudo insinuado". Genet, como Artaud, crê que o teatro oriental ainda oferece isso, mas que, no Ocidente, "o ator não procura tornar-se um símbolo carregado de símbolos: quer apenas identificar-se com o personagem".[10]

A primeira aparição (1954) do Conjunto Berlinense de Brecht em Paris provocou enorme entusiasmo. Em "La révolution brechtienne" ["A revolução brechtiana"], editorial para um número especial do *Théâtre Populaire* dedicado a Brecht (janeiro-fevereiro de 1955), Roland Barthes (1915-1980) discute o desafio lançado por Brecht, um desafio "aos nossos hábitos, gostos, reflexos, às próprias 'leis' do teatro em que vivemos".[11] O teatro de Brecht trabalha os temas mais progressistas de nosso tempo – a arte pode e deve intervir na história, lidar com necessidades sociopolíticas e não com universais estéticos, explicar em vez de expressar, insistir em que o mundo poderia ser diferente do que é. Em "Mère courage aveugle" ["Mãe coragem cega"] (1955), Barthes sugere que Brecht, renunciando à participação, devolveu o teatro ao seu propósito primitivo de ritual cívico. Ele mostrou que as dramaturgias tradicionais eram radicalmente falsas, "dramaturgias de abdicação", e em seu lugar ofereceu um drama de "força maiêutica" que "representa e leva a julgamento", "esmagando e isolando" ao mesmo ternpo.[12]

Em "Les tâches de la critique brechtienne" ["As tarefas da crítica brechtiana"] (1956), Barthes propõe quatro níveis de análise do novo teatro. O primeiro é a sociologia, meio pelo qual várias plateias contemporâneas tentam aproximar-se de Brecht. O segundo é a ideologia, não a "mensagem" da peça, mas o método geral de explicação. O terceiro é a serniologia, especialmente interessante em Brecht em razão da distância que ele coloca entre significado e significante em seu repúdio da ilusão. Vem, por fim, a moralidade, que para Brecht envolve a análise de uma situação histórica à luz da crença no potencial de mudança.

A indumentária, como parte do *Gestus* brechtiano, inspirou "Les maladies du costume de théâtre" ["As doenças do guarda-roupa teatral"] (1955), de Barthes. A produção de Brecht de *A mãe* mostra que a indumentária como *Gestus* nada tem a ver com o naturalismo ou com a exibição tradicional: ela é, antes, um argumento baseado num "meticuloso código do vestuário" e selecionado para comunicar "ideias, informação, sentimentos".[13] Esse elemento não deve ter natureza parasitária, mas ligar-se organicamente aos outros componentes da produção, um signo solidário com outros signos. (A ênfase no emprego do signo por parte de Brecht foi retomada por Barthes nos anos 60, quando, influenciado pela linguística estrutural, ele desenvolveu mais o estudo semiótico da arte.)

As produções parisienses de Brecht aconteceram num momento crucial para Adamov, que então se voltava para um teatro mais engajado socialmente. Em

"Théâtre, argent et politique" ["Teatro, dinheiro e política"] (1956), ele abdicou de suas obras anteriores como indiferentes a temas políticos e citou Brecht como seu novo modelo. Por tradição, o drama histórico buscava criar uma "identificação falaciosa" entre espectador e herói, ao passo que Brecht, estabelecendo uma distância crítica, faz que aquele considere o processo histórico de modo mais objetivo e se torne cônscio do perpétuo "antagonismo de classes, uma das quais é sempre oprimida pela outra".[14] A elite, para se proteger, encorajou o drama fatalista; Brecht, porém, denuncia essa artimanha mostrando as condições sociais como passíveis de mudança. *Paolo Paoli* (1957) foi o primeiro grande drama de Adamov a valer-se da nova abordagem; no texto de um programa de 1950 ele chama a isso o resultado de sua descoberta de que "a obra de arte, sobretudo a peça teatral, só adquire realidade se instalada num contexto social definido", de que as novas técnicas são inócuas quando não colocadas "a serviço de uma ideologia", o que hoje vem a significar: "a serviço do marxismo-leninismo".[15]

Em "Qui êtes-vous Arthur Adamov" ["Quem é você, Arthur Adamov?"] (1960), artigo escrito para o boletim do Théâtre de la Cité de Planchon, Adamov sugere que o teatro deva mostrar "o aspecto tanto curável quanto incurável das coisas". O incurável é o da "inevitabilidade da morte. O curável, o social".[16] Com efeito, boa parte do drama francês desse período pode ser considerada, ou o drama do incurável na esteira de Beckett, ou o do curável segundo Brecht.

A suspeita com que Adamov, no final da década de 1950, revia suas primeiras obras experimentais era partilhada por outros, entre os quais o crítico inglês Kenneth Tynan (1927), que em "Ionesco: Man of Destiny?" ["Ionesco: homem do destino?"] (1958) exprimia inquietação ante a crescente popularidade e influência de um drama em aparência destituído de quaisquer valores humanistas positivos de fé na lógica e na comunicação. Uma troca candente de artigos sucedeu-se nas páginas do *London Observer*, provocando uma das mais abrangentes discussões do período sobre a questão da relação do drama com a sociedade. Ionesco, respondendo a Tynan, distinguia entre o meramente "social" e a "verdadeira sociedade", revelada "por nossas ansiedades comuns, nossos desejos, nossas secretas nostalgias". As preocupações políticas não passam de reflexos dessas realidades mais profundas; "é a condição humana que dirige a condição social, não o contrário". Em compensação, o drama deve abordar essas realidades básicas: "a dor de viver, o medo de morrer, a sede do absoluto".[17]

Tynan replicou que Ionesco estava tentando isolar a arte da vida e, portanto, de qualquer outro valor exterior a ela, alvo impossível e moralmente questionável. "Toda atividade humana, mesmo a compra de um maço de cigarros, tem repercussões sociais e políticas", e negar isso constitui abdicação da responsabilidade moral. "Se alguém me conta algo que não julgo verdadeiro estou proibido de fazer mais que cumprimentá-lo pelo brilho de sua patranha?", indagava Tynan.[18]

Ecos de antigos debates podem ser ouvidos aqui: os críticos marxistas contra os chamados por eles de formalistas; os realistas socialmente engajados do final do século XIX contra os paladinos da arte pela arte. Ionesco aceitou de bom grado o rótulo de "formalista" em seu ensaio "Le coeur n'est pas sur la main" ["Não se é mão-aberta"] (1959). A função da arte, diz ele, não é ensinar a existência, mas dar testemunho dela por meio de sua estrutura ou lógica interna. Como Langer, chamava-a "uma forma de conhecimento que envolve as emoções", desligada de qualquer "ideologia ou sistema fechado de pensamento". O objetivo da arte é simplesmente ser o que é: e isso, na verdade, parece ser tudo o que se pode dizer sobre o universo inteiro. A essência da existência é existir.[19]

Um ponto de vista bastante parecido do drama contemporâneo foi expresso pelo dramaturgo alemão Wolfgang Hildesheimer (1916) em seu "Erlanger Rede über das absurde Theater" ["Discurso obtido sobre o teatro do absurdo"] (1960). O teatro de Ionesco, para Hildesheimer, não é aristotélico nem épico; ele mostra um universo no qual são feitas perguntas mas não são dadas respostas, sequer implícitas. O drama constitui uma espécie de "cerimonial simbólico onde o espectador assume o papel do homem que indaga, enquanto a peça representa o mundo que cala todas as respostas razoáveis".[20] O dramaturgo tem de sentir esse absurdo para escrever sobre ele, assim como só um autor religioso consegue escrever um autêntico drama religioso; sua peça, tal qual o mundo que reflete, simplesmente existe – sem propósito, sem causa nem efeito. Isso lança outro repto ao ator, versado no teatro lógico. Ele precisa sentir e exprimir o mesmo estranhamento, na interpretação, que existe no texto, e até um estranhamento mais radical que o perseguido por Brecht em seu teatro épico.[21]

Michel de Ghelderode (1898-1962), dramaturgo flamengo, jamais pertenceu realmente ao "teatro de irrisão"; já estava mesmo em fim de carreira quando surgiu a nova onda, liderada por Brecht e Ionesco, e seus grotescos dramas líricos, que misturavam elementos góticos e realistas, pouco tinham em comum com os deles. Entretanto, a atenção devotada ao teatro experimental na França acabou por beneficiá-lo e, por mais que suas peças diferissem das de Ionesco, ele analisava de modo bastante similar a relação entre drama e sociedade. Na mais ampla discussão de suas teorias, as Entrevistas de Ostende de 1951, Ghelderode afirmou que suas peças nasciam "de uma emoção não intelectual, mas visual. O teatro sempre começa pelos olhos".[22] Tinha grande interesse por marionetes, como os simbolistas, e via nelas o teatro em "seu estado puro, selvagem e original", um teatro de magia, de sons, cores e objetos simbólicos. "Os objetos são signos, e o arranjo visionário desses signos constitui a função do teatro."[23] Pode-se rejeitar tal teatro como irracional e visionário, mas não esperar dele uma mensagem discursiva. Numa entrevista concedida pouco antes de falecer, Ghelderode condenou francamente as peças engajadas e de tese. Reconhecia Brecht como um gênio do teatro, salientando porém que se desgarrara ao negar a divinação em favor do materialismo e ao recusar-se a aceitar o teatro como "uma arte do instinto e não da razão".[24]

Em "More than a Play" ["Mais que uma peça"] (1950), Eric Bentley declarava que um forte elemento religioso caracterizava ainda o teatro francês, revelando-se tanto ortodoxo (Ghéon e Claudel) quanto mágico e herético (Artaud). Este "ataca a ordem burguesa mundial e as filosofias seculares, materialistas, liberais", defendendo "a realidade dos instintos e visões".[25] Barrault levara ao palco ambos os aspectos do drama religioso, e o único rival sério desse teatro, em termos artísticos e intelectuais, era o de Brecht, que visava a um objetivo político, e não mágico. Assim, o teatro francês contemporâneo, e quiçá outros, parecem enfrentar a opção entre magia e política, entre Brecht e Barrault. Os dois, adverte Bentley, correm o risco de comprometer a própria arte teatral quando buscam uma finalidade extrínseca a ela. Em *What Is Theatre?* [*O que é o teatro?*] (1956), Bentley forceja por definir a arte esquiva do palco. Após examinar as qualidades especiais do espaço teatral, do ator e da plateia, volta-se para o dramaturgo, cujo objetivo, como o de qualquer autor, é "procurar a essência humana",[26] coisa que o palco lhe faculta de um modo particularmente arrojado, franco e audacioso. Entre os contemporâneos, quem talvez mais se aproxime disso seja Brecht, embora Bentley mostre reservas quanto à autoconfiança que ele não esconde por sua solução. Nosso senso supremo de humanidade perdeu-se e o drama deve acompanhar-nos em sua busca com "o desassombro de Dioniso e a contenção de Apolo".[27]

O interesse em reconduzir o teatro à harmonia com a religião ortodoxa, que Bentley notava em Claudel e Ghéon, manifestou-se em outras partes da Europa por essa mesma época, sobretudo na Inglaterra, com as peças de Eliot, e na Itália, com as de Ugo Betti (1892-1953). Entre os últimos escritos de Betti encontramos sua exposição mais completa do tema, "Teatro e religione" ["Teatro e religião"] (1953). Ele percebia uma tendência crescente, no teatro sério, a abordar questões que, "embora expressas de diferentes modos, são essencialmente religiosas",[28] questões que dizem respeito a valores universais e absolutos. O dramaturgo moderno há de penetrar no deserto espiritual onde muitos vivem e, começando do zero, "provar novamente certas coisas a todos". Há de mostrar o desejo, oculto até nas almas mais cruéis, egoístas e condenadas, por "clemência, harmonia, solidariedade, imortalidade, confiança, perdão e, acima de tudo, amor" mais forte que "as pálidas imitações que este mundo nos oferece". Exprimindo e explorando essa necessidade, o dramaturgo estabelece "uma das metades do perímetro" cuja figura completa revela-se ao fim como Deus.[29]

Quando da morte de Betti, um tocante tributo lhe foi prestado pelo jovem dramaturgo espanhol Alfonso Sastre (1926), que o considerou um autor moderno "apaixonadamente envolvido" naquilo que o próprio Sastre andava buscando: um teatro mais profundamente relevante para as necessidades humanas. Em "Teologia do drama" (1953), Sastre retoma Betti ao propor como tema "a tragédia de um mundo sem Cristo, a tragédia de um mundo que dá as costas à verdade".[30] Logo depois, bastante influenciado por Sartre, Sastre afastou-se do teatro especificamente cristão para um teatro humanista mais "engajado", mas trazendo para essa nova orientação uma certa desconfiança quanto ao comprometimento total num programa político qualquer, o que o aproximou ideologicamente mais de Camus que de Sartre. Em "O teatro revolucionário" (1952), ele advertira que o engajamento político tende a cegar o indivíduo para a verdade do adversário. O engajamento, dizia ele, tem de basear-se "numa visão objetiva das realidades sociopolíticas" e não na adesão apriorística a uma dada postura social ou política, "inaceitável não só para o teatro, mas para qualquer atividade social, artística ou não".[31] Em *Drama e sociedade* (1956), coletânea de seus primeiros ensaios, Sastre acrescentou novas observações. Explica como o autor pode escrever um drama engajado sem preconceitos, num processo acentuadamente brechtiano: quando não esposa abertamente uma determinada doutrina, ele "tenta estimular estados pré-políticos de emoção e tomada de consciência – estados que com frequência encorajam uma ação política purificadora".[32]

Sastre acreditava não ser necessário abandonar Aristóteles, bastando atualizá-lo conforme já explicara em "Tragédia" (1953). O enredo da tragédia deve incluir "acontecimentos penosos que suscitam no sofredor, ou pelo menos no espectador, questões fundamentais a respeito do significado desses acontecimentos" e da "possibilidade de amenizar-lhes os efeitos graças ao esforço humano". A piedade e o terror servem assim para estimular o espectador a "tomar decisões socialmente significativas, desde a assistência individual à revolução". Quanto à *kátharsis*, consiste de duas fases: "purificação imediata ou pessoal e purificação social".[33] Essas duas fases são tratadas como duplo enfoque da tragédia em "Drama e sociedade", onde Sastre fala do "permanente" e do "corruptível". Relaciona o primeiro, dentro de condições metafísicas, à teoria de Aristóteles e ao "sentido trágico da vida" de Unamuno. O segundo diz respeito a condições sociais e inspira o desejo de melhorá-las. As categorias lembram o "incurável" e o "curável" de Adamov, mas Sastre repeliu a escolha que este achava necessário fazer entre os dois.

"Teatro épico, teatro dramático, teatro de vanguarda" (1963) elogia tanto Beckett quanto Brecht, mas supõe que ambos tenham uma perspectiva parcial. Por uma estratégia herdada de Hegel, ou mais proximamente de Lukács, Sastre propõe um "realismo profundo" que fundiria Beckett e Brecht mostrando "a qualidade trágica da experiência humana individual, bem como a perspectiva do desenvolvimento histórico", e equilibrando o pessimismo de Beckett com o "otimismo ingênuo" de Brecht.[34] A primeira seção do livro de Sastre, *Anatomia do realismo* (1965), chama a essa tragédia "uma negação da negação brechtiana do drama aristotélico", o próximo passo necessário depois da crítica do próprio Brecht.[35]

Antonio Buero Vallejo (1916) repele os dois aspectos da tragédia postulados por Sastre. "Uma peça não é um tratado, nem mesmo um ensaio", afirma ele na "Palavra final" à sua peça *História de uma escada* (1950). "Sua missão é refletir a vida, e a vida em geral é mais forte que as ideias."[36] Essa atitude – juntamente com seu apelo a uma "reabilitação" do senso trágico do teatro, característico de Unamuno, e seu elogio à revelação existencialista do caráter radical da vida humana como "problema cuja solução nunca é plenamente alcançada"[37] – parece colocar Buero do lado do "incurável" de Adamov. No entanto, ele se distancia igualmente de Beckett e Brecht ainda que, como Sastre, admire ambos. Seus ensaios "A tragédia" (1958) e "Sobre a tragédia" (1963) voltam à primitiva visão de uma tragédia da esperança baseada no conflito entre liberdade e necessidade. Ela mostra "o desejo do homem de romper os grilhões – externos ou internos, sociais ou individuais – que o avassalam".[38] O desespero não pode existir sem a esperança, e, a partir desses opostos, o autor trágico cria uma reconciliação superior, "algo grandioso e imutável que jaz além da tragédia, mas que só por intermédio dela pode ser atingido".[39]

O Teatro Vivo, provavelmente o mais conhecido dos grupos experimentais dos anos 60, tornou-se, em seus últimos dias, para muitos, o protótipo do teatro engajado. Entretanto, a teoria e a prática que o caracterizaram ao longo de toda a sua existência permaneceram mais próximas de Artaud que de Brecht, sendo sua mensagem mais mística que política. Quando Judith Malina (1926) e Julian Beck (1925-1985) organizaram sua companhia em 1947, estavam interessados num repertório permanente capaz de oferecer peças significativas e instigantes. "O que mais queríamos", confessou Beck posteriormente em entrevista, "era fomentar a poesia no teatro sem, é claro, renunciar a um certo realismo."[40] Esse objetivo persistiu em meio às diversas experimentações nos anos 50. Numa entrevista de 1961, Beck afirmou: "Acreditamos no teatro como um lugar de experiência intensa, meio sonho, meio ritual, onde o espectador se aproxime de uma visão de autodiscernimento, indo do consciente para o inconsciente, para uma compreensão da natureza das coisas". A poesia, ou antes uma linguagem "carregada de símbolos e bastante distanciada de nossa fala cotidiana", parece o veículo adequado para isso.[41]

Sob a influência do músico de vanguarda John Cage, Beck e Malina tentaram iniciar o processo criativo, encorajando seus atores a descobrir um estilo próprio e livrar-se da autoridade do diretor. Durante algum tempo, sentiram-se atraídos por Brecht, mas acabaram concluindo que ele, como Shaw, havia cometido o erro fatal de presumir a impossibilidade de falar diretamente a uma plateia sobre problemas humanos; assim, ambos procuraram disfarçar sua mensagem – Shaw com o humor, Brecht com a diversão teatral – permitindo que o público fruísse o divertimento e ignorasse a essência. Artaud, que Beck e Malina descobriram em 1958, parecia propiciar uma abordagem melhor. Eles viram em Artaud o grande revolucionário a quem não escapava que "o mundo de aço da lei e da ordem", criado para nos proteger da barbárie, também nos isola das sensações e impulsos mais profundos, transformando-nos nesses monstros empedernidos que movem guerras e oprimem os semelhantes. Se, como afirmava Artaud, conseguíssemos libertar nossos sentimentos agrilhoados, "acharíamos todo esse sofrimento intolerável, a dor forte demais para ser suportada, e poderíamos pôr-lhe termo", sentindo em seu lugar "a alegria de tudo, do amor, da criação, da paz, de sermos nós mesmos".[42]

Durante a preparação da produção de *Mann ist Mann* [*O homem é um homem*], de Brecht, para o Teatro Vivo, Beck discutiu a teoria interpretativa desse autor com a companhia e montou um seminário liderado por Joseph Chaikin (1935) a fim de explorar técnicas em linguagem não naturalista. Chaikin compartilhava a visão de Beck segundo a qual um teatro e uma sociedade melhores deveriam ser buscados, pelo menos na América, liberando-se o inconsciente individual, mas sem estimular o público à consciência de classe marxista. A "sofisticação de nossa época", diz Chaikin em seus apontamentos, "bloqueou boa parte de nossa resposta humana total". Os atores "devem abrir-se novamente, tornar-se novamente ingênuos e inocentes, cultivar a atmosfera interior: o medo, por exemplo".[43]

Enquanto Brecht tentava demonstrar que a sociedade e o processo histórico não são imutáveis, a companhia do próprio Chaikin, o Open Theatre (fundado em 1963), empenhava-se em apresentar uma refutação paralela da ideia freudiana da inalterabilidade da natureza humana. Como se vê, era um trabalho bem próximo das teorias dos psicanalistas existencialistas da década de 1960, como David Cooper e R. D. Laing, que rejeitavam a visão de Freud da sociedade como norma à qual o paciente deveria ser "ajustado"; eles alegavam que o chamado comportamento aberrante poderia ser uma resposta legítima à doença da própria sociedade. O Open Theatre considerava o tradicional "caráter trágico" como Brecht considerava a "ação aristotélica", isto é, como uma ilustração do determinismo, e desenvolveu uma estratégia similar para solapá-lo: quaisquer realidades de caráter estabelecidas no início de uma ação eram logo destruídas ou transformadas em outras, que por seu turno se viam prontamente suplantadas, às vezes quase sem transição, para que a plateia não se acomodasse a nenhuma visão fixa dos caracteres: um *Verfremdungseffekt* psicológico.

Viola Spolin, em *Improvisation for the Theatre* [*Improvisação para o teatro*] (1963), oferece uma metodologia para a abordagem do Open Theatre. Ela reconhece que a base da criatividade é a liberdade pessoal, combatida pelo "autoritarismo que tem mudado de rosto ao longo dos tempos, passando do rosto do pai ao rosto do professor e, atualmente, ao da estrutura social como um todo".[44] Na tentativa de aplacar esse juiz exterior, perdemos a capacidade de nos relacionar pessoal e organicamente com o mundo, distanciamo-nos tanto de nosso eu quanto de nossa arte. Para Spolin, a improvisação é um meio de superar essa perda. Já que a vida e o teatro estão sempre colocando crises e escolhas diante de nós, o segundo pode levar-nos a uma opção espontânea e natural, a uma constante recriação do eu em resposta ao mundo, o que Spolin chama de transformação.[45] Assim, partindo de um ponto diferente, ela chega à mesma conclusão a que haviam chegado diversos membros do Círculo Linguístico de Praga: a contínua aparição de uma nova realidade constitui a essência do teatro. A transformação se torna um conceito e uma técnica fundamentais no Open Theatre. Segundo Peter Feldman, diretor-assistente de Chaikin, "a transformação, além de questionar nossa noção de realidade de um modo absolutamente gráfico, também suscita algumas perguntas quanto à natureza da identidade e finitude do caráter".[46] Muito adequadamente, a última grande produção do Open Theatre, em 1971, teve por título *The Mutation Show* [*O espetáculo da mudança*].

Outro aspecto da teoria de Spolin foi que os jogos infantis "são diferentes em grau, mas não em espécie, da representação dramática".[47] Esse conceito – que lembra o *Spieltraub* de Schiller, bem como o interesse de Evreinov na transformação e teatralização da vida – foi reforçado no final dos anos 60 pela obra de sociólogos contemporâneos e impôs-se como elemento de destaque na teoria dramática.

A influência de Brecht e da experimentação francesa começou a se fazer sentir na teoria e prática do teatro inglês por volta de 1956, o ano em que John Osborne (1929), com *Look Back in Anger* [*Recorde com raiva*], inaugurou uma nova era no cenário teatral britânico. Caracteristicamente, os dramaturgos ingleses da geração de Osborne mostraram-se menos radicais na experimentação que seus contemporâneos do Continente e menos inclinados a pronunciamentos críticos a respeito de suas obras. Não obstante, o conflito entre teatro politicamente engajado e teatro de especulação metafísica também pode ser vislumbrado aqui, embora sob outra forma.

Dos dois, o lado político era o mais óbvio. Uma série de credos da lavra da nova geração, com o nome de *Declaração*, apareceu em 1957, incluindo exposições de Tynan e Osborne. O prefácio ao volume insistia em que os chamados "Jovens Coléricos" não representavam nenhum movimento consistente, mas compartilhavam a indignação com a sociedade e os valores modernos, desejando modificá--los. Tynan, em "Theatre and Living" ["Teatro e vida"], achava que apenas três atitudes em relação à vida estavam abertas ao dramaturgo: sua representação fiel, no bem ou no mal; a tentativa de mudá-la; ou sua negação pelo recuo à fantasia privada. Tynan simpatizava apenas com a segunda: a arte "deve manifestar-se publicamente; deve engajar-se", e o drama tem de ser "eloquente no protesto".[48]

Em "They Call it Cricket" ["Chamam a isso críquete"], Osborne declara que tenciona instruir suas plateias "no sentimento. Depois, elas poderão pensar".[49] Isso parece sugerir uma certa imprecisão ou ausência de preocupação política em Osborne, mas as páginas seguintes, condenando em termos severos a arrogância e a loucura da sociedade britânica contemporânea, indicam outro rumo. O dramaturgo, crê Osborne, não deve sugerir táticas específicas de reforma, o que é tarefa para economistas, sociólogos, psicólogos e legisladores. A contribuição do drama para uma nova sociedade socialista limita-se a levantar questões: o significado do trabalho humano, o valor da vida, as esperanças, expectativas e medos. Ele mostrará os valores legítimos, mas não procurará descobrir "o caminho melhor para implementá-los".[50]

John Arden (1930) insiste também em que o teatro deve encarar os temas sociais à sua maneira. A pura crítica social é "perigosamente efêmera", diz ele em "Telling a True Tale" ["Contando uma história verdadeira"] (1960), e o teatro deve contra-atacar expressando-a "no quadro das verdades poéticas tradicionais".[51] Numa carta a *Encore*, em 1964, Arden adverte contra o drama que dá respostas fáceis ou óbvias, meros placebos a problemas sociais e morais. A plateia tem direito a uma visão honesta das situações ambíguas e contraditórias que a vida nos apresenta, e a ser instruída por "indireção" e implicação. O drama exibe as escolhas e as consequências das escolhas; o público, de seu lado, considerará as causas que propiciaram a ocorrência de cada escolha.[52]

Bem mais francamente preocupado com as relações sociais do drama, Arnold Wesker (1932) lançou uma espécie de manifesto em "Let Battle Commence" ["Que a batalha comece"] (1958). Invoca um teatro pedagógico, que dê ao espectador "a visão que ele ainda não conseguiu ter de um aspecto da vida".[53] Novos públicos devem ser procurados entre as classes trabalhadoras, que sempre consideraram o teatro o domínio de intelectuais burgueses, portanto irrelevante para sua experiência pessoal. Isso será difícil, pois o dramaturgo terá de falar ao novo público nos próprios termos deste e lidar com valores inteiramente diversos, o que exigirá mudança tão brusca quanto a conversão religiosa. "Art – Therapy or Experience" ["Arte – terapia ou experiência"] (1964), de Wesker, acusa todo o sistema educacional e cultural britânico de considerar a arte atividade de lazer para as classes média e alta em vez de resposta a uma "gritante necessidade" e a uma intensa curiosidade pela compreensão da "maravilhosa natureza e complexidade" das vidas humanas. A educação nas artes será impossível até que os professores entendam que a obra de arte é "um campo de batalha onde as ideias pelejam e os valores se afirmam".[54]

A forma e o papel próprios a um teatro engajado, eterna preocupação da estética marxista, foi tema de um vivo e às vezes agressivo debate entre os teóricos alemães, orientais e ocidentais, durante esse período. Em *Das Prinzip Hoffnung* [*O princípio esperança*] (1954), Ernst Bloch aplicava sua interpretação do marxismo a uma ampla variedade de fenômenos culturais, inclusive música, pintura, desenho, dança, arquitetura, cinema, circo e ficção popular. Num capítulo dedicado ao teatro, recorre a Brecht e Schiller para definir sua finalidade: "Encaminhar os desejos do mundo em direção a possibilidades reais – como uma instituição paradigmática".[55] Bloch insiste em que, a despeito das pressões para a conversão da arte e da cultura popular em escapismo, mero entretenimento, abstração espiritualizada ou artefato autossuficiente, o espírito humano continua a exprimir, por meio dessas manifestações, sua necessidade reprimida de plenitude. A arte é "um laboratório e, ao mesmo tempo, um festival de possibilidades reais"; assim, a representação teatral constitui um aparecimento antecipatório (*Vor--Schein*) de matéria que ainda não existe, mas pela qual a consciência humana está lutando.[56] De sorte que a arte prefigura, embora não a possa materializar completamente, a "utopia concreta" que existe "no horizonte de toda realidade". O conceito de *Verfremdung* de Brecht é ajustado por Bloch para refletir isso: o estranhamento, no teatro, não provém do fato de o espectador tomar consciência das contradições na realidade social presente, mas dos vislumbres que possa ter do "belo estranho", da utopia de plenitude à qual sua visão interior responde quando ainda mergulhada na realidade contemporânea onde tal plenitude não pode ainda ser alcançada.[57]

A política literária oficial da Alemanha Oriental, desde o início da década de 1950, consistiu em encorajar o "realismo socialista" e sufocar as formas "decadentes" e "experimentais", mais ou menos a mesma posição assumida por Lukács no debate do expressionismo. Essa política foi contestada em 1956 numa conferência de diretores e dramaturgos, propondo-se em seu lugar um "teatro dialético" que se apoiasse mais equilibradamente nas teorias de Brecht e Lukács. Peter Hacks (1928), principal porta-voz dessa atitude, discutiu-a em dois ensaios de 1957 publicados na *Neue Deutsche Literatur:* "Das Theater der Gegenwart" ["O teatro de hoje"] e "Das realistische Theaterstück" ["A peça teatral realista"]. A visão oficial do realismo socialista postulava que a sociedade alemã-oriental poderia resolver todos os conflitos sociais, de sorte que todo drama empenhado em pintar tais conflitos distorceria a realidade. Hacks defende uma visão mais "dialética" do realismo, que reconhece a inevitabilidade do conflito em todos os fenômenos e considera o espectador alguém "envolvido na mudança". Ele aponta Brecht como pioneiro dessa ideia do teatro, desenvolvida em oposição à teoria burguesa de Lessing.[58] Conflito e contradição são igualmente importantes, observa Hacks, na doutrina do "típico" de Lukács. O herói proletário deve encarnar "as contradições típicas de sua sociedade" e ser colocado "nas típicas situações contraditórias de sua época". Ele não é "um herói dominado pelas imperfeições: é um herói e um não herói ao mesmo ternpo".[59]

Nos anos 60, Hacks propôs outra abordagem ao drama socialista, particularmente nos ensaios "Versuch über das Theaterstück von Morgen" ["Ensaio sobre a peça de teatro do amanhã"] (1960) e "Das Poetische" (1966). Sugeria duas formas de apresentar a realidade socialista: o dramaturgo poderia pintar o processo histórico em ação, como nos dramas "épico-sociológicos" da década de 1950 do próprio Hacks, ou então antecipar o esquema já realizado da história, "poetizando" assim o material tal como ele mesmo estava tentando fazer com seus dramas "clássicos". Hacks justificava essa mudança alegando que seu público já se libertara das condições sociais opressivas que constituíam a preocupação do drama épico-sociológico e partira em busca da autorrealização no seio de uma sociedade humanista livre.[60] A nova peça clássica está, então, "em harmonia com a perspectiva da plateia". Ela encerra conflito, que é essencial ao drama, mas, "como sua realidade social repousa em alicerces sólidos, tais conflitos não se tornam demoníacos, base de fenômenos trágicos".[61] Os conceitos brechtianos de *Einfühlung* e *Verfremdung* influenciaram indubitavelmente os termos que Hacks emprega para descrever as reações do espectador. O *Identifikationswert* (fator de identificação) estabelece uma simpatia emocional com o herói da peça, ao passo que o *Unwirklichkeitswert* (fator irreal) incita o espectador para a visão poética dos aspectos de uma utopia ainda não concretizada.[62] Esta última ideia parece dever muito ao conceito de "belo estranho" de Bloch. Bem mais que Brecht, Hacks enfatiza, à moda hegeliana, a combinação das duas reações para o êxito do drama do futuro.

Em sua obra de 1958, *Wider den missverstandenen Realismus* [*Contra o realismo equivocado*], Lukács voltou aos temas do debate do expressionismo, mas agora afirmando que o inimigo do "realismo" não era o "expressionismo" e sim o "modernismo". Enquanto o expressionismo retrata a condição geral do homem num "contexto social e histórico", suscetível de mudança e melhoramento, o modernismo contempla "um homem solitário, antissocial, incapaz de relacionar--se com outros seres humanos" num mundo sem rumo nem objetivo.[63] Embora seu principal exemplo positivo seja Thomas Mann e o negativo Franz Kafka, Lukács volve a Brecht outra vez para sublinhar que, em suas últimas peças, ele renunciara à estéril abordagem modernista – semelhante ao "pretensioso e vazio experimentalismo de Ionesco" – e regressara aos tradicionais "seres vivos em luta com as forças de seu meio ambiente".[64]

Novamente a intolerância de Lukács com relação ao experimentalismo levantou protestos, e o debate do "modernismo" de final dos anos 50 lembrou o do expressionismo, de duas décadas atrás. Desta feita, o grande adversário de Lukács era Theodor Adorno (1903-1969), um dos membros mais conhecidos do Instituto de Pesquisas Sociais de Frankfurt. Em "Erpresste Versöhnung" ["A reconciliação forçada"], sua crítica de 1958 do livro de Lukács, Adorno acusa-o de confundir arte e vida ao concentrar-se no conteúdo com exclusão do estilo e da forma. O artista deve sempre reconhecer que sua criação está até certo ponto implícita no sistema total de racionalidade de seu próprio tempo, e, caso queira desafiar essa totalidade, terá de fazê-lo dentro do próprio processo criativo – e não apenas com respeito ao assunto, mas também à maneira com que o assunto é tratado.[65]

No ensaio "Versuch, das Endspiel zu verstehen" ["Tentativa de entender o final"] (1961), Adorno defende Beckett, talvez o principal dramaturgo "modernista", como o criador provavelmente mais bem-sucedido do verdadeiro teatro engajado. Tradicionalmente, uma peça tem três níveis de significação: a significação do diálogo, a significação geral e a significação metafísica. O drama engajado tradicional encontrou significação em um ou outro desses níveis; Beckett, porém, contrastou-os. A significação buscada no nível do diálogo é negada nos níveis geral e metafísico, de modo que significação alguma é oferecida, nem mesmo a do "absurdo".[66]

Adorno retoma essa ideia no célebre ensaio "Engagement" (1962). Beckett é elogiado como um artista que, à semelhança de Kafka, "explode por dentro a arte que uma abordagem engajada subjuga de fora e, portanto, apenas na aparência". O trabalho de Beckett "exige uma mudança de atitude" em vez de simplesmente invocá-la, como fazem as tradicionais "obras engajadas".[67] Os principais exemplos que Adorno fornece de autores "engajados" malsucedidos são Brecht e Sartre. Ambos procuram opor um bem subjetivo – o herói existencialista de Sartre e o proletariado de Brecht – às forças da objetividade e da reificação, mas nenhum consegue, dentro da real arquitetura das peças, obter um reflexo da luta subjetiva-objetiva como o faz Beckett.[68] Sartre apresenta suas teses com "insípida objetividade" – a espontaneidade que ele advoga não encontra resistência e sua obra é assimilada pelo próprio sistema que deseja refutar. Brecht, tentando negar a ilusão, parte imprescindível do teatro, nada mais faz que criar outra ordem de ilusão, uma realidade social espúria que não encoraja mais a verdadeira compreensão social do que Sartre. O anonimato do homem pós-industrial e o desamparo do homem pós-atômico são denunciados por dramas que, conforme adverte Lukács, mostram a "realidade" em termos de caracteres e escolhas desenvolvidas.

Muito dessa postura lembra o jovem Lukács e, mais genericamente, o tom de desespero cultural tão comum nos círculos intelectuais alemães da virada do século. Não espanta, pois, que a teoria de Adorno fosse atacada por defender a resignação e o desalento em lugar de avaliações concretas da realidade social. Em 1963, o jornal *Theater Heute* entrevistou 11 dramaturgos contemporâneos sobre o problema de como a realidade atual deveria ser levada ao palco. Na resposta mais extensa, Rolf Hochhuth (1931), cujo *Der Stellvertreter* [*O substituto*] acabara de estrear com enorme êxito, rotulou Adorno de principal porta-voz de uma visão que ele, Hochhuth, considerava inaceitável no drama: a visão de que a significação é impossível em nossos dias, as ações e opções dos indivíduos carecem de importância, e o drama que sugira outra coisa é uma distorção da realidade. "Por impopular que isto possa ser atualmente, uma das tarefas cruciais do drama consiste em sustentar que o homem é um ser responsável", declara Hochhuth, acrescentando que, se o marxismo insistir na concepção de que "o indivíduo desapareceu na era burguesa graças à organização industrial da sociedade", então o drama já não será viável, pois em sua base encontra-se justamente o indivíduo. Em revisão subsequente desse artigo para uma *Festschrift* [homenagem] a Lukács em 1966, Hochhuth recorreu a Schiller citando sua "lei artística eternamente válida: 'Somente através do indivíduo pude perceber o todo'".[69] Como Lukács, Hochhuth mostra pouquíssima tolerância para com a abstração ou estilização de Beckett e Brecht. Prefere o uso de material histórico específico, tratado realisticamente como em seus próprios dramas documentais, embora isso não implique – conforme salienta em "Historische Streiflichter" ["Elucidação histórica"], apenso a *Der Stellvertreter* – uma apresentação naturalista de dados brutos: "A realidade foi amplamente respeitada, mas parte considerável de sua escória teve de ser removida". Novamente, Schiller é citado como autoridade. O dramaturgo persegue a verdade "simbólica" e por isso não pode utilizar "um só elemento de realidade". Sua obra "tem de ser idealizada em *todas* as partes caso pretenda abranger a realidade como um todo".[70]

Adorno se deu conta do ataque de Hochhuth somente quando o artigo apareceu na *Festschrift* a Lukács e respondeu a ele em carta aberta ao *Frankfurter Allgemeinen Zeitung* em fevereiro de 1967. Nega a necessidade do indivíduo no drama, preceituada por Lukács e Hochhuth, lembrando que Hegel e Marx disseram que o individualismo "não é uma categoria da natureza, mas sim historicamente decidida, fruto do trabalho". No moderno mundo industrial, prossegue ele, o indivíduo cedeu lugar a "configurações anônimas que já não podem ser compreendidas por quem desconheça a teoria e que, em sua frieza infernal, não mais são toleradas pela consciência ansiosa". Os dramaturgos se sentem tentados a personalizar essas circunstâncias, como fez Hochhuth, abordagem a que Adorno aplica o americanismo *"phoney"* (falsificação).[71] Escolha mais honesta seria criar uma forma apta a refletir "o absurdo do real" de um modo além do alcance do realismo. Brecht tinha o instinto acertado, mas não pôde fugir à tendência individualista, coisa que Beckett finalmente conseguiu.

A resposta de Peter Weiss (1916-1982) à pesquisa de 1963 do *Theatre Heute* foi bem menos explícita que a de Hochhuth. Weiss declara que a pintura do mundo contemporâneo pode envolver legitimamente diversos temas e abordagens; o tema de "um retrato razoável e esclarecido de suaves acontecimentos" é tão válido quanto o contratema da "confusão e fluidez de todos os eventos e um mundo onírico autista". Essencial é que o drama seja claro e compreensível, já que sempre deverá "partilhar, renovar ou questionar alguma coisa; o espectador sempre terá de aprender algo".[72]

Nos dois anos seguintes, durante os quais seu *Marat/Sade* granjeou-lhe fama internacional, Weiss aproximou-se de uma postura teórica bem semelhante à de Hochhuth. Numa entrevista de novembro de 1964, condenou o desalento de Beckett, que vivia "como um embrião num mundo forte demais para ele" e negava o poder da arte de mudar a vida. O teatro deveria apresentar as circunstâncias da existência contemporânea de um modo tal que os espectadores reagissem desabafando: "Temos de mudar isso; não pode continuar assim". Entretanto, Weiss evitou um compromisso especificamente político até 1965, quando anunciou em "Peter Weiss' Entscheidung" sua conversão ao socialismo revolucionário. Em tese, disse ele, a obra de arte deveria ser livre "política e esteticamente", mas no mundo atual de ideologias em luta, sobretudo na Alemanha dividida, "toda palavra que escrevo e publico é política".[73] Cumpre, pois, escolher qual ideologia tem mais probabilidade de conduzir à desejada liberdade da arte – e Weiss escolhe o socialismo.

Muitos dos artigos subsequentes de Weiss foram de natureza política, mas em "Notizen zum dokumentarischen Theater" ["Notas sobre o teatro documental"] (1968) ele examina o tipo de drama que melhor se coadunaria às necessidades políticas contemporâneas. Seu projetado "teatro documental" coleta material autêntico e apresenta-o "ajustado na forma, porém não no conteúdo". O objetivo, "estabelecer um modelo das contradições reais, um esquema aberto a mudanças elaborado a partir de fragmentos da realidade", lembra Brecht, embora Weiss enfatize a escolha de postura do dramaturgo e não do público. O drama há de apresentar ambos os lados das disputas políticas, mas é dever do escritor informar qual o melhor. A "objetividade" será evitada como conceito usado pelo grupo no poder "para justificar suas próprias ações" e defender seus privilégios atuais.[74]

Max Frisch (1911), no ensaio "Der Autor und das Theater" ["O autor e o teatro"] (1964), admite a inevitável dimensão política do drama, produzido e visto por partícipes da sociedade. Não obstante, a peça deve ser criada "com amor ao teatro e nada mais", sendo portanto governada pelas regras da arte e não da política.[75] Não se tem provas, afirma ele, de que qualquer dos milhões de espectadores que viram as peças de Brecht tenha mudado realmente de opinião política em consequência disso. E é sem dúvida em resposta a Brecht que Frisch considera sua *Biedermann und die Brandstiffer* [*O homem de bem e o incendiário*] (1958) um *"Lehrstück ohne Lehre"*, ou seja, "uma peça didática". A arte, por insistir na importância do indivíduo, vem a ser naturalmente subversiva, mas não pode, de fato, engajar-se na ação política direta.

Uma das obras mais importantes da teoria dramática alemã do pós-guerra, *Theorie des modernen Dramas* [*Teorias do drama moderno*] (1956), de Peter Szondi (1929), recorre – como Lukács, Benjamin e Adorno – à ideia hegeliana, refletida em Marx, de que forma e conteúdo estão definitivamente associados numa relação dialética. Por isso, ataca a "visão tradicional" (então atribuída por Adorno ao Lukács da segunda fase) que separa a forma do conteúdo, que enfatiza este e torna aquela "historicamente indiferente".[76] A evolução do drama moderno, no dizer de Szondi, refuta sem sombra de dúvida essa conclusão. O drama moderno é um produto do Renascimento, plenamente sintetizado na França do século XVII. Recursos como prólogo, epílogo e coro foram abandonados em favor do diálogo quando a interação humana passou a representar a preocupação nuclear do drama. Isso engendrou uma forma "absoluta" fechada, em aparência autossuficiente, que negava tanto o autor quanto o espectador. Este não podia participar como tal, apenas como um imaginário colaborador da ação cênica. Restava-lhe escolher unicamente entre "a separação total ou a total identificação".[77] Os traços distintivos desse drama – as unidades, a manutenção da ilusão, o determinismo proveniente da negação do acaso – contribuíram para consolidar esse mundo que a si mesmo se bastava.

Pelo final do século XIX, prossegue Szondi em sua análise, o conteúdo do drama começou a evitar "fatos de interação humana mostrados no presente" e essa mudança gerou uma crise no seio da forma tradicional. Dramaturgos como Maeterlinck exploravam as possibilidades dramáticas dos não fatos; outros, como Strindberg, abordavam estados interiores em lugar de interações; e outros, ainda, como Ibsen e Tchekhov, enfocavam o passado ou o futuro.[78] Obras de relevo foram criadas durante esse período de instabilidade, mas a tensão entre forma e conteúdo não podia ser sustentada por muito tempo. O começo do século XX assistiu às tentativas de alguns autores de preservar a forma tradicional, enquanto outros buscavam formas novas para os novos conteúdos. Entre as tentativas de preservar a forma tradicional vemos o naturalismo, fragmentos quase destituídos de conteúdo como a peça benfeita, e os vários ensaios de retorno a alguma versão do classicismo, talvez mais eficientes no caso dos dramas "situacionais" de Sartre. As experiências que começaram a reconhecer o novo conteúdo introduziram, de várias maneiras, uma relação sujeito-objeto no drama, aceitando a presença tanto do criador quanto do público e rompendo com a forma absoluta do drama tradicional. As mais bem-sucedidas delas são por Szondi chamadas de "epopeias", termo que ele aplica a um amplo raio de experimentação do qual Brecht é apenas um exemplo. Tais obras apontam para fora de si mesmas e fornecem um "microcosmo que representa um macrocosmo", explicado e mostrado por um "eu épico", uma presença criativa que reconhece o público a quem a demonstração é dirigida.[79] À parte Brecht, Szondi contempla esse processo em ação no expressionismo, nas "revistas políticas" de Piscator, na montagem de Eisenstein, em Pirandello, nos monólogos interiores de O'Neill, em Wilder e na Morte do caixeiro-viajante de Miller.

Lucien Goldmann (1913-1970) abeberou-se nos escritos de Lukács, vários dos quais traduziu para o francês, e na tradição marxista em geral para consolidar seu interesse no realismo social e sua convicção de que forma e conteúdo estão inextricavelmente relacionados, sendo ambos condicionados por forças sociais. A seu ver, o estudo das obras literárias envolve, pois, inevitavelmente o estudo das fontes políticas e sociais dessas obras. Em Le Dieu caché [O Deus oculto] (1955), Goldmann postula três possíveis abordagens políticas ao texto: positivista (análise textual), intuitiva (sentimentos pessoais) e dialética, que procura inserir a obra em contextos maiores e mais completos.[80] Goldmann considera o conceito de Dilthey de visão de mundo como um movimento em direção à terceira abordagem, elaborada e tornada mais incisiva e científica por Lukács. O crítico que utilizar essa abordagem considerará a obra à luz do "complexo total de ideias, aspirações e sentimentos que vincula os membros de um grupo social (grupo que, na maioria dos casos, assume a existência de uma classe social) e os opõe aos membros de outros grupos sociais".[81] Passa então a analisar as tragédias de Racine e a filosofia de Pascal com base no conflito entre a mundivisão coerente do racionalismo seiscentista e o conceito de um Deus ontológica e axiologicamente transcendente.

Por seu turno, a análise conduz a uma teoria geral da tragédia, que Goldmann elabora mais cabalmente em Jean Racine: dramaturge Jean Racine: dramaturgo] (1956). Ele define a tragédia em termos que evocam Die Seele und die Formen [A alma e a forma], de Lukács: "um espetáculo permanentemente observado por Deus".[82] Deus nunca intervém, mas mesmo assim exige adesão a valores absolutos num mundo de compromisso, contingência e existência circunscrita. Toda tragédia reflete esse conflito. O herói trágico grego enfrenta ao mesmo tempo o mundo e a comunidade humana, representada pelo coro. Em Racine, a comunidade autêntica desapareceu, de sorte que também o coro se foi. Quanto ao herói solitário, provoca sua própria destruição recusando-se a aceitar o mundo imperfeito ou tentando impor-lhe seus desejos.

O interesse marxista nas dimensões históricas e sociopolíticas do teatro apontou o caminho para um estudo mais geral do teatro como fenômeno sociológico, abordagem teórica que aumentou muito de importância na segunda metade do século XX. As principais estratégias dessa abordagem foram esboçadas em 1956 por Georges Gurvitch (1894-1965) num notável e presciente artigo, "Sociologie du théâtre" ["Sociologia do teatro"], que resumia as atas de uma conferência de 1955 sobre "Le théâtre et la société" ["O teatro e a sociedade"], em Royaumont. A "profunda afinidade do teatro com a sociedade", explica Gurvitch, cria possibilidades de investigação sociológica em ambas as direções, o exame da "teatralidade" na sociedade ou da organização social no teatro.

Antecipando as pesquisas de escritores como Goffman e Turner, Gurvitch chama a atenção para o elemento teatral em todas as cerimônias sociais, mesmo numa "simples recepção ou reunião de amigos".[83] Além disso, "cada indivíduo desempenha vários papéis sociais", os de classe, profissão, orientação política etc. Quanto ao teatro em si, compõe-se de um grupo de atores que retratam uma ação social encaixada numa outra dinâmica social constituída de representação e público. Nessa base, Gurvitch sugere um raio de possibilidades para a pesquisa sociológica no teatro: em primeiro lugar, o público, particularmente seus graus de diversidade e coesão; em segundo, a relação entre a peça e seu estilo, sua interpretação e seu quadro social específico; em terceiro, a organização interna da profissão do ator, bem como seus vínculos com outras profissões e com a sociedade em geral; em quarto, a relação entre o conteúdo das peças e sua sociedade; em quinto, as mudanças na interpretação desse conteúdo e a relação entre tais mudanças e as configurações sociais mutáveis; e, em sexto, as funções sociais do teatro nas diferentes sociedades.[84]

Voltando-se para uma consideração do teatro como instrumento de experiência social, Gurvitch põe de lado os psicodramas de Moreno, considerando-os por demais controlados e dirigidos para servir de modelos. Antecipando as experiências do teatro de guerrilha e de diretores como Boal, Pörtner e Schechner (ver capítulo 21), Gurvitch propõe "representações teatrais camufladas de vida real sem que os membros do grupo suspeitem do que está acontecendo" ou representações destinadas a "estimular ações coletivas, libertar o público de quadros sociais precisos e estruturados, e incitá-lo a participar do trabalho dos atores e projetá-lo na vida real".[85]

As observações de Gurvitch sobre o "teatralismo" da vida social foram exploradas com certa minúcia por sociólogos e antropólogos no final dos anos 50 – Erving Goffman em *The Presentation of Self in Everyday Life* [*A apresentação do eu na vida cotidiana*] (1959), Neal Gross et al. em *Explorations in Role Analysis* [*Exame da análise do papel*] (1958), R. Caillois em *Les jeux et les hommes* [*Os jogos e os homens*] (1958) e M. Leiris em *La possession et ses aspects téâtraux chez les ethiopiens de Gondar* [*A possessão e seus aspectos teatrais entre os etíopes de Gondar*] (1958) –, mas só muito depois os teóricos do teatro desenvolveram as propostas de Gurvitch.

O único exemplo de monta durante a década de 1960 foi Jean Duvignaud (1921), cuja *Sociologie du théâtre* [*Sociologia do teatro*] (1963) constituiu estudo pioneiro no âmbito dessa investigação. Examinando o curso do teatro na Europa, Duvignaud surpreende relações significativas entre a dramaturgia, a encenação e a organização e as convicções da sociedade, mas repele a teoria de que o drama é "mero reflexo da realidade coletiva".[86] Em vez disso, Duvignaud propõe quatro tipos de teatro, cada qual respondendo a uma espécie diferente de configuração social. Nas "sociedades tradicionais" como a da Idade Média, o teatro reflete as crenças de um sistema geralmente estável e tenta pintar o homem em sua totalidade. O segundo tipo, exemplificado pelo Renascimento e a Grécia clássica, surge quando mudanças técnicas, econômicas e sociais intensificaram-se a tal ponto no seio de uma sociedade tradicional que forçaram transformações radicais de estrutura. O teatro exprime, assim, a tensão sentida no interior da sociedade, produzindo heróis que encarnam o desejo coletivo tanto de "transgredir as velhas regras" quanto de "punir esse atentado à liberdade".[87] Idiotas, loucos, criminosos, visionários e hereges agem assim. O teatro do "palco italianizado" na Europa representa o terceiro tipo, quando a elite do poder apropria-se da cultura e da civilização a fim de definir e controlar a condição humana dentro de uma rígida dramaturgia. Os grandes autores desse tipo tendem a ser subversivos e a procurar sugerir os domínios ocultos do pensamento e da ação abertamente negados pelo teatro no qual trabalham. O quarto tipo é o moderno, produto de uma sociedade altamente relativista e móvel, um teatro que pretende apresentar a diversidade da experiência disponível. Em nenhum dos quatro tipos o teatro, como em geral se crê, responde a certas necessidades: apenas reflete desejos que ainda exigem definição. Ele coloca questões para as quais ainda não há respostas e abre janelas para o futuro em vez de consolidar o presente. Destarte, o teatro é e sempre foi "uma revolta contra a ordem estabelecida".[88]

L'acteur [*O ator*] (1965), de Duvignaud, trata primariamente das relações da sociedade com o ator e secundariamente da visão que o próprio ator tem de sua arte e de sua função social. Uma vez que ele corporifica os sonhos que o homem ainda não pode reconhecer na sociedade, deve forçosamente permanecer fora dela, um pária, mas ainda assim dotado de misteriosos poderes como a *mana* descrita pelos antropólogos.[89] As sociedades desesperançadas da mudança não sentem necessidade de teatro, mas Duvignaud discute três tipos de sociedades "históricas" em evolução que exibem atitudes um tanto diferentes com relação ao ator. Na monarquia, o ator leva vida dupla, como funcionário da corte e como espírito livre, fora da estrutura de classes. Sua representação de uma existência mais rica e mais independente, rompendo as barreiras sociais estabelecidas, fá-lo ao mesmo tempo ameaçador e fascinante, imitado e amaldiçoado. Na sociedade liberal, ele se torna produto de consumo, colocado em papéis cristalizados que, não obstante, refletem os medos ocultos das ideologias atuais ou semiformadas do futuro. Na sociedade contemporânea, ainda assoberbada por ideologias conflitantes, sistemas políticos, nacionalidades e uma tecnologia desorganizada, sua tarefa continua a ser a de "revelar na carne as tendências sociais que permanecem invisíveis e irreconhecíveis",[90] o *Vor-Schein* de Bloch, a visão de uma existência autêntica e plena numa sociedade isenta de classes e outras barreiras restritivas.

O papel social do drama também foi examinado pelo teórico comunista Louis Althusser (1918) em "Notes sur un théâtre matérialiste" ["Notas sobre um teatro materialista"] (1962), escrito quando da produção parisiense de um drama do verismo italiano do século XIX tardio, a cargo do Piccolo Teatro de Giorgio Strehler. Althusser aprecia e gaba nessa obra italiana a mesma "dissociação interna" e a mesma "alteridade não resolvida" que fazem de peças como *Mãe Coragem* e *Galileu*, de Brecht, tão destacados exemplos do "teatro materialista".[91] As teorias clássicas do drama, diz ele, consideravam a plateia, ou como psicologicamente identificada com os personagens ou como conscientemente alheia ao drama, vendo-o objetivamente da perspectiva de uma "clara consciência do eu". Embora a última tenha sido associada por engano com o teatro de Brecht, nenhuma delas, na verdade, é o que o teatro brechtiano ou materialista busca realizar. O espectador envolve-se inevitavelmente no drama, mas num nível bem mais básico que o da identificação psicológica. Ele é "irmão dos personagens", apanhado nos mitos espontâneos da ideologia, em suas ilusões e formas privilegiadas.[92]

O problema, então, consiste em descobrir o que o drama tem a ver com essa inevitável identificação cultural e ideológica. O drama tradicional, tal qual o vê Althusser, reafirmava e aprofundava os mitos culturais sem fugir deles, ao passo que Brecht procurou "deslocar" a autoconsciência, quebrar ou remover o espelho que está no centro do drama, "diferir sempre" o núcleo do mundo dramático e instalá-lo fora da ilusão, rumo à realidade. O desequilíbrio, e portanto a dinâmica de seu drama, brota da tensão entre a "ideologia espontânea" descrita e as condições reais da existência dos personagens, invisíveis para eles mas não para o espectador, "à maneira de uma percepção que não é dada, mas tem de ser discernida, conquistada e arrancada da sombra que de início a envolvia e que, no entanto, a produziu". Esse efeito não depende do estilo "épico" de interpretação, cartazes, cenários austeros ou iluminação feérica – chamarizes do teatro brechtiano –, mas da dinâmica interna do drama brechtiano em si, que "ao mesmo tempo critica as ilusões da consciência e deslinda suas reais condições".[93]

Enquanto os teóricos que trabalhavam na tradição hegeliana e marxista naturalmente enfatizavam o modo pelo qual o teatro é condicionado por processos econômicos, sociais e históricos, outros tentavam identificar os traços universais do drama que são igualmente aplicáveis a diferentes épocas e nações. Entre os mais importantes destes estão os filósofos modernos que se voltaram para uma consideração da estética, área negligenciada por boa parte da filosofia do século XX.

A obra de Ernst Cassirer (1874-1945) sobre simbolismo abriu uma linha de pesquisa especialmente proveitosa. Seu *Philosophie der symbolischen Formen* [*Filosofia das formas simbólicas*] (1923-1929) colocava as várias "funções do espírito humano" como arte, cognição, mito e religião em sintonia com "formas simbólicas", cada qual criando um "mundo imagético" que não apenas reflete o empiricamente dado mas de fato o cria "de acordo com um princípio independente". Cada uma dessas funções proporciona um caminho diverso "pelo qual o espírito avança rumo à objetivização, isto é, sua autorrevelação".[94] Cassirer deu pouca atenção sistemática à arte como tal, e esse pouco contemplou sobretudo a poesia lírica. A aplicação da filosofia das formas simbólicas às artes preocupou mais a Susanne Langer (1895).

O primeiro livro importante de Langer, *Philosophy in a New Key* [*Uma nova chave da filosofia*] (1942), vai na esteira de Cassirer quando define o homem, em essência, como um fautor de símbolos. Estes podem, de um modo geral, ser divididos em dois grupos: o discursivo, que trata de processos lógicos e cuja expressão máxima é a língua, e o não discursivo, que se ocupa dos estados emocionais e tem na arte sua expressão maior. Mas a arte, para Langer, não é a expressão das emoções: lida com elas, como a língua lida com conceitos. Os símbolos da arte atuam simultaneamente e não serialmente, sendo antes múltiplos e mutáveis do que específicos; entretanto, de forma alguma são arbitrários ou impossíveis de estudar, conforme insinuam os modernos filósofos dedicados à lógica e à semântica.

A música, expressão mais pura dos símbolos não discursivos e arte mais familiar a Langer, constitui a ilustração primária a que ela recorre no primeiro livro, mas em *Feeling and Form* [*Sentimento e forma*] (1953), examina uma por uma as artes principais, inclusive o drama. Cada qual engendra uma "virtual" ou simbólica esfera própria para retratar algum aspecto do sentimento, e, assim como a linguagem discursiva instaura a ordem na vida intelectual, essas esferas simbólicas organizam a vida da percepção. Elas nos educam no sentimento. O produto essencial de toda arte poética (aí incluído o drama) é uma ilusão dos processos da vida humana, "história virtual". O drama apresenta a história virtual sob o aspecto de interpretação, como uma série de ações tendentes a um esquema completo, a uma forma plena. O método da literatura é em geral Memória, ao passo que o do drama é Destino.[95] Citando um ensaio britânico de 1933, "The Nature of Dramatic Illusion" ["A natureza da ilusão dramática"], de Charles Morgan, Langer chama a esse método "forma suspensa". O dramaturgo deve esboçar essa forma de um modo tão nítido que possa fornecer um estímulo e um "núcleo poético" para atores e cenógrafos, deixando-lhes embora alguma margem de contribuição. Atores e dramaturgos se lembrarão de que criam história virtual, não real; foi essa confusão que provocou os debates tradicionais sobre verossimilhança e identificação emocional. O ator "não sofre nem descarrega emoções: ele as cria nos menores detalhes e interpreta-as".[96]

Langer acredita que o debate a respeito da função moral do drama se baseie no mesmo equívoco. No drama, as questões morais não passam de material temático, contribuindo para o objetivo primário da arte, a criação de um "modelo de vida sentida".[97] Elas estão para o drama assim como a representação de objetos para a pintura – são úteis, mas não indispensáveis. A especulação teórica em torno das grandes formas dramáticas, comédia e tragédia, também foi empanada, diz ela, pela ênfase no tema ou atmosfera em detrimento do específico "ritmo" organizador de cada uma. A comédia ilustra a luta do homem contra um mundo ameaçador e seu triunfo "pelo engenho, sorte, poder pessoal ou mesmo pela aceitação bem-humorada, irônica ou filosófica do infortúnio".[98] A tragédia pinta o ritmo mais sombrio do crescimento, maturidade, declínio e morte; nela, o homem se submete à prova suprema e exibe seu potencial máximo. O destino da comédia é a fortuna; o da tragédia, o fado. Entretanto, ambos são formas criadas, expressões artísticas ou simbólicas do destino humano, não reproduções do mundo real. Buscar significado ético ou filosófico nos grandes dramas leva inevitavelmente à confusão, pois seu escopo final não é nem filosófico nem ético, mas simbólico. A forma dominante da obra não exprime ideias ou emoções específicas e sim "a vida total do sentimento", a plenitude de nosso ser subjetivo.[99]

Phénoménologie de l'expérience esthetique [Fenomenologia da experiência estética], de Mikel Dufrenne, publicado em 1953 (mesmo ano de *Sentimento e forma*), concorda com Langer ao enfatizar o sentimento: "O ponto alto da percepção estética encontra-se no sentimento que revela a expressividade da obra".[100] Todavia, enquanto Langer insiste no aspecto simbólico, comunicativo desse sentimento, Dufrenne – fenomenologista – privilegia a percepção: "O aspecto estético induz-me a nada mais que perceber".[101] Em seu nível mais pleno e profundo, a percepção envolve não apenas reflexão, mas também sentimento, definido por Dufrenne como "a reciprocidade de dois abismos": o do mundo expresso na obra de arte e o do espectador. Como Langer, Dufrenne insiste em que a arte é reflexo não da realidade, mas do sentimento, de sorte que o problema do "realismo" não tem importância: "A qualidade afetiva do mundo prevalece sobre sua geografia".[102] Dufrenne, na verdade, faz eco a Oscar Wilde quando coloca o mundo afetivo em primeiro lugar. A percepção "começa com a arte" e a arte pode ser aplicada à realidade "porque a realidade é, em certo sentido, um artefato seu".[103] Tanto o homem quanto a realidade pertencem a algo mais fundamental – ser o que se é – que existe anteriormente ao objeto no qual se manifesta e ao sujeito que percebe tal manifestação. Nem o sujeito nem o objeto são necessários para o ser, mas ambos o são para uma *consciência* do ser – e é isso que o espectador realiza pela contemplação do objeto artístico.

Outro sistema que procura uma esfera comum em todas as manifestações da expressão poética foi o desenvolvido por Northrop Frye (1912). Sua obra capital, *Anatomy of Criticism* [Anatomia da crítica] (1957), vê a literatura, nas pegadas de Langer e Cassirer, como um sistema simbólico. Porém Frye, mais na tradição de Frazer, Jung e Fergusson, vislumbra por trás desses símbolos não a vida emocional do homem, mas um conjunto de arquétipos cujo sistema coerente evoca "o sonho total do homem".[104] Esse sonho, comum aos homens de todas as épocas, estrutura em forma simbólica suas necessidades básicas, tendências e tentativas de contato com os ritmos naturais do universo.

Nenhuma obra consegue, por si só, encarnar essa consciência mítica total, e Frye tenta mostrar como as obras individuais, ou tipos de obras, se inserem no modelo abrangente. Sugere que quatro gêneros básicos, comédia, romance, tragédia e sátira, correspondem às quatro estações, primavera, verão, outono e inverno. Cada qual, no seu limite extremo, funde-se com o próximo e se subdivide em seis fases que operam por intermédio de ritmos arquetípicos cada vez menores. A tragédia, por exemplo, avança do heroico para o irônico, de obras que versam sobre o nascimento do herói (ou os sofrimentos de sua mãe), passando por tragédias de juventude e maturidade, para as da morte e da tortura demoníaca.

Um sistema similar de formas entrosadas, baseado na relação da plateia com o mito apresentado, é utilizado por Frye para explorar os vínculos de vários gêneros especificamente dramáticos. Assim, o drama religioso tradicional, que ele chama de *auto*, mescla-se gradualmente ao estudo secular de um herói, que por sua vez imerge na tragédia. À medida que a tragédia vai se afastando do herói e do inevitável, para aproximar-se das fontes do sofrimento, torna-se irônica e atinge o "centro morto" do realismo completo. Emerge então a comédia, que primeiro trata do mundo tal qual é, depois se transforma num conceito cada vez mais idealizado e volta-se finalmente para a música, a dança, o espetáculo e a tentativa de sugar o público para dentro de seu mundo. Quando essa forma, espécie de máscara, se torna mais subjetiva e psicológica, torna-se também mais perturbadora – uma sátira além do controle da razão. Aqui atingimos o ponto descrito por Nietzsche como o do nascimento da tragédia, quando o demoníaco encontra o divino e o ciclo mítico se completa.

Todo o drama, e de fato toda a literatura (pois, a despeito de alguns acenos rápidos à música e ao espetáculo, a visão que Frye tem do drama é essencialmente literária), reúne-se assim num sistema total que, uma vez entendido em sua generalidade, revela-se sobretudo discursivo. A finalidade desse sistema é explicar por que os gêneros se desenvolveram de determinado modo, como se inter-relacionam e qual a razão de certos temas, preocupações, caracteres e situações ocorrerem em certas obras. A intenção de Frye é esclarecer fenômenos literários, e não julgá-los, como deixa claro em "Polemical Introduction" ["Introdução polêmica"]: "A crítica não pode reagir contra as coisas, mas revelar um firme avanço rumo a uma universalidade não discriminatória".[105]

Uma tentativa muito mais mecânica de categorização dos enredos possíveis foi feita em 1950 por Etienne Souriau (1892-1979) em *Les deux cent mille situations dramatiques* [*As duzentas mil situações dramáticas*]. Volvendo à famosa tese de Gozzi e ao livro de 1894 de Polti, Souriau propôs analisar os enredos dramáticos não, como Frye, à base de arquétipos míticos, mas segundo o arranjo funcional possível de vários elementos. Souriau postula seis "funções" que, por diferentes combinações, criam uma "morfologia" ou "cálculo" de todas as situações dramáticas viáveis. Para facilitar, dá-lhes nomes astrológicos e símbolos. O Leão representa a "força temática" do drama, corporificada em seu personagem principal. O Sol representa o objetivo perseguido pelo Leão; a Terra, aquele ou aquilo que se beneficiará da consecução desse objetivo. Marte é o rival ou antagonista. A Balança é o árbitro que premiará o Leão ou Marte. A Lua serve de apoio para qualquer das outras cinco funções. Estas podem ser desempenhadas por mais de um personagem, assim como um único personagem pode desempenhar várias delas. Também se encontrará mais de uma situação na maioria das peças, o que requererá uma nova disposição do "horóscopo" representante de cada uma. Por meio de uma *"ars combinatoria"* – dividir, duplicar, dispor variamente essas funções –, Souriau alega que seu sistema pode gerar, de fato, 210.141 situações dramáticas, cobrindo todo arranjo possível no mundo do drama.[106]

Fundando-se na obra de Souriau e do formalista russo Vladimir Propp (1895-1970), que empreendeu uma análise similar da morfologia do conto folclórico, o linguista francês A. J. Greimas tentou, em *Sémantique Structurale* [*Semântica estrutural*] (1966), estabelecer um sistema capaz de explicar todos os tipos de significações verbais. As "funções" de Souriau convertem-se aqui em grupos nominais (*actants*), mais linguisticamente orientados, que possuem seis "papéis" possíveis – sujeito, objeto, emissor, receptor, antagonista e ajudante. Sentenças isoladas são então analisadas em termos de *actants*, quase da mesma forma que Souriau analisa as situações dramáticas individualmente.[107] Por intermédio de Greimas, Souriau influenciou de modo incontestável, direta ou indiretamente, os estudos semióticos do teatro tal qual estes se desenvolveram no final dos anos 70.

Le théâtre contemporain dans le monde [*O teatro contemporâneo no mundo*] (1961), de Paul Ginestier, com prefácio de Souriau, tenta aplicar as concepções deste a uma teoria mais geral do teatro. Diz ele que o drama, como uma planta, pode ser analisado mediante "cortes transversais" que revelarão uma "coesão arquitetônica" profundamente satisfatória para nós. Pode-se elaborar uma "geometria dramática" dessas estruturas, mas isso só ensejará uma análise parcial, pois exclui sua inter-relação funcional dinâmica.[108] Ginestier tenta superar esse problema metodológico por meio de uma estratégia "dialética" (hegeliana) composta de três etapas analíticas. A primeira análise "científica" parte da análise "geométrica" da estrutura das cenas paralelas, dos arranjos triangulares e de outros esquemas equilibrados nas relações de caráter para observações gerais sobre esse caráter. A segunda etapa, análise "psicológica", começa com o personagem principal, o herói, e procura demonstrar como a obra se organiza arquitetonicamente em torno dele. A terceira etapa, análise "filosófica", combina as duas primeiras a fim de mostrar como o teatro funciona dialeticamente como "simplificação física e triunfo espiritual". Três "morfologias psíquicas" do drama são aqui desenvolvidas. A primeira é a "conquista da personalidade", baseada na atividade, que aponta o movimento horizontal do herói rumo a um objetivo. A segunda é o "chamado do infortúnio", baseado na emoção, que exibe o movimento descendente da queda do homem como vítima do fado. A terceira é a "conquista do absoluto", baseada na ressonância, que revela o movimento ascendente, do mundo físico dos valores relativos para o mundo espiritual dos absolutos.[109]

O crítico alemão Emil Staiger (1908), como Langer, chegou à teoria poética graças a um forte interesse pela música e buscou parte de sua inspiração na filosofia de Cassirer. Seu *Grundbegriffe der Poetik* [*Conceitos fundamentais da poética*] (1946), no entanto, desenvolve uma visão muito diferente das artes literárias, refletindo em grande medida a herança intelectual de Hegel e, mais especificamente, de Heidegger. Para Staiger, têm grande importância os três modos fundamentais heideggerianos de *Dasein* (ser-no-mundo): *Befindlichkeit,* o modo pelo qual o ser "encontra-se" a si mesmo no mundo, expresso por disposições ou atitudes emocionais; *Verfallen*, o senso de "declínio" que o ser experimenta em contato com o mundo; e *Verstehen*, a "compreensão" de um propósito existencial para além desse contato. Esses três modos de existência correspondem aos três modos de tempo (*Ekstasen*), passado, presente e futuro; e, embora os três modos sejam sempre acessíveis, a existência básica é sempre dominada por um deles. Apesar de o próprio Heidegger não aplicar esse sistema à análise dos tipos literários, Staiger, remontando a Hegel e aos teóricos românticos, sugere um paralelo entre *Ekstasen* e o tradicional *trivium* do épico, lírico e dramático.[110]

O interesse musical levou Staiger a enfatizar o lírico, modo poético de *Befindlichkeit*, mas ele segue Hegel ao considerar o dramático o terceiro e mais alto estádio da expressão poética. O poeta lírico olha para dentro, o poeta épico para fora, o dramático para uma totalidade que envolve os fins e significados últimos. "Tudo depende – no sentido real da palavra – do fim."[111] Assim, o problema principal do modo dramático consiste em descobrir "para qual" fim (*Worumvillen*). Nesse ponto, Staiger aproxima-se do conceito de Langer do drama como o modo do destino. Ele chama, pois, o lírico de estilo da lembrança (*Erinnerung*), o épico de estilo da apresentação (*Vorstellung*) e o dramático de estilo da expectativa (*Spannung*). Mostra-se menos preocupado que Langer e Hegel com a apresentação física; o crucial, para ele, é a atitude do poeta e do público, de sorte que o dramático pode de fato predominar em obras épicas ou líricas na forma.

Staiger também explica certas convenções e práticas do drama em termos filosóficos. Crê que existam dois estilos dramáticos básicos, o "patético" e o "problemático". No primeiro, um protagonista absorve o público em sua experiência passional, criando a elevação e a falta de humanidade individual tradicionalmente associadas ao herói trágico.[112] O segundo enfoca não a articulação da compreensão, mas o cumprimento do destino. Os elementos épicos e líricos são reduzidos ao mínimo, e a plateia é estimulada a concentrar-se na solução final de um problema. As unidades tradicionais ajudam nessa concentração.[113] Em ambos os tipos de tragédia Staiger segue a tradicional visão romântica alemã da tragédia como gênero que demonstra a incapacidade da humanidade finita de impor sua ordem limitada ao cosmo infinito. A comédia, ao contrário, mostra a humanidade contente de viver dentro das limitações do finito.

Embora Staiger sugerisse que manifestações formais específicas nas obras literárias podiam ser entendidas como manifestações de conteúdo filosófico, a análise formal específica, sobretudo do drama, foi pouco contemplada em sua obra. Outros teóricos alemães que, nos anos 50, recuaram aos escritos de Wölfflin e Walzel, de princípios do século, deram mais atenção à interação de forma e conteúdo. Arnulf Perger (1883) aceita a abordagem geral de Walzel em *Grundlagen der Dramaturgie* [*Fundamentos da dramaturgia*] (1952), mas rejeita suas categorias básicas de forma "aberta" e "fechada", considerando-as vagas demais para o drama. Em vez disso, sugere o *Einortsdrama* (drama apresentado num único lugar) e o *Bewegungsdrama* (drama de movimento). Cada qual tem suas preocupações típicas: o *Einortsdrama*, um conflito entre pessoas estreitamente relacionadas, sejam reis ou gente comum; o *Bewegungsdrama*, a evolução dos acontecimentos. O primeiro oferece uma "fatia de vida"; o segundo, a vida "plena". O dramaturgo, considerando as expectativas do público e suas próprias preocupações, escolherá entre esses modos básicos (cada qual com suas muitas variações), e tal escolha determinará tanto a maneira com que manipulará o material quanto a apresentação física deste. Perger considera, especificamente, o resultado dessa escolha em termos de estrutura do enredo, desenvolvimento do personagem e ideia dramática. O problema do espaço cênico (*das Raumproblem*) torna-se, assim, "a preocupação central da arte dramática".[114] O tratamento dado por Perger ao *Raum* proporcionou um ponto de vista para bom número de teóricos e produtores teatrais posteriores, na Alemanha.

O segundo volume de *Wesen und Formen des Dramas* [*Essência e forma do drama*], de Robert Petsch (1875-1945), ficou incompleto por motivo de sua morte, mas o conteúdo foi resumido com alguma minúcia por Fritz Martini, em 1953. No primeiro volume publicado (1945), Petsch discutia de passagem a tensão "poético-dramática" e "mímico-teatral" do drama e depois analisava a construção do enredo, os personagens, a elocução, a música, os versos e o uso do tempo e espaço. O segundo volume examina várias tipologias do drama e suas implicações no conteúdo e na forma. As primeiras tipologias que ele aborda enfatizam o conteúdo e o estilo: as tradicionais categorias de "tom ou clima" da comédia, tragédia e drama; tipos sociológicos, históricos ou nacionais como a comédia, a tragédia grega, o drama católico barroco e o neoclassicismo francês; divisões temáticas como interesse religioso, histórico ou de amor; tipos estilísticos como naturalista-mimético, realista-clássico ou fantástico-romântico. Volta-se então para as tipologias de forma, com particular atenção aos conceitos de Walzel de drama "aberto" e "fechado" cuja feitura envolve de fato tanto o conteúdo quanto a forma. Associam-se à forma fechada "uma premissa idealista, tipos espiritualmente desenvolvidos, simetria de linhas, redução do mímico-teatral, densidade de enredo, linguagem elevada e ênfase na ação interior" – qualidades que Petsch, em seu primeiro livro, associava à polaridade "poético-dramática" do teatro. A forma aberta representa naturalmente o polo "mímico-teatral" oposto, que envolve "um amplo espectro colorido de cenas, uma composição pictórica frouxa, motivos conflitantes, ideais que se expandem ao infinito, atos e cenas autossuficientes, mudanças caleidoscópicas, ação incompleta e não solucionada". À diferença de Walzel, Petsch postula uma "forma intermediária" entre essas duas, exemplificada pelo classicismo alemão, e particularmente por Schiller. Aqui, uma "liberdade imperiosa junta-se a uma força comedida", mantendo-se a síntese entre unidade e variedade, entre liberdade e coação formal.[115]

Inúmeros artigos e monografias, na Alemanha dos anos 50, procuraram aplicar as categorias de Walzel a vários dramaturgos e períodos. Em 1960, Volker

Klotz tentou enfeixar todos os aspectos da questão em seu estudo geral intitulado *Geschlossene und offene Form im Drama* [Forma fechada e forma aberta no drama]. Cada forma é considerada em termos de seus conceitos de enredo, tempo, lugar, caráter, estrutura e linguagem. O princípio dominante da forma fechada, diz Klotz, é que "a parte representa o todo", ao passo que na forma aberta "o todo aparece em partes".[116] O drama fechado enfatiza a harmonia, a ordem, a completude. Suas ações são simétricas, seu herói trágico é sacrificado a um valor superior inquestionável. Os personagens são em geral de estirpe aristocrática, mas representam todos os homens. Agem e falam de maneira elevada, abstraída da realidade empírica. O drama aberto procura sugerir a multiplicidade, ambiguidade e ausência de foco no mundo empírico apresentando seções fragmentárias que implicam mais do que mostram. O herói encara não um oponente simétrico, mas uma série de contingências mutáveis, sem que sua queda estabeleça uma ordem ou unidade clara. Personagens, estilo de elocução e cenários mudam, sugerindo a ilimitada variedade da realidade.

Na seção final, Klotz sugere possíveis combinações das duas formas. Schiller, por exemplo, começou como dramaturgo "aberto" e foi se tornando cada vez mais "fechado", enquanto Grabbe evoluiu na direção oposta. Certos períodos históricos favorecem um ou outro tipo; a forma fechada é particularmente "adequada às sociedades aristocráticas e hierarquizadas, ou com alguma estabilidade de crença e de classes sociais".[117] Entretanto, raramente houve períodos em que não se produziram pelo menos alguns exemplos do estilo oposto. Assim, no drama de determinados períodos, bem como na obra de determinados autores, o analista deve em geral falar, antes, de tendências, que de práticas dramáticas exclusivas.

A abordagem metodológica representada por Staiger e Petsch foi criticada por Roman Ingarden (1920) num apêndice acrescentado em 1960 ao seu *Das literarische Kunstwerk* [*A obra de arte literária*] (1931). O ensaio, intitulado "Von den Funktionen der Sprache im Theaterschauspiel" ["A função da fala no espetáculo teatral"], sustenta que esses teóricos, em sua preocupação com a forma, quase não tocaram a questão complexa e crucial de como a língua é utilizada no drama encenado. Aqui, Ingarden segue a mesma estratégia fenomenológica adotada na maior parte de seu livro, ou seja, não se ocupa da avaliação ou das implicações sociais, morais e políticas de uma obra, mas apenas da descrição do modo pelo qual o mundo literário é construído e da maneira com que cria os efeitos da experiência literária. O drama é estudado de passagem em duas seções do corpo principal do livro de Ingarden. Na seção 30, o diálogo teatral é considerado uma espécie de "encaixotamento" (*Einschachtelung*), como a citação direta de um personagem num romance cujas declarações, por serem citação, apresentam outro nível de intencionalidade que não o da narração direta. O texto dramático divide-se em "texto principal", composto dessas citações, e o "texto marginal" da indicação de cena, e assim por diante. Na seção 57, Ingarden fala do drama encenado como "estádio final" da obra literária. Rejeita o conceito de encenação como "realização" de uma criação literária porque a encenação acrescenta elementos não linguísticos próprios, mas ainda assim significativos, e reinterpreta outros existentes no original.[118]

O apêndice de Ingarden ressalta a complexidade do mundo teatral, que consiste de três diferentes domínios: aquele que é realmente representado, aquele que é ao mesmo tempo representado e discutido, e aquele que é apenas discutido.[119] A língua tem quatro grandes funções nesse mundo: "representação", que suplementa o mundo concreto oferecido pela encenação; "expressão" das experiências e emoções dos personagens; "comunicação" com outros personagens; e "influência" sobre as ações de outrem. (Essa ênfase na língua como ação antecipa a obra do filósofo de Oxford, John Austin, e os trabalhos subsequentes sobre teoria da ação falada que proporcionou, por sua vez, material para uma teoria semiótica mais recente do teatro.) Além do mais, prossegue Ingarden, seja o teatro "aberto" ou "fechado" na forma, ele exige dos espectadores uma atitude especial em relação à língua, o que acrescenta níveis adicionais a essas quatro funções linguísticas normais. O espectador deve apreender cada declaração como um "ato", um elo na "cadeia das vicissitudes humanas que se desenrolam por meio das conversações" e que elaboram qualquer tipo de drama. Além desse nível particular, comum a todos os dramas, estilos e períodos especiais invocam outros níveis de consciência. Bom exemplo disso é a fala altamente estilizada do drama poético, onde os personagens "se comportam como se não tivessem consciência de que aqueles versos e declamações são frequentemente inadequados à situação".[120]

Sur Racine [*Sobre Racine*] (1960), de Roland Barthes, contém como o livro de Klotz uma interpretação pessoal e uma avaliação dos estudos recentes, mas enquanto Klotz observa uma convergência crítica da interpretação "aberta" e "fechada" do drama, Barthes salienta a diversidade de interpretação e defende-a como essencial à saúde da disciplina. *Sobre Racine*, na verdade, são três ensaios escritos em diferentes ocasiões. O primeiro e mais extenso analisa o herói raciniano e seu mundo em termos de relações internas (estruturais) e psicologia, procurando fazer isso, na medida do possível, inteiramente a partir de dentro da obra.

O segundo ensaio, mais curto, "Dire Racine" ["Dizer Racine"], condena a enunciação tradicional pela qual o ator, em vez de simplesmente abandonar-se ao ritmo do alexandrino, tenta "cantar" os versos ou "analisá-los" para a plateia, aniquilando o efeito do todo em sua preocupação pelo detalhe. Devemos aceitar a estranheza de Racine em vez de tentar torná-lo familiar caso queiramos experimentar seu poder, diz Barthes; só assim conseguiremos ter hoje um vislumbre do "mundo perdido" que a tragédia representou. Para interpretar a tragédia, "é necessário e suficiente atuar como se os deuses existissem, como se já tivessem sido vistos, como se houvessem falado".[121]

O ensaio final de Barthes, "Histoire ou littérature" ["História ou literatura"], examina a persistente questão, originalmente suscitada pela crítica do século XIX, da relação entre acontecimentos históricos e literários. Há dois tipos tradicionais de análise literária, histórica e psicológica. O primeiro, vendo a literatura como uma instituição, inevitavelmente se distancia da obra individual para a história propriamente dita, o estudo do coletivo. O segundo enfrenta o inevitável problema da subjetividade, já que nenhuma expressão definitiva do eu pode ser alcançada. As "linguagens" críticas aplicadas a Racine – psicanalítica, existencial, trágica e outras a serem ainda inventadas – nunca logram criar uma análise final objetiva porque a crítica, como a própria literatura, procura "institucionalizar a subjetividade".[122] O candidato a intérprete de Racine tem de aceitar esse paradoxo, empenhando-se num modo de interpretação ainda quando reconheça que todos esses modos são inteiramente subjetivos e históricos.

A Europa ocidental, na primeira metade do século XX, pouco experimentou do tipo de liberdade interpretativa radical representado, por exemplo, por Meyerhold. A iconoclastia dos futuristas e dadaístas quase não teve impacto sobre a abordagem, centrada no texto, de Copeau e seus seguidores, na França, e não afetou em nada o teatro de língua inglesa. Por volta de 1960, entretanto, a conclusão amplamente aceita de que cada peça exige uma interpretação mais ou menos previsível começou a ser seriamente abalada, primeiro (como em Barthes) em nome do relativismo histórico.

Observação semelhante aparece em *Theatre: The Rediscovery of Style* [*Teatro: a redescoberta do estilo*], de Michel Saint-Denis (1897-1971). A realidade de cada país é constituída por "sua personalidade histórica, que vai sendo constantemente modificada". Artista algum pode impedir-se de refletir seu país e sua época, e obras de outros períodos e nações devem ser "vivificadas em termos contemporâneos".[123] Não quer isso dizer que o estilo histórico de um texto deva ser ignorado, mas que não se pode nem se deve tentar recriar esse estilo com atores modernos para um público moderno. O ator precisa achar meio de unir sua consciência contemporânea à "forma, cor poética e ritmo" do original, devendo o diretor mostrar-se "submisso e criativo". Seu objetivo é ao mesmo tempo estimulante e difícil – "substituir-se ao dramaturgo morto e recriar a peça".[124] Auréliеu Weiss (1893-1962), em *Le destin des grandes oeuvres dramatiques* [*O destino das grandes obras dramáticas*] (1960), ressalta que, embora haja "uma permanente verdade humana" em todas as grandes obras, mudanças inevitáveis nos costumes e maneiras alteram o modo com que vemos esses trabalhos. Eles continuam vivos e relevantes por intermédio das "adaptações imprescindíveis".[125] Em outra parte, Weiss afirma que o ator contribui significativamente para tal processo. Cada Hamlet bem-sucedido será diferente dos outros; os atores não reproduzem o papel do autor, mas transformam-no na "substância de suas almas".[126]

É provável que o primeiro grande diretor na Inglaterra e na América a ser geralmente associado a essa abordagem relativista de interpretação seja Tyrone Guthrie (1900-1971), que examinou o problema com certa minúcia em "Directing a Play" ["Dirigindo uma peça"], palestra dada em 1962. Ele repelia como "absurda" a concepção geral de que existe um "desempenho ideal que realiza completamente a intenção de Shakespeare" ou de outro dramaturgo qualquer, em parte porque toda criação importante recorre de modo notável ao subconsciente, e em parte porque as peças, para sobreviver, devem estabelecer sua filosofia geral de sorte a que novas interpretações possam torná-las relevantes em situações históricas modificadas. Assim, a obra de arte será sempre uma perspectiva parcial de um dado observador num dado momento histórico, e todo desempenho só poderá ser o comentário daquele grupo de atores sobre a peça, sua interpretação de uma partitura sem final definido à qual o público acrescentará mais um nível de interpretação. Na verdade, o diretor conta com apenas duas alternativas: tentar fazer da peça "aquilo que em sua opinião foi desejado por Shakespeare, o que, é claro, nunca será exatamente aquilo que Shakespeare desejou e sim aquilo que parece ter desejado" ou imitar "outra produção shakespeariana que lhe tenha agradado", o que não é nenhum serviço prestado a Shakespeare, ao teatro ou à outra interpretação que o diretor recriou.[127]

O processo mediante o qual a significação é criada no teatro em geral resume as preocupações de *The Elements of Drama* [*Os elementos do drama*] (1963), de J. L. Styan (1923), uma tentativa de mapear a descurada área entre literatura e desempenho. A primeira seção, "The Dramatic Score" ["A partitura dramática"], considera o texto uma reunião de elementos destinados a produzir "animação – não de atores que agem e falam, mas de nossas impressões imaginativas".[128] A segunda seção, "Orchestration" ["Orquestração"], examina como os elementos dramáticos são articulados para construir sequências de impressões e criar os ritmos, o equilíbrio e os modelos teatrais necessários para que a plateia compreenda a interpretação. A terceira seção, "Values" ["Valores"], explora essa compreensão do ponto de vista do público. O espectador é levado a comparar a peça com sua própria experiência de vida, a julgar sua qualidade e seu ordenamento de impressões ao mesmo tempo que a qualidade do interesse dele próprio, espectador, e chegar, por fim, a um juízo do valor da intenção materializada da representação. Também ele é um artista criador, cuja participação requer habilidade e disciplina. A conclusão de Styan antecipa sua própria pesquisa futura e a de um importante elemento da teoria do teatro mais recente, a estética da recepção: a peça, paradoxalmente, "não está no palco, mas na cabeça".[129]

O tema da tragédia nos tempos modernos continuou, durante esse período, a atrair a atenção dos teóricos, particularmente na Inglaterra e na América, embora poucos fossem os defensores do conceito tradicional de tragédia como modo de ordenar o universo. Aqueles que a consideravam ainda um gênero relevante tendiam a enfatizar seu elemento sombrio, mesmo demoníaco, ou então seguir Kierkegaard no ponto de vista de que se deve abordá-la mediante o paradoxo, sugerindo que o espírito trágico poderia ser mais bem expresso no teatro atual em termos cômicos. Um exemplo gritante da primeira abordagem aparece em *Shakespeare's Tragedies* [*Tragédias de Shakespeare*] (1950), de Clifford Leech (1909), que vê o mundo trágico não apenas despido de significado, mas ativamente perverso. Leech, como Richards e Ellis-Fermor, fala de um equilíbrio de forças na tragédia, mas sem nenhuma impressão similar resultante de bondade e ordem. Ao contrário, o mal costuma prevalecer no mundo trágico e é apenas temporariamente compensado pela força interior quase sobre-humana do herói. O terror é contrabalançado não pela piedade e sim pelo orgulho, pela resistência com a qual o herói encara um destino malévolo. "Num universo planejado, porém terrível, contemplamos o homem a justificar sua existência."[130]

Karl Jaspers (1883-1969), em *Von der Wahrheit* [*Da verdade*] (1947), considerava a tragédia um passo possível rumo a algo transcendente, mas também um acicate igualmente possível dos mais obscuros instintos do homem. Como Unamuno, Jaspers crê que a visão trágica seja inseparável da consciência: "O homem só parece inteiramente desperto quando possui tal conhecimento". Desse modo, a culpa trágica brota naturalmente da existência e da ação; o herói trágico é a criatura excepcional que, questionando a ordem política, social, moral e religiosa estabelecida, expõe tanto as limitações dela quanto as suas próprias. Assim revela o transcendente, que não chega a triunfar mas "faz-se sentir apenas por intermédio da inteireza da situação".[131] A tragédia não constitui um fim em si mesma, sendo unicamente um processo que aponta para uma verdade completa inatingível.

Esse aspecto positivo do conhecimento trágico pode, no entanto, perder-se facilmente, tornando o "sentido trágico da vida" um fim em si mesmo. Daí resultará uma filosofia trágica, uma filosofia niilista, como Jaspers acredita que tenha acontecido em sua própria Alemanha sob o nazismo. Houve então um torvelinho de impulsos niilistas, um "deleite na atividade sem sentido, em torturar e ser torturado, na destruição pela simples destruição, no ódio contra os homens e o mundo unido ao ódio contra a própria existência desprezível".[132]

A falta de sentido ou a aparente malevolência do universo, o horror da guerra moderna e a ameaça da destruição atômica fizeram que muitos teóricos, após a Segunda Guerra Mundial, sentissem que o tipo de exultação proporcionado pela tragédia, mesmo a mais sombria tal qual sugerida por Leech e Jaspers, já não era atingível. Voltaram-se de preferência para a comédia negra ou a comédia com implicações trágicas, para eles gênero mais adequado à consciência moderna. A expressão máxima dessa abordagem talvez seja a palestra "Theater Probleme" ["Problemas do teatro"] (1954), do dramaturgo Friedrich Dürrenmatt (1921).

Dürrenmatt sustenta que o drama deve pintar o mundo subjetivo do qual é parte, e que o mundo moderno, anônimo e burocrático, não oferece figuras representativas nem heróis trágicos – apenas vítimas. A tragédia "supõe pecado, tribulação, moderação, alcance de visão, responsabilidade. Na confusão rotineira de nosso século, nesta última dança da raça branca já não existem culpados nem responsáveis". Mesmo assim, o "elemento trágico" continua possível, embora não se diga o mesmo da tragédia pura. Ele pode ser gerado na comédia, ainda acessível para nós, "como um momento terrível, um abismo que começa a se abrir". Essas metáforas lembram muito Ionesco, mas Dürrenmatt fere uma nota mais positiva ao insistir na recusa do desespero quando confrontado com "o disparate e a desesperança deste mundo" e ao tentar restabelecer o consolo da perdida ordem do mundo dentro do próprio indivíduo.[133]

Como Hugo, Dürrenmatt associa o grotesco à ideia de tragicomédia. No ensaio "Anmerkung zur Komödie" ["Nota sobre a comédia"] (1952), que serve de prefácio a "Theater Probleme", declara que o grotesco é a única resposta artística apropriada a horrores tais como guerra mundial e bombas atômicas. Novamente ressalta que, apesar de toda a sua crueldade, o grotesco não é "a arte dos niilistas, mas muito mais a dos moralistas, não a arte da decadência, mas a da purificação".[134]

A insistência no aspecto positivo dessa expressão teatral inevitavelmente forçou Dürrenmatt a tratar do problema do engajamento no drama e a definir sua teoria em relação aos conceitos de escritores como Sartre e Brecht. Sua palestra "Friedrich Schiller", apresentada quando recebeu o Prêmio Schiller em 1959, deu-lhe ocasião disso. Lembrando a distinção de Schiller entre o ingênuo e o sentimental, Dürrenmatt declara que o poeta ingênuo aceita o mundo tal qual é, ao passo que o sentimental o questiona. Este se torna então rebelde e, caso seja moralmente íntegro, não se limitará a questionar o mundo, mas começará a exigir mudanças – isto é, passará de rebelde a revolucionário. Todavia, no nosso mundo como no de Schiller, essa lógica revela-se defeituosa: sendo irrealizável, para o indivíduo, a doutrina revolucionária de que o homem "pode e deve mudar o mundo", ela só servirá como *slogan* político para incitar as massas.[135] O poeta moderno vê-se às voltas com um mundo ao mesmo tempo inaceitável e, apesar de seus esforços, imutável. Schiller, ante esse dilema, propôs outra resposta: aceitar a necessidade na esfera exterior da natureza mas reivindicar a liberdade interior do indivíduo. Seu exemplo deve recordar-nos de que "o homem apenas em parte é um animal político" e de que seu destino será realizado não politicamente, mas naquilo "que jaz além da política e vem depois dela".[136]

Nos anos 50, antes que as obras de Beckett, Ionesco e Dürrenmatt influenciassem o teatro inglês ou americano, a mistura de elementos trágicos e cômicos no drama contemporâneo recebia menos atenção ali do que na Europa continental. A tradição dos antropólogos de Cambridge, robustecida pela obra de Carl Jung (1875-1961) e patente na teoria de Fergusson, continuou a exercer uma influência muito mais forte.

Herbert Weisinger (1913), em *Tragedy and the Paradox of the Fortunate Fall* [*A tragédia e o paradoxo da culpa feliz*] (1953), assegura que existem "uns poucos modelos básicos na arte" particularmente sólidos e vigorosos, entre os quais aquele que ecoa o arquétipo primevo de morte e renascimento, o qual penetrou no mito e no ritual como o paradoxo da *felix culpa*. Esse modelo mítico foi, por sua vez, utilizado como o "fundo ideológico" da tragédia, cuja força suprema brota do reconhecimento do arquétipo.[137]

Richard B. Sewall (1908), em "The Tragic Form" ["A forma trágica"] (1954), vê na tragédia uma pintura da natureza paradoxal do homem e do universo. O sofrimento e a lucidez trágica surgem quando o herói se depara com "ambiguidades internas e externas".[138] Confrontação, sofrimento e lucidez consubstanciam a "forma trágica" e lembram bastante os elementos do "ritmo trágico" de Fergusson.

Harold H. Watts (1906), em "Myth and Drama" ["Mito e drama"] (1955), considera a comédia e a tragédia versões seculares das duas visões míticas básicas da existência: a visão cíclica, que promete o contínuo restabelecimento da ordem e da harmonia, e a visão linear, que mostra o mundo avançando inapelavelmente para o desconhecido, em que as escolhas são irreversíveis e suas consequências, imprevistas e inevitáveis.[139] A obra de Northrop Frye, especialmente *Anatomia da crítica*, desenvolve ao máximo essa teoria de orientação mítica.

D. D. Raphael (1916), à maneira de Hegel ou Schopenhauer (a quem cita mas também critica como filósofos que tentaram inserir a tragédia em suas "metafísicas pré-fabricadas"), trata a tragédia como um fenômeno humano mais geral. Seu livro *The Paradox of Tragedy* [*O paradoxo da tragédia*] (1960) retoma o velho problema do prazer trágico, o qual, segundo ele, brota de nossa simpatia pelo herói como ser igual a nós mesmos, mesclada à admiração por sua grandeza de alma – visão que é quase uma reminiscência de Corneille. O conflito dessa tragédia superior se dá entre duas formas do sublime: "a amedrontadora força da necessidade e a *grandeur d'âme* que provoca admiração". Embora o herói seja derrotado pela necessidade, a plateia é levada a sentir que "a sublimidade do espírito do herói ultrapassa a sublimidade do poder que o avassalou".[140]

Murray Krieger (1923), em *The Tragic Vision* [*A visão trágica*] (1960), nega a possibilidade de criar semelhante herói no teatro moderno. A "visão trágica" é acessível ao indivíduo, que pode experimentar o terror dionisíaco graças ao confronto direto e pessoal com um universo carente de sentido. Perdeu-se, entretanto, o equilíbrio apolíneo, e "a tragédia já não pode criar uma ordem e uma visão religiosa comuns".[141] Em vez de ser atirado contra os universais, o moderno herói só depara no drama com problemas éticos de natureza prática e restrita.

George Steiner (1929) afirma, em *The Death of Tragedy* [*A morte da tragédia*] (1961), que apesar de o mundo moderno fornecer algumas configurações superiores de crença e forma simbólica ao dramaturgo, nenhuma delas proporciona o tipo de mitologia necessário para concentrar a imaginação e organizar a paisagem íntima para a expressão da tragédia. A configuração clássica remete a um passado morto, e o cristianismo e o marxismo não estão à altura de formar a base da tragédia porque sua metafísica – uma transcendente, a outra secular – é essencialmente otimista. Steiner admira a força de certos autores modernos, sobretudo Beckett, mas concorda com Lukács em que suas obras carecem da essência do drama, "a criação de personagens dotados do milagre da vida independente".[142]

A dificuldade, se não a impossibilidade de escrever tragédia moderna, é aceita por Lionel Abel (1910) sem nenhum pesar, pois, a seu ver, os dramaturgos ocidentais, de Shakespeare até hoje, conseguiram desenvolver uma forma de drama "igualmente filosófica". Essa possível substituição constitui o assunto de seu livro *Metatheatre* [*Metateatro*] (1963). O metateatro mostra a vida conscientemente teatralizada, com personagens conscientes de sua própria dimensão dramática, como Hamlet.[143] Não se concebe o mundo como exterior e distante, mas como "projeção de uma consciência humana". A ordem não é, como na tragédia, imposta de fora, e sim "continuamente improvisada pelos homens". Não há, pois, uma imagem de mundo definitiva, apenas o desenrolar perpétuo dos sonhos e devaneios humanos. O objetivo do metateatro não é a transcendência: é a admiração por essa capacidade da imaginação do homem.[144]

Na década de 1960, a afirmação de Dürrenmatt de que atualmente a visão trágica poderia ser alcançada com mais eficiência em termos cômicos começou a refletir-se em diversas exposições teóricas sobre a mescla contemporânea desses gêneros tradicionalmente opostos. Harold Pinter (1930), numa entrevista radiofônica em 1960, assumiu uma postura flagrantemente similar à de Dürrenmatt, observando que "tudo é engraçado; a seriedade absoluta é engraçada; a própria tragédia é engraçada" e que suas peças tentavam captar "a realidade reconhecível do absurdo daquilo que fazemos, do modo com que nos comportamos e falamos". Pinter notava também o abismo de incongruência que se abria no seio da expressão da comédia moderna: "Há por aí uma espécie de horror, e cuido que esse horror e o absurdo vão de parelha".[145]

O dramaturgo alemão Tankred Dorst (1925), em "Die Bühne ist der absolute Ort" ["O palco é o lugar absoluto"] (1962), acredita que o teatro adequado ao mundo moderno não é a tragédia; consistiria antes de farsas, dramas grotescos e parábolas criadas para plateias "inseguras, céticas, talvez mesmo um tanto desconfiadas", que vão ao teatro com perguntas, mas sem esperar respostas do dramaturgo, "que não tem mais material ou projeto metafísico do que elas próprias".[146] A nova era "pós-psicológica" exige uma nova dramaturgia "negativa". Recursos como máscaras, disfarces e peças dentro de peças podem ser utilizados a fim de chamar a atenção para o caráter indeterminado do mundo teatral, reconhece Dorst, e assim refletir a indeterminação paralela dos valores, éticas e normas sociais no mundo do espectador. Em lugar de especulação metafísica ou engajamento político, o teatro apresenta "aparição absoluta e posturas simuladas", um jogo de conflitos e tensões sem solução.[147]

J. L. Styan acredita também que o dramaturgo "capaz de oscilar entre os extremos da tragédia e da farsa dentro do mesmo quadro estrutural" é considerado hoje o mais importante.[148] Todavia, o estudo que dedicou a esse tipo de drama, *The Dark Comedy* [*A comédia negra*] (1962), não vê tal mescla nem como inteiramente moderna nem como necessariamente vinculada à expressão de perda de valores e crenças. Mais próximo, sob esse aspecto, de Hugo do que de Dürrenmatt, Styan ressalta que nas mãos de dramaturgos muito arrojados e controlados essa mistura abrange o raio máximo da experiência humana e eleva o espectador ao nível mais alto. Styan compara a construção de semelhante drama a um passeio na corda bamba. Quando bem-sucedida, a peça é empurrada para "as bordas da desintegração", induzindo o público a um grau extremo de tensão e atenção. Então, "se a química dramática foi perfeitamente calculada", obter-se-á uma síntese e reconciliação das partes, de incomparável força e objetividade.[149]

Foi, em essência, essa visão romântica da mistura de tragédia e comédia que James Thurber (1894-1961) exprimiu em "The Case for Comedy" ["A defesa da comédia"] (1960), que advogava o gênero conhecido por "tragicomédia" como "o verdadeiro equilíbrio de vida e arte, a redenção da mente humana tanto quanto do teatro"; humor e *pathos*, lágrimas e risos são, "na mais elevada expressão do caráter e das realizações humanas, inseparáveis".[150] O dramaturgo americano Jack Richardson (1935) cita Thurber com aprovação no prefácio de seu *Gallows Humor* (1961). A comédia não é algo "categoricamente separado da lamentação da vida", um "antídoto inócuo e insípido aos efeitos dissolventes da tragédia", porém uma parte igualmente essencial da existência; o artista que se restringe a um ou outro modelo mostra graves limitações. A verdadeira comédia tem muito em comum com a tragédia: Dom Quixote, Falstaff e M. Jourdain sofrem daquilo que, sob outras circunstâncias, poderia ser chamado falha trágica. Em seu ponto alto, a comédia "aplica-se bem mais a *Édipo rei* do que a *Under the Yum-Yum Tree*".[151]

The Hyacinth Room (1964), por Cyrus Hoy (1926), trabalha sobre a sugestão de Feibleman de que tanto a comédia quanto a tragédia fluem de uma justaposição do finito e do infinito. No entanto, em vez de adotar o enfoque de Feibleman nos acontecimentos e situações, Hoy contempla a dualidade de natureza do homem, suas infinitas aspirações espirituais e seus finitos poderes físicos. A fusão de comédia e tragédia ocorre na ironia, diz Hoy, quando o herói se torna consciente de seu inevitável conflito e transmite essa consciência à plateia. Dessa forma, o drama apresenta "numa única imagem incongruente a grandeza a que o homem aspira e a degradação a que é perversamente conduzido".[152]

Caminho algo similar é trilhado por Karl Guthke (1933) em *Modern Tragicomedy* [*Tragicomédia moderna*] (1966). Guthke, como Hoy, considera a mescla de tragédia e comédia um gênero novo e distinto, no qual uma não tenta expelir a outra, mas criar um clima unificado ainda que contraditório: nós "rimos com um olho e choramos com o outro".[153] Guthke acha que alguns esquemas estruturais repetidos caracterizam esse gênero e isolam-no de outros modos parecidos, como a sátira, o melodrama e o drama grotesco, apesar de todos eles envolverem alguma discrepância, entre um personagem e seu ambiente, que apresenta dimensões tanto cômicas quanto trágicas.

A despeito da crescente aceitação da comédia negra ou tragicomédia como o novo modo dramático principal, de características metafísicas, uns poucos teóricos desse período insurgiram-se contra o conceito de "morte da tragédia". Elder Olson (1909), em *Tragedy and the Theory of Drama* [*A tragédia e a teoria do drama*] (1961), analisa toda uma variedade de material – ação, enredo, caráter, diálogo, emoção e efeito – "do ponto de vista do dramaturgo",[154] tendo a tragédia como preocupação central. Olson reputa "trivial" o argumento de que os caracteres superiores não mais existem, e destituído de provas o de que já não há crenças universais. Não aceita a distinção de Krutch entre a criação e a apreciação histórica da tragédia, salientando, ao contrário, que o fato de ainda sermos afetados pela tragédia demonstra que o gênero continua saudável. A falta de tragédias modernas provém não de uma crise qualquer da crença, mas da circunstância de a tragédia ter caído "nas mãos de poetas que nunca foram dramaturgos, tendo por isso perdido o prestígio".[155]

Bem mais positiva é a obra *The Voice of Tragedy* [A voz da tragédia] (1963), de Mitchell Leaska (1934), que inverte a razão tradicional para o declínio do gênero tratando a tragédia não como expressão de uma fé comum, mas sendo ela própria essa fé. "Na tragédia, temos o registro da unidade e, em sua representação, a liturgia de uma religião humanista tão eficiente e duradoura quanto as antigas".[156] Historicamente, para Leaska, a tragédia surgiu onde o espírito de liberdade e altivo individualismo encontrou o espírito de humanismo que tentava ajustar as exigências do indivíduo às necessidades do corpo social. Segundo ele, a moderna América partilha esse caráter com a Grécia antiga e a Inglaterra renascentista, sendo por isso o berço potencial de uma nova era de grandeza para a criação trágica.

Eric Bentley examina a tragédia, a tragicomédia, o melodrama, a comédia e a farsa em *The Life of the Drama* [A vida do drama] (1964). Esse livro procura reavivar as antigas categorias aristotélicas de enredo, caráter, pensamento, elocução e espetáculo (querendo explorar mais a fundo a relação entre texto e encenação, Bentley traduz a última categoria por "interpretação"). Para ele, o mínimo irredutível da tragédia é "sofrimento e resistência". A única transcendência *sempre* presente está implícita "no poder de escrever a peça". O cosmo que o poeta cria por intermédio do enredo, do caráter, do diálogo e da ideia é o único que ele pode "oferecer" em garantia para compensar a experiência trágica do caos.[157] Na tragicomédia moderna a visão é sombria, porquanto a comédia se presta não a iluminar, mas a aprofundar a tragédia. No entanto, Bentley vê na criação da obra em si uma reação positiva: "Toda arte é um repto ao desespero", e, quanto mais profundo é o nível de desespero que a tragicomédia moderna combate, mais intensa é a esperança que ela implica como arte.[158] Novamente, uma espécie de transcendência se torna disponível não no interior da mensagem ou da ação do drama, mas na experiência do triunfo alcançado pelo artista sobre o caos e a desesperança.

NOTAS

1 Eugène Ionesco, *Notes and Counter Notes*, trad. inglesa de Donald Watson, New York, 1964, p.216-7.

2 Arthur Adamov, *L'homme et l'enfant*, Paris, 1968, p.111.

3 Idem, *Théâtre*, Paris, 1955, 4v., v.2, p.9.

4 Idem, *Ici et maintenant,* Paris, 1968, p.14.
5 Ionesco, *Notes,* p.181.
6 Ibidem, p.190.
7 Ibidem, p.217-8.
8 Ibidem, p.223-4.
9 Ibidem, p.29.
10 Jean Genet, A Note on Theatre, trad. inglesa de Bernard Frechtman, *Tulane Drama Review,* v.7, n.3, p.37, primavera de 1963.
11 Roland Barthes, *Critical Essays,* trad. inglesa de Richard Howard, Evanston, Ill., 1972, p.38.
12 Ibidem, p.35.
13 Ibidem, p.46-7.
14 Adamov, *Ici,* p.42.
15 Ibidem, p.93.
16 *Cité-Panorama,* v.9, 1960, cit. em Martin Esslin, *The Theatre of the Absurd,* New York, 1960, p.73.
17 Ionesco, *Notes,* p.91.
18 Ibidem, p.100.
19 Ibidem, p.102.
20 Wolfgang Hildesheimer, Erlanger Rede über das absurde Theater, *Akzente,* v.7, p.548, dez. 1960.
21 Ibidem, p.556.
22 Michel de Ghelderode, *Seven Plays,* trad. inglesa de George Hauger, New York, 1960, p.15-6.
23 Ibidem, p.23.
24 Samuel Draper, An Interview with Michel de Ghelderode, *Tulane Drama Review,* v.8, n.1, p.46-7, outono de 1963.
25 Eric Bentley, *In Search of Theatre,* New York, 1953, p.382.
26 Bentley, *What is Theatre?,* New York, 1956, p.264.
27 Ibidem, p.270.
28 Ugo Betti, Religion and the Theatre, trad. inglesa de Gino Rizzo e William Meriwether, *Tulane Drama Review,* v.5, n.2, p.4, dez. 1960.
29 Ibidem, p.12.
30 Alfonso Sastre, Teología del Drama, *Correo Literario,* v.85, p.10, dez. 1953.
31 Idem, El Teatro Revolucionario, *Guía,* p.22, ago. 1952.
32 Idem, *Drama y Sociedad,* Madrid, 1956, p.71.
33 Idem, Tragedia, *Correo Literario,* v.70, p.10, abr. 1953.
34 Sastre, *Anatomía del Realismo,* Madrid, 1965, p.129.
35 Ibidem, p.8.
36 Antonio Buero Vallejo, *Historia de una escalera,* Barcelona, 1950, p.155.
37 Bernard Dulsey, Entrevista a Buero Vallejo, *Modern Language Journal,* v.50, n.3, p.153, mar. 1966.

38 Antonio Buero Vallejo, Sobre la Tragedia, *Entretiens sur les Lettres et les Arts*, v.22, p.57, 1963.
39 Idem, *Hoy es Fiesta*, Madrid, 1957, p.100.
40 Pierre Biner, *The Living Theatre*, trad. inglesa anônima, New York, 1972, p.20.
41 William Glover, The Living Theatre, *Theatre Arts*, v.45, n.12, p.63, dez. 1961.
42 Kenneth H. Brown, *The Brig*, New York, 1965, p.25.
43 Cit. em Robert Pasolli, *A Book on the Open Theatre*, New York, 1970, p.95.
44 Viola Spolin, *Improvisation for the Theatre*, Chicago, 1963, p. 7-8.
45 Ibidem, p.392, 394.
46 Cit. em Pasolli, *A Book on the Open Theatre*, p.95.
47 Spolin, *Improvisation*, p.5.
48 Tom Maschler (Ed.) *Declaration*, London, 1957, p.111-2.
49 Ibidem, p.65.
50 Ibidem, p.83.
51 John Arden, Telling a True Tale, *Encore*, v.7, n.3, p.25, maio-jun. 1960.
52 Idem, Letter, *Encore*, v.11, n.5, p.52, set.-out. 1964.
53 Arnold Wesker, Let Battle Commence, *Encore*, v.5, n.4, p.19, nov.-dez. 1958.
54 Wesker, Art – Therapy or Experience, *Views*, v.4, p.47, primavera de 1964.
55 Ernst Bloch, *Gesamtausgabe*, Frankfurt, 1959, 15v., v.5, p.492.
56 Ibidem, p.249.
57 Ibidem, p.430.
58 Peter Hacks, Das Theater der Gegenwart, *Neue Deutsche Literatur*, v.5, n.4, p.128, abr. 1957.
59 Idem, Das realistische Theaterstück, *Neue Deutsche Literatur*, v.5, n.10, p.104, out. 1957.
60 Idem, *Das Poetische*, Frankfurt, 1972, p.29.
61 Ibidem, p.36.
62 Ibidem, p.121, 126.
63 Georg Lukács, *The Meaning of Contemporary Realism*, trad. inglesa de J. e N. Mander, London, 1962, p.20.
64 Ibidem, p.86-7, 89.
65 Theodor Adorno, Erpresste Versöhnung, *Monat*, v.122, p.44, nov. 1958.
66 Idem, *Noten zur Literatur*, Frankfurt, 1961, 4v., v.2, p.86-7.
67 Idem, Commitment, trad. inglesa de Francis McDonagh, *New Left Review*, v.87-88, p.86-7, set.-dez. 1974.
68 Ibidem, p.78.
69 Rolf Hochhuth, Das Absurde ist die Geschichte, *Theater Heute*, v.4, n.13, p.73, 1963.
70 Idem, *The Deputy*, trad. inglesa de Richard e Clara Winston, New York, 1964, p.287-8.
71 Theodor Adorno, Offener Brief an Rolf Hochhuth, *Theater Heute*, v.8, n.7, p.1, jul. 1967.
72 Peter Weiss, Dies hier ist Bühne..., *Theater Heute*, v.4, n.13, p.70, 1963.
73 Idem, Peter Weiss' Entscheidung, *Theater Heute*, v.6, n.10, p.14, out. 1965.
74 Idem, *Rapporte*, v.2, p.98-9, Frankfurt, 1971.
75 Max Frisch, *Gesammelte Werke*, Frankfurt, 1956, 12v., v.5, pt.2, p.349.

76 Peter Szondi, *Theorie des modernen Dramas,* Frankfurt, 1956, p.11.
77 Ibidem, p.17.
78 Ibidem, p.75.
79 Ibidem, p.141.
80 Lucien Goldmann, *The Hidden God,* trad. inglesa de Philip Thody, New York, 1964, p.8-12.
81 Ibidem, p.17.
82 Goldmann, *Jean Racine: dramaturge,* Paris, 1956, p.17.
83 George Gurvitch, Sociologie du théâtre, *Les Lettres Nouvelles,* v.34-36, p.137, jan.-jun. 1956.
84 Ibidem, p.202-4.
85 Ibidem, p.208-9.
86 Jean Duvignaud, *Sociologie du théâtre,* Paris, 1963, p.550.
87 Ibidem, p.180.
88 Ibidem, p.566.
89 Jean Duvignaud, *L'acteur,* Paris, 1965, p.275.
90 Ibidem, p.204-5.
91 Louis Althusser, *For Marx,* trad. inglesa de Ben Brewster, London, 1977, p.142.
92 Ibidem, p.148.
93 Ibidem, p.146-7.
94 Ernst Cassirer, *The Philosophy of Symbolic Forms,* trad. inglesa de Ralph Manheim, New Haven, 1953-1957, 2v., v.1, p.78.
95 Susanne Langer, *Feeling and Form,* New York, 1953, p.307.
96 Ibidem, p.323.
97 Ibidem, p.326.
98 Ibidem, p.331.
99 Ibidem, p.366.
100 Mikel Dufrenne, *The Phenomenology of the Aesthetic Experience,* trad. inglesa de Edward S. Casey et al. Evanston, 1973, p.49.
101 Ibidem, p.86.
102 Ibidem, p.179.
103 Ibidem, p.543-7.
104 Northrop Frye, *Anatomy of Criticism,* Princeton, 1957, p.118. [Ed. bras. *Anatomia da crítica.* São Paulo: Cultrix, 1973].
105 Ibidem, p.25.
106 Etienne Souriau, *Les deux cent mille situations dramatiques,* Paris, 1950, p.144.
107 A. J, Greimas, *Sémantique structurale,* Paris, 1966, p.155-6.
108 Paul Ginestier, *Le théâtre contemporain dans le monde,* Paris, 1961, p.6-7.
109 Ibidem, p.158.
110 Emil Staiger, *Grundbegriffe der Poetik,* Zurich, 1951, p.237-8.
111 Ibidem, p.106.
112 Ibidem, p.154.

113 Ibidem, p.167-8.
114 Arthur Perger, *Grundlagen der Dramaturgie*, Graz, 1952, p.11.
115 Fritz Martini, Robert Petsch: Wesen und Formen des Dramas, *Deutsche Vierteljahrsschrift für Literaturwissenschaft und Geistesgeschichte*, v.27, p.301, 1953.
116 Volker Klotz, *Geschlossene un offene Form im Drama*, Munich, 1960, p.227.
117 Ibidem, p.237.
118 Roman Ingarden, *The Literary Work of Art*, trad. ingl. de George Grabowicz, Evanston, Ill., 1973, p.322.
119 Ibidem, p.379.
120 Ibidem, p.391-5.
121 Roland Barthes, *On Racine*, trad. inglesa de Richard Howard, New York, 1964, p.148. [Ed. bras. *Sobre Racine*. Trad. Antonio Carlos Viana. Porto Alegre: L&PM, 1987].
122 Ibidem, p.172.
123 Michel Saint-Denis, *Theatre: The Rediscovery of Style*, New York, 1960, p.48, 50.
124 Ibidem, p.67, 78.
125 Aurélieu Weiss, *Le destin des grandes oeuvres dramatiques*, Paris, 1960, p.158.
126 Idem, The Interpretation of Dramatic Works, trad. inglesa de Emerson Marks, *Journal of Aesthetics and Art Criticism*, v.23, p.317, 1964-1965.
127 J. Robert Wills (Ed.) *The Director in a Changing Theatre*, Palo Alto, 1976, p.89-90.
128 J. L. Styan, *The Elements of Drama*, Cambridge, 1963, p.64.
129 Ibidem, p.288.
130 Clifford Leech, *Shakespeare's Tragedies*, London, 1950, p.171.
131 Karl Jaspers, *Tragedy Is Not Enough*, trad. inglesa de H. A. T. Reiche et al., London, 1952, p.31, 52.
132 Ibidem, p.101.
133 Friedrich Dürrenmatt, *Writings on Theatre and Drama*, trad. inglesa de H. M. Waidson, London, 1976, p.81-2.
134 Ibidem, p.58.
135 Ibidem, p.107-8.
136 Ibidem, p.111.
137 Herbert Weisinger, *Tragedy and the Paradox of the Fortunate Fall*, East Lansing, Mich., 1953, p.115.
138 Richard B. Sewall, The Tragic Form, *Essays in Criticism*, v.4, p.358, 1954.
139 Harold H. Watts, Myth and Drama, *Cross Currents*, v.5, 1955.
140 D. D. Raphael, *The Paradox of Tragedy*, Bloomington, 1960, p.27-8.
141 Murray Krieger, *The Tragic Vision*, Chicago, 1960, p.17.
142 George Steiner, *The Death of Tragedy*, New York, 1961, p.350.
143 Lionel Abel, *Metatheatre*, New York, 1963, p.60.
144 Ibidem, p.113.
145 Entrevista com Hallam Tennyson, 7 de agosto de 1960, em Esslin, *Absurd*, p.239.
146 Tankred Dorst, *Grosse Schmärede an der Stadtmauer*, Colônia, 1962, p.113.

147 Ibidem, p.115.
148 Styan, *The Dark Comedy*, Cambridge, 1968, p.282.
149 Ibidem, p.117.
150 James Thurber, The Case for Comedy, *Atlantic*, v.206, p.98, nov. 1960.
151 Jack Richardson, *Gallows Humor*, New York, 1961, p.8-9.
152 Cyrus Hoy, *The Hyacinth Room*, New York, 1964, p.232.
153 Karl Guthke, *Modern Tragicomedy*, New York, 1966, p.59.
154 Elder Olson, *Tragedy and the Theory of Drama*, New York, 1961, p.2.
155 Ibidem, p.256.
156 Mitchell Leaska, *The Voice of Tragedy*, New York, 1963, p.293.
157 Bentley, *The Life of the Drama*, New York, 1964, p.282.
158 Ibidem, p.353.

21

O SÉCULO XX (1965-1980)

Como vimos, um ponto constante de debate na moderna teoria do teatro tem sido indagar se este deve ser visto primariamente como fenômeno social engajado ou como artefato estético politicamente neutro. Com efeito, uma quantidade significativa do discurso teórico contemporâneo ainda pode ser orientada segundo os termos dessa oposição. Até meados da década de 1960, os estudiosos que se inclinavam para uma visão autônoma do teatro comumente recorriam a Artaud como seu principal porta-voz moderno. Mas então uma nova influência ponderável se manifestou nas produções e teorias do diretor polonês Jerzy Grotowski (1933), o qual, pelo fim da década, chegou a emular o próprio Stanislavski como teórico da interpretação e figura central da moderna consciência teatral. A influência internacional de Grotowski pode ser determinada a partir da apresentação de 1966, em Paris, de *O príncipe Constante,* a convite de Barrault, intrigante produção caracterizada por vários críticos franceses como a tão esperada materialização do "teatro artaudiano".

Mesmo antes desse sucesso, o aluno de Grotowski, Eugenio Barba (1936), preparara o caminho para o mestre com um livro publicado na Itália em 1964 e dois artigos na *Tulane Drama Review* [*TDR*] (1965). Estes surgiram num momento crucial para o periódico e para o teatro experimental americano. Nos anos 60, o teatro americano passava por um período de experimentação de inigualável fertilidade desde os tempos das novas técnicas de encenação e – como nas décadas anterior e posterior a 1920 – um jornal, em particular, funcionava como uma espécie de câmara de compensação para as novas ideias, descobrindo e encorajando os jovens teóricos e práticos na América, e divulgando seus trabalhos na Europa e outras partes. O que *Theatre Arts* fora para os anos 20, *Drama Review* foi para os anos 60. Na edição de inverno de 1962, quando *TDR* crescia em influência,

Gordon Rogoff, um dos últimos editores de *Theatre Arts*, escreveu uma espécie de obituário do jornal mais antigo, vitimado pelo comercialismo e pelas pressões da Broadway.

TDR começou em 1955 como *Carleton Drama Review*, devotando cada número a artigos críticos sobre uma peça da temporada e ciclos de palestras no Carleton College (situado em Northfield, Minnesota). Em 1957, o jornal e seu editor, Robert W. Corrigan, transferiram-se para a Tulane University, em Nova Orleans, e o nome da publicação mudou. Vários de seus artigos eram agora dedicados a novas vozes do teatro europeu, grande parte delas virtualmente ainda desconhecida na América – sobretudo a Brecht, mas também a Artaud; a Dürrenmatt e Frisch; a Ionesco, Genet e Adamov; a Ghelderode e Vilar; a Betti e Sastre. Em 1962, Richard Schechner substituiu Corrigan como editor, mantendo o mesmo enfoque geral do periódico. Assim, *TDR* v.19 (primavera de 1963) ocupou-se de Genet e Ionesco; *TDR* v.22 (inverno de 1963), de Artaud; *TDR* v.23 (primavera de 1964) discutiu o Living Theatre, que fora fechado por falta de pagamento de impostos.

Até 1964, a ênfase notória de *TDR* era na literatura dramática, mas depois voltou-se para a produção contemporânea. O pivô da mudança foram talvez os dois números que confirmavam a influência de Stanislavski na América (outono-inverno de 1964), que Corrigan, numa retrospectiva de dez anos (verão de 1966), chamou com justiça de uma das melhores realizações do periódico. De modo significativo e quase profético, o número seguinte (primavera de 1965) trazia dois artigos de Barba introduzindo a obra de Grotowski.

O diretor polonês, relatava Barba, estava tentando – na tradição de Appia, Craig e Meyerhold – construir uma nova estética para o teatro, restaurar parte de sua antiga pureza ritual criando um "ritual secular moderno".[1] Para substituir os elementos religiosos perdidos, Grotowski andava à cata de imagens e ações arquetípicas capazes de forçar o espectador a envolver-se emocionalmente. O próprio Grotowski descrevia o processo como uma "dialética de irrisão e apoteose" voltada na direção de um sistema de "tabus, convenções e valores aceitos" que, durante a produção, criava um "espelho multifacetado" graças à constante invocação e destruição desses mesmos tabus e valores. Semelhante abordagem nada tinha em comum com o "teatro literário", o qual retoma fielmente o texto e procura ilustrar as ideias do autor. No teatro "autônomo" de Grotowski, o texto é apenas um elemento entre muitos, uma fonte de arquétipos, mas também, em essência, matéria-prima a ser livremente talhada e transformada. As peripécias da produção não precisam ter ligação com o texto, bastando que se realizem "por meios puramente teatrais".[2]

Essa atitude em relação ao texto requer também uma atitude nova em relação ao ator. O teatro literário ou acadêmico recorria ou ao "ator elementar", essencialmente uma ilustração neutra, ou ao "ator artificial", o criador de uma estrutura de efeitos físicos e vocais. Grotowski procura desenvolver um terceiro tipo, um ator artificial mais avançado chamado de "arquetípico", que utiliza sua técnica para exprimir imagens tiradas ao inconsciente coletivo. O ator arquetípico deve ser bem preparado, física e vocalmente, num estilo antinaturalista em que a dinâmica e o ritmo sejam rigidamente controlados, forçando o corpo a uma expressividade que pareça transcender os limites naturais e aproximar-se dos atores visionários de Artaud ou das *Über-marionettes* de Craig. O palco convencional é trocado por formas menores, mais íntimas de contato coletivo, nas quais o espectador se torna profundamente cônscio da fisicalidade e presença do ator, vendo-se forçado – contra as barricadas da lógica, da convenção e do hábito – a encarar o mundo do arquétipo.[3]

Uma coletânea de artigos, entrevistas, palestras e introduções a produções específicas (sobretudo dos anos 1965 a 1968), de Grotowski, apareceu em tradução inglesa com o título de *Towards a Poor Theatre* [*Rumo a um teatro pobre*] (1968). Nesse livro, Grotowski firma sua convicção de que a essência do teatro reside no vínculo entre ator e espectador; dá o nome de "teatro pobre" àquele que focaliza esse vínculo, em oposição ao rico teatro sintético que trai essa essência ao tentar, debalde, unir literatura, pintura, escultura, arquitetura, iluminação e interpretação numa experiência de "teatro total". Esforços assim apenas produzem, na melhor das hipóteses, um híbrido tecnologicamente inferior até mesmo ao cinema e à televisão.[4]

Em sua abordagem da preparação do ator, Grotowski sugere a renúncia aos elementos não essenciais, que considera uma "via negativa – não uma coleção de habilidades, mas uma erradicação de blocos". Como Artaud, quer transformar o ator num signo transparente de impulsos orgânicos e, às vezes, fala em termos que poderiam de fato remontar a ele. "Impulso e ação convergem: o corpo se esvai em cinzas e o espectador contempla apenas uma série de impulsos visíveis."[5] Entretanto, Grotowski proclama sua independência no nível prático, saudando Artaud como profeta e visionário, mas que nunca empreendeu, como o Teatro Experimental polonês estava fazendo, uma investigação prática da metodologia capaz de concretizar essa visão. Para Grotowski, o aniquilamento do corpo do ator, que o livra da resistência a todos os impulsos físicos, é um sacrifício e uma expiação graças aos quais se alcança a "santidade secular".[6] E assim é que o poder ritual do teatro pode ser restaurado – não para todos, mas para aqueles que sentem uma verdadeira necessidade de autoexame psíquico e desejam utilizar o confronto com o desempenho e a autopenetração do ator como um meio de desbloquear seu próprio eu interior. Em lugar da vontade espiritual coletiva do *Volk*, visada pelo *Gesamtkunstwerk* wagneriano, Grotowski se volta para o anseio espiritual de cada indivíduo de um grupo reduzido, atendido por atores totalmente abertos num confronto necessariamente íntimo.

A edição de *TDR* do verão de 1965, coeditada por Schechner e Michael Kirby, versou sobre o que Kirby, numa declaração introdutória, chamou de "Novo teatro", isto é, um teatro que correspondesse ao abstrato e não objetivo na pintura e albergasse manifestações como *"happenings"*, eventos e teatro casual. O livro de Kirby, *Happenings*, que apareceu nesse mesmo ano, considerava o *happening* "uma nova forma de teatro, assim como a colagem é uma nova forma de arte visual", e definia-o como "forma intencionalmente composta de teatro na qual diversos elementos ilógicos, inclusive interpretação não convencional, se organizam numa estrutura compartimentada".[7] O fato de ser "intencionalmente composto" diferencia o *happening* do teatro casual, já que os elementos do primeiro, embora possam ser determinados pelo acaso, são dispostos num esquema intencional. Todavia, sua relação é ilógica; são reunidos segundo uma estrutura particular do artista que, ao contrário do teatro tradicional, não se transforma numa "estrutura de informação" acessível ao espectador.[8] O enredo e a história, a exposição e o clímax, a causa e o efeito são abandonados em favor da "estrutura compartimentada" na qual cada unidade teatral permanece solitária, sem que a informação transite por elas ou outras quaisquer. No *happening*, a interpretação é "não convencional", envolvendo tarefas específicas simples sem o cunho do tempo, lugar e caráter tão importante para o teatro convencional.

Entre as influências subjacentes a esse teatro e suas novas formas correlatas, Kirby cita Kurt Schwitters, cujo projeto *Merzbühne*, em 1921, previa a reunião de corpos sólidos, líquidos e gasosos numa espécie de mostra futurista; o desenvolvimento da atenção cada vez maior ao relacionamento plateia-apresentação da parte dos dadaístas e seus sucessores, levando de suas colagens, através dos ambientes, ao *happening*; o teatro de espetáculo puro e envolvimento do público sugerido por Artaud; e o trabalho experimental de bailarinos como Merce Cunningham e Paul Taylor. Segundo Kirby, John Cage (1912), com seu interesse na ambientação da representação e na introdução de elementos casuais, bem como em sua preocupação com o dilatamento dos limites da arte, era "a espinha dorsal do novo teatro".[9]

Cage, entrevistado por Kirby e Schechner em *TDR*, repudiou até mesmo a definição aberta de *happening* proposta por Kirby, alegando que ela ainda incluía a intencionalidade. Cage insistia, é claro, em que isso levaria de volta à tentativa do artista de impor uma ideia aos espectadores, portanto ao teatro controlado e enfocado. O artista deve mirar para fora de si mesmo, para uma experiência tão aberta e não direcionada quanto o permitirem nossas inclinações intelectuais. O teatro há de ser visto simplesmente como "algo que exige tanto os olhos quanto os ouvidos", de sorte que se contemple "a própria vida cotidiana como teatro". A única exclusão que Cage recomenda é a experiência totalmente privada, pois o teatro sempre será "um acontecimento público".[10]

Ênfase igual no final aberto, indeterminação e transitoriedade da representação pode ser encontrada no *théâtre panique* francês de meados dos anos 60, cujo líder foi Fernando Arrabal (1932). O *panique* entra decididamente na tradição da patafísica de Jarry (a "ciência das soluções imaginárias" que se estenderia "para além da metafísica"[11]), do dadaísmo e do surrealismo (Arrabal integrava o círculo de Breton no começo da década de 1960), partilhando com esses movimentos uma combinação de especulação estética séria e paródia da teorização tradicional. O manifesto (ou antimanifesto) de Arrabal, "L'homme panique" (1963), dava o nome de *panique* "não a um grupo nem a um movimento artístico, mas antes a um estilo de vida, ou melhor, não sei o que isso seja". O *panique* expressa-se melhor em "festivais, cerimônias teatrais, jogos, arte e solidão indiferente" e caracteriza-se por "confusão, humor, terror, acaso e euforia". Graças a uma sequência de trocadilhos e fórmulas pseudomatemáticas, Arrabal "demonstra" que "Vida é Memória e Homem é Acaso" e que a preocupação fundamental do artista cifra-se sempre em unir "a mecânica da memória e as regras do acaso. Quanto mais a obra do artista for governada pelo acaso, confusão e inesperado, mais estimulante e fascinante será".[12] Arrabal cita o ensaio de 1894 de Strindberg, "O papel do acaso na criação artística", como importante precursor da ideia de *panique*. Outro aspecto é o tema do ensaio de Arrabal intitulado "Le théâtre comme cérémonie 'panique'" ["O teatro como cerimônia 'pânica'"] – seu abarcamento da maior variedade possível de elementos: "tragédia e *guignol*, poesia e vulgaridade, comédia e melodrama, amor e erotismo, *happenings* e conjuntos, mau gosto e refinamento estético, sagrado e profano, execuções e celebrações da vida, sórdido e sublime".[13]

O dramaturgo mexicano Alexandro Jodorowsky (1930), um dos fundadores do *panique*, declara que dessa forma o teatro pode encontrar sua essência naquilo que até então era considerado um problema: seu caráter efêmero. Em "Vers l'éphémère panique" ["Rumo ao pânico efêmero"] (1965), considera desgarrada e irrealizável a tradição de tentar tornar "permanente" uma arte passageira. Semelhante tentativa conduziu à ênfase no texto e não na vida, na repetição mecânica (nunca de fato realizada) e não na improvisação, nos cenários fixos e espaços arquitetônicos e não nos ambientes que podem mudar com a vida da representação. O ator *panique* improvisa e mergulha no perecível. Subordinará as palavras aos gestos e não o contrário; suas palavras não terão conteúdo conceitual, mas brotarão como expressão espontânea, "a pura e simples expressão da experiência". Ele repudia tanto a ideia tradicional de perder-se no personagem quanto a de mostrar o ator por trás do personagem. Busca, ao contrário, seu próprio "modo verdadeiro de expressão", surgindo não como "um exibicionista mentiroso", mas como "um poeta em estado de transe".[14] Artaud não é mencionado, porém o novo ator de Jodorowsky, que ele chama de "atleta criativo", parece dever muito ao pensamento artaudiano e, talvez por isso mesmo, revela certo parentesco também com Grotowski.

Jerome Savary, que dirigiu *O labirinto* de Arrabal em 1967, continuou a divulgar várias dessas mesmas ideias em suas próprias dissertações teóricas e produções subsequentes. Em *Nos fêtes* [*Nossas festas*] (1968), pede produções que rejeitem o texto e busquem novos meios de expressão física, como também formas técnicas mais flexíveis para "devolver ao teatro sua dignidade legítima".[15] Numa entrevista de 1970, publicada em *TDR*, ele recomenda um teatro não mais agrilhoado à expressão literária, um teatro que é festa e celebração, no qual todos se sintam livres para participar. Critica Grotowski e o Living Theatre por se colocarem espiritualmente acima de seu público, desencorajando assim qualquer senso de unidade ou desejo de participação.[16]

O American Theatre of the Ridiculous divide com o *théâtre panique* o fascínio pelo ultrajante e excessivo, pela perversidade artística e sexual. Entretanto, os realizadores do "Ridiculous" em suas diversas manifestações enfatizaram menos as implicações filosóficas das obras que engendraram (na verdade, defenderam o "Ridiculous" como a única vanguarda "não acadêmica") do que o fato de refletirem os produtos antiestéticos de massa e a cultura popular – e mesmo o fato de constituírem uma homenagem a estes. O dramaturgo Ronald Tavel (1941) menciona como influências o *art nouveau* e o *pop*, o *camp* e a arte psicodélica. O "Ridiculous", diz Tavel em "The Theatre of the Ridiculous" ["O teatro do ridículo"] (1966), rejeita ao mesmo tempo o naturalismo e o absurdo, procurando elaborar "associações verbais e emocionais" a partir dos detritos do mundo contemporâneo. O "nada cotidiano" torna-se "um alicerce de cimento subliminar".[17] Quando essa consciência "subliminar" é liberada, cria uma ordem "além da armadilha das palavras" e, também, das limitações impostas ao homem pelas duas grandes rivais da arte, política e religião.

A insistência de Tavel no não verbal e na emancipação dos impulsos subliminares lembra Artaud, influência patenteada numa entrevista de 1968 com o ator/dramaturgo do "Ridiculous" Charles Ludlam (1943), que afirma que o "Ridiculous" une o "teatro puramente físico" de Artaud a uma "fonte sonora verbal", criando a partir daí o teatro total e a experiência de vida: "O mundo é nossa obra".[18] Depois de 1967, Ludlam, Tavel e o colega de ambos, John Vaccaro, se separaram: Tavel passou a criar suas próprias obras, Vaccaro tentou pintar, como diretor, as ansiedades do mundo moderno, e Ludlam combinou, como ator-empresário, as imagens e abordagens de diversas formas dramáticas do passado e do presente. Num manifesto de 1975, Ludlam apresentou alguns axiomas para um teatro do ridículo que salientasse o paradoxo e a autozombaria, buscando temas que ameaçassem destruir "todo o sistema de valores do indivíduo" tratado "à maneira de uma farsa desvairada, mas sem comprometer a seriedade do assunto".[19]

Richard Kostelanetz (1940) denunciou em *The New American Arts* [*As novas artes americanas*], publicado em 1965 (mesmo ano do estudo dos *happenings* de Kirby), que esse tipo de experimentação já se exaurira. Voltou atrás, entretanto, em *The Theatre of Mixed Means* [*O teatro misto*], de 1968, que olhava além dos *happenings* para um movimento geral que Kostelanetz considerava na época significativo e em franca ascensão. Nesse novo movimento, o drama e as artes correlatas não mais se integram à moda tradicional, mas desenvolvem-se independentemente, cada qual "segundo suas próprias possibilidades".

Os *happenings*, na classificação de Kostelanetz, constituem a forma mais aberta desse tipo de teatro, com seu texto vago a permitir flexibilidade de espaço e tempo. Os *ambientes cinéticos* são um pouco mais limitados, já que neles o espaço é mais especificamente definido e o comportamento dos participantes ou componentes obedece a um planejamento mais cuidadoso. Os *happenings encenados* definem o espaço com nitidez ainda maior, separando claramente atores e público, e encorajando antes a observação do que a participação. Finalmente, as *representações encenadas* são planejadas por inteiro e desenvolvidas ante os olhos da plateia que observa. Estas últimas, evidentemente, aproximam-se mais do teatro tradicional, exceto pela circunstância de não enfatizarem a palavra falada; como todo teatro novo, elas "misturam amplamente os meios de comunicação e muitas peças nem palavras têm". Também os atores não encarnam personagens: permanecem eles mesmos ou tornam-se meros agentes neutros.[20] Nesse teatro, enfatiza-se a experiência, não a ideia, a percepção espacial, não a linear – e o processo de criação, não o produto final. Trabalhos desses, óbvio, não podem ser julgados segundo critérios convencionais como enredo, caráter e tema; há que se desenvolver um novo vocabulário crítico baseado no emprego, por parte do artista, do tempo, espaço e material. O novo crítico indagará "se uma dada peça articula bem e melhora a situação – tempo, espaço e elementos – que escolheu por si mesma".[21]

Tadeusz Kantor (1915), o mais conhecido diretor polonês depois de Grotowski, aprimorou nos anos 60 uma abordagem especial que embasa as ações no acaso e nas técnicas do *happening*, juntando-as no texto dramático para representação. Seu manifesto sobre "teatro autônomo" ou "teatro zero", de 1963, afasta o pressuposto de que a representação deva "traduzir um texto dramático em ideias cênicas, interpretá-lo ou atualizá-lo" e até manter-se numa "relação lógica, analógica, paralela ou inversa" com o texto. Em vez disso, a representação encarará o texto dentro de uma atmosfera "de choque e escândalo" a fim de romper a "esfera cerrada da imaginação da plateia".[22] O "Manifesto 70", de Kantor (1970), parece aproximar-se ainda mais de uma descrição do *happening*, advogando uma obra "sem forma, sem qualidades estéticas, sem perfeição ... que nada transmita e nada sugira ... que desafie a interpretação e aponte para lugar nenhum, careça de propósito ou lugar, uma obra que seja a própria vida – breve, efêmera, solta, que apenas é". No entanto, Kantor enfatiza o espaço entre tal obra e sua plateia de um modo avesso ao do *happening*. Por sua própria existência, "essa obra coloca a realidade próxima numa situação irreal, poder-se-ia dizer artística".[23]

Após 1970, Kantor insistiu ainda mais na separação, com a natureza fechada da obra de arte alheada do ponto de vista dos espectadores. No manifesto "O teatro da morte" (1975), ele afirma que esse senso do alheamento constitui a base da arte, aludindo às marionetes de Craig, ao interesse romântico no duplo e à imagem da morte como ecos dessa percepção. O conceito de vida "só pode ser justificado na arte graças à *ausência de vida* em sua acepção convencional", inclusive "toda a ortodoxia da linguística e do conceptualismo". A força primeva do ator aumenta quando a plateia se inteira de sua alteridade radical, como figura "enganosamente parecida", mas "infinitamente *distante*, chocantemente *estranha*, como se *morta*". O teatro de Kantor procura recuperar a "força primeva" do confronto chocante entre o familiar e o estranho, o vivo e o morto.[24]

Os experimentos do dramaturgo alemão Peter Handke (1942) podem ser relacionados de modo diferente com manifestações como o *happening*.

Longe de negar o texto escrito, Handke o privilegia. Secunda o filósofo Ludwig Wittgenstein (1889-1951) em seu fascínio pela linguagem como base da realidade, a tal ponto que as grandes peças por ele produzidas foram às vezes caracterizadas como ilustrações das ideias de Wittgenstein. Em termos de experimentação teatral, contudo, Handke aproxima-se de teóricos como Cage em seu repúdio da ilusão e da empatia, e em sua insistência na realidade imediata. A consciência experiencial buscada por outros em imagens, Handke busca-a em palavras. Suas primeiras quatro peças – chamadas *Sprechstücke*, decerto por contraste implícito com o *Lehrstücke* de Brecht – destinam-se "não a revolucionar, mas a conscientizar"; não a ensinar, mas a "apontar para o mundo recorrendo a palavras".[25] A mais famosa dessas "peças faladas", *Publikumsbeschimpfung* [*Insulto público*] (1966), submete o público a arengas, insultos e especulações filosóficas. A ilusão e a empatia tradicionais são totalmente rejeitadas. Em lugar disso, diz Handke numa nota de 1972 à peça, a obra procura dar à plateia "a consciência de que ela está ali, de que ela existe".[26]

Tal abordagem diverge por completo do teatro brechtiano, voltado para fora e politicamente engajado, conforme o próprio Handke deixou claro em dois artigos de 1968 publicados no *Theatre Heute*, "Horváth ist besser" e "Strassentheater und Theatertheater". No primeiro, classifica a obra de Brecht de "trivial", veículo de problemas claros com soluções simples que nada têm a ver com a complexidade da vida real tal qual experimentada por Handke "em minha própria consciência".[27] O segundo acusa Brecht de confundir a natureza do teatro com a da ação política. Um teatro politicamente engajado não pode confinar-se à sala de espetáculos, devendo enfrentar a vida nas ruas, nas fábricas, nas escolas, com atos de ruptura que revelem a falsidade e o verniz idílico dessa vida. Quando o teatro permanece no teatro, restringe-se ao domínio da ação e da autodescoberta, nunca preceituando a mudança social. Ali, sua função consiste em desenvolver no espectador "os espaços íntimos e ocultos de atividade" e, pelo encorajamento de uma sensibilidade e autoconsciência maiores, ajudá-lo a "vir ao mundo".[28] Similarmente, numa entrevista de 1969, Handke distinguia seu teatro do teatro do passado dizendo que ele procurava tornar a plateia "cônscia do mundo teatral, não do mundo exterior ao teatro". Objetos teatrais têm um modo especial de existência. A "função teatral" de uma mesa, por exemplo, é mostrar "para que serve uma mesa no palco – inclusive uma vasta gama de funções cênicas, simbólicas e práticas".[29] O drama não tenta provar nada, acrescenta Handke em nota a *Der Ritt über den Bodensee* [*O cavaleiro sobre as águas*] (1970); atores, objetos e linguagem são apresentados como "um livre jogo de forças".[30]

Richard Foreman (1937), que fundou em 1968 o Teatro Ontológico-Histórico, publicou três "Manifestos ontológico-históricos" informais (1972, 1974, 1975) que revelam estreita afinidade com a teoria de Handke e salientam o fato fenomenológico da experiência teatral (e também, em sua forma e estrutura, o ato fenomenológico de escrever manifestos). Foreman acha que todo teatro tradicional, inclusive experiências recentes como as de Brook, Grotowski e

Chaikin, se baseia na mesma premissa: a de que o espectador deve ser "apanhado" em algum tipo de comprometimento emocional.[31] Citando Ludwig Wittgenstein e Gertrude Stein como precursores, propõe, ao contrário, um teatro que chame a atenção para a existência de cada instante e para o "processo interseccional" que é a "perpétua constituição e reconstituição do eu". O novo teatro "deixa *traços* nessa intersecção" e promove "uma corajosa 'sintonia' do velho eu com a nova consciência".[32] O objetivo não é colocar alguma ideia ou emoção imaginada ante os olhos da plateia mas, ao contrário, pressionar essa plateia a questionar suas premissas e, nessa desintegração, revelar o "agora fugidio" que nenhum artista pode conceber ou fixar. A obra de arte encorajará o espectador a ver o que está ali e a ver a si próprio vendo; ela nos instalará "naquilo que há para ser vivido".[33] Recorrendo a uma metáfora da física, Foreman sustenta que a obra de arte deve produzir uma faísca de antimatéria, sendo a matéria "as ideias persistentes que constituem o mundo, os restos mortos de antigos momentos criadores". Como a faísca, a obra é imediatamente aniquilada, acrescentando seu resto morto ao mundo, mas proporcionando um átimo de visão da realidade imanente e fazendo da sucessão imediata desses instantes o objetivo da arte.[34]

A obra de Foreman é frequentemente associada à de outros dois importantes diretores vanguardistas americanos dos anos 70, Robert Wilson e Lee Breuer. Embora Wilson e Breuer, ambos fortemente orientados para o visual, tenham produzido poucas observações teóricas de longo alcance, Bonnie Marranca, que apresenta obras deles em *The Theatre of Images* (*O teatro de imagens*) (1977), acredita que a ênfase de Foreman nas impressões dos sentidos, no fomento da consciência de "estar ali" no teatro por parte da plateia e na expansão da "capacidade de perceber do espectador" dá corpo à obra dos três. Marranca considera essa experimentação o ponto alto de abordagens desenvolvidas a partir dos *happenings* e do teatro misto descrito por Kostelanetz. O objetivo desse teatro é criar "uma nova linguagem cênica, uma gramática visual 'escrita' em sofisticados códigos perceptivos.[35]

O influente diretor inglês Peter Brook, em *The Empty Space* [*O espaço vazio*], discute várias abordagens contemporâneas da arte do teatro. Como Guthrie e Barthes, Brook insiste em que o diretor lide com a peça de acordo com as exigências de seu próprio tempo e plateia. A peça não pode "falar por si mesma"; é preciso "extrair-lhe o sentido".[36] Os diretores que se esquivam a tal desafio, conforme advertia Guthrie, simplesmente copiam interpretações anteriores. Inúmeras produções modernas, especialmente dos clássicos, escorregam para a armadilha das formas, métodos e efeitos envelhecidos, que Brook designa coletivamente como teatro "morto". Para Brook, os dois maiores desafios da atualidade ao teatro morto são o "teatro sacro" e o "teatro bruto". O primeiro, exemplificado por Artaud e Grotowski, é visionário e tenta tornar visível o invisível; o segundo, ilustrado por Brecht, renova o teatro volvendo às fontes populares da vida real.

Além do teatro sacro e do teatro bruto, Brook sugere uma forma mais abrangente, o "teatro imediato", capaz de unir espectador e representação numa celebração comum da experiência, construindo uma totalidade passageira que, entretanto, deixa uma imagem permanente nas mentes dos participantes. Sem dúvida, Brook considera *Marat/Sade,* de Weiss, que ele dirigiu em 1964 (uma das produções mais famosas da década), uma peça voltada nessa direção. No prefácio à versão inglesa da obra, Brook elogia Weiss pela densidade de seu drama. A boa peça, diz ele, divulga uma rica textura de mensagens, "às vezes várias ao mesmo tempo, que se acotovelam, se atropelam, se amontoam", atiçando a inteligência, as emoções e a memória. A peça ruim apresenta textura menos cerrada, deixando lacunas onde a desatenção se insinua.[37] Weiss combinou impressões brechtianas, artaudianas, absurdistas, intelectuais e emocionais para criar uma estrutura dramática extremamente densa. (E, embora Brook não o diga, sua própria e intensa imaginação teatral contribuiu em muito para adensá-la ainda mais.)

Depois de *Marat/Sade,* como vimos, Weiss afastou-se dessa espécie de miscelânea dramática para um teatro documental francamente político. A influência de Artaud, Ionesco e Beckett ainda pode ser percebida no drama alemão de final da década de 1960 e anos 70, mas a maioria dos novos dramaturgos via sua obra em termos mais distintamente políticos. Isso foi verdadeiro até mesmo quando, depois de 1970, o teatro documental perdeu popularidade e Brecht deixou de ser figura de relevo para os teóricos. O ataque desferido por Handke contra a "visão idílica" de Brecht e sua preferência declarada pelo realismo de Horváth, no fim da década de 1960, foi retomado por diversos dramaturgos importantes da nova geração, que combinavam uma postura socialmente engajada do teatro com uma técnica profundamente enraizada no naturalismo.

O mais conhecido desse grupo é Franz Xaver Kroetz (1946), que em dois artigos de 1971, "Liegt der Dummheit auf der Hand?" ["Está nas mãos da estupidez"] e "Horváth von heute für heute" ["Horváth de hoje para hoje"], secundou a preferência de Handke por Horváth contra Brecht, apontando a língua como a chave do distanciamento de Brecht da realidade. As figuras de Brecht não são, como as de Horváth, apanhadas num mundo linguístico criado por suas regras. Elas se revelam "fluidas", com um "fundo verbal" próprio que lhes abre "o caminho para uma utopia positiva, para a revolução".[38] Horváth, ao contrário, pintava a perda da fala resultante da perda do significado quando "já a língua não se mostra capaz de resumir o que foi originalmente entendido".[39] Se o *Volk* de Horváth era a pequena burguesia, Kroetz retrata o proletariado, cuja perda de linguagem constitui exemplo dramático da degradação do povo na cultura capitalista.

Em meados da década de 1970, entretanto, Kroetz passou a ver Brecht sob uma luz mais favorável, como modelo de transcendência das "fronteiras fixas" do "realismo descritivo" ao estilo de Horváth. O "caráter utópico" que Kroetz achara questionável em Brecht parecia-lhe agora, conforme admitiu numa entrevista de 1975, parcela significativa do teatro engajado: "No sentido elevado, a arte pode sugerir uma realidade crível, possivelmente mais perfeita; em seu ponto alto, a crítica da sociedade é a visão de uma sociedade melhor".[40] O artigo "Zu Bertolt Brecht 20. Todestag" ["Para Bertolt Brecht 20. Aniversário de morte"]

(1977) vai ainda mais longe ao considerar "inadequado" o dramaturgo que, como Horváth, apenas simpatiza com as vítimas do sistema social e tenta unicamente "mostrar o que se observa", deixando que o espectador "descubra por si mesmo" os meios de mudar as condições da sociedade. O dramaturgo deveria, ao contrário, seguir Brecht utilizando uma mundivisão dialética e as técnicas do realismo socialista para criar uma fábula com personagens capazes de mudar, que "mostre a luz matinal na mais escura das noites".[41]

O drama politicamente orientado e a teoria teatral não eram muito comuns na América, desde a onda de interesse dos anos 30 e 40 até o final da década de 1960, quando ressurgiu nitidamente a preocupação com tais questões. Essa renovação foi primeiro alimentada pela corrida armamentista e a guerra fria, depois pela consciência cada vez maior da tensão com o envolvimento militar no Vietnã e, finalmente, pela inquietude crescente suscitada por outras tensões sociais não resolvidas, sobretudo de natureza econômica e racial. *The Impossible Theatre: A Manifesto* [*O teatro impossível: um manifesto*] (1965), de Herbert Blau, atende a essa renovada preocupação com o teatro engajado na América. Blau condena o teatro americano contemporâneo – da Broadway, das universidades ou das casas regionais – como uma verdadeira "fortaleza de não ideias".[42] Ele se esquiva aos perigos e conflitos do período ou minimiza-os, deixando assim de desempenhar seu autêntico papel de "Arte Pública da Crise".[43] O teatro andaria melhor se lançasse sua imaginação, coragem e alegria contra os ultrajes que a humanidade inflige a si mesma, olhando além das divisões imediatas e das causas populares para os objetivos frequentemente descurados da humanidade e fraternidade universais. Deveria ser um fórum para o lado cívico e civil do homem, que foi suprimido.[44] O mesmo aspecto do teatro, que constantemente o induz ao compromisso, constitui também a fonte de seu máximo poder latente: ele é a mais pública de todas as artes, a arte que precisa funcionar "no centro morto da cornunidade".[45]

O compromisso humanista geral advogado em *The Impossible Theatre* foi logo superado por apelos por um teatro que desempenhasse tarefas sociais de natureza mais imediata e específica. O teatro passou a ser considerado um fórum da postura política, até mesmo uma arma. A edição do verão de 1966 de *TDR* pode ser considerada sintomática desse novo interesse. Uma peça curta de Robert Head, *Kill Viet Cong*, deu claras provas de que a crescente inquietação com o envolvimento americano no Vietnã poderia se revelar um importante estímulo para o teatro politicamente engajado. O papel político do teatro foi tema recorrente e muito debatido na reportagem abreviada de *TDR* sobre uma conferência teatral, e Saul Gottlieb, em "O Living Theatre no exílio", observou que os Becks basearam a cena quatro de *Mysteries and Smaller Pieces* em *slogans* como "Parem a guerra no Vietnã", "Fora com a bomba", "Liberdade já", "Mudem o mundo", "Faça-o agora", "Façam funcionar", "Comida para os pobres", "Anistia".[46]

Uma das peças ocupava-se inteiramente do drama como ação política: *Guerilla Theatre*, de R. C. Davis, diretor da San Francisco Mime Troupe, repetiu em linguagem mais vigorosa e colorida a asserção de Brecht segundo a qual a única maneira de a arte não ser política é amparar os poderes dominantes. Uma vez que os poderes dominantes, na América, são "debilitantes, repressivos e antiestéticos", diz Davis, o teatro é desafiado em termos artísticos e sociais a "ensinar, orientar para a mudança e ser ele próprio um exemplo dessa mudança". Davis fornece uma série de diretrizes e sugestões para o teatro operar dentro da sociedade à maneira da guerra de guerrilhas: alinhando-se com o povo, lutando sempre por uma ordem mais justa, mas escolhendo cuidadosamente o terreno e nunca enfrentando o inimigo de frente. O simbolismo naturalista ou os "*happenings* para os *chics*" devem ser rejeitados em favor de formas de "protesto ou confronto social eficiente".[47] Brecht, é claro, revela-se mais diretamente útil que Artaud, mas ambos refletem as preocupações históricas europeias, de sorte que o teatro americano precisa encontrar seu próprio caminho. Num programa da Mime Troupe de final dos anos 60, por exemplo, os membros da companhia referiam-se a si mesmos como o equivalente das equipes de "Arte e Propaganda" do Exército Vermelho, procurando o povo nas ruas e parques enquanto os teatros de vanguarda permaneciam fechados em suas salas.[48]

A *Huelga* [Greve] promovida em 1965 por camponeses filipinos e mexicanos na Califórnia inspirou a fundação de diversos teatros mexicanos politicamente orientados, sendo o mais famoso deles El Teatro Campesino. Seu diretor e principal dramaturgo, Luis Valdez, veio da San Francisco Mime Troupe, trazendo consigo parte da filosofia da companhia. Numa entrevista de 1967, ele predisse que a América estava ingressando num período cada vez mais político, eivado de problemas sociais, e que o teatro americano futuro deveria ser "um teatro de mudança política".[49] Como Davis, Valdez defendia um certo tipo de realismo não naturalista, mas simbólico e emblemático em termos francamente teatrais. A "situação dramática, aquilo que se deseja retratar no palco, deve estar bem próximo da realidade que se vê *no* palco". Assim, quando uma figura representando o fazendeiro é mostrada apoiando-se nas costas de dois trabalhadores, isso "não é imitação", mas antes "uma realidade teatral".[50] O teatro de guerrilha se move, portanto, na direção do equivalente político ao teatro pobre de Grotowski – teatro reduzido à essencial presença emblemática do ator perante a plateia.

Raymond Williams (1921) declara, em *Modern Tragedy* [*A tragédia moderna*] (1966), que a confusão social, a guerra e a revolução são os temas contemporâneos que expressam a eterna preocupação humana com a ordem e a desordem. Cada época expressa essa preocupação à sua própria maneira, e Williams rejeita como estreita e historicamente tendenciosa a teoria segundo a qual a época moderna não pode criar tragédia porque sua visão da ordem e da desordem já não é definida em termos religiosos ou institucionais. Nossas crenças e medos não são os de outros tempos, mas se prestam igualmente ao tratamento trágico. A moderna preocupação com a desordem social e a violência é trágica em suas origens, pois comove e envolve a humanidade inteira; e é trágica em sua ação, que coloca o homem não contra deuses ou instituições, mas contra seus semelhantes. A concepção de que a única ação adequada contra a desordem, o ato revolucionário, gera nova desordem e nova alienação é uma concepção trágica, embora não negativa. Ela nos empurra para além da simples resignação à desordem ou da crença utópica de que um único ato de "libertação heroica" pode resolver o problema. Não confirma a desordem, mas nos torna conscientes dela e da necessidade de prosseguir na luta – da necessidade de um processo de vir-a-ser que constitui a única alternativa possível à fixidez e à confirmação da desordem em sua forma mais radical.[51]

Richard Schechner explorou suas próprias reações à nova orientação política e social do teatro de meados da década de 1960 em "The Politics of Ecstasy" ["A política do êxtase"], ensaio integrante de uma antologia significativamente intitulada *Revolution* [*Revolução*] (1968). Ele volveu, talvez inconscientemente, à posição de Wagner em *Die Kunst und die Revolution* [*A arte e a revolução*]: a arte, em sua forma original e própria, é comunitária, socialmente construtiva, transcendente ou extática; entretanto, tornou-se individualista e comercial nas mãos de artistas que – como os trabalhadores – vendem seu talento "por peça ou horas trabalhadas".[52] Uma vez que não podemos simplesmente recriar o teatro tradicional de sociedades diferentes da nossa, devemos procurar raízes rituais acessíveis a todas as culturas; e essas raízes, por exprimirem o sentido essencial de comunidade, terão de ser descobertas pelos esforços dedicados dos grupos. Para tanto, Schechner organizou seu próprio Performance Group em Nova York.

O novo teatro descrito por Schechner em "The Politics of Ecstasy" lembra muito o Living Theatre, que alcançou um *status* quase mítico durante seus anos de exílio europeu. Em 1968-1969, ele regressou para uma turnê na América, suscitando controvérsias e debates críticos por toda parte. O desafio da companhia à ordem reinante – social, teatral e sexual – transformou-o em anátema aos olhos dos elementos conservadores. Todavia, mesmo alguns de seus mais ardentes defensores sentiram-se perturbados ou chocados ao descobrir que um grupo tão intimamente associado na mitologia popular ao protesto político estaria em franco desacordo com as estratégias e definições do teatro político que se desenvolveu na América durante os anos de exílio de Beck na Europa. Apesar de toda a sua oposição à opressão política, o Living Theatre permaneceu mais orientado para Artaud do que para Brecht. Numa última entrevista em São Francisco, Julian Beck sublinhou novamente o desejo do teatro de permitir ao indivíduo sentir e criar com liberdade. O cérebro, disse ele, separou-se do corpo e do sentimento, e a língua se corrompeu e perverteu. O teatro deveria tentar "algum tipo de comunicação de sentimento e ideia direcionado para outra área além das palavras ou sob as palavras", não destruir a língua mas "aprofundá-la, amplificá-la e tornar a comunicação real em vez de uma série de mentiras".[53] Em janeiro de 1970, o Living Theatre publicou sua declaração final. Depois de institucionalizar-se em sua forma atual, foi dividido em células separadas para continuar, como bandos de guerrilheiros, a luta por uma nova arte e uma nova sociedade, à margem da ordem reinante.

Se o conceito politicamente orientado de teatro que estava se desenvolvendo na América ao final dos anos 60 não poderia acomodar facilmente os elementos místicos, espirituais e psicológicos do Living Theatre, decerto que a obra e a teoria de Grotowski – voltadas inteiramente naquela direção – apresentavam dificuldades bem maiores. Os participantes americanos de um curso de treinamento na Dinamarca, durante o verão de 1969, condenaram o diretor polonês por sua aparente indiferença às questões sociais. Numa entrevista posterior dada na França, Grotowski respondeu à crítica. O dever primordial do homem não é de natureza social, disse ele; seu dever é "responder ao desafio da vida e fazê-lo à maneira da natureza". A ação de fato é exigida – mas não a ação social/política e sim a do autoconhecimento, que conduz à unidade do corpo e da alma.[54] Eugenio Barba retomou essas ideias numa entrevista que deu naquele mesmo outono. Assegurou que o teatro não pode salvar a sociedade, mas representar um papel significativo quando, tal qual sucedeu na Grécia clássica, ele se torna "parte integrante de uma estrutura social firmemente consolidada". O teatro moderno deveria explorar "padrões de comportamento", que não são sociais, políticos nem religiosos, mas "reações biológicas que ocorrem em situações extremas", as quais o teatro capta, canaliza e disciplina.[55]

Uma atenção particular ao teatro como forma de ação social e política desenvolveu-se por essa época entre os escritores negros americanos, liderados por LeRoi Jones (1934), que no final da década de 1960 adotou o nome muçulmano de Amiri Baraka. Baraka foi figura-chave na mudança, que começou a ocorrer por volta de 1965 em vários setores da comunidade negra americana, dos protestos por direitos civis para uma ênfase mais agressiva na etnicidade negra, na cultura negra e no poder político negro. Baraka, jovem dramaturgo já bem conhecido, divulgou a nova orientação em "The Revolutionary Theatre" ["O teatro revolucionário"] (1966). Todo teatro, diz ele, oferece uma mensagem política/social, embora as classes dominantes que controlam o teatro do *establishment* sempre neguem isso. A Broadway é "um teatro reacionário cuja ética, como sua estética, reflete os valores espirituais de uma sociedade fragmentada". O novo Teatro Revolucionário, o Teatro das Vítimas, deve ser antiocidental, expondo o horror real e a opressão deste mundo, ocultados pelo teatro tradicional. Ele será odiado e temido pelos brancos do *establishment* porque seu objetivo consiste em "destruí-los e a tudo o que julgam ser verdadeiro".[56]

A edição do verão de 1968 de *TDR* foi dedicada ao teatro negro e, a fim de evitar a possibilidade de filtrar ideias através da consciência da "mídia branca", os editores passaram a responsabilidade daquele número a Ed Bullins (1935), o mais destacado dramaturgo negro depois de Baraka, abolindo até o veto editorial que haviam aplicado aos editores convidados de outros números especiais. No artigo de fundo, "The Black Arts Movement" ["O movimento artístico negro"], Larry Neal chama a Arte Negra de "irmã estética e espiritual do conceito de Poder Negro". Ela exige iconografia, crítica, mitologia e simbolismo à parte da "tradicional cultura estética do Ocidente".[57] Como muitos críticos marxistas, Neal considerava o sistema cultural existente tão corrompido pela classe dominante que não seria possível reformá-lo, ainda que com recurso aos meios mais radicais; seria possível apenas destruí-lo e substituí-lo. Os novos artistas negros, disse ele, devem portanto romper completamente com os tradicionais valores brancos e olhar para o Terceiro Mundo, o mundo dos oprimidos, à cata de inspiração para desenvolver uma arte que celebre antes a comunidade que o indivíduo.

Nos anos 70 houve um rápido declínio do ímpeto revolucionário dentro do movimento negro; Baraka atribuiu-o em grande parte à vontade que muitos sentiam de evitar o desafio e passar a integrar o corpo socioeconômico predominante. Em 1974, já ele se convencera de que o problema racial na América só poderia ser solucionado pela mudança de todo o sistema de classes. Sua introdução a *The Motion of History* [*O movimento da história*] (1978) cita de modo aprovador a exortação de Mao Tsé-tung à unidade da política e da arte. Baraka acha que sua própria teoria e prática teatrais evoluíram do radicalismo pequeno-burguês, passando pelo nacionalismo, para ao menos a apreensão da ciência revolucionária marxista-leninista. A prova de que suas obras recentes ameaçam mais basilarmente o sistema é fornecida pelo fato de ser mais fácil publicar peças "que gritam ódio aos brancos" do que as que advogam "a formação de um partido comunista revolucionário na América".[58]

Na França, a influência de Artaud cresceu rapidamente depois de 1960, sendo, é claro, robustecida pelas produções de 1966 de Grotowski. Brecht, cuja influência fora muito maior antes de 1960, parecia quase eclipsado – e com ele a ideia de um teatro politicamente engajado. O diretor Roger Planchon (1931), um dos maiores defensores de Brecht, advertiu os contemporâneos contra a irracionalidade e as tendências fundamentalmente reacionárias de Artaud – o qual, dizia ele, era ótimo poeta, mas não tinha a "estrutura lógica que encontramos em Brecht".[59] Planchon creditava a Grotowski a obtenção de efeitos bastante impressionantes, porém apenas dentro de um tipo estreito e amplamente irrelevante de teatro. "Ao abandonar o texto e o diálogo" os atores de Grotowski "descobriram terras ignotas. Mas no dia em que abandonarem essas terras, abandonarão também as descobertas que fizeram."[60]

A aparente tendência dos elementos progressistas do teatro francês a essa abordagem ilógica e anti-histórica revelou-se bem mais fraca do que temia Planchon. As rebeliões dos trabalhadores e estudantes em 1968 estimularam novas considerações da relação entre teatro e ordem social, especialmente em Paris, onde a participação do Living Theatre na ocupação estudantil do teatro nacional, o Odéon, fê-lo um símbolo algo relutante do desafio à velha ordem. Naquele verão, o festival de Avinhão, de Vilar, foi reputado uma fortaleza das ideias tradicionais numa carta aberta assinada por jovens radicais parisienses do teatro. Suas "Treize questions aux organisateurs et aux participants du Festival d'Avignon" ["Treze perguntas aos organizadores e participantes do Festival de Avinhão"] representaram um manifesto que condenava como "repressora e autoritária" qualquer ideia de cultura como "domínio reservado a especialistas pagantes". Propugnava por um teatro de "criação coletiva" sem nenhum cisma entre atividades artísticas e "acontecimentos políticos, sociais e cotidianos"; um teatro de "libertação política e psicológica", de "ação antes direta que representada", que não mais colocaria o espectador "numa situção alienada e subdesenvolvida".[61]

Essas preocupações evocavam de perto as do Living Theatre, convidado a participar do festival de Avinhão. Também os Beck andavam à cata de um teatro que ligasse mais estreitamente a arte e a vida, criado coletivamente por uma comunidade que funcionaria "de fato, como uma sociedade anarquista" – uma sociedade de artistas trabalhando em cooperação e livre da autoridade como modelo do mundo exterior.[62] Essa convergência de interesses, além da notoriedade alcançada por sua ação no Odéon, impossibilitou a Beck e Malina servirem de mediadores entre os jovens críticos e o festival, como a princípio haviam tentado. Depois que foram proibidos de fazer apresentações gratuitas, juntaram-se abertamente ao partido revolucionário e deixaram Avinhão publicando uma longa declaração de que não poderiam servir ao mesmo tempo "ao povo e ao Estado" enquanto este reservasse o conhecimento e o poder da arte "àqueles que podem pagar por eles".[63]

Arrabal participou também dos motins estudantis em Paris, e essa experiência, associada à sua prisão no ano anterior na Espanha por acusação de obscenidade, encorajou-o a assumir uma postura mais claramente política em seus escritos posteriores, embora conservasse a preocupação com os "desejos secretos e impulsos íntimos" do homem. Numa entrevista de 1972, ele chamou suas experiências mais recentes de *théâtre de guerrilla*, em vez de *théâtre panique*, embora ainda se ouça um eco de Artaud nesse teatro perigoso e revelador, "barroco, excessivo e selvagem". Há também uma nova atitude em relação à plateia. Ao passo que o *théâtre panique* provocava-a com o extremismo de suas imagens e o inesperado de suas justaposições, o *théâtre de guerrilla* busca um tipo diferente de choque, um envolvimento físico na experiência real da repressão política. "Quero que os espectadores se sintam aterrados, surpresos e inermes – como se de repente fossem arrastados da rua para a prisão."[64]

Armand Gatti (1924) é provavelmente o dramaturgo mais estreitamente associado ao teatro político e anti-institucionalista da França pós-1968. Já em 1959, entretanto, sua primeira peça produzida, *Le Crapaud-buffle*, mostrava-o interessado no teatro como instrumento político. "Para mim, o teatro é uma forma de combate", disse em entrevista daquele mesmo ano. "Mais tarde, quando já não houver o que combater, o teatro talvez se torne pelo menos aquilo que deveria ser: um festival universal."[65] Gatti desenvolveu a teoria da "possibilidade temporal", que opôs à "duração temporal" do teatro burguês, oposição que sugere o épico de Brecht contra o drama aristotélico. Enraizado na própria gramática do teatro tradicional e da sociedade que ele reflete, diz Gatti, está o fixo e falacioso sistema de passado, presente e futuro, ao passo que a mente se move com facilidade e liberdade entre os três. Enfatizando a possibilidade em lugar da duração, o teatro pode mostrar uma ação a partir de diversas perspectivas e sem a sensação de clausura, encorajando o público a ver o mundo aberto à mudança."[66]

No final dos anos 60, Gatti passou a se preocupar cada vez mais com o público específico ao qual o teatro moderno deveria dirigir-se. Em "Notes au spectateur idéal" ["Notas ao espectador ideal"], entrevista de 1967, ele alegava que a função do teatro de hoje deveria ser permitir que "as classes mais deserdadas tivessem conhecimento de si mesmas e de seu potencial".[67] Sentindo que isso poderia ser mais bem realizado se os membros dessas classes participassem, juntamente com o ator e o autor, da criação do drama, Gatti, ora com um pequeno grupo de atores, ora sozinho, começou a trabalhar com grupos culturalmente deficientes na elaboração de conceitos dramáticos capazes de refletir suas preocupações – um pouco à maneira das *troupes* do teatro de guerrilha americano como o San Francisco Mime ou o Campesino. Dessas experiências originou-se "uma estética completamente nova, um novo estilo, um novo tipo de teatro" a que Gatti dá o nome de *"mini-pièces"*.[68] Elas são criadas, explicou ele em entrevista de 1969, a partir de "uma ausência completa de meios" e sem um autor, "já que dependem sempre, primariamente, dos intérpretes e seu contexto". O objetivo não é a mera participação no espetáculo, mas "o exame dos problemas apresentados", exame que poderá conduzir à solução desses problemas, "sem dúvida não na mesma noite, mas algum dia, em contato com a realidade".[69]

Numa palestra de 1980, Gatti situa os alicerces desse teatro "na eterna associação que pode existir entre história e Utopia". De vez que tanto o tradicional espaço teatral quanto a linguagem do sistema dominante da realidade social bloqueiam quaisquer tentativas de lidar honestamente com a história ou a Utopia, o teatro tem de ser realizado "fora do teatro". Novos locais devem ser encontrados para o espetáculo, uma nova linguagem deve ser desenvolvida em compatibilidade com esses lugares – a fábrica ou a rua – e com as pessoas que os habitam.[70] Gatti, como Kroetz, considera as vítimas da repressão política, social e econômica destituídas até mesmo de uma língua com a qual possam compreender sua realidade social; ajudá-las a encontrar sua língua é a missão do teatro.

O diretor francês mais proeminentemente associado à convergência do teatro e da ação política, no final da década de 1960, é talvez André Benedetto, da Nouvelle Compagnie de Avignon. Seu "Manifesto" de abril de 1966 retoma Brecht ao ver o teatro contemporâneo como um instrumento para "adormecer a consciência" e mostrar o mundo como imutável. A cultura tradicional e os clássicos, por apoiarem a ideologia dominante, "levam a cabo o mais formidável empreendimento de alienação, degradação e reconciliação de irreconciliáveis jamais concebido por qualquer sociedade até os dias de hoje".[71] Dentro de um sistema tão universal e coercitivo a reforma é impossível, de sorte que o teatro significativo tem de tornar-se subversivo e revolucionário. Seu método, diz Benedetto em entrevista de 1971, não pode ser a ação política direta; ao contrário, ele deve tentar "harmonizar elementos divergentes no processo revolucionário" enfocando "o inimigo comum, a ideologia dominante". Como Gatti, repele os espaços teatrais tradicionais, a linguagem e a caracterização, mas ainda assim trabalha com uma companhia de atores bastante estável. A abordagem destes, como a de Chaikin no Open Theatre, é polivalente e transformacional, em que cada ator busca não criar um personagem, mas "revelar-se até o limite máximo possível".[72]

A plateia popular, sustenta Benedetto em "Le petit héros populaire" ["O pequeno herói popular"] (1975), considera essa abordagem bastante pertinente. Trata-se de um público mais crítico que o tradicional, que achava mais adequado o teatro épico de Brecht. As novas plateias populares criam sua própria *Verfremdung*; não se projetam nos personagens, porém observam e julgam, querendo saber "por que as coisas são tais quais mostradas, por que as ações são assim e não de outra maneira".[73]

Ariane Mnouchkine (1939), diretora do Théâtre de Soleil em Paris, concorda com Gatti e Benedetto quanto à essência revolucionária do teatro. A ideia de Hegel da tragédia, observa ela num debate de 1975, falha ao sugerir que o inimigo, externo ou interno, é invencível. O teatro deveria demonstrar que "o inimigo pode ser derrotado, que o mundo pode ser mudado".[74] Entretanto, sua visão da relação entre teatro e público difere tanto da de Benedetto quanto da de Gatti. Ela não aceita a plateia já criticamente consciente do primeiro, declarando que um público popular que ainda não existe precisa ser criado. Por outro lado, repele a visão de Gatti do teatro como ferramenta a ser posta nas mãos dos deserdados para que possam assim exprimir suas inquietações. O teatro, afirma Mnouchkine em entrevista de 1971, tem de procurar estabelecer um vínculo com o público, mas ser criado por um desempenho conjunto cujo trabalho seja modificado pelos espectadores apenas no sentido de que os comentários após cada produção devem influenciar a próxima.[75] Isso é parte da matéria-prima utilizada pelos atores, que trabalham coletivamente para refletir as preocupações de sua própria época "na forma mais elementar e direta possível".[76]

Provavelmente, nenhum teórico contemporâneo explorou as implicações políticas da relação espetáculo-plateia de maneira tão penetrante e original quanto o diretor latino-americano Augusto Boal. Como Brecht, ele rejeita o drama "aristotélico" como um instrumento da estrutura de classes estabelecida; entretanto, mostra-se mais pormenorizado e explícito do que Brecht ao revelar como o drama aristotélico se presta a isso. Sua obra capital, *Teatro do oprimido* (1974), examina as origens do teatro de uma forma que lembra Wagner e Appia, como celebração de todo um povo mais tarde assumida pela aristocracia, que dividiu a arte e sintonizou-a com seus fins pessoais. Boal considera esses fins essencialmente propagandísticos e coercitivos e as divisões, motivadas política e conscientemente. Aristóteles edificou "o primeiro e mais poderoso sistema poético-político destinado a intimidar o espectador e a eliminar as tendências 'más' ou ilegais da plateia".[77] As duas divisões impostas ao mais antigo dos teatros amparam tal sistema: a primeira, separando atores e público, converte estes em espectadores incapazes de influenciar o curso da ação; a segunda separa os protagonistas, que representam os aristocratas, do coro, que representa o povo. Os espectadores são encorajados a simpatizar com o herói trágico, a reconhecer em sua *hamartia* as próprias tendências antissociais e, por meio da queda do herói e seu reconhecimento do erro, a rejeitar essas tendências. Eis a função básica da catarse, a purgação dos elementos antissociais.[78]

O teatro burguês, prossegue Boal, conservou os indivíduos excepcionais do teatro clássico a fim de utilizá-los na luta contra o feudalismo, mas quando um novo adversário, o proletariado, apareceu em cena, o indivíduo foi rapidamente amesquinhado. Hegel e Hugo apequenaram-no opondo-o a valores eternos e imutáveis, e o realismo fez dele um produto de seu ambiente.[79] Finalmente, no teatro de Ionesco, até a comunicação foi removida, tornando-se o homem completamente desumanizado e abstrato. Contra isso, um novo teatro, radicalmente diverso, tanto no estilo quanto no conteúdo, deve surgir do seio do proletariado.

Boal acha que Brecht apontou o caminho ao propor uma poética totalmente contrária às "poéticas idealistas" de Aristóteles e Hegel. Nas poéticas idealistas, o pensamento social condiciona o ser social; a ação dramática é engendrada pelo espírito. Na poética marxista de Brecht, o ser social determina o pensamento social; a ação dramática brota das relações sociais. Boal, dessa forma, rejeita a orientação individual hegeliana de, por exemplo, Hochhuth, que diria "Kennedy invadiu a praia Girón" em favor da declaração brechtiana, "As forças econômicas obrigaram Kennedy a invadir a praia Girón".[80] Brecht começa onde termina o teatro burguês, com abstração, com personagens sem liberdade para agir; ele, porém, encoraja a plateia a ver tal condição como modificável ao repelir a catarse, que provoca serenidade e resignação. Edificando sobre o sistema de Brecht e sua própria visão da função original do teatro, Boal tenta abater a muralha entre atores e espectadores. No "teatro do oprimido", já o espectador não delega poderes ao ator, mas "assume ele mesmo o papel do protagonista, altera a ação dramática, sugere soluções, discute projetos de mudança". O teatro se torna "um ensaio da revolução".[81]

A última parte do livro de Boal explora toda uma variedade de experiências rumo a um teatro desse tipo, algumas muito próximas das técnicas de Gatti. A experiência mais amplamente desenvolvida no Teatro de Arena de São Paulo, de Boal, é o sistema do "Coringa", que procura demonstrar a liberdade do indivíduo "dentro das linhas estritas da análise social". O sistema mistura realidade e fantasia, empatia e distanciamento, detalhes e abstração; tenta apresentar ao mesmo tempo uma peça e sua análise. A chave é o "Coringa", figura situada entre a peça e a plateia que comenta, orienta, cria e quebra a ilusão. Age de modo oposto ao protagonista, instando o público a ver a peça com olhos críticos, em vez de tentar mergulhar emocionalmente nela.[82]

O principal dramaturgo politicamente engajado da Itália, Dario Fo (1926), juntou-se, em 1968, a uma associação de organizações culturais comunistas que queria levar as artes às classes trabalhadoras desfavorecidas. Entretanto, a inclusão do Partido Comunista Italiano entre os alvos que Fo desejava satirizar levou à formação de sua própria organização teatral independente, La Commune, em 1970. Fo, assim como Hochhuth e Weiss, tem interesse pelo teatro documental, mas sua intensa pesquisa converte-se então numa expressão altamente teatral graças ao emprego de recursos tradicionais tomados ao teatro popular – farsa, comédia de pancadaria etc. O ensaio "Teatro di situazione uguali teatro popolare" ["Teatro de situação é igual teatro popular"] (1971) explica sua abordagem. Ele insiste num teatro de "documentação precisa", porém que não seja "frio e didático". O teatro documental só se tornará significativo quando for plenamente realizado por meios teatrais, impressionando o público de forma tal que "a informação didática se adquira não como lição e sim como espetáculo". Fo apressa-se a dizer que isso deverá ser alcançado "com um mínimo de recursos técnicos".[83]

Numa entrevista de 1974, Fo explica que seu teatro tem de ser criado fora das convenções e dos espaços físicos do palco tradicional e burguês que, como a ostra, "digere tudo". Sua linguagem, seus problemas, sua ambiência física são inteiramente alheios ao trabalhador, que entretanto ainda responde às tradições e apelos do teatro popular (questão assinalada por Davis, da San Francisco Mime Troupe). Portanto, o objetivo de Fo – "apresentar alguns apelos democráticos, formar a opinião pública, estimular, criar momentos de conflito dialético" – deve ser primeiro abordado "ao nível do estilo, dos meios expressivos", graças à pesquisa do teatro popular e do papel do gesto como companheiro inseparável do discurso teatral.[84]

Na Inglaterra, Edward Bond (1934) atribuiu ao drama uma função política semelhante à propugnada por seus colegas do Continente, e, embora suas observações teóricas não façam eco às preocupações destes com o atingimento e o desenvolvimento de um público proletário, ele enfatiza a obrigação que o drama moderno tem de criar uma "imagem e consciência" para a classe trabalhadora, até agora sistematicamente excluída da cultura e, portanto, do desenvolvimento de sua imagem humana.[85] A função do escritor, diz Bond em "The Writer's Theatre" ["O teatro do escritor"] (1971), é "analisar e explicar nossa sociedade".[86] Embora os filisteus acusem a arte de ser arbitrária, casual e fantástica, a sociedade mesma, fundada na injustiça e no utilitarismo, é que é arbitrária, de sorte que toda arte legítima a desafia com verdades necessárias. Essas verdades, afirma Bond no prefácio de *Bingo* (1974), "exprimem a justiça e a ordem necessárias à boa saúde, mas que em geral são destruídas pela sociedade".[87] O programa de *We Came to the River* (1976) salienta a importância da arte para toda a humanidade sofredora. A responsabilidade maior do teatro cifra-se em exprimir "a convicção de que podemos manter um relacionamento racional com o mundo e com o próximo" e em levar o público a "reconhecer uma humanidade comum e compartilhada, esmagada pela estrutura de classes". Bond, como Bloch, vê a melhor oportunidade para essa expressão teatral nas fissuras da sociedade; "as áreas críticas da sociedade onde o velho e o irracional se rompem": é aí que a recriação e o potencial racional da humanidade devem ser mostrados em ação.[88]

Numa entrevista de 1978, Howard Brenton (1943) afirmou que suas peças eram "escritas precipuamente pela causa do socialismo". O drama superior sempre se dedicou a provar, "em duas horas de cenas, acontecimentos, pilhérias e entretenimento, que uma ideia impopular é na verdade uma boa ideia". A prova de fogo de um drama não é a originalidade e sim a capacidade de articular "preocupações, medos e esperanças comuns", oferecendo "uma resposta ou o simulacro da possibilidade de uma resposta" a essas preocupações. A menos que penetre na "arena da ação pública", esclarecendo seu público e sugerindo o que ele deva fazer em seguida, uma peça é um fracasso e uma inutilidade.[89]

Outras teorias teatrais socialmente orientadas, mas menos especificamente políticas, ensejaram um importante segmento de textos críticos depois de 1965. Em "Approaches to Theory/Criticism" ["Abordagens teórico-críticas"] (1966), Richard Schechner propõe o reexame das teorias dos antropólogos de Cambridge. O trabalho deles, embora brilhante e percuciente, tinha limitações e "já não se aplica à nossa percepção do teatro".[90] Necessita-se agora de uma visão antropológica mais ampla da inter-relação de todas as atividades públicas do homem – que leve em consideração o lazer, os jogos, os esportes, o teatro e os rituais. Schechner cita diversos escritores da área das ciências sociais cuja obra sugere novas abordagens à análise do teatro. O estudo do lazer que J. Huizinga empreendeu em *Homo Ludens* discute traços comuns aos jogos, esportes e teatro. Os procedimentos matemático (Martin Shubik) ou transacional (Eric Berne) de análise do jogo podem ser aplicados à estrutura do teatro. Erving Goffman, em *The Presentation of Self in Everyday Life* (1959), examina a ubiquidade do "desempenho" na atividade humana. As teses de teóricos como Goffman e Berne, segundo as quais a psique não é fixa, mas desempenha constantemente novos papéis de acordo com as situações, robustecem sociologicamente o interesse por uma atuação transformacional.

A edição do verão de 1967 de *TDR* insistiu nessa ideia: um artigo de Arthur Wagner tratou do emprego da análise transacional de Eric Berne como abordagem para a direção de *Benito Cereno* e estampou também uma entrevista com o próprio Berne. Este afirmava que a obra do ator deveria ser considerada "não como a interpretação de um personagem, mas como o tratamento de uma série de transações interpessoais específicas". Ao mesmo tempo, existe uma tendência oculta, não autônoma, que justifica o desvelamento, de modo que uma boa peça funciona simultaneamente como nível oculto e nível manifesto.[91]

A superposição do teatro e da vida é novamente explorada por Schechner em "6 Axioms for Environmental Theatre" ["Seis axiomas do teatro ambiental"] (1968). Schechner propõe uma "sucessão de eventos teatrais" que vão desde apresentações ocasionais, passando pelos *happenings* e o teatro ambiental, até o teatro tradicional. Cada qual se sobrepõe ao outro e tece as transações sociais criando aquilo que Goffman caracterizou como uma rede de expectativas e obrigações.[92] Ver o teatro como um conjunto de transações permite-nos ampliar nossas abordagens teóricas para além do tradicional estudo da literatura, da interpretação cênica e da direção. Podemos considerar as transações primárias entre os atores, os espectadores ou entre esses dois grupos – tanto quanto as secundárias entre produtores, entre estes e os atores ou espectadores, ou entre a produção total e o espaço. Além dessa visão "transacional", Schechner propõe outros cinco elementos do "teatro ambiental", quase todos concernentes ao espaço. O espaço "ambiental" não será provavelmente o tradicional: terá de ser transformado ou mesmo "descoberto". O mesmo espaço é compartilhado pelo público e pelos atores, sendo o enfoque variável e flexível. Todos os elementos da produção falam por si mesmos e nenhum se subordina necessariamente ao resto. Isso inclui o texto, que não tem preeminência e de fato pode desaparecer totalmente.

Muitas dessas preocupações, como vimos, aparecem também na teoria politicamente orientada do período. A abertura geral dessa abordagem e a liberdade de que gozam os elementos da produção para falarem por si mesmos lembram bastante Brecht; a rejeição do espaço tradicional e do texto preestabelecido, além do mergulho dos atores no mundo real e no espaço da plateia, sugere Gatti e Benedetto. Nenhuma nota política, entretanto, se ouve na teoria de Schechner. Ele se orienta para Grotowski e para experiências como o *happening*, preferindo conduzir o teatro e a teoria a um relacionamento mais pleno com as complexidades da consciência moderna. Sua defesa da participação do público lembra menos Gatti do que, por exemplo, Ann Halprin, organizadora do San Francisco Dance Workshop. Em "Mutual Creation" ["Criação recíproca"] (1968), ela declara que, não podendo uma única mente assenhorear-se de tudo o que o mundo moderno contém, o teatro já não deveria depender dessa mente para determinar "tudo para todos". Permitir simplesmente que as coisas aconteçam com a participação de todos não apenas é "mais agradável e intrigante" como também mostra "o que é possível e não aquilo que pensamos *devesse* ser".[93]

O teórico alemão Claus Bremer (1924), numa série de ensaios reunidos sob o título de *Thema Theater* [*Assunto teatro*] (1969), também advoga um teatro moderno de indeterminação, embora menos à base da esmagadora complexidade do mundo atual do que à da perda dos absolutos. Num ensaio publicado no *Mitspiel* (Paul Pörtner desenvolvera na ocasião uma forma de participação da plateia), Bremer sustenta que o teatro contemporâneo deve "rastrear as consequências da ausência de um absoluto, apresentando o ponto de vista de cada indivíduo como igualmente válido". A hierarquia estabelecida entre autor, ator e espectador precisa desaparecer; um tem de assumir as funções do outro. Evocando a ênfase de Perger no ambiente físico (o *Raumproblem*), bem como uma conferência de 1965 em Bregenz intitulada "Theatralische Raumgestaltung" ["Configuração do espaço teatral"] que focalizava as implicações estéticas e sociais do espaço teatral em vários períodos,[94] Bremer levanta a questão do espaço adequado ao drama moderno. "Um teatro que ignora os absolutos, digo a mim mesmo, não pode erguer barreiras fixas entre plateia e palco." A vantagem específica do teatro sobre o cinema, o rádio e a televisão é precisamente esta: ele pode abrir-se-ao público e admitir todas as perspectivas. Seu novo público parecer-se-á menos com o do cinema e da televisão e mais com o "dos esportes, jazz e taberna".[95]

Joachim Hintze, em *Das Raumproblem im modernen deutschen Drama und Theater* [*O problema do espaço no drama e no teatro modernos da Alemanha*] (1969), ocupa-se pouco com a interpretação do espaço da plateia e do palco, mas explora as implicações de uma série de conceitos de espaço teatral do século XX. Maior atenção é dada ao naturalismo e ao expressionismo, mas o capítulo final considera três tipos de experimentação contemporânea com espaços. O *Gerichtsraum* é utilizado para dramas que se passam em salas de tribunal, como o *Die Ermittlung* [*A averiguação*] (1965), de Peter Weiss, o qual supõe a plateia uma espécie de júri hipotético, com as provas extraídas dos fatos históricos. O *Modellraum*, particularmente associado ao teatro de Brecht, envolve elementos da vida real abstraídos para o palco "a fim de servir a um propósito didático e influenciar as relações entre palco e plateia".[96] Categoria mais geral é aquela que Hintze denomina "o espaço teatralmente autônomo", que pode ou não incluir o espectador, mas em qualquer caso reconhece o teatro como um mundo próprio, e não como uma fatia ilusória da vida.

Assim como o conceito do "espaço teatralmente autônomo" ganhou importância na prática e na teoria contemporâneas do teatro alemão, o mesmo se deu com a obra de Wilfried Minks, cenógrafo e teórico mais identificado com essa abordagem. Os produtos utilizados para construir o "Minks-Bühne" são extraídos da moderna tecnologia e os cenários criados a partir deles não os reúnem numa única "obra de arte", mas colocam-nos num sistema modificável e modificador de unidades tecnologicamente reprodutíveis. Minks quer um cenário que não seja nem realista nem abstrato, e sim "prosaico como uma paisagem natural", criado para o mundo do teatro, vivo, que estabeleça vínculos entre atores e espectadores e contribua "não apenas opticamente, mas sensualmente" para uma experiência teatral completa.[97]

Paul Pörtner (1925), o principal pesquisador alemão do começo dos anos 70 a ampliar o papel criador da plateia, explica suas teorias em *Spontanes Theater* [*Teatro espontâneo*] (1972). A primeira parte do livro menciona os artistas e teóricos que Pörtner considera seus predecessores; a segunda traça sua própria carreira. Pörtner divide o teatro moderno em dois tipos gerais, "total" e "autônomo", que equipara aos tipos "rico" e "pobre" do teatro de Grotowski. O teatro total se distancia dos espectadores, ao passo que o autônomo tenta estabelecer contato.[98] O primeiro grande teórico do teatro autônomo e da interpenetração teatro-vida é Evreinov. O teatro "espontâneo" de Pörtner foi muito influenciado, em teoria, por Evreinov, Artaud e Jakob Moreno, cujos trabalhos com o psicodrama esclareceram amplamente o processo de extrair criação teatral dos espectadores. Entre as experiências paralelas mais recentes, Pörtner cita Piscator, o Living Theatre, Arrabal e Gatti. O próprio Pörtner afastou-se do teatro de improvisação (construído a partir de sugestões da plateia), passou pelo teatro de variantes (no qual o público seleciona uma entre muitas alternativas) e chegou ao *Mitspiel*, em que o autor fornece uma situação inicial e depois permite não apenas que o espectador selecione uma das várias linhas de desenvolvimento, mas participe efetivamente do fluxo da ação.

Pörtner considera o *Mitspiel* um teatro político não no conteúdo, e sim no aspecto mais fundamental de sua estrutura e funcionamento. O teatro tradicional, observa ele, controlado pelo dramaturgo, pelo diretor ou pelos atores, sempre se revelou autoritário, impondo conteúdos e experiências à plateia. No *Mitspiel*, "não se dirá nada ao público de cima, do palco ou da ribalta; ele próprio terá algo a dizer, determinando o que será encenado e de que maneira". O objetivo é "gerar comunicação entre todos os participantes".[99]

Ulrich Pfaendler, em *Drama und Mitspiel* [*Drama e participação*] (1975), relata as experiências de Pörtner com as formas tradicionais do drama aberto e fechado. O drama fechado, durante a representação, apresenta, desenvolve e remata um problema definido, com solução proposta pelo autor. O público só participa identificando-se com o herói ou outros personagens. No drama aberto, um problema da vida real é apresentado e desenvolvido por analogia, estimulando um processo no íntimo do espectador, que se torna então responsável por uma solução fora do teatro. No *Mitspiel*, um problema real é reconstituído no teatro, desenvolvido e solucionado por experimentação que envolva a participação ativa da plateia.[100] A identificação emocional da forma fechada e a análise racional da forma aberta fundem-se aqui em algo que se aproxima deveras da situação real. O *Mitspiel* aborda a vida real mais de perto que o drama aberto ou fechado. O tempo e o lugar da representação identificam-se com a realidade, e mesmo na seção controlada de abertura da obra os atores devem avizinhar-se da realidade para que os espectadores possam depois relacionar-se com eles. A elocução será natural, banal mesmo, opondo-se ao diálogo "formal e informativo" do teatro tradicional. Os atores têm de se adequar o máximo possível aos papéis que desempenham, não apenas na idade e aparência, mas – o que é ainda mais importante – também nas crenças e orientação sociopolítica, de sorte que se movimentem livremente em meio ao trabalho de improvisação com o público enquanto exploram os problemas propostos. Dessa forma, o *Mitspiel* poderá tornar-se a "encarnação teatral do processo democrático".[101]

No final dos anos 60, uma abordagem sociológica à teoria do teatro muito próxima das sugestões de Schechner foi explorada por Elizabeth Burns em *Theatricality* [*Teatralidade*] (1972) (embora Burns pareça ignorar os ensaios de *TDR* sobre o assunto, que considera "preocupação, como um todo, de eruditos franceses" como Gurvitch e Duvignaud). O livro trata do "fenômeno da teatralidade tal qual ela se manifesta no palco e na vida social".[102] Após observações gerais a respeito do teatro como metáfora, o "Theatrum Mundi", Burns esboça a teoria tradicional que enraíza o teatro clássico e medieval nas peças religiosas. Em seguida, discute o novo conjunto de "convenções linguísticas" exigidas para que o teatro se desenvolva como entidade separada – convenções que instauram o mundo fingido do teatro e persuadem a plateia a aceitá-lo como retoricamente válido. Burns volta-se então para o desempenho de papéis na vida social e para a relação do ator com esse processo – como "apresentador" de um tipo de comportamento; como "intérprete" que acrescenta dimensões próprias ao texto; e como "construtor de existências alternativas" fora do mundo estabelecido dos papéis sociais. O teatro tanto absorve material da vida – ajustando-o às suas convenções – quanto difunde modelos para os aspectos teatrais do comportamento social. A ritualização e a padronização permeiam todas as nossas atividades, e o teatro idealiza esse processo apresentando-o "legitimado e estilizado", invulnerável ao acidente e demais interferências. A constante "absorção e difusão" da teatralidade entre palco e plateia constitui a essência do drama.[103]

Uri Rapp abebera-se em Duvignaud e na recente pesquisa sociológica e antropológica em seu *Handeln und Zuschauen* [*Negociar e observar*] (1973), que considera o teatro situação social e corporificação das inter-relações sociais. Tomando a "ação e a observação" como chaves do drama, Rapp discute o desenvolvimento paralelo desses fenômenos sociais, dentro e fora do teatro, através do desempenho do papel, da disposição da situação, da apresentação, da observação do eu e dos outros etc. A unidade do homem social é de fato "um agregado de final aberto de papéis desempenhados, desempenháveis, fantásticos e antecipados", e a sociedade humana "criou o teatro como um modelo, uma cópia para simbolizar a própria significação da sociedade".[104]

Um número especial de *TDR* (setembro de 1973), de responsabilidade do editor convidado Richard Schechner, enfatizava a aplicação de estratégias das ciências sociais ao estudo do teatro. Schechner queria mais trabalho na "teoria da representação", que envolvesse o estudo dos esportes, dos rituais, do lazer e de outros "desempenhos" diários dos homens, assim como das brincadeiras e comportamentos ritualizados dos animais; analisava a comunicação não verbal; considerava as implicações da psicoterapia para o teatro; investigava as formas ritualizadas de culturas antigas e estrangeiras; e buscava teorias unificadas de desempenho relacionadas com as do comportamento.[105] O artigo de fundo de Schechner distinguia entre drama ou texto original; roteiro, aquilo que pode ser transferido desse texto para uma situação nova; teatro, o evento específico interpretado por atores; e representação, toda a constelação da atividade humana circunjacente a esse evento. O tradicional teatro ilusionista tentava reunir esses elementos, ao passo que as experiências modernas frequentemente chamam a atenção para as "junturas" ou disjunturas entre eles.[106]

O interesse constante de Schechner pela teoria da representação induziu-o a publicar, no final da década, duas coletâneas de ensaios: *Ritual, Play and Performance* [*Ritual, peça e representação*] (1976) e *Essays on Performance Theory 1970-1976* [*Ensaios sobre a teoria da representação 1970-1976*] (1977). A primeira, coeditada por Schechner, incluía textos dos etnólogos Konrad Lorenz e Jane van Lawick--Goodall, do sociólogo Erving Goffman, do antropólogo Victor Turner e do cientista da comunicação Ray Birdwhistell – bem como o seu próprio "From

Ritual to Theatre and Back" ["Do ritual ao teatro e do teatro ao ritual"] (1974), onde insinuava que os grandes períodos do teatro ocidental ocorreram quando o ritual e o teatro quase se equiparavam. Para Schechner, ambos são representação, mas o teatro enfatiza o entretenimento, o isolamento da plateia e o mundo presente, ao passo que o ritual insiste na eficácia, na participação do público e num Outro ausente.[107] A segunda coletânea, só de ensaios de Schechner, sobrepõe-se até certo ponto à primeira antologia e ao número especial de *TDR*. O ensaio "Towards a Poetics of Performance" ["Rumo a uma poética da representação"] (1975) dá atenção especial a Goffman e Turner, que se valem dos conceitos e da terminologia do teatro para discutir certas manifestações sociais. Goffman examina a interpretação de papéis e a "composição" teatral de situações, enquanto Turner busca um padrão dramático no desenvolvimento e resolução das crises sociais. Os quatro passos dos "dramas sociais" de Turner – ruptura das relações sociais normatizadas, crise provocada por essa ruptura, ação reparadora e reintegração dos grupos desordenados, ou reconhecimento do cisma irreparável – são aplicáveis, segundo Schechner, também ao padrão básico do drama tradicional, sendo o próprio drama uma expressão dos necessários ajustamentos cerimoniais que a sociedade tem de fazer para garantir sua sobrevivência.[108]

Um dos rumos mais importantes que os teóricos americanos tomaram após 1970 foi a consideração do teatro como arte representada, sem entretanto rejeitarem o interesse crítico pelo texto escrito (significativamente, alguns passaram a falar do texto não como peça, mas como "roteiro"). Apesar de, como grupo, esses teóricos revelarem pouca influência direta do estruturalismo continental, uns poucos designaram sua teoria como estruturalista; todos, porém, ocuparam-se das obras teatrais como sistemas funcionais e das relações entre suas diversas partes constitutivas. O já discutido *Elements of Drama* [*Os elementos do drama*] (1963), de J. L. Styan, talvez deva ser considerado a primeira manifestação moderna significativa dessa abordagem, embora a ênfase de Granville--Barker na dinâmica da representação, as preocupações de Freytag, Sarcey e Archer com a estrutura dramática, e o interesse de Kenneth Burke pelos elementos mutáveis, mutuamente esclarecedores e condicionadores da situação dramática possam ser arrolados como estratégias anteriores refletidas na obra desses teóricos pós-1970.

O título da obra de Jackson Barry (1926), *Dramatic Structure:* The Shaping of Experience [*Estrutura dramática*: a configuração da experiência] (1970), trai seu envolvimento com esse tipo de análise. Mas Barry prontamente se dissocia de teóricos anteriores da estrutura dramática como Freytag, cujos sistemas ele considera essencialmente espaciais e estáticos – inadequados para o teatro, onde a temporalidade é a qualidade fundamental. O teatro "configura os materiais das experiências" em padrões que fornecem "uma imagem da interação do homem no tempo".[109] (Essa padronização temporal, como veremos, constitui a preocupação central dos críticos americanos "estruturalistas".) O drama começa, diz Barry, com um certo "padrão básico de eventos" que reflete os conceitos elaborados pela plateia a respeito do modo com que a própria vida é estruturada. Os gregos consideraram o padrão de um homem bem-sucedido que se arruína como um reflexo significativo da experiência humana; os elisabetanos tendiam a ver a vida como um processo histórico progressivo; o século XIX revelava uma crença entranhada no determinismo; e o século XX inclinou-se para a casualidade e os padrões desestruturados.

A partir desses padrões básicos, o dramaturgo chega ao padrão intermediário da peça específica, que por sua vez se subdivide em ações e golpes. Toda estrutura dramática reflete a tensão entre dois padrões básicos de tempo: o improvisacional ou heraclitiano, que vê o tempo como um presente ilusório a avançar constantemente, "passo a passo, rumo a um futuro desconhecido", e o retrospectivo, que contempla uma porção acabada de tempo com forma definida.[110] Há algo da pentíade dramática de Burke na asserção de Barry segundo a qual uma ação se torna dramática quando é representada com um senso de finalidade sob a influência do tempo, lugar e situação.

Bernard Beckerman (1921-1985) tenta estabelecer, em *Dynamics of Drama* [*A dinâmica do drama*] (1970), um método moderno de análise e discussão dessa arte. O teatro, sustenta ele, "acontece quando um ou mais seres humanos, isolados no tempo e/ou espaço, apresentam-se a outro ou outros".[111] Sua definição paralela de drama acrescenta "em atos imaginários" a "apresentam-se".[112] Uma vez que o teatro é uma arte temporal, a apresentação deve ocorrer sob a forma de ação; Beckerman propõe uma análise "vertical" dessa ação, que utiliza como elementos "não o enredo e o personagem, mas unidades de tempo", a que dá o nome de "segmentos". Toda ação teatral é essencialmente composta de tipos variáveis de segmentos que aumentam de tensão até o ponto crítico e depois relaxam. O segmento dramático acrescenta a esse padrão níveis de significação simbólica, estimulando respostas críticas na imaginação da plateia. Cada segmento exige um contexto motivador para determinar o rumo de sua ação, um "projeto" que enfoca as energias de todos os espectadores, um encaminhamento para o ponto crítico e o subsequente relaxamento; esses elementos são constantemente variados para manter o interesse. Dá-se uma variação básica entre segmentos ativos e reativos: os primeiros, tradicionalmente favorecidos pelos teóricos do drama, fundam-se na resistência e no confronto; os outros, num desafogo emocional sustentado que em geral se encaminha mais para a experiência que para o objetivo.[113] Variações posteriores podem ser introduzidas por mudanças de intensidade, por diferentes tipos de pontos críticos e por diferenças na atividade externa que contém a ação interna.

As plateias, prossegue Beckerman, quase nunca têm plena consciência dos padrões de ação, mas às vezes os experimentam isomorficamente, como uma espécie de ressonância psíquica. Sua empatia detalhada originar-se-á de fatores associados, o "terreno", e a experiência pura em si será depois condicionada por um inevitável elemento de significação. Esta surge sob quatro aspectos: descritivo ou literal; participacional (sempre crucial no teatro); referencial, voltado para a experiência exterior; e conceptual ou imaginativo. Somente o pleno curso da ação estabelecerá essas significações porque elas, como o caráter, são elaboradas a partir da sequência de segmentos, cujo arranjo e interação o dramaturgo determina com base em elementos como causação, repetição e ênfase.

A *Structural Approach to the Analysis of Drama* [*Uma abordagem estrutural à análise do drama*] (1971), de Paul M. Levitt (1935), toma a cena francesa, mais mecânica, como constituinte básico do drama, afastando-se do segmento de Beckerman. Levitt define a estrutura como "o lugar, a relação e a função de cenas em episódios e na peça inteira".[114] A análise dessa estrutura lembra os modos tradicionais dos teóricos das peças bem-realizadas: as implicações de um ponto de ataque prematuro ou tardio, o vínculo cênico, a importância das entradas e saídas, a variação das cenas por meio de técnicas como recorrência e inversão.

Bert States (1929), em *Irony and Drama*: A Poetics [*Ironia e drama*: uma poética] (1971), de certa forma se aproxima mais dos estruturalistas continentais ao enfocar algumas funções e relações recorrentes no drama; entretanto, sua principal fonte teórica confessa é Kenneth Burke, cuja *Grammar of Motives* fornece o conceito capital de seu estudo: o de que a essência do drama reside num padrão básico de ironia e dialética, concentrando-se no momento da peripécia. O drama não implica simplesmente ação, mas imita-a de um modo habitual refletindo a maneira com que o homem dialético, em face da variedade da natureza, dota os acontecimentos naturais "de uma forma um tanto radical, portanto reconfortante".[115] Nessa forma, os atos não só engendram outros atos como tendem a produzir neutralizações deles. O drama se concentra no momento de reversão irônica de A para não A, buscando o "momento dominado" que une os opostos numa síntese dialética e convence o espectador de que "tudo o que era possível dizer a respeito do assunto foi dito".[116] States examina o espectro da forma dramática desde o exemplo mais altamente sintetizado do irônico-dialético, que é a tragédia tradicional, passando por dramas de conflito entre o necessário e o acidental, bem como dramas que enfatizam ou o irônico, como em Tchekhov, ou o dialético, como em Ibsen, até o épico de Brecht (no qual o descritivo começa a fundir-se com o dramático) e, finalmente, o puramente lírico-descritivo, que é o polo oposto do drama. Tal espectro propicia "um modelo de estratégias graças às quais o escritor (ou poeta) consegue exprimir a experiência".[117]

Roger Gross (1931), em *Understanding Playscripts* [*A compreensão dos roteiros teatrais*] (1974), distingue entre o drama (gênero artístico e espécie literária), a peça (tipo de ocorrência) e o roteiro teatral (notação simbólica na qual se baseia um certo tipo de peça).[118] Passa então a considerar o processo interpretativo (tanto pelos artistas quanto pela plateia) no teatro. Os artistas que interpretam o roteiro, e o diretor em particular, precisam entender o processo de significação e a "influência de todo o campo sígnico", tornando-se especialistas no conhecimento das relações internas e externas (matrizes) que criam a estrutura apreensível da obra.[119] Esse conhecimento deve então direcionar-se para o público e sua compreensão da obra. Os intérpretes procuram reduzir a ambiguidade de cada signo atribuindo-lhe um significado "que integra esse signo aos outros signos da obra, formando uma estrutura semântica".[120] É um processo aberto, de vez que a compreensão é sempre conjetural e provisória; o objetivo, porém, é uma representação com o máximo grau possível de relevância apreensível, continuidade, coerência e congruência. Ao enfatizar o signo e a comunicação teatral, Gross aproxima-se muito de estudiosos europeus como Kowsan e Ruffini, que pela mesma época andavam desenvolvendo uma semiótica moderna do teatro.

J. L. Styan, em *Drama, Stage and Audience* [*Drama, palco e plateia*] (1975), compartilha essa afinidade focalizando ainda mais diretamente a comunicação por meio de arranjos tanto de estruturas verbais quanto de elementos não verbais como roupas, adereços e iluminação. A percepção dramática "envolve uma capacidade além da literária, uma sensibilidade ao tipo de amálgama das artes próprio do teatro".[121] Gênero e estilo são "modos de ver"; constituem abstrações estéticas diferentes da norma da vida cotidiana, que devem ser reconhecidas pelo público não apenas como a resposta emocional adequada, mas também como comunicação real de significados. Assim, os teóricos do teatro devem considerar as condições históricas da representação: as atitudes da plateia, em diferentes períodos, com respeito à configuração física do palco, à improvisação e à fé dos atores, aos apartes e prólogos. Não quer dizer que o drama seja mero reflexo de ideias preestabelecidas; ele é, antes, um ato de criação coletiva, o aproveitamento dos "ingredientes da imaginação humana para uma experiência comunitária". O teatro sempre encorajou sua comunidade a estreitar a mente e ampliar a percepção.

Michael Kirby publicou em 1975 um "Manifesto do estruturalismo" que tentava distinguir o "teatro estruturalista" de outros tipos de teatro, todos os quais têm estrutura, mas não lhe dão preeminência. Kirby nega, em especial, qualquer relação entre sua postura e a de personalidades como Freud, Jung e Levi-Strauss. Pretende, ao contrário, designar um tipo de teatro que procura seus conceitos e emoções "segundo alguns princípios estruturais".[122] Esses princípios são elaborados no ensaio de Kirby intitulado "Análise estrutural/teoria estrutural" (1976), que acusa a análise do teatro tradicional de enfatizar o conteúdo a expensas da forma tal qual manifestada em elementos como continuidade visual, movimento e forma. Tanto na teoria quanto na prática, os elementos semânticos tendiam a "dominar" a obra teatral. O teatro estruturalista procura inverter essa tendência refletindo "o puro funcionamento da mente", já que isso, "e não o contexto informacional, é que importa".[123]

Richard Hornby (1938) também adverte o leitor, no começo de *Script into Performance*: A Structuralist View of Play Production [*Do roteiro à representação*: um ponto de vista estruturalista da produção teatral] (1978), de que seu conceito de estrutura e estruturalismo "difere tanto das noções tradicionais de estrutura dramática quanto das ideias de vários estruturalistas contemporâneos".[124] Hornby considera o roteiro um padrão intrínseco de relações complexas a ser revelado pela representação. Portanto, o método estruturalista "1 revela algo oculto; 2 é intrínseco; 3 incorpora complexidade e ambiguidade; 4 suspende o julgamento; e 5 é holístico".[125] Os quatro teóricos contemporâneos mais influentes – Stanislavski, Brecht, Artaud e Schechner – são todos, em certo sentido, estruturalistas, mas nenhum deixou de causar, por engano ou inadvertência, grandes danos ao teatro quando reduziu a importância da peça. Todos, com exceção de Brecht, se indispuseram com a literatura, e os discípulos americanos de Brecht acharam que ele próprio tinha tendência a isso. Por oposição, Hornby propõe o regresso à ênfase aristotélica no enredo, definido como a disposição dos incidentes, e insta os teóricos a voltarem-se para a dinâmica dessa disposição à luz de conceitos como escolha, sequência, progressão, duração, ritmo e tempo. A forma, para Hornby, é a articulação do conteúdo, o que, obviamente, coloca seu "estruturalismo" em oposição quase direta ao de Kirby, distanciados como ambos estão do uso crítico europeu do termo.

Dois livros de 1975 partem da análise estrutural para focalizar o teatro como um espaço semimágico, criado primariamente pela figura xamanística do ator. David Cole (1939) insiste mais numa visão religioso-ritualística em *The Theatrical Event: A "Mythos", A Vocabulary, A Perspective* [*O evento teatral*: "mythos", vocabulário, perspectiva]; considera a função do teatro, como a do ritual, uma recriação do *illud tempus*, tempo mítico das origens que pode ser "novamente presentificado a qualquer momento pela execução de um ritual".[126] Cole associa a pesquisa do papel por parte do ator, a busca no roteiro e na vida interior de uma outra vida que acaba por "possuí-lo", às jornadas em transe e à possessão dos xamãs tradicionais. O ator e o xamã criam um ser ao mesmo tempo fascinante e amedrontador, tornando o conhecido misticamente estranho. Espaço cênico, cenário, configurações visuais e iluminação – tal qual o corpo do ator – existem num mundo duplo, como eles próprios e como parte do *illud tempus*, como realidade e como ideograma. A manifestação da presença mítica, a materialização de uma Imagem é a única preocupação verdadeira do teatro. Todas as demais, que Cole denomina coletivamente "políticas", são, em última análise, estranhas, e qualquer tentativa de obrigar o teatro a servi-las à custa das suas próprias preocupações encontrará obstáculo e se subverterá pela atuação do teatro em si.[127]

Michael Goldman (1936), em *The Actor's Freedom* [*A liberdade do ator*] (1975), fala da interpretação em termos bastante similares: ela é aterradora, misteriosa, ao mesmo tempo excitante e terrível, perigosa e atraente. Considera o confronto do ator e da plateia, que suscita esses sentimentos ambivalentes, como a essência do drama.[128] A interpretação que Goldman dá desse confronto é mais psíquica e menos antropológica que a de Cole, mas ambas enfatizam a resposta do teatro ao anseio de esclarecimento por parte do eu, seu "desejo de possuir o presente e de possuir-se no presente de um modo não permitido pelo espaço, tempo e identidade comuns".[129] O drama ocupou-se dos medos e liberdades fundamentais de todas as épocas, tentando entender-se com um mundo volátil e ameaçador. Em face desse mundo, o ator se torna um representante da liberdade, de "tudo o que ameaça essa liberdade e é por ela ameaçado".[130] O objetivo final é a autoidentificação, pois o teatro parece particularmente fadado a propiciar exemplos daquela autolucidez que a consciência humana é capaz de imaginar e que o eu no mundo persegue sem conseguir alcançar.

Essa perspectiva da função da interpretação aproxima-se da expressa por Joseph Chaikin em *The Presence of the Actor* [*A presença do ator*] (1972): a interpretação é a demonstração do eu, mas do eu iluminado pela imaginação: "Uma vez que vivemos num nível bem mais restrito do que aquele que podemos imaginar, a interpretação promete representar uma expressão dinâmica da vida intensa."[131]

A mais importante abordagem teórica recente do teatro, a semiologia ou semiótica, desenvolveu-se a partir do estruturalismo; com efeito, Jonathan Culler declara, em *Structuralist Poetics* [*Poética estruturalista*] (1975), que se trata de aspectos diferentes do mesmo estudo. A primeira considera os fenômenos sociais e culturais não como simples objetos ou eventos materiais, mas como "objetos ou eventos dotados de significados, portanto signos"; o último considera os mesmos fenômenos como destituídos de essência, porém "definidos por um tecido de relações internas e externas". Pode-se focalizar um ou outro desses aspectos; no entanto, o estudo de cada um pressupõe os dados do outro.[132]

O trabalho dos linguistas de Praga, nos anos 30, lançou os alicerces para uma semiótica do teatro sem que, todavia, suas pesquisas fossem retomadas durante várias décadas. Quando o método semiológico começou a ser aplicado à arte, após a Segunda Guerra Mundial, foi inicialmente utilizado no estudo da literatura, depois da pintura, música e cinema, âmbito em que um corpo considerável de teoria semiótica foi elaborado antes que o teatro se tornasse de novo um objeto significativo de estudo.

A complexidade do teatro, combinada com seu caráter efêmero, apresenta formidáveis problemas metodológicos. Já em 1943, Eric Buyssens, em *Les langages et le discours* [*Línguas e discurso*], afirmava que a apresentação de uma ópera era "a mais rica combinação de fatos sêmicos", Entretanto, ele não tentou uma análise, que em sua opinião deveria lidar não apenas com palavras, música, gestos, dança, roupas, cenário e iluminação, mas também com reação da plateia, relações sociais e mesmo o pessoal do teatro, os lanterninhas, os bombeiros, a polícia. Um acurado estudo semiótico desse fenômeno teria de levar em consideração a comunicação que ocorre durante umas poucas horas dentro de "todo um mundo".[133]

Somente no final dos anos 60 é que os estudiosos de semiologia começaram a considerar seriamente o teatro. Um breve mas percuciente exame dessas preocupações foi oferecido por Roland Barthes em "Literatura e significação" (1963), que respondia a uma pergunta de *Tel Quel*, o principal periódico do New Criticism francês à época. Perguntava-se como ele relacionaria seu interesse pela semiologia ao teatro, em geral, e a Brecht, em particular. Barthes afirmava que o teatro era "um tipo de máquina cibernética" que, ao subir da cortina, emite uma série de mensagens simultâneas (do cenário, do guarda-roupa e da iluminação, tanto quanto das posições, palavras e gestos dos atores), algumas das quais permanecem (o cenário), enquanto outras mudam constantemente (palavras e gestos). Essa "polifonia informacional", essa "densidade de signos", é uma característica fundamental do teatro e faz dele um dos maiores desafios da análise semiótica.[134]

As teorias de Brecht, diz Barthes, anteciparam e apoiaram uma abordagem semiótica do teatro por sua ênfase no intelectual em vez de no emocional e por sua constatação de que o signo teatral faz parte de um sistema alterável de significação. Todavia, Brecht não busca um teatro de significação política. Não pretende "transmitir uma mensagem positiva (este não é um teatro de significado), mas mostrar que o mundo é um objeto a decifrar (este é um teatro do significante)". No ponto em que os significantes de Brecht estão na iminência de solidificar-se num significado positivo, ele os mantém em suspenso, num suspenso semelhante ao seu próprio momento histórico, quando ainda não se completou sua visão política. Eis uma estratégia dramática bem mais audaciosa, difícil e necessária do que a suspensão do senso que a vanguarda persegue pela "pura subversão da linguagem comum e do conformismo teatral".[135]

Uma codificação preliminar, específica e altamente influente do sistema sígnico teatral foi tentada por Tadeusz Kowsan (1922) em "O signo no teatro" (1968). Kowsan aventa 13 sistemas de signos teatrais auditivos, visuais, espaciais e temporais: há palavra, tom, mimo, gesto, movimento, caracterização, penteado, vestuário, acessório, cenário, luz, música e efeitos sonoros.[136] Ele evoca os linguistas de Praga ao ressaltar a importância do intercâmbio de signos entre diferentes sistemas e de signos com diversos significados no teatro. Em termos saussurianos, vários signos podem ter o mesmo significado, um signo pode ter diversos significados ou muitos signos podem trabalhar juntos para produzir um único significado. A ideia de conotação, diz Kowsan, talvez ajude a analisar alguns casos, mas revela-se ineficaz para os mais complicados. Um importante passo metodológico é a determinação da maneira de segmentar o espetáculo para análise e, em caráter experimental, ele sugere "uma fatia que contenha todos os signos emitidos simultaneamente, uma fatia cuja duração seja igual ao signo que durar menos".[137]

Steen Jansen, em "Equisse d'une théorie de la forme dramatique" ["Esboço de uma teoria da forma dramática"] (1968), também sugere que se aborde o drama como "fato semiótico", apesar de se orientar mais para o estruturalismo. Ele contempla a "forma dramática" de duas perspectivas: como "texto dramático", base de todas as "realizações" da obra, e como "obra dramática", conjunto dos meios que ligam os elementos do texto num todo coerente.[138] A ênfase do texto é na situação; a da obra, na estrutura. A análise do texto dramático pode ser levada a cabo conforme a sugestão de Ingarden, no nível do diálogo ou no da indicação cênica. A obra dramática também está sujeita a uma dupla análise, por meio da ligação dos elementos (seguindo o desenvolvimento linear da ação) ou do conjunto de elementos (olhando do desfecho para trás).

Outra abordagem estrutural-semiótica do teatro foi desenvolvida na Romênia pelo matemático Solomon Marcus (1925), que no início da década de 1960 começou a aplicar a análise matemática às estruturas linguísticas. Em 1966, na Universidade de Bucareste, Marcus deu um curso de estratégias matemáticas e semióticas no estudo do teatro, cujo conteúdo foi resumido no capítulo final de seu livro *Poetica matematică* (1970). Ao contrário de Kowsan ou Jansen, Marcus se preocupa unicamente com a análise do texto escrito, tal qual os predecessores que ele cita como teóricos dramáticos de orientação matemática: Polti e Souriau, que tentaram codificar o presumido número limitado de situações dramáticas mencionado por Gozzi; Ginestier com sua tipologia geométrica do começo da década de 1960; e Felix von Cube, que procurou aplicar a teoria da informação à análise dramática no ensaio "Das Drama als Forschungsobjekt der Kybernetik" ["O drama como objeto de pesquisa da cibernética"] (*Mathematik und Dichtung*, 1965).

A dificuldade de todas essas abordagens anteriores, sustenta Marcus, era começarem por dados básicos já "muito complexos, muito ricos em aspectos intuitivos e semânticos, portanto muito dependentes de nossa própria subjetividade".[139] Marcus, ao contrário, começa por aquilo que considera "os mais primitivos e objetivos dados contidos numa peça teatral", o inventário dos personagens e a segmentação das cenas. Retomando a ênfase saussuriana nas oposições binárias no estudo linguístico, bem como a analogia de Ginestier entre a função do personagem na peça e a da palavra no texto, Marcus fundamenta sua análise numa tabela ou matriz com colunas iguais aos personagens e fileiras iguais às cenas, indicando-se a presença ou a ausência por 1 ou 0.

Mihai Dinu (1942), aluno do curso de 1966 de Marcus, publicou uma série de artigos nos quais desenvolvia as implicações dessa estratégia matemática. Em "Structures linguistiques probabilistes issues de l'étude du théâtre" ["Estruturas linguísticas probabilistas oriundas do estudo do teatro"] (1968), ele afirma que a análise markoviana pode revelar "os sentimentos de simpatia e antipatia dos personagens" e traçar "com extrema precisão as fases de um conflito", ainda que seu conteúdo seja desconhecido e o próprio diálogo ignorado.[140] A teoria da probabilidade e a teoria da informação fornecem ferramentas potenciais para o estudo das configurações markovianas. Por exemplo, quanto menos provável for uma dada configuração de personagens, maior será a quantidade de informação que sua realização proporcionará.[141] Em "L'interdépendence syntagmatique des scènes dans une pièce de théâtre" ["A interdependência sintagmática das cenas numa peça teatral"] (1972) e "Continuité et changement dans la stratégie des personnages dramatiques" ["Continuidade e mudança na estratégia dos personagens dramáticos"] (1973), Dinu analisa como as cenas são ligadas em termos de relações entre personagens e como os dramaturgos clássicos desenvolvem as configurações de mudança e ressaltam a importância de certos personagens e relações.[142]

Alguns ajustes metodológicos e a advertência quanto a seus limites aparecem em "On Marcus' Methods for the Analysis of the Strategy of a Play" ["Sobre o método de Marcus para a análise da estratégia de uma peça"] (1974), de Barron Brainerd (1928) e Victoria Neufeldt (1939). Eles consideram tal análise "um instrumento útil para captar matizes de estrutura de enredo", mas ressalvam que ela não deve "contar apenas consigo mesma para explicar a estrutura da peça, sem a ajuda de outras considerações críticas", entre as quais os traços temáticos da peça.[143]

O ensaio de Brainerd-Neufeldt apareceu num número especial de *Poetics*, editado por Marcus, sobre "Poética e matemática". Em 1977, Marcus editou outro número especial, dedicado inteiramente à teoria teatral, intitulado "O Estudo formal do drama". Artigos sobre análise matemática do teatro, assinados por nove matemáticos e estudiosos de estética romenos, examinam os aspectos sintático, semântico e pragmático do drama por meio de estratégias derivadas da teoria dos sistemas, da cibernética e das ciências da computação, bem como dos campos matemáticos da teoria dos gráficos, das combinações, da lógica, da teoria dos códigos, da probabilidade, da teoria dos jogos e das línguas formais. Na introdução, Marcus afirma que a tipologia da teoria da catástrofe, tal qual proposta por René Thom, é uma nova e promissora ferramenta para a análise de situações no drama que envolvam "evolução gradual com efeitos descontínuos e abruptos".[144]

O primeiro texto geral de semiologia a reservar uma seção para o teatro foi *Introduction à la sémiologie* [*Introdução à semiologia*] (1970), de Georges Mounin. Entretanto, Mounin preocupa-se sobretudo com advertir contra uma visão apriorística do teatro como linguagem dotada de "significantes e significados teatrais, 'sintaxe' brechtiana, 'códigos' cenográficos e por aí afora".[145] O modelo de comunicação falsifica a natureza do teatro, já que a comunicação – no sentido linguístico normal do termo – entre o público e qualquer outro setor do teatro (atores, autor, cenário) não existe. Exceto de um modo muito limitado, a plateia é incapaz, por exemplo, de responder ao emissor de mensagens. Um modelo bem mais aproximado seria o de um "tipo bastante complexo de resposta estimulada" (modelo que alguns teóricos rejeitarão, não por ser pouco acurado, mas porque utilizá-lo é menos "culturalmente elevado" do que contemplar o teatro em termos linguísticos).[146] O alvo precípuo de uma semiologia do teatro seria buscar meios com os quais pudesse o teatro selecionar e organizar seus vários estímulos a fim de conduzir os espectadores ao processo de interpretação conhecido como experiência estética.

Como previa Mounin, entretanto, muitos semiólogos do teatro continuaram a seguir o modelo linguístico e a repelir sua negação da "comunicação" teatral. Franco Ruffini, por exemplo, em "Semiotica del teatro: ricognizione degli studi" ["Semiótica do teatro: verificação dos estudos"] (1974), admite que os códigos do emissor e do receptor diferem no teatro, mas insiste em que essa comunicação exige apenas que um conheça o código do outro, não que "ambos os códigos coincidam, nem que haja tradução exata das mensagens trocadas ou que a comunicação de mão dupla ocorra ao longo do mesmo canal".[147]

A primeira consideração extensa da semiótica e do teatro foi a obra de Tadeusz Kowsan, *Littérature et spectacle dans leurs rapports esthétiques, thématiques et sémiologiques* [*Literatura e espetáculo em suas relações estéticas, temáticas e semiológicas*], publicada inicialmente em 1970 e em edição aumentada em 1975. A primeira parte do estudo de Kowsan aborda as características e variedades do "espetáculo", que ele define como "uma obra de arte necessariamente comunicada tanto no espaço quanto no tempo".[148] Ele divide o espetáculo em oito grupos, dependendo da presença ou ausência de enredo, homem e língua; esses grupos vão do drama tradicional como tipo que abriga os três elementos até os fogos de artifício e repuxos de água que não abrigam nenhum. A literatura dramática funde-se com o campo do espetáculo quando é representada, mas existe puramente no campo das artes temporais quando é apenas lida.

O que une literatura e espetáculo é a fábula ou enredo, e a segunda seção de Kowsan examina a utilização das fábulas na literatura dramática. Ao longo da história do drama, Kowsan surpreende uma preferência por "temas conhecidos, grandes mitos, outras obras literárias ou fatos históricos", circunstância que ele credita à função do teatro como arte menos empenhada em criar novas fábulas do que em recriar material já existente, no modo virtual do espaço e do tempo.[149] A seção final do livro estuda diversos sistemas sígnicos por meio dos quais esse modo virtual é obtido – essencialmente, uma elaboração dos 13 sistemas já apresentados por Kowsan em seu artigo de 1968.

Em 1972, André Helbo fundou em Bruxelas uma revista, *Degrées*, para o estudo interdisciplinar da semiótica; em 1974, iniciou uma série, "Creusets", para veicular as preocupações específicas nesse campo de pesquisa. O segundo volume da série "Creusets", *Sémiologie de la représentation* [*Semiologia da representação*] (1975), trazia oito ensaios sobre o teatro semiótico, destinados, segundo Helbo, não a resolver ou retomar problemas tradicionais, mas a "provocar uma inquietação fecunda".[150] Metade desses artigos trata do texto e metade da representação. Entre os primeiros, ensaios de Helbo e do semiologista italiano Umberto Eco (1932) advertem contra uma aplicação excessivamente literal do modelo de comunicação verbal à pesquisa do teatro. Helbo, em "Le code théâtrale" ["O código teatral"], salienta a preeminência do "código" sobre a "mensagem" no teatro, desde que o espectador raramente recebe uma única mensagem, mas é chamado a lidar com toda uma variedade de possibilidades interpretativas dentro de um complexo sistema de códigos.[151]

Eco, valendo-se do exemplo peirciano do homem embriagado, discute a complexidade e a variabilidade do signo teatral, que depende do contexto teatral com suas inúmeras conotações possíveis e das diferentes estratégias adotadas pelos espectadores para a decodificação desse fenômeno. Para ajuda na leitura dos "sinais" emitidos por essa figura, Eco – como Schechner – volta-se para as pesquisas recentes no campo da cinésica, proxêmica e paralinguística.

Entre os ensaios sobre representação, temos o já citado artigo de Marcus e um estudo por Pavel Campeanu que antecipou o crescente interesse dos semiologistas pelas plateias teatrais após 1980. Campeanu distingue entre teatro e formas mais abertas como os esportes, dado que o teatro "sempre foi um programa obrigatório para os protagonistas que os espectadores são convocados a descobrir".[152] Isso, entretanto, não implica um modelo de comunicação simples pelo qual a plateia recebe algum conhecimento específico. Em última análise, o teatro não se ocupa da "densidade informacional e sim da densidade emocional", operando sempre tanto no nível dos signos (que apresentam uma relação geralmente circunscrita com a experiência cotidiana) como no nível dos símbolos (que se abrem para a elaboração criativa fora desses limites).[153]

Marco de Marinis resumiu a pesquisa disponível sobre semiótica do teatro num artigo de 1975, "Problemi e aspetti di un approccio semiotico al teatro" ["Problemas e aspectos de uma abordagem semiótica do teatro"], concluindo que a aplicação das metodologias informacional e cibernética ao teatro ainda não havia produzido os resultados esperados. Esse fracasso, no entender de Marinis, deve-se à ênfase metodológica no texto escrito e à tendência a considerar "as dimensões concretas do espetáculo" como "marginais e irrelevantes". Qualquer abordagem semiótica eficaz do teatro deve, a despeito das dificuldades, ver o teatro como "um conjunto complexo de inter-relações de modelos heterogêneos, só com muita dificuldade redutíveis (ou não redutíveis em absoluto) a um modelo homogêneo superior".[154] Marinis cita de modo aprovador a observação de Julia Kristeva (em seu artigo de 1968, "Le geste, pratique ou communication?" ["O gesto: prática ou comunicação?"]) segundo a qual "a metodologia linguística desenvolvida a partir de sistemas de comunicação verbal representa apenas *uma abordagem possível,* nem exaustiva nem essencial, do *texto geral* que engloba, além da voz, diferentes tipos de *produções* como *gesto, escrita* e *economia*".[155]

Patrice Pavis, em *Problèmes de sémiologie théâtrale* [*Problemas de semiologia teatral*] (1976), tenta estabelecer as bases teóricas de uma semiologia do teatro sugerida, porém não amplamente desenvolvida, por Kowsan e outros. Pavis começa pela natureza e função do signo teatral: suas quatro relações primárias são semântica, referencial, sintática e pragmática; suas três funções fundamentais (derivadas do filósofo Peirce) são ícone, índice e símbolo. Pavis chama o teatro de "domínio privilegiado do ícone", de vez que atores, cenário, adereços, trajes e linguagem são todos representantes literais ou miméticos de coisas reais. O índice, que aponta para algo mais, é de menor, mas ainda assim considerável, importância, pois atrai e concentra a atenção do espectador – preocupação crucial do teatro.[156] Os símbolos são "figuras livres" que operam em vários níveis, como ícone e índice, como mensagem e código. Para Pavis, o processo da compreensão teatral é basicamente circular. O espectador, ao receber as mensagens complexas do palco, começa a elaborar códigos provisórios, permitindo que aos diversos ícones se atribuam significados estáveis. Os signos assim construídos podem transformar-se em significantes de outros signos, no nível dos códigos, pelo entrelaçamento das conotações. Por sua vez, esse processo é até certo ponto controlado por outros signos indexicais primários, que remetem de novo à mensagem completando o ciclo mensagem/código que nunca cessa de operar.[157]

A segunda seção de Pavis examina as "três dimensões" do signo teatral: semântica, sintática e pragmática. A história em quadrinhos serve de exemplo semântico para demonstrar as funções divergentes dos significantes visuais e linguísticos, associando-se aqui o índice ao "mostrar" e o ícone ao "nomear". A dimensão sintática envolve as leis graças às quais os signos se relacionam a outros signos ou com eles se combinam para elaborar o código narrativo do teatro. A dimensão pragmática afasta-se da estrutura da mensagem para albergar a decodificação conotativa do texto, isto é, sua significação para o receptor. Em seguida, Pavis investiga os sistemas "actanciais" de Souriau e outros, propondo um modelo bem mais simples das quatro funções: uma força, uma força contrária (*opposant*), um árbitro que decidirá o desfecho e um *adjuvant* que se alinhará com uma ou outra força.[158]

Em sua seção final, Pavis considera em primeiro lugar o problema da segmentação do texto dramático; sugere que as unidades sejam consideradas segundo "conotações e grupos de conotações" relacionados, cada porção "tornando compreensíveis as conotações envolvidas nessa parte da mensagem".[159] A seguir, examina variedades de teatro de acordo com diferentes ênfases na denotação (referentes específicos) ou na conotação (ambiguidade); ícone ou índice; dimensão semântica, pragmática ou sintática. O teatro de realismo psicológico, por exemplo, enfatiza a denotação, o ícone e a dimensão semântica. O teatro oriental tende a estribar-se em códigos internos em vez de imitar os da vida diária. Racine extrai sua intriga diretamente de um modelo actancial, ao passo que Shakespeare envolve esse modelo com uma proliferação de signos diversos.[160] Mesmo o teatro mais "realista", entretanto, não imita a realidade: significa-a "apresentando-a como sistema codificável".[161]

Nem sempre é claro se Pavis está falando de texto, representação ou ambos combinados quando explora o "signo teatral". Anne Ubersfeld, em *Lire le théâtre* [*Ler o teatro*] (1977), limita-se declaradamente ao exame semiótico do texto dramático, embora sempre com vistas à sua relação com a representação. Mais que qualquer outro texto literário, diz ela, o texto dramático é *"troué"* (esburacado), sendo esses buracos preenchidos na representação por outro texto, o da encenação, a *mise-en-scène*.[162] Os dois textos são compostos de "um conjunto de signos que perfazem a mensagem num processo de comunicação".[163] Ubersfeld recusa a ideia de Mounin da excessiva restritividade da comunicação, voltando-se de preferência para a variedade de funções comunicativas esmiuçadas pelo linguista Jakobson: emotiva, conotativa, referencial, fática, metalinguística e poética. Ubersfeld principia sua análise textual com um estudo dos actantes que lembra bastante a obra de Pavis e Souriau, mas se inspira mais diretamente no semiologista Greimas. Aqui, o "doador" pretende que o "sujeito", ajudado por um "auxiliar" ou obstaculizado por um "oponente", deseje um "objeto" em benefício de um "recebedor" – esquema que Ubersfeld aplica, em termos de duplas dialéticas ou triângulos equacionados, a uma grande variedade de peças.

Ao analisar o personagem, Ubersfeld repele as abordagens idealista e psicológica tradicionais; ela vê o personagem antes como um ponto focal para toda uma gama de preocupações, uma mediação entre texto e representação, diretor e autor. Sintaticamente, ele ocupa uma posição na estrutura actancial; poeticamente, refere-se por conotação a um vasto campo semântico. É ao mesmo tempo sujeito e objeto do discurso da peça, um conjunto semiótico com traços distintivos e um papel com vários códigos. Também o espaço e o tempo servem a múltiplos propósitos no teatro, devendo o leitor do texto procurar aquelas estruturas sintáticas que impliquem a compreensão espacial e temporal da representação. O espaço sempre existe "como ícone de um espaço social ou sociocultural ou como conjunto de signos esteticamente construídos à guisa de uma pintura abstrata".[164] O tempo opera no nível do tempo real, do tempo da ação e do tempo teatral, que faz a mediação entre os dois primeiros de diferentes maneiras, segundo o modo dramático. O discurso dramático é tratado no capítulo final como um vínculo entre quatro "vozes"; o autor, o personagem-emissor, o personagem-receptor e a plateia. O texto escrito presta-se a um duplo propósito, como "conjunto de signos fônicos emitidos pelos atores" e como comando não apenas para sua própria enunciação mas, por meio de suas estruturas ou índices, para os signos audiovisuais mudos implícitos naquela enunciação.[165]

A proposta de Ubersfeld foi a mais ampla e ambiciosa tentativa, até o presente, de estudar semioticamente o texto dramático como uma base para a representação. Todavia, Marinis contestou sua abordagem em 1978 com a assertiva de que uma verdadeira semiótica do teatro "deve afastar-se da consideração do texto (escrito) como espetáculo e aproximar-se do espetáculo como texto (semiótico)".[166] Em dois importantes artigos conjuntamente denominados "Lo spettacolo come testo" ["O espetáculo como texto"] (1978-1979), publicados em números sucessivos do jornal italiano de semiótica *Versus*, Marinis desenvolveu essa postura. (A primeira parte concluía um número especial sobre "Teatro e semiótica", editado por Marinis, que discutia temas como objetivos, métodos e problemas da semiótica do teatro; suas relações com outros estudos teatrais; a relação texto/representação; os problemas de notação e transitoriedade; e a especificidade dos códigos teatrais. Entre os principais semiologistas do teatro que colaboraram com artigos estavam Kowsan, Helbo, Jansen, Ruffini e Pavis – cujos comentários apareceram em inglês na conclusão de sua obra *Linguagens do palco*, em 1982.

O traço mais óbvio do espetáculo, sustenta Marinis, é sua ausência. Uma vez terminada, a representação é irrecuperável, e essa transitoriedade tem naturalmente desencorajado a pesquisa tanto pela dificuldade de uma análise original quanto pela impossibilidade de "confirmação" científica por estudiosos posteriores. Não obstante, é inviável a elaboração de uma semiótica da representação a partir da *"mise-en-scène* virtual" do texto escrito, que tem sua própria semiótica; os traços do "texto-espetáculo (TE)" têm de ser buscados na "unidade das manifestações teatrais verbais e não verbais que tornam o espetáculo um processo significativo completo".[167] O texto-espetáculo é multicodificado, multidimensional e pluralista no material. Uma série de manifestações pode assinalar seu "começo" ou "fim", entre elas a chegada e a partida do público, a cortina, a chamada dos atores à cena, o surgimento e desaparecimento dos atores. Sua coerência pode ser interna ou atribuída pelo receptor analítico. Cada espetáculo cria um novo sistema textual baseado em vários códigos, específicos e diversificados, desenvolvidos dentro do teatro ou tirados de fora e revestidos de novas significações, mudando constantemente e gerando novas inter-relações. O espectador é encorajado a tentar múltiplas leituras, algumas das quais serão pertinentes e outras não, porquanto ele avança indutivamente para a compreensão de códigos e recua dedutivamente de códigos provisoriamente reconhecidos. Não se trata de um círculo fechado, porém, já que o processo conotativo de interpretação sempre empurrará o espectador para além da mera decodificação.

Marinis não aceita a pesquisa semiótica de "unidades mínimas" gerais, tampouco de "códigos teatrais" gerais. Cada produção desdobra uma segmentação própria em termos de seus códigos e subcódigos individuais, sendo que a significação se cria "dentro do espetáculo e não por intermédio de sistemas externos".[168] Marinis toma de Eco a ideia de ostentação como o processo fundamental de produção de signos do teatro. (O conceito de ostentação é introduzido *en passant* no artigo de Eco "Semiotics of Theatrical Performance" ["Semiótica da representação teatral"] [1977], reelaboração em inglês de seu ensaio de 1975, por Helbo. Os signos ostentados não são "ativamente produzidos", diz Eco, mas "extraídos de corpos físicos já existentes" e "apresentados como recursos significativos".[169] Já que, conforme observa Honzl, tudo no palco é signo, a mera colocação ali de um objeto torna-se um processo de ostentação.)

A representação cênica, prossegue Marinis, envolve sempre comunicação em pelo menos dois níveis: infracênico (entre personagens) e extracênico (entre palco e plateia). Mesmo as representações que enfatizam o estímulo e minimizam o texto e a narrativa – como as de Chaikin, Grotowski, Schechner e do Living Theater – na verdade programam seus estímulos e assim os semanticizam e codificam. Julga Marinis que a análise do papel da plateia no espetáculo, tanto a pura e simples decodificação dos signos representacionais quanto o processo bem mais amplo de interpretação, tem sido a área mais negligenciada da semiótica do teatro, necessitando por isso de maior atenção.[170]

Michael Kirby, que também colaborou para o número especial de *Versus* em 1978, parece em geral perfilhar a posição assumida por Marinis. A semiótica do teatro "tem de aprender a lidar com a representação em si", deixando a análise de roteiros a cargo da semiótica da literatura. Na representação, a significação é "autossuficiente, não depende do roteiro nem existe em relação a ele". Ainda assim, Kirby conclui com uma assertiva que leva a discussão para rumos bem diferentes: tal como podem ser criados códigos no teatro, eles podem também ser conscientemente "destruídos, tornados inespecíficos"; ora, a representação há que ser criada. para além do escopo da semiótica, "sem significação nem códigos".[171]

Três livros publicados na Europa ao final da década de 1970 tentaram sumariar a pesquisa teatral, com forte ênfase no recente interesse pela teoria da comunicação e estruturalismo. *Das Drama: Theorie und Analyse* [*O drama: teoria e análise*] (1977), de Manfred Pfister, embora não especificamente semiótico em sua orientação, partiu da mesma postura intelectual e, assim, propiciou sólida base para uma posterior análise semiótica em diversas universidades alemãs, onde foi adotado como obra-padrão do ramo.[172] As partes dedicadas a temas como fala e comunicação no teatro, organização do tempo e espaço, e configuração dramática lembram de perto as seções paralelas da obra especificamente semiótica de Gilles Girard, Réal Ouellet e Claude Rigault, *Univers du théâtre* [*Universo do teatro*] (1978), bem como *The Semiotics of Theatre and Drama* [*A semiótica do teatro e do drama*] (1980), de Keir Elam.

A primeira parte de *Univers,* sobre a representação, é organizada segundo as linhas semióticas tradicionais, baseando-se fortemente em Kowsan. A outra parte trata mais do texto, considerando modelos actanciais, segmentação do roteiro, gêneros tradicionais e as formas contemporâneas mais abertas – que refletem "a variedade de combinações possíveis a serem extraídas dos elementos constituintes da comunicação dramática já evocados" e podem ser consideradas "uma vasta metalinguagem que procura decodificar o fenômeno dramático".[173]

O livro de Elam aborda mais diretamente (embora não com exclusividade) a semiótica. Começa com uma distinção entre drama, o texto escrito que pode ser analisado linguisticamente por várias teorias do discurso e da narração, e teatro, que se refere à "produção e comunicação de significações na representação em si".[174] Embora Elam trate de ambas as coisas, sua pesquisa reflete naturalmente a tendência das investigações anteriores e se volta decididamente para a análise do texto. Após breve recapitulação do desenvolvimento da semiótica do teatro, a começar da escola de Praga, ele passa a examinar o drama e o teatro à luz da comunicação e dos códigos. Sua discussão desses conceitos é bem mais abrangente que a contida em *Univers,* englobando uma pesquisa da comunicação – como a cinésica e a proxêmica – não teatral, mas potencialmente útil. Na esteira de Eco, dá atenção especial à ostentação e à importância da *"deixis"* – gesto e linguagem que estabelecem a relação do ator com o espaço cênico e os outros.[175]

Os capítulos devotados à lógica dramática e ao discurso dramático, que ocupam mais da metade do livro, focalizam essencialmente mais o drama que o teatro; eles examinam o *status* do mundo ficcional, os modelos actanciais e as qualidades referenciais e representacionais da linguagem dramática. Esta é nitidamente uma preocupação crucial de Elam, conforme o demonstra seu intenso interesse na *deixis* e na teoria da elocução. Recorrendo a "Ipotesi teorica di segmentazione del testo teatrale" ["Hipótese teórica de segmentação do texto teatral"] (1978), de Alessandro Serpieri, Elam declara que "todas as funções estilísticas e semióticas no drama" derivam da "orientação dêitica da elocução para seu contexto". Isso o leva a propor mudanças de rumo na orientação dêitica como os tão procurados "marcadores" de unidades básicas de segmentação para a análise semiótica do drama.[176]

Da teoria da elocução, e particularmente da obra de John Austin, Elam extrai os conceitos de atos de fala "ilocucionário" e "perlocucionário". O primeiro é o ato realizado ao dizer alguma coisa, como prometer, perguntar ou asseverar; o segundo é o ato realizado por dizer alguma coisa, como persuadir ou induzir à ação. Elam caracteriza o discurso dramático como "uma rede de iloções e perlocuções complementares e conflitantes". Assim como a *deixis* nos orienta dentro do mundo dramático, os atos de fala nos orientam dentro da dinâmica desse mundo. Elam cita a observação de Richard Ohmann em "Literature as Act" ["Literatura como ato"] (1973) de que "o movimento dos personagens e as mudanças em suas relações mútuas no interior do mundo da peça aparecem mais claramente em seus atos ilocucionários".[177] Entretanto, o próprio Elam vai mais longe ao considerar o diálogo dramático, primariamente, um modo de *praxis* que "coloca em oposição as diferentes forças pessoais, sociais e éticas do mundo dramático"[178]

A desconstrução, cujo primeiro representante de peso foi Jacques Derrida, tentou evitar a tendência do estruturalismo e da semiótica a elaborar significações ou sistemas de significação estáveis, autoautenticadores e definitivos. Derrida desafia especificamente a conclusão de Saussure segundo a qual a língua é um sistema de significação, um sistema de realidade primária subjacente às manifestações individuais de fala ou à "fala derivada" da escrita. Derrida considera a "realidade primária", ela própria (tal qual a escrita), já derivada, já condicionada por estruturas anteriores das quais só preserva os traços. Na obra de Derrida, essa análise é aplicada com mais percuciência aos problemas dramáticos em dois ensaios sobre Antonin Artaud contidos na obra *L'écriture et la différence* [*A escrita e a diferença*] (1967): "La parole soufflée" ["A fala soprada"] e "Le théâtre de la cruauté et la clôture de la représentation" ["O teatro da crueldade e a última representação"].

Em contraste com os teóricos teatrais que viram em Artaud o profeta fadado a libertar o teatro para seu pleno desenvolvimento, Derrida considera a visão deste paradoxal; sua consecução não significaria a plenitude, mas a supressão do teatro. Para Derrida, Artaud é um dos teóricos metafísicos que procuram uma unidade fundamental, uma completude metafísica por trás do texto escrito, da qual este não passa de um reflexo pálido, derivado. O teatro da crueldade é uma tentativa de capturar a "presença pura", a "unidade anterior à dissociação" sem a diferença interior que caracteriza a escrita.[179] O paradoxo dessa busca, reconhecido pelo próprio Artaud, é que essa presença autêntica tem de existir fora do tempo e da consciência. Uma vez percebida, ela já está envolta na repetição, já traz em si o "duplo" fatal, mas só dessa maneira pode manifestar-se como "teatro". Portanto, a teoria de Artaud gira eternamente ao redor do paradoxo de que o teatro, desde a concepção, consistiu na repetição do irrepetível, uma tentativa infindável e impossível de recapturar uma presença perdida e constantemente procrastinada.[180]

Atenção mais especial ao teatro foi dada por um teórico francês de tendência parecida, Jean-François Lyotard, inspiração maior do artigo de Durand. Lyotard vê com desconfiança a moderna abordagem semiótica do teatro quase desde os seus começos. Ele participou – juntamente com Umberto Eco, Erving Goffman e outros teóricos italianos e japoneses – de uma das primeiras discussões sobre o assunto, travada durante o Festival Internacional de Teatro de 1972, em Veneza. Ali, o trabalho dos atores japoneses que se apresentavam no festival foi submetido à análise semiótica – para divertimento e, às vezes, irritação dos próprios artistas, que tendiam a considerar estranho e estéril esse processo. Na ocasião, Lyotard denunciou seus colegas ocidentais por perpetuarem a visão ocidental dos japoneses como "objetos" sem vida para a análise intelectual. A arte viva do Japão, a seu ver, estava sendo sujeitada ao "imperialismo semiótico".[181]

No ano seguinte, em "La dent, la paume" ["O dente, a palma"], Lyotard questionou a validade geral de uma teoria do teatro fundada na semiótica – não em termos culturais, mas filosóficos, bem à maneira de Derrida. A teoria dos signos teatrais, sustenta ele, baseia-se na ausência (*nihilisme*), já que os signos, como dizia Peirce, substituem algo que não está presente. A teatralidade joga com "ocultamento e revelação". Entretanto, a consciência moderna não pode aceitar mais o primado desse "outro" oculto; "nada há a substituir, nenhuma posição estabelecida é legítima ou todas o são; consequentemente, o sentido passa a ser ele próprio um substituto para o deslocamento". Nessa base, Lyotard propõe um "teatro de energias" em vez de um teatro de signos, edificado sobre "deslocamentos de libido" e não sobre "substituições representativas".[182]

Durand replica que o teatro pode ser produtivamente visualizado a partir de ambas as perspectivas, como lugar de tensão entre deslocamento e substituição, como uma máquina não de cibernética, mas de "impulsos" que, graças às suas descontinuidades (entre palco e plateia ou entre diferentes elementos do "texto"), "capta energias e intensidades, mantém-nas e transforma-as produzindo certos efeitos".[183] A alternativa a um teatro "adensado pela conversação" não é necessariamente um teatro de gestos e gritos, como supunha Artaud, mas antes um "teatro de impulsos e intensidades cujos movimentos e variações são vivenciados". A preocupação crítica na consecução disso é que as necessidades da representação não forcem a "condensação e achatamento" do riquíssimo campo de energias, nem a redução da "pluralidade de vozes" do drama.[184]

NOTAS

1 Eugenio Barba, Theatre Laboratory 13 Rzedow, *Tulane Drama Review*, v.9, n.3, p.154, primavera de 1965.

2 Ibidem, p.157-9.

3 Ibidem, p.161-2.

4 Jerzy Grotowski, *Towards a Poor Theatre*, trad. inglesa, New York, 1968, p.21.

5 Ibidem, p.16.

6 Ibidem, p.34.
7 Michael Kirby, *Happenings*, New York, 1965, p.11, 21.
8 Ibidem, p.13.
9 Kirby, The New Theatre, *Tulane Drama Review*, v.10, n.2, p.24, inverno de 1965.
10 Kirby e Richard Schechner, An Interview with John Cage, *Tulane Drama Review*, v.10, n.2, p.51, inverno de 1965.
11 Alfred Jarry, *Oeuvres complètes*, Paris, 1972, p.668-9.
12 Fernando Arrabal et al., *Le panique*, Paris, 1973, p.48, 52-3.
13 Ibidem, p.98.
14 Ibidem, p.85, 88.
15 Jerome Savary, *Nos fêtes*, Paris, 1968, p.161.
16 Bettina Knapp, Sounding the Drum, *Drama Review*, v.15, n.1, p.92, outono de 1970.
17 Ronald Tavel, The Theatre of the Ridiculous, *Tri-Quarterly*, v.6, p.94-5, 1966.
18 Dan Isaac, Interview, *Drama Review*, v.13, n.1, p.116, outono de 1968.
19 Charles Ludlam, Ridiculous Theatre, Scourge of Human Folly, *Drama Review*, v.19, n.4, p.70, dez. 1975.
20 Richard Kostelanetz, *The Theatre of Mixed Means*, New York, 1968, p.4, 7.
21 Ibidem, p.281.
22 Citado em A Work of Art Is Closed, entrevista com Tadeusz Kantor, *The Theatre in Poland*, v.247, p.9, 1979.
23 Citado em August Grodzicki, Tadeusz Kantor and his "Cricot-2" Theatre, *The Theatre in Poland*, v.228, p.11, 1977.
24 Tadeusz Kantor, The Theatre of Death, trad. inglesa de Vog T. e Margaret Stelmasynski, in: *Twentieth Century Polish Theatre*, Bohdan Drozdowski (Ed.), London, 1979, p.98, 103.
25 Peter Handke, *Publikumsbeschimpfung*, Frankfurt, 1966, p.95.
26 Handke, *Stücke*, Frankfurt, 1972, p.203.
27 Handke, Strassentheater und Theatertheater, *Theater Heute*, v.9, n.4, p.27, abr. 1968.
28 Arthur Joseph, *Theater unter vier Augen*, Cologne, 1969, p.7.
29 Ibidem, p.34.
30 Handke, *Stücke*, Frankfurt, 1973, v.2, p.57.
31 Richard Foreman, *Plays and Manifestos*, Kate Davy (Ed.), New York, 1976, p.70.
32 Ibidem, p.74.
33 Ibidem, p.145.
34 Ibidem, p.189.
35 Bonnie Marranca, *The Theatre of Imagens*, New York, 1977, p.XV.
36 Peter Brook, *The Empty Space*, New York, 1968, p.38.
37 Ibidem, p.V.
38 Franz Xaver Kroetz, Liegt der Dummheit auf der Hand?, *Süddeutsche Zeitung*, v.20/21, p.4, nov. 1971.
39 Kroetz, Horváth von heute für heute, *Theater Heute*, v.12, n.12, p.13, dez. 1971.

40 Citado em Ursula Schregel, *Neue deutsche Stücke im Spielplan*, Berlin, 1980, p.79.
41 Heinz Arnold, Theo Buck, *Positionen des Dramas*, Munich, 1977, p.251.
42 Herbert Blau, *The Impossible Theatre: A Manifesto*, New York, 1965, p.7.
43 Ibidem, p.16.
44 Ibidem, p.102.
45 Ibidem, p.309.
46 Saul Gottlieb, The Living Theatre in Exile, *Tulane Drama Review*, v. 10, n.4, p.141, verão de 1966.
47 R. C. Davis, Guerrilla Theatre, *Tulane Drama Review*, v.10, n.4, p.132, verão de 1966.
48 Citado em Arthur Sainer, *The Radical Theatre Notebook*, New York, 1975, p.29.
49 Beth Bagby, El teatro campesino, *Tulane Drama Review*, v.11, n.4, p.79, verão de 1967.
50 Ibidem, p.77-8.
51 Raymond Williams, *Modern Tragedy*, Stanford, 1966, p.83-203.
52 Richard Schechner, *Public Domain*, New York, 1968, p.218.
53 Citado em Renfreu Neff, *The Living Theatre: USA*, New York, 1970, p.235.
54 Grotowski, External Order/Internal Intimacy, trad. inglesa de George Reavez, *Drama Review*, v.14, n.1, p.172-4, outono de 1969.
55 Eugenio Barba, A Sectarian Theatre, *Drama Review*, v.14, n.1, p.57, outono de 1969.
56 Amiri Baraka, *Selected Plays and Prose*, New York, 1979, p.131.
57 Larry Neal, The Black Arts Movement, *Drama Review*, v.12, n.4, p.29, verão de 1968.
58 Baraka, *The Motion of History*, New York, 1978, p.16.
59 Roger Planchon, Planchon on Brecht, *Drama Survey*, v.6, n.3, p.334, primavera de 1968.
60 *Cité-Panorama*, n.10, 1969; citado em Emile Copfermann, *Roger Planchon*, Lausanne, 1969, p.269.
61 Copfermann, *La mise en crise théâtrale*, Paris, 1972, p.105.
62 Pierre Biner, *The Living Theatre*, trad. inglesa anôn., New York, 1972, p.163.
63 Copfermann, *Mise en Crise*, p.106.
64 Mel Gussow, Arrabal – A Storm over the Wounded, *New York Times*, 10.5.1972, p.40.
65 Jacqueline Autrusseau, Le mythe de la grandeur au petit T. N. P, *Les Lettres Françaises*, 15.10.1959, p.9.
66 Jean-Louis Pays, Entretien avec Armand Gatti, *Les Lettres Françaises*, 19.8.1965, p.1.
67 Jean Michaud-Mailland, Notes au spectateur idéal, *Les Lettres Françaises*, 15.6.1967, p.22.
68 Helmut Bauer, Das Theater und die Revolution, *Die Zeit*, 22.7.1969, p.10.
69 Armand Gatti, Entretien, *Travail Théâtrale*, v.3, p.10, abr.-jun. 1971.
70 Gatti, Armand Gatti on Time, Place, and the Theatrical Event, trad. inglesa de Nancy Oakes, *Modern Drama*, v.25, n.1, p.70-1, mar. 1982.
71 André Benedetto, Manifeste, *Travail Théâtrale*, v.5, p.28, out.-dez. 1971.
72 Idem, Entretien, *Travail Théâtrale*, v.5, p.8, out.-dez. 1971.
73 Idem, Le petit héros populaire, *Travail Théâtrale*, v.21, p.46, out.-dez. 1975.

74 *Esprit*, junho de 1975; citado em Raymond Temkine, *Mettre en scène au présent I*, Lausanne, 1977, p.128 n.
75 Ariane Mnouchkine, Entretien, *Travail Théâtrale*, v.2, p.11 , abr.-jun. 1971.
76 Mnouchkine, *1789*, Paris, 1971, p.84.
77 Augusto Boal, *The Theatre of the Oppressed*, trad. inglesa de Charles A. e Marie-Odilia McBride, New York, 1979, p.XIV, [ed. original brasileira: *Teatro do oprimido e outras poéticas políticas*. Rio de Janeiro: Civilização Brasileira, 1975].
78 Ibidem, p.46.
79 Ibidem, p.75.
80 Ibidem, p.92-3.
81 Ibidem, p.122.
82 Ibidem, p.182-6.
83 Dario Fo, Teatro di situazione uguale teatro popolare, *Sipario*, v.300, p.43, maio 1971.
84 Intervista con Dario Fo, in: Lanfranco Binni, *Attento Te...!*, Verona, 1975, p.388-9.
85 *Edward Bond: A Companion to the Plays*, M. Hay e P. Roberts (Ed.), London, 1978, p.70.
86 Ibidem, p.45.
87 Edward Bond, *Bingo and The Sea*, New York, 1975, p.XI.
88 *Edward Bond*, p.70.
89 Malcolm Hay, Philip Roberts, Howard Brenton: Introduction and Interview, *Performing Arts* Journal , v.3, n.3, p.137, 140, inverno de 1979.
90 Richard Schechner, Approaches to Theory/Criticism, *Tulane Drama Review*, v.10, n.4, p.26, verão de 1966.
91 Eric Berne, Notes on Games and Theatre, *Tulane Drama Review*, v.11, n.4, p.90, verão de 1967.
92 Schechner, 6 Axioms for Environmental Theatre, *Drama Review*, v.12, n.3, p.43, primavera de 1968.
93 Ann Halprin, Mutual Creation, *Drama Review*, v.13, n.1, p.174, outono de 1968.
94 Os textos dessa conferência foram reproduzidos em *Maske und Kothurn*, v.13, n.3 e 4, 1965.
95 Claus Bremer, *Thema Theater*, Frankfurt, 1969, p.14, 16.
96 Joachim Hintze, *Das Raumproblem im modernen deutschen Drama und Theater*, Marburgo, 1969, p.207.
97 Wilfried Minks, Bühnenräume sollten die Selbstverständlichkeit von Landschaften haben, *Theater Heute*, v.11, n.9, p.38, set. 1970.
98 Paul Pörtner, *Spontanes Theater*, Cologne, 1972, p.93.
99 Ibidem, p.82.
100 Ulrich Pfaendler, *Drama und Mitspiel*, Basel, 1975, p.203-4.
101 Ibidem, p.207-8.
102 Elizabeth Burns, *Theatricality*, London, 1972, p.6.
103 Ibidem, p.231-2.
104 Uri Rapp, *Handeln und Zuschauen*, Darmstadt, 1973, p.168.
105 Schechner, Performance and the Social Sciences, *Drama Review*, v.17, n.3, p.3, set. 1973.

106 Schechner, Drama, Script, Theatre, and Performance, *Drama Review*, v.17, n.3, p.9, set. 1973.
107 Schechner, From Ritual to Theatre and Back, *Educational Theatre Journal*, v.26, n.4, p.467, dez. 1974.
108 Schechner, *Essays on Performance Theory*, New York, 1977, p.60-1.
109 Jackson Barry, *Dramatic Structure*: The Shaping of Experience, Berkeley, 1970, p.56.
110 Ibidem, p.70.
111 Bernard Beckerman, *Dynamics of Drama*, New York, 1970, p.10.
112 Ibidem, p.20.
113 Ibidem, p.80, 86.
114 Paul M. Levitt, *A Structuralist Approach to the Analysis of Drama*, The Hogru, 1971.
115 Bert States, *Irony and Drama*: A Poetic, Ithaca, N. Y., 1971, p.14.
116 Ibidem, p.141.
117 Ibidem, p.228.
118 Roger Gross, *Understanding Playscripts*, Bowling Green, Ohio, 1974, p.4.
119 Ibidem, p.43.
120 Ibidem, p.121.
121 J. L. Styan, *Drama, Stage, and Audience*, London, 1975, p.56.
122 Kirby, Manifesto of Structuralism, *Drama Review*, v.19, n.4, p.82-3, dez. 1975.
123 Kirby, Structural Analysis/Structural Theory, *Drama Review*, v.20, n.4 p.68, dez. 1976.
124 Richard Hornby, *Script into Performance*, Austin, Texas, 1978, p.X.
125 Ibidem, p.24.
126 David Cole, *The Theatrical Event*: A "Mythos", a Vocabulary, a Perspective, Middletown, Conn., 1975, p.7.
127 Ibidem, p.156.
128 Michael Goldman, *The Actor's Freedom*, New York, 1975, p.7.
129 Ibidem, p.161.
130 Ibidem, p.110.
131 Joseph Chaikin, *The Presence of the Actor*, New York, 1972, p.2.
132 Jonathan Culler, *Structuralist Poetics*, Ithaca, N. Y., 1975, p.4.
133 Eric Buyssens, *Les Langages et le Discours*, Bruxelles, 1943, p.56.
134 Roland Barthes, *Critical Essays*, trad. ingl. de Richard Howard, Evanston, Ill.,1972, p.261-2.
135 Ibidem, p.263-4.
136 Tadeusz Kowsan, The Sign in the Theatre, *Diogenes*, v.61, p.73, primavera de 1968.
137 Ibidem, p.78-9.
138 Steen Jansen, Equisse d'une théorie de la forme dramatique, *Langages*, v.12, p.73-4, dez. 1968.
139 Solomon Marcus, Editorial Note, *Poetics*, v.6, n.3/4, p.203, dez. 1977.
140 Mihai Dinu, Structures linguistiques probabilistes issues de l'étude du théâtre, *Cahiers de Linguistique Théoretique et Appliqué*, v.5, p.45, 1968.

141 Ibidem, p.39.
142 Dinu, L'interdépendence syntagmatique des scènes dans une pièce de théâtre, in: *Cahiers...*, v.9, p.55-70, 1972, e Continuité et changement dans la stratégie des personnages dramatiques, in: *Cahiers ...* , v.10, p.5-26, 1973.
143 Barron Brainerd, Victoria Neufeldt, On Marcus' Methods for the Analysis of the Strategy of a Play, *Poetics,* v.10, p.73, 1974.
144 Marcus, Editorial Note, *Poetics,* v.6, n.3/4, p.207, dez. 1977.
145 Georges Mounin, *Introduction à la sémiologie,* Paris, 1970, p.87.
146 Ibidem, p.92-3.
147 Franco Ruffini, Semiotica del teatro: ricognizione degli studi, *Biblioteca Teatrale,* v.9, p.40, 1974.
148 Tadeusz Kowsan, *Littérature et spectacle,* Warsaw, 1975, p.25.
149 Ibidem, p.157, 159.
150 André Helbo (Ed.) *Sémiologie de la représentation,* Bruxelles, 1975, p.10.
151 Ibidem, p.18.
152 Ibidem, p.99.
153 Ibidem, p.105-6.
154 Marco de Marinis, Problemi e aspetti di un approccio semiotico al teatro, *Lingua e Stile,* v.10, n.2, p.355, 1975.
155 Julia Kristeva, Le geste, pratique ou communication?, *Langages,* v.10, p.63, 1968.
156 Patrice Pavis, *Problèmes de sémiologie théâtrale,* Montreal, 1976, p.15-6.
157 Ibidem, p.22.
158 Ibidem, p.96.
159 Ibidem, p.108.
160 Ibidem, p.132.
161 Ibidem, p.127-8.
162 Anne Ubersfeld, *Lire le théâtre,* Paris, 1977, p.24.
163 Ibidem, p.40.
164 Ibidem, p.164.
165 Ibidem, p.256.
166 Marinis, Lo spettacolo come testo 1, *Versus,* v.21, p.67, set.-dez. 1978.
167 Ibidem, p.68.
168 Ibidem, p.70-1.
169 Umberto Eco, Semiotics of Theatrical Performance, *Drama Review,* v.30, n.1, p.110, 1977.
170 Marinis, Lo spettacolo come testo 2, *Versus,* v.22, p.23, 28, jan.-abr. 1979.
171 Kirby, Intervento, *Versus,* v.22, p.38, jan.-abr. 1979.
172 Manfred Pfister, *Das Drama: Theorie und Analyse,* Munich, 1977. A tradução inglesa, *The Theory and Analysis of Drama,* Cambridge, 1988, foi adaptada, sobretudo nos exemplos e notas, para se relacionar mais diretamente aos recentes trabalhos semióticos.
173 Ibidem, p.184.
174 Keir Elam, *The Semiotics of Theatre and Drama,* London, 1980, p.2.

175 Ibidem, p.72.
176 Ibidem, p.141, 145.
177 Richard Ohmann, Literature as Act, in: Seymour Chatman (Ed.) *Approaches to Poetics*, New York, 1973, p.83.
178 Elam, *Semiotics*, p.159.
179 Jacques Derrida, *Writing and Difference*, trad. ingl. de Alan Bass, Chicago, 1978, p.174.
180 Ibidem, p.249-50.
181 Citado em Ricard Salvat, *El teatro de los años 70*, Barcelona, 1974, p.261.
182 Jean-François Lyotard, *Les dispositifs pulsionnels*, Paris, 1973, p.95-6.
183 Régis Durand, La voix et le dispositif théâtral, *Études Littéraires*, v.13, n.3, p.389, dez. 1980.
184 Ibidem, p.395.

22

O SÉCULO XX A PARTIR DE 1980

A obra de Erika Fischer-Lichte em três volumes, *Semiotik des Theaters* [*Semiótica do teatro*] (1983), propiciou o exemplo mais abrangente até então oferecido da abordagem teórica semiótica, discutindo o código teatral em três níveis: como sistema (todos os signos teatrais possíveis), como norma (os sistemas sígnicos de um determinado gênero histórico ou modo) e como fala (os sistemas sígnicos de uma produção específica).[1] No mesmo ano, Marco de Marinis publicou um ensaio, "Semiotica del teatro: una disciplina al bivio?" ["Semiótica do teatro: uma disciplina na encruzilhada?"], onde argumentava que o campo chegara a uma encruzilhada. Se a semiótica do teatro continuasse a enfatizar a análise estrutural do texto dramático ou representado, correria o risco de tornar-se apenas "um suporte propedêutico para a pesquisa crítica e histórica"; se, porém, devesse estabelecer-se como disciplina, teria de ir além de semelhante análise e desenvolver "uma pragmática da comunicação teatral", englobando o contexto histórico e sociológico tanto da realização cênica quanto da recepção.[2]

De fato, uma clara mudança nessa última direção pôde ser observada nos estudos semióticos a partir de meados dos anos 80. Um estudo que aponta para esse rumo, embora não de uma perspectiva semiótica, é *Art as Event* [*Arte como evento*] (1979), de Gerald Hinkle, um livro pequeno onde se sustenta que a compreensão crítica das artes representacionais foi entravada pela aplicação, a elas, de estratégias próprias de artes como a literatura, para a qual a representação não é imprescindível. O aspecto representacional de artes como o teatro vincula-as mais diretamente à nossa percepção da vida como um processo "carregado de eventos", conforme descrito por Whitehead. O teatro, pois, deveria ser visto de preferência "(1) mais como evento do que como objeto na percepção, (2) mais como representação do que como episódio na experiência e (3) mais como ponto de partida para a integração do que para a reflexão".[3] O "evento" teatral é um nexo whiteheadiano constituído por seis *"loci"* combinados – o texto, o diretor, o elenco, a equipe técnica, a plateia e a realidade criada pela dúplice consciência que os atores têm do eu e do personagem.

Esse direcionamento para o aspecto pragmático (interpretativo) do signo acha-se articulado em termos semióticos na obra de Achim Eschbach, *Pragmasemiotik und Theater* [*Semiótica pragmática do teatro*] (1979), que considera a "ação" (*Handlung*) a base da semiótica do teatro, mas insiste em que o processo de recepção é que é essencial para a compreensão da ação. Eschbach atribui a relativa negligência desse processo por parte da semiótica teatral precedente à influência de Saussure, cujo modelo do significado-significante ignora o terceiro e necessário elemento na significação: o interpretante, a quem Peirce dá mais atenção. De fato, a recepção está diretamente implícita na famosa definição peirciana do signo como "algo que está para alguém por alguma coisa, em determinado aspecto ou capacidade", sendo o interpretante "o signo equivalente criado na mente dessa pessoa".[4] Para Eschbach, o interpretante, envolvendo a dinâmica sócio-histórica pela qual o "alguém" de Peirce compreende seu "alguma coisa", abre o teatro a uma infinita significação – semelhante à infinita semiose de Peirce –, já que "a compreensão de atos significantes verbais e não verbais se refere sempre ao universo mutável da ação no qual o autor, os atores e os espectadores estão implicados".[5] O teatro se abre, em especial, a esse processo porque o texto escrito não é semioticamente íntegro e os elementos acrescentados durante a representação apontarão em caráter necessário para o interpretante historicamente determinado.

O artigo de Ross Chambers no número especial de 1980 de *Études Littéraires*, "La masque et le miroir" ["A máscara e o espelho"], vai na mesma direção em consequência da insatisfação de Chambers com a abordagem ilocucionária do discurso teatral, que ele considera limitada e imprecisa. Como ato de "enunciação", o teatro deve ser estudado por uma "teoria relacional" que "leve em conta o vínculo entre palco e auditório". Como Eschbach, Chambers observa que a obra de arte logo se liberta de seu "autor" e dirige-se a receptores constantemente renovados em diferentes contextos. Seu ato "performativo" implícito é portanto algo como: "Convido você a interpretar-me", sendo o "você" um "a-quem-possa-interessar perfeitamente indeterminado".[6]

A atenção um tanto exígua dada à contribuição da plateia pela primeira geração dos semiologistas do teatro moderno é denunciada pelo fato de o livro de Elam reservar apenas nove de suas 210 páginas a esse assunto. Entretanto, nos anos 80, as plateias passaram a constituir importante setor para a pesquisa teórica. Uma nova orientação da semiótica do teatro pode ser facilmente percebida em duas coletâneas de ensaios surgidas em 1981: *La relation théâtrale* [*A relação teatral*], editada por Régis Durand, e um número especial de *Poetics Today* intitulado "Drama, Theater, Performance: A Semiotic Perspective" ["Drama! teatro, representação: uma perspectiva semiótica"]. O título da coletânea de Durand evoca a abordagem "relacional" de Chambers, e com efeito Durand declara que o foco da coleção incide "não tanto nos diferentes elementos (texto, autor, diretor, ator, sala de espetáculo, plateia, cenário, audiência etc.) quanto no sistema complexo de relações que os une e transforma".[7] Cada um dos sete artigos da coletânea aborda de certo modo a relação plateia-texto, e Patrice Pavis, por exemplo, em "Pour une esthétique de la réception théâtrale" ["Para uma estética da recepção teatral"], sugere toda uma variedade de estratégias destinadas à análise da contribuição da plateia: recepção, leitura, hermenêutica e perspectiva. Esse ensaio se junta a vários outros escritos por Pavis entre 1978 e 1982 na coletânea *Languages of the Stage* (1982), em tradução inglesa. Como nota o próprio Pavis, essa coletânea reflete uma mudança de perspectiva desde *Problèmes de sémiologie théâtrale* [*Problemas de semiologia teatral*], mudança não apenas em sua obra, mas no campo da semiótica do teatro como um todo. Atualmente, uma abordagem global do tema parece, se não impossível, "pelo menos muito problemática", de sorte que os teóricos estão preferindo examinar "objetos específicos, uma *mise-en-scène*, um cenário, um estilo interpretativo – valendo-se de métodos inspirados na semiologia".[8] O livro de Pavis encerra várias dessas "tentativas" (*essais*), entre elas dois artigos sobre linguagem corporal, três que discutem o estado atual da semiótica do teatro e sua relação com outras pesquisas teatrais, dois exemplos específicos de análise semiótica e quatro relacionados com representação e recepção de texto. No último grupo, "Toward a Semiology of the Mise en Scène?" ["Rumo a uma semiologia da *mise--en-scène?*"], ele considera a criação de um texto representacional a partir de um texto dramático como um processo de "escrita para o palco" no qual o diretor, como leitor e escritor, "desenvolve um metatexto que gera a enunciação cênica" – que, por sua vez, se oferece à recepção pragmática do público, integrante final da "equipe teatral" semiológica.[9]

O número especial de 1981 de *Poetics Today* oferece um quadro similar ao da coletânea de Pavis, com três artigos sobre o texto escrito (um dos quais reproduz em parte o de Serpieri, tão admirado por Elam), dois sobre a relação entre texto e representação, três sobre a representação propriamente dita (um sobre a mobilidade dos signos teatrais e um sobre gesto e expressão corporal) e três sobre a relação plateia/palco. Destes últimos, o mais original é o de Frank Coppieters, "Performance and Perception" ["Representação e percepção"]. Coppieters assinala que a pouca pesquisa empreendida na Inglaterra e América sobre as plateias teatrais basearam-se quase que exclusivamente em "métodos de massa e análises estatísticas", uma abordagem de ciência social que ele rejeita porque "o estudo do *povo* e de seu mundo social cotidiano exige métodos diferentes, mais refinados do que os produzidos, estreita e cegamente, pelo estudo científico das coisas". Como estratégia alternativa, Coppieters sugere a etnometodologia, em especial a abordagem etnogênica de Rom Harré e seus associados de Oxford, conclamando a um estudo detalhado dos participantes individuais da plateia como "membros típicos de coletividades sociais" e de ocasiões particulares como "espécies típicas de eventos sociais".[10] As "comunidades sociais" de Coppieters são um conceito afim ao das "comunidades interpretativas" do teórico da resposta do leitor Stanley Fish,[11] conceito que os teóricos da resposta da plateia posteriores acharam bastante útil.[12]

Uma abordagem etnometodológica diferente e mais fértil deve-se a Victor Turner, cujos escritos inspiraram algumas das estimulantes excursões de Richard Schechner pela análise antropológica nos anos 70 e 80. Ele próprio, aliás, voltou-se para a teoria do teatro em sua última obra, *From Ritual to Theatre* [*Do ritual ao teatro*] (1982). Aqui, Turner discorda de Schechner, para quem o drama tradicional tende a repetir o esquema de quatro estágios de seu "drama social"; ao contrário, ele exagera a terceira fase, a ação ritualizada de reparação. Turner considera o desenvolvimento poético dessa fase semelhante ao quinto elemento de *Erlebnis*, de Dilthey, no qual a experiência é transmitida aos outros membros de uma cultura para sua observação e reflexão. Arte e ritual, no dizer de Turner, são gerados em áreas de "liminaridade", onde condições normalmente fixas se abrem ao fluxo e à mudança, podendo as sociedades sofrer reorganizações mentais periódicas. Nas sociedades tribais e agrárias comparativamente holísticas, o fenômeno liminar surge às vezes como manifestações culturais previsíveis, como ritos de passagem. Mesmo as inversões totais do processo social normativo podem assim integrar-se a esse processo. As modernas sociedades industriais, mais fragmentárias, produziram fenômenos tipicamente "liminoides", concebidos não como antiestrutura integrada, mas como folguedo, atividade de lazer fora do processo normativo que enseja a experimentação com estruturas variadas.[13] A ideia de liminaridade de Turner revelou-se muito atraente aos olhos dos teóricos da década de 1980, tendo contribuído inquestionavelmente para o crescente interesse no conceito muito similar de "carnavalização" discutido em *Rabelais e seu mundo*, de Mikhail Bakhtin. Embora disponível em tradução inglesa em 1965, a obra de Bakhtin não foi utilizada largamente pelos teóricos do teatro até os anos 80. O primeiro estudo teatral extenso a mostrar sua influência foi o trabalho de Michael D. Bristol sobre o drama renascentista inglês, *Carnival and Theatre* [*Carnaval e teatro*] (1985). Mais recentemente, declarei em "Theatre and Dialogism" ["Teatro e dialogismo"] (1992) que os conceitos de Bakhtin de "dialogismo" e "heteroglossia", desenvolvidos em seus derradeiros escritos, poderiam oferecer abordagens úteis das "perspectivas múltiplas por meio de vozes contrastantes", típicas da experiência teatral.[14]

O vínculo dos processos teatrais ou representacionais com a análise sociológica (Goffman) ou antropológica (Turner) tornou-se tão popular na América durante a década de 1970 que chegou a suscitar certa resistência. O ensaio de Clifford Geertz, "Blurred Genres: The Figuration of Social Thought" ["Gêneros indistintos: a figuração do pensamento social"] (1980), assevera que, embora a "abordagem ritual" de Turner ajude a explicar como o drama sob a forma de ação social contribui para as transformações da sociedade, também submerge detalhes individuais e conteúdos específicos na configuração dos ritmos gerais, fazendo que "materiais francamente disparatados pareçam de uma homogeneidade insípida".[15] Como contrapeso, Geertz sugere as teorias da ação simbólicas aventadas por teóricos como Burke, Frye e Langer, que focalizam a retórica do drama: não como uma ação é moldada, mas como diz o que diz. Bruce Wilshire (1932-), em *Role Playing and Identity* [*Interpretação e identidade*] (1982), também se queixa da inadequação das estruturas sociais, tanto quanto da própria arte, para apreender o "resíduo indissolúvel do mistério e do pormenor na factualidade da existência humana".[16] O ator "passa por" um exemplo reconhecível da família humana e nós o "autorizamos" a fazê-lo. Ao mesmo tempo, ele nos autoriza a agir como "mímicos em potencial, já que nos associamos ao personagem por intermédio dele".[17] Os tradicionais conceitos de imitação e empatia são estreitos demais para sugerir tal processo, que nos ensina algo a respeito de nossa própria identidade graças a um "fenômeno mimético de participação eternamente induzido".[18] Os papéis do teatro compartilham as mesmas condições universais da vida postuladas por Heidegger: linguagem, estar-com-os-outros, projeção de personalidade e atmosfera,[19] mas isso não nos deve induzir a empanar, como a abordagem de Goffman tende a fazer, a distinção entre interpretação e vida real, onde os "papéis" do indivíduo se entretecem numa estrutura consciente da existência com responsabilidades éticas.

A análise sociológica empírica do teatro foi a base para *Théâtre, public, perception* [*Teatro, público, percepção*] (1982), de Anne-Marie Gourdon, que comparava a composição social, as expectativas e as percepções da plateia na conservadora Comédie Française, no populista Théâtre National Populaire (TNP) e no experimental Théâtre du Soleil em Paris. Todavia, no geral, as ciências sociais afetaram a teoria do teatro francês do início dos anos 80 de um modo bastante diferente, por intermédio da influência crescente do pós-estruturalismo, como vimos por exemplo em *L'École du spectateur* [*A escola do espectador*] (1982), de Anne Ubersfeld. Especialmente nos dois últimos capítulos, Ubersfeld trata do espectador, que não é só "objeto do discurso cênico e verbal, o receptor no processo de comunicação, o rei da festa", mas também "o sujeito de um fazer, o artífice de uma *praxis* que é constantemente desenvolvida apenas com a *praxis* do palco".[20] Ubersfeld identifica vários modos pelos quais o espectador realiza essa atividade – geralmente com referência a instruções fornecidas pelo texto, a representação ou a situação representacional – e várias fontes de prazer para o público. Há o prazer da descoberta, da análise dos signos da representação, da invenção (quando o espectador descobre suas próprias significações para os signos teatrais), da identificação, da vivência temporária do impossível ou proibido e, finalmente, o prazer total sugerido pelo *rasa* indiano, "a união de todos os elementos afetivos mais o distanciamento que dá paz".[21] Ubersfeld não se detém, entretanto, nessa nota harmoniosa, mas na nota suspensa dos limites e do "desejo como carência". Ao final, o espectador deve experimentar a "ausência" do teatro, a falta de uma realização total ou presença plena, tanto física quanto intelectual. Aceitar o papel de espectador equivale a reconhecer essa condição de desejo irrealizado.

A estratégia e a terminologia de Ubersfeld nessas passagens avançam do domínio da semiótica e do estruturalismo para o do pós-estruturalismo, sobretudo o do prestigiado neofreudiano francês, Jacques Lacan. Segundo Lacan, tanto o consciente quanto o inconsciente são linguisticamente estruturados, com o sujeito sempre irrealizado envolvido numa dialética com o Outro primal ou empenhado em sua busca (ou "desejo"). Como os românticos alemães, Lacan considera essa assustadora, mas irreparável divisão, o preço que a humanidade paga pela consciência de si mesma. A dinâmica apenas esboçada por Ubersfeld é desenvolvida de modo bem mais específico e em termos mais claramente pós-estruturalistas por Josette Féral no ensaio "Performance and Teatricality: The Subject Demystified" ["Representação e teatralidade: o sujeito desmitificado"] (1982). Féral insiste numa distinção entre teatro – estrutura narrativa, representacional que inscreve o sujeito no simbólico, nos "códigos teatrais" – e representação, que decifra esses "códigos e competências" permitindo que "falem os fluxos de desejo" do sujeito.[22] O primeiro ergue estruturas que a segunda desfaz. Féral vê a tradição dos *happenings*, da arte casual e sobretudo a arte de Richard Foreman como indícios da crescente importância dessa concepção de representação, citando com aprovação o teórico minimalista americano Michael Fried: "O sucesso e mesmo a sobrevivência das artes passaram a depender cada vez mais de sua capacidade de derrotar o teatro".[23]

Na representação, diz Féral, o ator nem "interpreta" nem "representa" a si mesmo: é apenas uma fonte de "produção e deslocamento". Torna-se "o ponto de passagem para os fluxos de energia – gestual, vocal, erótica etc. – que o atravessam sem jamais cristalizar-se num único significado ou representação", e ele "põe esses fluxos a trabalhar, captando vínculos". A teatralidade é a junção dessa dinâmica representacional, com o teatro "jogando eternamente", em "contínuos deslocamentos da posição do desejo".[24] "Problèmes d'une rhétorique scénique" ["Problemas de uma retórica cênica"] (1982), de André Helbo, fala da representação em termos parecidos, mas enfatiza o trabalho mútuo do ator e da plateia na urdidura de padrões de energia. Para ele, a representação "produz e transforma significações por meio das relações sempre mutáveis que estabelece com o instigador/ espectador".[25] Michael Kirby propõe um objetivo similarmente sensual e aberto para seu "teatro estruturalista", uma espécie de "representação não semiótica" que ele descreve em artigo com esse nome num número especial de *Modern Drama* de 1982 sobre teoria e representação. Argumentando que uma comunicação racionalista subjaz a toda análise semiótica, Kirby sugere o emprego do acaso e de outros recursos não intencionais para criar uma representação que "desfaça" códigos e significações. O público não procura "decodificar" a representação, mas tem uma experiência "primariamente sensorial", referente a "relações existentes na sucessão perceptiva da visão e da audição".[26] Essa estratégia, tanto na teoria quanto na prática, lembra surpreendentemente a obra de Richard Foreman. "Em parte sob a influência dos estruturalistas e pós-estruturalistas franceses", escreve Foreman em *Unbalancing Acts* [*Atos desequilibrados*]

(1992), "comecei a cultivar a possibilidade de serem os objetos meras encruzilhadas para uma série de subsídios fornecidos pela cultura e por nosso inconsciente".[27] As encenações de Robert Wilson, embora distantes da construção casual, ainda assim encorajaram, ao privilegiar a percepção visual e auditiva em detrimento da interpretação, o interesse teórico por um teatro "primariamente sensorial", sobretudo na Alemanha, onde se concentraram os trabalhos de Wilson durante a década de 1980. Heiner Müller, colaborador constante de Wilson, disse com aprovação a respeito do teatro deste que "o texto nunca é interpretado, ele é um material como a luz, o tom, o cenário ou uma cadeira".[28] Em geral, Müller achava que o teatro "ocupa-se em demasia com o texto, tentando dizer outra vez o que o texto já disse claramente. Devemos aprender que o texto pode cuidar de si mesmo".[29] Essa abordagem, segundo afirmou John Rouse em "Textuality and Authority in Theatre and Drama" ["Textualidade e autoridade no teatro e no drama"] (1992), permite à obra de artistas pós-modernos como Wilson, Müller ou o grupo americano Wooster afastar-se incansavelmente "das posições significativas em que se instala provisoriamente", privilegiando a materialidade da representação e permitindo ao espectador reescrevê-la em seu próprio intertexto.[30] Mária Minich Brewer recorre a Wilson, tanto quanto a Beckett, como ilustração para o argumento, desenvolvido em "Performing Theory" ["Teoria da representação"] (1985), de que o interesse pós-estruturalista na teatralidade exige um movimento para além da ênfase da semiótica e da teoria teatral tradicional no caráter fechado da estética e na consideração da representação e da teoria como gêneros distintos do "questionamento radical" dos próprios parâmetros que definem a configuração e a base cultural do "teatro de peças e interpretações legítimas".[31] O ensaio de Brewer apareceu num número especial do *Theatre Journal* dedicado à "Teoria", periódico que, editado por James Moy, Timothy Murray e Sue-Ellen Case, tornou-se um fórum importante para a evolução da teoria pós-estruturalista americana entre 1984 e 1989.

Actors and Onlookers [*Atores e espectadores*] (1990), de Natalie Crohn Schmitt, elabora um modelo intelectual paralelo ao preceituado por Féral, Kirby e Foreman, que se revela teórico na abordagem, mas espantosamente isento do vocabulário-padrão do pós-estruturalismo. Ela se volta, de preferência, para o avanço da ciência moderna, especialmente a física quântica, comparando a certa altura o conceito capital de Heisenberg segundo o qual o objeto da ciência contemporânea não é a natureza, e sim a pesquisa da natureza, por parte do cientista, à assertiva de Foreman de que o objeto da arte deveria ser "a tentativa do autor de criá-la".[32] De igual modo, Schmitt partilha o julgamento que Kirby fez em 1965 de John Cage como "o porta-voz do novo teatro", reservando um capítulo-chave à discussão da preocupação de Cage com o impulso e o acaso, com o processo de preferência ao produto, com o evento mutável e calculadamente ambíguo em vez da narrativa fechada, vista de uma perspectiva controladora única. Em cada um desses pontos, Schmitt opõe a abordagem de Cage à de Aristóteles, como visão concorrente da natureza e de sua relação com a arte. Numa série de artigos e no livro *Unmarked: The Politics of Performance* [*Imperceptível: a política da representação*] (1993), Peggy Phelan evocou também a teoria da física moderna para demonstrar "o fracasso do empírico em servir ao real", especialmente nos termos do ato físico da representação e do processo intelectual de testemunhar a representação e, mais ainda, de escrever sobre ela. Combinar as deduções atuais da física e da psicanálise, afirma Phelan, pode arrancar-nos ao jugo do perceptível e do visível, já inscritos nos modos tradicionais de pensamento, e abrir para nós "a dúvida e a incerteza produtivas" do invisível, do imperceptível.[33]

No início da década de 1980, observava-se na teoria francesa uma nítida e não raro agressiva divisão entre os teóricos semióticos, que tentavam analisar os códigos teatrais e sua transmissão, e os pós-estruturalistas que, como Féral, ocupavam-se dos fluxos não discursivos de energia e dos deslocamentos de libido, trabalhando nas direções sugeridas por Lyotard, Deleuze e Guattari.[34] Desse processo de tese e antítese brotou uma espécie de síntese: *Les mots et les gestes* [*As palavras e os gestos*] (1983), de André Helbo. Tal síntese, até certo ponto, fora antecipada pelo artigo "Le théâtre du sens" ["O teatro do sentido"] (1982), de Raimondo Guarino, no jornal *Degrés*, o qual declarava que o espectador/sujeito que percebe tem uma dupla preocupação: uma consciente, do objeto mostrado em sua função significativa, a outra ativa, que cria um novo padrão a partir das relações perceptivas com a representação.

Helbo coloca essas duas preocupações sob a forma de outras tantas perguntas "tradicionais": o Como semiótico é o objeto teatral construído?; o Onde pós-estruturalista é o desejo do espectador situado? Diz ele que, de fato, essa divisão opera no teatro como uma dinâmica constante. O próprio teatro é um "local de confronto" entre a voz, o local de comunicação e o corpo, o sítio dos fluxos de prazer e desejo.[35] Como Féral, Helbo instala o ator no centro de um jogo de forças, mas enfatiza sua ambiguidade: ele exprime tanto o signo quanto o desejo, tanto a significação quanto a ausência de significação, tanto a presença física real quanto o significante de um conceito narrativo que nega tal presença.[36] A consciência dupla do ator, importante preocupação da teoria da representação desde Diderot, pode assim ser interpretada como uma entre muitas manifestações da dialética peculiar que alimenta o evento teatral por meio dessa misteriosa e dúbia figura. O mesmo equilíbrio procurado entre um teatro de signos e um teatro de energias insere-se na introdução mais geral de Helbo à teoria da representação, escrita em inglês e intitulada *The Theory of Performing Arts* [*Teoria das artes representacionais*] (1987).

Nos Estados Unidos, as abordagens divergentes dos teóricos da semiótica e da fenomenologia refletem, em larga medida, essa tensão entre teatro como comunicação e teatro como local de fluxos de energia. Em seu estudo fenomenológico *Great Reckonings in Little Rooms* [*Grandes cálculos em pequenos compartimentos*] (1985), Bert States afirma que as duas abordagens oferecem uma visão binocular do mundo e da arte, uma preocupada com a "carga significativa" do teatro, a outra com "a impressão indelével que o teatro provoca no espectador".[37]

Em sua análise da ilusão cênica, da interpretação e da resposta do público, States informa que nossa consciência fenomenológica da realidade física do teatro constitui a fonte tanto do poder único do teatro quanto de sua perpétua autorrenovação, pois ele consome "o real em suas formas realistas" e converte constantemente essa realidade, primeiro em imagem, depois em convenção.[38] Jean Alter, em *A Sociosemiotic Theory of Theatre* [*Uma teoria sociossemiótica do teatro*] (1990), desenvolve uma "visão binocular" paralela, declarando o teatro envolvido sempre com uma *função referencial* semiótica, carregada de informação, e com uma *função performativa* mais fenomenológica, partilhada por eventos como os esportes ou o circo, que procuram satisfazer e impressionar o público graças a uma exibição de caráter excepcional. O último pode envolver não apenas interpretação, mas qualquer outro aspecto do teatro – e, como é "vivenciado diretamente", deve "escapar às operações da semiose".[39] O título de Alter, bem como a ênfase de sua semiótica na referencialidade à custa da significação, reflete a crescente preocupação do trabalho da moderna semiologia com a contextualização específica do signo. Conforme observa Alter, a referencialidade ultrapassa a semiose geral para analisar "uma manifestação concreta, num dado tempo e num dado espaço".[40]

Na América de início dos anos 80, o desenvolvimento mais rico e extenso que se observou nas estratégias relacionadas aos teóricos pós-estruturalistas europeus deveu-se a Herbert Blau em *Take Up the Bodies*: Theatre at the Vanishing Point (1982), nos seis ensaios reunidos em *Blooded Thought* (1982), no posterior "Universals of Performance" (1983) e em "Ideology and Performance" (1983). A preocupação com o drama como conjunto artístico socialmente relevante, presente na obra precedente de Blau, *The Impossible Theatre*, é substituída nesses ensaios pelo tratamento dos processos teatrais básicos e da representação, bem como de sua relação com a consciência do ator e do espectador individuais. Em certo sentido, Blau começa por onde Féral acabou. Também ele vê a representação como a esfera do deslocamento, do fluxo erótico e do desejo. Não aceita, entretanto, a postura de Féral (e, anteriormente, de Artaud) segundo a qual a "representação" deve oferecer, para a experiência, uma oportunidade não contaminada pela significação e codificação do "teatro". "Não há nada de mais ilusório na representação do que a ilusão do não mediado", insiste Blau. "Trata--se de uma poderosa ilusão no teatro, mas *é* o teatro, e é o *teatro*, a verdade da ilusão, que assombra *toda* representação, quer ela aconteça ou não num teatro."[41]

A busca da experiência não mediada por Artaud e outros fracassou. "No ato de ver", sustenta Blau, "já há teoria".[42] Esse processo de reflexão impinge-nos a certeza de que há algo na natureza tanto do teatro quanto da representação que "não implica um *tempo inicial*, uma origem, mas apenas recorrência e reprodução".[43] De parelha com Freud, e em caráter mais imediato com Derrida e Lacan, Blau considera essa repetição inevitável o produto de um dualismo irredutível, de nosso conhecimento da morte na origem da vida, conhecimento que "repele a presença pura e nos condena à repetição". A vida pode defender-se da morte "apenas por meio de uma economia da morte, do adiamento, da repetição, da reserva".[44] O contato da vida e da morte, violência primal não apreensível diretamente pela psique, permeia toda repetição (e toda representação) com o remanescente, o traço dentro da repetição de algo que não é repetição. Esse algo, resistência ou "atrito", encoraja o sonho irrealizável de uma experiência original realizada.

Como Richard Foreman, Blau ocupa-se da "percepção refletida sobre si mesma",[45] mas, em vez de buscar apenas a articulação desse processo, persegue a iluminação de sua origem, aquele "instante privilegiado" em que a representação *começa*, em que tudo o que existia antes da representação nela se "precipita".[46] A representação dota de um corpo visível (numa outra terminologia de Blau, "amortiza") aquilo que não estava lá e, no processo, deixa somente um fantasma, um "atrito" de sua origem. A pergunta de Blau: "O teatro presentifica, mas presentifica o *quê?* constitui, pois, o problema central da representação sem entretanto admitir uma resposta direta, porquanto a memória, como o próprio pensamento, não pode ir além da barreira da precipitação. O que a teoria consegue obter no máximo – e é o que Blau procura – é aproximar-se o mais possível dessa barreira na tentativa de captar a dinâmica do instante criador, quando o que não é passa a ser, nascendo para a realidade apenas com uma pálida lembrança do que foi.[47]

A desconstrução da metafísica da presença, como Blau e Derrida deixaram claro em sua análise de Artaud, é tema de particular relevância no teatro. Uma das maiores preocupações da prática experimental e da teoria, nos anos 60 e começo da década de 1970, baseava-se francamente na presença implícita na representação. Após Derrida, conforme assinala Elinor Fuchs em "Presence and the Revenge of Writing: Rethinking Theatre after Derrida" ["Presença e vingança da escrita: repensando o teatro depois de Derrida") (1985), esse teatro vanguardista da presença tendeu a dar lugar a um teatro da ausência que rejeitava "o empreendimento teatral de fala espontânea com suas reivindicações logocêntricas de iniciativa, autoridade, autenticidade – em suma, Presença" e postulava, em vez disso, uma representação capaz de "dispersar o centro, deslocar o sujeito, desestabilizar a significação".[48] Essa nova orientação passou a ser tão importante que Roger Copeland, em "The Presence of Mediation" ["A presença da mediação"] (1990), insinuou que o conflito teórico representado pela teoria metafísica de Artaud e pela teoria social de Brecht estava talvez sendo substituído, como ponto central, pelo conflito entre uma teoria da presença, tal qual a de Artaud, e as teorias da ausência ao estilo de Derrida e Jean Baudrillard.

O ensaio de Copeland apareceu em 1990 num número especial de *TDR* dedicado ao tema "Simulações", conceito em ascensão na teoria da representação. O termo foi proposto pelo teórico francês Baudrillard, para quem o mundo pós-moderno superou preocupações como a lógica marxista da produção e do conflito de classes, na qual os signos sociais ainda podiam vincular-se à realidade, em proveito de um mundo teatralizado da "hiper-realidade", dominado por imagens e espetáculos, por um jogo livre de signos em que a realidade se define como "aquilo de que é possível fornecer uma reprodução equivalente" e o real é "não só o que pode ser reproduzido, mas o que sempre o foi".[49] No ensaio introdutório desse número, Sally Banes afirma que no mundo cibernético da hiper-realidade o teatro "não oferece mais artifício ou autenticidade que a vida cotidiana, e sim um espaço onde se cruzam as referências às simulações".[50] A crescente importância das simulações, na mídia e em outros lugares, resultou numa teatralização da realidade mais extrema e abrangente do que a anteriormente sugerida por teóricos sociais como Goffman. Bruce Wilshire replicou a esse novo desafio em "The Concept of the Paratheatrical" ["O conceito do parateatral"] (1990), com base na sanidade e na responsabilidade ética, insistindo em que, a despeito da interpenetração do teatro e da realidade, o evento parateatral ainda exige limitação espacial e temporal.[51] De outro modo mergulharíamos num mundo de puro artifício e irresponsabilidade, na verdade o mundo que segundo Baudrillard nós já habitamos. Responsabilidade similar, posto que mais ontológica que ética, é invocada por Josette Féral em obras mais recentes como "La performance" ["A representação"] (1989). Embora ela reconheça o risco atual de o corpo "dissolver-se no vazio da máquina", sente que o intérprete pode ainda marcar presença jogando com a possibilidade paradoxal de manipular a própria máquina que o "assombra e substitui".[52]

Outro tema importante na moderna teoria da representação foi também posto em xeque pela teoria pós-estruturalista. Trata-se da esperança, relacionada com fontes como o teatro alquímico de Artaud e o teatro liminar de Turner, de que a representação, mais fundamental que a linguagem, seja utilizada para criar uma comunidade fora ou distanciada dos limites culturais. Peter Brook talvez seja o mais conhecido defensor do teatro "internacional", cujo objetivo é "articular uma arte universal que transcenda o nacionalismo estreito em sua tentativa de alcançar a essência humana".[53] Blau, ao contrário, considera a representação "um testemunho daquilo que separa": se há nela algo que possa integrar culturas é o senso universal de uma brecha primeva, sugerida pelo intérprete que, "numa individuação ou deslocamento primordial, nasce no sítio do Outro".[54] Ainda aqui é notória a influência de Lacan e Derrida, mas essa abordagem reflete também o romantismo alemão, no qual surgia igualmente a ideia de uma individuação primordial geradora de reflexão e consciência, embora ao preço de um eterno senso de perda e uma ânsia ambivalente de retorno ao estado original do Nirvana budista, tal qual buscado por Schopenhauer, ou do êxtase dionisíaco tal qual descrito por Nietzsche. Todavia a consciência e a reflexão, como o conceito afim de Schiller do sentimental, uma vez alcançadas não são facilmente descartadas (sabem-no muito bem os românticos), de sorte que todas as tentativas nessa direção apenas acrescentam novas camadas ao processo reflexivo. Em termos mais modernos, acrescentam novas substituições, novos deslocamentos.

Essas abordagens metafísicas e psicanalíticas fomentaram grandemente, durante os anos 80, o novo interesse teórico pelo papel da plateia, mas outros tratamentos foram também explorados. Apareceram importantes estudos sobre os dois aspectos tradicionais da resposta da plateia, *Distance in the Theatre* [Distância no teatro] (1984), de Daphna Ben Chaim, e *Catharsis* [Catarse], de Freddie Rokem. Um corpo novo e substancial de teoria "pragmática" desenvolveu-se igualmente, nele se distinguindo duas orientações gerais. Uma, que podemos chamar de empírica (alguns de seus adeptos dizem "analítica"), baseia sua metodologia em estratégias de análises de dados oriundas das ciências e das ciências sociais. A outra pode ser chamada de estética da recepção, a partir da *Rezeptionsaesthetik* desenvolvida na Alemanha, ao longo da década de 1970, sobretudo por Hans Robert Jauss e Wolfgang Iser.

Em introdução à coletânea *Semiotics of Drama and Theatre* (1984), Aloysius van Kesteren pedia uma pesquisa teatral "analítica" fundada na "filosofia e lógica da ciência", como forma de "desinfetar" a disciplina da "sujeira hermenêutica e outras de natureza não analítica" atiradas a ela por teóricos psicológicos, filosóficos, políticos e semióticos.[55] Nem todos os ensaios da coletânea respondem ao modo teórico postulado por Kesteren, mas fica claro que seus modelos nucleares são as análises matemáticas de Mihai Dinu na Romênia e, mais recentemente, as experiências realizadas na Holanda pelo Utrecht Instituut voor Theaterwetenschap, sobretudo as de Ed Tan (Amsterdã), Henri Schoenmakers (Utrecht) e o próprio Kesteren (Leiden). Os três já estavam anteriormente representados por ensaios numa seção dedicada a estudos empíricos da coletânea *Theatre Semiotics* [Semiótica teatral] (1982), de Ernst Hess-Lüttich.[56] Juntamente com outros colegas, eles publicaram ensaios individuais e uma coletânea, *Performance Theory* [Teoria da representação] (1986), através de seu "European Committee for Reception and Audience Research". Esse rumo de pesquisa parece promissor, mas infelizmente os membros do Instituut, a despeito de alardearem altos padrões e empreenderem experiências interessantes e imaginativas, revelam às vezes tão pouca familiaridade com a metodologia científica que essa falha solapa a validade de boa parte do trabalho que empreenderam.[57] Dos colaboradores regulares das publicações do Instituut, apenas Wilfried Passow, de Munique, procurou evitar a armadilha metodológica, principalmente ao minimizar a ênfase na análise estatística. Seu "Affekt und Wirkung" ["Emoção e reação"] (1982) constitui importante contribuição para a análise da recepção quando ressalta a utilidade da ideia de Peirce do Interpretante, em especial tal como foi elaborada num texto inédito de T. L. Short, escrito em 1979, que Passow cita com certa minúcia. Short e Passow observam que Peirce fala de três tipos de Interpretante – lógico, energético e emocional – e preceituam uma análise mais programática dos dois últimos.

O primeiro estudo aprofundado da *Rezeptionsaesthetik* foi o livro com esse título de Rainer Warning, publicado em 1975. Nele, o autor remonta a moderna análise da recepção à escola de Praga, lembrando que Mukařovský insistia numa certa "indeterminação da referencialidade específica da obra de arte", já que o indivíduo que a percebe "de forma alguma responde com apenas uma reação comum, mas com todo o ímpeto de sua posição no mundo e na realidade".[58] Os escritos mais recentes de Jauss e Iser tratam unicamente de textos literários e leitores; entretanto, suas conclusões e metodologia revelaram-se altamente proveitosas também para os teóricos da recepção teatral. De particular relevância foi a insistência de Jauss no texto de final aberto, na capacidade deste de concretizar a produção de uma dialética constantemente variável entre o "horizonte de expectativas" da obra e o mutável "horizonte de expectativas" do leitor.[59] O modelo de concretização de Iser coloca o leitor no papel de co-produtor do texto, a preencher criativamente as lacunas (*Leerstellen*) deixadas nesse texto pelo autor.[60] Esse modelo evoca de perto o de Anne Ubersfeld em *Lire le théâtre* [Ler o teatro], que descreve o texto dramático como *troué*, isto é, eivado de "buracos" a serem tapados pela produção teatral.

Uma ponte entre a teoria da recepção alemã dos anos 70 e as preocupações com a plateia na teoria semiótica dos anos 80 foi lançada por Umberto Eco em *O papel do leitor* (1979). Quando Marco de Marinis se queixou de um "vazio teórico referente ao papel do espectador" em seu "L'esperienza dello spettatore" ["A experiência do espectador"] (1984),[61] ignorando aparentemente os novos trabalhos de teóricos como Helbo e Ubersfeld, talvez o fizesse por estar à cata de uma abordagem pragmática semelhante à de Eco, Iser e Jauss. Dois conceitos centrais de Eco são aplicados à análise do teatro por Marinis em seu livro *Semiotica del teatro* [Semiótica do teatro] (1982) e numa série de artigos em italiano, espanhol e inglês que culminou com "Dramaturgia do espectador" (1987). Um deles foi "O Espectador-modelo", baseado no "Leitor-modelo" de Eco e outros teóricos da leitura – a pessoa a quem o texto é dirigido, supostamente capaz de lidar interpretativamente com ele da mesma maneira que seu produtor o abordou generativamente.[62] O outro conceito é o de textos abertos e fechados, revivido por Eco a partir de teóricos alemães do começo do século XX como Walzel e Petsch e que em Marinis (o drama didático tende para o fechado, a vanguarda moderna para o aberto) se aproxima bastante de sua formulação por Walzel setenta anos antes. Marinis afastou-se do "Espectador-modelo" num artigo de 1989 publicado em número especial de *Zeitschrift für Semiotik* dedicado à semiótica do teatro, favorecendo um "Observador" menos totalizado e mais pragmático, uma "categoria antropológica altamente complexa e concreta" que responde à singularidade da ocasião de acordo com "fatores socioeconômicos e psicológicos, culturais e mesmo biológicos".[63]

Um número especial de *Versus*, em 1985, ocupou-se do tema "Semiotica della ricezione teatrale" ["Semiótica da recepção teatral"]. Em "Drammaturgia dello spettacolo e dello spettatore" ["Dramaturgia do espetáculo e do espectador"], Franco Ruffini se vale do utilíssimo conceito duplo da "autonomia artística controlada" do espectador,[64] mas a maioria desses ensaios trata primariamente tanto do controle, focalizando o texto literário, quanto da autonomia, não negando o estímulo do texto porém enfatizando a dinâmica das múltiplas respostas da plateia a ele. Essas orientações divergentes são típicas de inúmeras análises modernas do teatro voltadas para a recepção. Vários teóricos, na década de 1980, interessaram-se particularmente pelo conceito semiótico de referente, aquilo a que o signo se refere, e ao discutir o teatro revelaram a tendência a privilegiar o texto escrito. Jean Alter, em "Du référent probable" ["Do referente provável"] (1986) e "Waiting for the Referent: Waiting for Godot?" ["Esperando o referente: esperando Godot?"] (1987), mostra preocupação com a popularidade de uma visão desconstrutiva da literatura que solaparia por inteiro os referentes.[65] Os textos literários colocam certos limites à representação e o leitor deles, insiste Alter, deve evitar a sedução da representação mental enquanto os lê e aferrar-se aos referentes literários. Da mesma forma, Michael Issacharoff, em *Discourse as Performance* [*O discurso como representação*] (1989), argumenta que o semiólogo do teatro "só tem a opção de voltar ... ao roteiro – único elemento constante" e confina sua análise ao que denomina "representação virtual" inscrita no roteiro.[66]

Mais nitidamente orientados para a plateia são os três ensaios contidos em meu *Theatre Semiotics*: Signs of Life [*Semiótica do teatro: signos de vida*] (1990), cuja seção final é intitulada "Improvisação da plateia". "Theatre Audiences and the Reading of Performance" ["Plateias teatrais e leitura da representação"] aplica estratégias colhidas de Jser, Iauss e Fish à experiência do teatro e chama a atenção para a utilidade da definição de leitura dada por Tony Bennett: "Meios e mecanismos pelos quais todos os textos – literários, fílmicos, televisivos; ficcionais ou não – podem ser 'produtivamente ativados' durante aquilo que tradicionalmente, mas impropriamente, é tido como o processo de seu consumo ou recepção".[67] Os outros ensaios exploram algumas razões pelas quais essa ativação produtiva pode ser tão variada. "Psychic Polyphony" ["Polifonia psíquica"] observa que a representação física, no teatro, envolve normalmente "a expressão simultânea de diversas linhas psíquicas de ação, ensejando ao espectador uma opção de enfoque e variedade no processo combinatório".[68] "Local Semiosis and Theatrical Interpretation" ["Semiose local e interpretação teatral"] toma seu nome do estudo antropológico de Clifford Geertz, *Local Knowledge* [*Conhecimento local*] (1983), e explora para o teatro algumas das implicações históricas do ensaio de Geertz contido no volume, "Art as a Cultural System" ["A arte como sistema cultural"]. Sustento que a abertura semiótica do teatro, historicamente antecipada por realizações físicas constantemente mutáveis, torna-o "uma das áreas mais ricas e recompensadoras da arte na exploração do jogo recíproco entre arte e cultura".[69] A ativação da plateia também é preocupação de Michael Quinn em "Celebrity and the Semiotics of Acting" ["Celebridade e semiótica da interpretação"], que aponta uma lacuna nos modelos tradicionais da teoria da interpretação, em que "a influência difusa e a semiótica embutida da celebridade" permanecem irreconhecíveis mesmo em estudos que aceitam o papel-chave desempenhado pelo processo conativo da plateia na criação do evento representacional.[70] Quinn discute como a notoriedade pública da "celebridade" no palco enseja um ponto de ruptura da autoridade do conjunto artístico, a estrutura econômica do teatro e a resposta crítica à produção.

Um crescente interesse no papel da plateia pôde ser claramente detectado em dois substanciais estudos de 1990, *Theatre Audiences* [*Plateias teatrais*], de Susan Bennett, e *The Audience* [*A plateia*], de Herbert Blau. Bennett analisa a compreensão cultural do espectador e sua experiência do teatro como a intersecção de dois planos, um plano externo referente ao teatro como construto cultural, envolvendo primeiro "a ideia do evento teatral, a escolha do material para a produção e a definição da plateia, bem como as expectativas da representação", e um plano interno, contendo o encontro com o mundo cênico ficcional e envolvendo "estratégias de produção, supercodificação ideológica e as condições materiais do espetáculo".[71]

Se Bennett enfatiza tanto as condições materiais quanto culturais da representação, incluindo preocupações como arquitetura teatral, publicidade, programas e bilheteria, Blau aborda a experiência do público de um modo mais abstrato, como nexo não só do teatro e da plateia, mas ainda da expressão cultural e da compreensão psicanalítica. Baseando-se em sua própria obra teórica anterior sobre a fenomenologia da percepção, numa análise do teatro e da representação experimental do último quarto de século e nas especulações de teóricos como Brecht, Artaud, Freud e os pós-modernos franceses Derrida, Lacan e Foucault, Blau considera a plateia "não um mero ajuntamento de pessoas, e sim um corpo de pensamento e desejo". Ela se torna um corpo "precipitado" pela representação, um corpo cujo papel é observar não só a representação como a si próprio também e cuja existência envolve invariavelmente questões de "figuração, repressão, alteridade, política do inconsciente, ideologia e poder", além de problemas de "memória, reflexo, perspectiva e espacialização do pensamento".[72]

De novo Blau explora os segredos reprimidos da figuração, o desejo que o público sente de ver aquilo que não pode tolerar, aquilo que mais deseja repelir, de captar para além do teatro a coisa escorregadia e temível que forceja por não se tornar teatro. A ruptura entre o olho do espectador e aquilo que a figuração esconde em sua luta para mostrar reflete-se numa separação operada no seio da própria plateia. Se o sonho continua a ser a comunidade e a cura, as expressões mais profundas do teatro lembram-nos uma separação e uma dor originais. Desde os tempos mais recuados o teatro tem sido não uma afirmação da comunidade, mas o sinal de sua desagregação; ele "nos junta como *alienados*".[73] A partir desse ponto de vista, Blau retoma provocativamente muitas das preocupações tradicionais da teoria do teatro e da plateia – empatia e alienação, catarse, ilusão e perspectiva, a natureza da verdade no teatro.

Nos anos 80, a intensa preocupação da teoria semiótica com o papel da plateia envolveu naturalmente uma atenção maior ao posicionamento social, cultural e político do evento teatral como um todo. Com a crescente internacionalização do teatro, os projetos interculturais de grandes diretores como Ariane Mnouchkine, Eugenio Barba e Peter Brook, e o interesse cada vez mais aguçado pelo teatro alheio ao fluxo cultural tradicional, essa ênfase encorajou o florescimento de estudos interculturais no final da década de 1980. Sintomaticamente, tanto Patrice Pavis quanto Erika Fischer-Lichte, líderes no campo da semiótica teatral na França e na Alemanha, voltaram suas pesquisas nessa direção e iniciaram os anos 90 editando coletâneas de ensaios sobre interculturalismo. Num mundo de constante mescla cultural, os ensaios ali contidos procuram compreender a inscrição de textos "em contextos e culturas, além de apreciar a produção cultural desses transmissores inesperados".[74]

Enquanto o campo da semiótica se dirigia para a contextualização social e cultural, outras metodologias mais diretamente ideológicas também se desenvolviam no período, abrindo novas e ricas áreas de discurso teórico. Embora extremamente variadas na obra dos teóricos individuais, essas abordagens se agrupavam de um modo geral sob três rubricas: o materialismo cultural inglês, seu parente próximo, o *new historicism* americano, e o vastíssimo campo internacional da teoria feminista. Shakespeare e o Renascimento inglês ocupam tradicionalmente uma posição tão central na consciência dramática da Inglaterra que não surpreende tenham inúmeras obras representativas de cada uma dessas abordagens perfilhado semelhante tema. Com efeito, a nova década foi profeticamente inaugurada na América com a publicação de *Renaissance Self-Fashioning*, obra emblemática do *new historicism* da autoria de Stephen Greenblatt, e *The Woman's Part*, a primeira antologia da crítica feminista de Shakespeare.[75]

O termo e a abordagem geral do materialismo cultural provêm da obra tardia de Raymond Williams, que numa série de trabalhos importantes publicados no final da década de 1970 e início da de 1980 aplicou o estudo fundamentalmente marxista da dinâmica social a uma vasta gama de fenômenos culturais, incluindo-se o drama.[76] Segundo Williams, a literatura e a arte "podem apresentar traços específicos como práticas, mas não devem ser isoladas do processo social geral".[77] A crítica materialista opõe-se assim, naturalmente, à tendência idealista de ver a arte como uma esfera particular da experiência ou conhecimento, distanciada da realidade social. Todavia, opõe-se também à tendência da antiga crítica historicamente orientada de buscar uma "mundivisão" monolítica por trás das obras de arte específicas de qualquer período. Em vez disso, a atenção se dirige para a "ideologia", conceito mais complexo e dinâmico. Em toda sociedade, vemos crenças variadas em constante negociação pelo poder. Os grupos dominantes lutam para se perpetuar consolidando uma estrutura de crenças ou ideologia e reivindicando para essa ideologia um caráter universal; criam, assim, um consenso social a que Antonio Gramsci deu o nome, ora popular, de "hegemonia".

No entanto, forças contra-hegemônicas – residuais, emergentes, subordinadas ou oposicionais – tentam continuamente subverter a ordem que procura contê-las, e cada qual pode adaptar estratégias de outra em sua luta sem fim. Conforme observa Williams em *Marxism and Literature* [*Marxismo e literatura*] (1977), "a ênfase alternativa, política e cultural, bem como as diversas formas de oposição e luta, são importantes não apenas por si mesmas, mas como traços indicativos daquilo que o processo hegemônico utilizou, na prática, para exercer o controle".[78] Os centros tradicionais de atenção teórica e crítica – o autor, o cânone, o texto orgânico – são aqui substituídos pelo estudo das formas e fluxos de poder. O texto dramático torna-se o terreno para a negociação, a autorização, a interrogação, a subversão, a abrangência e a recuperação do poder.

Esse direcionamento é claramente retomado na Introdução a *Shakespeare Reproduced* [*Shakespeare reproduzido*] (1987), ensaios de um seminário sobre Shakespeare e ideologia realizado em Berlim, em 1986. Ali, observa-se que "falar a respeito de peças na história significa, pois, ver o teatro não apenas como filiado a outras práticas culturais e como ponto de convergência de discursos conflitantes, mas como instituição material cuja concretude e localização específica dentro da formação social afetam sua produção e disseminação ideológica".[79] Na obra dos materialistas culturais britânicos, não só o texto dramático, mas também a interpretação individual ou mesmo o encontro com o texto tornam-se um terreno complexo de negociação política e ideológica. Alan Sinfield, por exemplo, explorou (juntamente com Jonathan Dollimore) a ideologia do texto de *Henrique IV*, da organização e história da Royal Shakespeare Company e do ensino de Shakespeare nas escolas britânicas.[80] O Prefácio a *Political Shakespeare* [*Shakespeare político*], editado por Sinfield e Dollimore em 1985, enfatiza que "a história relevante não é somente a de quatro séculos atrás, pois a cultura se elabora sem cessar e o texto shakespeariano é reconstruído, reavaliado e atualizado o tempo todo por meio de diferentes instituições em contextos específicos".[81]

Roger Howard, dramaturgo, diretor teatral e teórico, aplicou essas preocupações à feitura da moderna tragédia "materialista". Em "Thesis on the Material Method" ["Tese sobre o método material"] (1977), ele tentou recuperar para essa tragédia os velhos termos "liberdade" e "necessidade", definindo o primeiro como a capacidade do indivíduo ou de um movimento, e o segundo como as condições sociais reinantes num dado momento histórico.[82] Mais tarde, em 1980, colocou esse conflito em termos de uma contradição entre a humanidade do indivíduo e o papel que ele é forçado a desempenhar na sociedade. Howard concorda também com Brecht quanto a repelir a narrativa unificada em favor de "uma prática incompleta e aberta capaz de gerar um teatro tão complicado, fragmentado e contraditório em relação à nossa própria experiência de vida"; todavia, em lugar do desapego de Brecht, preceitua a emoção, o envolvimento emocional que as pessoas experimentam em suas próprias vidas, o que Howard considera a fonte da ideologia.[83]

Os *new historicists* americanos, porém, preferiam focalizar as condições originais dos textos dramáticos que estudavam (Stephen Greenblatt observou no seminário de 1986 em Berlim que seu interesse não se voltava para o "Shakespeare vivo, mas para o Shakespeare morto",[84] comentário quase impensável da parte de um materialista britânico) e atentar particularmente para questões como poder, autoridade e subversão subjacentes a tais textos. Essa atenção pode atribuir-se em grande parte ao teórico francês da cultura Michel Foucault, que inspirou inúmeros teóricos contemporâneos do teatro, sobretudo americanos. Foucault ressalta a difusão e centralidade do poder, "não porque ele tenha o privilégio de consolidar todas as coisas sob sua invencível unidade, mas porque é produzido de um momento a outro, em qualquer ponto ou, antes, em qualquer movimento de um ponto a outro".[85] Há também, conforme salienta Walter Cohen em seu utilíssimo ensaio "Political Criticism of Shakespeare" ["Crítica política de Shakespeare"] (1987), uma clara influência da nova história social francesa da Escola dos *Annales*, que vê todos os aspectos de uma sociedade como inter-relacionados e logra assim buscar pares de fenômenos sociais pouco convencionais para se esclarecerem mutuamente. Por essa razão, observa Cohen, os *new historicists* foram procurar esclarecimentos para os textos dramáticos em outros discursos culturais, todos não literários e muitos nada convencionais: "sonhos, festivais populares ou aristocráticos, denúncias de feitiçaria, tratados sexuais, diários e autobiografias, moldes de roupas, reportagens sobre doenças, certidões de nascimento e óbito, prontuários de hospícios".[86]

Stephen Greenblatt, que cunhou o termo *"new historicism"*, permaneceu no centro do movimento, tendo sua orientação teórica contribuído enormemente para dar-lhe corpo. Como já vimos, Greenblatt preocupa-se menos com a cultura atual do que com a análise da do passado; tanto em termos de orientação quanto de abordagem, o *new historicism* revelou-se menos político que o materialismo cultural britânico, aproximando-se (a despeito de seu travo marxista) da atitude apolítica de diversas obras pós-estruturalistas. Essa tendência se robusteceu à medida que se desenvolviam as estratégias teóricas de Greenblatt. Em escritos anteriores, ele tendia a ver o drama como um mediador de relações de poder, mas em *Shakespearian Negotiations* [*Negociações shakespearianas*] (1988), cujo ensaio-chave, "Invisible Bullets" ["Balas invisíveis"], apareceu sob diversas formas a partir de 1981, analisa o teatro, em termos verdadeiramente pós-estruturalistas, como um agente na circulação da "energia social". Já não se vê o teatro como um agente, efetivo ou não, do poder oficial, e sim como um nexo que "procura deslocar todas as linhas oficiais".[87] Ele é um espaço de luta e fluxo oscilando entre desejo e frustração, crença e desmistificação, não um agente possível de mudança social mas sim um *locus* de energias ambíguas pouco diferente do local de representação pós-estruturalista de Féral.

Visão similar do teatro como terreno de contradição e negociação inspira outro trabalho capital do *new historicism*, a obra de Steven Mullaney intitulada *The Place of the Stage* [*O lugar do teatro*] (1988). Começando, não pelo texto dramático, mas pela topografia da Londres renascentista e a localização das casas de espetáculo, Mullaney ressalta a marginalidade e a ambiguidade do teatro. Em termos que evocam Victor Turner, ele vê o teatro como uma instituição restritiva, necessária ao poder dominante como um terreno para a tentativa de colonização ou dominação de discursos desautorizados, subversivos, mas também perigosa porque a abertura desse espaço de negociação nunca leva à assimilação total daqueles discursos, mas até os lança na circulação cultural. Assim, o palco de Shakespeare, para Mullaney, "acha-se na soleira da autoridade, no horizonte dos poderes de contenção e controle da época".[88] Essa posição restritiva revela-se essencial para o funcionamento significativo do teatro no seio de uma cultura.

A obra de John Snyder, *Prospects of Power* [*Perspectivas do poder*] (1990), aplica uma análise similar ao conceito de gênero, negando as "explicações" tradicionais desse termo por intenção autoral ou referência a uma estrutura profunda ou significado transcendental; ao contrário, Snyder recorre à desconstrução e a teóricos marxistas recentes como Fredric Jameson para ver o gênero como *"operação* historicamente gerada e modificada", que libera o texto de eventos singulares e lhe permite operar como ideologia.[89] Para Snyder, os gêneros tradicionais estão envolvidos com as configurações de poder. O jogo da tragédia, por exemplo, explora o poder na esfera política.

Uma preocupação comum com ideologia, cultura e estruturas de poder pode sugerir estreita relação entre as abordagens teóricas do *new historicism* e do feminismo mas, de fato, ambas tiveram tarefas diferentes, como era claro pelo menos já em 1986, quando de um sério confronto entre representantes das duas abordagens durante o seminário "Images of Gender and Power in Shakespeare and Renaissance Culture" ["Imagens de sexo e poder em Shakespeare e na cultura renascentista"], realizado em Berlim Ocidental. Embora o feminismo seja um campo de especulação teórica bem mais vasto e diversificado do que o *new historicism*, deve-se reconhecer ainda que este difere em geral daquele não apenas por sua má vontade em tomar as diferenças de sexo como preocupação central no estudo da ideologia e do poder, mas também por sua ênfase na cultura do passado e sua relativa indiferença às preocupações contemporâneas. Ambas essas generalizações, com toda a probabilidade, tornar-se-ão menos verdadeiras à medida que mais teóricos utilizarem estratégias de tal tipo. Já Louis Montrose, em ensaios como *"A Midsummer Night's Dream* and the Shaping of Elizabethan Culture: Gender, Power, Form" [*"Sonho de uma noite de verão* e a formação da cultura elisabetana: sexo, poder, forma"] (1986), abordou as preocupações feministas fundamentais de uma maneira neo-historicista.[90] A ênfase renascentista não é vista pelos escritores como incidente mais nos estudos teatrais que nos literários, conforme vislumbramos na primeira coletânea de ensaios que aplica as concepções de ideologia e poder ao discurso teatral: *The Performance of Power* [*O desempenho do poder*] (1991). Apenas dois de seus vinte ensaios se ocupam de temas do Renascimento. Os outros cobrem toda uma gama de assuntos, desde "The Eurocolonial Reception of Sanskrit Poetics" ["A recepção eurocolonial da poética sânscrita"], de Sue-Ellen Case, até "The Politics of the Wooster Group's Second Trilogy" ["A política da segunda trilogia do Wooster Group"], de David Savran. Talvez mais intrigante, lembrando a autoanálise do materialismo cultural britânico, seja a seção final de ensaios sobre a dinâmica política do estudo do teatro no mundo acadêmico contemporâneo. Segundo observam Case e Janelle Reinelt em sua introdução, questões de representação, cânone, limites disciplinares, culturais e metodológicos não são de forma alguma meramente "acadêmicas". Ao contrário, "baseiam-se nas estruturas econômicas e sociais da sociedade que, por sua vez, moldam a academia".[91]

Os ensaios contidos em *Critical Theory and Performance* [*Teoria crítica e representação*] (1992), editados por Reinelt e Joseph Roach, oferecem um excelente exame sinótico do panorama contemporâneo da teoria do teatro, com seções dedicadas aos estudos culturais, semiótica e desconstrução, teoria pós-marxista, feminismos, historiografia, psicanálise, hermenêutica e fenomenologia. Não obstante, referências aos discursos do poder, ideologia e representação aparecem em quase todas as seções, sendo comuns as alusões a Foucault, Gramsci, Fredric Jameson e Raymond Williams. A preocupação de Jameson com as vozes marginais, sufocadas pela cultura dominante, é utilizada por Ellen Donkin na análise dos conflitos históricos vividos por Mrs. Siddons, e sua crítica da tendência anti-histórica do pós-modernismo dá substância ao exame empreendido por Philip Auslander da comédia *stand-up* contemporânea.[92] Williams é o responsável pela estrutura intelectual de diversos ensaios, como "Historicizing the Relations of Theatrical Production" ["Historicizando as relações da produção teatral"], de Bruce McConachie, que termina pelo apelo a uma" sociologia histórica do teatro", envolvendo questões como "as relações entre formas históricas de expressão teatral e a ideologia dominante de uma dada época, bem como o papel do teatro na reprodução, modificação ou contestação das relações hegemônicas de produção".[93] Nos ensaios finais, da autoria de Sue-Ellen Case e Herbert Blau, tais temas são novamente trazidos à baila. Conforme observa Case, "o momento histórico configura as intervenções do poder dominante e suas instituições". Tanto as nossas ideias quanto a recepção delas estão sujeitas a condições materiais.[94]

O feminismo, sob diversas formas, forneceu uma fonte particularmente rica e variada de textos teóricos sobre o teatro desde os primórdios da década de 1980. Como foi quase sempre o caso com as modernas estratégias teóricas, os alicerces para a teoria feminista partiram de outras disciplinas, sobretudo dos estudos literários, antes de serem aplicados ao teatro. Nos anos 70, desenvolveu-se rapidamente o interesse pelas abordagens feministas da literatura e das ciências sociais, abordagens que se tornaram importante setor da análise cultural por volta de 1975, ano de contribuições importantíssimas. O primeiro número de *Signs*, novo e influente jornal de estudos feministas, trazia um notável exame crítico, "Literary Criticism" ["Crítica literária"], por Elaine Showalter, que haveria de se tornar, ela própria, uma teórica de primeiro nível. A antologia de Josephine Donovan, *Feminist Literary Criticism* [*Crítica literária feminista*], e "Some Notes on Defining a 'Feminist Literary Criticism'" ["Algumas notas sobre a definição de uma 'crítica literária feminista'"] começaram a explorar as dimensões e implicações desse novo campo teórico.[95] Estudos feministas de grande repercussão, na área da antropologia (por Gayle Rubin) e na teoria cinematográfica (por Laura Mulvey), também vieram a público naquele ano. Os dois ensaios eram importantes para a obra teórica em que se abeberaram e que eles tanto contribuíram para popularizar na teoria feminista posterior – o marxismo e o estruturalismo de Levi-Strauss, o freudianismo em "The Traffic in Women" ["O tráfico de mulheres"], de Rubin, a semiótica e a teoria psicanalítica em "Visual Pleasure and Narrative Cinema" ["Prazer visual e cinema narrativo"],[96] de Mulvey, e *Feminist Theories for Dramatic Criticism* [*Teorias feministas para a crítica dramática*], de Gayle Austin, oferecem uma visão panorâmica muito útil das diversas teorias feministas desenvolvidas no cinema, na literatura e nas ciências sociais, com possível aplicação à análise dramática.

Os estudos sobre Shakespeare tornaram-se para a teoria feminista, como para o novo historicismo, a primeira grande área de aplicação dessas preocupações aos tópicos do teatro. Várias antologias que examinavam as imagens das mulheres em Shakespeare apareceram no começo dos anos 80, encabeçadas por *The Woman Part*: Feminist Criticism of Shakespeare [*O papel da mulher*: crítica feminista de Shakespeare], publicado em 1980.[97] Passados poucos anos, as preocupações das mulheres estavam sendo exploradas numa ampla variedade de teatro e representação. A fundação da revista *Women and Performance*, em 1983, e, logo depois, uma virada da Women and Theatre Program of the American Theatre Association para preocupações mais teóricas e feministas foram importantes indicações dessa nova direção.

Na época em que as preocupações feministas entraram na teoria teatral, o movimento geral chamado feminismo no começo dos anos 70 dera lugar a uma complexa rede de feminismos. Sue-Ellen Case, uma líder nesse campo, sugere o seu possível alcance em *Feminism and Theatre* [*Feminismo e teatro*] (1988): "feminismo radical (às vezes chamado feminismo cultural), feminismo liberal, feminismo materialista, feminismo socialista, feminismo marxista, feminismo lésbico, feminismo lésbico radical, posições críticas como uma crítica feminista psicossemiótica e a *écriture féminine* (uma aplicação do feminismo francês)". "Conquanto essas posições se tenham tornado claramente distintas umas das outras", prossegue Case, "a maioria das feministas abrange uma combinação delas".[98] Das várias tentativas de oferecer um ordenamento algo mais simplificado desse campo complexo, a mais útil é provavelmente a das três categorias do feminismo americano – liberal, cultural ou radical – e os feminismos materialistas – propostos por Jill Dolan em *The Feminist Spectator as Critic* [*O espectador feminista como crítico*] (1988) e adaptado por ela de *Feminist Politics and Human Nature* [*Política feminista e natureza humana*] (1983) de Alison Jaggar.[99] Embora o feminismo britânico, como o materialismo cultural britânico, tenha em seu conjunto uma orientação mais diretamente política do que sua contraparte ou suas contrapartes americanas, pode-se perceber uma correspondência aproximada entre as categorias de Dolan e as três principais tendências da teoria feminista britânica sugerida por Michelene Wandor em *Carry on, Understudies* (1986) – feminismo burguês, feminismo radical e feminismo socialista.[100]

Segundo Dolan e Jaggar, o feminismo liberal está estreitamente associado ao humanismo liberal e aos seus objetivos e crenças políticos. Ele encarece a individualidade mas também a humanidade comum, insistindo em que "todos devem receber igual consideração, sem nenhuma discriminação baseada no sexo".[101] Esse enfoque tem sido extremamente importante quanto a chamar a atenção para autoras dramáticas e atrizes de teatro negligenciadas, tanto do passado quanto do presente, mas por definição ele não levou a novas abordagens ou estratégicas teóricas particulares, uma vez que sua agenda preconiza a aplicação de instrumentos teóricos já existentes aos temas feministas que esses instrumentos vêm negligenciando tradicionalmente. A maioria dos teóricos do teatro feminista americanos, embora aplauda as realizações políticas e a nova visibilidade alcançada para as mulheres no teatro pelo feminismo liberal, tem se preocupado ao mesmo tempo com a possibilidade de o recurso a valores e padrões "humanos universais" simplesmente reinscrever as mulheres nos padrões de dominação masculina do passado. Como diz Case em seu ensaio "The Personal Is Not the Political" ["O pessoal não é o político"] (1987), "o velho modelo masculino do movimento romântico ressurgiu: o Artista é um Gênio e a opressão das mulheres desaparece ante as qualidades 'universais' e 'eternas' da arte".[102] Como exemplo notório dessa abordagem teórica "universalista", Dolan cita os comentários de Robert Brustein sobre a bem-sucedida peça de Marsha Norman 'night Mother [Boa noite, mãe] (1983) em The New Republic [A nova República]. Brustein afirma que a peça provou mais uma vez "a duradoura força e validade" da Poética de Aristóteles, ao se mostrar "castamente clássica em sua observância das unidades", e elogia Norman como "um dramaturgo autêntico e universal – não um dramaturgo-mulher, note-se bem, não um dramaturgo regional, não um dramaturgo étnico, mas alguém que fala às preocupações e experiências de toda a humanidade".[103]

O feminismo radical ou cultural vê essa "universalidade" como uma máscara para o patriarcado, o sistema que tradicionalmente tem colocado os homens nas posições de poder familiais, econômicas e políticas, oprimindo as mulheres de todas as classes e raças. Em reação a isso, o feminismo cultural tem procurado definir e respaldar "a noção de uma cultura da mulher, diferente e separada da cultura dos homens".[104] Tendo seu caminho preparado pela teoria literária na França e na América e por peças e representações feministas, o impacto cultural do feminismo sobre a teoria foi a princípio claramente visto num grupo de ensaios publicados em 1984. Linda Walsh Jenkins, escrevendo em Women and Performance [Mulheres e representação], defende um drama "autenticamente feminino", "repleto de signos femininos" e baseado numa "biogramática" derivada de "experiências que o corpo conheceu com base no gênero."[105] Analogamente, Rosemary K. Curb propõe um teatro que exploraria "as dinâmicas dos signos num esforço para criar uma linguagem teatral capaz de comunicar as percepções femininas que têm sido suprimidas pelos pais e por isso parecem inexistentes para a cultura dominante".[106] Uma estratégia para lidar com o problema da criação dessa linguagem sem reproduzir o sistema patriarcal tradicional parece ter sido sugerida pela teoria pós-culturalista na França, especialmente no trabalho de críticas feministas psicanalíticas como Julia Kristeva e Luce Irigaray, que estavam indo além de Derrida e Lacan para desenvolver posições teóricas particularmente feministas. Essas preocupações foram aplicadas ao teatro num influente grupo de três ensaios no número de dezembro de 1984 de Modern Drama [Drama moderno] de Jeannette Savona, Hélène Cixous e Josette Féral.

O sistema lacaniano, na esteira de Freud, coloca o homem na posição de sujeito e a mulher como o Outro, o objeto do desejo. Como observa Case, no "sistema patriarcal de signos as mulheres não têm os mecanismos culturais para construírem a si mesmas como o sujeito e não como o objeto da representação". O resultado é uma cunha introduzida entre o signo "mulher" e as mulheres reais "que insinua a alienação na própria participação das mulheres no sistema da representação teatral."[107] Tal como Derrida o fez, Irigaray e outras desafiaram o "falogocentrismo" de Lacan e do pensamento e da literatura humanistas tradicionais, segundo os quais os pensadores homens estruturaram um sistema baseados em "universais" como a linguagem, a razão, a verdade, a identidade ou o sujeito (Deus, o Homem, o Pai ou o Falo), "enquanto negavam às mulheres qualquer acesso à sua conceptualização".[108] A "realidade" que o teatro reproduz tem sido a realidade dessa cultura falogocêntrica, tendo a mulher como vítima silenciada e objeto. Diz Cixous: "É sempre necessário para uma mulher morrer, a fim de que a peça principie".[109]

A teoria feminista francesa, entretanto, sugere uma estratégia para a criação de um teatro não controlado pelo patriarcado, e isso mediante a substituição da voz masculina por uma voz da *diferença*, uma voz que está menos envolvida, na distinção de Féral, com o "teatro" do que com a "representação". Fortemente inspirada em Irigaray, Féral sugere em "Writing and Displacement" ["Escrita e deslocamento"] (1984) que essa voz feminina seria baseada em preocupações como simultaneidade e contiguidade, sentidos sobrepostos e múltiplos, e em referência a peças como *Portrait de Dora* [*Retrato de Dora*] (1976), obra fundamental do drama feminista moderno. Ela sugere que essas preocupações podem ser vistas em aspectos como a ausência de desenvolvimento linear do enredo, mobilidade e incompletude do texto, diversidade e simultaneidade das vozes e uma linguagem não centrada e sintaticamente fragmentada.[110] O feminismo francês tem exercido também um efeito na Alemanha. Gerlind Reinshagen, descrevendo a diferença entre escrita teatral masculina e feminina, retomou a distinção de Kristeva entre a linguagem semiótica e poética da mãe, suprimida pelo desenvolvimento da linguagem simbólica lógica e discursiva do pai. Em "Frauen Leben eher durch Phantasien" ["As mulheres vivem mais de fantasia"] (1989), Reinshagen declarou que os homens começam a escrever peças como construtores cerebrais e depois se afastam dessa construção, enquanto uma mulher "começa com o semiótico, com as emoções, a partir da confusão, do medo ou do choque que ela experimentou ou viu outros experimentarem" e depois acrescenta estruturas lógicas a isso.[111]

Embora o feminismo materialista compartilhe certas preocupações tanto com o feminismo liberal quanto com o feminismo cultural, ele não visa nem a um objetivo liberal, "que absorveria as mulheres no universal masculino", nem a um objetivo cultural, "que destruiria o equilíbrio de poder em favor da supremacia masculina".[112] O universalismo do primeiro e o essencialismo do segundo são substituídos por um estudo de gênero como culturalmente construído dentro de uma dinâmica de poder. Como observa Case, em vez de pressupor que as experiências das mulheres são induzidas por opressão de gênero exercida pelos homens ou que a liberação pode ser produzida em virtude das forças de gênero únicas das mulheres ... a posição materialista sublinha o papel da classe e da história na criação da opressão das mulheres.[113]

Evidentemente o feminismo materialista tem muito em comum com o materialismo cultural em suas estratégias teóricas, já que ambos estão fundamentalmente interessados no modo com que um produto cultural como o teatro está envolvido na ideologia, nas formações de sistemas de relações sociais e nas estruturas de poder.

A metodologia predominante da teoria política ocidental pôs de lado, pelo menos hipoteticamente, os interesses e as necessidades pessoais do teórico, mas a teoria materialista reconhece que a posição do teórico está ela própria incrustada na ideologia e requer que tal conhecimento seja admitido e fatorado em qualquer análise. Esse reconhecimento da "política de identidade", juntamente com o do sujeito como uma posição ideológica, permite ao feminismo materialista insistir na importância do gênero sem aceitar nem uma posição essencialista que envolva características feministas "inatas", nem uma visão da mulher como mero instrumento passivo de dinâmicas sociais. Como diz Linda Alcott em "Cultural Feminism versus Post-structuralism" ["Feminismo cultural *versus* pós-estruturalismo"] (1988), "podemos dizer a uma e ao mesmo tempo que o gênero não é natural, biológico, universal, a-histórico ou essencial e ainda assim afirmar que o gênero é relevante porque estamos tomando-o como uma posição a partir da qual podemos agir politicamente".[114]

A divisão entre teoria pessoal e politicamente orientada, entre Brecht e Artaud, encontrada de maneira tão ampla na teoria teatral do século XX, contribui claramente para a divisão entre feminismos cultural e materialista e explica pelo menos em parte por que a teoria feminista cultural tem sido particularmente atraída para a teoria psicanalítica pós-estrutural artaudiana e neofreudiana, enquanto o feminismo materialista tem propendido mais para o neomarxismo e Brecht. Um ensaio-chave que relaciona os interesses feministas com as estratégias de Brecht é "Brechtian Theory/Feminist Theory" ["Teoria brechtiana/teoria feminista"] (1988) de Elin Diamond. Apesar da "típica cegueira marxista para com as relações de gênero" e da crítica pós-moderna de sua fábula como uma "forma fechada", Diamond segue os materialistas culturais britânicos ao afirmar que a teoria brechtiana, com todas as suas lacunas e inconsistências, oferece "uma teorização do funcionamento de um aparato de representação com enorme ressonância formal e política".[115] Similarmente, Janelle Reinelt, em "Rethinking Brecht" ["Repensando Brecht"] (1990) afirma que Brecht e o feminismo compartilham uma posição antagonista com respeito à hegemonia prevalecente, procurando "interromper e desconstruir os códigos de representação habituais da cultura da maioria (masculina)" para "enfatizar a possibilidade de mudança, de que as coisas possam ser outras". [116] Essa ênfase no aparato da representação sugere novamente uma contiguidade de abordagem entre as feministas materialistas e os materialistas culturais britânicos, mas, como sempre, com uma ênfase no gênero. Como observava Dolan num útil ensaio crítico, "In Defense of the Discourse" ["Em defesa do discurso"] (1989),

> a abordagem materialista fez com que a crítica feminista acadêmica da análise sociológica baseada em pressupostos segundo os quais o teatro tem uma função mimética na cultura passasse a uma análise da representação como um sítio para a produção de significados culturais que perpetuam os papéis de gênero conservadores.[117]

A estratégia dessa abordagem não consiste simplesmente em reproduzir a representação, mas em intervir ativamente nela, estimulando os espectadores a pensar criticamente sobre as posições culturais tradicionalmente oferecidas pela representação. As estratégias demolidoras, antirrealistas de Brecht visam estimular uma resposta similar e é evidente que esse aspecto de Brecht apela de certo modo para o "estilo de interpretação pós-modernista" descrito por Dolan como um estilo que "rompe com as estratégias narrativas realistas, anuncia a morte de personagens unificadas, descentraliza o sujeito e põe em primeiro plano as convenções de percepção".[118]

A descentralização do sujeito no pós-modernismo é um projeto de particular importância para o feminismo, já que o sujeito é convencionalmente o "eu" masculino, com o qual a mulher está relacionada como o "Outro", o objeto do desejo masculino e, nas artes espectrais, do olhar masculino de proprietário (preocupação particularmente bem desenvolvida na teoria do filme). Uma tarefa importante para uma estratégia representacional alternativa é, portanto, a desintegração desse aparato heterossexual de orientação masculina. Em "From Formalism to Feminism" ["Do formalismo ao feminismo"] (1985), Sue-Ellen Case e Jeanie K. Forte afirmam que a oportunidade para um discurso representacional alternativo pode ser oferecida pela substituição "do homem branco de classe média alta como sujeito do drama" por mulheres, "incluindo mulheres de cor ou lésbicas", tornando a mulher o sujeito que deseja, "em contraste com o papel passivo tradicionalmente atribuído à mulher como o objeto do desejo masculino".[119] Esse programa tem encontrado certa resistência. Barbara Christian, em "The Race for Theory" ["A corrida pela teoria"] (1988), acusa a teoria ocidental em geral e a teoria literária feminina em particular de elitista, apolítica e de pouca relevância real para as mulheres de cor.[120] De fato, um pequeno mas significativo número de escritos teóricos foi produzido durante os anos 80 por mulheres de cor, sobretudo negras e chicanas [americanas de origem mexicana]. "The Female Subject in Chicano Theatre" ["O sujeito feminino no teatro chicano"] (1986), de Yvonne Yarbro-Bejarno, usa um enfoque materialista para relacionar "as representações da subjetividade e da sexualidade feminina" com o desenvolvimento do movimento chicano.[121] Os ensaios de Glenda Dickerson revestem um interesse particular porque são apresentados, como sugeriram as feministas francesas, em sua própria voz – "a voz silenciada da mulher de cor". Ela chama a si mesma uma "PraiseSinger" que tenta redescobrir e animar "os arquétipos do inconsciente coletivo de sua cultura."[122] Não existe nenhum substituto para a audição de Dickerson interpretando um de seus ensaios, mas mesmo na página escrita sua voz é poderosa e característica.

Um corpo muito mais amplo e variado de especulação sobre uma abordagem alternativa da prática representacional tradicional tem sido fornecido pela teoria de orientação lésbica. Em "Toward a Butch-Femme Aesthetic" ["Em direção a uma estética *Butch-Femme*"] (1988), Sue-Ellen Case afirma que a representação lésbica, em sua irônica brincadeira com as aparências do realismo heterossexual, proporciona "um terreno que pode resolver o projeto de construir a posição de sujeito feminista".[123] De modo similar, Jill Dolan (1988) observa que, "no contexto da representação lésbica, brincar com fantasias de papéis sexuais e de gênero oferece o potencial para mudar as estruturas de poder codificadas pelo gênero".[124] Kate Davy (1986) diz que as representações lésbicas

> aviltam o modelo heterossexual por implicar um espectador que não é o homem genérico, universal, nem a construção cultural "mulher", mas a lésbica – um sujeito definido em termos de similaridade sexual ... cujo desejo está fora do modelo fundamental ou dos suportes da diferença sexual.[125]

O projeto lesbiano, tanto na teoria como na representação, revelou-se uma das mais importantes tentativas da década para criar uma alternativa viável para a tradição hegemônica, mas o desafio é considerável e os resultados ainda são limitados em importantes aspectos. Fugir da tradição cultural altamente estruturada sem reproduzir, em certo nível, as estruturas dessa tradição tem-se revelado extremamente difícil. Teresa de Lauretis, por exemplo, em "Sexual Indifference and Lesbian Representation" ["Indiferença sexual e representação lesbiana"], reconhece a importância da estratégia lesbiana mas adverte que tanto em Dolan como em Davy "os modos pelos quais o novo contexto produziria novos significados ou 'desagregaria resultados tradicionais' parece depender do pressuposto de um espectador/leitor lesbiano unificado, dotado de uma subjetividade não dividida e não contraditória",[126] uma réplica do sujeito generalizado que os materialistas estão empenhados em substituir. A tarefa de definir uma forma autônoma de sexualidade e desejo femininos que evitará essa armadilha de reprodução, diz De Lauretis, pode revelar-se ainda mais difícil do que a tarefa paralela de "criar estratégias de representação que alterem, por sua vez, o padrão de visão, a estrutura de referência de visibilidade, do que *pode ser visto*".[127]

Estreitamente relacionada com a seriedade brincalhona da teoria da representação lesbiana é a teoria da mascarada, extraída de um famoso artigo psicanalítico de Joan Riviere em 1929, "Womanliness as a Masquerade" ["A feminilidade como uma mascarada"], que afirmava que a feminilidade não existe, sendo apenas uma máscara para cobrir a falta da mulher e seu desejo de apropriar-se da autoridade da masculinidade.[128] Essa apreciação bastante negativa foi direcionada num sentido mais positivo por Mary Ann Doane em "Film and the Masquerade" ["O filme e a mascarada"] (1982), onde ela tenta encontrar uma resposta para o desafio de Mulvey ao afirmar que a intérprete feminina poderia tornar-se ativa no processo espectral se pudesse "ostentar sua feminilidade, produzir a si mesma como um excesso de feminilidade – privilegiar a mascarada".[129] O conceito de mascarada mostrou-se útil para numerosos teóricos como um meio possível de subverter a posição de sujeito tradicional. Jean-François Lyotard vê todos os jogos e máscaras como idealmente devotados ao projeto pós-modernista por criarem "a consciência de que a relação entre o nome próprio e o corpo não é uma relação imutável ... Não existe sujeito porque ela/ele muda os corpos, e ao mudar os corpos ela/ele muda as paixões assim como as funções".[130] Em "Female Grotesques: Carnival and Theory" ["Grotescos femininos: carnaval e teoria"] (1985), Mary Russo examina esse conceito numa direção bem diferente, recorrendo à teoria de Bakhtin para ver o corpo feminino como expressando sua marginalização ao fazer conscientemente "um espetáculo de si mesmo".[131] Escrevendo para um número especial de 1988 de *Discourse* dedicado ao corpo e à mascarada, Sue-Ellen Case associa especificamente a teoria da mascarada à representação *butch-femme*, afirmando que esses papéis "levam a atuação e a autodeterminação ao sujeito historicamente passivo, fornecendo-lhe pelo menos duas opções para a identificação de gênero e, com o ajudante de campo, uma ironia que permite que sua percepção seja construída fora da ideologia".[132]

Embora o teatro homossexual masculino seja um elemento nitidamente mais visível na cultura teatral americana do que o feminino, ele estimulou muito menos discussão teórica. Isso pode ter ocorrido, diz Kate Davy em "Reading Past the Heterosexual Imperative" ["Lendo além do imperativo heterossexual"] (1989), porque o teatro homossexual, especialmente a tradição *camp* e *drag*, tende antes a reinscrever que a solapar os paradigmas da cultura dominante de que se apropria.[133] Além disso, a convergência de interesses políticos de artistas *gay* e lésbicas estimulou pelo menos alguma convergência teórica. "Performing All Our Lives" ["Representando todas as nossas vidas"] (1992), de David Román, cita Jill Dolan ao advogar uma multiplicidade de alternativas representacionais para substituir, "pelo próprio processo de proliferação, a autoridade de uma ideologia conservadora de hegemonia sexual".[134] Em "Practicing Cultural Disruption" ["Praticando a desagregação cultural"] (1992), Dolan vê a representação *gay* e lésbica como partilhando uma possibilidade comum de propiciar os mais transgressivos atos de desagregação dos regimes dominantes de poder e conhecimento.[135] O mais desenvolvido estudo até agora da construção da masculinidade no drama é o *Communists, Cowboys, and Queers* [Comunistas, cowboys e homossexuais] (1992), de David Savran, que utiliza incisivamente uma variedade de metodologias críticas contemporâneas para revelar as negociações estratégicas de Williams e Miller ao confrontar a "ideologia sexual hegemônica da América da guerra fria".[136]

Entretanto, outra estratégia desagregadora possível é sugerida por Elin Diamond em "Realism and Hysteria: Toward a Feminist Mimesis" ["Realismo e histeria: rumo a uma mimese feminista"] (1991). Diamond vê o realismo teatral como algo mais do que uma interpretação da realidade – como um produtor de realidade, a realidade inconsútil de narrativa inevitável que as técnicas brechtianas procuravam desagregar.[137] Ora, examinando a figura da mulher histérica, um tropo central desse drama, Diamond afirma que enquanto o realismo busca recuperar o histérico, representá-lo ou simbolizá-lo, a introdução da histeria também oferece a textos e atores a oportunidade de histerizar o próprio realismo, de "rejeitar a clausura de sua etiologia ética" e apresentar o real do histérico, um discurso que parece significar, mas não pode ser lido.[138] Diamond continua esse projeto em "The Violence of 'We': Politicizing Identification" ["A violência do 'nós': politizando a identificação"] (1992), que examina a associação de um sujeito unitário, negador da diferença, na identificação estimulada pelo realismo dramático, mas sugere que uma abordagem psicanalista feminista da identificação poderia desmantelar "os universais fenomenológicos de sujeitos e objetos transcendentais" e colocar a identidade "numa relação mais instável e contingente com a identificação", abrindo assim um novo espaço psíquico e social no processo do teatro.[139]

As tensões e as estratégicas teóricas rivais dentro da ampla e complexa área da teoria feminista contemporânea sugerem algo da complexidade da paisagem teórica em geral à medida que os últimos anos do século se aproximam. Durante os anos 80, o discurso politicamente orientado retornou para alterar radicalmente o *camp*, mas foi um discurso muito diferente dos da década de 1960, quando a mimese ainda não era problemática e a ação social podia ser diretamente associada à representação teatral. O advento da teoria semiótica e, mais tarde, das várias abordagens pós-estruturalistas desestabilizou esse sistema, revelando tanto a representação quanto o espectador que a ela assistia como sistemas de signos culturais ou fluxos de desejo. Essas abordagens levaram, por sua vez, a um interesse no modo como os complexos sistemas funcionavam que resultou naquilo que foi visto como representação ou experimentado como um sujeito teatral. Desenvolveu-se, assim, um novo tipo de teoria política, preocupada com a geração e a manutenção de códigos culturais, a base tanto do eu quanto dessa reflexão do eu a que chamamos representação teatral. As preocupações desse tipo de teoria política são realmente amplas, estendendo-se a todos os aspectos da cultura humana. A teoria teatral, que sempre esteve aberta a uma ampla gama de outros discursos intelectuais, está hoje ainda mais claramente envolvida com questões que estão sendo discutidas e que têm implicações num vasto âmbito de disciplinas tradicionalmente dispersas.

Essa explosão da teoria nos últimos anos do século tem sido vista como revigorante e desafiadora por uns, como perturbadora e mesmo ameaçadora por outros. Os teóricos socialmente engajados e os teóricos metafísicos (agora mais propensos a marchar sob a bandeira da desconstrução ou da psicanálise) continuam, como sempre, a questionar mutuamente o significado de suas preocupações, mas a complexidade do campo da teoria (e de seu vocabulário técnico) levou a numerosas e estranhas alianças e tensões dentro de subvariações até mesmo dessas divisões tradicionais. Nessa situação complexa, com a "identidade" do teórico correndo muito provavelmente o mesmo perigo que a natureza e o funcionamento do fenômeno analisado, muitos escritores (e leitores) da teoria simpatizarão seguramente com Jill Dolan, que admite não haver "nenhum lugar confortável para mim em nenhum discurso isolado. A teoria me permite descrever as diferenças em mim e ao meu redor, sem me obrigar a classificar minhas fidelidades ou minhas opressões".[140]

O desaparecimento de um "lugar confortável", assegurado por uma tradição cultural que autenticava tanto o eu quanto o sistema de discurso teórico (e representacional), tem sido, o que não surpreende, rejeitado por muitos. Pode-se naturalmente responder a esse desaparecimento negando a ênfase pós-modernista na permeabilidade e na negociabilidade da "verdade" e insistindo num eu, num teatro e numa cultura envolventes, isentos de crise ou de contradição. Nos primórdios da era romântica, porém, Schiller afirmava, com certa nostalgia, que o pressuposto ingênuo de um eu envolvido nessa relação não problemática já não era possível na autoconsciente era moderna.

Em nossos dias, uma crescente consciência da instabilidade do eu e das complexidades e inter-relações entre o eu, a cultura e a linguagem nos vêm distanciando ainda mais desse mundo de ingênua retidão. Numa época de discursos conflitantes, parece cada vez mais irrelevante (se é que isso já foi verdadeiramente relevante) perguntar qual teoria do teatro é correta, devendo-se antes perguntar para quem e para que propósitos cada teoria foi desenvolvida e para que propósitos ela foi ou poderia ser utilizada. O reconhecimento materialista de que as posições da teoria, mesmo as de identidade, são histórica e culturalmente posicionados significa, como disse Jill Dolan, que como teórica ela é desafiada "a reposicionar-me constantemente, a manter mutável meu assento no teatro e a perguntar continuamente: Como ele é visto lá de cima?"[141] Tal reposicionamento é, talvez, ainda mais que um desafio se alguém estiver, como eu, culturalmente posicionado do lado dominante de todos os discursos tradicionais – um homem branco, da classe média, acadêmico e heterossexual. No entanto essa história, a despeito da forma totalizadora de sua estrutura e da natureza tradicionalmente narratizante da abordagem, tentou efetuar um constante reposicionamento e, dentro dos limites impostos pelas restrições editoriais, procurou também permitir à heteroglossia da teoria do teatro falar nestas páginas, ainda que em pequeníssimas seleções, em suas próprias vozes. Quando essas tentativas falharam, foi antes por uma falta de habilidade ou *insight* do que pela falta de vontade. É minha esperança, como sucede em toda obra sinóptica como esta, que o leitor venha a ser levado das necessariamente breves e tendenciosas passagens aqui citadas a prosseguir os variados discursos da teoria teatral nos textos que estas páginas tentam representar.

NOTAS

1 Erika Fischer-Lichte, *Semiotik des Theaters*, Tübingen, 1983; versão inglesa abreviada *The Semiotics of Theater*, trad. de Jeremy Gaines e Doris L. Jones, Bloomington, 1992.

2 Marco de Marinis, Semiotica del teatro: una disciplina al bivio?, *Versus*, v.34, p.125, 128, jan.-abr. 1983.

3 Gerald Hinkle, *Art as Event*, Washington, 1979, p.40.

4 Charles Peirce, *Collected Papers*, Cambridge, Mass., 1931-1958, 8v., v.2, p.135, parágr. 228.

5 Achim Eschbach, *Pragmasemiotik und Theater*, Tübingen, 1979, p.146.

6 Ross Chambers, Le masque et le miroir, *Études Littéraires*, v.13, n.3 , p.402-3, dez. 1980.

7 Régis Durand (Ed.) *La relation théâtrale*, Lille, 1980, p.7.

8 Pavis, *Languages of the Stage*, trad. inglesa de Susan Melrose et al., New York, 1982, p.9.

9 Ibidem, p.135.

10 Frank Coppieters, Performance and Perception, *Poetics Today*, v.2, n.3, p.35-6, primavera de 1981.

11 Stanley Fish, *Is There a Text in This Class?*, Cambridge, 1980, 349.

12 Ver, por exemplo, Marvin Carlson, Theatre Audiences and the Reading of Performance, in: *Interpreting the Theatrical Past*, Thomas Postlewait, Bruce A. McConachie (Ed.), Iowa City, 1989, p.82-98.

13 Victor Turner, *From Ritual to Theatre*, New York, 1982, p.52.

14 Marvin Carlon, Theatre and Dialogism, in: *Critical Theory and Performance*, Janelle Reinelt, Joseph Roach (Ed.), Ann Arbor, 1992, p.314.

15 Clifford Geertz, Blurred Genres: The Figuration of Social Thought, *American Scholar*, v.37, p.173, primavera de 1968.

16 Bruce Wilshire, *Role Playing and Identity*, Bloomington, 1982, p.245.

17 Ibidem, p.6-7.

18 Ibidem, p.26.

19 Ibidem, p.109.

20 Anne Ubersfeld, *L'école du spectateur*, Paris, 1982, p.303.

21 Ibidem, p.342.

22 Josette Féral, Performance and Theatricality, *Modern Drama*, v.25, n.1, p.178, mar. 1982.

23 Michael Fried, Art and Objecthood, in: *Minimal Art*, Gregory Battcock (Ed.), New York, 1968, p.139.

24 Féral, Performance, p.174, 177.

25 André Helbo, Problèmes d'une rhétorique scénique, in: *Theatre Semiotics*, Ernest W. B. Hess-Lüttich (Ed.), Tübingen, 1982, p.103.

26 Michael Kirby, Nonsemiotic Performance, *Modern Drama*, v.25, n.1, p.110, mar. 1982.

27 Richard Foreman, *Unbalancing Acts*, New York, 1992, p.82.

28 Heiner Müller, Der Papierkrieger, *Theatre Heute*, v.37, n.5, p.10, jul. 1992.

29 Idem, *Heiner Müller Materiel*, Frank Hörnigk, Leipzig, 1990, p.161.

30 John Rouse, Textuality and Authority in Theatre and Drama: Some Contemporary Possibilities, in: Reinelt & Roach, *Critical Theory*, p.155.
31 Mária Minich Brewer, Performing Theory, *Theatre Journal*, v.37, n.1, p.30, mar. 1985.
32 Natalie Crohn Schmitt, *Actors and Onlookers:* Theater and Twentieth-Century Scientific Views of Nature, Evanston, 1990, p.40.
33 Peggy Phelan, *Unmarked: The Politics of Performance*, New York, 1993, p.17, 169.
34 Para Gilles Deleuze e Félix Guattari, ver especialmente seu *L'Anti-Oedipe*, Paris, 1972.
35 André Helbo, *Les mots et les gestes*, Lille, 1983, p.50.
36 Ibidem, p.38-9.
37 Bert O. States, *Great Reckonings in Little Rooms*, Berkeley, 1985, p.6-8.
38 Ibidem, p.40.
39 Jean Alter, *A Sociosemiotic Theory of Theatre*, Filadélfia, 1990, p.32.
40 Ibidem, p.26.
41 Herbert Blau, Universals of Performance; or, Amortizing Play, *Sub-stance*, v.37-38, p.143, 1983.
42 Blau, *Take-up the Bodies*: Theatre at the Vanishing Point, Urbana, 1982, p.1.
43 Idem, Universals, p.148.
44 Ibidem, p.150.
45 Blau, Ideology and Performance, *Theatre Journal*, v.35, n.4, p.449, dez. 1983.
46 Idem, Universals, p.155.
47 Idem, *Blooded Thought*, New York, 1982, p.99.
48 Elinor Fuchs, Presence and the Revenge of Writing: Rethinking Theatre after Derrida, *Performing Arts Journal*, v.26/27, p.165, 172, 1985.
49 Jean Baudrillard, *Simulations*, trad. inglesa de Paul Foss et al., New York, 1983, p.146.
50 Sally Banes, Will the Real ... Please Stand Up?, *Tulane Drama Review*, v.34, n.4, p.23, inverno de 1990.
51 Bruce Wilshire, The Concept of the Paratheatrical, *Tulane Drama Review*, v.34, n.4, p.178, inverno de 1990.
52 Josette Féral, La performance ou le refus du théâtre, *Protée*, p.17, mar. 1989.
53 Rosette Lamont, *Mahabharata*: Conversation with Peter Brook, *Stages*, nov. 1987.
54 Blau, Universals, p.157.
55 Herta Schmid, Aloysius van Kesteren (Ed.), *Semiotics of Drama and Theatre*, Amsterdam, 1984, p.15, 46.
56 Ernst W. B. Hess-Lüttich (Ed.), *Multimedial Communication*, v.2, (Theatre Semiotics), Tübingen, 1982.
57 Para uma discussão específica desse problema, ver Marvin Carlson, Contemporary Concerns in the Semiotics of Theatre, *Semiotica*, v.48, n.3/4, p.285-7, 1984.
58 Jan Mukařovský, *Kapital aus der Aesthetik*, Frankfurt, 1946, p.97, citado em Rainer Warning, *Rezeptionsaesthetik*, Munich, 1975, p.14.
59 Hans Robert Jauss, *Aesthetische Erfahrung und literarisch Hermeneutik*, Munich, 1977, p.18.
60 Wolfgang Iser, *Die Appellstruktur der Texte*, Constance, 1970, p.15.

61 Marco de Marinis, L'esperienza dello spettatore: fondamenti per una semiotica della ricezione teatrale, in: Marinis, *Documenti di lavoro*, Urbino, 1984, p.128.

62 Idem, *Semiotica del teatro*, Milano, 1982, p.198; e Dramaturgy of the Spectator, trad. inglesa de Paul Dwyer, *The Drama Review*, v.31, n.2, p.102-3, verão de 1987.

63 Idem, Sociosemiotik der Theaterrezeption, *Zeitschrift für Semiotik*, v.2, n.1, p.54, 1989.

64 Franco Ruffini, Testo/scena: drammaturgia dello spettacolo e dello spettatore, *Versus*, v.41, p.25, maio-ago. 1985.

65 Jean Alter, Du référent probable, in: *Approches de l'Opéra*, André Helbo (Ed.), Paris, 1986, p.191-8; e Waiting for the Referent: Waiting for Godot?, in: *On Referring in Literature*, Michael Issacharoff, Anne Whiteside (Ed.), Bloomington, 1987, p.42-56.

66 Michael Issacharoff, *Discourse as Performance*, Stanford, 1989, p.4, 22.

67 Tony Bennett, Texts, Readers, Reading Formations, *Literature and History*, v.9, p.214, 1983; citado em Carlson, *Theatre Semiotics*: Signs of Life, Bloomington, 1990, p.14.

68 Carlson, *Theatre Semiotics*, p.101.

69 Ibidem, p.121.

70 Michael Quinn, Celebrity and the Semiotics of Acting, *New Theatre Quarterly*, v.22, p.160, 1990.

71 Susan Bennett, *Theatre Audiences*: A Theory of Production and Reception, London, 1990, p.1-2.

72 Herbert Blau, *The Audience*, Baltimore, 1990, p.25-6.

73 Ibidem, p.124.

74 Patrice Pavis, *Theatre at the Crossroads of Culture*, trad. inglesa de Loren Kruger, London, 1992, p.2; e Erika Fischer-Lichte (Ed.), *The Dramatic Touch of Difference*: Theater, Own and Foreign, Tübingen, 1990.

75 *The Woman's Part*, Carolyn R. Lenz, Gayle Greene, Carol Neely (Ed.), Urbana, 1980.

76 No drama, mais significativamente em seu Social Environment and Theatrical Environment: The Case of English Naturalism, in: *Problems in Materialism and Culture*, London, 1980.

77 Williams, *Problems*, p.44.

78 Raymond Williams, *Marxism and Literature*, Oxford, 1977, p.113.

79 Jean E. Howard, Marion F. O'Connor, Introduction, in: *Shakespeare Reproduced*: The Text in History and Ideology, London, 1987, p.8.

80 Alan Sinfield, Jonathan Dollimore, History and Ideology, the Instance of Henry IV, in: *Alternative Shakespeares*, John Drakakis (Ed.), London, 1985; Royal Shakespeare: Theatre and the Making of Ideology, in: *Political Shakespeare*, Sinfield & Dollimore (Ed.), Ithaca, 1985, p.158-81; e Give an Account of Shakespeare and Education, Showing why You Think They Are Effective and What You Have Appreciated about Them; Support your Comments with Precise References, in: Sinfield & Dollimore, *Political Shakespeare*, p.134-57.

81 Sinfield & Dollimore, *Political Shakespeare*, p.VIII.

82 Roger Howard, Thesis on the Material Method, *Minnesota Review NS*, v.9, outono de 1977.

83 Idem, Focus on Theatre Underground, *Gambit*, v.38, p.154, 161, 1981.

84 Relatado por Peter Erickson em Rewriting the Renaissance, Rewriting Ourselves, *Shakespeare Quarterly*, v.38, n.3, p.337, outono de 1987.

85 Michel Foucault, *The History of Sexuality*, trad. inglesa de Robert Hurley, New York, 1978, v.1, p.93.

86 Walter Cohen, Political Criticism of Shakespeare, in: *Shakespeare Reproduced*, Howard & O'Connor (Ed.), p.33.

87 Stephen Greenblatt, *Shakespearian Negotiations*, Berkeley, 1988, p.128.

88 Steven Mullaney, *The Place of the Stage*, Chicago, 1988, p.134.

89 John Snyder, *Prospects of Power*: Tragedy, Satire, the Essay, and the Theory of Genre, Lexington, 1991, p.204, 211.

90 In: *Rewriting the Renaissance:* The Discourses of Sexual Difference in Early Modern Europe, Margaret Ferguson, Maureen Quilligan, Nancy Vickers (Ed.), Chicago, 1986, p.65-87.

91 Sue-Ellen Case e Janelle Reinelt, Introduction, in: *The Performance of Power*: Theatrical Discourse and Politics, Case & Reinelt (Ed.), Yowa City, 1991, p.IX.

92 Fredric Jameson, *The Political Unconscious*, Ithaca, 1981, p.85-6; Ellen Donkin, Mrs. Siddons Looks Back in Anger: Feminist Historiography for Eighteenth-Century British Theatre, in: *Critical Theory and Performance*, Janelle Reinelt, Joseph Roach (Ed.), Ann Arbor, 1992, p.276-90; Jameson, *Postmodernism and Its Discontents*: Theories, Practices, E. Ann Kaplan (Ed.), London, 1988; Philip Auslander, Comedy about the Failure of Comedy: Stand-up Comedy and Postmodernism, in: Reinelt & Roach, *Critical Theory*, p.196-207.

93 Bruce A. McConachie, Historcizing the Relations of Theatrical Production, in: Reinelt & Roach, *Critical Theory*, p.176.

94 Sue-Ellen Case, Theory/History/Revolution, in: Reinelt & Roach, *Critical Theory*, p.427.

95 Apareceu originalmente em Some Notes on Defining a "Feminist Literary Criticism", 1975, de Kolodny, sendo reimpressa em *Feminist Criticism*: Essays on Theory, Poetry, and Prose, Cheryl L. Brown, Karen Olsen (Ed.), Metuchen, 1978.

96 Gayle Rubin, The Traffic in Women, in: *Toward an Anthropology of Women*, Rayna R. Reiter (Ed.), New York, 1975, p.157-210; Laura Mulvey, Visual Pleasure and Narrative Cinema, *Screen*, v.16, p.6-18, outono de 1975.

97 Lenz et al., *The Woman's Part*.

98 Sue-Ellen Case, *Feminism and Theatre*, New York, 1988, p.63.

99 Jill Dolan, *The Feminist Spectator as Critic*, Ann Arbor: UMI Research Press, 1988, p.3.

100 Michelene Wandor, *Carry On, Understudies*, New York, 1986, p.131.

101 Alison Jaggar, *Feminist Politics and Human Nature*, Towata, N. J., 1983, p.358.

102 Sue-Ellen Case, The Personal Is Not the Political, *Art & Cinema*, v.1, n.3, p.4, outono de 1987.

103 Robert Brustein, *New Republic*, 2.5.1983.

104 Case, *Feminism and Theatre*, p.64.

105 Linda Walsh Jenkins, Locating the Language of Gender Experience, *Women and Performance Journal*, v.2, n.1, p.6-8, 1984.

106 Rosemary K. Curb, Re/cognition, Re/presentation, Re/creation in Woman-Conscious Drama: The Seer, The Seen, The Scene, The Obscene, *Theatre Journal*, v.37, n.3, p.304, out. 1985.

107 Case, *Feminism and Theatre*, p.120.

108 Jeannette Laillou Savona, French Feminism and Theatre: An lntroduction, *Modern Drama*, v.27, n.4, p.540, dez. 1984.

109 Hélène Cixous, Aller à la mer, trad. inglesa de Barbara Kerslake, *Modern Drama*, v.27, n.4, p.546, dez. 1984.

110 Josette Féral, Writing and Displacement: Women in Theatre, trad. inglesa de Barbara Kerslake, *Modern Drama*, v.27, n.4, p.550, 558-60, dez. 1984.

111 Gerlind Reinshagen, Frauen Leben eher durch Phantasien, *Theater Heute*, v.8, p.32, 1989 (trad. inglesa minha).

112 Dolan, *The Feminist Spectators Critic*, p.10.

113 Case, *Feminism and Theatre*, p.82.

114 Linda Alcott, Cultural Feminism versus Post-structuralism: The Identity Crisis in Feminist Theory, *Signs*, v.13, n.3, p.433, primavera de 1988.

115 Elin Diamond, Brechtian Theory/Feminist Theory: Toward a Gestic Feminist Criticism, *Tulane Drama Review*, v.32, p.83-4, primavera de 1988.

116 Janelle Reinelt, Rethinking Brecht: Deconstruction, Feminism, and the Politics of Form, *Brecht Yearbook*, v.15, p.99, 1990.

117 Jill Dolan, In Defense of the Discourse: Materialist Feminism, Postmodernism, Post-structuralism ... and Theory, *Tulane Drama Review*, v.33, p.58-9, 1989.

118 Dolan, In Defense, p.60.

119 Case & Forte, From Formalism to Feminism, *Theater*, v.16, p.64-5, primavera de 1985.

120 Barbara Christian, The Race for Theory, *Feminist Studies*, v.14, p.75, primavera de 1988.

121 Yvonne Yarbro-Bejarno, The Female Subject in Chicago Theatre: Sexuality, "Race", and Class, *Theatre Journal*, v.38, n.40, p.338, dez. 1986.

122 Glenda Dickerson, The Cult of True Womanhood: Toward a Womanist Attitude in African-American Theatre, *Theatre Journal*, v.40, n.2, p.179, 187, maio 1988.

123 Case, Toward a Butch-Femme Aesthetic, *Discourse*, v.11, n.1, p.56, outono-inverno 1988-1989.

124 Dolan, *Feminist Spectator*, p.68.

125 Kate Davy, Constructing the Spectator: Reception, Context, and Address in Lesbian Performance, *PAJ*, v.10, n.2, p.47, 1986.

126 Teresa de Lauretis, Sexual Indifference and Lesbian Representation, in *Performing Feminisms:* Feminist Critical Theory and Theatre, Sue-Ellen Case (Ed.), Baltimore, 1990.

127 Ibidem, p.171.

128 Joan Riviere, Womanliness as a Masquerade, *International Journal of Psycho-Analysis*, v.10, p.303-13,1929.

129 Mary Ann Doane, Film and the Masquerade: Theorizing the Female Spectator, *Screen*, v.23, p.81, 1982.

130 Jean-François Lyotard,]*ust Gaming:* Conversations, 1979; versão inglesa, Minneapolis, 1985.

131 Mary Russo, Female Grotesques: Carnival and Theory, Working Paper n.1, Center for Twentieth-Century Studies, Milwaukee, 1985.

132 Case, Toward a Butch-Femme Aesthetic, p.65.

133 Kate Davy, Reading Past the Heterosexual Imperative: *Dress Suits to Hire*, *Drama Review*, v.33, n.1, p.155, 1989.

134 David Román, Performing All Our Lives: AIDS, Performance, Community, in: Reinelt & Roach, *Critical Theory*, p.218.

135 Jill Dolan, Practicing Cultural Disruptions: Gay and Lesbian Representation and Sexuality, in: Reinelt & Roach, *Criticai Theory*, p.272.

136 Davir Savran, *Communist, Cowboys, and Queers*, Minneapolis, 1992, p.173.

137 Diamond, Realism and Hysteria: Toward a Feminist Mimesis, *Discourse*, v.31, n.1, p.61, outono-inverno 1990-1991.

138 Diamond, Realism and Hysteria, p.86-7.

139 Diamond, The Violence of "We": Politicizing Identification, in: Reinelt & Roach, *Critical Theory*, p.397.

140 Dolan, In Defense, p.65.

141 Ibidem, p.69.

ÍNDICE REMISSIVO

A

Abel, Lionel, 431
Aberta e fechada, forma, 340, 411, 423-4, 464
Absurdo, o, 334-5, 339, 383-4
Adamov, Arthur, 338, 399-402, 405-6, 442
Addison, Joseph, 122-5, 129-30
Adequação. *Ver* Conveniência
Adler, Stella, 367-8
Admiração, 69-70, 79, 84, 95, 101-3, 113-4, 153, 160, 163, 430
Adorno, Theodor, 411-2, 414
Aikhenwald, Yuli, 313-4, 369-70
Alcott, Linda, 512
Alter, Jean, 497-8, 502
Althusser, Louis, 417-8
Amalário de Metz, 33
Amiel, Denys, 359
Antigos e modernos, 40-1, 49-51, 57-8, 104, 111, 118-9, 166, 175
Anderson, Maxwell, 386, 389
Andreyev, Leonid, 313, 331
Annales, Escola dos, 506
Antropológica, teoria, 470-1, 492-3, 502, 508
Antiteatrais, escritos, 26-8, 57, 67, 75-6, 104, 109, 118-20, 146-7, 150, 249
Antoine, André, 273-4, 315, 334
Apollinaire, Guillaume, 333-4

Appia, Adolphe, 285-6, 297, 310, 332, 342-3, 349, 442, 458
Archer, William, 227, 300-2, 370, 386, 466
Arden, John, 408
Ariosto, Orazio, 47
Aristarco, 19
Aristófanes, 13-4, 24, 178, 188, 197, 237
Aristófanes de Bizâncio, 19-21
Aristóteles, 13-8, 29-32, 35-51, 69-70, 74-5, 77-80, 82-4, 91-9, 101-5, 113-4, 116, 119-20, 122-3, 132, 151, 159, 162-4, 166, 169, 179, 183, 185, 194, 228, 251, 257, 303-4, 322, 352, 373, 383, 386, 405, 407, 437, 456, 458-9, 471, 495, 510
Aristóxeno de Tarento, 18
Arnold, Matthew, 224, 227
Arrabal, Fernando, 444-5, 456, 463
Artaud, Antonin, 365, 379-82, 401, 404, 406, 441-6, 449-50, 452, 455-6, 470, 481, 497-9, 503, 512
Ascham, Roger, 75
Auger, Louis, 197
Augier, Émile, 267, 276-7
Agostinho, 27-8, 33, 35, 62
Austin, Gayle, 508
Austin, John, 481
Averróis, 30-1, 44

B

Bacon, Francis, 81, 373
Badius, Jodocus, 65-6
Bahr, Hermann, 259
Baïf Lazare de, 66-7
Bahktin, Mikhail, 492, 515
Balzac, Honoré de, 265, 268-9
Banes, Sally, 499
Banville, Théodore de, 281-2
Baraka, Amiri, 454
Barba, Eugenio, 441-2, 454, 503
Barrault, Jean-Louis, 383-4, 404, 441
Barreda, Francesco de, 61
Barry, Jackson, 466
Barthes, Roland, 401-2, 426-7, 449, 474
Baty, Gaston, 358-9, 382
Baudrillard, Jean, 498-9
Bauhaus, teoria da, 340-1
Bavande, William, 74-5
Bayle, Pierre, 105
Beaubreuil, Jean de, 70
Beaumarchais, 151-2
Beck, Julian, e Judith Malina, 406-7, 442, 451, 453-6, 463, 479
Beckerman, Bernard, 468-9
Beckett, Samuel, 399-400, 402, 405-6, 411-3, 430-1, 450, 495
Belinsky, Vissarion, 235-6, 238, 316, 342
Bely, Andrey, 311-3
Ben Chaim, Daphna, 500
Benedetto, André, 308, 457, 462
Benjamin, Walter, 352-3, 377-8, 414
Bennett, Susan, 503
Bennett, Tony, 502
Bentley, Eric, 385, 388, 403-4, 434
Benvenuto da Imola, 32
Berchet, Giovanni, 192-4, 198
Bergson, Henri, 291-2, 308
Bernard, Jacques, 391
Bernays, Jakob, 16
Berne, Eric, 461-2
Betti, Ugo, 404-5, 442
Blackmore, Sir Richard, 118-9
Blau, Herbert, 451, 497-9, 503-4, 508
Bloch, Ernst, 376-7, 409-10, 417, 460
Blok, Aleksandr, 309, 311-2, 331

Boal, Augusto, 416, 458-9
Boécio, 28, 32
Bogatyrev, Petr, 392-3
Boileau-Despréaux, Nicholas, 101-2, 114, 117
Boleslavsky, Richard, 365
Bom Senso, Escola do, 266-7
Bond, Edward, 460-1
Bossuet, 118, 194
Boswell, James, 133
Bouchetel, Guillaume, 66
Boucicault, Dion, 226
Boursault, Edmé, 103
Bradley, A. C., 185
Brahm, Otto, 257-9
Brainerd, Barron e Victoria Neufeldt, 473-4
Brand, Julius, 258
Brecht, Bertold, 195, 217, 340, 348, 365, 370-8, 383, 401-11, 418, 448-53, 455-6, 458-9, 462-3, 470, 472, 474, 495, 503, 505, 512, 515
Bremer, Claus, 462
Brenton, Howard, 461
Breton, André, 336, 379, 383, 444
Brewer, Mária Minich, 495
Brieux, Eugène, 229
Bristol, Michael D., 492
Brook, Peter, 449, 499, 503
Brooke, Arthur, 75
Brooks, Cleanth, 387
Browne, Thomas, 75
Brunetière, Ferdinand, 278-9, 289-90, 302, 370
Bruno, Giordano, 48
Brusák, Karel, 392
Brustein, Robert, 510
Bryusov, Valery, 305, 308, 312-4, 331, 342
Büchner, Georg, 243-4
Buero Vallejo, Antonio, 405
Bullins, Ed, 454
Burke, Edmund, 128-9
Burke, Kenneth, 385-7, 467-8, 493
Burns, Elizabeth, 510-1
Butler, Samuel, 115
Buyssens, Eric, 471-2

C

Cage, John, 406, 444-5, 448, 495
Calderón, 55

ÍNDICE REMISSIVO

Campeanu; Pavel, 475
Camus, Albert, 384-5, 399, 405
Caráter no drama, 17-8, 21-6, 30-2, 36-7, 39-40, 42, 44, 49, 51, 56-7, 60, 67-70, 80, 94, 97, 102-3, 110-1, 115, 118-9, 126-7, 131, 137, 145, 159-63, 167-8, 179, 188, 194, 200-2, 205-6, 215-6, 223, 230, 243, 250, 252-3, 258, 274, 282-3, 298-9, 302-3, 318, 322, 337-8, 346, 348, 384, 390, 400-1, 407, 422, 431, 433-4, 447, 451, 459, 473, 477, 479, 513. *Ver também* Conveniência; Trágico, herói
Carlson, Marvin, 491-2, 500, 502, 517
Cascales, Francisco, 60-2
Case, Sue-Ellen, 495, 508-15
Cassirer, Ernst, 418-20, 422
Castelvetro, Lodovico, 44-8, 51, 56, 70-1, 79, 95, 161, 165, 304
Catarse, 15-6, 25, 29, 38-43, 46, 49-50, 57, 60, 62, 75, 82-3, 89, 93, 97, 103, 113-4, 120, 123, 146, 151, 160, 163, 173, 176, 228, 252-3, 322, 351, 381, 405, 424-5, 458-9, 500, 503
Cavalcanti, Bartolomeo, 40
Cecchi, Giovanmaria, 48
Cenário e espaço teatral, 145, 148-9, 168, 186, 218, 270-1, 274, 281, 283-7, 296, 298, 303, 310, 314-5, 330, 333, 341, 346-7, 348-9, 355, 359-60, 372, 379, 393, 462-3, 470-2
Cervantes, Miguel de, 58-61
Chaikin, Joseph, 407, 449, 458, 471, 479
Chamberlain, Houston Stewart, 285-6
Chambers, Ross, 490-1
Chamelen, 13
Chapelain, Jean, 83, 87, 88-9, 91-2, 95, 97
Chapman, George, 81
Chaucer, Geoffrey, 32
Chauvet, Victor, 195
Chekhov, Anton, 240, 308, 414, 468
Chekhov, Mikhail, 367
Cheney, Sheldon, 349-50
Chénier, Marie-Joseph, 153, 266
Chernyshevsky, Nikolay, 238-9, 317
Christian, Barbara, 513
Cibber, Colley, 133
Cícero, 22, 24, 30, 35, 41, 49
Cinthio. *Ver* Giraldi Cinthio, Giambattista

Cixous, Hélène, 511-2
Clairon, Hyppolite, 156
Clurman, Harold, 366-7, 369
Cocteau, Jean, 334, 383
Cole, David, 470-1
Coleridge, Samuel Taylor, 112, 213-5, 219, 351, 388
Collier, Jeremy, 118-21, 222
Comédia, 17-9, 21, 24-9, 31-3, 36-7, 39-40, 42-3, 49-51, 56-60, 65-73, 76, 78-81, 89, 96-7, 102-3, 105, 110, 112-3, 118, 120-3, 125-7, 129-30, 137-9, 141-6, 148-9, 151, 159, 161, 163-4, 172, 174, 179, 182, 185, 187-8, 191, 197, 200-1, 203, 205, 216-8, 220-4, 226, 235-8, 245, 290-2, 298, 301, 319, 322, 324, 347-8, 389, 419, 423-4, 428-34, 508
Comunal, teatro. *Ver* Populista, teatro
Conflito, 229, 253, 258, 298, 301-2, 307, 320, 323-5, 339, 353, 370, 387-9, 400, 405, 410-1
Congreve, William, 118, 131, 222
Conrad, Michael Georg, 256
Constant, Benjamin, 201-2
Conveniência, 25, 65-6, 145, 148-50, 168, 270-1, 274, 314, 346, 393, 402, 469, 472, 476-7
Copeau, Jacques, 329-30, 358-9, 382, 427
Copeland, Roger, 498
Coppieters, Frank, 491
Coquelin, Constant, 225-6, 296
Cor, mulheres de, 513-4
Corneille, Pierre, 16, 71, 82, 90-3, 96-103, 109-10, 113, 151, 160, 164, 205, 218, 253, 265-6, 289, 383, 431
Cornford, 324
Coro, 17, 23, 30, 69, 80, 118, 164, 170, 173, 179-80, 194, 219, 283, 311, 414, 459
Coulon, François, 282-3
Coventry, peças de, 33
Craig, Edward Gordon, 284, 287, 295-7, 299, 310, 330, 332, 342, 346, 349, 369, 383, 385, 442-3
Crébillon, Prosper Jolyot de, 137-8
Crise, 252, 301, 370, 386
Crisóstomo, São João, 27
Croce, Benedetto, 303-4, 354-7
Cube, Felix von, 473

Culler, Jonathan, 473
Culpa trágica, 244-5, 252-3, 323-4, 350-2, 428-9, 458
Cultural, materialismo, 504-9, 511-2
Cumberland, Richard, 130-1
Curb, Rosemary K., 510

D

Dacier, André, 105, 142, 161
Dadaísmo, 333, 339, 445
D'Alembert, 145-6
D'Amico, Silvio, 354
Danielle, 36
Dante, 32-3, 56
D'Aubignac, François Héddelin, Abbé, 84, 94-9, 114, 125, 149, 165, 230
D'Avenant, William, 109, 113
Davis, R. C, 451, 460
Davy, Kate, 514-5
Desconstrução, 479, 481-2, 495, 498, 506-7, 516
De la Taille, Jean, 69-70, 87
De Lauretis, Teresa, 514-5
Deleuze, Gilles, e Félix Guattari, 496
Delsarte, François, 209
De Marinis, Marco, 476, 478-9, 489, 501
Dennis, John, 120-1, 132
Denores, Giasone, 48-9
Depero, Fortunato, 332
De Quincey, Thomas, 218-9, 221
Derrida, Jacques, 481-2, 497-9, 503, 511
Des Autelz, Guillaume, 68
Descartes, René, 124, 128, 138
Deschamps, Émile, 200-1
Descoberta. *Ver* Reconhecimento
Desejo, 494, 496-7
Destouches, Nericault, 143-4
De Visé, Jean Donneau, 98-100
Diaghilev, Serge, 35
Diamond, Elin, 512, 516
Dicção (*lexis*). *Ver* Língua
Dickerson, Glenda, 514
Didático, drama, 30, 32-3, 40-1, 45, 57, 60, 80, 82-3, 122, 139, 143, 145, 150, 159-60, 163, 227-8, 236, 257, 268-9, 300, 319, 372-3, 385, 409, 414-5, 418. *Ver também* Propósito moral no drama

Diderot, Denis, 133, 144-5, 147-56, 162, 164, 209, 225-6, 245, 269, 289, 304
Diebold, Bernhard, 347
Dilthey, Wilhelm, 252, 339, 415, 466, 492
Dinu, Mihai, 473, 500
Diomedes, 18, 25, 65, 68
Direção, 149, 296, 308, 310, 312, 330, 336, 346, 348, 357, 369, 427, 449, 468, 477, 495, 505, 513
Distância, 127-8, 138, 172-3, 217, 340, 357, 372, 378, 384, 390, 394, 411, 459-60, 500
Dixon, W. M., 531
Doane, Mary Ann, 515
Dolan, Jill, 509-11, 513-5, 517
Dollimore, Jonathan, 505
Doméstica, tragédia, 127, 130, 132, 148-9, 151, 164, 203, 205, 247, 251, 291
Donato, 22, 25-6, 29, 32, 35, 56, 65, 68, 83
Donkin, Ellen, 508
Donovan, Josephine, 508
Dor (lamentação, sofrimento), 27, 29, 31, 169-70, 173, 179, 219, 306, 323-5, 353, 387, 405, 421, 431, 434
Dorst, Tankred, 432-3
Drama. *Ver* Doméstica, tragédia
Dryden, John, 109-17, 119-20, 122
Du Bellay, Joachim, 67
Dubos, Jean, 128, 138-9
Dufrenne, Mikel, 420
Dukes, Ashley, 357
Dullin, Charles, 358-9, 382
Dumas, Alexandre, 202-4, 208, 265, 267
Dumas Filho, Alexandre, 227, 256, 267-8, 276, 278
Dumesnil, Marie-Françoise, 156
Dunsany, Edward Lord, 299-300
Durand, Régis, 481-2, 490
Dürrenmatt, Friedrich, 429-30, 432-3, 442
Duvignaud, Jean, 416-7, 464-5

E

Eaton, Walter, 366
Éclogas. *Ver* Pastoral, drama
Eco, Umberto, 475, 479-80, 482, 501
Écriture feminine, 509, 511, 514
Efeitos emocionais do drama. *Ver* Plateia; Catarse: Riso; Paixões; Piedade e terror,

Einsenstein, Sergei, 334, 344, 348, 378, 415
Elam, Keir, 480-1, 490-1
Eliot, T. S., 356, 388, 404
Ellis-Fermor, Una, 388-9, 428
Elogio e censura, 31, 44, 65
Else, Gerald, 15-6
Elyot, Sir Thomas, 73, 75
Empatia, 128, 164, 222, 447, 458-9, 467, 493, 503
Encina, Juan del, 56
Engels, Friedrich, 249-50
Enredo, 16-7, 43, 49, 56, 70, 102-3, 137-8, 168, 208, 273-4, 302, 405, 433-4, 444, 469, 475, 511. *Ver também* Estrutura dramática e estruturalismo
Épica, poesia, 18, 23, 25, 101, 163, 178, 186, 198, 223, 235, 338, 423
Épico, teatro, 348, 370-3, 378-9, 405, 415, 418, 458
Ernst, Paul, 319-20
Escalígero, Júlio César, 42-4, 47-8, 69, 71, 78-9, 82-3, 94, 159-60
Eschbach, Achim, 490
Espetáculo, 16-7, 43, 110, 132, 143, 207, 475. *Ver também* Cenário e espaço teatral
Esslin, Martin, 399-400
Estienne, Charles, 66-7
Estrutura dramática e estruturalismo, 16, 18, 24, 26, 111, 250-3, 276, 324, 340, 388, 392, 422-3, 433, 465-70, 508. *Ver também* Conflito; Crise; Enredo; Teoria semiótica; Peça bem-acabada
Ethos. *Ver* Caráter no drama
Eurípides, 13-4, 24
Evâncio, 25
Evreinov, Nikolay, 314-6, 345-6, 376, 387
Existencialismo, 290, 322, 349, 352, 399, 405, 411
Expressionismo, 332, 335-40, 349, 370, 376, 410-1, 415, 462

F

Fado no drama, 150-1, 171-3, 175, 179, 181, 202, 204, 239, 244-5, 251, 266, 347, 352, 420
Falha trágica (*hamartia*), 17, 31, 83, 389-90, 433-40, 460
Farsa, 21, 67, 70, 79, 309, 313

Farquhar, George, 122, 130-1, 222
Feibleman, James, 388-9, 433
Feminista, teoria, 503-4, 506-17
Fénelon, François de, 138
Fenomenologia, 322-3, 448-9
Féral, Josette, 494, 497, 499, 510-1
Ferguson, Francis, 387, 420, 430-1
Fichte, Johann Gottlieb, 176-7, 180-1, 183
Fischer-Lichte, Erika, 489, 503-4
Fish, Stanley, 492
Flanagan, Hallie, 367
Flecknoe, Richard, 110
Fletcher, John, 81
Fo, Dario, 459-60
Foote, Samuel, 130-1, 133, 153
Foreman, Richard, 448-9, 494-5, 498
Forte, Jeanie K., 513
Foucault, Michel, 503, 505, 508
France, Anatole, 290
Frazer, Sir James, 324, 420
Frenzel, Karl, 258
Freud, Sigmund, 322-3, 360, 374, 381, 407, 469, 497-8, 503, 508, 511
Freytag, Gustav, 251-3, 256, 302, 370, 386, 466
Fried, Michael, 494
Frisch, Max, 413-4, 442
Frye, Northrop, 420-1, 431, 493
Fuchs, Elinor, 498
Fuchs, Georg, 310
Futurismo, 330-3, 335, 338

G

Gábor, Andor, 375
Galsworthy, John, 299-300
Garrick, David, 132-3, 155
Gatti, Armand, 308, 456-9, 462-3
Gautier, Théophile, 265
Gay, teoria, 515
Geertz, Clifford, 492, 502
Gellert, Christian, 163
Gênero, 15, 21-2, 24-8, 32-3, 48-51, 60-1, 111, 149, 152, 163, 172-4, 178-9, 192-3, 199, 226, 235, 266, 275-6, 289, 303, 420-1, 469, 480. *Ver também gêneros individuais como* Comédia; Épico; Tragédia
Genet, Jean, 400, 442

Geoffrey de Vinsauf, 30
Geoffroy, Jean-Louis, 207
Gervásio de Melcheley, 30
Ghelderode, Michel de, 403, 442
Ghéon, Herni, 358, 403-4
Gide, André, 320-1
Ginestier, Paul, 422, 473
Giraldi Cinthio, Giambattista, 38-42
Girard, Gilles, 480
Gobetti, Piero, 355
Goethe, Johann Wolfgang von, 167-9, 173-6, 182, 194, 228, 241, 243, 247, 251, 253, 257, 268, 274, 277
Goffiman, Erving, 416, 461, 465-7, 483, 492-3, 499
Gogol, Nikolai, 236-8
Golden, Leon, 16-7
Goldman, Michael, 470
Goldmann, Lucien, 322, 415-6
Goldsmith, Oliver, 131-2
Goll, Ivan, 339
Goncourt, Edmond e Jules de, 272-3
Gorelik, Mordecai, 367, 369-70, 378
Gosson, Stephen, 76-7, 119
Gottsched, Johann Christoph, 160-4
Gouhier, Herni, 382
Gourdon, Anne-Marie, 493
Gozzi, Carlo, 277, 421, 473
Gramáticos, teóricos, 18, 24-7, 30, 35, 43
Gramsci, Antonio, 504, 508
Granville-Barker, Harley, 357, 466
Gravina, Gian, 191
Grazzini, Antonfrancesco, 40
Greenblatt, Stephen, 504-6
Greimas, A. J., 413, 477
Gresset, Jean, 150
Grévin, Jacques, 69
Grigoriev, Apollon, 239-40
Grillparzer, Franz, 182-3, 248
Grimald, Nicholas, 74
Gropius, Walter, 341-2
Gross, Roger, 468-9
Grotesco, 198-9, 276, 312-3, 332, 339, 346, 390, 429-30
Grotowski, Jerzy, 441-5, 448-9, 453-5, 462, 467, 479
Gryphius, Andreas, 160

Guarini, Battista, 48-50, 81, 117
Guarino, Raimondo, 496
Guerrilha, teatro de, 416, 451-2, 456
Guizot, François, 196
Gumppemberg, Hans von, 258
Gurvitch, Georges, 416, 464
Guthke, Karl, 433
Guthrie, Tyrone, 427, 449

H

Hacks, Peter, 410
Halprin, Ann, 462
Hamann, Johann Georg, 166-7
Hamartia. Ver Culpa trágica; Falha trágica
Hamilton, Clayton, 303
Handke, Peter, 447-8, 450
Hankin, St. John, 300
Hapgood, Elizabeth, 365-6
Happenings, 444-7, 461-2
Harré, Rom, 491
Harris, Mark, 385
Harrison, Jane Ellen, 324
Hardsdoerfer, Georg Philipp, 160
Hart, Heinrich, 256-7
Hasenclever, Walter, 337-9
Haptmann, Gerhart, 240, 258, 261, 307
Hazlitt, William, 215-20
Hebbel, Friedrich, 178, 244-7, 251, 253, 256, 384
Hegel, Georg Wilhelm Friedrich, 177, 184-8, 235-6, 238-9, 243-5, 254-5, 272, 316, 340, 347, 375, 384, 387, 405, 410, 412, 419, 422-3, 431, 458-9
Heidegger, Martin, 422-3, 493
Heilman, Robert B., 388
Heinsius, Daniel, 82-4, 87, 93-4, 110, 119, 160
Helbo, André, 475, 478-9, 494, 496, 501
Heráclides do Ponto, 18
Herder, Johann Gottfried, 166-8, 172-4
Hermannus Alemannus, 30-2, 35
Heroico, drama, 97, 94-5
Hess-Lüttich, Ernst, 500
Hettner, Hermann, 250-1, 253
Hilaridade. Ver Riso
Hildesheimer, Wolfgang, 403
Hill, Aaron, 127, 133

Hill, John, 133, 154
Hinckle, Gerald, 489
Hintze, Joachim, 463
História e poesia, 15, 24-5, 29, 78-9, 80, 99, 100-3, 115, 141-2, 152-3, 167-9, 193-5, 197, 200-1, 203-4, 239-40, 243, 250, 271-2, 275-6, 318-9, 353, 384-5, 400-2, 412-4, 416, 425-7, 434, 512-4
Hobbes, Thomas, 109-10, 124-5, 128
Hochhuth, Rolf, 412-3, 460
Hofmannsthal, Hugo von, 451-2
Hölderlin, Friedrich, 180-1, 352
Homossexual, teoria. *Ver Gay*, teoria; Lésbica, teoria
Honório de Autun, 33
Honzl, Jindrich, 393-4, 479
Horácio, 22-5, 29, 36-7, 40, 51, 56-7, 65, 67-8, 74-5, 78, 83, 98, 101, 114, 117, 119, 121, 126, 132, 156, 159, 216, 230. *Ver também* Prazer e instrução
Hornby, Richard, 469-70
Horváth, Odön von, 374, 448, 451
Howard, Robert, 110-3
Howard, Roger, 505
Hoy, Cyrus, 433
Hrosvitha, 33
Hugo, Victor, 47, 152, 198-200, 202-5, 207, 214, 265-6, 276, 281, 313, 383, 430, 432, 459
Hume, David, 128-9
Humores, comédia de, 80, 112-3, 118
Hunt, Leigh, 219-21
Husserl, Edmund, 323, 400, 466

I

Ibsen, Henrik, 207-8, 229-30, 240, 250-1, 257, 283, 288, 301, 305, 307, 309, 316, 321-2, 336, 385, 414, 468
Idealista, drama, 243, 269, 275, 278-9, 282-3, 291
Ihering, Herbert, 347
Iluminação, 275, 281, 284, 286-7, 310, 315, 333, 335, 349, 359-60, 443, 470
Ilusão dramática, 111, 196, 215, 217, 276, 340, 390, 411, 419, 448, 459
Imitação (*mimesis*), 14-5, 21-2, 25, 27, 29-31, 36-7, 40, 42, 69, 75, 78, 82, 111, 169, 220, 493, 513, 516. *Ver também* Verossimilhança

Impressionismo, 258-9, 290
Ingarden, Roman, 425-6, 472
Interculturalismo, 504
Interna, ação, 208, 259, 288, 290, 292, 298, 306, 314, 336, 338, 360, 368
Inversão, 17, 19, 31, 442
Ionesco, Eugène, 338, 399-400, 403, 411, 429, 430, 442, 450, 459
Irigaray, Luce, 510
Ironia, 22, 156, 177-8, 188, 224, 245, 388, 420, 433, 468
Irving, Henry, 225-6, 296-7
Iser, Wolfgang, 500-2
Isócrates, 13
Issacharoff, Michael, 502
Ivanov, Vyachislav, 306-8, 311, 343

J

Jaggar, Alison, 509-10
Jakobson, Román, 477
Jâmblico, 25
Jameson, Fredric, 507-8
Janin, Jules, 205
Jansen, Steen, 472, 478
Januensis de Balbis, 32
Jarry, Alfred, 84-5, 444, 492
Jaspers, Karl, 429
Jauss, Hans Robert, 500-1
Jdanov, Andrei, 376
Jenkin, Fleeming, 225-6
Jenkins, Linda Walsh, 510
Jodorowsky, Alexandre, 445
Johnson, Samuel, 129-31, 176
Jones, Henry Arthur, 302, 370
Jones, Leroi. *Ver* Baraka, Amiri
Jones, Robert Edmund, 349
Jonson, Ben, 80-2, 109, 113-4, 119, 125
Jouvet, Louis, 358, 382
Jullien, Jean, 273-4, 283
Jung, Carl, 430, 469

K

Kaiser, Georg, 338
Kames, Henry Home, Lorde, 129
Kant, Immanuel, 128, 169-73, 177, 180-1, 183, 214, 243-4, 253, 317, 322

Kantor, Tadeusz, 447
Kemble, Frances, 225
Kerr, Alfred, 319
Kerjentsev, Platon, 343
Kharms, Daniil, 348
Kierkgaard, Sören, 244-5, 322, 350, 428
Kirby, Michael, 443-4, 446, 469, 479, 494-5
Kjerbüll-Peterson, Lorenz, 356
Kleist, Heinrich von, 182-4, 342
Klotz, Volker, 424-5
Koffka, Friedrich, 338
Komissarzhevskaya, Vera, 309-11, 313-5
Komissarzhevsky, Fyodor, 314-5, 335, 345
Kornfeld, Paul, 337
Kostelanetz, Richard, 446
Kowsan, Tadeusz, 472, 474, 478, 492
Krieger, Murray, 431
Kristeva, Julia, 476, 510-1
Kroetz, Franz Xaver, 450-1, 457
Krutch, Joseph Wood, 354, 385-6, 387-8
Kurella, Alfred, 376-7

L

Lacan, Jacques, 494, 497, 499, 503, 508, 510
La Chaussée, Pierre Nivelle de, 143, 149
Lamb, Charles, 217-20, 222-3, 284, 297, 313, 352, 358
La Mesnardière, Hippolyte Jules Pilet de, 83, 93-5, 149
La Motte, Antoine Houdar de, 139, 141, 174
Langer, Susanne, 403, 418, 420, 422-4, 493
Lasca, Il. *Ver* Grazzini, Antonfrancesco
Lassalle, Ferdinand, 249-50
Laudun d'Aygaliers, Pierre de, 70-2
Lawson, John Howard, 367, 369-70, 378
Leaska, Mitchell, 434
Leech, Clifford, 428-30
Lenin, 238, 342, 346
Le Queux, Regnaud, 65
Le Sage, Alain-René, 137
Lésbica, teoria, 509, 513-5
Lessing, Gotthold, 16, 159, 163-7, 168-70, 174, 228, 244, 251, 257, 260, 303, 322, 410
Levi-Strauss, Claude, 469, 508
Levitt, Paul M., 468
Lewes, George Henry, 222, 224, 227

Lewisohn, Ludwig, 350-1, 354
Liberdade e necessidade, 275, 281, 284, 286-7, 310, 314, 333, 335, 349, 359-60, 443, 470
Lillo, George, 127-8, 149
Lindau, Paul, 256-7
Língua, 16-8, 22, 24, 27-8, 32, 37-9, 43, 59, 65-9, 71, 74, 80-1, 82, 95-6, 102, 114, 117, 119, 141, 142-3, 148, 159, 161, 164-5, 172, 186, 194, 206-7, 220, 223, 241, 247, 250, 255, 258, 266-7, 273-5, 300, 307-8, 312, 351-3, 355, 358, 374, 380, 383-4, 400, 406, 409, 425-6, 433-4, 448, 450, 457-8, 460, 464, 469, 472-8, 480-1, 493, 511, 514, 517. *Ver também* Verso no drama
Lírica, poesia, 23, 290, 298, 305, 312
Living Theatre. *Ver* Beck, Julian
Lodge, Thomas, 77
Lohenstein, Daniel Casper von, 160-1
Lombardi, Bartholomeo, 37
Longino, 24, 75, 121
Lope de Vega, 59, 61-2, 81, 90
López de Mendoza, Dom Inigo, 32
Lublinski, Samuel, 319, 321
Lucas, F. L., 16, 351
Ludlam, Charles, 446
Ludwig, Otto, 253, 256
Lugné-Poe, Aurélien, 282-5
Lukács, Georg, 250, 317-9, 321-2, 352, 373-82, 405, 410-2, 414-5
Lunacharsky, Anatoly, 342, 345, 346-7
Lyly, John, 79
Lyotard, Jean-François, 481, 496, 515

M

Macaulay, Thomas Babington, 321, 327
McConachie, Bruce, 508
Macgowan, Kenneth, 349
Mach, Ernst, 259
Maeterlinck, Maurice, 240, 283, 287-8, 291, 295-6, 307, 309, 360, 414
Maggi, Vincenzo, 37-8, 41, 44
Mairet, Jean, 89
Maligny, Aristippe de, 209
Mallarmé, Stéphane, 280, 281, 283, 305-6
Mallé, Abbé, 145
Manzoni, Alessandro, 194-6

Maravilhoso, 23, 95
Marcus, Solomon, 472-5
Mareschal, André, 88
Marinetti, Filippo, 330-1
Marionetes, 182, 283-5, 287-8, 295-7, 306, 312-3, 342, 403, 443, 447
Marmontel, Jean François, 144-5, 151, 194
Marranca, Bonnie, 449
Marx, Karl, e Marxista, teoria, 238, 249-50, 260, 315-9, 321-2, 342-5, 367, 371, 374-8, 384, 402, 407, 409, 412-6, 417-8, 454-5, 459-60, 498-9, 504-9, 512
Máscara, 220-3, 284-5, 287-8, 298, 305-6, 313, 339, 349-50, 432
Mascarada, teoria da, 514-5
Masefield, John, 300
Matemática, teoria, 472-4, 500
Mateus de Vendôme, 30
Matthews, Brander, 226-7, 302-4, 354-5, 357, 390
Mauclair, Camille, 282-4
Mayakovski, Vladimir, 331, 342
Mehring, Franz, 260-1, 317, 319-20
Melampo, 25
Melodrama, 205-7, 296
Menandro, 24, 224
Mercier, Louis-Sébastien, 152-3, 269
Meredith, George, 224, 227-8
Meyerhold, Vsevolod, 305, 308-14, 331, 342-3, 345-6
Michel, Wilhelm, 340
Miller, Arthur, 389-91, 415, 515
Milton, John, 16, 113
Mimesis. *Ver* Imitação
Minks, Wilfried, 463
Minturno, Antonio Sebastiano, 16, 41-2, 78-9, 83, 230
Mnouchkine, Ariane, 308, 458
Mochalov, Pavel, 239
Moholy-Nagy, Lázló, 341
Molière, 98-100, 117, 125, 137-8, 146-7, 188, 197, 200, 204-5, 224, 227, 289, 383
Molnár, Farkas, 341-2
Montagem, 335, 345, 348, 378
Montrose, Louis, 507
Moralidades, 65, 67-8, 70
More, Sir Thomas, 73

Morice, Charles, 282
Morgan, Charles, 419
Mounin, Georges, 474, 477
Moy, James, 495
Mukařovsk, Jan, 391, 394, 500
Müller, Adam, 181-2
Müller, Heiner, 495
Mulgrave, conde de, 117
Mullaney, Steven, 506
Mulvey, Laura, 508-9, 515
Murray, Gilbert, 324-5, 351, 386-7
Murray, Timothy, 495
Música, 16-8, 24-5, 43, 51-7, 62, 139, 186, 249, 256, 280, 285-6, 297-8, 309-10, 314-5, 335, 354, 372, 393, 419, 422-4, 431
Musset, Alfred de, 265-6
Mythos. *Ver* Enredo

N

Naharro, Bartolomé de Torres, 55
Narração, 23, 28, 46, 110
Nathan, George Jean, 350, 354
Naturalismo, 152, 161, 222, 225, 244, 253, 256-61, 268-75, 278-9, 285, 290, 299, 301, 305, 308-10, 319-21, 334-6, 349, 352, 384, 414, 452, 463
Neal, Larry, 454
Necessidade. *Ver* Liberdade e necessidade
Neoplatônicos, 25-6, 30, 78, 322
Neoptólemo, 23, 36
Nevyle, Alexander, 75
New historicism, 504-7
Nietzsche, Friedrich, 244, 254-6, 306, 309, 321, 324, 336, 339, 350, 381, 421, 499
Nodier, Charles, 206-7
Norman, Marsha, 510
Northbrooke, John, 76
Novalis, 373

O

Oberiu, 348
Obrigatória, cena, 276, 302
Ogier, François, 87, 91
Ohmann, Richard, 481
Olson, Elder, 433
O'Neill, Eugene, 349-50, 385, 415

Ópera, 121, 140, 180, 248-9, 285-7, 371-2, 473
Opitz, Martin, 159-60
Orgânica, unidade, 152, 168, 172-4, 193, 213-4, 220, 235, 238-9, 252-3, 271
Osborne, John, 408
Ostrovsky, Alexander, 239, 344, 346
Ottwalt, Ernst, 375
Outro, 466, 482, 494, 499, 511, 513

P

Paixões, 14, 15, 25-7, 31, 39, 50, 77, 88, 93, 101, 102, 118, 120, 124, 127, 133, 138-9, 151, 163, 173, 195, 225, 235, 240, 251, 253, 260, 277, 280, 356
Pantomima, 148-9, 207, 274
Parrásio, 36
Pascal, Blaise, 146
Passow, Wilfried, 500
Pastoral, drama, 48, 67, 71, 81, 104
Patrizi, Francesco, 68
Pavis, Patrice, 476-8, 491, 503
Peça bem-acabada, 207, 229, 273, 276, 278, 301, 414, 469
Pedemonte, Francesco, 36
Peirce, C. S., 475-6, 482, 490, 500
Peletier, Jacques, 67
Pellico, Silvio, 193-4
Pensamento (*dianoia*). *Ver* Propósito moral no drama; Didático, drama
Perger, Arnulf, 423-4
Perrault, Charles, 104
Peterson, Robert, 75
Petsch, Robert, 424-5, 501
Pfaendler, Ulrich, 464
Pfister, Manfred, 480
Phelan, Peggy, 496
Piccolomini, Alessandro, 46-7
Pickard-Cambridge, A. W., 325
Piedade e terror, 15-7, 27, 30-1, 37, 39-42, 48-50, 56-7, 60, 62, 82, 93, 97, 99, 102-5, 113, 116, 138, 150, 153, 160, 163, 169, 182-3, 193, 202, 350-1, 389-90, 405, 428
Pinciano, Alonso, López, 56-8, 62
Pinter, Harold, 432
Pinthus, Kurt, 336-7
Pirandello, Luigi, 335-57, 415

Piscator, Erwin, 344-5, 415, 463
Pitoëff, Georges, 358-9
Pixérecourt, Guilbert de, 205-6
Planchon, Roger, 455
Platão, 13-5, 24-5, 35, 48, 50, 68, 76, 78, 82, 103, 146, 183, 187, 221, 228, 255
Plateia, 36-41, 43-51, 56-70, 80-2, 89, 94, 113, 116, 121, 130, 146-8, 161-2, 172, 176, 184, 193, 203, 205, 207, 215-8, 237, 239, 241, 260, 273-7, 281, 283-5, 302-11, 315, 321, 324, 330-1, 333, 343, 350-2, 356, 371-3, 374, 379, 392-4, 406, 409-11, 413-4, 416-8, 423, 428, 432, 443, 446-50, 456-69, 475-6, 478-9, 490-3, 496-504
Plauto, 21, 59, 206
Plekhanov, Georgy, 316-7
Plotino, 25
Plutarco, 24
Poética, justiça, 30, 69, 71, 92, 94, 115, 119-20, 122-4, 127, 130, 142, 160, 162, 173, 207
Poético, drama. *Ver* Verso no drama
Poético, realismo, 253, 256
Político, teatro, 120, 152-3, 182, 202-4, 229-30, 248-50, 260, 316, 338, 343-8, 366-8, 370-4, 401-5, 413, 441, 448, 450-61, 470, 472, 509. *Ver também* Cultural, materialismo; Didático, drama; Feminista, teoria; Guerrilha, teatro de; Marx, Karl, e Marxista, teoria; Sociedade e teatro
Polti, Georges, 277, 421, 473
Pomponazzi, Pietro, 35
Ponsard, François, 206, 266-7
Pontbriand, Chantal, 495-6
Popular, teatro. *Ver* Populista, teatro
Populista, teatro, 147, 152-3, 182, 248-9, 299, 307-9, 342-4
Portner, Paul, 416, 462-4
Pós-estruturalismo, 494-9, 502-3, 506-7, 511-2, 516. *Ver também* Desconstrução
Prampolini, Enrico, 332
Prazer e instrução, 24, 33-6, 39, 41, 45, 47-8, 56, 62, 71, 74, 78, 83, 91, 111, 115, 116, 123, 129, 132, 207, 219
Presença, tempo presente do drama, 29, 90, 391, 482, 496, 498
Probabilidade, 15, 18, 31, 36-7, 51, 96, 115, 166, 251
Proclo Diádoco, 25-6

Proletcult, teatro, 147, 343-7
Propósito moral no drama, 13, 16-8, 24-7, 30-1, 35-44, 47-51, 57-9, 61-2, 73-82, 90, 93-4, 96-105, 112-4, 116-23, 124-8, 129, 137, 141-4, 149-51, 160-2, 164-5, 168-71, 176-7, 192, 194-6, 204-7, 215-7, 219-21, 227-30, 236, 253-5, 259-60, 267-8, 299-300, 302-3, 351-2, 386, 419. *Ver também* Didático, drama; Prazer e instrução; Poética, justiça; Ridículo
Purgação. *Ver* Catarse
Pushkin, Alexander, 236-7, 239-40, 312, 383
Pye, Henry James, 132

Q

Quinn, Michael, 502
Quintiliano, 24, 35, 113, 119, 139, 156, 222

R

Racine, 16, 83, 96-7, 100-1, 104-5, 139, 151-2, 161, 168, 181, 197-9, 208, 236, 265-7, 289-90, 415, 426, 477
Raphael, D. D., 431
Rapin, René, 101-2, 104, 114-9, 126
Rapoport, I. M., 369
Rapp, Uri, 465
Rayssiguier, 90
Realismo, 223, 228, 239, 268, 272, 278, 281-2, 301, 305, 308, 312, 314-5, 331, 333-4, 340, 346, 358, 374-8, 405, 410, 412, 421, 450-1, 477. *Ver também* Naturalismo; Verossimilhança
Recepção, teoria da, 500-4
Reconhecimento, 17, 31, 202, 386, 459
Regra das cinco entradas, 37, 57
Regra dos cinco atos, 23, 30, 37, 57, 60, 68, 71, 129
Regra dos três personagens, 23, 71, 129, 142, 192
Reinelt, Janelle, 507, 512
Reinshagen, Gerlind, 511
Remizov, Aleksei, 305
Representação, teoria da, 494, 496-504
Retórica, teoria, 22, 24-6, 30, 35, 45, 74, 493
Riccoboni, Antonio Francesco, 47-8, 51, 153, 165
Riccoboni, Luigi, 153

Richard, I. A., 351, 388, 428
Richardson, Jack, 433
Ridgeway, William, 324
Ridículo, 102, 125-6, 131, 139, 217. *Ver também* Riso
Rilke, Rainer Maria, 259
Riso, 22, 25, 29, 39, 41, 49, 57, 60, 79, 125-6, 130-1, 144, 161, 215-6, 224, 237-8, 276, 291-2
Robortello, Francesco, 36-7, 41, 44, 46, 59
Rodenbach, Georges, 306
Rokem, Freddie, 500
Rolland, Romain, 307-8, 342-3
Romains, Jules, 308
Roman, David, 515
Romântica, teoria, 49, 87, 128, 144, 151, 156, 162, 166-221, 235-7, 239, 244, 252, 254, 256, 265-6, 270-1, 273, 278-80, 298, 347, 388-9, 403, 423, 447, 499, 510
Ronsard, Pierre de, 70, 87
Rosenzweig, Franz, 353
Rouse, John, 495
Rousseau, Jean-Jacques, 146-7, 150, 153, 269, 307, 342-3
Rubin, Gayle, 508
Ruffilni, Franco, 469, 474, 478, 501
Russo, Mary, 515
Rymer, Thomas, 114-5, 117, 120-1

S

Saint-Denis, Michel, 427
Sainte-Albine, Pierre Rémond de, 133, 153-5, 165, 209
Sainte-Beuve, Charles Augustin, 200
Saint-Evremond, Charles de Marguetel de, 101-4, 114, 117
Salas, Jusepe González de, 62
Samson, Joseph, 270
Santayana, George, 303
Sarasin, François, 93-4
Sarcey, Francisque, 227, 256, 275-7, 302-3, 350, 370, 390, 466
Sartre, Jean-Paul, 383-4, 389-90, 399, 404, 411, 414, 430
Sastre, Alfonso, 404-5, 442
Satírico, drama, 18, 21, 25, 391
Saussure, Ferdinand de, 391, 472, 481, 490

Savary, Jerome, 445
Savona, Jeanette, 510
Savran, David, 507, 515
Schechner, Richard, 416, 442-4, 453, 461-2, 464-6, 470, 475, 479, 492
Scheler, Max, 322-4, 352
Schelling, F. W. J., 176, 178-80, 183, 214, 239
Schickele, René, 336
Schiller, Friedrich, 168-73, 175, 177-8, 180-2, 196-7, 201, 217, 244, 248, 250-1, 253, 287, 306, 318, 341, 343, 408-9, 412, 424, 430, 517
Schlaf, Johannes, 259
Schlegel, August Wilhelm, 172-4, 176-86, 181-2, 186, 191, 194, 197, 213, 219, 255, 279
Schlegel, Friedrich, 172, 176-8, 181-3, 213-5
Schlegel, Johann Elias, 162-3
Schleiermacher, Friedrich, 183
Schlemmer, Oskar, 341-2
Schmitt, Natalie Crohn, 495
Schnitzler, Arthur, 259, 305
Schoenmakers, Henri, 500
Scholia Vindobonensia, 30
Scholz, Wilhelm von, 319, 321
Schopenhauer, Arthur, 184-5, 195, 215, 245-8, 252, 254-5, 287, 290, 298, 302, 351, 381, 431, 499
Schreyer, Lothar, 341
Schuré, Edouard, 307
Schwitters, Kurt, 444
Scott, Clement, 229
Scott, Sir Walter, 218
Scribe, Eugene, 207, 229, 268, 275
Scudéry, Georges de, 90-3, 97
Sébillet, Thomas, 67-9
Segni, Bernardo, 37
Semiótica, teoria, 391-4, 421, 426, 471-80, 494-7, 500-4, 508-9, 517
Sêneca, 38, 159
Sentimental, drama e comédia, 104, 126-7, 130-1, 142-5, 148-52, 162-3. *Ver também* Doméstica, tragédia
Serpieri, Alessandro, 480, 491
Settimelli, Emilio, 332
Sewall, Richard B., 430
Shadwell, Thomas, 112

Shakespeare, William, 80, 110, 116-7, 122, 129-30, 142, 152, 162, 166-8, 174-6, 178-9, 181, 184-8, 192-3, 195-202, 208-18, 220-1, 223, 225, 227-8, 229-30, 236, 240-1, 247, 250-1, 253-4, 257, 279, 284, 287-90, 291, 296, 340, 343, 347, 356-7, 369, 383, 428, 431, 477, 504-7, 509
Shaw, George Bernard, 222, 228-30, 268, 296, 300-1, 357, 371, 406
Shchepkin, Michael, 240-1
Shelley, Percy Bysshe, 220-1
Shershenevitch, Vadim, 332
Shklovsky, Viktor, 373, 393
Short, T. L., 500
Showalter, Elaine, 508
Sidney, Sir Philip, 48, 58, 77-81, 220
Silviano, 28
Simbolismo, o simbólico, 176, 185, 257-61, 274-5, 281-8, 296-300, 304-15, 319-20, 329-32, 335-6, 339, 349, 359-60, 385-6, 400-1, 403-4, 418-21
Simmel, Georg, 317-8, 320
Sinfield, Alan, 505
Snyder, John, 507
Sociedade e teatro, teoria sociológica, 197, 201, 227, 229, 235-41, 247-51, 253, 256-7, 260, 266, 268, 279, 315, 322, 341, 342-8, 369-79, 382, 385-6, 403, 407-13, 415-8, 461-2, 464-8, 480, 492-3, 497-501, 503-10. *Ver também* Cultural, materialismo; Político, teatro
Sócrates, 13, 256
Sófocles, 16, 43-4, 186, 192, 219, 251
Sofrimento. *Ver* Dor
Solger, K. W. F., 177-8, 182, 184
Sologub, Fyodor, 306, 308, 311, 369
Sorge, Reinhard, 337
Souriau, Etienne, 421, 473, 477
Spengler, Oswald, 354, 385
Speroni, Sperone, 40-1, 48
Spingarn, Joel Elias, 303-5, 354
Spolin, Viola, 407
Staël, Madame de, 191-2
Staiger, Emil, 422-3, 425
Stanislavski, Constantin, 96, 164, 239, 305, 310-1, 314, 331, 335, 345-6, 365-9, 387, 441, 470
States, Bert, 468-9, 496

Steele, Sir Richard, 122-3, 125-7, 129, 131, 144, 222
Stein, Gertrude, 391, 449
Steiner, George, 431
Stendhal (Henri Beyle), 152, 196-7, 203
Sticotti, Antonio, 154-5
Strasberg, Lee, 366-9
Strindberg, August, 274-5, 336-7, 349, 414, 445
Styan, J. L., 428-9, 432, 466, 469
Sublime, 24, 128, 170-1, 177, 198, 244, 276, 431
Sudakov, Ilya, 369
Surrealismo, 285, 333-6, 383, 444
Suvorin, 240
Symons, Arthur, 295-6, 349
Synge, John Millington, 300
Szondi, Peter, 414-5

T

Taine, Hippolyte, 39, 275, 280, 289, 316
Tairov, Alexander, 345-6
Talma, François-Joseph, 208-9, 225
Tan, Ed, 500
Tavel, Ronald, 446
Teatro total, 221, 303-4, 314, 341-2, 358-9, 372, 392, 443-4, 458-9
Temple, Sir William, 117
Terêncio, 21, 33, 65, 125, 126-30, 132, 145, 149, 188
Terror. *Ver* Piedade e terror
Tertuliano, 26, 33, 45, 58, 104
Teofrasto, 18
Thom, René, 474
Thurber, James, 433
Tieck, Ludwig, 176, 178, 182
Tirso de Molina, 61
Toller, Ernst, 338
Tolstói, A. P., 238
Tolstói, Leão, 240-1
Tractatus Coislinianus, 21-2
Tragédia, 15-33, 36-47, 49-51, 56-7, 60-2, 65-71, 73-6, 78-84, 89, 93, 98-105, 110, 112-6, 121, 123-4, 127-30, 132, 137-44, 149-53, 159-65, 169-88, 191-205, 216, 220, 223-4, 226, 235-7, 238, 244-7, 250-2, 254-6, 265-6, 288, 290, 291-2, 297-8, 300-1, 306, 319-25, 337, 347, 350-4, 370, 384-90, 405, 415, 419-21, 423-4, 426, 428-34, 452, 458, 468, 505
Trágico, herói, 17, 23-4, 40, 82-3, 94, 97-9, 116, 138, 150-1, 168-9, 177-81, 183-5, 187, 201-2, 244-7, 249-53, 271-2, 289-90, 298-9, 305-6, 320-5, 347-8, 351-4, 385-6, 389-90, 401-2, 415-6, 420-1, 423-4, 425-6, 428-30, 431, 458-9
Tragicomédia, 21, 38, 47-50, 69-71, 81-2, 113, 103, 116-7, 122, 143, 165, 301, 319, 429, 431-4. *Ver também* Satírico, drama; Sentimental, drama e comédia
Três unidades. *Ver* Unidade de ação; Unidades de tempo e de lugar
Trissino, Giangiorgio, 36, 42-3
Trotski, Leon, 347
Turner, Victor, 416, 465-6, 492, 499, 506
Twining, Thomas, 16, 132
Tynan, Kenneth, 402, 408
Tzara, Tristan, 333
Tzetzes, João, 29

U

Ubersfeld, Anne, 477-8, 493, 501
Unamuno, Miguel de, 350, 405, 429
Unidades de tempo e de lugar, 37-9, 41, 43, 45-7, 56-61, 69-72, 73-4, 76-7, 79-80, 83, 87-91, 93-6, 98-103, 110-3, 116, 122-3, 129-30, 145, 147, 160-3, 164-5, 166-8, 174-5, 191-6, 199, 201, 206-7, 213, 236, 265-6, 281, 322, 414, 423-4, 464, 477-8, 510
Unidade no drama, 16-7, 25-6, 31-2, 35-6, 41
Unidade de ação, 38-9, 45-6, 83-4, 87, 89, 91, 94-5, 97-8, 102-3, 109-13, 116-7, 122, 129-30, 139-42, 166-8, 174, 186, 199, 213-4, 236, 265-6
Unidade de interesse, 140, 174, 213-4
Unidade de intriga, 89-98, 139-40

V

Vaccaro, John, 446
Vakhtangov, Evgeny, 345, 366-7, 369
Valia, Giorgio, 35
Valdez, Luis, 452
Van Kesteren, Aloysius, 500
Vauquelin de la Fresnaye, Jean, 71-2, 87

Veltruský, Jirí, 393
Verossimilhança, 18, 25, 37-8, 41-3, 46-7, 49-51, 57-8, 61, 65, 69, 70, 76, 80, 89-90, 92, 94, 95-6, 101-2, 105, 110-3, 128, 139-40, 142, 145, 148-9, 161-2, 168, 185, 199, 201, 236. *Ver também* Conveniência; Imitação; Realismo
Verso no drama (drama poético), 23, 109-14, 116, 140-1, 148, 198-202, 223-4, 236, 265-6, 270-7, 280-2, 297-8, 299-300, 334, 405-7, 425-6
Vestuário (roupa, traje), 25, 65, 145, 148-50 168, 270-1, 274, 315, 346, 393, 401, 469, 471, 476-9
Vettori, Pietro, 41
Vigny, Alfred de, 199-201, 208
Vilar, Jean, 382-3, 442
Villiers de l'Isle-Adam, 268
Visconti, Ermes, 193
Voltaire, 105, 140-8, 150, 198
Vossius, Gerardus Joannes, 83-4, 94-5

W

Wagner, Richard, 139, 180, 207, 220, 239, 248-50, 279-82, 285, 295, 297, 301, 305-7, 314, 342, 358-9, 371, 383, 392, 443, 453, 458
Walkley, A. B., 304
Walzel, Oskar, 339-40, 423-4, 501
Wandor, Michelene, 519
Warning, Rainer, 491
Watts, Harold H., 431
Weber, Max, 317-8
Webster, John, 81
Weisinger, Herbert, 430

Weiss, Aurélieu, 427
Weiss, Peter, 413, 450, 460, 463, 491
Wesker, Arnold, 409
Whetstone, George, 76
Whitehead, A. N., 489-91
Wilde, Oscar, 227-8, 305, 381, 420
Wilder, Thornton, 390-1, 415
Wille, Bruno, 260
William de Moerbeke, 32
Williams, Raymond, 452, 504, 508
Williams, Tennessee, 389-91, 515
Wilshire, Bruce, 493, 499
Wilson, Robert, 495
Witkiewicz, Stanislaw, 334-5
Wittgenstein, Ludwig, 448-9
Wölfflin, Heinrich, 339-40, 423
Wolseley, Robert, 117
Wooster Group, 495, 507
Wright, James, 118
Wyzewa, Teodor de, 279-80

Y

Yarbro-Bejarno, Yvonne, 513
Yeats, William Butler, 284, 295, 297-9, 349
Young, Stark, 357

Z

Zakhava, Boris, 369
Zhadanov, Andrei, 376
Zich, Otakar, 392-3
Znosko-Borovski, E. A., 315
Zola, Émile, 222, 226, 257, 268-75, 278-9, 281, 291, 299

SOBRE O LIVRO

Coleção: Prismas
Formato: 16 x 23 cm
Mancha: 28 x 46 paicas
Tipologia: Iowan Old Style 9,5/12
Papel: Off-set 70 g/m² (miolo)
Couché 150 g/m² encartonado (capa)
1ª edição: 1997
3ª reimpressão: 2012

EQUIPE DE REALIZAÇÃO

Edição de Texto
Nelson Luís Barbosa (Preparação de Original)
Pericles Nazima e
Carlos Alberto Villarruel Moreira (Revisão)
Carmen Costa (Atualização Ortográfica)

Editoração Eletrônica
Casa de Ideias (Diagramação)

Projeto Visual
Lourdes Guacira da Silva Simonelli

Capa
Ettore Bottini, sobre óleo sobre tela (1878)
de Mary Cassatt e máscara veneziana
(foto Eloísa Mesquita)